자본시장법 개론

INTRODUCTION TO CAPITAL MARKET LAW

전 삼 현

탑북스

머리말

10여 년 전 부터 준비했던 "자본시장법 개론"이 어렵게나마 출판되어, 개인적으로는 감개무량하다. 하지만, 출판해보니 부끄러운 점이 한 두 가지가 아니다.

자본시장법은 2007년 제정된 이래 30차례의 개정을 거치면서 대한민국 자본시장의 발전을 위해 그 역할이 점차로 확대되어 가고 있다. 그러나 그 입법의 역사가 일천하듯이 자본시장법에 대한 해석론 역시 다양한 각도에서 이뤄지지 않아 회사법 분야보다는 학문적 성숙도가 미흡한 것은 사실이다.

물론, 여러 교수님과 전문가 분들께서 구 증권거래법 당시부터 수많은 저서와 학술연구논문 등을 통하여 자본시장법의 생성과 발전에 기여를 많이 하셨지만, 이분들이 앞으로 더욱 더 이 법의 법리를 심화시키는데 조금이나마 기여하고자 하는 차원에서 이 "자본시장법 개론"을 출판하게 되었다. 앞으로 많은 분들이 관심을 갖고 지적해주시고 비판해 주시면, 이를 토대로 더욱 정진하는 필자의 모습을 그려볼 수 있어 개인적으로 흐뭇한 마음 금할 길이 없다.

우리 자본시장법은 구 증권거래법이 택하였던 열거주의를 벗어나 포괄주의로 전환하기는 하였으나 여전히 한국형 글로벌 금융투자업자가 탄생하지 못하고 있는 점을 보면, 이 법이 여전히 진화하여야 한다는 당위성을 거부하기는 어렵다. 특히, 금융시장에 대한 칸막이식 규제는 우리 자본시장에서 세계적 금융투자업자가 탄생하는 것을 막는 장애요인일 수 있다. 그러나 이러한 칸막이식 사전규제 역시 우리 자본시장에 대한 시장의 불신이 낳은 결과일 수 있다.

향후, 자본시장법의 발전과 해석론이 진화하면 할수록 이러한 자본시장에 대한 불신도 점차 불식될 것으로 생각한다. 물론, 졸저를 가지고 마치 모든 것을 이룰 듯이 거대담론을 논하는 것은 어불성설이지만, 앞으로의 다짐이라는 차원에서 많은 독자들의 격려와 관심을 기대해 본다.

개인적으로는 23년간 교수로서 학생들을 가르치고 연구도 나름대로 열심히 하고자 했던 것으로 기억된다. 졸저들이지만 나름대로 썼던 저서들도 꽤 있지만 대부분은 해설서보다는 정책서와 이념서에 가까웠다. 이번 책은 정책서보다는 해설서로 기술하고자 많은 노력을 기울였지만, 여전히 앞서 저술하신 분들의 해석론적 깊이에는 턱없이 부족하다는 사실을 실감했다.

앞으로 남은 과제이기에 “자신을 아는 만큼 성장한다”는 모토 하에 더욱 정진하는 필자가 되기를 다짐해 본다.

개인적으로 필자가 교수가 되던 해에 운명을 달리하신 나의 아버지 “고 전광운 전도사”께 이 책을 바치고자 한다. 그리고 평생 자식을 위하여 헌신하신 나의 어머니 “이연화 권사”께 깊은 감사의 마음을 전한다.

강의하랴 살림하랴 바쁜 가운데도 뭔가 쓰느라고 노심초사하는 남편을 위해 가슴 졸이며 지켜봐주고 물심양면으로 지원해준 나의 사랑하는 아내 “한은경 박사”에게도 깊은 감사의 마음을 전한다. 그리고 펜싱선수인 나의 큰딸 “전민선”과 대학입시를 위해 고군분투하는 막내딸 “전진희”가 이 책을 통해 노력하는 아빠의 모습을 볼 수 있기를 또한 소망해 본다.

마지막으로 졸저이지만 이 책의 원고를 받기 위해 20여년이 넘도록 묵묵히 기다려주신 탑북스의 “김광식 사장님”과 옆에서 도와준 “박지현 법학석사”에게도 깊은 감사의 마음을 전한다.

2015년 7월
상도동 연구실에서…

차 례

제1편 총 칙

제1장 자본시장법의 의의

제2장 자본시장법의 구성 주체

제3장 자본시장법 적용대상 행위

제2편 금융투자업

제1장 금융투자업의 인가 및 등록

제2장 금융투자업자 지배구조

제3장 건전경영 유지

제4장 영업행위 규칙

제3편 증권의 발행 및 유통

제1장 증권신고서

제2장 기업의 인수 · 합병 관련제도

제3장 상장법인의 사업보고서

제4장 주권상장법인 특례

제5장 장외거래

제4편 불공정거래 규제

제1장 내부자거래

제2장 시세조종

제3장 부정거래행위

제5편 집합투자기구

제1장 총 칙

제2장 집합투자기구의 구성

제3장 집합투자기구의 종류

제4장 집합투자증권의 환매

제5장 평가 및 회계

제6장 집합투자재산의 보관 및 관리

제7장 사모집합투자기구 특례

제8장 감독·검사

제9장 집합투자기구의 관계회사

제10장 사모투자전문회사에 대한 특례

제11장 외국 집합투자증권에 대한 특례

제6편 금융투자업 관계기관

제7편 거래소

제8편 감독 및 처분

제9편 보 칙

제10편 벌 칙

제1편 총 칙

제1장 자본시장법의 의의

1. 자본시장의 의의

자본시장(capital market)이란 장기적으로 요구되는 산업자금의 수요 · 공급이 이루어지는 금융시장을 말한다.[1] 이러한 자본시장은 자금공급방식에 따라 장기대출시장과 증권시장으로 구분해 볼 수 있는데, 장기대출시장은 간접금융방식이 행해지는 금융시장으로서 금융기관이 저축자로부터 조달한 자금을 장기자금 수요자에게 대출하는 시장을 말하며, 증권시장은 주식, 공사채 등의 증권을 통해 자금의 수급이 이루어지는 직접 금융시장을 말한다.

이처럼 자본시장은 기업의 설비자금을 장기적으로 조달하는 시장으로서 장기대출을 받는 대부시장과 주식 · 국채 · 사채 등을 발행하여 자금을 조달하는 증권시장으로 구분해 볼 수 있는데, 자본시장법상의 자본시장은 증권시장을 그 적용대상으로 하고 있다.

그리고 증권시장(securties market, stock market)은 증권발행시장과 증권유통시장으로 구분하고 있는데, 증권유통시장은 다시 증권거래소가 개설한 거래소시장과 주로 증권회사 창구에서 이루어지는 장외시장으로 구분하는데, 거래소시장을 협의의 증권시장이라고 한다. 자본시장과 금융투자업에 관한 법률에서 "유가증권시장이라 함은 유가증권의 매매거래를 위하여 설립된 한국증권거래소가 개설하는 시장을 말한다"고 규정하여(제9조) 증권시장을 협의의 증권시장으로 정의하고 있다.

---

1) 금융시장은 기업의 운전자금이 거래되는 화폐시장과 설비자금이 거래되는 자본시장으로 구분할 수 있는데, 화폐시장은 자금거래기간이 비교적 단기인 금융시장으로 보는 것이 일반적이며 자본시장은 자금거래기간이 1년 이상인 장기금융시장으로 구분하는 것이 일반적이다.

2. 자본시장법의 연혁

과거 우리 자본시장을 규율하는 법률은 그 업종에 따라 증권거래법, 선물거래법, 간접투자자산운용업법, 신탁업법, 종합금융회사에 관한 법률, 한국증권선물거래소법 등으로 구분되어 존재했다.

특히, 구 증권거래법과 선물거래법은 금융기관이 취급할 수 있는 상품의 종류를 법률에 제한적으로 열거하는 형태를 취하고 있었다. 그러나 이러한 제한적 열거주의(positive system)는 창의적인 금융상품 개발을 억제하고 금융혁신을 저해한다는 평가를 받은 바 있다. 또한 이러한 제한적 열거주의는 금융업간의 겸영을 엄격히 통제함으로써 금융산업 전반에 걸쳐 시너지 효과를 내는데 부정적 역할을 함은 물론이고 각 금융기관별 상이한 규제체계 때문에 규제차익이 발생하는 등 제도적 비효율성에 대한 지적들이 많았다. 그 밖에도 투자자 보호장치가 미흡하여 국내자본시장에 대한 신뢰가 제고되지 못한다는 비판들도 있었다.

정부는 2007년 이러한 문제를 해결하기 위하여 각각 산재되어 있는 자본시장 관련 법률들을 통합하기로 하고, 증권거래법, 선물거래법, 간접투자자산운용업법, 신탁업법, 종합금융회사에 관한 법률, 한국증권선물거래소법 등 6개 법률을 통합한 「자본시장과 금융투자업에 관한 법률」(약칭 '자본시장법' 이라 함)을 제정하였다.

이 자본시장법은 앞에서 언급된 문제점들을 개선하기 위하여 우선, 금융투자상품의 개념을 포괄적으로 정의하고 이를 기반으로 한 규율체계를 구성하였다. 구체적으로는 금융업간 겸영을 확대하여 종래 증권업이라 불렀던 금융투자업 자체의 업무범위를 확대하고 금융업에 관한 제도적 틀을 금융기능 중심으로 재편하였다. 그리고 투자자 보호장치를 강화함은 물론, 자본시장에서의 불공정거래행위에 대한 규제를 강화하는 것을 주된 내용으로 하고 있다.

그리고 이를 통해 정부는 국내 금융투자회사들의 대형화와 전문화, 금융투자산업의 경쟁력 제고, 투자자보호를 통한 자본시장의 신뢰제고, 자본시장의 혁신형 기업에 대한 자금공급 기능 강화 등과 같은 목적을 달성하고자 하였다.

3. 자본시장법의 규제방식

2007년 제정된 자본시장법의 변화내용을 보면, 과거 자본시장관련 법률인 구 증권거래법에서는 자본시장을 사전적으로 규제하는 규정들이 많았다. 사전규제는 정부가 자본시장을 주도하도록 법제도화하였다는 것을 의미하며, 이는 시장에서의 경쟁을 제한하는 결과를 가져왔고, 국내 자본시장이 글로벌 시장의 변화에 적응하는데 장애요인이 된다는 지적들이 많았다.

특히, 사전규제로 인하여 과거에는 경제적 성질이 동일한 금융행위에 대하여 기관별로 각기 상이한 규제를 함으로써 소위 규제차익이 발생하는 등의 문제가 발생한 바 있었다.

이러한 문제를 해결하기 위해 정부는 자본시장에 경쟁원리를 도입하고 이를 위해 사전규제를 완화하고 투자자보호를 강화하는 방안을 선택하였다.

이는 그 동안 지속적으로 사전규제가 금융투자업자들의 자율성을 저해함으로써 국내 자본시장의 경쟁력을 저해하고 있다는 비판과 사전규제 완화 시 투자자보호를 강화하여야 한다는 의견들을 수용한 것으로 이해된다.

따라서 정부는 과거와는 달리 기능별 규제제도를 도입하여 과거 열거주의(positive system)를 포괄주의(negative system)[2)]로 전환하였으며, 이로 인해 금융투자업자들이 다양하고 창의적인 금융투자상품을 개발·판매할 수 있도록 하였다.

그 밖에도 자본시장법은 다양한 금융상품들이 개발될 수 있도록 과거 금융업간 겸영금지제도를 폐지함으로써 금융업의 업무범위를 확대하여 금융업간 시너지효과를 기대했다.

그러나 포괄주의는 자본시장을 글로벌화하고 그 규모를 확대할 수 있다는 장점을 갖고 있기는 하지만 위험상품의 불완전판매 등으로 인하여 투자자들이 국내자본시장을 불신하는 경우 오히려 자본시장이 위축될 수 있기 때문에, 이러한 문제를 예방하기 위해 투자자보호를 강화한 것으로 이해된다.

이처럼 자본시장법은 포괄주의를 택하기는 하였지만, 여전히 다른 금융권, 즉 은행 및 보험회사의 경우 여전히 열거주의방식으로 규제하고 있기 때문에 자본시장법의 취지에 부합하는 시너지 효과가 미흡하다는 지적들이 있다. 따라서 향후에는 어떠한 형식으로든 금융규제를 통일시키는 방안에 대한 많은 논의가 있을 것으로 예상된다.

4. 자본시장법의 목적

법률을 제정하는 경우 그 입법목적이 명확해야 하며, 이러한 요건을 충족하지 못하는 경우 헌법 제37조 제2항에서 규정하고 있는 과잉금지의 원칙 중 '입법목적의 정당성'에 위배

2) 포괄주의란 법률에 투자상품의 종류를 구체적으로 열거하지 않고 개괄적으로 정의하는 것을 말하며, 이를 통해 시장의 수요에 따른 다양한 금융상품을 출시하여 투자자들에게 다양한 투자기회를 부여하며, 동시에 열거주의가 갖는 문제점인 규제공백도 방지할 수 있는 장점들을 갖고 있다.

되어 위헌논란의 여지가 있을 수 있다. 또한 입법목적에 대한 명확한 해석 역시 필요하다.

따라서 자본시장법은 제1조에서 그 입법목적을 "이 법은 자본시장에서의 금융혁신과 공정한 경쟁을 촉진하고 투자자를 보호하며 금융투자업을 건전하게 육성함으로써 자본시장의 공정성 · 신뢰성 및 효율성을 높여 국민경제의 발전에 이바지함을 목적으로 한다"고 규정하고 있다.

해석상 자본시장법은 '국민경제의 발전'을 궁극적 목적으로 하고 있으며, 국민경제발전이라는 목적을 달성하기 위하여 "자본시장의 공정성 · 신뢰성 및 효율성 제고"라는 대원칙을 정하고, 그 세부전략으로 "금융혁신, 공정한 경쟁의 촉진, 투자자보호, 금융투자업의 건전한 육성"을 택하였다.

이는 구 증권거래법이 그 목적을 "유가증권의 발행과 매매 기타의 거래를 공정하게 하여 유가증권의 유통을 원활히 하고 투자자를 보호함으로써 국민경제의 발전에 기여함을 목적으로 한다"고 규정하였던 것과 비교해 보면 그 입법목적이 보다 명확해 졌다고 이해된다.

규제법으로서의 성격이 입법목적에 내포되어 있었던 구 증권거래법과 달리 제1조에서 "금융혁신, 공정한 경쟁촉진, 금융투자업 건전육성 등"을 병시함으로써 자본시장육성법으로서의 성격을 분명히 하였다.

그리고 자본시장법을 적용함에 있어서는 해석상 입법목적의 우선순위를 정하는 것이 필요한데, 이와 관련하여 법률이란 공공복리를 실현하기 위한 수단인 점을 감안해 보면 자본시장법상 목적의 최우선순위는 '국민경제의 발전'이 되어야 한다. 그럼에도 자본시장은 기업이 필요로 하는 장기자금을 주식이나 사채 등과 같은 증권의 발행을 통하여 조달하도록 함과 동시에 투자자에게도 자금을 운용할 수 있도록 하는 곳인 점을 감안하여 볼 때에 자본시장법의 목적은 '자원의 효율적 배분'에 최우선순위를 두어야 한다는 해석도 가능하다.

또한, 자본시장법은 자본시장 운영의 담당자인 금융투자업자에 대하여 적정한 기능과 역할을 부여함으로써 금융투자상품거래가 자유롭고 공정하게 이뤄지도록 하는데 최우선적 목적을 두어야 국민경제발전이라는 공공복리를 실현할 수 있다는 해석도 가능하다.

결론적으로 법해석상 그 목적을 지나치게 협의로 해석하면 궁극적으로는 공공복리와는 무관한 입법이 될 수 있다는 점에서 자본시장법의 제1차적 목적은 '국민경제의 발전'에 두어야 하며, 2차적 목적은 "자본시장의 공정성 · 신뢰성 및 효율성 제고", 그리고 "금융혁신, 공정한 경쟁의 촉진, 투자자보호, 금융투자업의 건전한 육성"은 3차적 목적에 해당한다고 보아야 한다.

제2장 자본시장법의 구성 주체

제1절 금융투자업자

1. 개요

자본시장법은 인적 적용대상을 금융위원회의 인가를 받거나 위원회에 등록한 금융투자업자로 한정하고 있으며, 구체적으로는 투자매매업, 투자중개업, 집합투자업, 신탁업, 투자일임업, 투자자문업 등 6개의 금융투자업을 영위하는 자를 금융투자업자라고 정의하고 이들에게 금융위원회의 인가를 받거나 동 위원회에 등록한 경우에 한하여 업을 영위할 수 있도록 진입을 규제하고 있다(법 제6조, 제8조).

그리고 추가로 2013년 5월 28일 종합금융투자업자 지정제도를 신설하고 이를 통하여 국내자본시장에서 투자은행(Investment Bank, IB)을 활성화시키고자 하였으며, 동시에 이들도 자본시장법의 적용대상으로 정하였다.

따라서 자본시장법의 적용대상인 금융투자업자에는 고객과 직접 채권채무관계를 가지는 투자매매업, 고객의 자산을 수탁하는 금융투자업인 투자중개업, 집합투자업, 신탁업, 그리고 고객의 자산을 수탁하지 않는 금융투자업인 투자일임업, 투자자문업 및 종합금융투자업자가 이에 해당한다.

2. 금융투자업자의 종류

1) 투자매매업

투자매매업이란 누구의 명의로 하든지 자기의 계산으로 금융투자상품의 매도·매수, 증권의 발행·인수 또는 그 청약의 권유, 청약, 청약의 승낙을 영업으로 하는 것을 말한다(법 제6조 제2항). 즉, 자기책임으로 주식·채권 등 금융투자상품을 사고파는 업무를 말하며, 이에는 주식과 채권의 인수 및 발행과 관련된 업무가 해당되며, 금융기관이 자기자본을 이용하여 영업으로 하는 투자업무도 이에 해당한다.

특히, 투자매매업은 '자기의 계산'으로 한다는 점에서 투자중개업과 구분되며, 그 종류로는 매매업무, 증권발행업무, 증권인수업무가 있다.

매매업무란 증권의 매매를 자기계산으로 하는 업무를 말하며, 자기매매라고도 한다. 이때 매매를 자기계산으로 하는 한 그 매매가 장내거래이든 장외거래이든 구분하지 않고 모두 매매업무에 해당된다.

증권인수업무란 공모를 용이하게 하기 위하여 필요한 업무를 담당하거나 발행된 증권이 소화되지 않는 경우에 발행인이 부담해야 할 위험을 떠맡는 행위를 말한다. 그리고 위험의 부담형태에 따라 인수업무를 총액인수와 잔액인수로 구분하는데, 총액인수는 제3자에게 그 증권을 취득시킬 목적으로 그 증권의 전부 또는 일부를 취득하는 행위를 말하며, 잔액인수는 그 증권의 전부 또는 일부에 대하여 이를 취득하는 자가 없는 때에 그 나머지를 취득하는 것을 내용으로 하는 계약을 체결하는 것을 말한다.

그리고 증권발행업무는 일반기업이 자금조달을 위하여 증권을 발행하는 것을 말하며, 이는 원칙적으로 투자매매업에 해당하지 않으므로 자기가 증권을 발행하는 경우에는 투자매매업으로 보지 않는다. 그러나 자금조달을 위하여 발행되는 증권이 파생결합증권인 경우에는 투자자보호의 필요성이 인정되어 투자매매업에 대한 규제를 가하고 있다.

2) 투자중개업

투자중개업이란 누구의 명의로 하든지 타인의 계산으로 금융투자상품의 매도·매수 또는 증권의 발행·인수에 대한 청약의 권유, 청약, 청약의 승낙을 영업으로 하는 것을 말한다(법 제6조 제3항). 즉, 투자자들의 동의를 받아 주식·채권 등 금융투자상품을 매매하는 업무를 말하며, 증권사의 위탁매매업, 선물회사의 선물거래업, 집합투자증권 판매 등이 이에 해당한다.

이 중에서 위탁매매업무는 금융투자상품의 매매를 투자자의 계산으로 하는 업무를 말하며, 협의로는 거래소의 회원인 금융투자업자가 투자자의 위탁을 받아 자기명의로 타인의 계산으로 하는 매매인데, 이는 금융투자업자의 업무 중 가장 큰 비중을 차지하고 있다. 위탁매매업자는 투자자로부터 매매주문을 받아 그것을 자신의 명의로, 그리고 투자자의 계산으로 실행하여 경제적 효과를 투자자에게 귀속시키는 대가로 수수료를 받는다. 이러한 위탁매매업에 대하여는 자본시장법에 별다른 규정이 없는 한 상법제2편(상행위) 제7장(위탁매매업)의 규정이 적용된다.

그리고 투자중개업자의 중개업무는 타인간 매매가 성립되도록 조력하는 업무를 말하며, 중개업자가 간접적으로 매매의 당사자가 되지 않는다는 점에서 대리 또는 위탁매매업무와 구별되며, 중개는 주로 법인간 대량의 주식을 거래하는 경우에 이용된다. 그러나 M&A중개는 주식보다는 기업의 매매를 중개한다는 점에서 투자중개업에 포함되지 않는 것으로 해석된다.

투자중개업자의 대리업무는 위탁자의 명의로 금융투자상품의 매매를 행하는 대가로 수수료를 받는 업무이며, 거래소에서의 매매거래는 회원만 주선할 수 있으며, 거래소 회원에 대한 위탁을 중개·주선·대리하는 것과 외국거래소에서의 거래를 위해 그 거래소의 회원사에 위탁하는 경우도 투자중개업에 해당한다.

마지막으로 투자중개업자의 발행주선업무는 증권의 발행, 인수에 대한 청약의 권유, 청약, 청약의 승낙을 영업으로 하는 것으로서 발행주선의 경우 발행인의 위탁을 받아 발행인의 계산으로 단순히 발행 및 판매사무만 담당할 뿐이며, 발행된 증권이 소화되지 않는 미매각위험은 발행인이 부담하는데, 자본시장법은 공모와 사모 모두를 규율하고 있다.

그 밖에도 자본시장법은 법적용의 명확성을 확보하기 위하여 투자중개업에서 명시적으로 제외되는 것을 열거하고 있는데, 이에 해당하는 경우는 ① 투자권유대행인이 투자권유를 대행하는 경우, ② 한국거래소가 증권시장 및 파생상품시장을 개설·운영하는 경우, ③ 한국금융투자협회가 증권시장에 상장되지 아니한 주권의 장외매매거래에 관한 업무를 하는 경우가 이에 해당한다.

3) 집합투자업

집합투자업이란 집합투자를 영업으로 하는 것을 말하며 펀드라고도 한다. 법상 집합투자란 2인 이상에게 투자권유를 하여 모은 금전 등 또는 기금 여유자금을 투자자 또는 각 기금관리주체로부터 일상적인 운용지시를 받지 아니하면서 재산적 가치가 있는 투자대상자산을 취득·처분, 그 밖의 방법으로 운용하고 그 결과를 투자자 또는 각 기금관리주체에게 배분하여 귀속시키는 것을 말한다(법 제6조 제5항). 다만, ① 사모(私募)의 방법으로 금전 등을 모아 운용·배분하는 것으로서 투자자의 총수가 49인 이하인 경우, ② 자산유동화계획에 따라 금전 등을 모아 운용·배분하는 경우, ③ 그 밖에 행위의 성격 및 투자자 보호의 필요성 등이 있는 경우는 집합투자업에 해당하지 않는다(법 제6조 제5항).

구 증권거래법상의 자산운용업이 자본시장법상으로는 집합투자업으로 변경하였지만, 자본시장법상 투자매매업과 투자중개업을 영위하는 증권사의 경우에는 집합투자업을 하는 자산운용회사를 겸업하는 것이 명시적으로 제한된다.

4) 투자자문업

투자자문업이란 금융투자상품의 투자대상자산가치 또는 금융투자상품에 대한 투자판단시 필요한 자문에 응하는 것을 영업으로 하는 것을 말하는데, 여기서 말하는 투자판단이란 금융투자상품의 종류, 종목, 취득·처분, 취득·처분의 방법·수량·가격 및 시기 등에 대한 판단을 말한다(법 제6조 제6항).

그리고 투자자문이란 유가증권에 직접 투자하기를 원하는 고객이 보다 나은 자산증식을 위하여 자문회사와 계약을 체결하고 자문회사는 유가증권의 가치 및 투자판단에 대하여 조언을 하거나 매매를 대행하여 일임매매하는 금융서비스를 말한다.

투자자문회사는 금융위원회에 등록하여 투자자문업 및 투자일임업을 영위할 수 있으며, 투자자문은 주식, 채권 등 유가증권에 직접 투자를 원하는 고객에 대하여 유가증권의 가치분석, 시황분석 및 구성자산의 포트폴리오 구성 등에 대하여 조언 및 투자정보를 서비스하는 것이 일반적이다. 그리고 투자일임은 펀드매니저인 투자전문가가 고객으로부터 투자의 권한을 위임 받아 고객의 투자목적 및 투자성향에 맞춰 유가증권의 매매를 통해 고객자산을 증대하는 것을 목적으로 하는 맞춤형 서비스를 말한다.

5) 투자일임업

투자일임업이란 투자자로부터 금융투자상품에 대한 투자판단의 전부 또는 일부를 일임받아 투자자별로 구분하여 금융투자상품을 취득·처분, 그 밖의 방법으로 운용하는 것을 영업으로 하는 것을 말한다.

이 투자일임업의 특징 중의 하나는 고객투자판단의 전부 또는 일부를 일임 받아 투자자별로 구분하여 맞춤형 운용을 한다는 점이다. 투자일임을 위해서는 고객이 금융투자업자에 종합자산관리계좌인 '일임형 랩(Wrap)어카운트'를 개설해야 하며, 투자일임업자는 투자자 명의의 계좌(자산)를 전화주문, HTS(홈트레이딩시스템) 등의 방식으로 위탁운용한다. 이러한 투자일임업을 영위할 수 있는 금융회사는 자본시장법상의 금융투자업자와 종합금융회사에 관한 법률(종금업법) 상의 종합금융회사(종금사)이며, 은행의 경우에는 투자일임업은 영위할 수 없고, 투자자문업만 허용된 상황이다.

이러한 투자일임업의 장점으로는 ① 투자정보와 분석, 경험에서 전문성을 가진 자산운용 전문가 그룹에 고객의 귀중한 자산을 일임, 운용하게 함으로써, 자산운용의 안정성과 효율성을 기할 수 있는 점, ② 개별고객의 투자성향, 투자환경 등 고객의 개별적 의사가 충분히 반영된 적절한 투자방법을 선택할 수 있다는 점, ③ 고객이 자신의 자산운용 상황을 정기적으로 보고 받고 파악할 수 있다는 점, ④ 고객이 자신의 자산을 운용하는 자산운용전문가와 직접 원활하게 의사소통할 수 있다는 점, ⑤ 대형 펀드 투자 등에 비하여 시장의 급격한 변동에 신속한 대응이 가능하다는 점, ⑥ 고객명의로 계좌가 관리되어 본인 자산의 안정성과 운용내역의 투명성이 확보된다는 점, ⑦ 정기적인 운용보고서를 통해 투자전문가의 운용 스타일과 투자자문사의 축적된 운용 노하우를 간접적으로 습득할 수 있다 점, ⑧ 고객과 투자자문사가 직접계약으로 수수료를 정하므로 일반적인 펀드 등에 비하여 기본 수수료가 저렴하고 효율적이라는 점 등의 장점을 갖고 있다.

6) 신탁업

자본시장법은 신탁업도 금융투자업에 해당하는 것으로 명문규정을 두고 있으나 그 개념에 대하여는 단지 "신탁을 영업으로 하는 것"이라고 정의하고 있을 뿐 다른 아무런 규정도 두고 있지 않다. 다만, 자본시장법은 신탁업 중 관리신탁업은 이 법을 적용하지 않는다고 명백히 함으로써 신탁업자 중 금융투자업자와 집합투자업자의 투자신탁재산을 보관 및 관리하는 신탁업자만 이 법의 적용대상이 되도록 하였다. 이는 자본시장법상 신탁업자의 경우 2인 이상의 투자자로부터 금전 등을 모아서 운용할 수 있는 금융투자상품을 취급할 수 없다는 것을 의미한다.

그리고 자본시장법상의 적용을 받는 은행의 관리신탁에는 증권관리신탁이 이에 해당하며, 관리신탁의 수익권을 취급하는 업무는 그것을 영업으로 할 경우에는 신탁업이 될 수 있지만, 그 외의 금융투자업에는 해당하지 않으므로 이 법의 적용을 받지 않는다.

참고로 종합금융회사는 투자신탁의 설정 · 해지 및 투자신탁재산의 운용업무만으로 한정된 집합투자업과 금전신탁 외의 신탁업을 영위할 수 있다(법 제336조 제2항).

제2절 금융투자업자 대주주와 임원, 투자자

1. 대주주

자본시장법의 적용을 받는 인적 적용대상으로 대주주가 있다. 즉, 금융투자업자의 대주주는 상법의 적용과 별도로 자본시장법의 적용도 받아야 하는데, 대주주에는 최대주주와 주요주주가 있다(법 제9조 제1항). 우선 최대주주란 법인의 의결권 있는 발행주식총수를 기준으로 본인 및 특수관계인이 그 명의와 관계없이 자기의 계산으로 소유하는 주식을 합하여 그 수가 가장 많은 경우의 그 본인을 말한다.

그리고 주요주주란 ① 명의와는 관계없이 자기의 계산으로 의결권 있는 주식의 10% 이상을 소유한 자와 ② 임원의 임면 등의 방법으로 법인의 중요한 경영사항에 대하여 사실상의 영향력을 행사하는 주주가 이에 해당한다. 이처럼 대주주의 개념을 자본시장법이 정의하는 이유는 금융투자업자의 사금고화와 경제력 집중을 억제하는 차원에서 금융위원회의 승인을 필요로 하는 대상자를 정하기 위함이다.

2. 임원 및 사외이사

자본시장법은 금융투자업자의 임원에 대하여 상법과는 별도의 규정을 두고 이에 대한 규제를 가하고 있다(법 제9조). 자본시장법상 '임원'이란 이사 및 감사를 말한다고 정의하고, '사외이사'란 회사의 상시적인 업무에 종사하지 아니하는 자로서 주주총회에서 선임된 자라고 정의하고 있다. 따라서 2011년 상법개정을 통하여 도입된 집행임원의 경우 자본시장법상 임원에 해당하지 않는다고 해석된다. 즉, 집행임원은 주주총회가 아닌 이사회에서 선임하기 때문이다(상법 제408조의2 제3항).

특히, CEO에 해당하는 대표이사의 경우 금융투자업자가 집행임원을 설치한 경우 선임할 수 없도록 되어 있어 해석상 금융투자업자의 경우 이 법의 적용을 받기 위하여는 집행임원을 선임해서는 안된다고 해석된다. 즉, 2011년 개정 상법상 집행임원 설치회사는 대표이사를 두지 못하고 이사회의장을 두도록 되어 있는데, 이는 대표집행임원이 회사를 대표하게 되는 것을 의미하며, 동시에 회사를 대표하는 자인 대표집행임원의 경우 회사의 임원이 될 수 없는 결과를 가져오게 된다(상법 제408조의2).

입법론적으로는 집행임원 설치회사의 경우에도 대표이사를 그대로 두고 상법 제408조의5에서 정한 대표집행임원에 관한 규정을 삭제하는 것이 바람직하다고 본다.

3. 전문투자자와 일반투자자

자본시장법은 전문투자자와 일반투자자를 구분하여 정하고, 일반투자자에게만 보호규정을 적용토록 하고 있다. 여기서 말하는 전문투자자란 금융투자상품에 관한 전문성 구비 여부, 소유자산규모 등에 비추어 투자에 따른 위험감수능력이 있는 투자자로서 ① 국가, ② 한국은행, ③ 금융기관, ④ 주권상장법인을 말한다. 다만, 일반투자자라 하더라도 금융투자업자와 장외파생상품 거래를 하는 경우에는 전문투자자와 같은 대우를 받겠다는 의사를 금융투자업자에게 서면으로 통지하는 경우에 법상 투자자 보호규정이 적용되지 않는다.

자본시장법은 이처럼 전문투자자에 대립되는 개념으로 일반투자자를 상정하고 있으면서도 구체적인 개념정의를 하지 않고 단지 전문투자자가 아닌 투자자를 일반투자자라고 정의를 하고 있을 뿐이다.

제3절 증권발행관련자

1. 발행인 · 인수인

자본시장법은 증권발행과 관련하여 발행인, 인수, 인수인에 관한 개념을 정의하고 있는데(법 제9조), 이에 따르면 발행인이란 증권을 발행하였거나 발행하고자 하는 자를 말하며 증권예탁증권(entrusted securities)을 발행하는 경우에는 그 기초가 되는 증권을 발행하였거나 발행하고자 하는 자가 이에 해당한다.

그리고 인수란 증권을 모집 · 사모 · 매출하는 경우 ① 제3자에게 그 증권을 취득시킬 목적으로 그 증권의 전부 또는 일부를 취득하는 것, ② 그 증권의 전부 또는 일부에 대하여 이를 취득하는 자가 없는 때에 그 나머지를 취득하는 것을 내용으로 하는 계약을 체결하는 것 중 어느 하나에 해당하는 행위를 말한다. ①의 경우를 총액인수 또는 일부인수라 하고, ②의 경우를 잔액인수라 하는데, 총액인수(firm commitment underwriting)는 간접모집의 한 형태로서 발행회사가 특정 인수인과의 계약에 따라 사채총액을 일괄적으로 인수시키는 것으로 발행회사 입장에서는 신속한 자금조달이 가능하다.

반면에 일부인수는 발행회사가 인수인과 계약에 따라 발행총액 중 일부를 인수하기로 하는 계약에 따라 일부를 인수하는 것을 말한다.

잔액인수(stand-by underwriting)는 유가증권 인수방법의 한 형태로서 발행기관이 발행자로부터 위탁받은 증권의 발행사무를 담당하고 만약 모집기간 중에 이를 매출하지 못한 발행증권의 잔량이 있으면 그 잔량을 발행기관이 인수하는 것으로 청부모집이라고도 한다. 이 잔액인수는 발행자의 입장에서 보면 잔액인수계약이 성립된 시점에서부터 사실상 모집이 달성된 것과 동일하기 때문에 발행자는 발행된 증권 전액에 대하여 인수수수료와 모집수수료를 발행기관에 지급하여야 한다.

그리고 인수인이란 증권을 모집·사모·매출하는 경우 총액인수, 일부인수, 잔액인수 중 하나를 업으로 하는 행위를 하는 자를 말한다고 정의하고 있다.

따라서 증권을 모집·사모·매출하는 경우에는 총액인수, 일부인수, 잔액인수 중 어느 하나에 해당하는 업무만 하더라도 이 법의 적용을 받는 인수인이 된다.

2. 상장·비상장·주권상장·주권비상장·외국법인

자본시장법은 적용대상인 법인에 대하여 상세한 규정을 두고 있는데, 법인의 종류로는 '상장법인', '비상장법인', '주권상장법인' 및 '주권비상장법인'의 개념을 각각 개별적으로 정의해 놓고 있다(법 제9조 제15항).

이에 따르면 상장법인이란 '상장증권을 발행한 법인'이라고 정의하고 있으며, 비상장법인이란 '상장법인을 제외한 법인'이라고 정의하고 있다.

그리고 주권상장법인이란 증권시장에 상장된 주권을 발행한 법인 또는 주권과 관련된 증권예탁증권이 증권시장에 상장된 경우에는 그 주권을 발행한 법인이며, 주권비상장법인이란 주권상장법인을 제외한 법인이라고 정의하고 있다.

그리고 외국법인은 ① 외국 정부, ② 외국 지방자치단체, ③ 외국 공공단체, ④ 외국 법령에 따라 설립된 외국 기업, ⑤ 국제기구, ⑥ 그 밖에 외국에 있는 법인 등을 의미한다.

제4절 금융투자상품시장

증권의 유통이란 이미 발행된 유가증권이 투자자 상호간에 매매 거래되는 것을 의미한다. 이러한 증권유통은 자본시장법상 인정되는 유가증권시장인 증권거래소시장(상장시장)과 협회중개시장(코스닥시장), 코넥스(Korea New Exchange)시장에서 이뤄진다.

자본시장법은 시장의 개념을 정의하고, 시장의 종류로서 증권시장과 파생상품시장을 구분하여 놓고 있다. 우선, '증권시장'이란 증권의 매매를 위하여 거래소가 개설하는 시장으로서 유가증권시장과 코스닥시장을 구분하고 있다(법 제8조의2). 코넥스시장은 코스닥시장 상장요건을 충족시키지 못하는 벤처기업과 중소기업이 상장할 수 있도록 2013년 7월 1일부터 개장한 중소기업 전용 주식시장으로서 증권시장에서 배제하고 있어 자본시장법의 적용대상이 되지 않는다.

유가증권시장은 유가증권의 발행 및 유통에 관한 기구를 말하는 것으로서 협의로는 유가증권의 매매거래를 위하여 한국증권거래소가 개설하는 시장을 말하며 일반적으로는 코스피(KOSPI, Korean Composite Stock Price Index)시장이라고도 한다.

이러한 유가증권시장은 ① 유통시장으로서의 기능과 ② 가격형성시장으로서의 기능을 하는 등 국민경제상 중대한 역할을 담당하고 있지만, 한편으로는 투기의 장소로서 활용되기도 한다. 이처럼 유가증권시장이 투기의 장으로서 변모되는 것을 예방하기 위하여는 대량의 매매가 집중될 수 있도록 시장의 규모를 확대하는 것이 필요하다.

그리고 코스닥(Korea Securities Dealers Automated Quotation)시장이란 전자거래시스템으로 운영되는 한국의 장외 주식거래시장을 말한다. 이는 코스닥위원회가 운영하는 시장으로서 미국의 나스닥(NASDAQ: National Association of Securities Dealers Automated Quotation)과 유사한 기능을 하는 중소, 벤처기업을 위한 증권시장이다.

우리나라의 경우 1996년 코스닥 개장으로 증권거래소 상장을 위한 예비적 단계에 머물렀던 장외시장이 미국의 나스닥(NASDAQ)과 같이 자금조달시장 및 투자시장으로 정착된 바 있다.

그리고 '파생상품시장'이란 장내파생상품의 매매를 위하여 거래소가 개설하는 시장을 의미하는 것으로 정의하고 있다.

파생상품시장(Korea Exchange Derivatives Market)은 선물, 옵션과 같은 파생상품이 거래되는 시장으로서 1999년 한국선물거래소로 창립 당시 국채선물과 양도성예금증서(CD)선물, 금선물, 달러(USD/KRW)선물이 상장되었다. 그리고 2005년에 한국증권선물거래소로 합병된 후, 한국증권거래소와 코스닥시장과 함께 통합되었다. 현재는 코스피200 옵션, 코스피200

선물, 미국 달러/한국 원 선물과 한국 3년 국고채선물이 거래량의 대다수를 차지하고 있다.

파생상품시장에서 매매할 수 있는 자는 한국거래소의 등록회원으로서 거래소로부터 매매인가를 받은 증권회사나 선물회사 같은 금융투자업자로 한정되며, 매매의 당사자는 한국거래소가 된다. 따라서 개인이나 법인이 매매를 하기 위해서는 먼저 회원사에 한국거래소 파생상품 위탁계좌를 개설하고, 계약에 상당하는 증거금을 납부하여야 하며, 위험고지와 투자성향 정보가 등록되어야 주문을 할 수 있다.

이러한 파생상품시장에서의 매매는 경매의 원리에 따라 매수주문은 고가, 매도주문은 저가가 최우선 순위이고, 다음으로 주문접수순서, 매매수량 순으로 매매체결 우선순위가 부여된다. 이때에도 거래소가 매수하고 거래소가 매도하는 결제구조를 갖게 된다.

제5절 금융투자상품

1. 의의

1) 개념

자본시장법의 적용대상 목적물로는 우선 금융투자상품이 있다. 법은 이러한 금융투자상품에 관하여 상세한 정의를 함으로써 자본시장법의 적용범위를 명확히 하고 있다.

우선, 자본시장법은 '투자금융상품'의 개념을 포괄적으로 정의하고, 이들 중 이 법의 적용을 받지 않는 '투자금융상품'의 종류를 열거함으로써 포괄주의(negative system)을 택하고 있다(법 제3조). 이는 2007년 입법당시에 구 증권거래법상의 규제방법이었던 열거주의(positive system)을 포괄주의으로 전환한 대표적인 예라고 할 수 있다.

그리고 법은 이 금융투자상품을 증권과 파생상품으로 구분함으로써 이를 규제하는 방법을 다양화시키고자 하였다.

우선, '금융투자상품'의 개념을 정의함에 있어 그 구성요소로 ① 목적, ② 재산적 가치, ③ 금전상 채권 ④ 금전상 손실위험을 정하고 있다.

즉, 이 법의 적용을 받는 금융투자상품이 되기 위하여는 첫째, 이익을 얻거나 손실을 회피할 목적이 있어야 한다. 따라서 이익영득목적이나 손실회피목적이 없는 금융투자상품은 이 법상의 적용대상이 아니다.

그리고 둘째, 금융투자상품이 되기 위하여는 당해 상품이 재산적 가치를 지녀야 한다. 당해 상품이 금전으로 금액상 명확한 액면가가 기재된 경우는 물론이고, 최소한 금전적으로 그 가치를 평가할 수 있는 상품이어야 한다. 따라서 금전상 금액으로 평가할 수 없는 재산적 가치를 지닌 상품인 경우에는 이 법의 적용을 받을 수 없다.

셋째, 이 법의 적용을 받는 금융투자상품이 되기 위하여는 채권적 효력만 있으면 되고 물권적 효력, 즉 소유권을 취득할 필요는 없다.

넷째, 금전상 손실위험이 있는 투자상품이어야 한다. 즉, 원금의 손실위험이 없는 금융상품의 경우에는 이 법의 적용을 받지 않는다.

여기서 권리를 취득하기 위하여 지급하였거나 지급하여야 할 금전 등의 총액산정 시에는 판매수수료 등을 제외하며 권리로부터 회수하였거나 회수할 수 있는 금전 등의 총액산정 시에는 해지수수료 등도 포함된다.

2) 적용배제 금융투자상품

자본시장법은 앞에서 본 바와 같이 4가지 요소를 모두 갖춘 금융투자상품에 대하여 이 법이 적용되는 원칙을 정하여 놓고 이러한 원칙에 부합하는 상품에 대하여는 이 법이 적용되도록 포괄적으로 규정하면서도, 이 법의 적용을 받지 않는 상품도 열거하여 놓고 있다. 즉, 일명 네거티브 시스템을 택하고 있는 것이다. 이에 해당하는 것으로는 ① 원화로 표시된 양도성 예금증서(CD: certificate of deposit), ② 수탁자에게 신탁재산의 처분 권한이 부여되지 아니한 '관리신탁'의 수익권, ③ 그 밖에 해당 금융투자상품의 특성 등을 고려하여 금융투자상품에서 제외하더라도 투자자보호 및 건전한 거래질서를 해할 우려가 없는 금융투자상품이다.

여기서 말하는 양도성예금증서란 제3자에게 양도가 가능한 정기예금증서, 즉 은행이 정기예금에 대하여 발행하는 무기명의 예금증서로서 예금자가 이를 자유롭게 금융시장에서 매매할 수 있도록 한 유가증권이다. 이 양도성 예금증서는 그 발행과 유통과 관련한 업무가 주로 은행업무에 속하는 것이므로 이를 증권시장을 중심으로 발행되고 유통되는 금융투자상품과는 구분이 필요하다는 전제하에 이 법의 적용대상에서 제외시켰다.

또한 양도성예금증서는 그 성격상 손실위험이 동반된 투자라고 보기 어렵다는 점에서 이 법의 적용을 배제하는 것이 법리상 당연한 것이기는 하지만, 학설대립 등의 논란이 발생하여 법적용상 논란이 발생할 가능성을 사전에 차단하기 위하여 이를 배제하는 규정을 명문으로 둔 것이다.

또한 관리신탁의 경우 전적으로 은행업무에 속하기는 것이기 때문에 이 법의 적용을 명백히 제외시켰다. 이러한 관리신탁은 위탁받는 재산의 종류에 따라 부동산 관리신탁과 증권관리신탁으로 분류되는데, 부동산 관리신탁은 토지나 건물 등 부동산의 대부(貸付) · 지대(地

代)·집세 등의 수납·납세·수리 등을 관리신탁하는 것을 업무로 하고 있으며, 증권 관리신탁은 원리금·배당금의 수금(收金), 증권의 보관 등의 일을 대행하게 된다. 이 중에서 증권관리신탁은 현재 은행업무 중의 하나로 분류되고 있기는 하지만 이론적으로 금융투자상품으로 분류될 수도 있다. 따라서 관리신탁에 대하여 이 법을 적용하는지 여부를 두고 논란이 발생하여 법적용상의 혼란이 발생하는 것을 예방하기 위하여 명문으로 배제한 것이다.

3) 금융투자상품 종류

자본시장법은 금융투자상품으로 증권과 파생상품을 열거해 놓고 있다. 증권이라 함은 재산상의 권리·의무에 관한 사항을 기재한 문건으로서 이에는 유가증권과 증거증권이 있는데, 자본시장법상의 증권이라 함은 입법목적상 거래를 규제한다는 점에서 양도가 가능한 유가증권만이 해당되며, 이에는 주권·채권 등이 있다.

주권은 사원의 지위를 표창하는 유가증권으로서 자본을 구성하는 출자지분을 의미하며, 이 주권은 권리내용에 따라 보통주·우선주·후배주로 구분되며, 주권금액의 기재 여부에 따라 액면주와 무액면주로, 주주명부에의 명의기재 여부에 따라 기명주와 무기명주로 구분되기도 한다.

채권은 투자자에게 사원권이 아닌 채권자의 지위를 부여하는 것으로서 일정기간 경과 후 채권발행주체는 이를 상환하는 것을 전제로 상환 전까지 약정이자를 지급하는 것을 내용으로 하는 유가증권이다. 이는 발행주체에 따라 국채·지방채·정부특수기관채·금융채·사업채 등으로 구분된다. 증권은 단기간에 대량의 자금을 조달하여 운용할 수 있도록 금융적 기능을 수행하며, 이러한 증권과 자금과의 교환거래를 증권거래라 하며, 이러한 증권거래가 행해지는 추상적인 장을 증권시장이라고 한다.

그리고 파생상품은 원래 파생금융상품(Derivatives)의 줄인 말로 이해되며, 금리나 환율, 주가 등이 변동하는 경우 발생할 수 있는 투자자의 손실발생의 위험을 회피(hedge)하거나 해당 위험을 최소화한 상태에서 거래자가 수익을 확보할 수 있도록 해당 거래자의 여건에 적합하도록 각종 금융상품을 결합시켜 고안한 새로운 금융상품을 말하며, 이에는 선물환·선물·옵션·스왑 및 그 파생상품들이 있다.

파생상품은 기초가 되는 자산의 성격에 따라 크게 상품파생상품(commodity derivatives)과 파생금융상품(financial derivatives)으로 분류할 수 있는데, 이 법상의 파생상품이라 함은 파생금융상품만을 그 적용대상으로 한다.

2. 증권

1) 의의

자본시장법은 금융투자상품 중 하나인 증권의 개념에 대하여는 어떠한 정의도 하지 않고 단지 증권의 종류만을 열거하고 있다. 자본시장법이 증권과 자금과의 교환거래를 규율하는 데 근본 목적을 두고 있는 점을 감안하여 볼 때에 이 법상 증권이라 함은 유가증권만이 그 대상이 될 수 있다. 그러나 유가증권에는 주식이나 채권 이외에도 어음과 수표, 선하증권, 창고증권, 화물상환증 등도 포함되는 것이 일반적이기 때문에 자본시장법에서 유가증권의 개념을 정의하기란 쉽지 않다.

그럼에도 실무상 증권의 개념이 명확치 않는 경우 법적용상 혼란이 발생할 수 있기 때문에 이를 예방하기 위하여는 최소한 강학상의 개념정의라도 필요하다.

2) 증권의 종류

(1) 주권

주권(stock)이란 주식회사 사원의 지위를 표창하는 유가증권으로서 자본을 구성하는 출자지분을 의미한다. 이 주권은 배당 및 잔여재산의 권리내용에 따라 보통주 · 우선주 · 후배주로 구분되며, 주권금액의 기재 여부에 따라 액면주와 무액면주로, 주주명부에의 명의기재 여부에 따라 기명주와 무기명주로 구분되기도 한다.

이러한 주권 중 보통주는 이익 또는 이자배당, 잔여재산의 분배 등과 같은 재산적 이익을 받는데 있어서 우선주 · 후배주 · 혼합주 등과 같이 특별한 권리내용이 없는 보통주의 주식을 말하며, 우리 상법은 보통주에 대하여 회사에 대하여 주주개인의 경제적 이익을 직접 청구할 수 있는 자익권과 회사의 경영활동을 견제 · 감독함으로써 간접적으로 경제적 이익을 확보할 수 있도록 하는 공익권 모두를 인정하고 있다.[1] 또한 상법은 우선주에 한하여 의결권 없는 주식을 발행할 수 있도록 규정하고 있다(상법 제370조 제1항 본문). 이러한 우선주는 참가적 우선주, 누적적우선주 등으로 구분되기도 하는데, 참가적 우선주의 소정의 배당률 이외

---

1) 자익권은 주주가 회사로부터 경제적 이익을 직접 받을 수 있는 권리를 말하며, 이에는 이익배당청구권(462조) · 이자배당청구권(463조) · 잔여재산분배청구권(538조) · 주권교부청구권(355조) · 주식전환청구권(346~351조) · 주식의 명의개서청구권(337조) 등이 있다. 공익권은 회사의 경영에 관여하여 부당한 경영을 방지 · 배제할 수 있는 권리를 말하며, 이에는 의결권(369조), 주주총회결의 취소를 구하는 권리(376~378조), 주주총회 소집청구권(366조), 이사의 위법행위 유지청구권(402조), 대표소송 제기권(403조), 회사 해산청구권 등이 있다.

의 잔여이익에 대해서도 일정비율에 따라 분배에 참여할 수 있는 우선주를 말하며, 누적적 우선주의 경우에는 "이익 없으면 배당 없다"는 원칙하에 이익배당을 받지 못한 해가 있으면, 당해 해에 받았었을 이익을 이익이 발생한 차후년도에 배당될 이익과 함께 받는 것을 말한다. 그 밖에도 특수한 주식으로는 전환주식, 상환주식 등이 있다.

(2) 채권

채권(bond)이란 국가, 지방자치단체, 은행, 회사 등 법인이 사업상 필요자금을 차입하기 위하여 발행하는 유가증권으로서 주식과 같이 직접적인 자금조달방법으로 이용된다.

채권은 발행 후 일정기간 후에 상환을 조건으로 상환 전까지 주로 이자를 받는 권리를 표창하는 유가증권으로서 발행주체, 즉 채무자의 지위여부에 따라 국채, 지방채, 정부특수기관채, 금융채, 회사채 등으로 구분된다. 이를 세분하여 보면, 국고채권, 금융채권, 기명채권, 단기채권, 산업채권, 유동채권, 이자채권, 저축채권, 토지채권, 특수채권, 할인채권, 확정채권, 부동산신탁채권, 환매조건부채권, 기명식 소지인불채권 등이 있다. 이 중에서 환매조건부채권(Repurchase Agreements; RP)이란 증권회사가 일정한 기간 경과 후에 일정한 가격으로 재매입하는 조건으로 판매하는 채권을 말한다. 일반적으로는 금융기관이 일정 기간 후 확정금리를 보태어 재매입하는 조건으로 발행하며, 이 RP는 1998년 7월 25일 이후 발행분부터는 예금자 보호대상에서 제외되었지만 판매기관이나 보증기관에서 지급보증을 서고 우량채권의 담보력 등이 있는 점을 감안하면 안정성이 높은 채권이라고 할 수 있다.

그 밖에도 이자지급 방법에 따라 이표채권·할인채권·복리채권, 보증의 유무에 따라 보증채권·담보부채권·무보증채권, 상환기간에 따라 단기채권·중기채권·장기채권, 지급이자율의 변동여부에 따라 확정금리부채권과 금리연동부채권, 발행기업의 파산 시 채권자의 우선변제순위에 따라 선순위채권과 후순위채권으로 구분된다.

3. 파생상품

자본시장법은 그 적용대상 목적물 중 하나로 파생상품에 대하여 규율하고 있는데, 파생상품(Derivatives or derivative products)이란 금리나 환율, 주가 등이 변동하는 손실이 발생할 위험성이 높은데, 이러한 손실발생 위험을 회피(hedge)하거나 위험을 최소화한 상태에서 수익을 확보할 수 있도록 거래자의 여건에 맞게 적정하게 각종 금융상품을 결합시켜 창안한 새로운 금융상품들을 말하며, 이에는 선물환·선물·옵션·스왑 등이 있다.

이러한 파생상품은 국제통화체제가 변동환율제로 전환되면서 발생할 수 있는 환차손을 피하기 위해 1972년 미국에서 처음 도입되었다.

자본시장법은 파생상품의 개념을 ① 기초자산이나 기초자산의 가격·이자율·지표·단위 또는 이를 기초로 하는 지수 등에 의하여 산출된 금전 등을 장래의 특정시점에 인도할 것을 약정하는 계약, ② 당사자 어느 한쪽의 의사표시에 의하여 기초자산이나 기초자산의 가격·이자율·지표·단위 또는 이를 기초로 하는 지수 등에 의하여 산출된 금전 등을 수수하는 거래를 성립시킬 수 있는 권리를 부여하는 것을 약정하는 계약, ③ 장래의 일정기간 동안 미리 정한 가격으로 기초자산이나 기초자산의 가격·이자율·지표·단위 또는 이를 기초로 하는 지수 등에 의하여 산출된 금전 등을 교환할 것을 약정하는 계약상의 권리를 말한다고 규정하고 있다(법 제5조).

따라서 파생상품이란 일반적으로 그 공정가액이 기초상품(underlying instruments)의 가치로부터 파생되는 계약 또는 증권으로서 그 자체가 효용가치를 가진 것이 아니고 계약의 기초상품 가치에 따라 공정가액이 결정되기 때문에 당사자 중 일방이 손실을 회피할 수는 있지만, 반대로 상대방은 일방이 회피한 손실위험을 감당해야 한다는 점에서 투기성이 내포된 상품이다. 파생상품은 기초가 되는 자산의 성격에 따라 크게 상품파생상품(commodity derivatives)과 파생금융상품(financial derivatives)으로 분류할 수 있다.

우선, 상품파생상품은 농산물, 금속, 석유 등 일반상품을 기초자산으로 하여 구성되는 반면에, 파생금융상품은 그 가치가 통화, 채권, 주식 등 기초금융자산의 가치변동에 따라 결제되는 금융계약이다.

그리고 파생금융상품은 시장형태에 따라 장내 파생금융상품과 장외 파생금융상품으로 구분되며, 계약형태에 따라 선도계약, 선물, 옵션, 스왑 등으로 구분되고, 계약형태들은 기초자산의 유형에 따라 통화, 금리, 주식관련 상품 등으로 분류된다.

장내파생상품이란 파생상품으로서 파생상품시장에서 거래되는 것 또는 해외 파생상품시장에서 거래되는 것을 말한다. 여기서 말하는 해외 파생상품거래란 ① 런던금속거래소의 규정에 따라 장외에서 이루어지는 금속거래, ② 런던귀금속시장협회의 규정에 따라 이루어지는 귀금속 거래, ③ 미국선물협회의 규정에 따라 장외에서 이루어지는 외국환거래, ④ 일본의 상품거래소법에 따라 장외에서 이루어지는 외국환거래, ⑤ 선박운임선도거래업자협회의 규정에 따라 이루어지는 선박운임거래, ⑥ 그 밖에 국제적으로 표준화된 조건이나 절차에 따라 이루어지는 거래로서 금융위원회가 정하여 고시하는 거래를 말한다(법 제5조 제2항).

그리고 이 법에서 말하는 "장외파생상품"이란 파생상품으로서 장내파생상품이 아닌 것을 말한다. 즉, 장외에서 거래하는 파생상품이란 거래소를 통하지 않고 쌍방간의 협정에 의해서 거래되는 파생상품을 말한다. 예를 들면 주식워런트증권(Equity Linked Warrant ; ELW)이 있고, 주가연계증권(Equity-Linked Securities; ELS), 금리스왑, 선물금리 등도 장외파생상품에 속한다.

제3장 자본시장법 적용대상 행위

1. 국내행위 · 국외행위

자본시장법은 국내행위에 대하여만 적용되는 것이 원칙이다. 즉, 각국이 제정한 증권관련법은 자국영토 내에서만 효력을 가진다는 것이 국제적으로 승인된 원칙이며, 이 원칙에 따라 오늘날 대부분의 증권시장은 국가단위로 규제가 이루어지고 있다. 그러나 각국의 증권시장이 개방된 현시점에서 증권관련법이 자국영토 내에서만 적용되는 경우 자국법의 규제목적이 달성되기 어려운 것 또한 현실이다.

따라서 각국은 속지주의 및 속인주의 원칙을 유지하면서도 자국의 영토 외에서 행해진 행위의 영향 및 효과가 자국에 미치는 경우에는 자국법을 적용하는 방안을 모색하면서 한국, 싱가포르 등 일부국가는 일명 '역외적용'(extraterritorial application)규정을 증권관련법에 명문화하고 있다. 반면에 영국이나 미국 등은 판례를 통해 증권관련법의 역외적용을 인정하고 있으며, 일본과 같이 기존의 법령상의 개별규정의 성질을 고려하여 역외적용의 문제를 해결하는 국가도 있다.

우리 자본시장법 제2조는 국내자본시장이 전면적으로 개방된 현시점에서 이 법의 실효성을 확보할 수 있도록 그 적용범위를 해외지역까지 확대하기 위하여 새로이 신설되었다.

이 규정은 구 증권거래법에는 존재하지 않았었는데, 2004년 12월 31일 독점규제 및 공정거래에 관한 법률이 새로이 신설한 동법 제2조의2의 규정을 그대로 옮겨 놓은 것으로서 자본시장에서도 역외적용한다는 것을 명문화한 것은 글로벌 시대에 매우 중요한 의미를 갖는다고 할 수 있다.

이 규정의 신설로 해외에서 행한 자본관련 행위라 할지라도 이로 인하여 국내시장이 영향을 받는 한 이 법이 적용될 수 있게 되었다.

그러나 이러한 역외적용에 대하여 우려되는 점도 있다. 즉, 역외적용이란 증권규제기관이나 감독기관이 외국행위자나 외국행위에 대하여 법적용을 하는 경우 민감한 국제적 · 정치적

문제가 제기될 수 있다. 따라서 국제적 관계를 고려하여 역외적용을 행사할 충분한 사유가 있을 때에만 우리 자본시장법을 역외에 적용하는 것이 바람직하며, 그 역외적용 판단기준을 법률이나 판례를 통하여 구체적으로 확립하는 것이 매우 중요하다고 할 수 있다.

2. 금융투자업자 영업행위

자본시장법은 금융투자업자의 영업행위에 대하여 재무건전성과 경영건전성을 감독하고 있다. 즉, 재무건전성과 관련하여서는 금융투자업의 지속성과 투자자보호차원에서 재무건전성 유지에 필요한 규제를 가하고 있다(법 제31조). 이러한 금융투자업자의 재무건전성은 금융감독원이 감독하고 있는데, 금융감독원은 1998년부터 증권회사에 대한 자기자본규제의 일환으로 영업용 순자본비율(Net Capital Ratio)제도를 운용하여 왔다.

이러한 영업용 순자본비율제도는 금융투자업자의 자산 및 부채에 내재되어 있거나 업무에 수반되는 총위험을 영업용 순자본보다 낮게 유지하도록 하여 설령 금융투자업자가 파산할 경우에도 투자자와 이해관계자들의 손실위험을 감소시키는데 목적이 있다.

그리고 영업용 순자본과 총위험액의 산정에 관한 구체적인 기준 및 방법은 금융위원회가 정하여 고시하고 있는데 경영건전성을 판단하는 기준으로 자기자본비율 및 자본의 적정성에 관한 사항, 자산의 건전성에 관한 사항, 유동성에 관한 사항, 위험관리에 관한 사항, 외환건전성에 관한 사항, 그 밖에 경영의 건전성 확보를 위하여 필요한 사항으로서 금융위원회가 정하여 고시하는 사항을 제시하고 있다.

그리고 금융투자업자는 경영건전성감독 차원에서 경영실태에 대한 평가와 위험에 대한 평가를 받는데, 경영실태에 대한 평가는 업종별로 그 피감독 범위를 정하고 위험에 대한 평가는 자산규모와 장외파생거래 여부를 기준으로 정한다(법 제30조 제2항, 법시행령 제35조).

3. 증권발행행위

증권발행이란 증권시장에서 투자자로부터 직접적으로 자금을 조달하는 것을 말하며, 이로 인한 투자손실의 위험은 최종적으로 투자자가 부담하게 된다. 따라서 자본시장법은 증권을 발행하는 경우 금융위원회에 신고하도록 함으로써 발행기관에 대한 통제가 가능하도록 하고 있다.

우리나라의 증권발행행위에 대하여 자본시장법은 공시주의를 근간으로 하고 있는데, 발행인으로 하여금 투자자의 투자의사 결정에 필요한 제반정보를 일반투자자에게 모두 공시하도록 강제하는 반면 유가증권의 내용이 투자대상으로서 적합한지 여부는 전적으로 투자자의 판단에 일임하고 있다.

증권발행행위로는 크게 모집과 매출로 구분하고 있는데, 모집은 50명 이상의 자에게 신규로 발행되는 유가증권의 취득의 청약을 권유하는 것을 말하며, 매출은 이미 발행된 유가증권의 소유자가 유가증권시장 또는 코스닥시장 밖에서 50명 이상의 자에게 그 유가증권의 매도의 청약을 하거나 매수의 청약을 권유하는 것을 말한다.

4. 증권유통행위

증권의 유통이란 이미 발행된 유가증권이 투자자 상호간에 매매 거래되는 것을 의미한다. 이러한 증권유통은 자본시장법상 인정되는 유가증권시장인 증권거래소시장(상장시장)과 협회중개시장(코스닥시장), 코넥스(Korea New Exchange)시장에서 이뤄진다.

코넥스시장이란 코스닥시장 상장요건을 충족시키지 못하는 벤처기업과 중소기업이 상장할 수 있도록 2013년 7월 1일부터 개장한 중소기업 전용 주식시장을 말한다.

이러한 코넥스 상장기업은 64개 항목에 대한 공시를 하고 있는 코스닥 상장사들과는 달리 29개 항목에 대해서만 공시하면 된다. 그리고 코넥스의 시장참가자는 전문투자자를 대상으로 하며, 자본시장법상 전문투자자로 분류되는 연기금·금융회사 등과 함께 벤처캐피털이 참여 하도록 되어있지만, 개인투자자도 예탁금 3억 원 이상이면 참여할 수 있다.

이러한 코넥스시장의 특징 중 하나는 지정자문인제도가 있다는 점이다. 이러한 지정자문인은 증권사만이 자격을 가지며, 이러한 지정자문인은 중소기업을 발굴해 코넥스에 상장시키고 관리하는 역할까지 담당하게 된다. 지정자문인은 상장 예비기업에 대한 적격성 심사, 전문투자자 대상 주식판매 주선 등을 관할하고 상장 이후에는 공시·신고대리 업무, 유동성 공급자 호가 제출의무 등을 하게 된다.

이러한 증권의 유통은 발행된 주식이나 채권의 일반투자자의 투자를 촉진시킴으로써 발행시장에서의 장기자본조달을 원활하게 해줄 뿐만 아니라 유가증권의 담보력을 높여준다.

또한 유통시장에 다수의 투자자가 참여하는 자유경쟁시장에서 주식이나 채권의 공정한 가격을 형성하도록 할 뿐만 아니라 유통시장에서 가격이 형성되도록 함으로써 향후 발행할 새로운 증권의 가격을 결정하는데 기여를 한다.

이러한 증권의 유통이 이뤄지는 유통시장을 제2차적 시장이라 하며, 이 유통시장은 그 거래가 경쟁적으로 이뤄지고, 구체적이고 조직적이며 계속적 시장이다.

그리고 유통시장이 형성되기 위하여는 (1) 자본전환의 자유성, (2) 유가증권 발행량의 대량성, (3) 소유의 분산성이라는 요건이 충족되어야 한다.

이러한 증권유통시장의 기본적 구조는 거래소시장과 장외시장으로 형성되어 있으며 거래대상에 따라 주식유통시장과 채권유통시장으로 나누어진다. 증권의 유통은 투자자 상호간의 매매거래에 의해 이루어지지만 현실적으로는 증권회사의 중개에 의하여 성립된다.

5. 공시행위

자본시장법상 공시(Disclosure)행위란 상장회사의 사업내용이나 재무상황, 영업실적 등 당해 회사의 상태를 투자자 등 이해관계자에게 알리는 행위를 말한다.

이러한 공시는 투자자들에게 투자관련 중요정보를 알림으로써 증권시장에서 공정한 가격이 형성되고 이를 통한 공정한 거래가 이뤄져 자본시장이 발전하도록 하는데 목적을 두고 있다.

자본시장법은 이러한 공시와 관련하여 상장회사에게 주주, 채권자, 투자자 등 이해관계자들에게 당해 회사의 상황 중 투자나 권리행사 여부를 판단함에 있어서 중요한 정보를 공시하도록 의무를 부과하고 있다.

이러한 공시의무는 자본시장법 이외에도 상법에서도 규정하고 있다. 우선, 자본시장법상 공시는 발행시장 공시와 유통시장 공시로 구분할 수 있는데, 발행시장 공시란 상장회사가 유가증권을 발행하기 위하여 투자자를 대상으로 하는 1회성 공시를 말하며, 이에는 증권신고서, 사업설명서, 증권발행실적보고서 등이 해당한다.

그리고 유통시장 공시는 투자가 연속적이고 지속적으로 이뤄지고 있는 증권거래시장에 참여하는 투자자를 대상으로 하는 것으로서, 현재의 주주와 채권자, 미래의 투자자에게 투자판단에 필요한 과거·현재·미래의 투자정보를 알려주는 것을 말한다.

이러한 유통시장 공시는 정기공시와 수시공시, 특수공시로 구분할 수 있는데, 정기공시는 투자자 등 이해관계자에게 사업보고서, 반기보고서, 분기보고서, 연결재무제표, 결합재무제표 등을 공시하는 것을 말한다.

수시공시는 회사경영에 중요한 영향을 미치는 정보를 수시로 공시하는 것을 말하며, 특수공시는 공개매수신고서, 안정조작·시장조성신고서, 합병·영업양수도신고서, 자기주식취득·처분신고서 등을 공시하는 것을 말한다.

그리고 이러한 공시의무를 성실하게 이행하지 않은 상장·등록회사에 대하여는 금융위원회의 제재가 가해지게 되는데, 이러한 불성실 공시유형에는 공시불이행, 공시번복, 공시변동 등이 있다.

이 중에서 공시불이행은 공시를 신고기한까지 이행하지 않는 것을 말하며, 공시번복은 공시한 내용을 전면 취소하거나 부인하는 것, 공시변동은 기존 공시내용을 일정비율 이상 변경하는 것을 말한다.

그리고 이러한 불성실 공시를 한 경우에는 불성실공시 사실을 공표하거나 매매거래 정지, 관리종목 지정 및 상장폐지 등의 제재를 받게 된다. 그 밖에도 2004년 4월부터는 대표이사가 유가증권신고서와 사업보고서 등 각종 공시서류에 직접 확인, 서명해야 하며, 허위기재 등 위규사항이 발생할 경우 대표이사가 허위공시에 대한 손해배상책임이나 증권집단소송상의 민사책임도 져야한다.

그리고 상법상으로는 주식회사에게 주주와 채권자의 권익을 위하여 공시의무를 부과시키고 있는데, 이에 따르면 정관 · 주주명부 · 의사록 · 재무제표 · 영업보고서 · 감사보고서 등을 비치 · 공시하도록 의무를 부과시키고 있다.

6. 불공정거래행위

자본시장법상 불공정거래행위란 증권의 발행 · 유통과정 또는 파생상품 거래과정에서 법이 요구하는 각종 신고 · 보고 · 공시 의무를 이행하지 않고 매매, 그 밖의 거래를 하는 행위 또는 자본시장법에서 규제하고 있는 금지의무를 위반하여 부당이득을 취득하기 위해 금융투자상품을 거래하는 일체의 행위를 말한다. 협의로는 자본시장법 제4편에서 규율하고 있는 미공개정보 이용행위(내부자거래), 시세조종 그리고 기타 부정거래행위 등이 이에 해당한다.

이러한 협의의 불공정거래행위 중 가장 법리상 논란이 많은 것은 일명 내부자거래라고 불리는 미공개정보이용행위라고 할 수 있다. 이와 관련하여 자본시장법은 일반인에게 공개되지 않은 중요한 정보, 즉 미공개정보를 알게 된 내부자의 유가증권 거래를 금지하고 있다(법 제174조).

여기서 미공개정보 이용행위가 금지되는 '내부자'란 임원, 직원, 대리인, 주요 주주, 이러한 회사내부자에 해당되지 아니한 날로부터 1년이 경과되지 않은 자를 말한다. 또한 회사내부자는 아니지만 직무나 지위에 의해 내부정보에 접근할 수 있는 공무원, 감독기관 임직원, 기자, 공인회계사, 주거래은행 임직원, 유가증권 인수회사 직원 등도 '준내부자'로 분류돼 규제대상이 되고 있다. 또 이들로부터 1차로 정보를 받아 주식투자를 한 사람도 해당된다. 이들이 상장법인 또는 협회등록법인의 업무 등과 관련, 일반인에게 공개되지 않은 중요한 정보를 직무와 관련해 알게 되거나 그 정보를 받은 경우 유가증권 등을 거래하지 못하도록 규정하고 있다.

그리고 '미공개정보'란 투자자의 투자판단에 중대한 영향을 미칠 수 있는 정보로서 불특정 다수인이 알 수 있도록 공개되기 전의 것을 말한다. 만약 미공개정보 이용행위의 금지조항을 어길 경우 2년 이상의 유기징역에 처하며, 그 위반행위로 얻은 이익 또는 회피한 손실액이 5억 원 이상인 때에는 가중 처벌하도록 규정하고 있다.

그리고 특정경제범죄가중처벌법상 그 위반행위로 얻은 이익 또는 회피한 손실액이 50억 원 이상인 때에는 무기 또는 5년 이상의 징역, 5억 원 이상 50억 원 미만인 때는 3년 이상의 유기징역에 처해지게 된다.

그 밖에도 이익 또는 회피한 손실액 이하에 상당하는 벌금을 병과할 수 있으며, 미공개정보를 이용하여 매매거래를 한 자는 그와 관련하여 입은 손해에 대하여 민사상 배상책임이 있다.

그리고 시세조종이란 부당이득을 취득할 목적으로 증권 등의 가격을 인위적으로 변동시키거나 고정시키는 행위를 말한다. 즉, 수요와 공급의 법칙에 따라 형성되어야 할 증권 등의 가격을 과도한 매수 또는 메도 주문, 허위사실 유포 등과 같은 불공정한 방법으로 변동시키거나 고정시키는 행위를 말한다.

시세조종은 그 유형이 매우 다양하지만, 자본시장법은 시세조종 행위로 5가지를 구분하여 법정하고 있다. 구체적으로는 ① 위장거래에 의한 시세조종, ② 현실거래에 의한 시세조종, ③ 표시에 의한 시세조종, ④ 불법 시세고정 및 안정행위, ⑤ 현선연계에 의한 시세조종에 관하여 규정하고 있다(법 제176조).

이러한 시세조종은 그 법적 성질과 관련하여 그 행위주체가 누구든 될 수 있다는 점에서 내부자거래와는 달리 비신분범적 성질을 갖는다. 그리고 그 성립요건을 엄격히 하고자 행위자에게 특정한 주관적 목적이 존재해야 범죄가 성립되도록 하는 목적범으로 그 범위를 제한하고 있다. 따라서 시세조종죄가 성립하기 위하여는 행위자에게 타인으로 하여금 그릇된 판단을 하게 할 목적, 타인의 매매거래를 유인할 목적, 시세를 고정시키거나 안정시킬 목적 등이 존재하여야 하며, 그 주관적 목적의 존재여부는 기소권자가 입증하여야 한다.

다만, 시세조종의 결과로 행위자가 부당이득을 취득하였는지 여부를 불문하고 주관적 목적을 가지고 시세조종행위를 한 것만으로 제재를 가한다는 점에서 형식범 또는 위험범에 해당하는 법적 성질을 갖고 있다.

만약 시세조종행위의 금지조항을 어길 경우 2년 이상의 유기징역에 처하며, 그 위반행위로 얻은 이익 또는 회피한 손실액이 5억 원 이상인 때에는 가중처벌한다. 또한 특정경제범죄가중처벌법상 그 위반행위로 얻은 이익 또는 회피한 손실액이 50억 원 이상인 때에는 무기 또는 5년 이상의 징역, 5억 원 이상 50억 원 미만인 때는 3년 이상의 유기징역에 처해지게 된다. 그리고 그 위반행위로 인하여 얻은 이익 또는 회피한 손실액 이하에 상당하는 벌금을 병과할 수 있다.

그리고 기타 부정거래행위란 미공개정보나 시세조종 등으로 규율할 수 없는 불공정거래행위를 의미하는 것으로 자본시장법은 규제의 효율성 확보 필요성 때문에 포괄적 · 추상적 성격을 갖는 이 부정거래행위 금지조항을 도입하였다(법 제178조). 즉, 자본시장법은 누구든지 금융투자상품의 매매, 그 밖의 거래와 관련하여 ① 부정한 수단, 계획 또는 기교를 사용하는 행위, ② 중요사항에 관하여 거짓의 기재 또는 표시를 하거나 타인에게 오해를 유발시키지 아니하기 위하여 필요한 중요사항의 기재 또는 표시가 누락된 문서, 그 밖의 기재 또는 표시를 사용하여 금전, 그 밖의 재산상의 이익을 얻고자 하는 행위, ③ 금융투자상품의 매매, 그 밖의 거래를 유인할 목적으로 거짓의 시세를 이용하는 행위 중 어느 하나에 해당하는 행위라도 금지시키고 있다.

그 밖에도 누구든지 금융투자상품의 매매, 그 밖의 거래를 할 목적이나 그 시세의 변동을 도모할 목적으로 풍문의 유포, 위계(僞計)의 사용, 폭행 또는 협박을 하는 것도 금지시키고 있다(법 제178조 제2항).

그리고 이를 위반한 경우에는 10년 이하의 징역 또는 그 위반행위로 얻은 이익 또는 회피한 손실액의 1배 이상 3배 이하에 상당하는 벌금에 처해지게 된다. 다만, 그 위반행위로 얻은 이익 또는 회피한 손실액의 3배에 해당하는 금액이 5억원 이하인 경우에는 벌금의 상한액을 5억원으로 제한하고 있다(법 제443조 제1항 제8, 9호).

다만, 포괄성과 추상성이라는 특성 때문에 여전히 과다적용으로 인한 불필요한 규제를 가할 가능성이 높다. 특히, 미국이나 일본이 증권거래법 내에 포괄적인 불공정거래행위 금지규정을 두지 않고 개별적인 금지규정만을 두고 있다는 점을 보면 이러한 가능성은 충분히 인정할 만하다.

그럼에도 현재 논의는 부정거래금지 조항의 개정보다는 이 제도의 도입취지에 부합하는 범위 내에서 과다적용을 방지하는 운영방안 모색을 중심으로 이뤄지고 있다.

물론, 입법초기 당시에도 논의되었던 것처럼 부정거래금지 조항이 근본적으로 죄형법정주의에 반하기 때문에 법적용을 신중히 하는 경우 이 규정이 사문화될 수 있다는 우려들이 있었다. 그러나 이 규정이 여전히 관치금융을 위한 규제강화의 수단으로 이용될 가능성이 여전히 높다.

따라서 기타 부정거래금지 규정의 적용문제는 부정거래 금지조항의 취지를 살려 법리적으로 그 적용기준을 판례를 통해 정립해 나가는 것이 필요하다.

제2편 금융투자업

제1장 금융투자업의 인가 및 등록

제1절 금융투자업 종류

1. 금융투자업

자본시장법은 기능별 규제체제를 택하면서 금융투자업을 6가지로 분류하고, 이들 간의 겸영을 허용하고 있다. 즉, 자본시장법 제6조에서는 '금융투자업'이란 이익을 얻을 목적으로 계속적이거나 반복적인 방법으로 행하는 행위로서 ① 투자매매업, ② 투자중개업, ③ 집합투자업, ④ 투자자문업, ⑤ 투자일임업, ⑥ 신탁업 중 어느 하나에 해당하는 업(業)을 말한다고 정의하고 있다(법 제6조 제1항).

즉, 상법상 상인적 방법으로 투자매매업이나, 투자중개업, 집합투자업, 투자자문업, 투자일임업, 신탁업 중 하나 또는 2 이상을 영리를 목적으로 영업활동을 하는 자를 말한다.

다만, 금융투자업자가 상법상 당연상인에는 해당하지 않고 의제상인에 해당한다고 본다(상법 제46조, 제4조, 제5조 참조).

그리고 자본시장법은 2014년 5월 28일 개정시 전담중개업무에 관하여 신설규정을 두었는데, 이는 투자중개업에 해당하는 것으로 해석된다. 이에 따르면 '전담중개업무'란 전문사모집합투자기구, 그 밖에 투자자에 대하여 ① 증권의 대여 또는 그 중개・주선이나 대리업무, ② 금전의 융자, 그 밖의 신용공여, ③ 전문사모집합투자기구 등의 재산의 보관 및 관리, ④ 그 밖에 전문사모집합투자기구 등의 효율적인 업무수행을 지원하기 위하여 필요한 업무를 효율적인 신용공여와 담보관리 등을 위하여 연계하여 제공하는 업무를 말한다.

2. 금융투자업 종류

1) 투자매매업

투자매매업이란 누구의 명의로 하든지 자기의 계산으로 금융투자상품의 매도・매수, 증권의 발행・인수 또는 그 청약의 권유, 청약, 청약의 승낙을 영업으로 하는 것을 말한다(법 제6조 제2항). 즉, 자기책임으로 주식・채권 등 금융투자상품을 사고파는 업무를 말하며, 이에는 주식과 채권의 인수 및 발행과 관련된 업무가 해당되며, 금융회사가 자기 돈을 이용한 투자업무도 이에 포함한다.

이러한 투자매매업은 '자기의 계산'으로 한다는 점에서 투자중개업과 구분되며, 그 종류로는 매매업무, 증권발행업무, 증권인수업무가 있다.

(1) 매매업무

매매업무란 증권의 매매를 자기계산으로 하는 업무를 말하며, 자기매매라고도 한다. 이때 매매를 자기계산으로 하는 한 그 매매가 장내거래이든 장외거래이든 구분하지 않고 모두 매매업무에 해당된다.

이와 관련하여 입법과정에서 논란이 있었던 것은 투자매매업자를 상대로 하여 매매하거나 투자중개업자를 통하여 금융투자상품을 매매하는 자도 금융투자업자에 포함시켜 이 법을 적용할 것인지 여부였다. 최종적으로는 투자매매업자를 상대로 매매하는 자나 투자중개업자를 통하여 금융투자상품을 매매하는 자를 금융투자업에서 배제하는 명문규정을 둠으로써 해석상 논란의 여지를 제거하였다(자본시장법 제7조 제6항 2호).

또한 정부나 한국은행이 공익을 위해 금융투자상품을 거래하는 등 국가가 주체가 되는 매매와 국책은행이 공개시장을 조작하여 이뤄지는 매매업무에 대하여도 자본시장법이 적용되지 않도록 하였다. 그리고 매매업무 중 투자매매업자가 매매하는 증권을 일정기간 후에 환매수 또는 환매도할 것을 조건으로 매매하는 환매조건부 증권매매(Repurchase Agreement; RP)의 경우 그 법적 성질과 관련하여 이를 증권매매로 봐야 하는지 아니면 증권담보부 대출로 보아야 하는지 여부에 대하여 논란이 있었다. 그러나 최종적으로 자본시장법은 이를 금융투자업에서 제외하였다.

결론적으로 환매조건부채권의 경우 금융기관이 일정기간 후에 재매입하는 조건으로 채권을 매도하고 경과기간에 따라 소정의 이자를 포함시켜 재매입하는 채권인 점을 감안해 보면 그 본질은 채권투자의 약점인 환금성을 보완하기 위한 금융상품이라고 해석된다.

더욱이 금융기관간에 RP거래를 하는 경우에는 투자자보호의 필요성이 적고 실제 금융기관간 단기자금대차수단으로 활용되고 있는 점을 감안해 보면 증권담보부 대출로 보는 것이 타당하다고 해석된다.

우리나라의 RP거래 형태는 한국은행 RP, 금융기관의 대고객 RP, 기관간 RP가 있으며, 한국은행이 통화량과 금리를 조정하기 위한 통화조절용 수단으로 시중은행에 RP를 판매하는 것이 일반적이다.

다만, RP거래를 고객을 상대로 하는 경우에는 RP거래 상대방이 계약을 이행하지 못하고 대상증권의 가치가 급락할 경우 투자자손실이 발생할 가능성이 있기 때문에 투자자보호가 필요하다.

(2) 인수 및 발행업무

인수업무란 공모를 용이하게 하기 위하여 필요한 업무를 담당하거나 발행된 증권이 소화되지 않는 경우에 발행인이 부담하는 위험을 대신 부담하는 행위를 말한다. 그리고 인수업무를 위험의 부담형태에 따라 총액인수와 잔액인수로 구분해 볼 수 있는데, 총액인수는 제3자에게 그 증권을 취득시킬 목적으로 그 증권의 전부 또는 일부를 취득하는 행위를 말하며, 잔액인수는 그 증권의 전부 또는 일부에 대하여 이를 취득하는 자가 없는 때에 그 나머지를 취득하는 것을 내용으로 계약을 체결하는 것을 말한다.

그리고 발행업무는 일반기업이 자금조달을 위하여 증권을 발행하는 것을 말하며, 이는 투자매매업의 규제대상이 아니므로 원칙적으로 자기가 증권을 발행하는 경우에는 투자매매업으로 보지 않는다. 그러나 신종상품을 발행하는 파생결합증권의 경우에는 투자자보호의 필요성이 인정되기 때문에 이에 대한 규제를 가하고 있는 것이다.

그리고 투자신탁의 수익증권은 집합투자업자만 발행할 수 있는데, 이러한 집합투자업자가 발행하는 수익증권의 경우 투자자보호의 필요성이 크기 때문에 투자매매업에 관한 규정을 적용하고 있다. 그리고 파생결합증권은 시행령에서 지분증권과 연계된 파생결합증권과 지분증권과 무관한 기초자산과 연계된 파생결합증권으로 구분하고 있으며, 투자성있는 예금이나 보험은 은행법상 허용되는 경우에 한하여 은행과 보험회사만 발행가능하다.

2) 투자중개업

투자중개업이란 누구의 명의로 하든지 타인의 계산으로 금융투자상품의 매도・매수, 그 청약의 권유, 청약, 청약의 승낙 또는 증권의 발행・인수에 대한 청약의 권유, 청약, 청약의 승낙을 영업으로 하는 것을 말한다고 규정하고 있다(법 제6조 제3항).

즉, 투자자들의 동의를 받아 주식 · 채권 등 금융투자상품을 매매하는 업무를 말하며 증권사의 위탁매매업, 선물회사의 선물거래업, 집합투자증권 판매 등이 이에 해당하는 대표적인 업무다.

위탁매매업무는 투자자로부터 매매주문을 받아 금융투자상품의 매매를 투자중개업자의 명의로 투자자의 계산으로 하는 업무를 말하며, 협의로는 거래소의 회원인 금융투자업자가 투자자의 위탁을 받아 자기명의로 타인의 계산으로 하는 매매인데, 그 경제적 효과를 투자자에게 귀속시키는 대가로 수수료를 받는 것으로 금융투자업자의 업무 중 가장 큰 비중을 차지해 오고 있다. 위탁매매업무의 경우에는 자본시장법에 별다른 규정이 없는 한 상법 제2편(상행위) 제7장에서 규정하고 있는 위탁매매업에 관한 규정이 적용된다.

그리고 투자중개업자의 중개업무는 타인간 매매가 성립되도록 조력하는 업무를 말하며, 중개업자가 간접적으로 매매의 당사자가 되지 않는다는 점에서 대리 또는 위탁매매업무와 구별되며, 중개는 주로 법인간 대량의 주식을 거래하는 경우에 이용된다. 그러나 M&A중개는 주식보다는 기업의 매매를 중개한다는 점에서 투자중개업에 포함되지 않는 것으로 해석된다.

그러나 자본시장법은 기업금융업무와 관련하여 기업의 인수 및 합병의 중개 · 주선 또는 대리업무에 대하여는 영업행위규제를 가하고 있는데, 이에 해당하는 것이 이해상충방지체제에 대한 특칙(법 제44조) 등이다.

그리고 투자중개업자의 대리업무는 위탁자의 명의로 금융투자상품의 매매를 행하는 대가로 수수료를 받는 업무이며, 거래소에서의 매매거래는 회원만 주선할 수 있으며, 거래소 회원에 대한 위탁을 중개 · 주선(위탁매매) · 대리하는 것과 외국거래소에서의 거래를 위해 그 거래소의 회원사에 위탁하는 경우도 투자중개업에 해당한다.

발행주선업무는 증권의 발행, 인수에 대한 청약의 권유, 청약, 청약의 승낙을 영업으로 하는 것으로서 발행주선의 경우 발행인의 위탁을 받아 발행인의 계산으로 단순히 발행 및 판매사무만 담당할 뿐이며, 발행된 증권이 소화되지 않는 미매각위험은 발행인이 부담한다.

그러나 ① 투자권유대행인이 투자권유를 대행하는 경우, ② 한국거래소가 증권시장 및 파생상품시장을 개설 · 운영하는 경우, ③ 한국금융투자협회가 증권시장에 상장되지 아니한 주권의 장외매매거래에 관한 업무를 하는 경우는 이 법에서 투자중개업에서 명시적으로 제외시키고 있다.

3) 집합투자업

집합투자업이란 집합투자를 영업으로 하는 것을 말하며, 집합투자란 2인 이상에게 투자권유를 하여 모은 금전 또는 기금의 여유자금을 투자자 또는 각 기금관리주체로부터 일상적인 운용지시를 받지 않고 재산적 가치가 있는 투자대상자산을 취득 · 처분, 그 밖의 방법으로 운용하고 그 결과를 투자자 또는 각 기금관리주체에게 배분하여 귀속시키는 것을 말한다.

즉, 펀드를 설정하고 2인 이상의 투자자로부터 자금을 모은 뒤 이 자금을 운용하여 수익을 나눠 갖는 업무를 말하며, 구 증권거래법상의 자산운용업이 자본시장법상으로는 집합투자업으로 변경되었다고 할 수 있다.

그러나 자본시장법은 투자매매업과 투자중개업을 하는 증권사의 경우에는 집합투자업을 할 수 없도록 명시적으로 제한하고 있다.

그러나 ① 사모(私募)의 방법으로 금전 등을 모아 운용 · 배분하는 것으로서 투자자의 총수가 49인 이하인 경우, ② 자산유동화계획에 따라 금전 등을 모아 운용 · 배분하는 경우, ③ 그 밖에 행위의 성격 및 투자자 보호의 필요성이 있는 경우에는 투자매매업과 투자중개업을 하는 증권사도 집합투자업을 할 수 있다(법 제6조 제5항). 따라서 위의 3가지 경우에는 증권사도 펀드를 설정하고 2인 이상 49인 이하의 투자자로부터 자금을 모은 뒤 이 자금을 운용하여 수익을 배분하는 업무를 할 수 있다.

4) 투자자문업

투자자문업이란 금융투자상품, 그 밖에 투자대상자산가치 또는 금융투자상품에 대한 투자판단에 관한 자문에 응하는 것을 영업으로 하는 것을 말하는데, 여기서 말하는 투자판단이란 종류, 종목, 취득 · 처분, 취득 · 처분의 방법 · 수량 · 가격 및 시기 등에 대한 판단을 말한다(법 제6조 제6항).

이처럼 투자자문이란 유가증권에 직접 투자하기를 원하는 고객이 보다 나은 자산증식을 위하여 자문회사와 계약을 체결하고 자문회사는 유가증권의 가치 및 투자판단에 대하여 조언을 하거나 매매를 대행하는 일임매매를 하는 금융 서비스를 말한다.

투자자문회사는 금융위원회에 등록하여 투자자문업 및 투자일임업을 영위할 수 있으며, 투자자문은 주식, 채권 등 유가증권에 직접 투자를 원하는 고객에 대하여 유가증권의 가치분석, 시황분석 및 구성자산의 포트폴리오 구성 등에 대하여 조언 및 투자정보를 서비스한다.

5) 투자일임업

투자일임업이란 투자자로부터 금융투자상품에 대한 투자판단의 전부 또는 일부를 일임받아 투자자별로 구분하여 금융투자상품을 취득 · 처분, 그 밖의 방법으로 운용하는 것을 영업으로 하는 것을 말한다.

이 투자일임업의 특징 중의 하나는 고객 투자판단의 전부 또는 일부를 일임받아 투자자별로 구분하여 맞춤형 운용을 한다는 점이다. 투자일임을 위해서는 고객이 금융투자업자에 종합자산관리계좌인 '일임형 랩(Wrap)어카운트'를 개설해야 하며, 투자일임업자는 투자자 명의의 계좌(자산)를 전화주문, 홈드레이딩시스템(Home Trading System; HTS) 등의 방식으로 위탁운용한다. 이러한 투자일임업을 영위할 수 있는 금융회사는 자본시장법상의 금융투자업자와 종금업법 상의 종금사이며, 은행의 경우에는 투자일임업은 영위할 수 없고, 투자자문업만 허용된 상황이다.

이러한 투자일임업의 장점으로는 ① 투자정보와 분석, 경험에서 전문성을 가진 자산운용 전문가 그룹에 고객의 귀중한 자산을 일임, 운용하게 함으로써, 자산운용의 안정성과 효율성을 기할 수 있는 점, ② 개별고객의 투자성향, 투자환경 등 고객의 개별적 의사가 충분히 반영된 적절한 투자방법을 선택할 수 있다는 점, ③ 고객이 자신의 자산운용 상황을 정기적으로 보고받고 파악할 수 있다는 점, ④ 고객이 자신의 자산을 운용하는 자산운용 전문가와 직접 원활하게 의사소통할 수 있다는 점, ⑤ 대형 펀드 투자 등에 비하여 시장의 급격한 변동에 신속한 대응이 가능하다는 점, ⑥ 고객명의로 계좌가 관리되어 본인자산의 안정성과 운용내역의 투명성이 확보된다는 점, ⑦ 정기적인 운용보고서를 통해 투자전문가의 운용 스타일과 투자자문사의 축적된 운용 노하우를 간접적으로 습득할 수 있다 점, ⑧ 고객과 투자자문사가 직접계약으로 수수료를 정하므로 일반적인 펀드 등에 비하여 기본수수료가 저렴하고 효율적이라는 점 등의 장점을 갖고 있다.

6) 신탁업

자본시장법은 신탁업도 금융투자업에 해당하는 것으로 명문규정을 두고 있으나 그 개념에 대하여는 단지 "신탁을 영업으로 하는 것"이라고 정의하고 있을 뿐 다른 아무런 규정도 두고 있지 않다. 다만, 자본시장법은 신탁업 중 관리신탁업은 이 법을 적용하지 않는다고 명백히 함으로써 신탁업자 중 금융투자업자나 집합투자업자의 투자신탁재산을 보관 및 관리하는 신탁업자만 이 법의 적용대상이 되도록 하였다. 이는 자본시장법상 신탁업자의 경우 2인 이상의 투자자로부터 금전 등을 모아서 운용할 수 있는 금융투자상품을 취급할 수 없다는 것을 의미한다.

이처럼 자본시장법이 관리신탁을 법적용 대상에서 제외시킨 이유는 우리나라 신탁업이 은행의 금전신탁을 중심으로 운영되어 왔었던 점을 고려하여 은행이 영위하는 신탁업의 범위가 축소되는 것을 막기 위한 것으로 해석된다.

따라서 자본시장법상 신탁업자는 금융투자업자(법 제102조 내지 제117조)와 집합투자업자의 투자신탁재산을 보관 및 관리하는 자(법 제80조 제1항)로서만 규제를 받게 된다. 결국 자본시장법상 신탁업자는 2인 이상의 투자자로부터 금전 등을 모아서 운용할 수 있는 금융투자상품을 취급할 수 없다.

그리고 자본시장법상의 적용을 받는 은행의 관리신탁에는 증권관리신탁이 이에 해당하며, 관리신탁의 수익권을 취급하는 업무는 그것을 영업으로 할 경우에는 신탁업이 될 수 있지만, 그 외의 금융투자업에는 해당하지 않으므로 이 법의 적용을 받지 않는다.

제2절 금융투자업 인가 및 등록

금융투자업자는 불특정 다수의 투자자들을 상대로 영업을 한다는 점에서 자본시장에서 순기능을 할 수 있는 일정한 자격요건을 갖춘 자에 한하여 금융투자상품을 취급할 수 있도록 진입을 규제하고 있다.

그리고 금융투자업의 종류인 투자매매업, 투자중개업, 집합투자업, 투자자문업, 투자일임업, 신탁업 중에서 투자매매업과 투자중개업, 집합투자업, 그리고 신탁업에 대하여는 금융위원회의 인가를 받아야 영업활동을 할 수 있도록 진입규제를 가하고, 투자자문업 또는 투자일임업자에 대하여 금융위원회의 등록을 요건으로 하는 진입규제를 가하고 있다(법 제18조).

따라서 인가를 받지 않고 투자매매업과 투자중개업, 집합투자업, 그리고 신탁업을 한 금융투자업자의 법률행위는 무효가 되며, 그 밖에 5년 이하의 징역 또는 2억원 이하의 벌금에 처해진다.

그리고 금융투자업 등록을 하지 아니하고 투자자문업 또는 투자일임업을 영위한 자에 대하여는 3년 이하의 징역 또는 1억 원 이하의 벌금에 처할 수 있도록 규정하고 있다(법 제445조 제1호).

이처럼 금융투자업자의 진입을 엄격히 규제하는 근본적인 이유는 투자자보호에 있다. 이러한 진입규제는 일정한 요건을 충족한 자에 한하여 인가와 등록을 허용한다는 점에서 엄격한 사전규제 및 법률적 규제이다.

이처럼 법이 금융투자업자에게 진입규제를 엄격히 하는 구체적인 이유는 첫째, 이들 금융투자업자가 취급하는 금융투자상품은 복합적이고 기술적인 상거래형태로 이뤄지는 자본시장에서 비전문가인 투자자들을 보호할 필요가 있기 때문이다. 즉, 자본시장이란 매우 가변적이고 불확실하기 때문에 금융투자상품에 대한 전문지식이 부족한 투자자들을 보호하기 위하여는 우선 거래의 공정성 여부를 감독하는 것이 필요하다. 이러한 점에서 금융투자상품거래의 매개자역할을 하는 금융투자업자의 진입을 규제하는 것은 국제적으로도 공감대가 형성되어 있으며, 제도적으로도 어느 정도 유사성을 확보하고 있다. 다만, 각국마다 사전규제의 정도는 다소 차이가 있으며, 우리나라는 다른 국가들에 비하여 사전규제가 엄격한 국가로 평가받고 있다.

둘째, 자본시장에서의 정보불균형 문제를 해결하기 위하여는 진입규제가 필요하다는 것이다. 자본시장에서의 정보불균형의 심화는 자본시장을 왜곡시키는 중요한 요인 중의 하나다. 따라서 금융투자업자의 진입규제를 통하여 정보접근성이 용이한 업무관련자가 직무상 알게 된 정보를 이용하는 것을 간접적으로 억제할 필요가 있다.

셋째, 경험칙상 금융투자업자가 갖는 특성인 기업성(수익성 · 성장성 · 자율성)과 공공성(공정거래 · 투자자보호 · 기업금융의 원활화 등) 등이 조화롭게 구현될 수 있도록 진입규제를 통하여 정부가 개입하여야만 자본시장이 안정적이고 건전하게 성장 · 발전할 수 있기 때문이다.

그러나 자본시장이란 보이지 않는 손에 의하여 수요와 공급의 법칙에 따라 작동할 때 비로소 효율적일 수 있다. 이러한 점에서 볼 때 구체적으로 자본시장을 저해하는 행위가 존재하지 않음에도 불구하고 사전에 지나친 규제를 가하는 것은 자본시장의 효율성을 저해할 우려가 있기 때문에 합리적인 사전규제방식을 택하는 것이 필요하다.

제2장 금융투자업자 지배구조

1. 개설

자본시장법은 금융투자업자의 지배구조에 관하여 상법의 지배구조에 관한 규정들의 특례를 두고 있다.

자본시장법상 이 지배구조규정의 적용범위를 금융투자업자로 한정하면서, 예외적으로 금융투자업이 본업이 아닌 겸영으로 하는 겸영금융투자업자의 경우에는 금융투자업을 하기는 하지만 이 법을 적용하지 않는다는 것을 명확히 하였다(법 제22조).

이처럼 자본시장법은 금융투자업자에 대하여는 상법이나 금융기관별 별도의 법률에서 정하고 있는 지배구조와는 별도로 금융투자업자에게만 적용되는 지배구조에 관한 규정들을 둠으로써 법적용상의 혼란을 사전에 예방하고자 하고 있다.

그러나 상법상의 지배구조와 달리 별도의 지배구조규정을 둠으로써 관치금융을 강화하는 수단으로 이용되고 있다는 문제제기도 있다.

결론적으로 본법 제2편 금융투자업의 제2장에서 정하고 있는 지배구조에 관한 규정들은 은행이나 보험회사 등에 대하여는 적용되지 않는다는 것을 명백히 하였으며 추가로 법 시행령을 통하여 ① 한국산업은행, ② 중소기업은행, ③ 한국수출입은행, ④ 증권금융회사, ⑤ 종합금융회사, ⑥ 자금중개회사, ⑦ 외국환중개회사, ⑧ 한국주택금융공사, ⑨ 그 밖에 금융위원회가 정하여 고시하는 금융기관 등에도 이 지배구조에 관한 규정이 적용되지 않는다는 것을 명백히 하였다(법 시행령 제24조).

이러한 자본시장법상의 지배구조에 관한 것으로는 대주주변경승인, 임원의 자격, 이사회 구성 및 사외이사, 감사기관 등을 들 수 있다.

2. 대주주 특별규제

자본시장법상 금융투자업자의 대주주가 되기 위하여는 금융위원회의 승인을 얻을 것을 요구하고 있으며, 승인받지 않고 취득한 주식에 대한 처분명령시의 방법에 대한 상세한 규정을 두고 있다. 그리고 그 승인을 위한 자격요건과 승인을 취득하지 않은 대주주에 대한 처분명령권과 당해 주주의 의결권을 제한하는 규정을 두고 있다. 그러나 금융투자업자 중 투자자문업자 및 투자일임업자의 경우에는 승인 없이 보고만 하도록 예외를 인정하고 있으며, 승인신청 절차에 관하여도 상세히 규정하고 있다(법 제23조).

이러한 대주주변경승인에 관한 규정은 2005년 7월 29일 구 증권거래법(제32조의3)과 구 선물거래법(제38조의2), 구 간접투자자산운용법(제5조의2)에 산재하였던 규정이 2009년 2월 3일 시행된 자본시장법으로 통합되어 규정된 것이다.

그러나 3개의 구 법률에서는 대주주 승인요건 중 건전한 경영을 위하여 대통령령이 정하는 요건을 갖추어야 금융위원회의 승인을 얻도록 하였으나, 자본시장법은 그 승인요건을 법률에서 정하도록 함으로써 법적 안정성을 제고하고 감독기관의 재량의 범위를 축소하고자 하였던 것으로 이해된다.

그러나 구 3개의 법률은 대주주 요건 중 '건전한 경영'요건을 갖추면 충분하였지만, 자본시장법에서는 이 외에도 사회적 신용요건 등 모든 요건을 갖출 것을 요구하고 있어 오히려 자본시장법상의 대주주요건이 더욱 엄격해진 것으로 이해된다.

그리고 투자자문업자 및 투자일임업자의 대주주의 경우에는 금융위원회의 승인 없이 보고만 하도록 규정함으로써 예외를 인정하고 있다. 위에서 본 바와 같이 우리나라는 대주주의 경우 변경이 되려면 금융위원회의 승인을 얻을 것을 요구하고 있지만, 일본의 경우에는 발행주식 총수의 20% 이상을 보유한 주요주주가 된 자는 내각총리대신에게 신고만 하도록 되어 있고 영국의 경우에도 금융투자업자의 대주주는 신고만 하도록 하고, 신고의무를 위반한 경우에 이에 대한 제재를 가하고 있을 뿐이다.

이러한 점에서 보면 자본시장법상의 대주주 승인규제는 글로벌 스탠다드에 부합하지 않는 사전규제에 해당한다고 할 수 있으며, 그 중에서도 자율규제가 아닌 법적 규제에 해당하는 규제제도로서 행정편의적 규제라는 비판을 받을 수 있다.

이 문제를 해결하기 위하여는 금융투자업자의 대주주변경 승인에 관한 현행 승인제를 신고제로 변경하는 것도 한 방법일 수 있다.

그리고 법 제9조 제1항에서는 대주주를 최대주주와 주요주주로 정의하고 제23조에서는 대주주를 "최대주주의 특수관계인인 주주를 포함하며, 최대주주가 법인인 경우 그 법인의 중요한 경영사항에 대하여 사실상 영향력을 행사하고 있는 자"라고 정의함으로써 대주주의 개념이 제9조와 제23조를 비교해 볼 때 상이하다. 이는 법적용상의 혼란을 초래할 수 있기 때문에 자본시장법상 대주주의 개념을 통일적으로 정의하는 것이 필요하다고 본다. 구체적으로는 제23조의 규정이 제9조 제1항의 규정보다 적용범위가 협소한 점을 고려하여 제23조의 개념규정을 삭제하는 것이 필요하다고 본다.

또한 대주주 승인과 관련한 자격요건 상 '사회적 신용'의 판단기준이 매우 추상적임을 고려하여 볼 때, 승인기관의 재량권 남용에 대한 논란의 소지가 많으며 선진 각국의 입법례를 보더라도 '사회적 신용'을 승인요건으로 하는 국가는 없다. 따라서 대주주 승인을 위한 자격요건 중 '사회적 신용'에 대한 구비요건을 폐지하는 것이 바람직하다고 본다.

3. 임원자격

금융투자업자는 상법상 주식회사이기는 하지만 임원의 자격과 관련하여서는 상법이 아니라 자본시장법의 적용을 받도록 규정하고 있다.

상법에서는 주주총회에서 선임된 자만을 임원으로 규정하고 있는 반면에, 자본시장법은 임원을 이사로 한정하여 규정하고 있으며, 이사는 이사와 사외이사로 구분하고 이사에는 업무집행지시자도 포함시키고 있어 상법보다 임원의 범위를 확대하여 규정하고 있다. 즉, 상법은 업무집행지시자는 해석에 의하여 임원의 책임에 관한 규정이 적용되도록 하고 있는 반면, 자본시장법은 업무집행지시자가 해석이 아닌 법률에 의하여 임원이 되는 것이다. 따라서 상법상 업무집행지시자는 법 위반시 민사상 연대 배상책임만 질 뿐 형사책임은 지지 않는다. 그러나 자본시장법상 업무집행지시자는 임원의 형사책임에 관한 규정도 적용된다고 본다.

업무집행지시자란 일명 사실상 이사를 말하는데, 이사등기를 하지 않으면서 이사와 유사한 영향력을 행사하는 자에 대하여 이사와 동일한 책임을 부과하기 위하여 상법에 규정을 두고 있는 제도이다.

이러한 업무집행지시자란 ① 회사에 대한 자신의 영향력을 이용하여 이사에게 업무집행을 지시한 자, ② 이사의 이름으로 직접 업무를 집행한 자, ③ 이사가 아니면서 명예회장·회장·사장·부사장·전무·상무·이사 기타 회사의 업무를 집행할 권한이 있는 것으로 인정될 만한 명칭을 사용하여 회사의 업무를 집행한 자 모두가 해당된다(상법 제401조의2 제1항).

그리고 이들이 집행한 업무에 대하여는 이사의 회사에 대한 책임(상법 제399조), 이사의 제3자에 대한 책임(상법 제401조), 주주대표소송(상법 제403조)에서는 이들을 이사로 보며, 이사들과 연대하여 손해배상책임을 진다(법 제24조 제2항).

자본시장법은 이러한 임원의 자격과 관련하여 일반적으로 소극적 요건(결격요건)과 적극적 요건(전문성 또는 독립성 요건) 등을 규정하는데, 자본시장법은 특별히 소극적 요건만을 규정하고 있다. 즉, 법 제24조는 금융투자업 회사의 임원의 결격사유에 대하여 구체적으로 열거하고 있는데, 이에 따르면 금융투자업자의 임원이 될 수 없는 자와 임원이 된 후 이에 해당하게 된 경우에는 그 직을 상실하게 된다고 규정하고 있다.

그리고 임원이 되 수 없는 자로는 ① 미성년자, 금치산자 또는 한정치산자, ② 파산선고를 받은 자로서 복권되지 아니한 자, ③ 금고 이상의 실형의 선고를 받거나 국내외 금융관련법령에 따라 벌금 이상의 형을 선고받고 그 집행이 종료되거나 집행이 면제된 날부터 5년이 경과되지 아니한 자, ④ 금고 이상의 형의 집행유예의 선고를 받고 그 유예기간 중에 있는 자, ⑤ 국내외 금융관련법령에 따라 영업의 허가・인가・등록 등이 취소된 법인 또는 회사의 임직원이었던 자로서 그 법인 또는 회사에 대한 취소가 있는 날부터 5년이 경과되지 아니한 자, ⑥ 국내외 금융관련법령에 따라 해임되거나 면직된 날부터 5년이 경과되지 아니한 자, ⑦ 재임 또는 재직 중이었더라면 이 법 또는 금융관련법령에 따라 해임요구 또는 면직요구의 조치를 받았을 것으로 통보된 퇴임한 임원 또는 퇴직한 직원으로서 그 통보된 날부터 5년이 경과되지 아니한 자, ⑧ 그 밖에 투자자 보호 및 건전한 거래질서를 해할 우려가 있는 자로서 대통령령으로 정하는 자이다.

그리고 ⑧에서 규정한 대통령령으로 정하는 자란 영업의 허가・인가・등록 등의 취소의 원인이 되는 사유가 발생한 당시의 임직원으로서 ① 감사 또는 감사위원회의 위원, ② 허가・인가・등록 등의 취소의 원인이 되는 사유의 발생과 관련된 위법・부당한 행위로 인하여 금융감독원장로부터 해임요구, 직무정지, 문책경고, 주의적 경고, 주의, 그 밖의 조치를 받은 임원, ③ 허가・인가・등록 등의 취소의 원인이 되는 사유의 발생과 관련된 위법・부당한 행위로 인하여 금융위원회로부터 면직요구 또는 정직요구 조치를 받은 직원, ④ 제재대상자로서 그 조치를 받기 전에 퇴임 또는 퇴직한 자의 경우에는 금융투자회사의 임원이 될 수 없다고 규정하고 있다(시행령 제27조 제2항).

그 밖에도 시행령 제27조 제3항에서는 추가로 임원이 될 수 없는 자를 열거해 놓고 있는데 ① 국내외 금융관련법에 따라 금융위원회, 외국 금융감독기관 등으로부터 해임요구, 직무정지 또는 문책경고 조치를 받은 후 그 임기가 만료된 임원으로서 일정 기간이 지나지 아니한 자, ② 국내외 금융관련 법령에 따라 금융위원회, 외국 금융감독기관 등으로부터 면직, 정직 또는 감봉을 요구받은 직원으로서 일정한 기간이 지나지 아니한 자, ③ 국내외 금융관련법령에 따라 소속기관으로부터 직무정지나 문책경고 조치를 받은 후 그 임기가 끝난 임원 또는 정직이나 감봉 조치를 받은 직원으로서 일정 기간이 지나지 아니한 자, ④ 재임 또는 재직 중이었더라면 국내외금융법령에 따라 위의 조치를 받았을 퇴임한 임원이나 퇴직한 직원으로서 퇴임하거나 퇴직한 날부터 3년이 지나지 아니한 자도 임원이 될 수 없도록 규정하고 있다.

4. 이사회구성 및 사외이사

1) 개요

자본시장법은 금융투자업자의 기업지배구조와 관련하여 자산규모를 고려하여 이사회 구성원 중 일정비율을 사외이사로 선임할 것을 강제하고 있다. 또한 사외이사선임에 관한 방법에 관하여도 사외이사후보추천위원회의 설치 및 그 구성에 관하여도 강제하고 있다. 그 밖에 사외이사가 될 수 없는 자의 결격사유에 대하여도 규정하는 등 경영투명성 제고를 위한 법제도를 만들었다.

이러한 사외이사제도는 1990년대부터 기업의 사회적 책임과 관련하여 이사회 기능이 형해화 되는 것을 막기 위하여 채택된 제도이다. 따라서 사외이사는 회사의 피고용인이나 임원이 아닌 이사로서 사내이사와 임원들의 공정한 업무집행과 회계투명성 확보를 위한 견제기관으로서의 역할을 기대하고 도입된 제도이다. 이러한 사외이사의 역할을 기대하기 위하여는 제도적으로 사외이사가 사내이사 등 경영진으로부터의 독립성이 확보되어야 한다.

따라서 자본시장법은 사외이사의 자격에 관하여 상세한 규정을 두고 있으며, 이는 주로 독립성에 초점을 맞추어 규제하고 있다.

2) 사외이사 선임

자본시장법상 자산이 2조 원 이상인 금융투자업자는 사외이사를 3인 이상 두어야 하며, 사외이사는 이사 총수의 2분의 1 이상이 되도록 하여야 한다. 그러나 ① 최근 사업연도말을 기준으로 자산총액이 2조 원 미만인 금융투자업자, ② 외국 금융투자업자의 국내지점, 그 밖의 영업소, ③ 주주총회일부터 6개월 이내에 합병 등으로 인하여 소멸하는 금융투자업자, ④ 회생절차가 개시되거나 파산선고를 받은 금융투자업자, ⑤ 해산을 결의한 금융투자업자에게는 이처럼 사외이사선임에 관한 강제규정이 적용되지 않는다. 사외이사후보를 추천하기 위하여 사외이사후보추천위원회를 설치하여야 하며, 이 경우 사외이사후보추천위원회는 사외이사가 총 위원의 2분의 1 이상이 되도록 구성하여야 하도록 강제된다. 다만, 자산이 2조 원 미만이었던 금융투자업자가 자산의 증가로 요건에 해당되어 사외이사를 두어야 하는 경우 당해 금융투자업자가 그 사외이사를 선임하는 경우에는 사외이사의 선임이 강제되지 않는다.

그리고 금융투자업자는 주주총회에서 사외이사를 선임하고자 하는 경우에는 사외이사후보추천위원회의 추천을 받은 자 중에서 선임하여야 하며, 이 경우 사외이사후보추천위원회가 사외이사후보를 추천함에 있어서는 주주제안권을 행사할 수 있는 요건을 갖춘 주주가 추천한 사외이사후보를 포함시켜야 한다(법 제25조).

3) 사외이사 결격사유

자본시장법은 사외이사의 결격사유에 대하여 열거하여 놓고 있는데(법 제25조 제5항), 이에 따르면 ① 최대주주, ② 최대주주의 특수관계인, ③ 주요주주 및 그의 배우자와 직계존비속, ④ 해당 회사 또는 그 계열회사의 상근 임직원이거나 최근 2년 이내에 상근 임직원이었던 자, ⑤ 해당 회사의 임원의 배우자 및 직계존비속, ⑥ 해당 회사와 중요한 거래관계가 있거나 사업상 경쟁관계 또는 협력관계에 있는 법인의 상근 임직원이거나 최근 2년 이내에 상근 임직원이었던 자, ⑦ 해당 회사의 임직원이 비상근이사로 있는 회사의 상근 임직원, ⑧ 그 밖에 사외이사로서의 직무를 충실하게 수행하기 곤란하거나 해당 회사의 경영에 영향을 미칠 수 있는 자는 사외이사가 될 수 없다.

그러나 최대주주의 특수관계인을 적용함에 있어서 사외이사가 됨으로써 최대주주의 특수관계인에 해당하게 된 자의 경우에는 사외이사가 될 수 있다.

그리고 금융투자업자는 사외이사의 사임·사망 등 사전에 예측하지 못한 사유로 인하여 사외이사의 수가 이사회의 구성요건에 미달하게 된 경우에는 그 사유가 발생한 후 최초로 소집되는 주주총회에서 요건에 합치되도록 하여야 한다(법 제25조 제6항).

5. 감사기관

1) 개요

기업의 경영관리를 위하여 제도화된 기구는 출자자로 구성되는 사원총회(주주총회), 이사회 및 감사기관이나, 이 세 기관의 상호관계는 나라마다 조금씩 다르다. 어느 기관을 중심으로 하여 관리기구를 구성하느냐에 따라 대개 두 가지 유형의 제도로 나누어 볼 수 있다. 하나는 독일식의 이원적 제도이고, 다른 하나는 미국식의 일원적 제도이다.

독일은 주식법 및 공동결정법이 적용되는 일부의 유한회사와 주식합자회사(Kommanditgesellschaft auf Aktien) 등의 자본회사(Kapitalgesellschaft)의 경우에는 감사업무를 전담하는 감독이사회(Aufsichtsrat)를 두고 감독이사회에서 이사를 선·해임하고 이사와 감사의 겸직은 금지되어 있다. 이때 감독이사회는 상시 노동자가 2000명 이상되는 주식회사의 경우 노사동수로 구성되고, 이사회는 감독이사회의 감독 하에 회사의 업무를 집행하게 된다. 그리고 감독이사회의 주주대표감사는 주주총회에서 선·해임되며, 노동자대표는 노동조합 또는 노동자단체에서 선·해임되고 있다.

그리고 미국식의 일원적 제도 하에서는 앞에서 언급한 바와 같이 업무집행기능과 감독기능을 이사회가 담당하고 있다. 이러한 일원적 제도는 이사회를 구성하는 이사를 업무담당이사(executive member)와 비업무담당이사(non-executive member)로 구분하고, 업무담당이사의 수보다 비업무담당이사의 수를 많게 하는 것이 보통이다.

그러나 우리나라는 상법상 이사회에 의한 업무집행을 감독하기 위한 기관으로서 별개의 독립된 기관인 감사를 두거나 이사회 내의 사외이사 중심으로 구성된 감사위원회를 둘 수 있도록 규정하고 있다.

자본시장법은 자산 2조원 이상인 금융투자업자의 경우 감사위원회를 설치하도록 강제하고 있고, 자산 1천억원 이상 2조원 미만의 금융투자업자는 상근감사를 두도록 하고, 자산 1천억원 미만의 경우에는 아무런 제한을 가하고 있지 않다. 따라서 이 경우에는 감사위원회, 상근감사, 아니면 감사를 둘 수 있다고 해석된다.

2) 감사위원회

(1) 의의

우리 자본시장법은 자산 2조 원 이상 규모의 회사에 대하여 의무적으로 감사위원회를 설치하여 경영활동에 대한 회계 및 업무감독을 하도록 규정하고 있다.

이는 전통적으로 대륙법계 국가와 영미법계 국가간의 주식회사 경영관리 제도가 이원적 제도(대륙법계)와 일원적 제도(영미법계)로 구분되었던 것을 융합시킨 기업지배구조라고 할 수 있다.

즉, 우리나라는 1997년과 1998년에 각각 상법과 구증권거래법을 개정하여 비상장회사의 경우에는 감사위원회나 독임감사 중 선택할 수 있도록 임의규정화한 반면에 상장회사에 대하여는 규모별로 감사위원회 강제설치회사, 상근감사 설치회사, 독임감사설치가능 회사 등으로 구분하여 규정을 두고 있다.

이로 인하여 우리나라에서는 대륙법계로서 최초로 미국식의 감사위원회를 도입한 국가가 되었다.

(2) 감사위원회 설치 대상 및 감사위원회 위원구성

자본시장법은 자산 2조 원 이상 및 일정요건을 충족하는 금융투자회사에 대하여는 감사위원회를 설치할 것을 강제하고 있다(법 제26조). 그러나 ① 최근 사업연도말을 기준으로 자산총액이 2조 원 미만인 금융투자업자, ② 외국 금융투자업자의 국내지점, 그 밖의 영업소, ③ 주주총회일부터 6개월 이내에 합병 등으로 인하여 소멸하는 금융투자업자, ④ 회생절차가 개시되거나 파산선고를 받은 금융투자업자, ⑤ 해산을 결의한 금융투자업자에게는 이처럼 감사위원회의 설치가 강제되지 않는다. 물론, 이러한 예외를 적용받는 금융투자회사도 임의적으로 감사위원회를 설치할 수는 있다(법 시행령 제29조).

그리고 자본시장법은 감사위원회의 위원들의 구성을 강제하고 있는데 이에 따르면 ① 총위원의 3분의 2 이상이 사외이사일 것, ② 위원 중 1인 이상은 회계 또는 재무전문가일 것, ③ 감사위원회의 대표는 사외이사일 것을 강제하고 있다.

그리고 감사위원의 독립성을 확보하고자 감사위원이 될 수 없는 결격사유해당자를 열거해 놓고 있다. 즉, ① 해당 회사의 주요주주, ② 해당 회사의 상근 임직원 또는 최근 2년 이내에 상근 임직원이었던 자, ③ 그 밖에 해당 회사의 경영에 영향을 미칠 수 있는 자 등 사외이사가 아닌 감사위원회의 위원으로서의 직무를 충실하게 수행하기 곤란한 자는 사외이사가 아닌 감사위원회의 위원이 될 수 없으며, 사외이사가 아닌 감사위원회의 위원이 된 후 이에 해당하게 된 경우에는 그 직을 상실한다.

그러나 이들은 사내이사로서의 감사위원회 위원이 될 수 없다는 것을 의미하는 것이지 이들이 사외이사인 경우에는 별 문제가 없다.

또한 해당 회사의 상근감사 또는 사외이사가 아닌 감사위원회의 위원으로 재임 중이거나 재임하였던 자는 해당 회사의 상근 임직원 또는 최근 2년 이내에 상근 임직원이었던 자임에도 불구하고 사외이사가 아닌 감사위원회의 위원이 될 수 있다.

그리고 감사위원의 충원과 관련하여 금융투자업자가 사외이사의 사임・사망 등 사전에 예측하지 못한 사유로 인하여 사외이사의 수가 감사위원회의 구성요건에 미달하게 된 경우에는 그 사유가 발생한 후 최초로 소집되는 주주총회에서 감사위원회 위원구성에 관한 요건에 합치되도록 구성할 것을 강제하고 있다.

그 밖에 감사위원회의 위원이 되는 사외이사의 선임에 관하여는 상법의 규정을 준용하도록 되어 있다.

3) 상근감사

(1) 개요

우리나라는 2009년 1월 30일 종래 구증권거래법에 존재하던 상장회사의 상근감사에 관한 규정을 상법에 이관시켜 상법 제542조의10을 신설한 바 있다. 상근감사제도는 감사의 전문성과 독립성을 제고하고자 '97년 구증권거래법 개정시 도입된 제도로서, 최근 사업년도 말 자산총액이 1천억 원 이상 2조 원 미만의 상장회사인 경우에는 1인 이상의 상근감사를 둘 것을 강제하고 있다. 이러한 상근감사제도는 우리나라만의 고유한 감사제도이며, 이에 대하여 그 개념이 모호하다는 지적과 함께, 효율성 등과 관련한 논란들이 제기되고 있다.

감사제도는 1990년대부터 기업지배구조와 관련하여 지속적으로 연구와 개혁의 대상이 되어 왔으며, 그 모델은 주로 미국의 감사위원회였다. 우리나라도 1997년 외환위기와 함께 1998년 상법과 구 증권거래법 개정을 통해 감사위원회제도를 우리 법제도에 도입시킨 바 있다. 그러나 2001년 엔론 회계부정 사태와 함께 미국 감사위원회제도 마저 문제점을 드러내면서 감사제도의 모델이 사실상 없어진 상황이라고 할 수 있다.

그럼에도 여전히 감사제도는 기업지배구조의 중요한 축을 이루고 있으며, 우리나라는 우리 현실에 적합한 우리의 독자적인 감사제도의 정립이 필요하다. 이 점에서 현행 상근감사제도는 우리의 고유한 독자적인 감사제도가 될 수 있는 가능성을 갖고 있다.

따라서 현행 상근감사제도에 관한 규정을 검토한 후 법리적 타당성은 물론이고, 법적용상의 문제점들을 검토해 본 후 이에 대한 개선방안을 제시하는 것이 필요하다고 할 수 있다.

(2) 개념 및 자격

자본시장법은 금융투자업자의 경우 자산규모가 일정 이상되는 경우 상근감사를 두도록 강제하고 있지만(법 제27조), 구체적으로 상근감사에 대하여는 아무런 정의를 두고 있지 않다. 다만, 법 제9조 제3항에서는 "이 법에서 사외이사란 회사의 상시적인 업무에 종사하지 아니하는 자"로 정의를 하고 있다. 이를 유추적용해 보건대, 상근감사란 회사의 상시적인 감사업무에 종사하는 자로 해석된다. 감사란 업무집행을 감독하는 자를 의미하기 때문에 상시적으로 회사에서 업무를 집행할 필요성이 없었다. 그러나 감사 본연의 업무인 회계감독과 업무감독을 성실히 수행하기 위하여는 비상근이사로서는 정보접근성이 용이하지 않다는 판단 하에 입법부는 일정한 규모를 갖춘 금융투자업자에 대하여는 상근으로 업무감독과 회계감독을 담당하는 감사를 선임하여 회계 및 경영의 투명성을 확보하고자 상근감사를 두도록 한 것이다.

상근감사의 자격과 관련하여 사외이사가 아닌 감사위원회의 위원의 결격사유를 상근감사에게도 그대로 준용하고 있다. 즉, 상근감사가 ① 해당 회사의 주요주주, ② 해당 회사의 상근 임직원 또는 최근 2년 이내에 상근 임직원이었던 자, ③그 밖에 해당 회사의 경영에 영향을 미칠 수 있는 자 등 상근감사로서의 직무를 충실하게 수행하기 곤란한 자는 상근감사가 될 수 없다(법 제27조 제2항).

(3) 상근감사설치대상

최근 사업연도말을 기준으로 자산총액이 1천억 원 미만인 금융투자업자는 반드시 1인 이상의 상근감사를 둘 것을 강제하고 있으며(법 제27조 제1항), 감사위원회의 설치의무에 의거 또는 임의로 감사위원회를 설치한 금융투자업자의 경우에는 상근감사를 둘 수 없도록 규정하고 있다.

그러나 최근 사업연도말을 기준으로 그 금융투자업자가 운용하는 집합투자재산, 투자일임재산과 신탁재산의 전체 합계액이 3조원 이상인 경우에는 자산이 1천억 원 미만이어도 상근감사를 두어야 한다.

그리고 법시행령 제30조에서는 상근감사설치의무가 없는 금융투자업자에 대하여 기본요건과 특수요건들을 규정하고 있다. 이에 따르면 최근 사업연도말을 기준으로 자산총액이 1천억 원 미만인 금융투자업자의 경우에는 상근감사를 설치할 의무는 없다. 다만, 임의적으로 설치하는 것은 가능하다. 그리고 자산이 1천억 원 이상인 금융투자업자라 하더라도 다음에 해당하는 경우에는 상근감사를 설치하지 않아도 된다. 즉, ① 외국 금융투자업자의 국내지점, 그 밖의 영업소, ② 주주총회일부터 6개월 이내에 합병 등으로 인하여 소멸하는 금융투자업자, ③ 「채무자 회생 및 파산에 관한 법률」에 따라 회생절차가 개시되거나 파산선고를 받은 금융투자업자, ④ 해산을 결의한 금융투자업자의 경우에는 자산총액이 1천억 원 이상이어도 상근감사를 설치하지 않아도 된다.

6. 내부통제

1) 의의

자본시장법은 경영투명성 확보 차원에서 내부통제와 관련하여 이를 수행할 기관으로 준법감시인(Compliance)제도를 두고 있다.

이는 2011년 상법개정시 도입된 준법지원인 제도와 그 맥을 같이 하지만, 준법감시인은 금융관련법상의 내부통제기관인 반면 준법지원인은 비금융업자의 내부통제기관이라고 해석된다.

이와 관련하여 선진 각국의 경우에는 내부통제 기관으로 준법감시인(Compliance)만을 제도화하고 있는 점을 감안하여 볼 때에 보다 효율적인 내부통제를 위하여는 준법지원인과 준법감시인의 각각의 의의와 역할, 권한과 책임 등에 대한 보다 효율적인 법제 정비가 필요하다 본다.

이와 관련하여 자본시장법은 금융투자업자에게 법령을 준수하고, 자산을 건전하게 운용하며, 이해상충방지 등 투자자를 보호하기 위하여 그 금융투자업자의 임직원이 직무를 수행함에 있어서 준수하여야 할 적절한 기준 및 절차인 '내부통제기준'을 마련할 것을 요구하고 있다. 그리고 일정규모 이상의 금융투자업자의 경우에는 이러한 내부통제기준의 준수 여부를 점검하고 내부통제기준을 위반하는 경우 이를 조사하여 감사위원회 또는 감사에게 보고하는 자인 '준법감시인'을 1인 이상 둘 것을 요구하고 있다(법 제28조).

그리고 이를 위반하여 내부통제기준을 정하지 아니한 자, 준법감시인을 두지 아니한 자, 이사회 결의를 거치지 아니하고 준법감시인을 임면한 자, 준법감시인에게 금지된 업무를 수행하는 직무를 담당하거나 담당하게 한 자에 대하여는 5천만 원 이하의 과태료가 부과된다(법 제449조 제1항 제9, 10, 11, 12호).

2) 준법감시인의 임면 및 자격요건

(1) 적극적 요건

금융투자회사의 준법감시인은 이사회 결의를 거쳐 임면하여야 하며(법 제28조 제3항), 그 자격요건으로 전문성 요건과 독립성 요건을 모두 충족하여야 한다. 그리고 준법감시인이 된 후 법에서 정한 결격요건이나 법위반사실이 존재하는 경우에는 그 직을 상실하게 된다.

우선, 전문성 요건과 관련하여 준법감시인은 해당분야에 경력소유자로서 전문성을 확보하여야 한다. 즉, ① 한국은행 또는 검사대상기관, 이에 상당하는 외국 금융기관에서 합산하여 10년 이상 근무한 경력이 있는 자, ② 금융관련 분야의 석사학위 이상의 학위소지자로서 연구기관 또는 대학에서 연구원 또는 전임강사 이상의 직에 합산하여 5년 이상 근무한 경력이 있는 자, ③ 변호사 또는 공인회계사의 자격을 가진 자로서 그 자격과 관련된 업무에 합산하여 5년 이상 종사한 경력이 있는 자, ④ 기획재정부, 금융위원회, 증권선물위원회, 금융감독원, 거래소, 협회 또는 금융관련 법제업무 기관에서 합산하여 5년 이상 근무한 경력이 있는 자이어야 준법감시인이 될 수 있다.

다만, 이러한 경력을 소유한 자가 ④에서 규정한 기관에서 퇴임 또는 퇴직한 후 5년이 경과되지 아니한 경우에는 준법감시인이 되지 못하도록 규정하고 있다.

(2) 결격요건

자본시장법은 준법감시인이 될 수 없는 결격요건과 준법감시인이 된 후 이 요건에 해당하게 된 경우에는 그 직을 상실하도록 규정하고 있다. 이에 따르면 ① 미성년자, 금치산자 또는 한정치산자, ② 파산선고를 받은 자로서 복권되지 아니한 자, ③ 금고 이상의 실형의 선고를 받거나 국내외 금융관련법령에 따라 벌금 이상의 형을 선고받고 그 집행이 종료되거나 집행이 면제된 날부터 5년이 경과되지 아니한 자, ④ 금고 이상의 형의 집행유예의 선고를 받고 그 유예기간 중에 있는 자, ⑤ 국내외 금융관련법령에 따라 영업의 허가·인가·등록 등이 취소된 법인 또는 회사의 임직원이었던 자로서 그 법인 또는 회사에 대한 취소가 있는 날부터 5년이 경과되지 아니한 자, ⑥ 국내외 금융관련법령에 따라 해임되거나 면직된 날부터 5년이 경과되지 아니한 자, ⑦ 재임 또는 재직 중이었더라면 이 법 또는 금융관련법령에 따라 해임요구 또는 면직요구의 조치를 받았을 것으로 통보된 퇴임한 임원 또는 퇴직한 직원으로서 그 통보된 날부터 5년이 경과되지 아니한 자, ⑧ 그 밖에 투자자 보호 및 건전한 거래질서를 해할 우려가 있는 자는 금융투자업을 영위하는 회사의 임원이 될 수 없도록 규정하고 있다(법 제28조 제4항 제2호).

또한 영업의 허가·인가·등록 등의 취소의 원인이 되는 사유가 발생한 당시의 준법감시인으로서 ① 감사 또는 감사위원회의 위원, ② 허가·인가·등록 등의 취소의 원인이 되는 사유의 발생과 관련된 위법·부당한 행위로 인하여 금융감독원장로부터 해임요구, 직무정지, 문책경고, 주의적 경고, 주의, 그 밖의 조치를 받은 임원, ③ 허가·인가·등록 등의 취소의 원인이 되는 사유의 발생과 관련된 위법·부당한 행위로 인하여 금융위원회로부터 면직요구 또는 정직요구 조치를 받은 직원, ④ 제재 대상자로서 그 조치를 받기 전에 퇴임 또는 퇴직한 자의 경우에는 준법감시인이 될 수 없다(법시행령 제27조 제2항).

그 밖에도 ① 국내외 금융관련법에 따라 금융위원회, 외국 금융감독기관 등으로부터 해임요구, 직무정지 또는 문책경고 조치를 받은 후 그 임기가 만료된 임원으로서 일정 기간이 지나지 아니한 자, ② 국내외 금융관련 법령에 따라 금융위원회, 외국 금융감독기관 등으로부터 면직, 정직 또는 감봉을 요구받은 직원으로서 일정한 기간이 지나지 아니한 자, ③ 국내외 금융관련법령에 따라 소속기관으로부터 직무정지나 문책경고 조치를 받은 후 그 임기가 끝난 임원 또는 정직이나 감봉 조치를 받은 직원으로서 일정 기간이 지나지 아니한 자, ④ 재임 또는 재직 중이었더라면 국내외금융법령에 따라 위의 조치를 받았을 퇴임한 임원이나 퇴직한 직원으로서 퇴임하거나 퇴직한 날부터 3년이 지나지 아니한 자도 준법감시인이 될 수 없다(시행령 제27조 제3항).

그리고 준법감시인이 법위반으로 징계를 받은 경우에는 그 직을 수행할 수 없도록 규정하고 있는데, 이에 따르면 최근 5년간 이 법 또는 금융관련 법령을 위반하여 금융위원회 또는 금융감독원 원장, 그 밖에 기관으로부터 문책경고 또는 견책요구 이상에 해당하는 조치를 받은 사실이 있는 경우에는 그 직을 수행할 수 없다(법 제28조 제4항 제3호).

이러한 준법감시인은 선량한 관리자의 주의로 그 직무를 수행하여야 하며, ① 해당 금융투자업자의 고유재산의 운용업무, ② 해당 금융투자업자가 영위하고 있는 금융투자업 및 그 부수업무, ③ 해당 금융투자업자가 겸영업무를 수행하는 직무를 담당하여서는 아니 된다(법 제28조 제5항).

그 밖에도 금융투자업자는 준법감시인이 그 직무를 독립적으로 수행할 수 있도록 하여야 하며, 준법감시인을 임면한 때에는 그 사실을 금융위원회에 통보하여야 한다.

그리고 금융투자업자의 임직원은 준법감시인이 그 직무를 수행함에 있어서 자료나 정보의 제출을 요구하는 경우 이에 성실히 응하여야 하며, 준법감시인이었던 자에 대하여 그 직무수행과 관련된 사유로 부당한 인사상의 불이익을 주어서는 아니 된다.

3) 내부통제기준

내부통제기준과 관련하여서는 법시행령에서 내부통제기준에 포함되어야 할 사항들을 열거하고 있다. 즉, ① 업무의 분장과 조직구조에 관한 사항, ② 고유재산과 투자자재산의 운용이나 업무를 수행하는 과정에서 발생하는 위험의 관리지침에 관한 사항, ③ 임직원이 업무를 수행할 때 준수하여야 하는 절차에 관한 사항, ④ 경영의사결정에 필요한 정보가 효율적으로 전달될 수 있는 체제의 구축에 관한 사항, ⑤ 임직원의 내부통제기준 준수 여부를 확인하는 절차·방법과 내부통제기준을 위반한 임직원의 처리에 관한 사항, ⑥ 임직원의 금융투자상품 매매와 관련한 보고 등 법에 따른 불공정행위를 방지하기 위한 절차나 기준에 관한 사항, ⑦ 내부통제기준의 제정이나 변경 절차에 관한 사항, ⑧ 준법감시인의 임면절차에 관한 사항, ⑨ 이해상충의 파악·평가와 관리에 관한 사항, ⑩ 집합투자재산이나 신탁재산에 속하는 주식에 대한 의결권 행사와 관련된 법규 및 내부지침의 준수 여부에 관한 사항, ⑪ 집합투자재산이나 신탁재산에 속하는 자산의 매매를 위탁하는 투자중개업자의 선정기준에 관한 사항, ⑫ 그 밖에 내부통제기준에 관하여 필요한 사항으로서 금융위원회가 정하여 고시하는 사항들이 포함되어야 한다.

그리고 외국 금융투자업자의 지점, 그 밖의 영업소를 제외한 금융투자업자는 내부통제기준을 제정하거나 변경하려는 경우에는 이사회의 결의를 거쳐야 한다.

그리고 금융위원회는 금융감독원장의 검사결과 법령을 위반한 사실이 드러난 금융투자업자에 대하여 법령위반행위의 재발방지를 위하여 내부통제기준의 변경을 권고할 수 있다. 그 밖에 내부통제기준에 관한 구체적인 기준은 금융위원회가 정하여 고시하도록 되어 있다.

준법감시인의 선임배제와 관련하여 자산규모 등을 고려하여 투자자문업자 및 투자일임업자의 경우에는 준법감시인을 선임하지 않아도 되도록 예외를 인정하고 하고 있다(법 제28조 제2항). 그리고 이에 대하여 시행령에서는 이에 해당하는 자로 투자자문업이나 투자일임업 외의 다른 금융투자업을 경영하지 아니하는 자로서 최근 사업연도말을 기준으로 그 자가 운용하는 투자일임재산의 합계액이 5천억원 미만인 자를 규정하고 있다(시행령 제32조).

7. 파생상품업무책임자

1) 의의

구 증권거래법에는 투자자와 파생거래를 총괄하는 파생상품업무 책임자에 대하여 별도의 규정을 두지 않았지만, 자본시장의 확대와 더불어 파생상품거래가 증가하면서 이에 대한 책임자의 권리와 의무에 대한 명확한 법적 근거를 마련하는 것이 필요하다는 요구들이 많아지면서 2009년 파생상품업무책임자에 관한 규정이 신설되었다(법 제28조의2).

이에 따라 자본시장법은 장외파생상품 거래에 대해 투자자보호 차원에서 금융투자업자별로 파생상품 업무를 총괄하는 책임자를 지정하고, 그의 임면에 대하여는 금융위에 보고하도록 규정하게 되었다.

그리고 개념과 관련하여 법에서는 구체적으로 파생상품업무 책임자가 무엇인지에 대하여 정의를 하지 않고 이를 시행령에 위임하였으며, 이에 따르면 "파생상품업무 책임자란 금융투자업자의 파생상품업무를 총괄하는 자로서 자본시장법상 임원의 결격요건에 해당하지 않는 자"라고 정의하고 있다(법시행령 제32조의2 제2항).

즉, 파생상품업무 책임자란 금융투자업자의 파생상품 업무에 관한 한 부분적 포괄대리권을 가진 상업사용인으로서 자본시장법상 임원의 결격요건에 해당하지 않아야 한다.

이에 따르면 ① 미성년자, 금치산자 또는 한정치산자, ② 파산선고를 받은 자로서 복권되지 아니한 자, ③ 금고 이상의 실형의 선고를 받거나 이 법, 금융관련법령 또는 외국 금융관련 법령에 따라 벌금 이상의 형을 선고받고 그 집행이 종료되거나 집행이 면제된 날부터 5년이 경과되지 아니한 자, ④ 금고 이상의 형의 집행유예의 선고를 받고 그 유예기간 중에 있는 자, ⑤ 이 법, 금융관련법령 또는 외국 금융관련 법령에 따라 영업의 허가·인가·등록 등이 취소된 법인 또는 회사의 임직원이었던 자로서 그 법인 또는 회사에 대한 취소가 있는 날부터 5년이 경과되지 아니한 자, ⑥ 이 법, 금융관련법령 또는 외국 금융관련 법령에 따라 해임되거나 면직된 날부터 5년이 경과되지 아니한 자, ⑦ 재임 또는 재직 중이었더라면 이 법 또는 금융관련법령에 따라 해임요구 또는 면직요구의 조치를 받았을 것으로 통보된 퇴임한 임원 또는 퇴직한 직원으로서 그 통보된 날부터 5년이 경과되지 아니한 자, ⑧ 그 밖에 투자자보호 및 건전한 거래질서를 해할 우려가 있는 자 중 어디 하나에도 해당되지 않는 금융투자업자의 파생상품업무를 총괄하는 부분적 포괄대리권을 가진 사용인은 파생상품업무 책임자가 될 수 없다(법시행령 제32조의2 제2항, 상법 제15조).

해석상으로 파생상품업무 책임자는 ① 파생상품 투자자보호에 필요한 절차나 기준의 수립 및 집행에 관한 관리・감독업무, ② 장외파생상품 매매에 대한 승인 업무, ③ 그 밖에 자본시장법에 의하여 위임받은 금융투자업자의 사용인으로서 재판외의 모든 행위를 할 수 있다.

그리고 설령, 이러한 위임받은 업무에 대하여 금융투자업자가 업무의 범위를 제한한다 하더라도 이 대리권은 법정대리권이기 때문에 이러한 제한은 선의의 제3자에게 대항하지 못한다(상법 제15조 제3항, 제11조 제3항).

이러한 파생상품업무 책임자는 상근임원으로 선임하여야 하며, 상법상의 업무집행지시자도 상근임원에 포함되도록 근거규정을 두었다(법 제28조의2 제1항). 따라서 상법에서 열거하고 있는 ① 회사에 대한 자신의 영향력을 이용하여 이사에게 업무집행을 지시한 자, ② 이사의 이름으로 직접 업무를 집행한 자, ③ 이사가 아니면서 명예회장・회장・사장・부사장・전무・상무・이사 기타 업무를 집행할 권한이 있는 것으로 인정될 만한 명칭을 사용하여 회사의 업무를 집행한 자도 파생상품업무책임자가 될 수 있다(상법 제401조의2).

2) 파생상품업무 책임자 업무와 설치대상

자본시장법은 파생상품판매업자의 업무에 대하여 열거해 놓고 있는데, 이에 따르면, 파생상품업무 책임자는 ① 파생상품 투자자보호에 필요한 절차나 기준의 수립 및 집행에 관한 관리・감독업무, ② 장외파생상품 매매에 대한 승인 업무, ③ 그 밖에 대통령령으로 정하는 업무를 수행하도록 규정하고 있다(법 제28조의2 제2항).

그리고 ③에서 말하는 대통령령으로 정하는 업무에 대하여 법률은 시행령에 위임하고 있지만, 시행령은 이에 대한 규정을 두고 있지 않다. 즉, 시행령의 불비사항이라고 할 수 있다.

따라서 현행법상으로는 파생상품업무책임자란 ① 파생상품 투자자보호에 필요한 절차나 기준의 수립 및 집행에 관한 관리・감독업무, ② 장외파생상품 매매에 대한 승인 업무를 담당하는 자라고 할 수 있다.

그리고 파생상품업무책임자의 설치대상과 관련하여 자본시장법은 상근임원인 파생상품업무책임자를 1인 이상 선임하여야 하는 금융투자업자를 자산규모와 금융투자업의 종류를 고려하여 정할 수 있도록 규정하고 있다. 그리고 겸영금융투자업자의 경우에는 이 법의 적용을 받지 않도록 하였으나, 예외적으로 파생상품업무책임자에 대한 규정은 이들 겸영금융투자업자에게도 적용되도록 규정하였다(법 제28조의2 제1항).

그리고 파생상품업무책임자를 지정・변경한 때에는 그 사실을 금융위원회에 통보하도록 요구하고 있으며, 그 설치대상회사에 대하여는 구체적으로 법시행령에서 정하고 있는데, 이에 따르면 ① 장내파생상품에 대한 투자매매업 또는 투자중개업을 경영하는 자로서 최근 사업연도말일을 기준으로 자산총액이 1천억 원 이상인 자, ② 장외파생상품에 대한 투자매매업 또는 투자중개업을 경영하는 자 중 어느 하나 또는 전부에 해당하면 파생상품업무책임자를 상근으로 1인 이상 두어야 한다(법 시행령 제32조의2).

8. 소수주주권 특례

1) 의의

자본시장법은 상법의 소수주주권에 관한 특례규정을 두어, 금융투자업자의 소수주주들에게만 적용되는 소수주주권의 행사요건에 대한 특례를 두고 있다. 특히, 소수주주권의 행사요건 중 지분율요건을 완화하여 보다 용이하게 소수주주권을 행사하도록 하는 반면, 6개월 이상 기간동안 주식을 보유한 주주에게만 자본시장법상의 소수주주로서의 법적 권한을 행사할 수 있도록 하여 투기성 주주들의 권리를 제한하는 보완장치도 마련하였다.

자본시장법의 소수주주권의 특례규정은 상법상의 비상장사를 대상으로 하는 소수주주권 규정과 상법상의 상장회사만을 대상으로 하는 소수주주권 특례규정들에 대한 재특례라는 점에서 매우 복잡한 구조로 구성되어 있다.

즉, 상법은 소수주주권과 관련하여 대표소송제기권(상법 제324조, 제403조, 제467조의 2 제4항)과 이사의 위법행위에 대한 유지청구권(제402조)이 있으며, 또한 주주제안권(제363조의 2), 총회소집청구권(제366조), 집중투표청구권(제382조의 2), 이사·감사의 해임청구권(제385조 제2항, 제415조), 회계장부열람권(제466조), 회사의 업무와 재산상태의 검사청구권(제467조 제1항), 청산인의 해임청구권 등이 있다.

그리고 이어서 상장회사의 경우 이에 대한 특례를 상법 제542조의6(소수주주권)과 제542조의7(집중투표에 관한 특례)에서 각각 두고 있으며, 자본시장법은 상장회사든 비상장회사든 구분없이 이들에 대한 특례로 금융투자업자의 소수주주권 특례규정을 자본시장법 제29조에 두고 있다.

또한 소수주주권의 행사요건과 관련하여 상법상의 상장회사특례규정은 자본금 1천억 원을 기준으로 미만과 이상을 구분하여 지분율 요건을 달리 정하고 있으며, 자본시장법은 자산 2 조 원 미만과 이상, 그리고 자본금 1천억 원 이상과 미만을 기준으로 각기 다른 지주율 요건을 정하고 있다.

따라서 현행 상법과 자본시장법과의 관계에서 소수주주행사와 관련된 요건이 매우 복잡하게 규정되어 있어서 입법론적으로는 이에 대한 개선이 시급하다고 할 수 있다.

2) 상법상 비상장회사 소수주주권

상법상 주주의 권리는 그 행사방법에 따라 단독주주권과 소수주주권으로 구분되는데, 단독주주권이란 1주 만을 소유하더라도 행사할 수 있는 주주권을 말하며, 소수주주권이란 일정한 비율을 소유한 주주에게만 허용하는 주주권을 말한다.

입법론적으로 소수주주권을 인정해야 하는 이유는 단독주주권으로 실질적인 권리행사가 효율성이 낮거나 그 남용으로 회사경영상 손실이 발생할 가능성들이 있기 때문이다. 따라서 상법은 상장기업 또는 비상장기업의 여부와 관계없이 발행주식총수의 일정비율 이상을 보유하면 행사할 수 있는 소수주주권을 인정하고 있다.

이러한 소수주주권은 그 행사목적상 공익권에 해당한다. 이에는 지주비율 1%를 요구하는 소수주주권인 대표소송제기권(상법 제324조, 제403조, 제467조의 2 제4항), 이사의 위법행위유지청구권(제402조)이 있으며, 지주비율 3%를 요구하는 소수주주권으로는 주주제안권(제363조의 2), 총회소집청구권(제366조), 집중투표청구권(제382조의 2), 이사・감사의 해임청구권(제385조 제2항, 제415조), 회계장부열람권(제466조), 회사의 업무와 재산상태의 검사청구권(제467조 제1항), 청산인의 해임청구권(제539조 제2항) 등이 있다. 그리고 지주비율 10%를 요구하는 소수주주권으로는 회사의 해산청구권(제 520조 제1항)이 있다.

여기서 주주제안권과 집중투표 청구권의 지주비율은 의결권있는 주식을 기준으로 하고, 유지청구권과 대표소송 제기권, 주주총회 소집 청구권, 이사・감사 해임 청구권, 회계장부 열람권, 업무검사권은 총발행주식을 기준으로 지주율을 정한다.

〈표-1〉 상법상의 소수주주권

종 류	권 리 자
이사의 위법행위에 대한 유지청구권	발행주식총수의 1% 이상 소유주주
대표소송제기권	
주주제안권	발행주식총수의 3% 이상 소유주주
이사・감사의 해임청구권	
집중투표청구권	
주주총회소집청구권	
회계장부열람권	
회사의 업무・재산상태의 검사청구권	
청산인의 해임청구권	
회사의 해산청구권	발행주식총수의 10 % 이상 소유주주

3) 상법상 상장회사 소수주주권

(1) 대표소송 · 이사위법행위유지청구권

상법은 비상장회사에 대하여는 소수주주권행사요건으로 지주율만을 정하고 있지만, 상장회사에 대하여는 6개월 보유요건과 자본금 1천억 원을 기준으로 한 지주율 요건을 각기 달리 정하고 있다(상법 제542조의6). 구체적으로 보면 지주비율 1%를 요구하는 비상장회사의 소수주주권인 대표소송제기권(상법 제324조, 제403조, 제467조의2 제4항)에 대하여는 총발행주식의 0.01% 이상을 6개월 이상 보유한 소수주주에게만 허용하고 있다(상법 제542조의6 제6항). 그리고 지주비율 1% 이상을 요구하는 비상장회사의 이사의 위법행위유지청구권(제402조)의 경우 자본금 1천억 원 미만인 상장회사에게는 총발행주식의 0.5% 이상을 6개월 이상 보유한 주주에게, 그리고 자본금이 1천억 원 이상인 상장회사의 경우에는 총발행주식의 0.25% 이상을 6개월 이상 기간동안 보유한 주주에게만 소수주주권을 인정한다(상법 제542조의6 제5항).

(2) 주주제안 · 총회소집청구 · 이사감사해임청구권

의결권있는 주식의 3%를 요구하는 비상장회사의 소수주주권인 주주제안권(제363조의2)은 상장회사의 경우 6개월 이상 보유한 자본금 1천억 원 미만의 회사의 소수주주권은 의결권있는 주식의 1%, 자본금 1천억 원 이상인 상장회사는 의결권있는 주식의 0.5% 이상을 소유하여야 한다(상법 제542조의6 제2항).

또한 비상장회사의 지주율이 총발행주식의 3%를 소유할 것을 요구하는 소수주주의 총회소집청구권(제366조)은 상장회사의 경우 자본금 1천억 원 구분 없이 의결권있는 주식을 기준으로 6개월 이상 1.5% 이상 보유하여야 한다(상법 제542조의6 제1항).

발행주식 총수의 3% 이상을 소유하여야 소수주주권을 행사할 수 있는 이사 · 감사의 해임청구권(제385조 제2항, 제415조)의 경우 자본금 1천억 원 미만인 상장회사의 경우에는 총발행주식의 0.5%, 그리고 자본금이 1천억 원 이상인 상장회사인 경우에는 총발행주식의 0.25% 이상을 6개월 이상 소유한 소수주주에게만 인정된다(상법 제542조의6 제3항).

(3) 회계장부열람 · 재산상태검사청구 · 청산인해임청구 · 집중투표청구권

총발행주식의 3% 이상을 소유한 비상장회사의 소수주주에게만 허용되는 회계장부열람권(제466조)은 자본금 1천억 원 미만인 상장회사의 소수주주에게는 6개월 이상 기간동안 총발행주식수의 0.1% 이상, 그리고 자본금이 1천억 원 이상인 상장회사의 소수주주에게는 총발행주식의 0.05%를 6개월 이상 보유할 것을 요구하고 있다(상법 제542조의6 제4항).

비상장회사의 소수주주에게 총발행주식의 3%를 소유할 것을 요구하는 회사의 업무와 재산상태의 검사청구권(제467조 제1항)은 상장회사인 경우에는 자본금이 1천억 원 기준과 관계없이 총발행주식의 1.5% 이상을 6개월 이상 소유한 소수주주에게만 인정된다(상법 제542조의6 제1항).

그리고 발행주식 총수의 3% 이상을 소유하여야 소수주주권을 행사할 수 있는 청산인의 해임청구권(제385조 제2항, 제415조)의 경우 자본금 1천억 원 미만인 상장회사의 경우에는 총발행주식의 0.5%, 그리고 자본금이 1천억 원 이상인 상장회사인 경우에는 총발행주식의 0.25% 이상을 6개월 이상 소유한 소수주주에게만 인정된다(상법 제542조의6 제3항).

또한 비상장회사의 경우 의결권있는 주식의 3%를 소유하여야 행사할 수 있는 소수주주의 집중투표청구권(제382조의2)은 자본금 1천억 원 미만인 상장회사의 소수주주에게는 의결권있는 주식의 3%, 자본금 1천억 원 이상인 상장회사의 소수주주에게는 의결권있는 주식의 1%를 6개월 이상 보유할 것을 요구하고 있다(상법 제542조의7 제2항).

그리고 상장회사나 비상장회사 구분없이 총발행주식의 10%를 요구하는 소수주주권으로는 회사의 해산청구권(제 520조 제1항)이 있다.

4) 자본시장법상 금융투자업자 소수주주권

(1) 개요

자본시장법상 소수주주권과 관련하여 받아 상법의 특례가 적용되는 금융투자업자에 대하여는 별도의 소수주주권 행사요건을 규정하고 있다.

이에 따르면 소수주주권의 행사와 관련 특례가 적용되는 금융투자업자란 최근 사업연도말을 기준으로 자산총액이 2조 원 이상인 금융투자업자를 의미하는데, 최근 사업연도말을 기준으로 그 금융투자업자가 운용하는 집합투자재산, 투자일임재산 및 신탁재산의 전체 합계액이 6조 원 이상인 경우도 적용대상이 된다. 그리고 외국 금융투자업자의 국내지점, 그 밖의 영업소 중의 하나에 해당하는 자에 대하여도 특례가 적용된다(법 시행령 제33조 제1항).

그리고 대표소송이외의 소수주주권에 대한 특례는 최근 사업연도말 현재 자본금이 1천억 원 이상인 금융투자업자를 대상으로 하고 있다.

이에 의거하여 자본시장법상 금융투자업자는 주식회사일 것을 요구하고 있기 때문에 금융투자업자의 소수주주들은 상법상의 소수주주권의 특례규정에 의거하여 소수주주권을 행사할 수 있다(법 제29조).

(2) 대표소송 · 이사위법행위유지청구 · 주주제안권

금융투자업자의 소수주주권 특례를 구체적으로 보면, 상법상 총발행주식의 1% 이상을 소유할 것을 요구하는 소수주주권인 대표소송제기권(상법 제324조, 제403조, 제467조의 2 제4항)의 경우 자산 2조 원 미만의 금융투자업자의 소수주주는 총발행주식 수의 0.05% 이상, 자산 2조 원 미만인 금융투자업자의 소수주주에게는 0.01% 이상의 주식을 6개월 이상동안 소유하여야 한다(법 제29조 제1항).

그리고 지주비율 1% 이상의 요구하는 상법상 이사의 위법행위유지청구권(제402조)의 경우 자본금 1천억 원 미만인 금융투자업자에게는 총발행주식의 0.025% 이상을 6개월 이상 보유한 주주에게, 그리고 자본금이 1천억 원 이상인 금융투자업자의 경우에는 총발행주식의 0.0125% 이상을 6개월 이상 기간동안 보유한 주주에게만 소수주주권을 인정한다(법 제29조 제2항).

그리고 의결권있는 주식의 3%를 요구하는 상법상 소수주주권인 주주제안권(제363조의2)은 금융투자업자의 경우 6개월 이상 보유한 자본금 1천억 원 미만의 회사의 소수주주권은 의결권 있는 주식의 0.5%, 자본금 1천억 원 이상인 금융투자업자는 의결권있는 주식의 0.25% 이상을 소유하여야 한다(법 제29조 제6항).

(3) 총회소집청구 · 이사감사해임청구 · 회계장부열람권

상법상 지주율이 총발행주식의 3%를 소유할 것을 요구하는 소수주주의 총회소집청구권(제366조)은 금융투자업자의 경우 자본금 1천억 원 미만인 경우 의결권있는 주식을 기준으로 6개월 이상 1.5% 이상, 자본금 1천억 원 이상인 경우 의결권있는 주식 기준 0.075%를 보유하여야 한다(법 제29조 제5항).

그리고 상법상 발행주식 총수의 3% 이상을 소유하여야 소수주주권을 행사할 수 있는 이사 · 감사의 해임청구권(제385조 제2항, 제415조)의 경우 자본금 1천억 원 미만인 금융투자업자의 경우에는 총발행주식의 0.025%, 그리고 자본금이 1천억 원 이상인 금융투자업자의 경우에는 총발행주식의 0.0125% 이상을 6개월 이상 소유한 소수주주에게만 인정된다(법 제29조 제4항).

또한 상법상 총발행주식의 3% 이상을 소유한 소수주주에게만 허용되는 회계장부열람권(제466조)은 자본금 1천억 원 미만인 금융투자업자의 소수주주에게는 6개월 이상 기간동안 총발행주식수의 0.05% 이상, 그리고 자본금이 1천억 원 이상인 금융투자업자의 소수주주에게는 총발행주식의 0.025%를 6개월 이상 보유할 것을 요구하고 있다(법 제29조 제3항).

(4) 재산상태검사청구 · 청산인해임청구 · 집중투표청구권

상법상 소수주주에게 총발행주식의 3%를 소유할 것을 요구하는 회사의 업무와 재산상태의 검사청구권(제467조 제1항)은 금융투자업자인 경우에는 자본금이 1천억 원 미만인 경우 3%, 자본금 1천억 원 미만인 경우에는 총발행주식의 1.5% 이상을 6개월 이상 소유한 소수주주에게만 인정된다(법 제29조 제5항).

그리고 상법상 발행주식 총수의 3% 이상을 소유하여야 소수주주권을 행사할 수 있는 청산인의 해임청구권(제385조 제2항, 제415조)의 경우 자본금 1천억 원 미만인 금융투자업자의 경우에는 총발행주식의 0.025%, 그리고 자본금이 1천억 원 이상인 금융투자업자인 경우에는 총발행주식의 0.0125% 이상을 6개월 이상 소유한 소수주주에게만 인정된다(법 제29조 제4항).

또한 상법상 의결권있는 주식의 3% 이상을 소유하여야 행사할 수 있는 소수주주의 집중투표청구권(제382조의2)은 자본시장법의 별도의 규정이 없기 때문에 상장회사에 관한 규정에 의거하여 자본금 1천억 원 미만인 금융투자업자의 소수주주에게는 의결권있는 주식의 3%, 자본금 1천억 원 이상인 금융투자업자의 소수주주에게는 의결권있는 주식의 1%를 6개월 이상 보유할 것을 요구하고 있다(상법 제542조의7 제2항).

그리고 상법이나 자본시장법상 구분없이 총발행주식의 10%를 요구하는 소수주주권으로는 회사의 해산청구권(제 520조 제1항)이 있다.

〈표-2〉 비상장사, 상장사, 금융투자업자의 소수주주권

소수주주권 내용	자본 1천억원	대표 소송	이사위법 유지	업무 검사	이사등 해임	주주 제안	집중 투표	회계장부 열람	주총 소집	해산 판결
비상장사 (상법)		1	1	3	3	3	3	3	3	10
상장사 (상법)	미만	0.01	0.5	1.5	0.5	1	3	0.1	1.5	10
	이상	0.01	0.25	1.5	0.25	0.5	1	0.05	1.5	10
	6월	보유	보유	보유	보유	보유	보유	보유	보유	
금융투자업자 (자시법)	미만	0.05	0.025	3	0.025	0.5	3	0.05	1.5	10
	이상	0.01	0.0125	1.5	0.0125	0.25	1	0.025	0.75	10
	6월	보유	보유	보유	보유	보유	보유	보유	보유	

제3장 건전경영 유지

제1절 경영건전성 감독

자본시장법은 상장법인의 경영건전성을 감독하기 위하여 상장법인들에게 재무건전성을 유지할 것을 요구하고 있으며, 이를 위한 구체적인 가이드라인인 경영건전성 기준을 제시하고 있다. 그리고 재무건전성을 유지할 수 있는 회계처리 방법을 제시하고 업무보고를 공시함으로써 투자자보호를 위한 경영건전성 감독제도를 운용하고 있다.

1. 재무건전성 유지

자본시장법은 금융투자업의 지속성과 투자자보호차원에서 재무건전성 유지에 필요한 규제를 가하고 있다. 이러한 금융투자업자의 재무건전성은 금융감독원이 감독하고 있는데, 금융감독원은 1998년부터 증권회사에 대한 자기자본규제의 일환으로 영업용 순자본비율(Net Capital Ratio; NCR)제도를 운용하여 왔으며, 이는 증권사용 BIS비율이라고 불리기도 한다.

그리고 자본시장법 시행 후에도 '동일영업 동일규제'원칙에 따라 모든 금융투자업자에게 확대되어 영업용 순자본비율제도가 적용되고 있으나 예외적으로 소규모 금융투자업자인 투자자문업 및 투자일임업의 경우에는 영업용 순자본비율규제를 받지 않도록 했다(법시행령 제34조 제1항).

이러한 영업용 순자본비율제도는 금융투자업자의 자산 및 부채에 내재되어 있거나 업무에 수반되는 총위험을 영업용 순자본보다 낮게 유지하도록 하여 설령 금융투자업자가 파산할 경우에도 투자자와 이해관계자들의 손실위험을 감소시키는데 목적이 있다.

이러한 "영업용 순자본비율 = 영업용 순자본/총위험액"이라는 공식에 의거하여 산출되며, 금융투자업자는 적정한 자본을 유지하기 위해 영업용 순자본비율을 일정비율 이상을 유지하여야 하며, 일정한 수준에 미달하는 경우에는 단계별로 금융감독원의 조치를 받게 된다.

그리고 영업용 순자본이란 기준일 현재 금융투자업자의 자산을 즉시 현금화할 수 있는지 여부 등을 기준으로 하여 평가한 순자산가치로서 "영업용 순자본 = 순 재산액(자산−부채) − 차감항목 + 가산항목"이라는 산식에 의하여 계산한다.

여기서 말하는 차감항목이란 고정자산 등 즉시 현금화가 곤란한 자산을 말하며, 가산항목이란 상환의무 없는 부채 등 실질적으로 자본의 보완적 기능을 하는 항목을 말한다.

금융투자업자는 영업용 순자본이 클수록 다양한 영업활동을 위해 자기자본을 투입할 가능성이 더 높다.

그리고 총위험액이란 금융투자업자가 영업활동을 함에 있어 직면가능한 손실을 사전에 예측하여 계량화한 것으로 "총위험액 = 시장위험액[1)]+ 신용위험액[2)] + 운영위험액[3)]"이라는 산식을 통하여 산출된다.

2. 경영건전성기준

자본시장법은 겸영금융투자업자를 제외한 모든 금융투자업자는 경영의 건전성을 유지하기 위하여 ① 자기자본비율, 그 밖의 자본의 적정성에 관한 사항, ② 자산의 건전성에 관한 사항, ③ 유동성에 관한 사항, ④ 그 밖에 경영의 건전성 확보를 위하여 필요한 사항으로서 금융위원회가 정하여 고시하는 경영건전성기준을 준수하여야 하며, 이를 위한 적절한 체계를 구축·시행하여야 한다(법 제31조).

그리고 금융위원회는 경영건전성기준을 정함에 있어서 금융투자업자가 영위하는 금융투자업의 종류 등을 고려하여 금융투자업별로 그 내용을 달리 정할 수 있으며, 금융위원회는 금융투자업자의 경영건전성 확보를 위한 경영실태 및 위험에 대한 평가를 할 수 있다.

그리고 금융위원회는 금융투자업자가 경영건전성기준을 충족하지 못하거나 재무건전성을 유지하지 못한 경우에는 금융투자업자에 대하여 자본금의 증액, 이익배당의 제한 등 경영건전성 확보를 위한 필요한 조치를 명할 수 있다(법 제31조).

---

1) 시장위험액이란 시장성 있는 증권 등에서 주가, 이자, 환율 등 시장가격의 변동으로 인하여 금융투자업자가 입을 수 있는 잠재적인 손실액을 말한다. 이에는 주식, 채권, 집합투자증권, 외환, 파생상품 등이 해당한다.

2) 신용위험액이란 거래상대방의 계약불이행 등으로 인하여 발생할 수 있는 잠재적인 손실액을 말하는 것으로 이에는 예금, RP거래, 신용공여, 유가증권 대차거래, 파생상품 거래 등이 이에 해당한다.

3) 운영위험액이란 부적절하거나 하자있는 내부절차, 인력 및 시스템의 관리부실 또는 외부의 사건 등으로 인하여 발생가능한 잠재적인 손실액을 말한다. 이러한 위험액을 산출할 때 적용되는 위험률은 투자한 금융상품의 가격변동성, 유동성, 거래상대방의 신용도 등을 고려한다.

3. 회계처리

자본시장법은 금융투자업자들의 회계투명성을 제고하기 위하여 회계처리에 관한 규제를 통하여 허위공시에 의한 시장에서의 사기행위를 차단하여 투자자와 이해관계자들을 보호하고자 하고 있다.

우선 회계연도는 투자매매업, 투자중개업, 집합투자업, 투자자문업 및 투자일임업의 경우에는 매년 4월 1일부터 다음 해 3월 31일까지를 회계기간으로 하도록 규정한 바 있다. 다만, 해당 금융투자업자가 회계처리기준을 도입한 경우 등 금융위원회가 정하여 고시하는 경우에는 회계기간을 1월 1일부터 12월 31일까지로 할 수 있도록 한 바 있다(법시행규칙 제6조).

신탁업, 종합금융회사 및 자금중개회사의 경우에는 회계기간을 임의적으로 정관에서 독립적으로 정할 수 있도록 하였다(법시행규칙 제6조).

자본시장법은 회계처리를 함에 있어 금융투자업자의 고유재산과 신탁재산, 그 밖에 투자자재산을 명확히 구분하여 회계처리할 것을 요구하고 있으며(법 제32조), 여기서 말하는 투자자재산은 투자자가 예탁한 재산 및 집합투자재산 등을 말한다(법시행규칙 제6조).

회계처리를 함에 있어서는 증권선물위원회의 심의를 거쳐 금융위원회가 정하여 고시하는 금융투자업자 회계처리준칙 및 외감법 제13조에 정한 회계처리기준에 따르도록 규정하고 있는데, 외감법 제13조에서는 금융위원회가 증권선물위원회의 심의를 거쳐 국제회계기준위원회의 국제회계기준을 채택하여 정한 회계처리기준과 국내회계처리기준을 구분하여 회사의 회계처리기준을 정하도록 규정하고 있다(외감법 제13조 제1항).

한국채택국제회계기준을 적용하는 지배회사가 재무제표를 작성하는 방법은 한국채택국제회계기준(K-IFRS)에서 정하는 범위에서 금융위원회가 정하여 고시하도록 규정하고 있다(법시행령 제7조의2 제2항).

그 밖의 회계처리, 계정과목의 종류와 배열순서, 그 밖에 필요한 사항은 금융위원회가 정하여 고시하도록 규정하고 있다(법 제32조 제2항).

4. 업무보고서 및 공시

자본시장법은 금융위원회가 금융투자업자들의 건전경영유지를 감독할 수 있도록 업무보고서 제출의무와 공시의무를 규정하고 있다.

금융투자업자의 업무보고는 크게 분기별 업무보고와 월별 업무보고, 특별사업보고로 구분하고 있으며, 이를 위반한 경우에는 5천만 원 이하의 과태료의 처벌을 받게 된다(법 제449조 제1항 13,14,15,16호).

우선, 금융투자업자는 매 사업연도 개시 일부터 3개월간·6개월간·9개월간 및 12개월간의 분기별 업무보고서를 작성하여 그 기간경과 후 45일 이내에 금융위원회에 제출하여야 한다(법 제33조 제1항, 법시행령 제36조 제1항).

자본시장법 제33조는 공시방법에 대하여도 규정하고 있는데, 이에 따르면 금융투자업자는 분기별 업무보고서를 금융위원회에 제출한 날부터 그 업무보고서 중 중요사항을 발췌한 공시서류를 1년간 본점과 지점, 그 밖의 영업소에 이를 비치하고, 인터넷 홈페이지 등을 이용하여 공시할 것을 요구하고 있다(제2항).

그리고 특별업무보고와 관련하여 자본시장법은 정기적으로 분기별 및 월별 업무보고 이외에도 특별한 중대사항 발생시에도 추가적으로 이를 금융위에 보고할 것을 요구하고 있다. 즉, 금융투자업자는 거액의 금융사고 또는 부실채권의 발생 등 금융투자업자의 경영상황에 중대한 영향을 미칠 사항으로서 금융투자업의 종류별로 대통령령으로 정하는 사항이 발생한 경우에는 금융위원회에 보고하고, 인터넷 홈페이지 등을 이용하여 공시할 것을 요구하고 있다(법 제33조 제3항).

이 의무를 위반한 경우에도 5천만 원 이하의 과태료의 제재를 받게 된다(법 제449조 제1항).

제2절 대주주와 거래제한

1. 대주주와의 거래제한

자본시장법은 금융투자업의 대주주가 되고자 하는 자는 금융위원회의 승인을 얻도록 하는 소유규제를 가하고 있는 것 이외에도 금융투자업의 사금고화를 예방하기 위하여 금융투자업자가 당해 회사의 대주주와 거래하는 것에 대한 제한을 가하는 거래규제를 가하고 있다.

즉, 금융투자업자에 대한 대주주의 부당한 영향력 행사를 금지하고, 금융투자업자와 대주주 간의 거래에 대하여 재적이사 전원의 결의를 거쳐야 하며, 공시할 의무를 부과시키고 있다.

그러나 겸영금융투자업자의 경우에는 예외를 인정하고 있는데, 이는 대주주와 회사간의 부당한 거래를 통해 회사에 손실을 가할 위험성이 적기 때문이라고 판단된다.

구체적으로 보면, 금융투자업자는 자신의 대주주가 발행한 증권을 소유할 수 없으며, 예외적으로 겸영금융투자업자에게는 증권소유가 가능하도록 허용하고 있다. 그리고 금융투자업자의 특수관계인이 발행한 주식, 채권 및 약속어음을 소유하는 행위 또한 금지된다. 그 밖에 금융투자업자의 건전한 자산운용을 해할 우려가 있는 행위 또한 금지된다. 다만, 담보권의 실행 등 권리행사에 필요한 경우, 안정조작 또는 시장조성을 하는 경우, 그 밖에 금융투자업자의 건전성을 해치지 아니하는 범위에서 금융투자업의 효율적 수행을 위한 경우에는 허용되며, 이 경우 금융위원회는 위에 열거된 행위별로 그 소유기한 등을 정하여 고시할 수 있도록 규정하고 있다(법 제34조 제1항).

2. 대주주의 부당한 영향력 행사 금지

자본시장법은 대주주가 부당한 영향력을 행사하는 것을 금지시키고 있다. 즉, 금융투자업자의 대주주 및 그의 특수관계인은 금융투자업자의 이익에 반하여 대주주 자신의 이익을 얻을 목적으로 특정행위를 할 수 없도록 규정하고 있으며, 금지되는 첫 번째 행위는 미공개정보제공요구행위이다. 즉, 부당한 영향력을 행사하기 위하여 금융투자업자에 대하여 외부에 공개되지 아니한 자료 또는 정보의 제공을 요구하는 행위는 금지되지만, 예외적으로 주주의 회계장부열람권의 행사에 해당하는 경우에는 허용된다(상법 제466조). 금지되는 두 번째 행위는 부당경영개입행위이다. 즉, 경제적 이익 등 반대급부의 제공을 조건으로 다른 주주와 담합하여 금융투자업자의 인사 또는 경영에 부당한 영향력을 행사하는 행위는 금지된다. 셋째는 그 밖에 미공개 정보제공요구나 부당경영개입행위에 준하는 행위로서 대통령령으로 정하는 행위가 금지된다(법 제35조).

여기서 말하는 대통령령으로 정하는 행위란 ① 금융투자업자로 하여금 위법행위를 하도록 요구하는 행위, ② 금리, 수수료, 담보 등에 있어서 통상적인 거래조건과 다른 조건으로 대주주 자신이나 제3자와의 거래를 요구하는 행위, ③ 조사분석자료의 작성과정에서 영향력을 행사하는 행위를 말한다(법 시행령 제41조).

그리고 금융위원회는 금융투자업자의 대주주가 부당한 영향력 행사와 관련한 법 위반 혐의가 있다고 인정될 경우에는 금융투자업자 또는 그의 대주주에게 필요한 자료의 제출을 명할 수 있도록 규정하고 있다(법 제36조).

3. 금융위원회 자료 제출명령

금융투자업자의 대주주가 부당한 영향력을 행사하는 것을 금지시키고 있는 규정의 실효성을 확보하기 위하여 자본시장법은 금융위가 금융투자업자에게 필요한 자료의 제출을 명할 수 있도록 규정하고 있다(법 제36조).

그리고 이러한 금융위의 자료제출명령을 위반한 경우에는 5천만 원 이하의 과태료의 제재를 받게 된다(법 제449조 제1항 제18호).

제출명령의 행사요건은 대주주의 부당한 영향력 행사금지규정을 위반한 혐의가 있어야 하며, 이는 구체적으로 위반사실이 확인되기 전이라도 금융위가 자료제출을 명령할 수 있다는 것을 의미한다.

그리고 부당한 영향력 행사가 무엇을 의미하는 지에 대하여 제35조에서 정한 규정에 따른다. 즉, ① 주주의 회계장부열람권의 행사에 해당하는 경우를 제외한, 부당한 영향력을 행사하기 위하여 금융투자업자에 대하여 외부에 공개되지 아니한 자료 또는 정보의 제공을 요구하는 행위(미공개 정보제공요구행위), ② 경제적 이익 등 반대급부의 제공을 조건으로 다른 주주와 담합하여 금융투자업자의 인사 또는 경영에 부당한 영향력을 행사하는 행위(부당경영개입행위), ③ 그 밖에 미공개 정보제공요구나 부당경영개입행위에 준하는 행위로서 대통령령으로 정하는 행위를 할 수 없도록 규정하고 있다.

여기서 말하는 대통령령으로 정하는 행위, 즉 인사 또는 경영에 부당한 영향력을 행사하는 것으로 미공개 정보제공 요구행위나 부당경영개입행위 이외에 추가로 이에 준하는 부당한 영향력 행사행위를 법 시행령 제41조에서 규정하고 있는데, 이에 따르면 ① 금융투자업자로 하여금 위법행위를 하도록 요구하는 행위, ② 금리, 수수료, 담보 등에 있어서 통상적인 거래조건과 다른 조건으로 대주주 자신이나 제3자와의 거래를 요구하는 행위, ③ 조사분석자료의 작성과정에서 영향력을 행사하는 행위 중 하나라도 행하는 경우 법위반행위가 된다.

그리고 금융위원회는 금융투자업자의 대주주가 부당한 영향력 행사와 관련한 법 위반 혐의가 있다고 인정될 경우에는 금융투자업자 또는 그의 대주주에게 필요한 자료의 제출을 명할 수 있도록 규정하고 있다(제36조).

제4장 영업행위 규칙

제1절 공통 영업행위 규칙

1. 통칙

1) 신의성실의무

자본시장법 제37조는 타인의 금전을 관리하는 자로서 신의를 가지고 성실하게 영업활동을 해야 한다는 대원칙을 선언하고 있다.

따라서 법 제37조는 민법의 대원칙 중의 하나인 "권리의 행사와 의무의 이행은 신의에 좇아 성실히 하여야 한다"(민법 제2조 제1항)는 규정에 근거를 두고 있다. 신의성실이란 거래상대방의 신뢰와 기대를 배반하지 않도록 행동하는 것을 말하며, 이것이 법리로 확립된 신의성실원칙은 당사자의 신뢰관계를 기반으로 하는 채권법의 영역에서 채권행사와 채무이행에서 발생하고 발전한 로마법에서 유래된 법리이다.

이러한 신의성실원칙은 내용상 시대나 지역의 특성에 따라 그 사회의 상식이나 일반통념에 따라 변해왔으며, 자본시장법도 투자자보호차원에서 투자자의 신뢰와 기대를 배반하지 않을 원칙이 자본거래의 기본이 되어야 한다는 것을 천명한 것으로 이해된다.

그리고 이러한 신의성실의 원칙에 반하는 행위를 한 금융투자업자의 경우에는 강행규정에 위배되는 것이므로 당사자의 주장이 없더라도 법원이 직권으로 법리 판단할 수 있는 근거를 마련한 것이다(대법원 1995.12.22 선고 94다42129 판결).

2) 상호

자본시장법은 금융투자업자의 대중성과 거래의 안정성을 확보하기 위하여 상호사용에 대한 법적인 제한을 가하고 있다. 상호는 사업자가 영업상 자기를 표시하기 위하여 사용하는 명칭으로서 상호선정자유주의 원칙하에 자유롭게 정할 수 있다. 다만, 다수를 상대로 거래를 하는 사업자들의 특성상 상대방의 외관신뢰, 대중성, 공공성을 이유로 법률로 예외적인 경우에 한하여 상호선정의 자유를 제한하고 있다.

자본시장법도 투자자보호차원에서 상호사용에 대한 제한을 가하고 있는데, '금융투자', '증권', '파생' 또는 '선물', '집합투자', '투자신탁' 또는 '자산운용', '투자자문', '투자일임', '신탁' 업을 영위하지 않으면서 상호에 상기와 같은 명칭을 사용하는 것을 제한하고 있다. 이때 금융투자업자는 이러한 자본시장법상의 상호사용에 관한 제한 외에도 상법이나 특별법에 의한 상호사용에 제한에 관한 규정도 함께 고려해야 한다(법 제38조).

따라서 금융투자업자가 아닌 자는 그 상호 중에 '금융투자'라는 문자 또는 이와 같은 의미를 가지는 외국어 문자로서 financial investment 및 파이낸셜 인베스트먼트나 그와 비슷한 의미를 가지는 다른 외국어문자를 사용할 수 없다(법 제38조 제1항, 법시행령 제42조 제1항).

또한 증권을 대상으로 하여 투자매매업 또는 투자중개업을 영위하는 자가 아닌 자는 그 상호 중에 '증권'이라는 문자 또는 이와 같은 의미를 가지는 외국어문자로서 securities 등과 같은 문자를 사용할 수 없다. 다만, 증권집합투자기구는 '증권'이라는 문자 또는 이와 같은 의미를 가지는 외국어문자로서 securities 등과 같은 문자를 사용할 수 있다(법 제38조 제2항, 법시행령 제42조 제2항).

그리고 장내파생상품 또는 장외파생상품을 대상으로 하여 투자매매업 또는 투자중개업을 영위하는 자가 아닌 자는 그 상호 중에 '파생' 또는 '선물'이라는 문자 또는 이와 같은 의미를 가지는 외국어문자로서 derivatives 또는 futures 등의 명칭을 사용할 수 없다(법 제38조 제3항, 법시행령 제42조 제3항).

또한 집합투자업자가 아닌 자는 그 상호 중에 '집합투자', '투자신탁' 또는 '자산운용'이라는 문자 또는 이와 같은 의미를 가지는 외국어문자로서 collective investment, pooled investment, investment trust, unit trust 또는 asset management 문자를 사용할 수 없다. 다만, 투자신탁인 집합투자기구는 '투자신탁'이라는 문자 또는 이와 같은 의미를 가지는 외국어문자로서 collective investment, pooled investment, investment trust, unit trust 또는 asset management 문자를 사용할 수 있다(법 제38조 제4항, 법시행령 제42조 제4항).

그리고 투자자문업자가 아닌 자는 그 상호 중에 '투자자문'이라는 문자 또는 이와 같은 의미를 가지는 외국어문자로서 investment advisory 문자를 사용하여서는 아니 된다. 다만, 부동산투자회사법상 부동산투자자문회사는 '투자자문'이라는 문자 또는 이와 같은 의미를 가지는 외국어문자로서 investment advisory 문자를 사용할 수 있다(법 제38조 제5항, 법시행령 제42조 제5항).

또한 투자일임업자가 아닌 자는 그 상호 중에 '투자일임'이라는 문자 또는 이와 같은 의미를 가지는 외국어문자로서 discretionary investment 문자를 사용하여서는 안된다(법 제38조 제6항, 법시행령 제42조 제6항).

그리고 신탁업자가 아닌 자는 그 상호 중에 '신탁'이라는 문자 또는 이와 같은 의미를 가지는 외국어문자로서 trust 문자를 사용하여서는 안된다. 다만, 집합투자업자 또는 담보부사채 신탁업, 저작권신탁관리업을 영위하는 자는 그 상호 중에 '신탁'이라는 문자 또는 이와 같은 의미를 가지는 외국어문자로서 trust 문자를 사용할 수 있다(법 제38조 제7항, 법시행령 제42조 제7항).

이 밖에도 금융투자업자는 앞에서 본 바와 같은 자본시장법상의 상호사용에 대한 제한 외에도 상법에서 규정하고 있는 상호사용의 제한에 관한 규정의 적용도 받는다. 즉, 상법상 상호의 선정은 원칙상 자유이나(상법 제18조), 거래의 안전보호를 위하여 법률로 제한하는 사항이 있다. 구체적으로는 금융투자업자도 상호를 선정함에 있어서 이러한 법적 제한을 받게 되는데, 우선, 금융투자업의 상호 중에는 '회사'라는 문자와 종류(합명 · 합자 · 주식 · 유한 · 유한책임)를 표시하는 문자를 사용하여야 한다(상법 제19조). 그리고 부정한 목적으로 다른 금융투자업자의 영업으로 오인할 수 있는 상호를 사용하지 못하며(상법 제23조), 금융투자업자가 수개의 영업소를 확보하고 있어도 상호는 1개만 사용할 수 있다(상법 제21조).

이러한 상호는 금융투자업자의 명칭이므로 상인이 아닌 각종 협동조합 등의 명칭은 상호가 아니다.

이러한 원칙에 따라 금융투자업자가 상호를 선정하면 이를 사용할 권리, 즉 상호사용권이 발생하여 타인은 그 사용을 방해하지 못하며, 동시에 타인이 동일 또는 유사한 상호를 부정하게 사용하는 것을 배척하는 권리인 상호전용권을 가지게 된다. 그리고 상호를 등기하면 타인이 당해 상호를 사용하는 경우 부정사용 목적이 있는 것으로 추정되어 상법상 강력한 상호권을 보호받게 된다(상법 제23조 제4항). 추가로 은행 · 보험 · 신탁 등의 특수한 회사는 특별법에 의하여 영업의 종류를 표시하는 문자를 사용하여야 한다.

그리고 금융투자업자가 아닌 자가 상호 중에 금융투자, 증권, 파생, 선물, 집합투자, 투자신탁, 자산운용, 투자자문, 투자일임 또는 신탁이라는 문자를 사용한 자는 1년 이하의 징역 또는 3천만 원 이하의 벌금에 처하도록 되어 있다(법 제446조 제3호).

3) 명의대여 금지

금융투자업의 진입규제를 회피하기 위하여 기존 금융투자업인가를 받은 사업자로부터 명의를 대여받아 금융투자업을 영위하는 경우 자본시장에 대한 신뢰가 저하되고 투자자들의 보호가 어려질 수 있다. 따라서 자본시장법은 인가나 등록요건을 갖추지 못한 금융투자업자들의 영업을 차단할 목적으로 금융투자업자가 타인에게 명의를 대여하는 행위를 금지시키고 있다(법 제39조).

그리고 금지규정의 실효성을 확보하기 위하여 법위반시 명의대여자에 대하여 제재를 가하고 있으며, 이에 따르면 자기의 명의를 대여하여 타인에게 금융투자업을 영위하게 한 자에게는 3년 이하의 징역 또는 1억 원 이하의 벌금에 처하도록 규정하고 있다(법 제445조 3호). 반면에 명의를 대여 받은 자에 대하여는 아무런 처벌규정을 두고 있지 않다. 즉, 명의대여자의 형사처벌규정만 두고 있는 것이다.

4) 금융투자업자 겸영업무

(1) 취지

우리나라는 전통적으로 금융기관간의 업종간 규제를 해옴으로서 은행과 증권, 보험을 엄격히 구분해 오고 겸영도 통제해 온 바 있다. 따라서 자본시장법도 이러한 관점에서 금융투자업자가 보험 등과 같은 타 금융업무를 겸영하고자 할 때에는 금융위원회에 등록 또는 신고할 것을 요구하고 있다. 이와 관련하여 금융투자업자의 타 금융업무의 겸영을 법률로 규제하는 것이 금융산업발전에 기여하는지 여부에 대하여는 논란이 있다.

물론, 자본시장법이 제정되기 이전에는 구 증권거래법상 증권회사는 법령으로 증권업 이외의 금융업을 할 수 있도록 허용된 경우나 금융업으로서 금감위의 겸영인가를 받은 경우에 한하여 증권업 이외의 금융업을 겸업할 수 있었다(구 증권거래법 제51조).

그러나 자본시장법은 이러한 인가요건을 등록이나 신고요건으로 변경하면서 금융투자업자의 겸영을 용이하게 하였다. 이처럼 자본시장법이 금융투자업자의 겸영을 용이하도록 한 이유는 금융산업에 대한 규제를 글로벌 스탠다드에 부합하는 방향으로 완화하여 국내 금융산업의 글로벌 경쟁력을 제고하고자 하는데 목적이 있는 것으로 이해된다.

(2) 등록 겸영업무

금융투자업자의 등록에 의한 겸영업무와 관련하여 자본시장법은 겸영의 범위를 보험업과 관련하여서는 금융투자업자 중 투자매매업자 또는 투자중개업자의 경우에만 보험대리점 또는 보험중개사 업무를 겸영하고자 하는 경우 등록할 것을 요구하고 있다(법 제40조 제1호, 보험업법 제91조 제1항 2호).

그 밖에도 일반사무관리회사, 외국환업무 및 외국환중개업무, 퇴직연금사업자의 업무, 담보부사채에 관한 신탁업무, 자산관리회사의 업무, 기업구조조정전문회사의 업무, 중소기업창업투자회사의 업무, 신기술사업금융업무, 그 밖에 투자자 보호 및 건전한 거래질서를 해칠 염려가 없는 금융업무로서 금융위원회가 정하여 고시하는 금융업무의 경우에도 등록을 한 후 겸영을 할 수 있다(법 제40조 제1호, 법시행령 제43조 제3항).

따라서 원칙적으로는 금융투자업과 보험업, 기타 금융업의 경우 겸영은 금지시키되, 소규모의 금융업에 한하여 등록을 요건으로 겸영을 허용하고 있는 것이다.

(3) 신고 겸영업무

① 특별법상 겸영신고

금융투자업자의 신고에 의한 겸영업무와 관련하여 금융투자업자가 신고만으로 겸영할 수 있는 업무는 특별법에서 이를 허용한 경우이다. 즉, 한국은행법, 은행법, 한국산업은행법, 중소기업은행법, 한국수출입은행법, 보험업법, 상호저축은행법, 신용보증기금법, 기술신용보증기금법, 신용협동조합법, 새마을금고법, 신용정보의 이용 및 보호에 관한 법률, 외국환거래법, 금융위원회의 설치 등에 관한 법률, 자산유동화에 관한 법률, 금융기관부실자산 등의 효율적 처리 및 한국자산관리공사의 설립에 관한 법률, 금융실명거래 및 비밀보장에 관한 법률, 외국인투자촉진법, 금융산업의 구조개선에 관한 법률, 한국주택금융공사법, 부동산가격 공시 및 감정평가에 관한 법률, 주택법, 예금자보호법, 주택저당채권유동화회사법, 담보부사채신탁법, 금융지주회사법, 근로자퇴직급여 보장법, 농업협동조합법, 수산업협동조합법, 전자금융거래법, 특정 금융거래정보의 보고 및 이용 등에 관한 법률, 주식회사의 외부감사에 관한 법률, 대부업의 등록 및 금융이용자보호에 관한 법률, 공사채등록법, 공인회계사법, 유사수신행위의 규제에 관한 법률, 사회기반시설에 대한 민간투자법, 부동산투자회사법, 선박투자회사법, 문화산업진흥 기본법, 산업발전법, 중소기업창업 지원법, 여신전문금융업법, 벤처기업육성에 관한 특별조치법, 부품·소재전문기업 등의 육성에 관한 특별조치법, 해외자원개발 사업법, 한국정책금융공사법, 농림수산식품투자조합 결성 및 운용에 관한 법률에서 정하고 있는 금융업무로서 해당 법령에서 금융투자업자가 영위할 수 있도록 한 업무의 경우 신고만으로 겸영이 가능하도록 규정하고 있다(법 제40조 제2호, 법시행령 제43조 제4항).

② 기타 겸영신고

국가 또는 공공단체 업무의 대리, 투자자를 위하여 그 투자자가 예탁한 투자자예탁금으로 수행하는 자금이체업무도 신고하면 겸영할 수 있으나 투자매매업 또는 투자중개업을 영위하는 금융투자업자는 등록을 해야 하고 신고만으로는 겸영할 수 없도록 규정하고 있다(법시행령 제43조 제1항 1호).

그리고 그 밖에 금융업무를 영위하여도 투자자보호 및 건전한 거래질서를 해할 우려가 없는 업무로서 ① 투자자문업, ② 투자일임업, ③ 투자자문업 및 투자일임업을 겸영하고자 하는 경우에는 신고하면 가능하며(법 시행령 제43조 제1항 제2호), 금융위원회가 정하여 고시하는 금융투자업자도 신고함으로써 겸영이 가능하도록 되어 있다.

또한 금융업무를 영위하여도 투자자보호 및 건전한 거래질서를 해할 우려가 없는 업무로서 ① 자산관리자의 업무와 유동화전문회사업무의 수탁업무, ② 투자자계좌에 속한 증권·금전 등에 대한 제3자 담보권의 관리업무, ③ 사채모집의 수탁업무, ④ 기업금융업무, 그 밖에 금융위원회가 정하여 고시하는 업무와 관련한 대출업무, ⑤ 증권의 대차거래와 그 중개·주선 또는 대리업무, ⑥ 지급보증업무, ⑦ 원화로 표시된 양도성 예금증서의 매매와 그 중개·주선 또는 대리업무, ⑧ 대출채권, 그 밖의 채권의 매매와 그 중개·주선 또는 대리업무, ⑨ 대출의 중개·주선 또는 대리업무, ⑩ 그 밖에 그 금융업무를 영위하여도 투자자보호 및 건전한 거래질서를 해할 우려가 없는 업무로서 대통령령으로 정하는 금융업무도 신고만으로 겸영이 가능하도록 되어 있다(법제40조 제5호).

그럼에도 불구하고 이를 위반하여 금융투자업자가 등록이나 신고하지 않고 겸영을 하는 경우에는 5천만 원 이하의 과태료를 부과하도록 되어 있다(법 제449조 제1항 제19호).

5) 금융투자업자의 부수업무

현행 자본시장법상 금융투자회사가 자본시장에서 금융거래가 원활히 이뤄지도록 매개자 역할을 담당할 수 있도록 기본업무 외에도 겸영업무, 부수업무 등을 영위할 수 있도록 되어 있다(법 제41조).

특히, 자본시장법은 금융투자업자의 부수업무영위에 대한 규제규정을 두고 있는데, 과거 구 증권거래법 당시와는 달리 부수업무규제를 대폭 완화하였다. 즉, 구 증권거래법에서는 부수업무를 시행령을 통하여 상세하게 그 유형을 21가지로 열거하고 이에 한하여 부수업무를 할 수 있도록 하는 열거주의 방식(positive system)을 택한 바 있었다.

따라서 구 증권거래법상으로 증권업과 관련된 업무, 증권회사가 소유하고 있는 인력·자산 또는 설비 등을 활용한 업무, 기타 다른 법령에 의하여 허가·인가·승인 또는 등록 등을 필요로 하지 않는 업무로 구분하여 놓고, 이에 해당하는 업무만을 허용했었다(구 증권거래법 제51조).

그러나 자본시장법은 이러한 부수업무를 사전적으로 열거하는 열거주의 체제에서 벗어나 모든 부수업무를 허용하되 예외적으로 제한하는 포괄주의 체제로 전환되었다.

6) 금융투자업자의 업무위탁

(1) 개설

자본시장법은 투자자보호 또는 건전한 거래질서를 해할 우려가 있는 경우 등 일정한 사유가 있는 경우를 제외하고는 금융투자업자가 고유업무와 겸영업무, 부수업무에 대해 그 일부를 제3자에게 위탁할 수 있도록 근거규정을 두고 있다(법 제42조).

다만, 투자자보호 또는 건전한 거래질서를 해할 우려가 있는 내부감사업무, 위험관리업무, 신용위험의 분석 · 평가업무 등 대통령령으로 정한 업무는 제3자에게 위탁할 수 없도록 금지시키고 있다(법 제42조 제1항 단서).

즉, 금융투자업, 보험대리점의 업무 또는 보험중개사의 업무 등, 금융투자업자가 영위할 수 있도록 한 금융업무, 국가 또는 공공단체 업무의 대리, 투자자예탁금으로 수행하는 자금이체업무, 투자자보호 및 건전한 거래질서를 해할 우려가 없는 금융업무 및 부수업무와 관련하여 그 금융투자업자가 영위하는 업무의 일부를 제3자에게 위탁할 수 있다.

따라서 ① 준법감시인의 업무 중 금융위원회가 정하여 고시하는 업무를 제외한 업무, ② 내부감사업무, ③ 위험관리업무, ④ 신용위험의 분석 · 평가업무이더라도 투자자보호 및 건전한 거래질서를 해할 우려가 없는 경우에는 이를 제3자에게 위탁할 수 있다.

(2) 업무위탁

금융투자업자의 업무위탁과 관련하여 투자매매업인 경우 투자매매업 관련 계약의 체결과 해지업무, 금융투자상품의 매매를 위한 호가 제시업무, 증권의 인수업무를 제3자에게 위탁할 수 있다.

투자중개업인 경우에는 투자중개업 관련 계약의 체결 및 해지업무, 증거금 관리와 거래종결업무를 제3자에게 위탁할 수 있으며, 집합투자업인 경우에는 투자유한회사 · 투자유한책임회사 · 투자합자조합 · 투자익명조합 · 집합투자재산의 운용 · 운용지시업무, 집합투자재산의 평가업무를 위탁할 수 있다.

투자자문업인 경우에는 투자자문계약의 체결과 해지업무, 투자자문의 요청에 응하여 투자판단을 제공하는 업무를 위탁할 수 있으며, 투자일임업의 경우에는 투자일임계약의 체결과 해지업무, 투자일임재산의 운용업무를 위탁할 수 있다. 신탁업인 경우에는 신탁계약과 집합투자재산의 보관 · 관리계약의 체결과 해지업무, 투자신탁재산을 제외한 신탁재산의 보관 · 관리업무, 운용과 운용지시의 이행업무를 포함한 집합투자재산의 보관 · 관리업무, 신탁재산에 속하는 지분증권의 의결권행사를 포함한 신탁재산의 운용업무 등이 포함된다(법시행령 제45조).

(3) 위탁계약

금융투자업자의 업무위탁과 관련하여 금융투자업자가 제3자에게 업무를 위탁하는 경우에는 ① 위탁하는 업무의 범위, ② 수탁자의 행위제한에 관한 사항, ③ 위탁하는 업무의 처리에 대한 기록유지에 관한 사항, ④ 그 밖에 투자자보호 또는 건전한 거래질서를 위하여 필요한 사항을 포함하는 위탁계약을 체결하여야 한다(법 제42조 제2항).

여기서 투자자보호 또는 건전한 거래질서를 위하여 필요한 사항이란 업무위탁계약의 해지에 관한 사항, 위탁보수 등에 관한 사항, 그 밖에 업무위탁에 따른 이해상충방지체계 등 금융위원회가 정하여 고시하는 사항을 말한다(법시행령 제46조 제2항).

그리고 자본시장법상 금융투자업자는 위탁계약의 내용을 대통령령으로 정하는 방법 및 절차에 따라 금융위원회에 보고할 것을 요구하고 있으나(법 제42조 제2항), 정작 법시행령에서는 그 방법과 절차에 관하여 아무런 규정을 두고 있지 않다.

특히, 금융위원회가 위탁계약내용에 대한 규제를 할 수 있는 법적 근거를 마련해 두고 있는데, 이에 따르면 위탁계약의 내용이 ① 금융투자업자의 경영건전성을 저해하는 경우, ② 투자자보호에 지장을 초래하는 경우, ③ 금융시장의 안정성을 저해하는 경우, ④ 금융거래질서를 문란하게 하는 경우 중 어느 하나에 해당하는 경우에는 금융위는 해당 업무의 위탁을 제한하거나 시정할 것을 명할 수 있다(법 제42조 제3항).

따라서 위 4가지 요건 중 어느 하나에만 해당해도 금융위는 위탁계약내용을 제한하거나 시정명령을 할 수 있도록 규정하고 있다. 위탁을 제한한다는 것은 금융위원회의 의결로 그 방법과 정도를 결정하게 된다는 것을 의미한다.

(4) 수탁자의 자격

금융투자업자의 업무와 관련하여 위탁받는 업무가 인가를 받거나 등록을 한 업무와 직접적으로 관련된 필수업무인 본질적 업무인 경우 이를 위탁받는 자는 그 업무수행에 필요한 인가를 받거나 등록을 한 자이어야 한다(법 제42조 제4항). 따라서 수탁자도 인가를 받은 금융투자업자와 동일한 조건을 갖추어야 본질적 업무의 수탁을 할 수 있다.

다만, 외국 금융투자업자의 경우에는 예외를 인정하여 그 업무를 위탁받는 자가 외국 금융투자업자로서 대통령령으로 정하는 요건을 갖춘 경우에는 인가를 받거나 등록을 한 것으로 의제하도록 특례를 인정하고 있다.

그리고 여기서 말하는 대통령령으로 정하는 요건이란 외국 금융투자업자가 소재한 국가에서 외국 금융감독기관의 허가 · 인가 · 등록 등을 받아 위탁받으려는 금융투자업 또는 금융업무에 상당하는 영업을 하는 것을 말한다(법시행령 제47조 제2항).

(5) 재위탁

자본시장법은 금융투자업자의 업무를 위탁을 받은 자가 이를 제3자에게 재위탁하는 것을 금지시키고 있는데, 이는 투자자보호 차원에서 둔 규정이다. 다만, 투자자보호를 해하지 아니하는 범위에서 금융투자업의 원활한 수행을 위하여 필요한 경우 재위탁을 허용하고 있는데, 이에 해당하는 것으로는 ① 위탁받은 업무의 일부로서 전산관리·운영 업무, ② 고지서 등 발송 업무, ③ 신탁업에 해당하는 보관 업무를 제외한 보관업무, ④ 조사분석 업무, ⑤ 법률검토 업무, ⑥ 회계관리 업무, ⑦ 문서 등의 접수 업무, ⑧ 채권추심 업무, ⑨그 밖에 금융위원회가 정하여 고시하는 단순 업무, ⑩ 집합투자재산의 운용·운용지시업무 중 외화자산인 집합투자재산의 운용·운용지시업무 및 집합투자재산의 평가업무(외화자산의 평가업무로서 의사결정권한까지 위탁하지 아니하는 것만 해당), ⑪ 투자신탁재산을 제외한 신탁재산의 보관·관리업무와 운용과 운용지시의 이행 업무를 포함한 집합투자재산의 보관·관리업무 중 예탁대상증권 등 및 신탁재산에 속하는 지분증권의 의결권 행사를 포함한 외화자산의 보관·관리업무와 외화자산인 신탁재산의 운용업무 등의 요건을 충족시킨 경우에는 위탁한 자의 동의를 받아 제3자에게 재위탁할 수 있도록 예외를 인정하고 있다(법 제42조 제5항, 법시행령 제48조).

(6) 위탁관련 투자자보호

자본시장법은 금융투자업무 위탁자에게 투자자보호 차원에서 위탁업무에 관한 정보제공의무, 업무위탁운영기준 설정의무, 투자설명서기재 의무 등을 부과하고 있다. 즉, 금융투자업무를 위탁한 자는 대통령령으로 정하는 기준에 따라 위탁한 업무의 범위에서 위탁받은 자에게 투자자의 금융투자상품의 매매, 그 밖의 거래에 관한 정보 및 투자자가 맡긴 금전, 그 밖의 재산에 관한 정보를 제공할 수 있도록 규정하고 있는데(법 제42조 제6항), 이는 임의규정이라고 해석된다.

여기서 말하는 대통령령으로 정하는 기준이란 ① 제공하는 정보는 위탁한 업무와 관련한 정보일 것, ② 정보제공과 관련된 기록을 유지할 것, ③ 제공하는 정보에 대한 수탁자의 정보이용에 관하여 관리·감독이 가능할 것을 말한다(법시행령 제49조).

그리고 자본시장법은 금융투자업자가 업무위탁을 하고자 하는 경우 투자자정보 보호 및 위험관리·평가 등에 관한 업무위탁 운영기준을 정하도록 의무를 부과시키고 있는데(법 제42조 제7항), 이는 투자자보호차원에서 부과된 의무이다.

그 밖에도 자본시장법은 금융투자업자에게 업무위탁을 한 내용을 계약서류 및 투자설명서에 기재할 의무를 부과시키고 있으며, 투자자와 계약을 체결한 후에 업무위탁을 하거나 그 내용을 변경한 경우에는 이를 투자자에게 통보할 것을 요구하고 있다(법 제42조 제8항).

자본시장법은 금융투자업의 업무위탁과 관련하여 업무를 위탁받은 자가 그 위탁받은 업무를 영위하는 과정에서 투자자에게 손해를 끼친 경우, 민법 제756조의 사용자의 배상책임규정을 준용하도록 하여 위탁자에게 사용자책임을 부과시키고 있다(법 제42조 제9항).

그 밖에도 자본시장법은 금융투자업을 위탁받은 자에게도 이 법에서 정하고 있는 직무관련 정보의 이용금지규정(제54조), 손실보전 등의 금지규정(제55조) 및 금융거래의 비밀보장의무(금융실명제법 제4조) 등에 관한 규정을 위탁받은 업무를 영위하는 경우에 준용하도록 규정하고 있다(법 제42조 제10항).

자본시장법은 그 밖에도 업무의 위탁 · 재위탁의 기준 · 방법 및 절차에 관하여 투자자보호 또는 건전한 거래질서를 위하여 필요한 사항은 대통령령으로 정하도록 규정하고 있다. 그러나 정작 시행령에서는 아직 이에 대한 별도의 규정을 두고 있지 않고 있다.

그리고 이를 위반하여 투자자보호를 해할 우려가 있는 업무 등을 위탁한 자는 1년 이하의 징역 또는 3천만 원 이하의 벌금에 처해지게 된다(법 제446조 제4호).

(7) 위탁업무 검사 및 처분

자본시장법은 금융투자업무를 위탁받은 자는 그 위탁받은 업무와 관련하여 그 업무와 재산상황에 관하여 금융감독원장의 검사를 받을 것을 요구하고 있다.

이와 관련하여 금융감독원장은 검사를 함에 있어서 필요하다고 인정되는 경우에는 금융투자업자에게 업무 또는 재산에 관한 보고, 자료의 제출, 증인의 출석, 증언 및 의견의 진술을 요구할 수 있다. 그리고 검사를 하는 자는 그 권한을 표시하는 증표를 지니고 이를 관계자에게 내보여야 하며, 금융감독원장이 검사를 한 경우에는 그 보고서를 금융위원회에 제출하여야 한다. 이 경우 이 법 또는 이 법에 따른 명령이나 처분을 위반한 사실이 있는 때에는 그 처리에 관한 의견서를 첨부하여야 한다.

그리고 검사와 관련하여 금융위원회는 검사의 방법 · 절차, 검사결과에 대한 조치기준, 그 밖의 검사업무와 관련하여 필요한 사항을 정하여 고시할 수 있다(법 제43조 제1항).

금융위원회는 감독기관으로서 업무를 위탁받은 자가 ① 직무관련 정보의 이용 금지규정(제54조), 손실보전 등의 금지규정(제55조) 및 금융실명제법상 금융거래의 비밀보장의무 등 규정을 위반한 경우, ② 검사를 거부 · 방해 또는 기피한 경우, ③ 보고 등의 요구에 불응한 경우, ④ 금융투자업자 및 그 임직원에 대한 처분 및 업무위탁계약 취소 · 변경 명령의 사유에 해당하는 경우에는 위탁계약의 어느 한쪽 또는 양쪽 당사자에게 위탁계약의 취소 또는 변경을 명할 수 있다(법 제43조 제2항). 이처럼 금융위원회가 위탁계약의 취소 또는 변경을 명하는 조치를 한 경우에 금융위원회는 그 내용을 기록하고, 이를 유지 · 관리할 의무를 진다(법 제43조 제3항).

이와 관련하여 금융투자업자 또는 업무를 위탁받았거나 받은 자는 금융위원회에 자기에 대한 조치 여부 및 그 내용을 조회할 수 있으며, 조회요청을 받은 금융위원회는 정당한 사유가 없는 한 조치 여부 및 그 내용을 그 조회 요청자에게 통보하여야 하며, 금융투자업자 또는 업무를 위탁받은 자(업무를 위탁받았던 자를 포함)는 위탁계약의 취소 또는 변경명령에 이의를 제기할 수 있다(법 제43조 제4, 5, 6항).

7) 이해상충 관리

(1) 개요

자본시장법은 금융투자업자에게 내부통제기준을 통해 이해상충을 관리할 의무를 부과시키고 있다. 즉, 금융투자업자는 금융투자업의 영위와 관련하여 금융투자업자와 투자자간, 특정투자자와 다른 투자자간의 이해상충을 방지하기 위하여 이해상충이 발생할 가능성을 파악·평가하고, 내부통제기준이 정하는 방법 및 절차에 따라 이를 적절히 관리할 의무를 진다(법 제44조 제1항).

자본시장법은 이러한 이해상충 유형을 크게 2가지로 구분하고 있는데, 하나는 금융투자업자와 투자자간의 이해상충이며, 다른 하나는 특정투자자와 다른 투자자간 이해상충이다.

(2) 금융투자업자와 투자자 이해상충

금융투자업자와 투자자의 이해상충 유형은 ① 매매·중개업과 자산운용업간 발생하는 것으로 금융투자업자의 고유자산에 속한 불량자산 또는 과대평가된 자산을 고객자산으로 전이하는 유형, ② 매매·중개업과 투자자문업간 발생하는 것으로 고객자산의 운용에 관한 정보가 누출되거나 사적으로 활용되는 것으로 내부자 거래에 해당하는 유형, ③ 자산운용업과 자산보관관리업간 발생하는 것으로 자산보관관리업자가 관계회사의 자산운용에 관한 감리기능을 수행하지 못하거나 타 회사의 자산운용에 관한 정보를 남용하는 등 선관의무의 위배로 발생하는 유형, ④ 자산운용업과 투자자문업간에 발생하는 것으로 관계회사의 자산운용상품을 우선적으로 선택하게 하거나 영향력을 행사하는 등 투자자문의 객관성이 훼손되는 판매상 이해상충문제에 해당하는 유형으로 구분해 볼 수 있다.

(3) 특정투자자와 다른 투자자간 이해상충

특정투자자와 다른 투자자간 이해상충문제는 특정고객의 이익확보 및 손실축소를 위해 미공개정보를 특정고객에게만 이용하게 하거나 불공정거래에 이용하는 경우 고객간 이해상충 문제가 발생할 수 있다.

그 방법으로는 예를 들어 인수부서의 비공개 주요정보를 특정고객에게만 이용토록 하는 경우, 특정고객의 비공개 비밀정보를 다른 고객을 위하여 이용하는 경우, 펀드간 대량거래

후 손익을 특정고객에게 차등배분하는 경우, 한 고객의 이익확대 또는 손실축소를 위해 자전거래, 이체거래 등을 통해 우량주식을 특정펀드에 이전하는 경우 등을 들 수 있다.

(4) 금융투자업자의 사후조치

이해상충가능성 인식 후 조치와 관련하여 자본시장법은 금융투자업자에게 이해상충이 발생할 가능성을 파악·평가한 결과 이해상충이 발생할 가능성이 있다고 인정되는 경우에는 그 사실을 미리 해당 투자자에게 알릴 의무를 부과시키고 있다. 그리고 금융투자업자는 그 이해상충이 발생할 가능성을 내부통제기준이 정하는 방법 및 절차에 따라 투자자보호에 문제가 없는 수준으로 낮춘 후 매매, 그 밖의 거래를 할 의무를 부과시키고 있다(법 제44조 제2항).

그 밖에도 금융투자업자는 이해상충이 발생할 가능성을 낮추는 것이 곤란하다고 판단되는 경우에는 매매, 그 밖의 거래를 금지할 것을 요구하고 있다(법 제44조 제3항).

그러나 자본시장법은 이해상충관리의무를 위반한 경우 이에 대한 제재에 관한 명백한 규정을 두고 있지 않다.

따라서 금융투자업자는 이행상충과 관련하여 선량한 관리자로서의 주의의무를 부담한다고 해석되며, 위반시 선관주의의무위반으로 인한 손해배상책임을 진다고 해석된다.

그리고 법 제37조에서 금융투자업자에게 신의성실의무를 부과시키고 있는데, 이에 따르면 금융투자업자가 금융투자업을 영위하면서 정당한 사유없이 투자자의 이익을 해하면서 자기가 이익을 얻거나 제3자가 이익을 얻도록 하는 이해상충행위를 금지시키고 있다. 따라서 이를 위반한 경우에는 자본시장법상의 금융투자업자의 신의성실의무 위반으로 인한 손해배상책임이 발생한다.

8) 정보교류의 차단

자본시장에서의 정보불균형 문제는 시장에 대한 불신을 확대시킨다는 점에서 이에 대한 법적인 장치가 필요하며, 자본시장법은 정보교류를 차단하는 특별한 규제를 가하고 있다. 이에 따르면 금융투자업간 겸영시 금융투자상품의 매매에 관한 정보 등을 제공하는 행위, 임직원의 겸직 및 사무공간 및 전산설비를 공동으로 이용하는 행위 등을 금지시키고 있다.

그리고 이러한 금융투자업자의 사내 겸영하는 행위뿐만 아니라 금융투자업의 영위와 관련하여 계열회사 등과 이해상충이 발생할 가능성이 있는 경우에도 상기 행위를 금지하고 있다(법 제45조).

구체적으로는 이러한 금융투자업자간 정보교류 금지행위와 관련하여 금융투자업자간의 정보교류를 차단하기 위하여 금융투자업자가 영위하는 고유재산 운용업무를 포함한 금융투자업간에 이해상충이 발생할 가능성이 큰 경우를 대통령령에 열거하고 있는데, 이에 해당하는 것으로는 ① 금융투자상품의 매매에 관한 정보, 그 밖에 대통령령으로 정하는 정보를 제공하는 행위, ② 대표이사, 감사 및 사외이사가 아닌 감사위원회의 위원을 제외한 임원 및 직원을 겸직하게 하는 행위, ③ 사무공간 또는 전산설비를 공동으로 이용하는 행위, ④ 그 밖에 이해상충이 발생할 가능성이 있는 행위를 금지시키고 있다.

그리고 이해상충이 발생할 가능성이 큰 경우로 ① 누구의 명의로 하든지 자기의 계산으로 금융투자상품을 매매하거나 소유하는 업무로서 투자매매업이나 기업금융업무가 아닌 고유재산운용업무 · 투자매매업 · 투자중개업과 집합투자재산을 금융투자상품에 운용하는 집합투자업 · 신탁재산을 금융투자상품에 운용하는 업무 및 집합투자재산 · 신탁재산 중 금융투자상품을 보관 · 관리하는 신탁업간의 정보교류, ② 기업금융업무와 고유재산운용업무 · 금융투자업간의 정보교류, ③ 전담중개업무와 고유재산운용업무 · 금융투자업간의 정보교류(전담중개업무간 교류는 허용), ④ 기업금융업무와 전담중개업무간의 정보교류가 이해상충이 발생할 가능성이 큰 경우로 열거하고 있다(법시행령 제50조).

그리고 계열사간 정보교류금지행위와 관련하여 자본시장법은 금융투자업자가 금융투자업의 영위와 관련하여 계열회사, 그 밖에 대통령령으로 정하는 회사와 이해상충이 발생할 가능성이 큰 경우로서 대통령령이 정한 경우에는 ① 금융투자상품의 매매에 관한 정보, 그 밖에 대통령령으로 정하는 정보를 제공하는 행위, ② 임원(비상근감사 제외) 및 직원을 겸직하게 하거나 파견하여 근무하게 하는 행위, ③ 사무공간 또는 전산설비를 대통령령으로 정하는 방법으로 공동으로 이용하는 행위, ④ 그 밖에 이해상충이 발생할 가능성이 있는 행위로서 대통령령으로 정하는 행위할 수 없도록 금지시키고 있다.

그러나 이러한 정보교류차단은 법 제45조 뿐만 아니라 금융투자업자의 신의성실의무에 관한 법 제37조 규정으로도 통제가 가능하다. 이에 따르면 금융투자업자가 금융투자업을 영위하면서 정당한 사유없이 투자자의 이익을 해하면서 자기가 이익을 얻거나 제3자가 이익을 얻도록 하는 이해상충행위를 금지시키고 있다(법 제37조).

그리고 법 제44조에서 규정하고 있는 이해상충 관리에 관한 규정으로도 통제가 가능하다고 해석된다. 즉, 금융투자업자는 금융투자업 겸영에 따른 이해상충을 방지하기 위해 내부통제기준을 수립하여 상시적으로 이해상충 내용을 정확히 파악 · 평가 · 관리하고, 이해상충이 있을 경우에는 반드시 투자자에게 공시(disclosure)할 의무를 부과시키고 있다.

2. 투자권유

1) 적합성 원칙

(1) 의의

자본시장법은 제정당시 입법목적을 공정한 경쟁촉진, 투자자보호, 금융투자업의 건전육성 에 두고 투자자보호를 위한 구체적인 방안으로 적합성 원칙을 도입한 바 있다.

적합성 원칙이란 판매회사가 투자자의 투자목적이나 재산상황, 투자경험 등에 비추어 볼 때에 당해 투자자에게 적합한 상품을 투자 권유해야 한다는 원칙이다.

펀드의 불완전판매 논란의 대부분이 당해 투자자에게 적합하지 않은 집합투자기구를 권유하는 것에 기인한다고 생각해 보면 이러한 적합성 원칙은 자본시장법이 규정하고 있는 투자자보호 장치 중 가장 중요한 내용이라고 할 수 있다.

특히, 자본시장법은 일반투자자와 전문투자자를 구분하여 일반투자자를 대상으로 한 투자권유 시에만 적합성 원칙을 적용하도록 규정하고 있다.

참고로 미국의 경우에는 금융투자업자에게 적합성 원칙과 관련하여 ① 합리적 조사를 통한 적합성, ② 특정고객에 맞는 적합성, ③ 투자규모에 관한 양적 적합성을 내용으로 하고 있다.

그리고 국제증권감독기구(IOSCO: International Organization of Securities Commissions)도 2012년 2월에 마련한 복합금융상품에 대한 적합성 기준 초안(Suitability Requirements with respect to the Distribution of Complex Financial Products: Consultation Report)에서 5번째 원칙으로 적합성 원칙을 정하고, 투자자에게 특정 복합금융상품을 구입하도록 제안할 때 이러한 서비스 제공에 대한 합리적인 평가기준을 마련하도록 규정하였다.

이와 관련하여 한국금융투자협회는 '표준투자권유준칙(이하 '표준준칙' 이라 함)'을 작성하였으며, 금융투자업자들은 이러한 표준준칙에 따라 투자권유를 하도록 적합성 원칙의 실현 방안을 마련한 바 있다.

(2) 적합성 원칙 적용

자본시장법은 적합성 원칙을 적용함에 있어 금융투자업자는 투자자가 일반투자자인지 전문투자자인지의 여부를 확인하고 이에 적합한 투자권유를 할 것을 요구하고 있다(법 제46조 제1항).

그리고 금융투자업자는 일반투자자에게 투자권유를 하기 전에 면담·질문 등을 통하여 일반투자자의 투자목적·재산상황 및 투자경험 등의 정보를 파악하고, 일반투자자로부터 서명, 기명날인, 녹취, 그 밖에 대통령령으로 정하는 방법으로 확인을 받아 이를 유지·관리하여야 하며, 확인받은 내용을 투자자에게 지체 없이 제공하여야 한다(법 제46조 제2항).

자본시장법은 이러한 적합성의 원칙과 관련하여 일반투자자에게는 이러한 적합성의 원칙을 적용함에 있어서 보다 더 구체적이고 세밀한 사항을 고려할 것을 요구하고 있다. 즉, 금융투자업자는 일반투자자에게 투자권유를 하는 경우에는 일반투자자의 투자목적·재산상황 및 투자경험 등에 비추어 그 일반투자자에게 적합하지 아니하다고 인정되는 투자권유를 할 수 없다(법 제46조 제3항).

그리고 이러한 적합성의 원칙 준수의무를 위반한 경우에는 금융투자업자에게 행정적 제재가 주어지며, 투자자는 피해보상을 구하는 소송이나 분쟁조정을 신청할 수 있는데, 피해를 입은 투자자는 그 피해의 구제를 금융감독원이나 한국소비자원 또는 금융투자협회 등 분쟁조정기관에 청구하거나 법원에 소송을 제기할 수 있다.

2) 적정성 원칙

(1) 의의

자본시장법은 법 제46조에서 규정하고 있는 적합성 원칙 이외에도 파생상품의 경우에는 추가로 적정성 원칙(appropriateness)을 도입하여 투자자보호를 강화하였다(법 제46조의2).

적정성 원칙이란 투자자가 구매하고자 하는 상품이 해당 투자자의 재산상황 등에 비추어 적정하지 않을 경우 이를 알려주도록 하는 원칙을 말하며, 이 적정성 원칙을 적용하는 경우 보다 충분하게 투자자의 정보를 확보하는 것이 필요하다. 즉, 금융상품의 적합성을 제대로 평가하기 위하여는 투자목표(투자보유기간, 위험선호경향, 위험구조, 투자목적 등), 재무상황(수입, 자산, 금융수요 등), 투자상품에 대한 고객의 지식과 경험(고객이 익숙한 업무인지 여부, 거래 및 투자의 규모 및 주기, 거래기간, 투자자의 교육수준 및 직업 등)에 대한 보다 폭 넓은 정보가 필요하다.

이처럼 우리 자본시장법은 금융투자업자가 전문투자자가 아닌 일반투자자를 상대로 파생상품을 판매하고자 하는 경우에는 적합성 원칙뿐만 아니라 적정성 원칙을 추가로 적용하도록 규정하고 있다.

이 적정성 원칙은 구 증권거래법상 인정되지 않았던 원칙이었으나 자본시장법을 제정하면서 한층 투자자보호 강화를 위하여 영국에서 널리 적용되는 적정성 원칙을 도입한 것이다. 즉, 영국은 MiFID(EU Markets in Financial Instruments Derective)에 따라 자문이 있는 경우에는 적합성 원칙을 적용하고 자문이 없는 경우에는 적정성 원칙을 적용하여 상품이나 서비스가 고객에게 적정하지 않은 경우 이를 조언할 수 있도록 하였으나 거래를 제한하지는 않는다.

(2) 적정성 원칙 적용

적정성 원칙의 적용대상과 관련하여 자본시장법은 적정성 원칙의 적용대상 주체와 적용대상상품을 한정하고 있다. 적용대상주체는 일반투자자이며, 적용대상상품은 파생상품, 그 밖에 대통령령으로 정하는 금융투자상품으로 한정하고 있다(법 제46조의2 제1항). 여기서 말하는 그 밖에 대통령령으로 정하는 금융투자상품에 대하여는 법시행령 제52조의2 제1항에서 구체적으로 정하고 있는데, 이에 따르면 ① 파생결합증권. 다만, 금적립계좌 등은 제외, ② 집합투자기구의 집합투자증권. 다만, 금융위원회가 정하여 고시하는 집합투자기구의 집합투자증권은 제외, ③ 집합투자재산의 50%를 초과하여 파생결합증권에 운용하는 집합투자기구의 집합투자증권, ④ 해당 사채의 발행 당시 객관적이고 합리적인 기준에 따라 미리 정하는 사유가 발생하는 경우 주식으로 전환되거나 그 사채의 상환과 이자지급 의무가 감면된다는 조건이 붙은 사채(조건부자본증권)이다.

그리고 금융투자업자가 이러한 파생금융상품 등을 판매하려는 경우에는 면담·질문 등을 통하여 그 일반투자자의 투자목적·재산상황 및 투자경험 등의 정보를 파악할 것을 요구하고 있다(법 제46조의2 제1항).

(3) 부적정시 조치

부적정시 조치와 관련하여 금융투자업자는 일반투자자의 투자목적·재산상황 및 투자경험 등에 비추어 해당 파생상품 등이 그 일반투자자에게 적정하지 아니하다고 판단되는 경우에는 대통령령으로 정하는 바에 따라 그 사실을 알려야 한다(법 제46조의2 제2항 본문). 그리고 알려야 할 사항으로는 ① 해당 파생상품 등의 내용, ② 해당 파생상품 등에 대한 투자에 따르는 위험, ③ 해당 파생상품 등이 일반투자자의 투자목적·재산상황 및 투자경험 등에 비추어 그 일반투자자에게 적정하지 아니하다는 사실이다(법시행령 제52조의2 제2항).

그리고 이처럼 적정하지 않다는 사실을 알린 경우에는 이를 확인하도록 규정하고 있으며, 그 방법으로는 일반투자자로부터 서명, 기명날인, 녹취, 그 밖에 대통령령으로 정하는 방법으로 확인 받을 것을 요구하고 있다. 여기서 대통령령으로 정하는 방법이란 ① 전자우편, 그 밖에 이와 비슷한 전자통신, ② 우편, ③ 전화자동응답시스템을 의미한다(법시행령 제52조의2 제3항).

3) 설명의무

자본시장법은 금융투자업자와 일반투자자간의 정보비대칭 해소를 위한 방법으로 금융투자자에게 설명의무를 부과시키고 있다.

이러한 설명의무는 일방보호적 강행규정이라는 점에서 민법상의 계약자유의 원칙에 대한 예외이지만, 이러한 예외를 인정한 이유는 법 제1조의 목적에서 언급한 바와 같이 "투자자를 보호하며 금융투자업을 건전하게 육성함으로써 자본시장의 공정성 · 신뢰성 및 효율성을 높여 국민경제의 발전에 이바지함"에 있다는 점을 고려 해 볼 때 금융투자업자와 투자자간의 정보의 불평등이 심화되고 장기화되면 장기적으로 자본시장이 위축되어 국민경제발전의 장애요인이 될 수 있기 때문이다.

그러나 일방보호적 강행규정의 경우 법적용시 법해석상 설명의무위반에 관한 판단기준들이 정립되는 것이 필요하다.

이러한 설명의무를 자본시장법은 일반투자자를 상대로 금융상품을 거래하는 경우에만 부과시키고 있으며(법 제47조 제1항), 설명시에는 금융투자상품의 내용, 투자에 따르는 위험, 그 밖에 대통령령으로 정하는 사항을 일반투자자가 이해할 수 있도록 설명할 것을 요구하고 있다.

그리고 여기서 말하는 대통령령으로 정하는 사항이란 ① 금융투자상품의 투자성에 관한 구조와 성격, ② 수수료에 관한 사항, ③ 조기상환조건이 있는 경우 그에 관한 사항, ④ 계약의 해제 · 해지에 관한 사항을 말 한다(법시행령 제53조).

특히, 일반투자자가 이해할 수 있도록 설명한다는 것의 해석기준은 매우 주관적인 기준이 될 수 있기는 하지만, 자본시장법은 금융투자업자가 일반투자자가 이해하였다는 것을 확인만 할 의무를 부과시킴으로서 법 적용상 논란을 최소화하고자 하였다.

결국, 자본시장법상의 설명의무 이행의 기준은 일반투자자가 확인하였는지 여부를 기준으로 판단되기 때문에 법적용상 논란의 여지는 적을 것으로 판단된다.

설명여부의 확인과 관련하여 자본시장법은 일반투자자를 상대로 금융상품을 판매하는 경우 금융투자업자에게 설명의무를 부과시키고, 일반투자자가 이해할 수 있도록 설명하였는지 여부를 투자자가 확인할 것을 요구하고 있다(법 제47조 제2항). 그리고 확인방법으로는 서명, 기명날인, 녹취, 그 밖의 ① 전자우편, 그 밖에 이와 비슷한 전자통신, ② 우편, ③ 전화자동응답시스템 방법이 있다(법시행령 제53조 제2항).

그리고 설명여부를 확인을 받지 아니한 금융투자업자에 대하여는 5천만 원 이하의 과태료를 부과하도록 되어 있다(법 제449조 제1항 21호).

그리고 금융투자업자는 일반투자자를 상대로 판매상품에 대한 설명을 함에 있어서 투자자의 합리적인 투자판단 또는 해당 금융투자상품의 가치에 중대한 영향을 미칠 수 있는 중요사항을 거짓 또는 왜곡하여 설명하거나 중요사항을 누락하는 것을 금지시키고 있다(제3항). 여기서 말하는 중요사항을 거짓 또는 왜곡한다는 것은 불확실한 사항에 대하여 단정적 판단을 제공하거나 확실하다고 오인하게 할 소지가 있는 내용을 알리는 행위를 말한다.

이처럼 거짓 또는 왜곡하여 설명하거나 중요사항을 누락시킨 경우에 이에 대한 벌칙규정이 별도로 존재하지 않지만, 민사법상 손해배상책임이 발생한다.

4) 손해배상책임

자본시장법상 금융투자업자가 일반투자자에게 설명의무를 위반한 경우 및 투자판단에 중요사항을 거짓 또는 왜곡설명하거나 누락하여 설명한 경우 이에 대한 손해배상책임을 지게 된다(법 제48조 제1항).

따라서 현행법상 금융투자업자는 투자자가 개인투자자인지, 전문투자자인지 여부를 확인해야 하며, 개인투자자에 대하여는 금융투자업자는 올바른 정보를 제공할 의무를 특별히 부과하고 있다. 그리고 개인투자자에게 투자권유를 하기 전에 투자목적, 재산상황, 투자경험 정보 등도 파악해야 하며, 무엇보다 개인투자자의 투자목적, 재산상황, 투자경험 등에 비춰 적합하지 않다고 판단되는 상품은 투자권유를 해서는 안된다(적합성 원칙).

그리고 손해액 산정과 관련하여 자본시장법은 금융투자상의 손해액 산정이 어렵다는 점을 고려하여 투자금대비 회수금과의 차액으로 추정하는 규정을 둠으로써 명백한 손해액 산정기준을 규정하였다(법 제48조 제2항).

즉, 금융투자업자가 설명의무를 위반한 경우 손해배상 책임을 부담하는데, 그 손해배상의 액수에 관해 "금융투자상품의 취득으로 일반투자자가 지급한 금액에서 금융투자상품의 처분 등으로 회수할 수 있는 금액을 뺀 금액"을 손해액으로 추정하고 있다.

따라서 자본시장법에 의한 손해배상을 받을 경우 일반투자자가 실질적으로 이미 지급한 금액만을 손해배상의 최대액수로 정하고 있으므로 정상적으로 특정기업의 기업어음이나 회사채가 유통됐을 경우 받게 될 고이율의 이자에 대한 부분은 손해배상액에 포함되지 않게 된다.

이처럼 설명의무위반에 대한 독립적인 손해배상규정을 둔 것과 관련하여 구 간접투자자산운용업법에서는 설명의무를 위반한 경우 형벌이 가해지던 것을 자본시장법에는 과태료 대상으로 대체되었다. 외국의 입법례를 고려하여 볼 때 국제적 정합성 차원에서 형사벌을 과태료로 전환시키고 손해배상책임을 강화한 것은 바람직한 입법이라고 평가할 수 있다.

특히, 입법론적으로 금융투자상품의 투자는 원칙적으로 '자기책임'을 기반으로 한다는 점에 유념할 필요가 있다.

5) 부당권유

(1) 부당권유 금지

자본시장법은 투자자보호차원에서 규정하고 있는 설명의무(법 제47조)외에도 별도로 부당권유 금지규정(법 제49조)을 두어 금융투자업자가 투자자에게 투자권유를 할 때 투자자의 투자판단시 오인케 할 우려가 있는 권유나 투자자의 자율적 투자판단에 부정적 영향을 미칠 우려가 있는 투자권유행위를 금지시키고 있다. 이러한 부당권유를 금지시키는 가장 주된 목적은 투자자보호와 건전한 거래질서 유지라고 할 수 있다.

자본시장법은 금융투자업자의 부당권유 유형을 5가지로 열거하고 이를 금지시키고 있는데, 첫 번째 유형은 "거짓의 내용을 알리는 행위"이다. 즉, 투자자에게 투자권유를 하기 위하여 의도를 가지고 투자판단을 오인케 하는 행위를 말한다(법 제49조 1호).

두 번째 유형은 "불확실한 사항에 대하여 단정적 판단을 제공하거나 확실하다고 오인하게 할 소지가 있는 내용을 알리는 행위"이다(법 제49조 2호).

세 번째 금지유형은 "투자자로부터 투자권유의 요청을 받지 아니하고 방문 · 전화 등 실시간 대화의 방법을 이용하는 행위"이다. 그러나 예외적으로 투자자보호 및 건전한 거래질서를 해할 우려가 없는 행위로서 증권과 장내파생상품에 대하여 투자권유를 하는 행위는 허용된다(법 제49조 3호).

네 번째 금지유형은 "투자권유를 받은 투자자가 이를 거부하는 취지의 의사를 표시하였음에도 불구하고 투자권유를 계속하는 행위"이다. 그러나 예외적으로 투자자보호 및 건전한 거래질서를 해할 우려가 없는 행위로서 대통령령으로 정하는 행위는 허용된다(법 제49조 4호).

다섯 번째 금지유형은 "그 밖에 투자자보호 또는 건전한 거래질서를 해할 우려가 있는 행위로서 대통령령으로 정하는 행위"이다.

이러한 부당권유는 실무상 설명의무와 구분이 애매하여, 과거에는 부당투자권유에 해당하는지 여부를 판단함에 있어서 설명의무를 포함하여 부당권유여부를 판단하였다.

따라서 구 증권거래법상으로는 부당권유에는 해당하지만 설명의무위반만으로는 손해배상책임을 인정하는 것이 사실상 어려웠다.

그러나 자본시장법은 법 제48조에서 설명의무위반에 대한 독립적 손해배상규정을 명문화하고 손해배상액의 추정규정도 도입함으로써 부당권유만으로도 손해배상책임이 발생하도록 하였다.

그러나 자본시장법상으로는 실무상 부당권유보다는 설명의무위반으로 인한 손해배상책임이 발생할 가능성이 더욱 확대될 것으로 판단된다. 그 이유는 구 증권거래법상으로는 '설명'이 있었는지 여부만을 책임발생요건으로 하였으나, 현 자본시장법상으로는 '설명'이 있었는지 여부와 투자자가 이를 알았는지 여부 모두를 판단기준으로 삼고 있기 때문이다.

그러나 설명의무와 부당권유간의 가장 큰 차이는 설명의무위반은 소극적 행위에 대한 법적인 책임이 발생하는 반면 부당권유책임은 적극적 행위에 대한 법적인 제재라고 할 수 있다.

따라서 설명의무를 위반한 경우에는 과태료와 손해배상책임만을 부과되지만 부당권유 중

① 거짓의 내용을 알리는 행위, ② 불확실한 사항에 대하여 단정적 판단을 제공하거나 확실하다고 오인하게 할 소지가 있는 내용을 알리는 경우에는 3년 이하의 징역 또는 1억원 이하의 벌금에 처해지는 형벌을 가한다는 점에서 큰 차이가 있다(법 제445조 6호).

(2) 투자권유준칙

자본시장법은 부당권유금지규정의 실효성을 확보하고 부당권유를 예방하는 차원에서 각 금융투자업자에게 투자권유를 함에 있어서 금융투자업자의 임직원이 준수하여야 할 구체적인 기준 및 절차인 투자권유준칙을 정할 의무를 부과시키고 있다(법 제50조 제1항).

그리고 한국금융협회에게 표준투자권유준칙을 제정할 수 있도록 하였으며(법 제50조 제3항), 이 준칙 제2조 1호에서 "투자권유란 특정고객을 상대로 금융투자상품의 매매 또는 투자자문계약 · 투자일임계약 · 신탁계약(관리신탁계약 및 투자성 없는 신탁계약 제외)의 체결을 권유하는 것을 말한다"라고 정의하고 있다.

이러한 투자권유준칙 또는 투자권유대행기준을 정하지 아니한 자는 5천만 원 이하의 과태료 제재를 받게 된다(법 제449조 제1항 23호).

표준투자권유준칙 제2조 제3호에서는 '일반투자자'의 개념과 종류를 분류하여 놓고 있다. 이에 따르면 일반투자자를 투자권유희망고객과 투자권유불원고객으로 구분하고 투자권유희망고객은 다시 정보제공고객과 정보미제공고객으로 구분하여 투자권유를 하고 있다. 다만, 전문투자자 중 일반투자자와 동일한 대우를 받겠다는 의사를 회사에 서면으로 통지하고 회사가 이에 동의한 경우에는 일반투자자로 의제하는 예외도 인정하고 있다.

그리고 특별히 파생상품 등에 대하여는 더 엄격한 투자권유준칙을 마련할 것을 요구하고 있으며, 이 투자권유준칙을 마련함에 있어서는 일반투자자의 투자목적 · 재산상황 및 투자경험 등을 고려하여 투자자 등급별로 차등화 된 투자권유준칙을 마련할 것을 요구하고 있다(법 제50조 제1항 단서).

그리고 자본시장법은 금융투자업자가 이러한 투자권유준칙을 정한 경우나 변경한 경우 이를 인터넷 홈페이지 등을 이용하여 공시할 의무를 부과시키고 있다(법 제50조 제2항).

(3) 투자권유대행인의 등록

자본시장법상 금융투자업자는 일정한 요건을 갖춘 개인에게 파생상품 등에 대한 투자권유를 제외한 투자권유를 위탁할 수 있도록 투자권유대행자에 대하여 규정하고 있다(법 제51조). 그리고 투자자보호와 투자권유대행자 관리차원에서 금융투자업자는 투자권유를 위탁한 경우에는 위탁받은 자를 금융위원회에 등록해야 하며, 투자권유를 위탁받은 자는 등록 전에는 투자권유를 할 수 없도록 규정함으로써 부당투자권유를 사전적으로 예방할 수 있도록 제도적 장치를 마련하였다.

그리고 등록된 투자권유대행인은 금융투자업자와 동일하게 적합성 원칙과 설명의무에 관한 규정을 적용받게 된다. 따라서 투자권유대행인은 투자자 정보를 확인하고 이를 기초로 투자자에 적합하지 않은 투자권유를 할 수 없으며, 금융투자상품의 내용, 투자에 따른 위험, 원본손실 가능성, 수수료 등에 대해 투자자가 이해할 수 있도록 설명해야 한다. 그러나 투자권유대행인은 금융투자업자와 달리 파생상품 등에 대해서는 투자권유를 할 수 없다.

투자권유대행인의 자격과 관련하여 자본시장법은 금융투자상품 중 증권에 한해서만 금융투자업자가 투자권유를 위탁할 수 있도록 규정하고 있다(법 제51조 제1항 본문). 즉, 파생상품의 투자권유에 대하여는 대행자에게 위탁할 수 없도록 한 것이다.

그리고 투자권유대행자가 될 수 있는 자는 개인으로서 ① 금융위원회에 등록된 자가 아닐 것, ② 금융투자상품에 관한 전문 지식이 있는 자로서 대통령령으로 정하는 자격을 갖출 것, ③ 등록이 취소된 경우 그 등록이 취소된 날부터 3년이 경과하였을 것 등 3가지 요건을 모든 갖춘 자만 등록할 수 있도록 자격을 제한하고 있다.

그리고 금융투자업자는 투자권유를 위탁한 경우에는 위탁받은 자를 금융위원회에 등록해야 하며, 이 경우 금융위원회는 그 등록업무를 협회에 위탁할 수 있다(법 제51조 제3항).

그리고 투자권유를 위탁받은 자는 등록 전에는 투자권유를 할 수 없으며(법 제51조 제2항), 이를 위반하여 투자권유를 위탁받은 자가 등록 전에 투자권유를 하는 경우에는 3년 이하의 징역 또는 1억원 이하의 벌금에 처해진다(법 제445조 제7호).

금융투자업자가 투자권유를 위탁받은 자를 등록하려는 경우에는 금융위원회 또는 협회에 등록신청서를 제출하여야 하며, 금융투자업자는 투자권유대행인 외의 자에게 투자권유를 대행하게 할 수 없도록 금지시켰다(법 제52조 제1항).

그리고 이를 위반하여 투자권유대행인 외의 자에게 투자권유를 대행하게 한 자는 3년 이하의 징역 또는 1억 원 이하의 벌금에 처해진다(법 제445조 제8호).

금융투자업자가 투자권유를 위탁받은 자를 등록하고자 하는 경우에는 금융위원회나 협회에 등록신청서를 제출하여야 하며(제4항), 금융위원회가 등록신청서를 접수한 경우에는 그 내용을 검토하여 2주 이내에 등록 여부를 결정하고, 그 결과와 이유를 지체 없이 신청인에게 문서로 통지하여야 한다. 이 경우 등록신청서에 흠결이 있는 때에는 보완을 요구할 수 있다(제5항).

등록신청을 받은 금융위원회는 등록 여부를 결정함에 있어서 원칙적으로 등록을 거부할 수 없다. 그러나 ① 자격요건을 갖추지 아니한 경우나, ② 등록신청서를 거짓으로 작성한 경우, ③ 보완요구를 이행하지 아니한 경우에는 등록을 거부할 수 있다(제7항).

이러한 등록절차를 거쳐 일단 등록이 된 투자권유대행인은 등록 이후 그 영업을 영위함에 있어서 금융투자상품에 관한 전문가로서의 자격을 유지하여야 하는데, 이는 투자자보호 차원에서 적합성 원칙과 설명의무 규정을 효율성을 확보하기 위하여는 투자권유대행인의 전문성 유지가 필수라는 인식에 기인한다.

그 밖에 등록신청서의 기재사항 · 첨부서류 등 등록의 신청에 관한 사항과 등록검토의 방법 · 절차, 그 밖에 등록에 관하여 필요한 사항은 대통령령으로 정하도록 위임하였다(제10항).

이처럼 투자권유대행인이 등록된 경우 투자자들이 당해 대행인의 등록여부를 확인할 수 있도록 금융위원회는 등록을 결정한 경우 투자권유대행인 등록부에 필요한 사항을 기재하고, 등록결정한 내용을 인터넷 홈페이지 등에 공고하도록 요구하고 있다(제8항).

(4) 투자권유대행인의 금지행위

자본시장법은 투자자보호차원에서 투자권유대행인이 할 수 없는 소극적 행위를 열거하여 규정하고 있다. 특히, 금융투자업자에게 투자권유대행인 외의 자에게 투자권유를 대행하게 할 수 없도록 소극적 의무를 부과시킴으로써 투자권유대행인의 금지행위의 주체가 투자권유대행인 뿐만 아니라 금융투자업자도 포함된다(법 제52조 제1항).

우선 자본시장법은 투자권유대행인이 할 수 없는 금지행위로 ① 위탁한 금융투자업자를 대리하여 계약을 체결하는 행위, ② 투자자로부터 금전 · 증권, 그 밖의 재산을 받는 행위, ③ 금융투자업자로부터 위탁받은 투자권유대행업무를 제3자에게 재위탁하는 행위, ④ 그 밖에 투자자 보호 또는 건전한 거래질서를 해할 우려가 있는 행위로서 투자자를 대리하여 계약을 체결하는 행위나 투자자로부터 금융투자상품에 대한 매매권한을 위탁받는 행위 등을 열거하고 있다(법 제52조 제2항). 그리고 금지행위 중 하나라도 위반한 자는 1년 이하의 징역 또는 3천만 원 이하의 벌금에 처해진다(법 제446조 제6호).

또한 자본시장법은 투자권유대행인의 대행사실에 대한 고지의무를 부과시키고 있는데, 이에 따르면 투자권유대행인은 투자권유를 대행할 때 투자자에게 ① 투자권유를 위탁한 금융투자업자의 명칭, ② 투자권유를 위탁한 금융투자업자를 대리하여 계약을 체결할 권한이 없다는 사실, ③ 투자권유대행인은 투자자로부터 금전 · 증권, 그 밖의 재산을 받지 못하며, 금융투자업자가 이를 직접 받는다는 사실, ④ 그 밖에 투자자보호 또는 건전한 거래질서를 위해 필요한 사항을 미리 알려야 하며, 자신이 투자권유대행인이라는 사실을 나타내는 표지를 게시하거나 증표를 투자자에게 제시하여야 한다(법 제52조 제3항, 법 시행령 제59조 제2항 및 금융투자업규정 제4-10조 제2항).

그리고 ④에서 규정하고 있는 "그 밖에 투자자보호 또는 건전한 거래질서를 위해 필요한 사항"이란 (가) 투자자를 대리하여 계약을 체결할 수 없다는 사실, (나) 투자자로부터 금융투자상품에 대한 매매권한을 위탁받을 수 없다는 사실, (다) 금융투자상품의 매매, 그 밖에 거래에 관한 정보는 금융투자업자가 관리하고 있다는 사실, (라) 투자권유대행인에게 금지되는 행위가 있다는 사실이 이에 해당한다.

(5) 투자권유 관리책임

자본시장법은 투자권유와 관련하여 금융투자업자에게도 관리책임을 부과시키고 있다. 이에 따르면 투자권유대행으로 인하여 소비자가 피해를 입는 것을 방지하기 위하여 금융투자업자에게도 투자권유대행과 관련된 관리책임을 부과시키고 있다.

따라서 금융투자업자는 투자권유대행인이 투자권유를 대행할 때 법령을 준수하고 건전한 거래질서를 해하는 일이 없도록 성실히 관리해야 하며, 이를 위한 투자권유대행기준을 정할 것을 요구하고 있다(법 제52조 제4항).

그리고 금융투자업자가 이러한 투자권유대행기준을 마련하지 않은 경우에는 5천만 원 이하의 과태료를 부과받게 되며(법 제449조 제1항 제23호), 투자권유대행인이 투자권유를 대행할 때 투자자에게 손해를 끼친 경우 금융투자업자는 「민법」 제756조에 따라 사용자책임을 지도록 규정하고 있다(법 제52조 제5항).

그 밖에도 금융투자업자는 투자권유대행인이 투자권유를 대행함에 있어서 법령을 준수하고 건전한 거래질서를 해하는 일이 없도록 성실히 관리하여야 하며, 이를 위한 투자권유대행기준을 정하여야 한다(제4항).

그리고 투자권유대행인에 대하여도 금융투자업자와 동일하게 투자권유시 적용되는 적합성원칙(제46조), 적정성의 원칙(제46조의2), 설명의무(제47조), 손해배상책임(제48조), 부당권유의 금지(제49조)에 관한 규정을 준용하도록 규정하고 있으며, 동시에 금융투자업자에게 적용되도록 규정하고 있는 직무관련 정보의 이용 금지 등과 관련하여 직무관련 정보의 이용 금지(법 제54조), 손실보전 등의 금지(법 제55조)의 규정 및 금융거래의 비밀보장에 관한 규정(금융실명법 제4조)도 투자권유대행인이 투자권유를 대행하는 경우에도 준용하도록 규정하고 있다(제6항).

(6) 검사 및 조치

자본시장법은 투자권유대행인들의 투자권유행위에 대한 감독차원에서 금융감독원장이 투자권유의 대행과 관련하여 그 업무와 재산상황에 관하여 검사를 할 권한을 부여하였으며, 투자권유대행인은 업무와 재산상황에 관한 검사를 받아야 한다(법 제53조 제1항 본문). 이 경우 금융감독원장은 검사를 함에 있어서 필요하다고 인정되는 경우에는 금융투자업자에게 업무 또는 재산에 관한 보고, 자료의 제출, 증인의 출석, 증언 및 의견의 진술을 요구할 수 있으며, 검사를 하는 자는 그 권한을 표시하는 증표를 지니고 이를 관계자에게 내보여야 한다. 그리고 금융감독원장이 검사를 한 경우에는 그 보고서를 금융위원회에 제출하여야 하며, 이 경우 자본시장법 또는 이 법에 따른 명령이나 처분을 위반한 사실이 있는 때에는 그 처리에 관한 의견서를 첨부하여야 한다. 그 밖에 금융위원회는 검사의 방법·절차, 검사결과에 대한 조치기준, 그 밖의 검사업무와 관련하여 필요한 사항을 정하여 고시할 수 있다.

금융위원회는 투자권유대행인이 특정한 행위를 한 경우에는 금융투자업자의 투자권유대행인 등록을 취소하거나 그 투자권유대행인에 대하여 6개월 이내의 투자권유대행업무 정지를 할 수 있다(법 제53조 제2항). 이처럼 등록취소나 투자권유대행업무정지를 할 수 있는 사유로 자본시장법은 4가지 경우를 열거하여 놓고 있다. 즉, ① 등록요건 유지의무를 위반한 경우 ② 투자권유시 적용되는 적합성 원칙(제46조), 적정성의 원칙(제46조의2), 설명의무(제47조), 손해배상책임(제48조), 부당권유의 금지(제49조)에 관한 규정을 위반한 경우 및 금융투자업자에게 적용되도록 규정하고 있는 직무관련 정보의 이용 금지 등과 관련하여 직무관련 정보의 이용 금지(법 제54조), 손실보전 등의 금지(법 제55조)에 관한 규정 및 「금융실명거래 및 비밀보장에 관한 법률」 제4조에서 규정하고 있는 금융거래의 비밀보장의무규정을 위반한 경우 ③ 검사를 거부·방해 또는 기피한 경우, ④ 보고 등의 요구에 불응한 경우에 금융위원회는 금융투자업자의 투자권유대행인 등록을 취소하거나 그 투자권유대행인에 대하여 6개월 이내의 투자권유대행업무 정지를 할 수 있다.

금융위원회는 투자권유대행인 등록을 취소하거나 투자권유대행업무를 정지한 경우에는 그 내용을 기록하고, 이를 유지·관리하여야 하며, 그 사실을 인터넷 홈페이지 등에 공고하여야 한다.

금융투자업자 또는 투자권유대행인(투자권유대행인이었던 자 포함)은 금융위원회에 자기에 대한 조치 여부 및 그 내용을 조회할 수 있으며, 금융위원회는 조회요청을 받은 경우에는 정당한 사유가 없는 한 조치 여부 및 그 내용을 그 조회 요청자에게 통보하여야 한다.

그리고 금융위원회가 투자권유대행인 등록을 취소하는 경우에는 청문을 실시하여야 하며, 투자권유대행인 등록의 취소 및 투자권유대행업무의 정지에 관하여는 이의신청 절차를 실시하여야 한다(법 제53조).

3. 직무관련 정보이용 금지

1) 직무관련 정보이용 금지

자본시장법은 금융투자업자와 투자자간의 이해상충문제를 해결하는 방안의 하나로 금융투자업자가 직무관련 정보를 이용하는 것을 금지시키고 있다. 이에 따르면 금융투자업자는 직무상 알게 된 정보로서 외부에 공개되지 아니한 정보를 정당한 사유 없이 자기 또는 제3자의 이익을 위하여 이용할 수 없다(법 제54조).

이러한 직무관련 정보의 이용금지규정은 "미공개중요정보이용행위금지"규정(법 제174조)과 유사한 "정보불균형 해소"제도라고 할 수 있다.

그러나 미공개 정보이용금지와 관련하여서는 '중요정보'만 이용금지의 대상이 되는 반면, 직무관련정보이용금지의 적용대상은 "외부에 공개되지 아니한 정보"이면 중요한 정보가 아니어도 이용이 금지된다.

따라서 적용대상의 범위를 기준으로 해석해 보면 직무관련 정보이용금지에 관한 규정이 미공개 정보이용행위금지에 관한 규정보다 더 포괄적으로 이해상충을 규율하는 것이다.

이처럼 직무관련 정보이용금지규정의 적용범위가 광범위한 반면, 형사상 처벌은 완화되었다. 즉, 미공개 중요정보이용금지규정을 위반한 경우에는 10년 이하의 징역 또는 그 위반행위로 얻은 이익 또는 회피한 손실액의 1배 이상 3배 이하에 상당하는 벌금에 처해지는 반면, 직무관련 정보의 이용금지규정을 위반한 경우에는 3년 이하의 징역 또는 1억 원 이하의 벌금에 처해지게 된다(법 제445조 9호).

이러한 금융투자업자의 직무관련 정보의 이용금지에 관한 규정 이외에도 자본시장법은 금융투자업자에게 이해상충방지를 위한 다양한 의무를 부과시키고 있는데, 이에 해당하는 것으로는 신의성실의무(법 제37조 제1항), 고객이익 우선 및 고객 간 공평대우원칙(법 제37조 제2항), 선관의무 및 충실의무(법 제79조), 적합성 · 설명의무 · 불초청권유 금지(법 제46, 47, 49조), 직무관련 정보의 이용 금지(법 제54조) 등이 있다.

따라서 이 "직무관련 정보의 이용 금지"규정은 금융투자업자와 투자자간의 이해상충방지를 위한 규정 중 하나로 이해된다. 특히, 제37조 제2항에서 "금융투자업자는 금융투자업을 영위함에 있어서 정당한 사유 없이 투자자의 이익을 해하면서 자기가 이익을 얻거나 제3자가 이익을 얻도록 해서는 안 된다"는 신의성실의무 중 "직무관련 정보의 이용"을 통한 신의성실의무위반을 금지시킨 특별규정이라고 해석된다.

2) 손실보전 금지

자본시장법은 금융투자업자가 투자자에게 투자를 권유하는 과정에서 손실을 보전한다거나 또는 이익을 보장한다고 약속하는 것은 건전한 거래질서를 해할 우려가 있다는 전제하에 이를 금지시키고 있다(법 제55조).

구체적으로는 금융투자업자가 금융투자상품의 매매, 그 밖의 거래와 관련하여 금전, 증권, 금전채권, 동산, 부동산, 지상권 · 전세권 · 부동산임차권 · 부동산소유권이전등기청구권 · 그 밖의 부동산 관련 권리, 무체재산권(지식재산권 포함)의 신탁 및 종합재산신탁의 수탁과 관련한 신탁에 따라 손실 보전 또는 이익 보장을 하는 경우로서 ① 투자자가 입을 손실의 전부 또는 일부를 보전하여 줄 것을 사전에 약속하는 행위, ② 투자자가 입은 손실의 전부 또는 일부를 사후에 보전하여 주는 행위, ③ 투자자에게 일정한 이익을 보장할 것을 사전에 약속하는 행위, ④ 투자자에게 일정한 이익을 사후에 제공하는 행위를 할 수 없도록 금지시키고 있다.

이처럼 손실보전을 금지시키는 이유는 자본시장법이 규율하는 금융투자상품이란 금전상 손실위험이 있는 투자상품이어야 하기 때문이다. 즉, 원금의 손실위험이 없는 금융상품의 경우에는 자본시장법이 아니라 은행법의 적용을 받아야 하기 때문이다.

그러나 이처럼 금지되는 4가지의 유형에 해당하는 행위라도 건전한 거래질서를 해할 우려가 없는 경우에는 허용된다.

손실보전이라 함은 투자자가 투자손실을 입게 된 경우 금융투자업자가 그 손해에 대하여 배상을 하겠다는 내용의 조항(Indemnification)을 말한다.

판례[1]는 증권회사 직원이 과거 자신의 잘못으로 고객의 계좌에 발생한 손해를 보전하여 주기 위한 방법으로 고객에게 향후 증권거래계좌 운용에서 최소한의 수익을 보장할 것을 약정한 것은 공정한 증권거래질서의 확보를 위하여 금지하고 있는 것에 해당하여 무효라고 할 것이고, 손실보전약정이 유효함을 전제로 일정기간동안 법적 조치 등을 취하지 않기로 하는 약정도 당연히 무효라고 판시한 바 있다.

이처럼 손실보전이 공정한 증권거래질서를 해할 우려가 있는 것은 위험관리에 의하여 경제활동을 촉진하는 증권시장의 본질을 훼손하고 안이한 투자판단을 초래하여 가격형성의 공정을 왜곡하는 행위로서, 증권투자에 있어서의 자기책임원칙에 반하는 것이라고 할 수 있기 때문이다. 그리고 이를 위반한 경우에는 3년 이하의 징역 또는 1억 원 이하의 벌금에 처해지게 된다(법 제445조 10호).

3) 약관

자본시장법상 투자자보호 차원에서 금융투자업자가 약관을 제정 또는 변경하고자 하는 경우에는 미리 금융위원회에 신고하여야 한다. 다만, 예외적으로 굳이 사전에 신고할 필요가 없는 경우를 열거하고, 이에 해당하는 경우에는 약관을 제정하거나 변경한 후에 금융위원회 및 협회에 보고할 수 있도록 함으로써 사전신고제도가 갖는 경직화 문제를 보완하려는데 목적이 있다.

약관과 관련하여 금융투자업자는 금융투자업의 영위와 관련하여 약관을 제정 또는 변경하

---

1) 대법원 2003. 1. 24. 선고 2001다2129 판결.

고자 하는 경우에는 사전에 이를 금융위원회에 신고하여야 하며(법 제56조 제1항 본문), 이를 위반한 경우에는 5천만 원 이하의 과태료가 부과된다(법 제449조 제24호, 제25호). 그러나 예외적으로 일정한 경우에는 사후보고도 가능하도록 단서규정을 두고 있다.

사후보고가 가능한 경우로는 ① 약관내용 중 투자자의 권리 또는 의무와 관련이 없는 사항을 변경하는 경우, ② 표준약관을 그대로 사용하는 경우, ③ 제정 또는 변경하고자 하는 약관의 내용이 다른 금융투자업자가 이미 금융위원회에 신고한 약관의 내용과 같은 경우, ④ 전문투자자만을 대상으로 하는 약관을 제정 또는 변경하는 경우가 이에 해당한다. 그리고 사후보고기한은 약관을 제정 또는 변경한 후 7일 이내이다(법 제56조 제1항).

이처럼 금융투자업자는 사전이든 사후이든 구분없이 약관을 제정 또는 변경한 경우에는 인터넷 홈페이지 등을 이용하여 공시하여야 하며(법 제56조 제2항), 협회는 건전한 거래질서를 확립하고 불공정한 내용의 약관이 통용되는 것을 방지하기 위하여 금융투자업 영위와 관련하여 표준이 되는 약관을 제정할 수 있다(법 제56조 제3항).

그리고 금융협회가 정한 표준약관을 제정 또는 변경하고자 하는 경우에는 미리 금융위원회에 신고하는 것이 원칙이지만, 전문투자자만을 대상으로 하는 표준약관을 제정 또는 변경하는 경우에는 그 표준약관을 제정 또는 변경한 후 7일 이내에 금융위원회에 보고하면 된다(법 제56조 제4항).

그리고 약관은 공정거래위원회가 심의하여야 하므로 금융투자업자로부터 약관을 신고 또는 보고받거나 표준약관을 신고 또는 보고받은 금융위원회는 그 약관 또는 표준약관을 공정거래위원회에 통보하여야 한다. 이 경우 공정거래위원회는 통보받은 약관 또는 표준약관이 약관규제법상 불공정약관조항의 규제와 관련하여 신의성실의 원칙을 위반하여 공정성을 잃은 약관조항을 무효화시키는 일반원칙 규정(제6조), 면책조항의 금지에 관한 규정(제7조), 고객에게 부당하게 과중한 지연손해금 등의 손해배상 의무를 부담시키는 약관조항은 무효라고 선언하고 있는 손해배상액의 예정(제8조), 계약의 해제·해지의 무효에 관한 규정(제9조), 채무의 이행에 관하여 정하고 있는 약관의 내용 중 무효에 관한 규정(제10조), 고객의 권익보호에 관한 규정(제11조), 의사표시에 관하여 정하고 있는 약관의 내용 중 무효에 해당하는 의사표시의 의제규정(제12조), 대리인의 책임 가중에 관한 규정(제13조), 소송제기의 금지 등에 관한 규정(제14조)에 위반된 사실이 있다고 인정될 때에는 금융위원회에 그 사실을 통보하고 그 시정에 필요한 조치를 취하도록 요청할 수 있으며, 금융위원회는 특별한 사유가 없는 한 이에 응하여야 한다(법 제56조 제5항).

그리고 금융위원회는 약관 또는 표준약관이 이 법 또는 금융과 관련되는 법령에 위반되거나 그 밖에 투자자의 이익을 침해할 우려가 있다고 인정되는 경우에는 금융투자업자 또는 협회에 그 내용을 구체적으로 기재한 서면에 의하여 약관 또는 표준약관을 변경할 것을 명할 수 있다(제6항).

4) 투자광고

(1) 투자광고 제한

자본시장법은 투자자보호 차원에서 투자광고와 관련하여 투자광고자의 자격과 투자광고 내용을 규제하고 있는데(법 제57조), 이는 TV 등 언론매체나 홈쇼핑을 통해 무분별하게 금융투자상품을 광고함으로써 투자자들의 피해가 발생하는 것을 예방하는데 목적을 두고 있다.

구체적으로 금융투자상품에 대한 투자광고는 금융투자업자만 할 수 있도록 하고, 광고시 금융투자상품의 위험 등을 반드시 표시하도록 의무화하는 것을 주된 내용으로 하고 있다.

이처럼 투자광고자격을 금융투자업자에게만 부여한 것은 시장의 신뢰를 제고하고 동시에 투자자보호를 강화하기 위한 것으로 이해된다.

그러나 예외적으로 금융투자협회와 금융투자업자를 자회사 또는 손자회사로 하는 금융지주회사의 경우에는 금융투자업자가 아니어도 예외적으로 투자광고를 할 수 있도록 하였으며, 증권의 발행인 또는 매출인도 그 증권에 대하여 투자광고를 할 수 있도록 예외를 인정하고 있다(법 제57조 제1항).

이처럼 투자광고자격을 제한하는 이유는 투자광고는 불특정 다수의 투자자들을 상대로 영업을 한다는 점에서 자본시장에서 순기능을 할 수 있는 일정한 자격요건을 갖춘 금융투자업자만이 광고를 할 수 있도록 허용함으로써 허위광고나 과장광고로 인한 손해발생시 이에 대한 민사배상책임능력이 있는 자로 한정하는 것이 시장의 신뢰를 제고하고 투자자를 보호함으로서 자본시장의 발전에 기여할 수 있기 때문이라고 이해된다.

그리고 금융투자협회와 금융투자업자를 자회사 또는 손자회사로 하는 금융지주회사에게 투자광고를 허용한 이유는 지주회사란 자회사나 손자회사의 경영권을 가지고 지휘・감독하는 것이 본업임을 고려하여 볼 때에 금융투자업자인 자회사나 손자회사의 투자광고를 하는 것을 제한하는 경우 지주회사의 목적을 달성할 수 없는 등 경영활동의 본질을 제한하는 결과를 가져오기 때문이다.

더욱이 자본시장법은 투자광고자의 자격을 제한하는 것 이외에도 투자광고의 내용에 대하여도 규제를 하고 있다. 이에 따르면 금융투자업자나 그를 지배하는 금융지주회사가 투자광고를 함에 있어서는 그 내용에 그 금융투자업자의 명칭, 금융투자상품의 내용, 투자에 따른 위험 등에 관한 사항이 포함되도록 하여야 한다(법 제57조 제2항).

그러나 이러한 내용규제는 집합투자증권에 대한 투자광고를 하는 경우에는 추가로 포함되어야 할 내용도 있다. 즉, 이러한 집합투자증권을 투자광고 하는 경우에는 금융투자업자의 명칭, 금융투자상품의 내용, 투자에 따른 위험 등에 관한 사항 이외에도 ① 집합투자증권을 취득하기 전에 투자설명서를 읽어 볼 것을 권고하는 내용, ② 집합투자기구는 운용결과에 따라 투자원금의 손실이 발생할 수 있으며, 그 손실은 투자자에게 귀속된다는 사실, ③ 집합투자기구의 운용실적을 포함하여 투자광고를 하는 경우에는 그 운용실적이 미래의 수익률을 보장하는 것은 아니라는 내용을 투자광고내용에 포함시켜야 한다.

그 밖에도 집합투자기구의 명칭, 집합투자기구의 종류에 관한 사항, 집합투자기구의 투자목적 및 운용전략에 관한 사항, 그 밖에 집합투자증권의 특성 등을 고려한 사항을 투자광고내용에 포함시켜야 한다.

이처럼 투자광고의 내용상 규제와 관련하여 자본시장법과 시행령에서 열거한 이외의 사항을 투자광고에 사용하는 것은 금지시키고 있다(제3항).

그리고 자본시장법은 투자광고시 손실보전 또는 이익보장에 관한 사항을 표시하는 것을 금지시키고 있는데, 이에 따르면 금융투자업자는 투자광고를 함에 있어서 손실의 보전 또는 이익을 보장하는 경우를 제외하고는 손실보전 또는 이익을 보장하는 것으로 오인하게 하는 표시를 할 수 없도록 규제하고 있다(제4항).

그리고 투자광고에 있어 상품 등이나 거래 분야의 성질에 비추어 소비자 보호 또는 공정한 거래질서 유지를 위하여 필요한 사항인 경우에는 사업자등이 표시·광고에 포함하여야 하는 중요정보와 표시·광고의 방법을 공정거래위원회가 정한 고시에 따라야 한다(제5항, 「표시·광고의 공정화에 관한 법률」 제4조 제1항).

(2) 투자광고 방법과 절차

투자광고의 방법과 절차와 관련하여 자본시장법은 그 필요한 사항은 대통령령에 위임하고 있는데(제6항), 이에 따르면 금융투자업자는 투자광고를 하는 경우 ① 수익률이나 운용실적을 표시하는 경우에는 수익률이나 운용실적이 좋은 기간의 수익률이나 운용실적만을 표시하는 것 금지, ② 금융투자상품의 비교광고를 하는 경우에는 명확한 근거 없이 다른 금융투자상품이 열등하거나 불리한 것으로 표시하는 것 금지, ③ 준법감시인(준법감시인이 없는 경우에는 감사 등 이에 준하는 자)의 사전확인을 받는 등 금융위원회가 정하여 고시하는 방법에 따를 준수의무 등을 규정하고 있다(법시행령 제60조 제3항).

그리고 법을 위반하여 금융투자업자가 아닌 자가 투자광고를 한 경우(제1항), 집합투자증권의 투자광고내용을 준수하지 않은 경우(제2항, 제3항), 손실보전 또는 이익보장 표시 금지규정을 위반한 경우(제4항)에 당해 금융투자업자는 1년 이하의 징역 또는 3천만 원 이하의 벌금에 처해지게 된다(법 제446조 8호).

그리고 그 밖에 투자광고의 방법 및 절차 등(제6항)을 위반한 금융투자업자는 5천만 원 이하의 과태료에 처해지게 된다(제449조 제1항 25의2호).

5) 수수료

자본시장법은 투자자보호 차원에서 금융투자업자가 투자자로부터 받는 수수료에 대하여 간접규제를 실시하고 있다. 즉, 법률로 수수료의 한도를 직접적으로 제한하지 않고, 단지 수수료의 부과기준 및 절차에 관한 사항을 정하고, 인터넷 홈페이지 등을 이용하여 공시하도록 간접적 규제를 가하고 있다(법 제58조 제1항).

그리고 수수료 부과기준을 정함에 있어 투자자를 차별할 수 없도록 차별금지를 원칙으로 하고, 예외적으로 정당한 사유가 있는 경우에는 이를 인정하고 있지만, 정당한 사유가 구체적으로 무엇인지에 대하여는 별도의 기준을 제시하지 않음으로써 해석에 이를 맡기고 있다(제58조 제2항).

금융투자업자가 이러한 수수료 부과기준 및 절차에 관한 사항을 정한 경우에는 그 내용을 협회에 통보하여야 하며(제58조 제3항), 통보를 받은 협회는 통보사항을 금융투자업자별로 비교하여 공시하여야 할 의무를 진다(제58조 제4항). 그러나 이러한 공시의무를 위반하여도 이에 대한 직접적인 제재규정은 없다.

6) 계약서류교부 및 계약해제

자본시장법은 무분별한 금융투자상품에 대한 투자광고로부터 투자자를 보호하기 위하여 금융투자업자에게 계약서류교부의무를 부과시키고, 이에 추가하여 투자자문계약을 체결하는 경우에는 특별히 일정기간 내에 투자자의 계약해제권을 인정하는 계약해제제도(cooling off system)를 도입하였다(법 제59조).

이러한 계약해제제도는 투자자가 원치 않는 투자계약을 하거나 판단착오로 계약을 체결하였을 때 투자자가 일정기간까지 그 계약의 효력을 부정할 수 있도록 특례를 인정한 것이다. 이 제도로 인해 투자자는 손실의 위험을 안고 있는 투자관련 계약을 체결한 후 객관적인 상태에서 냉정하게 계약내용을 다시 고려하는 기간을 가질 수 있다.

이 제도는 실무상 투자권유대행인의 집요한 권유나 친척·친구간의 정리때문에 계약내용을 제대로 숙지하지 못한 상황에서 투자계약을 하는 사례가 많아 투자자들이 불이익을 당하는 경우가 많은 점을 고려하여 자본시장법에 규정하게 된 것이다.

구체적으로는 계약서류교부의무(법 제59조 제1항)와 계약해제기간(법 제59조 제2항), 계약해제의 효력발생시점(법 제59조 제3항), 계약해제의 효과(법 제59조 제4항), 반환의무(법 제59조 제5항), 특약의 효력(법 제59조 제6항) 등에 관하여 상세한 규정을 두고 있다.

이에 따르면 우선, 금융투자업자는 투자자와 계약을 체결한 경우 그 계약서류를 투자자에게 지체 없이 교부하여야 한다. 그러나 계약내용 등을 고려하여 투자자 보호를 해할 우려가 없는 경우에는 그 계약서류를 교부할 의무를 면제시키고 있다(제1항).

그리고 투자자가 계약해제의 의사표시를 하는 경우에는 서면으로 하여야 하며, 계약해제의 의사표시는 계약을 해제한다는 취지의 서면을 해당 금융투자업자에게 송부한 때에 그 효력이 발생한다(제3항). 즉, 서면 발신주의를 택하고 있는 것이다.

그리고 투자자에 의하여 계약이 해제된 경우 금융투자업자는 해당 계약의 해제시까지의 기간에 상당하는 수수료, 보수, 그 밖에 해당 계약에 관하여 투자자가 지급하여야 하는 대가로서 사회통념상 인정되는 금액을 초과하여 해당 계약의 해제에 수반하는 손해배상금 또는 위약금의 지급을 청구할 수 없도록 금액을 제한하고 있다(제4항).

이처럼 손해배상액과 위약금의 한도를 설정한 것은 수수료나 보수의 산정과 관련한 분쟁의 여지를 억제하고자 하는데 근본적 목적이 있다.

그 밖에도 투자자가 금융투자업자에게 계약이 해제되기 전에 해당 계약과 관련한 대가를 미리 지급한 경우에는 금융투자업자는 기지급금을 투자자에게 반환하여야 한다. 그러나 사회통념상 인정되는 금액 이내의 경우에는 반환하지 않을 수 있다(제5항).

이러한 계약해제제도는 투자보호적 규정에 해당하므로 계약체결시 특약을 통해 계약해제의 효력을 부정하는 경우가 발생할 수 있다. 그러나 해석상 이러한 특약이 유효하다면 계약해제제도가 그 실효성을 상실하게 된다. 따라서 자본시장법은 이러한 문제점을 보완하고자 특약을 통해 투자자에게 불리한 계약을 체결한 경우에는 당해 특약의 효력을 무효화시키는 규정을 명문화하였다(제6항). 그럼에도 투자자에게 유리한 계약해제관련 특약은 계약자유의 원칙상 유효하다고 해석된다.

그리고 법을 위반하여 투자자에게 계약서류를 제공하지 아니한 자에 대하여는 5천만 원 이하의 과태료를 부과하도록 함으로써 계약해제제도의 실효성을 확보하고자 하고 있다(제449조 제1항 26호).

7) 자료의 기록 · 유지

자본시장법은 금융투자업자에게 금융투자업 영위와 관련한 자료를 일정한 기간 동안 기록 · 유지할 의무를 부과시키고 있다.

이는 금융투자업의 영위와 관련한 운영근거를 확보하도록 함으로써 금융당국이 금융투자업자를 효율적으로 관리 · 감독할 수 있도록 하고, 분쟁해결시 필요한 증거자료도 용이하게 확보하고자 하는데 목적이 있다.

우선 자본시장법은 금융투자업자가 금융투자업 영위와 관련한 자료를 자료의 종류별로 일정 기간 동안 기록 · 유지할 것을 요구하고 있는데(법 제60조 제1항), 구체적으로는 ① 영업에 관한 자료, ② 재무에 관한 자료, ③ 업무에 관한 자료의 기록 · 유지기간을 각기 달리 정하고 있는데, 우선 영업에 관한 자료의 기록 · 유지 기간은 10년 분과 5년 분으로 나뉘어서 규정하고 10년간 기록 · 유지해야 하는 자료는 (가) 투자권유 관련자료, (나) 주문기록, 매매명세 등 투자자의 금융투자 상품의 매매, 그 밖의 거래 관련 자료 및 다자간매매체결회사의 다자간매매체결업무 관련자료, (다) 집합투자재산, 투자일임재산, 신탁재산 등 투자자재산의 운용 관련자료, (라) 매매계좌 설정 · 약정 등 투자자와 체결한 계약 관련자료가 이에 해당한다.

그리고 영업에 관한 자료 중 5년간 기록 · 유지해야 하는 자료는 (가) 업무위탁 관련자료, (나) 부수업무 관련자료, (다) 그 밖의 영업 관련자료이다.

그리고 재무에 관한 자료는 모두 10년간 기록 · 유지해야 하며, 업무에 관한 자료 중 주주총회 또는 이사회 결의 관련 자료는 10년, 주요사항보고서에 기재하여야 하는 사항에 관한 자료는 5년, 고유재산 운용 관련 자료는 3년간 기록 · 유지하여야 한다(법시행령 제62조 제1항).

그 밖에 자본시장법은 금융투자업자에게 기록 · 유지하여야 하는 자료가 멸실되거나 위조 또는 변조가 되지 아니하도록 적절한 대책을 수립 · 시행할 의무를 부과시키고 있지만(법 제60조 제2항), 이를 위반한 경우에 이에 대한 제재규정은 두고 있지 않다.

8) 소유증권의 예탁

자본시장법은 증권업무처리의 효율성을 제고하고, 실물이동에 따른 분실, 도난 등의 위험을 방지하는 차원에서 금융투자업자에게 소유증권을 예탁결제원에 의무적으로 예탁하도록 강제하고 있다(법 제61조).

그러나 해당 증권의 유통 가능성, 다른 법령에 따른 유통방법이 있는지 여부, 예탁의 실행 가능성 등을 고려하여 대통령령으로 정하는 경우에는 예탁결제원에 예탁하지 아니할 수 있도록 예외도 인정하고 있다(법 제61조 제1항).

이러한 증권예탁결제제도는 금융투자상품을 대량으로 보유하고 있는 금융투자업자 등의 예탁자가 한국예탁결제원에 계좌를 개설하여 증권을 예탁하고, 증권의 양도나 질권설정 등의 권리 이전을 실물증권의 인도 대신 계좌간 대체기재의 방법으로 하는 제도를 말한다.

자본시장법이 이처럼 증권예탁제도를 강제한 이유는 증권의 결제업무가 금융투자계약의 처리 속도를 감당하지 못하여 시장이 마비되는 현상을 예방하기 위한 것이다.

이러한 증권예탁제도는 대체결제제도와 불가분의 관계에 있다. 즉, 증권예탁제도는 예탁증권을 장부기재를 변경하여 결제하는 대체결제제도를 필요로 하기 때문이다.

따라서 증권예탁결제제도를 개괄해 보면 ① 증권거래를 원하는 일반투자자는 증권을 금융투자업자에게 예탁하는 1차 예탁, ② 금융투자업자가 투자자로부터 예탁받은 증권을 다른 투자자의 증권과 혼합하여 다시 중앙예탁기구인 증권예탁결제원에 예탁하는 2차 예탁, ③ 예탁원은 예탁자가 예탁한 유가증권을 종류별 및 종목별로 한 데 모아 혼합하여 보관하게 된다.

이와 관련하여 금융투자업자는 고객계좌부를 작성하고 예탁원은 다시 예탁자계좌부를 작성하여 이후의 권리이전은 증권의 실물을 이동함이 없이 계좌부상의 대체기재만으로 이뤄지게 된다. 또한 예탁된 증권에 관한 권리행사도 계좌부의 기재를 기초로 이루어지게 되는데, 예탁된 증권을 예탁자에게 반환하는 경우에는 증권 자체가 아니라 예탁된 증권과 동종·동량의 증권을 반환하게 된다.

9) 금융투자업 폐지 공고

자본시장법은 금융투자업자가 임의로 영업을 폐지하는 경우에는 이를 공고하도록 공시의무를 부과시키고 있다. 구체적으로는 금융투자업자가 금융투자업 또는 지점, 그 밖의 영업소의 영업을 폐지하고자 하는 경우에는 그 뜻을 폐지 30일 전에 전국을 보급지역으로 하는 둘 이상의 일간신문에 공고하여야 하며, 알고 있는 채권자에게는 각각 통지하여야 한다(제1항).

그리고 금융투자업의 법정폐지사유도 자본시장법에서 열거하고 있는데, ① 금융투자업 중 투자매매업, 투자중개업 전부의 정지명령을 받아 폐지의 승인을 받은 경우, ② 금융투자업의 인가취소, 해산 결의, 파산선고, 금융투자업 전부 양도 승인, 금융투자업 전부의 폐지 승인, 금융투자업 전부의 정지명령을 받아 폐지승인을 받은 경우, ③ 금융투자업인가 또는 금융투자업등록이 취소된 경우에는 당해 금융투자업자는 그 금융투자업자가 행한 금융투자상품의 매매, 그 밖의 거래를 종결시켜야 한다. 이 경우 그 금융투자업자는 그 매매, 그 밖의 거래를 종결시키는 범위에서 금융투자업자로 의제함으로써 금융투자업자의 권리능력이 청산의 목적범위 내에서만 인정되도록 규정하고 있다(제2항).

그리고 공고 또는 통지를 하지 아니한 자에 대하여는 5천만 원 이하의 과태료를 부과된다(제449조 제1항 제27호).

10) 임직원의 금융투자상품 매매

자본시장법 제정 이전에는 투자자와의 이해상충문제를 방지하기 위하여 금융투자업자의 임직원이 직접적으로 금융투자상품을 자기계산으로 거래하는 것을 금지시켰었다.

그럼에도 불구하고 실무에서는 차명투자나 우회투자 등을 통해 거래하는 경우 이를 통제하는 것이 쉽지 않았다. 또한 현실적으로 증권저축 등을 통한 실질적인 투자가 이뤄지고 있었으므로 금융투자업자의 임직원들에 의한 선행매매 등 불공정거래를 방지하는 효과가 크지 않았었다.

따라서 자본시장법은 금융투자업자의 임직원의 직접적인 매매를 인정하되, 일정한 요건을 정하고 이에 따르도록 하여 금융투자상품 매매와 관련한 임직원의 불공정행위를 방지하고 투자자와의 이해상충도 방지하고자 하고 있다(법 제63조).

이에 따르면 금융투자업자의 임직원은 자기의 계산으로 금융투자상품을 매매하는 경우에는 ① 자기의 명의로 매매할 것, ② 투자중개업자 중 하나의 회사를 선택하여 하나의 계좌를 통하여 매매할 것. 다만, 금융투자상품의 종류, 계좌의 성격 등을 고려하여 둘 이상의 회사 또는 둘 이상의 계좌를 통하여 매매할 수 있다. ③ 매매명세를 분기별로 소속 금융투자업자에게 통지할 것, ④ 그 밖에 불공정행위의 방지 또는 투자자와의 이해상충의 방지를 위한 방법 및 절차를 준수할 것 등의 방법에 따라야 한다.

이와 관련하여 겸영금융투자업자 중 금융투자업자의 경우에는 금융투자업의 직무를 수행하는 임직원에 한하여 이 규정이 적용 된다(법 제63조 제1항).

그리고 금융투자업자는 그 임직원의 자기계산에 의한 금융투자상품 매매와 관련하여 불공정행위의 방지 또는 투자자와의 이해상충의 방지를 위하여 그 금융투자업자의 임직원이 따라야 할 적절한 기준 및 절차를 정하여야 한다(법 제63조 제2항).

이때 금융투자업자는 분기별로 임직원의 금융투자상품의 매매명세를 금융투자업자의 임직원이 따라야 할 적절한 기준 및 절차에 따라 확인하여야 한다(법 제63조 제3항).

11) 손해배상책임

자본시장법은 금융투자업자의 건전성 규제의 일환으로 금융투자업자의 손해배상책임에 관하여 규정을 두고 있다. 이에 따르면 금융투자업자가 법령, 약관, 규약, 투자설명서 등에 위반하거나 업무를 소홀하여 투자자에게 손해를 발생시킨 경우 이에 대한 손해배상 책임을 부과시킨 것이다.

구체적으로는 자본시장법은 금융투자업자가 법령 · 약관 · 집합투자규약 · 투자설명서에 위반하는 행위를 하거나 그 업무를 소홀히 하여 투자자에게 손해를 발생시킨 경우에는 그 손해를 배상할 책임이 있다고 규정하고 있다. 다만, 배상책임을 질 금융투자업자가 신의성실의무에 관한 법 제37조 제2항, 이해상충의 관리에 관한 법 제44조, 정보교류의 차단에 관한 법 제45조, 불건전 영업행위의 금지에 관한 법 제71조 또는 불건전 영업행위의 금지에 관한 법 제85조를 위반한 경우(투자매매업 또는 투자중개업과 집합투자업을 함께 영위함에 따라 발생하는 이해상충과 관련된 경우에 한한다)로서 그 금융투자업자가 상당한 주의를 하였음을 증명하거나 투자자가 금융투자상품의 매매, 그 밖의 거래를 할 때에 그 사실을 안 경우에는 배상의 책임을 지지 아니한다(법 제64조 제1항).

즉, 자본시장법은 금융투자업자가 법령 · 약관 · 집합투자규약 · 투자설명서를 위반하거나 그 업무를 소홀히 하여 투자자에게 손해를 발생시킨 경우와 신의성실의무 위반이나 이해상충관리의무 위반, 정보교류의 차단, 불건전 영업행위의 금지의무위반, 불건전 영업행위의 금지의무위반의 경우를 구분하여 규정하고 있으며, 후자의 경우에는 입증책임을 금융투자업자에게 부과하는 소위 입증책임전환규정을 두고 있다.

따라서 법령 · 약관 · 집합투자규약 · 투자설명서를 위반하거나 임무해태로 인한 손해에 대하여는 투자자가 금융투자업자의 고의나 과실을 입증하지 못하는 한 금융투자업자는 면책이 된다.

그러나 금융투자업자가 신의성실의무 위반이나 이해상충관리의무 위반, 정보교류의 차단, 불건전 영업행위의 금지의무위반, 불건전 영업행위의 금지의무위반의 경우에 손해배상책임를 면하기 위하여는 금융투자업자가 상당한 주의를 하였음을 증명하거나 투자자가 금융투자상품의 매매, 그 밖의 거래를 할 때에 그 사실을 알았다는 것을 금융투자업자가 입증하여야 한다.

그리고 자본시장법은 금융투자업자의 손해배상책임의 귀책사유가 임원에게 있는 경우에는 그 금융투자업자와 관련되는 임원이 연대하여 그 손해를 배상할 책임을 지도록 규정함으로써 임원의 책임소재를 분명히 하고 있다(법 제64조 제2항).

12) 외국 금융투자업자 특례

자본시장법은 외국 금융투자업자의 재정건전성 유지를 위하여 이들에게 특례를 두어 외국 금융투자업자의 지점 및 영업소는 영업기금과 부채의 합계액 상당 자산을 국내에 둘 것을 요구하고 있다. 즉, 외국 금융투자업자의 국내지점 등에 대하여 이 법을 적용함에 있어서 영업기금은 이를 자본금으로 보고, 자본금 · 적립금 및 이월이익잉여금의 합계액은 이를 자기자본으로 보며, 국내대표자는 임원으로 본다(법 제65조 제1항).

이와 관련하여 국내지점 등은 영업기금과 부채의 합계액에 상당하는 자산을 대통령령으로 정하는 방법으로 국내에 두어야 한다(법 제65조 제2항).

그리고 국내지점 등이 청산 또는 파산하는 경우 그 국내에 두는 자산은 국내에 주소 또는 거소가 있는 자에 대한 채무의 변제에 우선 충당하여야 할 것을 요구하고 있다(법 제65조 제3항).

이와 관련하여 금융위원회는 ① 국내지점 등의 대표자가 없거나 대표자가 그 직무를 수행할 수 없음에도 불구하고 대표자를 새로 선임하지 아니하거나 직무대행자를 지정하지 아니하는 경우로서 국내지점 등과 이해관계가 있는 자가 금융위원회에 직무대행자의 선임을 요구할 것, ② 금융위원회가 그 국내지점 등에 대하여 10일 이내에 대표자 또는 직무대행자를 선임하거나 지정할 것을 요청할 것, ③ 국내지점 등이 10일 이내에 대표자 또는 직무대행자를 선임하거나 지정하지 아니할 것 등 세 가지 요건을 모두 충족하는 국내지점 등의 대표자의 직무를 일시 대행할 자(직무대행자)를 지정하여야 하며, 그 국내지점 등은 그 사실을 소재지에서 등기하여야 한다. 이 경우 금융위원회는 직무대행자에게 적정한 보수를 지급할 것을 그 국내지점 등에 명할 수 있다(법 제65조 제4항).

제2절 금융투자업자별 영업행위 규칙

1. 투자매매업자 및 투자중개업자 영업행위 규칙

1) 매매형태 명시

자본시장법은 투자자가 오인치 않도록 신뢰보호차원에서 금융투자업자는 자신이 투자매매업자인지 투자중개업자 인지를 투자자에게 알려야 하는 명시의무를 부과시키고 있다(법 제66조). 그리고 이를 위반하여 금융투자상품의 매매에 관한 청약 또는 주문을 받은 경우에는 1년 이하의 징역 또는 3천만 원 이하의 벌금에 처해지게 된다(법 제446조 제11호).

이처럼 금융투자업자에게 매매형태의 명시의무를 부과시킨 이유는 투자매매업자와 투자중개업자의 영업범위가 다르기 때문이다. 즉, 투자중개업자는 유가증권의 거래를 통한 중개수수료 수입을 목적으로 하는 반면, 투자매매업자는 자기책임으로 주식 · 채권 등 금융투자상품을 매매하면서 손익의 주체가 된다는 점에서 다르다. 이러한 투자매매업자의 영업범위에는 주식과 채권 인수 · 발행과 관련된 업무나 자기매매업무도 포함된다.

2) 자기계약 금지

자본시장법은 투자매매업자 또는 투자중개업자가 자기계약(自己契約)하는 것을 금지시키고 있는데, 이러한 자기계약 금지는 민법 제124조에 근거를 두고 있다. 민법상 자기계약이란 대리인이 본인을 대리하면서 다른 한편으로 대리인 자신이 상대방이 되어 계약을 체결하는 것을 말하며, 우리 민법은 자기계약을 쌍방대리(雙方代理)와 함께 금지하고 있다(제124조). 이처럼 자본시장법이 자기계약을 금지시키는 이유는 투자매매업자 및 투자중개업자와 투자자 간에 이행상충관계에 있어 금융투자업자가 자기계약을 체결하는 경우 투자자의 이익이 침해될 수 있기 때문이다. 따라서 투자자의 이익을 침해할 염려가 없는 경우라면 자기계약이라 할지라도 금지될 이유가 없다.

구체적으로는 투자매매업자 또는 투자중개업자에게는 장외에서 금융투자상품의 매매시 자신이 본인 됨과 동시에 상대방의 투자중개업자가 될 수 없으며, 이를 위반한 경우에는 1년 이하의 징역 또는 3천만 원 이하의 벌금이 부과된다(법 제446조 제12호). 그러나 장내거래에는 자기계약 금지규정적용을 하지 않으며(법 제67조 제1호), 장외에서의 자기계약이라 할지라도 그 밖에 투자자보호 및 건전한 거래질서를 해할 우려가 없는 경우에는 허용된다(법 제67조 제2호).

따라서 금융투자상품의 매매에서 투자매매업자나 투자중개업자 자신이 본인이 됨과 동시에 상대방의 투자매매업자나 투자중개업자가 되어서는 아니 된다. 다만, 장내거래에서는 자기계약 금지규정이 없으므로 이러한 자기계약이 공개된 시장에서 이뤄지는 경우에는 허용된다. 즉, 투자매매업자나 중개업자가 증권시장이나 파생상품시장을 통하여 거래하는 경우에는 자기계약금지 규정이 적용되지 않는다.

이와 관련하여 민법은 금지되지 않는 자기계약의 예로 채무의 이행을 들고 있으나(제124조), 자본시장법시행령은 ① 투자매매업자 또는 투자중개업자가 자기가 판매하는 집합투자증권을 매수하는 경우, ② 투자매매업자 또는 투자중개업자가 다자간 매매체결회사를 통하여 매매가 이루어지도록 한 경우, ③ 그 밖에 공정한 가격 형성과 매매, 거래의 안정성과 효율성 도모 및 투자자의 보호에 우려가 없는 경우로서 금융위원회가 정하여 고시하는 경우에는 예외적으로 자기계약이 허용된다.

그리고 투자자가 투자매매업자나 투자중개업자에게 자기계약을 허락한 경우에도 금지되지 않는다고 해석된다.

3) 최선집행의무

자본시장법은 2013년 5월 28일 시장매매에 관한 제68조의 규정을 전면 개정하여 최선집행의무(Best Execution)에 관한 규정으로 대체한 바 있다. 최선집행의무란 금융투자업자가 고객을 위하여 금융투자상품을 매매하는 경우, 거래소와 다자간매매체결회사(alternative trading system; ATS) 등의 호가를 비교하여 고객에게 가장 유리한 조건의 거래장소에서 집행하도록 하는 의무를 말한다.

그리고 이러한 최선집행의무의 실효성 확보를 위하여 자본시장법은 구체적으로 투자매매업자 또는 투자중개업자에게 금융투자상품의 매매에 관한 투자자의 청약 또는 주문을 처리하기 위하여 최선집행기준을 마련하고 이를 공표하도록 의무를 부과시켰으며, 이를 위반한 경우에는 5천만 원 이하의 과태료를 부과하도록 규정하고 있다(법 제68조 제1항, 법 제449조 제1항 제28의2호).

그리고 최선집행기준의 공표 또는 그 변경 사실의 공표는 ① 투자매매업자 또는 투자중개업자의 본점과 지점, 그 밖의 영업소에 게시하거나 비치하여 열람에 제공하는 방법과 ② 투자매매업자 또는 투자중개업자의 인터넷 홈페이지를 이용하여 공시하는 방법 등으로 하여야 하며, 공표시 변경이유를 포함할 것을 요구하고 있다(법시행령 제66조의2 제3항).

이러한 투자매매업자 또는 투자중개업자의 최선집행의무는 일본 금융상품거래법 제40조의2 의 규정을 모델로 한 것이다.

그러나 미국이나 유럽의 경우에는 이러한 최선집행의무를 법률로 규율하지 않고 법해석상 또는 자율규제규범 등을 통하여 규율하고 있어, 법률로 이를 규율하고 있는 우리나라와 일본과는 대조된다.

이와 관련하여 일본의 경우 이 규정을 도입함으로써 시장의 신뢰가 제고되어 투자신탁시장이 발전하였다는 평가가 있기는 하지만 대체적으로는 자본시장과 금융투자업에 대한 규제가 강화되면서 오히려 금융투자상품의 판매활동이 위축되는 결과를 가져왔다는 지적들이 있다.

최선집행기준의 공표 및 집행방법과 관련하여 투자매매업자 또는 투자중개업자는 최선집행기준에 따라 금융투자상품의 매매에 관한 청약 또는 주문을 집행하여야 하며(법 제68조 제2항), 투자매매업자 또는 투자중개업자는 3개월마다 최선집행기준의 내용을 점검할 것을 요구하고 있다. 이 경우 최선집행기준의 내용이 청약 또는 주문을 집행하기에 적합하지 아니한 것으로 인정되는 때에는 이를 변경하고, 그 변경 사실을 공표하여야 한다(법 제68조 제3항).

투자매매업자 또는 투자중개업자는 금융투자상품의 매매에 관한 청약 또는 주문을 받는 경우에는 미리 문서, 전자문서 등의 방법으로 최선집행기준을 기재 또는 표시한 설명서를 투자자에게 교부하여야 한다. 다만, 이미 해당 설명서를 교부한 경우에는 예외가 인정된다(법 제68조 제4항).

그리고 최선의 거래조건의 구체적인 내용, 최선집행기준의 공표의 방법과 청약·주문의 집행 방법 및 최선집행기준의 점검·변경 및 변경 사실의 공표 방법 등에 관하여 필요한 사항은 대통령령으로 정하도록 하였다(법 제68조 제5항).

4) 자기주식 예외적 취득

상법은 자본충실의 원칙상 회사는 자기주식을 취득하거나 자기주식에 대해 질권을 설정하지 못하도록 이를 금지시키고 있다(상법 제341조, 제341조의3). 이때 자기주식취득을 회사가 자기의 명의로 하든 타인명의로 하든 구분하지 않고 회사의 계산으로 하는 한 모두 취득금지의 대상이 된다.

이처럼 상법이 자기주식의 취득을 금지시키는 이유는 첫째, 회사가 자기주식을 취득해서 실질적으로 주주에게 출자금을 반환시키는 결과를 가져오는 것으로서 상법상의 자본충실의 원칙 위반, 자본유지의 원칙에 위반되기 때문이다. 둘째, 회사가 자기주식을 취득하거나 처분함으로써 주가를 조작하거나 회사재산을 투기에 제공할 위험이 있기 때문이다.

그러나 이처럼 자기주식 취득은 원칙으로 금지되지만 상법이 예외를 인정하는 경우에는 허용되는 경우가 있는데, 이에 대하여는 상법 제341조의2에서 ① 회사의 합병 또는 다른 회사의 영업전부의 양수로 인한 경우, ② 회사의 권리를 실행함에 있어 그 목적을 달성하기 위하여 필요한 경우, ③ 단주(端株)의 처리를 위하여 필요한 경우, ④ 주주가 주식매수청구권을 행사한 경우 등 4가지 예외를 인정하고 있다.

그리고 이처럼 자기주식취득과 관련하여 상법에서 인정하고 있는 4가지 예외 외에도 자본시장법은 추가로 자기주식의 예외적 취득을 허용사유를 규정하고 있다. 구체적으로는 금융투자업자 중 투자매매업자에 한하여 투자자로부터 그 투자매매업자가 발행한 자기주식으로서 증권시장(다자간매매체결회사에서의 거래를 포함)의 매매 수량단위 미만의 주식에 대하여 매도의 청약을 받은 경우에는 이를 증권시장 밖에서 취득할 수 있다. 즉, 투자매매업자는 자기주식 매도 주문을 받은 경우 자기주식을 장외에서 취득하는 것(장외 매수)이 허용된다. 그리고 이 경우 취득한 자기주식은 3개월 이내에 처분하여야 한다(법 제69조 단서).

그러나 상법과 자본시장법상 자기주식취득 금지규정을 위반한 경우에는 이에 대한 법적 효과에 대하여 아무런 규정이 없다. 이에 대하여 판례(대법원 2003.5.16. 선고 2001다44109)는 금지규정에 위반하여 회사가 자기주식을 취득하는 것은 당연히 무효라고 판시한 바 있다.

5) 임의매매 금지

임의매매란 투자매매업자 또는 투자중개업자의 직원이 고객 동의 없이 유가증권을 매매하는 행위를 말한다. 이러한 임의매매는 투자자의 이익을 침해할 가능성이 높다는 점에서 자본시장법은 이를 금지시키고 있다(법 제70조). 즉, 투자매매업자 또는 투자중개업자의 임・직원은 고객의 위탁을 받지 아니하고는 고객의 예탁재산으로 유가증권 매매거래를 하는 것이 금지되어 있다. 그리고 이를 위반한 경우에는 5년 이하의 징역 또는 2억원 이하의 벌금에 처해지게 된다(법 제444조 7호).

6) 불건전 영업행위 금지

금융투자업자는 고객과의 관계에 있어 고객의 주문동향 등을 파악할 수 있는 우월적 지위에 있기 때문에, 이러한 우월적 지위를 부당하게 이용할 경우 투자자와 금융투자업자간 이해상충이 발생하여 투자자의 피해가 발생될 수 있다. 따라서 자본시장법은 이를 예방하기 위하여 고객주문정보의 부당이용 등을 금지시키고 있다(법 제71조).

이에 따르면 투자매매업자 또는 투자중개업자의 투자자주문정보의 부당이용을 금지시키기 위하여 (1) 선행매매(Front Running)의 금지, (2) 스캘핑(scalping)의 금지, (3) 조사분석자료 작성자에 대한 특정 유형의 성과보수 지급금지, (4) 주권의 모집 매출과 관련된 조사분석자료의 공표와 제공금지, (5) 투자권유관련 규제, (6) 일임매매의 금지, (7) 기타 불건전영업행위 금지 등의 규정을 두고 있다.

선행매매란 금융투자상품의 가격에 중대한 영향을 미칠 수 있는 매수 또는 매도주문을 받거나 받게 될 가능성이 큰 경우로서 고객 주문을 받기 전에 자기계산으로 매수 또는 매도하거나 제 3자에게 매수나 매도를 권유하는 행위를 말하며, 이를 인정하는 경우 투자매매업자와 투자중개업자가 고객의 주문정보를 부당하게 이용할 우려가 있어 이를 금지시키고 있는 것이다.

스캘핑이란 금융투자상품의 가치에 대한 주장이나 시장의 예측을 담고 있는 자료를 투자자에게 공표함에 있어서 내용이 확정된 때부터 공표 후 24시간이 경과하기 전까지 그 조사분석자료의 대상이 된 금융투자상품을 자기 계산으로 매매하는 것을 말하며, 이를 인정하는 경우 투자매매업자와 투자중개업자가 우월적 지위를 부당하게 이용할 경우 투자자와 금융투자업자간 이해상충이 발생하여 투자자의 피해가 발생될 수 있으므로 이를 금지시키고 있는 것이다.

그 밖에도 앞에서 언급한 (3) 조사분석자료 작성자에 대한 특정 유형의 성과보수 지급금지, (4) 주권의 모집 매출과 관련된 조사분석자료의 공표와 제공금지, (5) 투자권유관련 규제, (6) 일임매매의 금지, (7) 기타 불건전영업행위 금지 등의 경우 모두 투자자와 금융투자업자간 이해상충이 발생하여 투자자의 피해가 발생될 수 있으므로 이를 금지시키고 있는 것이다.

특히, (7) 기타 불건전영업행위 금지의 경우에는 ① 일반투자자로의 전환을 요구하는 전문투자자에 대한 거절행위 금지, ② 과당매매 유발 투자권유 규제, ③ 투자자와의 재산상 이익수수행위, ④ 증권의 인수업무와 관련된 불건전영업행위의 금지, ⑤ 중요정보 미공개의 매도와 매수행위, ⑥ 미공개중요정보이용행위, 시세조종행위, 부정거래행위 위반관련 행위 등이 포함된다.

그리고 이를 위반한 경우에는 5년 이하의 징역 또는 2억 원 이하의 벌금에 처해지게 된다

(제444조 제8호). 그러나 예외적으로 그 밖에 투자자 보호 또는 건전한 거래질서를 해할 우려가 있는 행위로서 대통령령으로 정하는 행위의 경우(법 제71조 제7호)의 경우에는 5천만 원 이하의 과태료가 부과된다(제449조 제29호).

7) 신용공여

자본시장법은 금융투자업자 중 투자매매업자와 투자중개업자가 투자자에게 신용공여를 할 수 있는 길을 열어 주었다. 신용공여라 함은 금융투자업자에게 예탁된 주식이나 현금 및 매수 또는 매도되는 주식을 담보로 현금융자 하는 것을 말한다.

다만, 투자매매업자는 증권의 인수일부터 3개월 이내에 투자자에게 그 증권을 매수하게 하기 위하여 그 투자자에게 금전의 융자, 그 밖의 신용공여를 하는 것은 금지된다(법 제72조 제1항).

그리고 신용공여의 기준 및 방법과 관련하여 법시행령은 ① 해당 투자매매업자 또는 투자중개업자에게 증권 매매거래계좌를 개설하고 있는 자에 대하여 증권의 매매를 위한 매수대금을 융자하거나 매도하려는 증권을 대여하는 방법, ② 해당 투자매매업자 또는 투자중개업자에 증권을 예탁하고 있는 자에 대하여 그 증권을 담보로 금전을 융자하는 방법 중 어느 하나에 해당하는 방법으로 투자자에게 신용을 공여하도록 규정하고 있다(제69조 제1항).

그러나 투자매매업자 또는 투자중개업자가 전담중개업무를 제공하는 경우에는 ① 증권의 매매를 위한 매수대금을 융자하거나 매도하려는 증권을 대여하는 방법, ② 전담중개업무로서 보관・관리하는 전문사모집합투자기구 등의 투자자재산인 증권을 담보로 금전을 융자하는 방법 중 어느 하나에 해당하는 방법으로 그 전담중개업무를 제공받는 전문사모집합투자기구 등에 대하여도 신용을 공여할 수 있도록 허용하고 있다(법시행령 제69조 제2항).

그 밖에 신용공여의 구체적인 기준과 담보의 비율 및 징수방법 등은 금융위원회의 고시에 따르도록 규정하고 있다(법시행령 제69조 제3항).

8) 매매명세 통지

자본시장법은 투자자에게 정보제공차원에서 투자매매업자 또는 투자중개업자에게 금융투자상품의 매매가 체결된 경우 그 매매명세를 투자자에게 통지할 의무를 부과시키고 있다(법 제73조).

그리고 그 방법에 대하여는 대통령령으로 정하고 있는데, 이에 따르면 투자매매업자 또는 투자중개업자는 우선, 매매가 체결된 후 지체 없이 매매의 유형, 종목・품목, 수량, 가격, 수수료 등 모든 비용, 그 밖의 거래내용을 통지하고, 매매가 체결된 날의 다음 달 20일까지

월간 매매내역 · 손익내역, 월말 현재 잔액현황 · 미결제약정현황 등을 통지해야 한다.

그리고 ① 서면 교부, ② 전화, 전신 또는 모사전송, ③ 전자우편, 그 밖에 이와 비슷한 전자통신, ④ 그 밖에 금융위원회가 정하여 고시하는 방법 중 투자매매업자 또는 투자중개업자와 투자자 간에 미리 합의된 방법으로 통지하여야 한다. 이때 계좌부 등에 의하여 관리 · 기록되지 아니하는 매매거래에 대하여는 서면교부만 해당된다. 그러나 투자자가 통지받기를 원하지 아니하는 경우에는 지점, 그 밖의 영업소에 비치하거나 인터넷 홈페이지에 접속하여 수시로 조회가 가능하게 함으로써 통지를 갈음할 수 있다(법시행령 제70조 제1항).

그리고 통지와 관련하여 필요한 세부사항은 금융위원회가 정하여 고시하도록 위임하고 있다(법시행령 제2항).

9) 투자자예탁금 별도예치

투자자예탁금이란 투자매매업자 또는 투자중개업자가 투자자로부터 금융투자상품의 매매, 그 밖의 거래와 관련하여 예탁받은 금전을 말한다.

이러한 투자자예탁금제도는 투자매매업자나 투자중개업자가 파산한 경우 투자자보호가 어렵다는 점을 고려하여 투자자예탁금을 고유재산과 구분하여 증권금융회사에 예치 또는 신탁하도록 한 것이다.

이처럼 자본시장법은 투자자예탁금을 증권금융회사에 전액 예치하거나 신탁하도록 규정하고 있는데(법 제74조 제1항), 이를 위반한 경우에 이에 대한 직접적인 제재규정을 두고 있지 않다.

이러한 투자자예탁금에는 위탁자예수금, 장내파생상품거래예수금, 저축자예수금, 수익자예수금, 조건부예수금, 청약자예수금, 신용거래보증금 등이 있다.

그리고 예치기관인 증권금융회사는 별도 예치된 투자자예탁금을 국채 · 지방채증권의 매수, 정부 · 지방자치단체 또는 금융기관이 지급보증한 채무증권의 매수, 기타 안전한 운용이 가능하다고 인정되는 방법으로 운용하여야 한다.

투자자예탁금 이용의 대가로서 금융투자업자가 투자자에게 지급하는 수수료를 투자자예탁금이용료(Interest on Investor's Deposit)라 하며, 이에 관하여는 금융투자업자가 자율적으로 제정 · 운용하는 내부기준에 따른다.

그러나 겸영금융투자업자인 투자매매업자 또는 투자중개업자는 별도로 투자자예탁금을 증권금융회사가 아닌 신탁업자에게 신탁할 수 있다. 이때 투자매매업자 또는 투자중개업자가 그 신탁업을 영위하는 경우에는 자기계약도 할 수 있다(법 제74조 제2항).

이때 투자매매업자 또는 투자중개업자가 증권금융회사 또는 신탁업자, 즉 예치기관에게 투자자예탁금을 예치 또는 신탁하는 경우에는 그 투자자예탁금이 투자자의 재산이라는 뜻을 밝혀야 한다(법 제74조 제3항).

그리고 누구든지 예치기관에 예치 또는 신탁한 투자자예탁금을 상계 · 압류 · 가압류하지 못하며, 투자자예탁금을 예치 또는 신탁한 투자매매업자 또는 투자중개업자, 즉 예치금융투자업자는 대통령령으로 정하는 경우를 제외하고는 예치기관에 예치 또는 신탁한 투자자예탁금을 양도하거나 담보로 제공할 수 없다(법 제74조 제4항).

이러한 예치금융투자업자는 ① 인가가 취소된 경우, ② 해산의 결의를 한 경우, ③ 파산선고를 받은 경우, ④ 금융투자업 전부 양도가 승인된 경우, ⑤ 금융투자업 전부 폐지가 승인된 경우, ⑥ 금융투자업 전부의 정지명령을 받은 경우, ⑦ 그 밖에 앞에서 열거된 6가지 사유에 준하는 사유가 발생한 경우 예치기관에 예치 또는 신탁한 투자자예탁금을 인출하여 투자자에게 우선적으로 지급하여야 한다. 이 경우 그 예치금융투자업자는 사유가 발생한 날부터 2개월 이내에 그 사실과 투자자예탁금의 지급시기 · 지급장소, 그 밖에 투자자예탁금의 지급과 관련된 사항을 둘 이상의 일간신문에 공고하고, 인터넷 홈페이지 등을 이용하여 공시하여야 한다(법 제74조 제5항). 다만, 불가피한 사유가 발생하여 그 기간 내에 공고와 공시를 할 수 없는 경우에는 금융위원회의 확인을 받아 1개월의 범위에서 그 기간을 연장할 수 있다.

그리고 예치기관은 그가 ① 인가가 취소된 경우, ② 해산의 결의를 한 경우, ③ 파산선고를 받은 경우, ④ 금융투자업 전부의 양도가 승인된 경우, ⑤ 금융투자업 전부 폐지가 승인된 경우, ⑥ 금융투자업 전부의 정지명령을 받은 경우, ⑦ 그 밖에 앞에 열거된 6가지의 사유에 준하는 사유가 발생한 경우 중 어느 하나에 해당하게 된 경우에는 예치금융투자업자에게 예치 또는 신탁받은 투자자예탁금을 우선하여 지급하여야 한다(법 제74조 제6항).

예치기관은 ① 국채증권 또는 지방채증권의 매수, ② 정부 · 지방자치단체 또는 금융기관이 지급을 보증한 채무증권의 매수, ③ 그 밖에 투자자예탁금의 안정적 운용을 해할 우려가 없는 방법으로 투자자예탁금을 운용하여야 한다(법 제74조 제7항).

마지막으로 투자매매업자 또는 투자중개업자가 예치기관에 예치 또는 신탁하여야 하는 투자자예탁금의 범위, 예치 또는 신탁의 비율, 예치 또는 신탁한 투자자예탁금의 인출, 예치기관의 투자자예탁금 관리, 그 밖에 투자자예탁금의 예치 또는 신탁에 관하여 필요한 사항은 대통령령으로 정하도록 되어 있다. 이 경우 예치 또는 신탁의 비율은 투자매매업자 또는 투자중개업자의 재무상황 등을 고려하여 인가받은 투자매매업자 또는 투자중개업자별로 달리 정할 수 있다(법 제74조 제8항).

10) 투자자 예탁증권 예탁

자본시장법은 금융투자업자는 투자자소유의 증권을 예탁결제원에 지체없이 예탁하도록 규정하고 있다(법 제75조). 이러한 증권예탁결제제도는 증권을 대량으로 보유하고 있는 금융투자업자 등의 예탁자가 한국예탁결제원에 계좌를 개설하여 증권을 예탁하고, 증권의 양도나 질권설정 등의 권리이전을 실물증권의 인도 대신 계좌대체의 방법으로 하는 것을 말한다.

한국예탁결제원은 예탁주권을 불소지하여 관리하고 있는데(상법 제358조의2), 이러한 주권불소지제도는 주권 실물을 소지하지 않으려는 주주가 그 의사를 발행회사에 표시하여 해당 주권을 제출하여야 한다. 그리고 발행회사는 주권을 접수한 후 주주에게 불소지신고필증을 교부하고 제출받은 주권은 폐기하거나 또는 명의개서대리인에게 임치하여야 한다.

이러한 주권불소지제도는 예탁결제제도와 함께 비용절감효과는 물론이고 투자자의 권리도 확실히 보호하는 효과를 보고 있다.

그리고 자본시장법은 예탁제도의 운영을 위해 투자자로부터 예탁받은 증권을 한국예탁결제원에 다시 예탁하는 예탁자가 작성・비치하는 투자자계좌부와 한국예탁결제원이 작성・비치하는 예탁자계좌부를 구분하여 규율하고 있다.

한국예탁결제원이 예탁된 증권을 보관 관리할 때 증권의 종류별, 종목별로 혼합하여 보관・관리하며, 이러한 일명 혼합보관은 동종의 예탁증권을 예탁자별로 구분하여 보관하는 것이 아니라 동종의 증권 모두를 혼합하여 보관하는 방법을 말한다.

그리고 예탁자계좌부에 기재할 사항은 ① 예탁자의 명칭과 주소, ② 예탁받은 증권의 종류 및 수와 그 발행인의 명칭, ③ 예탁증권 수량의 증감 원인, ④ 질권자의 명칭 및 주소, ⑤ 신탁재산 표시, ⑥ 예탁증권의 처분제한 표시 등이다.

그리고 예탁자계좌부에 기재되면 ① 기재시점에서 당해 증권의 점유권(공유지분)을 인정, ② 대체기재에 의한 증권교부, 질권효력 인정, ③ 신탁재산표시로 제3자 대항력 인정, ④ 예탁증권의 반환청구권을 인정하는 등의 효력이 발생한다.

그리고 자본시장법은 예탁자가 증권으로 보증금이나 공탁금 등을 납부하는 경우 집중예탁기능을 유지할 수 있도록 예탁증명서제도를 운영하고 있다. 즉, 예탁자 또는 그 투자자가 국가・지방자치단체・정부투자기관 등에 보증금이나 공탁금 등을 상장증권으로 대신 납부하고자 하는 경우에는 예탁증권을 반환받아 당해 기관에 제출하여야 하는데, 이 경우 집중예탁기능 자체가 약화될 수 있다. 이러한 문제를 해결하기 위하여 1997년 구 증권거래법 개정시 한국예탁결제원이 발행한 예탁증명서로 보증금등의 납부를 갈음할 수 있도록 한 것이다.

11) 집합투자증권 판매 특례

자본시장법은 집합투자증권판매에 관하여 원칙적으로 다양한 제한을 가하고 있지만, 한편으로는 예외도 인정함으로써 집합투자증권시장의 탄력적 운영을 제도적으로 보장하고 있다(법 제76조).

우선, 자본시장법은 집합투자증권 판매를 위한 기준가격을 설정해 놓고 이에 따를 것을 요구함으로써 정부의 가격통제를 법제화하고 있다. 물론 이에 대한 예외를 인정함으로써 시장가격을 고려할 수 있는 가능성들을 제시하였다.

즉, 자본시장법상 투자매매업자 또는 투자중개업자는 집합투자증권을 판매하는 경우 투자자가 집합투자증권의 취득을 위하여 금전 등을 납입한 후 최초로 산정되는 기준가격, 즉 집합투자재산의 평가 및 기준가격의 산정 등에 관한 법 제238조 제6항에 따른 기준가격으로 판매하여야 한다. 다만, 투자자의 이익을 해할 우려가 없는 경우로서 대통령령으로 정하는 경우에는 대통령령으로 정하는 기준가격으로 판매하여야 한다(법 제76조 제1항).

투자매매업자 또는 투자중개업자는 환매연기 등의 통지를 받은 경우에는 해당 집합투자증권을 판매할 수 없도록 금지시키고 있다. 다만, 환매연기의 해소 등에 관한 통지를 받은 경우에는 판매를 다시 시작할 수 있다(법 제76조 제2항).

그리고 투자매매업자 또는 투자중개업자는 집합투자기구가 등록되기 전에는 해당 집합투자증권을 판매하거나 판매를 위한 광고를 할수 없지만 투자자의 이익을 해할 우려가 없는 경우에는 판매를 위한 광고를 할 수 있다(법 제76조 제3항).

그리고 투자매매업자 또는 투자중개업자는 집합투자증권의 판매와 관련하여 판매수수료, 즉 집합투자증권을 판매하는 행위에 대한 대가로 투자자로부터 직접 받는 금전 및 판매보수, 집합투자증권을 판매한 투자매매업자, 투자중개업자가 투자자에게 지속적으로 제공하는 용역의 대가로 집합투자기구로부터 받는 금전을 받는 경우 집합투자기구의 운용실적에 연동(連動)하여 판매수수료 또는 판매보수를 받는 것이 금지된다(법 제76조 제4항).

판매수수료 및 판매보수와 관련하여 판매수수료는 납입금액 또는 환매금액의 3% 이하, 판매보수는 집합투자재산의 연평균가액의 1.5% 이하이어야 하지만, 사모집합투자기구에 대하여는 이 한도를 적용하지 아니한다(법 제76조 제5항).

마지막으로 판매수수료 및 판매보수의 한도의 구체적인 설정방법, 부과방법, 그 밖에 판매수수료 및 판매보수에 관하여 필요한 사항은 대통령령으로 정한다(법 제76조 제6항).

12) 투자성 예금 · 보험 특례

자본시장법은 은행이나 보험사가 별도의 근거법령 없이 영위하던 투자성 있는 파생거래업무나 신탁업법에 의하여 영위하던 신탁업무, 간접투자자산운용업법에 의하여 영위하던 펀드 판매업무 등을 금융투자업에 포함시킴으로서 은행과 보험회사도 겸영금융투자업자로서 이 법의 규율을 받게 하였다.

이러한 은행과 보험회사에 대한 금융투자업성 부여는 자본시장법이 금융투자상품을 포괄적으로 정의한 것과 관련하여 다양한 형태의 금융투자상품의 창출이 가능하게 함과 동시에 우리 자본시장의 활성화에 크게 기여할 수 있는 법적 토대를 마련한 것으로 해석된다.

특히, 자본시장법 제77조는 은행과 보험회사에 대하여 금융투자업 인가 없이 법적으로 인가의제를 받도록 함으로서 겸영업무의 간이화와 금융투자상품의 융합적 창조를 유도하고자 했던 입법적 의지가 반영된 규정이다.

이에 따르면 은행이 투자성 있는 예금계약, 그 밖에 이에 준하는 것으로서 금적립계좌 등의 발행을 위한 계약을 체결하는 경우에는 투자매매업에 관한 금융투자업인가를 받은 것으로 본다(법 제77조 제1항 본문). 그러나 이 경우에는 은행에 대하여 금융투자업자의 규제에 관한 규정을 적용하지 않는다. 즉, 금융투자업자에게 적용되는 인가요건의 유지(15조), 명의대여의 금지(39조), 금융투자업자의 다른 금융업무 영위(40조), 금융투자업자의 부수업무 영위(41조), 금융투자업자의 업무위탁(42조), 검사 및 처분(43조), 이해상충의 관리(44조), 정보교류의 차단(45조), 투자자로부터 투자권유의 요청을 받지 아니하고 방문·전화 등 실시간 대화의 방법을 이용하는 행위(49조 3호), 약관(56조), 수수료(58조), 소유증권의 예탁(61조), 금융투자업 폐지 공고 등(62조), 임직원의 금융투자상품 매매(63조), 손해배상책임(64조), 외국 금융투자업자의 특례(65조) 및 제2편(금융투자업) 제2장(금융투자업자의 지배구조)·제3장(건전경영 유지)·제4장(영업행위 규칙) 제2절(금융투자업자별 영업행위 규칙) 제1관(투자매매업자 및 투자중개업자의 영업행위 규칙)을 적용하지 아니하며, 제3편(증권의 발행 및 유통) 제1장(증권신고서)은 투자성 있는 외화예금계약을 체결하는 경우에도 금융투자업자의 규제에 관한 규정이 적용되지 않는다(법 제77조 제1항 단서).

그리고 보험회사도 투자성 있는 보험계약을 체결하거나 그 중개 또는 대리를 하는 경우에는 투자매매업 또는 투자중개업에 관한 금융투자업인가를 받은 것으로 본다(법 제77조 제2항 본문). 이 경우 금융투자업자를 규제하는 규정 중 은행에 대하여 적용이 배제되는 규정외에도 보험회사에 대하여는 추가로 투자권유대행인의 등록 등(51조), 투자권유대행인의 금지행위 등(52조), 검사 및 조치(53조)에 관한 규정도 적용하지 않는다(법 제77조 제2항 단서).

13) 종합금융투자사업자 지정

자본시장법은 국내투자은행의 활성화 방안으로 신생기업을 위하여 투자와 융자를 할 수 있고, M&A 등 종합적인 기업금융 업무를 원활히 수행할 수 있는 대형 금융투자업자가 탄생할 수 있는 법제도적 장치를 마련하는 취지에서 2013년 5월 28일 법개정을 단행한 바 있다. 이에 따르면 종합금융투자사업자로 지정된 금융투자업자는 기업에 대하여 신용공여를 할 수 있을 뿐만 아니라 연기금이나 기관투자가를 전담하는 전담중개업무 등 투자은행업(Investment Bank)을 할 수 있도록 하였다(법 제77조의2).

종합금융투자사업자란 그 업무범위와 관련하여 3단계로 구분하여 개념을 정의해 볼 수 있는데, 1단계는 종합금융투자업을 인수업무와 중개업무로 한정하여 정의하는 경우이고, 2단계는 인수업무, 중개업무 이외에 인수합병(M&A) 및 투자자문업무를 포함시켜 정의하는 것이다. 3단계는 인수업무, 중개업무 이외에 인수합병 및 투자자문업무, 그리고 그 밖에 자산운용업무, 벤처캐피털 업무 및 위험관리업무 등을 포함하는 개념정의이다. 즉, 3단계는 사실상 종합금융투자사업자가 할 수 있는 모든 사업을 포함하는 것으로 정의하고 있다.

우리 자본시장법상 종합금융투자업자도 3단계에 속하는 사업범위를 갖는 금융투자업자로 이해된다.

구체적으로 자본시장법은 국내 투자은행의 활성화 방안으로 금융위원회가 투자매매업자 또는 투자중개업자로서 일정한 기준을 모두 충족하는 자를 종합금융투자사업자로 지정할 수 있도록 했다(법 제77조의2 제1항). 여기서 일정한 기준이라 함은 ① 주식회사일 것, ② 증권에 관한 인수업을 영위할 것, ③ 3조 원 이상의 자기자본을 갖출 것, ④ 그 밖에 해당 투자매매업자 또는 투자중개업자의 신용공여 업무수행에 따른 위험관리 능력 등을 고려하여 대통령령으로 정하는 기준을 말하며, 이러한 종합금융투자업자로 지정되기 위하여는 위의 4가지 기준을 모두 충족하여야 한다.

이처럼 종합금융투자사업자로 지정받고자 하는 자는 금융위원회에 신청하여야 하며(법 제77조의2 제2항), 금융위원회는 종합금융투자사업자의 지정을 위하여 필요한 경우에는 자료의 제출을 요청할 수 있다(법 제77조의2 제3항).

그리고 금융위원회는 종합금융투자사업자가 거짓, 그 밖의 부정한 방법으로 지정받은 경우이거나 종합금융투자사업자의 지정 기준 중 모든 것을 충족시키지 못하는 경우에는 지정을 취소할 수 있다(법 제77조의2 제4항).

그리고 최저자본금 진입규제와 관련하여 자기자본의 구체적인 세부기준은 금융위원회가 정하여 고시하도록 하고 있다(법 제77조의2 제6항).

14) 종합금융투자사업자 특례

자본시장법은 종합금융투자사업자의 지정을 통한 그 실효성을 확보하는 차원에서 지정된 종합금융투자사업자에게 특례를 인정하여 국내에서도 투자은행이 활성화될 수 있는 제도적 장치를 마련하였다. 구체적으로는 전담중개업무의 독점적 지위부여, 기업에 대한 신용공여 업무 허용, 업무의 배타적 허용, 신용공여한도의 확대, 신용공여한도 유지의무의 연장, 은행법의 적용배제 등 다양한 특례를 인정하고 있다(법 제77조의3).

구체적으로 자본시장법은 종합금융투자사업자만이 전담중개업무를 영위할 수 있도록 함으로써 전담중개업무에 관한한 종합금융투자사업자가 독점적 지위를 갖게 되었다(법 제77조의3 제1항). 이는 전담중개업을 영위하기 위하여는 일정한 규모를 갖추어야 함은 물론이고 재정건전성이 확보되어야 시장에서의 투자자보호가 확보될 수 있다고 판단하였기 때문으로 이해된다.

그리고 종합금융투자사업자가 전문사모집합투자기구 등에 대하여 전담중개업무를 제공하는 경우에는 미리 해당 전문사모집합투자기구 등, 그 밖에 종합금융투자사업자로부터 업무를 위탁받은 자 및 일반사무관리회사와 특정한 내용을 포함하는 계약을 체결하도록 함으로써 전문사모집합투자기구 등에 대하여 전담중개업무를 제공하는 것에 대한 특례를 규정하고 있다. 그리고 계약체결시 반드시 포함되어야 할 계약내용은 ① 전담중개업무와 관련된 종합금융투자사업자와 전문사모집합투자기구 등의 역할 및 책임에 관한 사항, ② 종합금융투자사업자가 전문사모집합투자기구 등의 재산을 제3자에 대한 담보, 대여 등의 방법으로 이용하는 경우 그 이용에 관한 사항, ③ 종합금융투자사업자가 이용한 전문사모집합투자기구 등의 재산현황 등에 관한 정보를 전문사모집합투자기구 등에게 제공하는 절차 및 방법 등이다(법 제77조의3 제2항).

자본시장법이나 금융관련법이 금융투자업자들에게 금지시키고 있는 업무 중 특정업무에 대하여는 예외적으로 종합금융투자업자가 영위할 수 있도록 허용하고 있다(법 제77조의3 제3항). 여기서 말하는 종합금융투자업자에게만 허용되는 업무란 ① 기업에 대한 신용공여 업무, ② 그 밖에 해당 종합금융투자사업자의 건전성, 해당 업무의 효율적 수행에 이바지할 가능성 등을 고려하여 종합금융투자사업자에만 허용하는 것이 적합한 업무로서 대통령령으로 정하는 것이다.

신용공여 한도와 관련하여 자본시장법은 종합금융투자사업자가 신용공여를 하는 경우에는 신용공여의 총 합계액이 자기자본의 100 %를 초과할 수 없도록 한도제한을 가하고 있다. 그러나 종합금융투자사업자 업무의 특성, 해당 신용공여가 종합금융투자사업자의 건전성에 미치는 영향 등을 고려하여 대통령령으로 정하는 경우에는 예외를 인정하고 있다(법 제77조의3 제4항).

그리고 종합금융투자사업자가 신용공여를 하는 경우 그 신용공여대상자와 한도에 대한 제한을 가하고 있다. 즉, 종합금융투자사업자가 신용공여를 하는 경우 동일한 법인 및 그 법인과 신용위험을 공유하는 자에 대하여 그 종합금융투자사업자의 자기자본의 25 %에 해당하는 금액을 초과하는 신용공여를 할 수 없도록 제한을 가하고 있다(법 제77조의3 제5항).

그리고 종합금융투자사업자가 추가로 신용공여를 하지 아니하였음에도 불구하고 자기자본의 변동, 동일차주 구성의 변동 등으로 인하여 신용공여한도를 초과하게 되는 경우에는 그 한도를 초과하게 된 날부터 1년 이내에 그 한도에 적합하도록 정리할 수 있는 유예기간을 부여하고 있다(법 제77조의3 제6항).

그러나 자본시장법은 계열사간 신용공여나 전담중개업무는 금지시키고 있다. 즉, 종합금융투자사업자는 그와 계열회사의 관계에 있는 법인에 대하여 신용공여를 하거나 또는 그 법인이 운용하는 전문사모집합투자기구에 대하여 전담중개업무를 제공할 수 없도록 금지시키고 있다(법 제77조의3 제7항).

그리고 자본시장법이 통합금융법이 아닌 점을 고려하여 자본시장법은 종합금융투자사업자에 대하여는 「한국은행법」과 「은행법」을 적용하지 않도록 하였으며(법 제77조의3 제8항), 신용공여의 구체적 범위 등에 관하여 필요한 사항은 대통령령으로 정하도록 위임하였다(법 제77조의3 제9항).

15) 다자간매매체결회사 특례

2013년 5월 28일 개정된 자본시장법은 복수의 거래소 설립을 허가제로 허용하고, 동시에 거래소와 유사한 다자간매매체결회사(Alternative Trading System : ATS)를 설립할 수 있는 법적 근거를 마련하여 자본시장의 경쟁력 강화를 도모하였다.

이러한 다자간매매체결회사제도의 도입으로 종래의 증권시장의 개념도 금융투자상품시장으로 재정립되었으며, 독점적으로 주식매매체결업무를 담당해 왔던 거래소는 사실상 독점적 지위를 상실하게 되었다.

자본시장법은 이처럼 금융위원회의 인가를 받아 다수의 자를 거래상대방으로 하여 전자적 방법으로 상장주권 등의 매매체결업무를 하는 다자간매매체결회사가 정착될 수 있도록 거래소에 대한 특례규정을 두었다.

즉, 자본시장법은 다자간매매체결회사가 다자간매매체결업무를 함에 있어서 ① 매매체결대상 상품 및 다자간매매체결회사에서의 거래참가자에 관한 사항, ② 매매체결대상상품의 매매정지 및 그 해제에 관한 사항, ③ 매매확인 등 매매계약의 체결에 관한 사항과 채무인수·차감 및 결제방법·결제책임 등 청산·결제에 관한 사항, ④ 증거금 등 거래참가자의 매매수탁에 관한 사항, ⑤ 매매체결대상상품의 발행인 등의 신고·공시에 관한 사항, ⑥ 매매결과의 공표 및 보고에 관한 사항, ⑦ 다자간매매체결업무의 개폐·정지 및 중단에 관한 사항, ⑧ 그 밖에 다자간매매체결업무의 수행과 관련하여 필요한 사항에 대하여 대통령령으로 정하는 업무기준을 준수할 것을 요구하고 있다(법 제78조 제1항).

그리고 금융투자업자의 다른 금융업무 영위(제40조), 신용공여(72조), 매매명세의 통지(73조)

및 금융투자업자에 대한 검사(419조), 한국은행의 자료제출요구, 한국은행의 금융감독원장에 대한 검사나 공동검사 요구, 검사요구 및 절차에 대한 규정을 준용하도록 한 것은 다자간매매체결회사에는 적용하지 아니한다(법 제78조 제2항).

또한 금융위원회가 지정하는 지정거래소는 다자간매매체결회사에서의 투자자 보호 및 건전한 거래질서를 위하여 법정된 사항에 대하여 감시할 수 있도록 자율규제기관으로서의 지위를 부여하였다(법 제78조 제3항). 여기서 말하는 법정된 사항이란 ① 매매체결대상상품의 매매에 관한 청약 또는 주문이나 거래참가자가 다자간매매체결회사에 제출하는 호가의 상황, ② 매매체결대상상품에 관련된 풍문 · 제보나 보도, ③ 매매체결대상상품의 발행인 등에 관한 신고 또는 공시 ④ 그 밖에 매매체결대상상품의 가격형성이나 거래량에 영향을 미치는 상황 또는 요인으로서 대통령령으로 정하는 것을 말한다.

자율규제기관으로서의 지정거래소는 거래참가자의 이상거래의 혐의가 있다고 인정되는 매매체결대상상품의 종목 또는 매매 품목의 거래상황을 파악하기 위한 경우나 거래참가자가 업무기준을 준수하는지 여부를 확인하기 위한 경우 중 어느 하나에 해당하는 경우에는 거래참가자에게 그 사유를 밝힌 서면으로 관련 자료의 제출을 요청하거나, 거래참가자에 대하여 그와 관련된 업무 · 재산상황 · 장부 · 서류, 그 밖의 물건을 감리할 수 있다. 이 경우 제404조(이상거래의 심리 또는 회원의 감리) 제2항(지정거래소의 다른 거래소 또는 다자간매매체결회사에 대한 이상거래의 심리 및 감리와 관련한 정보의 제공 또는 교환 요구), 제3항(지정거래소의 다른 거래소 또는 다자간매매체결회사에 대한 회원 또는 거래참가자의 자격 정지 또는 거래 제한 요구)에 관한 규정을 준용한다(법 제78조 제4항).

그리고 자본시장법은 다자간매매체결회사의 동일인 주식소유한도를 제한하고 있다. 즉, 누구든지 ① 집합투자기구가 소유하는 경우(사모집합투자기구가 소유하는 경우는 제외), ② 정부가 소유하는 경우, ③ 그 밖에 금융위원회의 승인을 받아 소유하는 경우를 제외하고는 다자간매매체결회사의 의결권 있는 발행주식총수의 15 %를 초과하여 다자간매매체결회사가 발행한 주식을 소유할 수 없도록 주식소유를 제한하고 있다. 이 경우 거래소에 대하여 규정하고 있는 주식소유의 제한(406조), 제한되는 주식소유의 의제, 위반주식소유에 대한 의결권 제한, 주식처분명령 및 이행강제금(407조)에 관한 규정을 준용한다(법 제78조 제5항).

또한 다자간매매체결회사에 대하여는 거래소에 대하여 적용하는 정보이용금지 등(383조), 거래소 임직원의 비밀유지의무, 거래소 임직원의 특별이해관계 금지, 영업양도 등의 승인(408조) 및 긴급사태시의 처분(413조)를 준용하도록 규정하고 있다(법 제78조 제6항).

그리고 다자간매매체결회사의 매매체결대상상품의 거래량이 과다한 경우에는 투자자 보호 및 매매체결의 안정성을 확보할 수 없다는 점을 고려하여 이에 대한 제도적 장치를 마련하고 있다. 즉, 다자간매매체결회사(경쟁매매의 방법에 따라 매매가격을 결정하는 다자간매매체결회사는 제외)

는 매매체결대상상품의 거래량이 대통령령으로 정하는 기준을 넘는 경우에는 투자자 보호 및 매매체결의 안정성 확보 등을 위하여 대통령령으로 정하는 조치를 하여야 한다(제7항).

그리고 다자간매매체결회사의 업무 방법 및 절차, 그 밖에 공정한 매매가격 형성과 매매체결의 안정성 및 효율성 등의 확보를 위하여 필요한 세부사항은 대통령령으로 정한다(제8항).

2. 집합투자업자 영업행위 규칙

1) 집합투자업자 선관의무 및 충실의무

자본시장법은 집합투자업자에게 선관주의의무와 충실의무를 부과시키고 있다(법 제79조). 선관주의의무란 일반적으로 평균인에게 요구되는 주의의무를 말하며, 집합투자업자의 경우에는 집합투자업에 종사하는 일반적 평균인을 기준으로 그에게 요구되는 주의의무이다. 판례는 "대여원금의 상환을 위하여 운영계좌에 유보하기로 한 자금까지 유보계좌로 이체하여 수익활동에 사용할 수 있도록 허용한 행위는 자산운용회사로서의 선관주의의무를 위반한 것이라고 봄이 상당하다"고 판시한 바 있다(대법원 2012.11.15. 선고 2011다10532 판결).

충실의무란 이해상충관계에 있는 집합투자업자와 투자자간의 이해관계가 충돌되는 경우 집합투자업자는 집합투자재산을 운용함에 있어 투자자의 이익을 우선적으로 보호해야 한다는 주의의무를 말한다.

즉, 충실의무란 집합투자업자가 집합투자재산을 운용함에 있어서 그에게 부여된 권한을 투자자에 가장 유리하다고 믿는 바에 따라 성실하고 정당한 목적을 위하여 행사하여야 하고, 투자자의 이익과 집합투자업자의 이익이 충돌하는 경우에는 집합투자업자 자신의 이익을 희생하면서 의사결정을 하여야 하는 것으로 해석된다. 다른 말로는 집합투자업자 임직원의 이익과 투자자의 개인적 이익이 충돌하는 계약을 체결해서는 안되는 의무로 해석된다. 이처럼 집합투자업자가 충실의무를 부담하도록 한 근거는 집합투자업자와 투자자간에 영미법상 신인관계(fiduciary relation)라 말하는 고도의 신뢰관계를 기초로 하는 특수한 법률관계가 있기 때문이다. 이는 신탁의 수탁자(trustee)가 위법한 행위를 한 경우 고도의 신뢰관계에 의거하여 수익자를 법적으로 보호하는 효과를 갖게 되고, 또한 "신탁을 신뢰한 자에게 타인보다 우월한 지위를 인정하는 관계"가 집합투자업자와 투자자간에도 존재한다는 것을 의미한다.

그리고 이러한 선관주의의무와 충실의무를 위반한 경우에는 금융투자업자의 손해배상책임에 관한 자본시장법 제64조에 의거하여 손해배상책임을 지게 된다. 즉, 집합투자사업자가 법령 · 약관 · 집합투자규약 · 투자설명서에 위반하는 행위를 하거나 그 업무를 소홀히 하여 투자자에게 손해를 발생시킨 경우에는 그 손해를 배상할 책임이 있다. 다만, 배상책임을 질 금융투자업자가 금융투자업자의 신의성실의무에 관한 제37조 제2항, 금융투자업자의 이해상충의 관리에 관한 제44조, 금융투자업자의 정보교류의 차단에 관한 제45조, 투자매매업자 또는 투자중개업자의 불건전 영업행위의 금지에 관한 제71조 또는 집합투자업자의 불건전 영업행위의 금지에 관한 제85조를 위반한 경우에도 그 금융투자업자가 상당한 주의를 하였음을 증명하거나 투자자가 금융투자상품의 매매, 그 밖의 거래를 할 때에 그 사실을 안 경우에는 배상의 책임을 지지 않는다(법 제79조 제1항).

그리고 금융투자업자가 손해배상책임을 지는 경우 관련되는 임원에게도 귀책사유가 있는 경우에는 그 금융투자업자와 관련되는 임원이 연대하여 그 손해를 배상할 책임을 진다(법 제79조 제2항).

2) 자산운용 지시 및 실행

자본시장법은 자산운용과 관련하여 투자신탁의 집합투자업자가 준수하여야 할 기본 틀을 제시하고 있다. 즉, 투자신탁의 집합투자업자는 투자신탁재산을 운용함에 있어서 그 투자신탁재산을 보관 · 관리하는 신탁업자에 대하여 지시내용을 전산 시스템에 의하여 객관적이고 정확하게 관리할 수 있는 방법에 따라 투자신탁재산별로 투자대상자산의 취득 · 처분 등에 관하여 필요한 지시를 하여야 하며(법시행령 제79조 제1항), 그 신탁업자는 집합투자업자의 지시에 따라 투자대상자산의 취득 · 처분 등을 하여야 한다. 그러나 예외적으로 집합투자업자는 투자신탁재산의 효율적 운용을 위하여 불가피한 경우에는 자신의 명의로 직접 투자대상자산의 취득 · 처분 등을 할 수 있도록 허용하고 있다(법 제80조 제1항).

그리고 투자신탁재산을 보관 · 관리하는 신탁업자를 포함한 투자신탁의 집합투자업자는 법이 정한 절차에 따라 투자대상자산의 취득 · 처분 등을 한 경우 그 투자신탁재산으로 그 이행 책임을 부담한다. 그러나 그 집합투자업자가 법령 · 약관 · 집합투자규약 · 투자설명서에 위반하는 행위를 하거나 그 업무를 소홀히 하여 투자자에게 손해를 발생시켰다는 이유로 금융투자업자가 손해배상책임을 지는 경우(법 제64조 제1항)에는 투자신탁재산의 이행책임은 부담하지 않는다(법 제80조 제2항).

또한 집합투자업자가 투자대상자산의 취득 · 처분 등의 업무를 수행하는 경우에는 투자신탁재산별로 미리 정하여진 자산배분명세에 따라 취득 · 처분 등의 결과를 공정하게 배분하여야 한다. 이 경우 집합투자업자는 자산배분명세, 취득 · 처분 등의 결과, 배분결과 등에 관한 장부 및 서류를 작성하고 이를 유지 · 관리하여야 한다. 그리고 투자신탁을 제외한 집합투자기구의 집합투자업자는 그 집합투자재산을 운용함에 있어서 집합투자기구 명의로 지시내용을 전산 시스템에 의하여 객관적이고 정확하게 관리할 수 있는 방법에 따라 집합투자재산(투자신탁재산은 제외)별로 투자대상자산의 취득・처분 등을 하고, 그 집합투자기구의 신탁업자에게 취득・처분 등을 한 자산의 보관・관리에 필요한 지시를 하여야 하며, 그 신탁업자는 집합투자업자의 지시에 따라야 한다. 이 경우 집합투자업자가 투자대상자산의 취득・처분 등을 함에 있어서는 집합투자업자가 그 집합투자기구를 대표한다는 사실을 표시하여야 한다(법 제80조 제5항).

3) 자산운용 제한

(1) 개요

자본시장법은 집합투자업자가 집합투자재산을 운용함에 있어서 투자자 보호 및 집합투자재산의 안정적 운용을 위하여 필요한 제한을 가하고 있다.

우선, 자본시장법은 집합투자업자가 집합투자재산을 운용함에 있어서 증권 또는 파생상품을 운용하는 경우에 금지되는 행위, 집합투자재산을 부동산에 운용하는 경우 금지되는 행위, 집합투자재산을 집합투자증권에 운용하는 경우 금지되는 행위, 그 밖에 투자자보호 또는 집합투자재산의 안정적 운용 등을 해할 우려가 있는 금지행위로 크게 4가지로 구분하여 규제하고 있다.

(2) 증권 또는 파생상품운용 금지행위

집합투자재산을 증권 또는 파생상품에 운용함에 있어서 금지되는 행위는 ① 각 집합투자기구 자산총액의 10%를 초과하여 동일종목의 증권에 투자하는 행위. 이 경우 동일법인 등이 발행한 증권 중 지분증권과 지분 외 증권은 각각 동일종목으로 의제 ② 각 집합투자업자가 운용하는 전체 집합투자기구 자산총액으로 동일법인 등이 발행한 지분증권 총수의 20%를 초과하여 투자하는 행위, ③ 각 집합투자기구 자산총액으로 동일법인 등이 발행한 지분증권 총수의 10%를 초과하여 투자하는 행위, ④ 적격 요건을 갖추지 못한 자와 장외파생상품을 매매하는 행위, ⑤ 파생상품의 매매에 따른 위험평가액이 기준을 초과하는 경우에도 투자하는 행위, ⑥ 파생상품의 매매와 관련하여 기초자산 중 동일법인 등이 발행한 증권의 가격변동으로 인한 위험평가액이 각 집합투자기구 자산총액의 10%를 초과하는 경우에도 투자하는 행위, ⑦ 같은 거래상대방과의 장외파생상품 매매에 따른 거래상대방 위험평가액이 각 집합투자기구 자산총액의 10%를 초과하는 경우에도 투자하는 행위이다(법 제81조 제1항 제1호).

(3) 부동산 운용 금지행위

집합투자업자가 집합투자재산을 부동산에 운용하는 경우 금지되는 행위는 ① 부동산을 취득한 후 5년 이내에 이를 처분하는 행위. 다만, 부동산개발사업(토지를 택지·공장용지 등으로 개발하거나 그 토지 위에 건축물, 그 밖의 공작물을 신축 또는 재축하는 사업을 말함)에 따라 조성하거나 설치한 토지·건축물 등을 분양하는 경우, 그 밖에 투자자 보호를 위하여 필요한 경우 제외, ② 건축물, 그 밖의 공작물이 없는 토지로서 그 토지에 대하여 부동산개발사업을 시행하기 전에 이를 처분하는 행위. 다만, 집합투자기구의 합병·해지 또는 해산, 그 밖에 투자자 보호를 위하여 필요한 경우를 제외한다(법 제81조 제1항 제2호).

(4) 집합투자재산 운용 금지행위

집합투자업자가 집합투자재산을 운용함에 있어서 금지되는 행위는 ① 각 집합투자기구 자산총액의 50%를 초과하여 같은 집합투자업자가 운용하는 집합투자기구의 집합투자증권에 투자하는 행위, ② 각 집합투자기구 자산총액의 20%를 초과하여 같은 집합투자기구의 집합투자증권에 투자하는 행위, ③ 집합투자증권에 자산총액의 40%을 초과하여 투자할 수 있는 집합투자기구의 집합투자증권에 투자하는 행위, ④ 사모집합투자기구의 집합투자증권에 투자하는 행위, ⑤ 각 집합투자기구의 집합투자재산으로 같은 집합투자기구의 집합투자증권 총수의 20%를 초과하여 투자하는 행위. 이 경우 그 비율의 계산은 투자하는 날을 기준으로 함, ⑥ 집합투자기구의 집합투자증권을 판매하는 투자매매업자 또는 투자중개업자가 받는 판매수수료 및 판매보수와 그 집합투자기구가 투자하는 다른 집합투자기구의 집합투자증권을 판매하는 투자매매업자 또는 투자중개업자가 받는 판매수수료의 합계가 납입금액 또는 환매금액의 2 %, 판매보수의 합계가 집합투자재산 연평균가액의 1 %를 초과하여 집합투자증권에 투자하는 행위이다(법 제81조 제1항 제3호).

(5) 집합투자재산 안정적 운용 저해 행위

집합투자업자가 집합투자재산을 운용함에 있어서 금지되는 4번째 행위는 그 밖에 투자자 보호 또는 집합투자재산의 안정적 운용 등을 해할 우려가 있는 행위이다(법 제81조 제1항 제4호). 그러나 예외적으로 투자자보호 및 집합투자재산의 안정적 운용을 해할 우려가 없는 경우에는 이를 할 수 있다(법 제81조 제1항 단서).

그러나 집합투자재산에 속하는 투자대상자산의 가격 변동 등으로 인하여 불가피하게 투자한도를 초과하게 된 경우에는 초과 일부터 3개월까지는 그 투자한도에 적합한 것으로 본다(법 제81조 제3항).

그리고 파생상품의 매매에 따른 위험평가액, 가격변동으로 인한 위험평가액 및 같은 거래상대방과의 장외파생상품 매매에 따른 거래상대방 위험평가액의 산정방법 등에 관하여 필요한 사항은 금융위원회가 정하여 고시하도록 규정하고 있다(법 제81조 제2항).

또한 각 집합투자기구 자산총액의 10% 이내의 범위에서 대통령령으로 정하는 비율을 초과하여 동일종목의 증권에 투자하는 행위 및 파생상품의 매매에 따른 위험평가액이 대통령령으로 정하는 기준을 초과하여 투자하는 행위, 파생상품의 매매와 관련하여 기초자산 중 동일법인 등이 발행한 증권의 가격변동으로 인한 위험평가액이 각 집합투자기구 자산총액의 10%를 초과하여 투자하는 행위, 같은 거래상대방과의 장외파생상품 매매에 따른 거래상대방 위험평가액이 각 집합투자기구 자산총액의 10%를 초과하여 투자하는 행위와 각 집합투자기구 자산총액의 50%를 초과하여 같은 집합투자업자가 운용하는 집합투자기구의 집합투자증권에 투자하는 행위, 각 집합투자기구 자산총액의 20%를 초과하여 같은 집합투자기구의 집합투자증권에 투자하는 행위, 증권집합투자기구 · 부동산집합투자기구 · 특별자산집합투자기구 · 혼합자산집합투자기구 · 단기금융집합투자기구의 투자비율은 집합투자기구의 최초 설정일 또는 설립 일부터 1개월 이내까지는 적용하지 아니한다(법 제81조 제4항).

4) 자기집합투자증권 취득 제한

자본시장법은 그 적용대상 목적물로는 집합투자증권에 대하여 규율하고 있는데 '집합투자증권'이란 집합투자기구에 대한 출자지분(투자신탁의 경우에는 수익권)이 표시된 것을 말한다고 개념정의를 하고 있다. 즉, 집합투자증권이란 투자신탁의 수익증권 및 투자회사의 주식을 말하며, ① 투자증권, ② 장내/장외파생상품, ③ 부동산, ④ 실물자산 등에 투자하여 수익을 추구하는 유가증권을 의미한다. 일반적으로 펀드에 가입한다는 것은 이 집합투자증권을 매수한다는 것을 의미한다.

이와 관련하여 자본시장법은 '투자신탁', '투자익명조합'의 집합투자업자는 집합투자기구의 계산으로 그 집합투자기구의 집합투자증권을 취득하거나 질권의 목적으로 받지 못하도록 규정하고 있다(법 제82조 본문).

이는 자본충실의 원칙에 입각한 것으로서 물론, 예외를 인정하고 있다. 즉, 자기집합투자증권의 취득이나 질취가 허용되는 경우로 첫번째는 담보권의 실행 등 권리행사에 필요한 경우이다. 이 경우 취득한 집합투자증권은 취득일부터 1개월 이내에 소각, 투자매매업자 또는 투자중개업자를 통한 매도 중 어느 하나에 해당하는 방법으로 처분하여야 한다(법 시행령 제82조, 법 제82조 1호).

그리고 자기집합투자증권의 취득이나 질취가 허용되는 경우로 두번째는 투자신탁의 합병에 반대하는 수익자의 수익증권매수청구권에 따라 수익증권을 매수하는 경우이다(법 제82조 2호).

5) 금전차입 제한

자본시장법은 집합투자업자가 집합투자재산을 운용함에 있어서 집합투자기구의 계산으로 금전을 차입하지 못하도록 제한을 가하고 있는데, 이는 투자자보호를 위한 것이다. 그러나 예외적으로 집합투자기구의 계산으로 금전을 차입할 수 있는 경우가 있는데, 이에 해당하는 것은 ① 투자자가 대량으로 집합투자증권의 환매를 청구하여 일시적으로 환매대금의 지급이 곤란한 때, ② 투자신탁의 합병에 반대하는 수익자의 수익증권매수청구권행사 및 투자회사 합병에 반대하는 주주가 주식매수청구권을 행사하는 경우 매수청구가 대량으로 발생하여 일시적으로 매수대금의 지급이 곤란한 때이다.

이와 관련하여 법시행령에서는 집합투자업자가 금전을 차입한 경우에는 그 차입금 전액을 모두 갚기 전까지 투자대상자산을 추가로 매수(파생상품의 전매와 환매는 제외)하는 것을 금지시키고 있다(법시행령 제83조 제2항).

그리고 집합투자업자가 집합투자기구의 계산으로 금전을 차입하는 경우 그 차입금의 총액은 차입 당시 집합투자재산 총액의 10%를 초과할 수 없으며, 집합투자재산 중 금전을 대여(금융기관에 대한 30일 이내의 단기대출을 제외)하는 것도 금지된다.

그리고 집합투자업자가 집합투자재산을 운용함에 있어서 집합투자재산으로 해당 집합투자기구 외의 자를 위하여 채무보증 또는 담보제공을 하는 것도 금지된다(법 제83조).

6) 이해관계인과 거래제한

집합투자업자가 일반투자자에 비해 정보접근성이 용이하다는 점에서 이들이 이해관계인과 거래하는 경우 일반투자자가 손해를 볼 수 있다. 따라서 자본시장법은 집합투자업자가 집합투자재산을 운용함에 있어서 이해관계인 중 일반투자자와 이해상충관계에 있는 이해관계인과 거래하는 것을 금지시키고 있다.

여기서 이해관계인이란 ① 집합투자업자의 임직원과 그 배우자, ② 집합투자업자의 대주주와 그 배우자, ③ 집합투자업자의 계열회사, 계열회사의 임직원과 그 배우자, ④ 집합투자업자가 운용하는 전체 집합투자기구의 집합투자증권을 30% 이상 판매·위탁판매 한 투자매매업자 또는 투자중개업자(관계 투자매매업자·투자중개업자), ⑤ 집합투자업자가 운용하는 전체 집합투자기구의 집합투자재산(국가재정법상 집합투자기구의 집합투자재산은 제외)의 30% 이상을 보관·관리하고 있는 신탁업자, ⑥ 집합투자업자가 법인이사인 투자회사의 감독이사이다(법시행령 제84조).

그러나 이러한 거래금지에도 불구하고 집합투자기구와 이해가 상충될 우려가 없는 거래로서 ① 이해관계인이 되기 6개월 이전에 체결한 계약에 따른 거래, ② 증권시장 등 불특정다수인이 참여하는 공개시장을 통한 거래, ③ 일반적인 거래조건에 비추어 집합투자기구에 유리한 거래, ④ 그 밖에 대통령령으로 정하는 거래 중 어느 하나에 해당하는 거래의 경우에는 예외적으로 이해관계인과 거래행위가 허용된다(법 제84조 제1항). 여기서 말하는 대통령령으로 정하는 거래란 (1) 이해관계인의 중개·주선 또는 대리를 통하여 금융위원회가 정하여 고시하는 방법에 따라 이해관계인이 아닌 자와 행하는 투자대상자산의 매매, (2) 이해관계인의 매매중개를 통하여 그 이해관계인과 행하는 채무증권, 원화로 표시된 양도성 예금증서, 어음(기업어음증권은 제외)에 해당하는 투자대상자산의 매매, (3) 각 집합투자기구 자산총액의 10% 이내에서 이해관계인(집합투자업자의 대주주나 계열회사는 제외)과 집합투자재산을 단기대출이나 환매조건부매수에 해당하는 방법으로 운용하는 거래, (4) 이해관계인인 금융기관(은행, 한국산업은행, 중소기업은행, 한국수출입은행, 투자매매업자 또는 투자중개업자, 증권금융회사, 종합금융회사, 상호저축은행, 보험회사, 이에 준하는 외국 금융기관만 해당)에의 예치. 이 경우 집합투자업자가 운용하는 전체 집합투자재산 중 이해관계인인 금융기관에 예치한 금액은 전체 금융기관에 예치한 금액의 10%를 초과할 수 없음, (5) 이해관계인인 신탁업자와의 외국통화의 매매(환위험을 회피하기 위한 선물환거래를 포함), (5의2) 이해관계인(전담중개업무를 제공하는 집합투자업자가 운용하는 전체 집합투자기구의 집합투자증권을 30% 이상 판매·위탁판매한 관계 투자매매업자·투자중개업자, 집합투자업자가 운용하는 전체 집합투자기구의 집합투자재산의 30% 이상을 보관·관리하고 있는 신탁업자에 따른 이해관계인인 경우만 해당)과 전담중개업무로서 하는 거래, (5의3) 환매기간을 금융위원회가 정하여 고시하는 기간으로 하여 이해관계인(금융기관을 거래상대방 또는 각 당사자로 하는 환매조건부매매의 수요·공급을 조성하는 자로 한정한)과 환매조건부매매를 하거나 그 이해관계인이 환매조건부매매를 중개·주선 또는 대리하는 거래, (6) 그 밖에 거래의 형태, 조건, 방법 등을 고려하여 집합투자기구와 이해가 상충될 염려가 없다고 금융위원회의 확인을 받은 거래를 말하며, 이들에 대하여는 이해관계인과 거래행위가 허용된다(법시행령 제85조).

그리고 집합투자업자는 예외적으로 허용되는 이해관계인과의 거래가 있는 경우 또는 이해관계인의 변경이 있는 경우에는 그 내용을 해당 집합투자재산을 보관·관리하는 신탁업자에게 즉시 통보하여야 한다(법 제84조 제2항).

집합투자업자는 집합투자재산을 운용함에 있어서 집합투자기구의 계산으로 그 집합투자업자가 발행한 증권(수익증권을 제외)을 취득할 수 없으며, 집합투자재산을 운용함에 있어서 법정한도를 초과하여 그 집합투자업자의 계열회사가 발행한 증권도 취득할 수 없다(법 제84조 제3, 4항).

이러한 제한에도 불구하고 거래행위를 한 경우에는 5년 이하의 징역 또는 2억 원 이하의 벌금에 처한다(법 제444조 제10호).

7) 불건전 영업행위 금지

자본시장법은 자본시장에서의 투자자보호 및 건전한 거래질서형성을 위해 8개 유형의 집합투자업자의 불건전영업행위를 열거하고 이를 금지시키고 있다(법 제85조).

법이 정한 금지행위는 ① 집합투자재산을 운용함에 있어서 금융투자상품, 그 밖의 투자대상자산의 가격에 중대한 영향을 미칠 수 있는 매수 또는 매도 의사를 결정한 후 이를 실행하기 전에 그 금융투자상품, 그 밖의 투자대상자산을 집합투자업자 자기의 계산으로 매수 또는 매도하거나 제3자에게 매수 또는 매도를 권유하는 행위, ② 자기 또는 관계인수인, 즉 집합투자업자와 같은 기업집단에 속하는 인수인이나 집합투자업자가 운용하는 전체 집합투자기구의 집합투자증권을 금융위원회가 정하여 고시하는 비율 이상 판매한 인수인이 인수한 증권을 집합투자재산으로 매수하는 행위, ③ 자기 또는 관계인수인이 인수업무를 담당한 법인의 특정증권 등(내부자의 단기매매차익 반환에 관한 특정증권 등을 말함)에 대하여 인위적인 시세를 형성하기 위하여 집합투자재산으로 그 특정증권 등을 매매하는 행위, ④ 특정 집합투자기구의 이익을 해하면서 자기 또는 제3자의 이익을 도모하는 행위, ⑤ 특정 집합투자재산을 집합투자업자의 고유재산 또는 그 집합투자업자가 운용하는 다른 집합투자재산, 투자일임재산 또는 신탁재산과 거래하는 행위, ⑥ 제3자와의 계약 또는 담합 등에 의하여 집합투자재산으로 특정 자산에 교차하여 투자하는 행위, ⑦ 투자운용인력이 아닌 자에게 집합투자재산을 운용하게 하는 행위, ⑧ 그 밖에 투자자보호 또는 건전한 거래질서를 해할 우려가 있는 행위이다.

여기서 “그 밖에 투자자 보호 또는 건전한 거래질서를 해할 우려가 있는 행위”란 (가) 집합투자규약이나 투자설명서를 위반하여 집합투자재산을 운용하는 행위, (나) 집합투자기구의 운용방침이나 운용전략 등을 고려하지 아니하고 집합투자재산으로 금융투자상품을 지나치게 자주 매매하는 행위, (다) 집합투자업자가 운용하는 집합투자기구의 집합투자증권을 판매하는 투자매매업자 또는 투자중개업자(그 임직원과 투자권유대행인을 포함)에게 업무와 관련하여 금융위원회가 정하여 고시하는 기준을 위반하여 직접 또는 간접으로 재산상의 이익을 제공하는 행위, (라) 투자매매업자 또는 투자중개업자(그 임직원 포함) 등으로부터 업무와 관련하여 금융위원회가 정하여 고시하는 기준을 위반하여 직접 또는 간접으로 재산상의 이익을 제공받는 행위, (마) 투자자와의 이면계약 등에 따라 그 투자자로부터 일상적으로 명령 · 지시 · 요청 등을 받아 집합투자재산을 운용하는 행위, (바) 집합투자업자가 운용하는 집합투자기구의 집합투자증권을 판매하는 투자매매업자 또는 투자중개업자와의 이면계약 등에 따라 그 투자매매업자 또는 투자중개업자로부터 명령 · 지시 · 요청 등을 받아 집합투자재산을 운용하는 행위, (사) 금지 또는 제한을 회피할 목적으로 하는 행위로서 장외파생상품거래, 신탁계약, 연계거래 등을 이용하는 행위, (아) 채권자로서 그 권리를 담보하기 위하여 백지수표나 백지어음을 받는 행위, (자) 그 밖에 투자자의 보호와 건전한 거래질서를 해칠 염려가 있는 행위로서 금융위원회가 정하여 고시하는 행위를 말한다(법시행령 제87조)

그러나 예외적으로 투자자보호 및 건전한 거래질서를 해할 우려가 없는 경우로서 대통령령으로 정하는 경우에는 허용되는데, 이에 해당하는 경우로는 ① 집합투자재산의 운용과 관련한 정보를 이용하지 아니하였음을 증명하는 경우, ② 증권시장(다자간매매체결회사에서의 거래를 포함)과 파생상품시장 간의 가격 차이를 이용한 차익거래, 그 밖에 이에 준하는 거래로서 집합투자재산의 운용과 관련한 정보를 의도적으로 이용하지 아니하였다는 사실이 객관적으로 명백한 경우, ③ 관계인수인이 인수한 증권을 집합투자재산으로 매수하는 경우 인수 일부터 3개월이 지난 후 매수하는 경우, ④ 관계인수인이 인수한 증권을 집합투자재산으로 매수하는 경우 인수한 증권이 국채증권, 지방채증권, 한국은행통화안정증권, 특수채증권 또는 사채권(주권 관련 사채권 및 상각형 조건부자본증권은 제외) 중 어느 하나에 해당하는 경우. 다만, 사채권의 경우에는 투자자 보호 및 건전한 거래질서를 위하여 금융위원회가 정하여 고시하는 발행조건, 거래절차 등의 기준을 충족하는 채권으로 한정함, ⑤ 특정 집합투자재산을 그 집합투자업자의 고유재산과 매매중개를 통하여 투자대상자산의 매매를 하는 경우와 집합투자업자가 운용하는 집합투자기구 상호 간에 자산(미지급금 채무 포함)을 동시에 한쪽이 매도하고 다른 한쪽이 매수하는 거래의 경우에는 허용된다(법시행령 제87조).

그 밖에 투자자보호 또는 건전한 거래질서를 해할 우려가 있는 행위로서 금지행위를 위반한 경우에는 5천만 원 이하의 과태료가 부과된다(법 제449조 제1항 제29호).

8) 성과보수의 제한

자본시장법은 집합투자업자가 과도하게 보수를 받는 것은 투자자의 이익을 침해할 우려가 있다는 전제하에 집합투자업자의 성과보수를 금지시키고 있다. 즉, 집합투자업자가 집합투자기구의 운용실적에 연동하여 미리 정하여진 산정방식에 따른 성과보수를 받는 것을 금지시키고 있다(법 제86조 제1항).

그러나 ① 집합투자기구가 사모집합투자기구인 경우나 ② 사모집합투자기구 외의 집합투자기구 중 운용보수의 산정방식, 투자자의 구성 등을 고려하여 투자자 보호 및 건전한 거래질서를 해할 우려가 없는 경우에는 예외적으로 성과보수를 받도록 허용하고 있다.

또한 집합투자업자가 예외적으로 성과보수를 받는 경우에도 이에 대한 성과보수 산정방식이나 그 밖에 특정사항을 해당 투자설명서 등에 기재하여 투자자들이 이를 알 수 있도록 해야 한다. 즉, 집합투자업자가 예외적으로 성과보수를 받고자 하는 경우에도 그 성과보수의 산정방식, 그 밖에 특정사항을 해당 투자설명서 및 집합투자규약에 기재하여야 하며(제2항), 이를 위반하여 성과보수를 받은 자에게는 5천만 원 이하의 과태료가 부과된다(법 제449조 제1항 제31호).

9) 집합투자업자 의결권 행사

(1) 의결권 행사의 충실의무

자본시장법은 집합투자업자와 투자자간의 신탁관계에 있는 것을 전제로 양자간의 이해상충문제를 해결하기 위하여 집합투자업자가 공정하게 의결권을 행사할 수 있도록 의결권행사에 관한 규율을 하고 있다(법 제87조).

우선, 자본시장법은 투자신탁이나 투자익명조합의 집합투자업자에게 투자자의 이익을 보호하기 위하여 집합투자재산에 속하는 주식의 의결권 행사와 관련하여 충실의무를 부과시키고 있다(법 제87조 제1항). 즉, 충실의무란 이해상충관계에 있는 집합투자업자와 투자자간의 이해관계가 충돌되는 경우 집합투자업자는 집합투자재산을 운용함에 있어 집합투자재산에 속하는 주식의 의결권 행사와 관련하여 투자자의 이익을 우선적으로 보호해야 할 주의의무를 말한다.

(2) 의결권 존중의무

집합투자업자는 특정한 경우에는 집합투자재산이 주식을 소유한 주식회사의 주주총회 때 투자자들이 참석한 경우에는 이들이 결의한 내용과 다른 결과가 발생하지 않도록 의결권을 행사하게 하여 투자자들의 의결권을 존중할 의무를 부과시키고 있다. 즉, 특정한 경우에는 집합투자재산에 속하는 주식을 발행한 법인의 주주총회에 참석한 주주가 소유하는 주식 수에서 집합투자재산에 속하는 주식 수를 뺀 주식수의 결의내용에 영향을 미치지 아니하도록 의결권을 행사하여야 한다(법 제87조 제2항).

그리고 특정한 경우로 자본시장법은 3가지 경우를 열거하고 있는데, 이를 구체적으로 보면 ① 집합투자업자 및 그와 이해관계가 있는 자 또는 집합투자업자에 대하여 사실상의 지배력을 행사하는 자가 그 집합투자재산에 속하는 주식을 발행한 법인을 계열회사로 편입하기 위한 경우, ② 그 집합투자재산에 속하는 주식을 발행한 법인이 그 집합투자업자와 계열회사의 관계가 있는 경우 또는 그 집합투자업자에 대하여 사실상의 지배력을 행사하는 관계가 있는 경우, ③ 그 밖에 투자자 보호 또는 집합투자재산의 적정한 운용을 해할 우려가 있는 경우이다.

(3) 공정거래법상 의결권 제한

앞에서 본 바와 같이 집합투자업자의 의결권 행사가 제한되는 것에도 불구하고 집합투자업자는 법인의 합병, 영업의 양도·양수, 임원의 임면, 정관변경, 그 밖에 이에 준하는 사항으로서 투자자의 이익에 명백한 영향을 미치는 주요의결사항에 대하여 주주보호방식의 의결권을 행사하는 경우 집합투자재산에 손실을 초래할 것이 명백하게 예상되는 때에는 충실의무에 따라 의결권을 행사할 수 있다.

그러나 공정거래법상 상호출자제한기업집단에 속하는 집합투자업자는 집합투자재산으로 그와 계열회사의 관계에 있는 주권상장법인이 발행한 주식을 소유하고 있는 경우에는 2가지 요건을 모두 충족하는 방법으로만 의결권을 행사할 수 있다(법 제87조 제3항). 2가지 요건이란 ① 그 주권상장법인의 특수관계인이 의결권을 행사할 수 있는 주식의 수를 합하여 그 법인의 발행주식총수의 15%를 초과하지 아니하도록 의결권을 행사할 것, ② 집합투자업자가 각 집합투자기구 자산총액의 10% 이내의 범위에서 대통령령으로 정하는 비율을 초과하여 취득한 주식은 그 주식을 발행한 법인의 주주총회에 참석한 주주가 소유한 주식 수에서 집합투자재산인 주식수를 뺀 주식 수의 결의내용에 영향을 미치지 아니하도록 의결권을 행사해야 한다.

(4) 의결권 행사 금지

집합투자업자가 투자한도를 초과하여 취득한 주식에 대하여는 의결권 행사가 금지되며, 제3자와의 계약에 의하여 의결권을 교차하여 행사하는 등 의결권제한을 회피하는 행위도 금지된다. 그리고 이를 위반하여 의결권을 행사한 경우 금융위원회는 6개월 이내의 기간을 정하여 그 주식의 처분을 명할 수 있다(법 제87조 제6항).

그리고 자본시장법은 의결권공시대상법인에게 의결권행사여부 및 내용을 기록하고 보관할 것을 요구하고 있는데, 이에 따르면 집합투자업자는 각 집합투자재산에서 일정 비율 또는 금액 이상을 소유하는 주식을 발행한 법인(의결권공시대상법인)에 대한 의결권 행사 여부 및 그 내용을 기록·유지하여야 한다(법 제87조 제7항).

(5) 의결권 행사 공시의무

자본시장법은 집합투자업자에게 의결권행사 내용을 공시하도록 의무를 부과시킴으로써 투자자보호의 효과를 얻고자 하고 있다. 즉, 집합투자업자는 집합투자재산에 속하는 주식의 의결권 행사 내용 등을 의결사항 별로 구분하여 공시하여야 한다.

구체적으로는 주요의결사항에 대하여 의결권을 행사하는 경우 의결권의 구체적인 행사내용 및 그 사유를 공시하여야 하며(제8항 제1호), 의결권공시대상법인에 대하여 의결권을 행사하는 경우 의결권의 구체적인 행사내용 및 그 사유를 공시하여야 한다(제8항 제2호). 그리고 의결권공시대상법인에 대하여 의결권을 행사하지 아니한 경우에는 의결권을 행사하지 아니한 구체적인 사유도 공시하여야 하다(제8항 제3호).

그리고 집합투자업자가 의결권 행사 여부에 관한 사항 등을 공시하는 경우에는 투자자가 그 의결권 행사 여부의 적정성 등을 파악하는 데에 필요한 자료를 함께 공시하여야 한다(법 제87조 제9항).

10) 자산운용보고서 교부

자본시장법은 투자자들이 자산운용관련 정보를 접할 수 있도록 집합투자업자에게 자산운용보고서 교부의무를 부과시키고 있다(법 제88조). 즉, 집합투자업자는 자산운용보고서를 작성하여 해당 집합투자재산을 보관·관리하는 신탁업자로부터 확인을 받아 3개월마다 1회 이상 해당 집합투자기구의 투자자에게 교부하여야 한다. 그러나 투자자가 수시로 변동되는 등 투자자의 이익을 해할 우려가 없는 경우에는 예외적으로 자산운용보고서 교부의무가 면제된다(법 제88조 제1항). 구체적으로 교부의무가 면제되는 경우로는 ① 투자자가 자산운용보고서의 수령을 거부한다는 의사를 서면, 전화·전신·팩스, 전자우편 또는 이와 비슷한 전자통신의 방법으로 표시한 경우, ② 집합투자업자가 단기금융집합투자기구를 설정 또는 설립하여 운용하는 경우로서 매월 1회 이상 금융위원회가 정하여 고시하는 방법으로 자산운용보고서를 공시하는 경우, ③ 집합투자업자가 환매금지형집합투자기구를 설정 또는 설립하여 운용하는 경우(집합투자증권이 상장된 경우만 해당)로서 3개월마다 1회 이상 금융위원회가 정하여 고시하는 방법으로 자산운용보고서를 공시하는 경우, ④ 투자자가 소유하고 있는 집합투자증권의 평가금액이 10만 원 이하인 경우로서 집합투자규약에 자산운용보고서를 교부하지 아니한다고 정하고 있는 경우에는 자산운용보고서 교부의무가 면제된다(법시행령 제92조 제1항).

그리고 자산운용보고서에 기재할 사항은 ① 집합투자기구의 자산·부채 및 집합투자증권의 기준가격, ② 직전의 기준일(직전의 기준일이 없는 경우에는 해당 집합투자기구의 최초 설정일 또는 성립일)부터 해당 기준일까지의 기간 중 운용경과의 개요 및 해당 운용기간 중의 손익 사항, ③ 기준일 현재 집합투자재산에 속하는 자산의 종류별 평가액과 집합투자재산 총액에 대한 각각의 비율, ④ 해당 운용기간 중 매매한 주식의 총수, 매매금액 및 매매회전율, ⑤ 그 밖에 대통령령령으로 정하는 사항을 기재하여야 한다(법 제88조 제2항).

여기서 집합투자기구의 자산·부채 및 집합투자증권의 기준가격은 기준 일에 따라 각기 달라질 수 있는데, 이 기준일은 회계기간의 개시 일부터 3개월이 종료되는 날, 회계기간의 말일, 계약기간의 종료일 또는 존속기간의 만료일, 해지일 또는 해산일 등이 있다.

11) 수시공시

자본시장법은 투자신탁이나 투자익명조합의 집합투자업자에게 수시공시의무를 부과시키고 있다(법 제89조 제1항). 여기서 언급한 수시공시란 유가증권시장 또는 코스닥시장에 상장된 법인의 경영과 관련하여 증자 또는 감자결정이 있을 때, 영업 및 생산활동에 중요한 사항이 발생한 경우 등 투자자들의 투자판단에 중요한 사항이 발생한 경우 이를 투자자들에게 지체없이 공시하도록 함으로써 증권의 공정한 가격형성과 합리적인 투자판단을 하도록 지원하는 제도이다.

이에 따르면 투자신탁이나 투자익명조합의 집합투자업자는 ① 투자운용인력의 변경이 있는 경우 그 사실과 변경된 투자운용인력의 운용경력(운용한 집합투자기구의 명칭, 집합투자재산의 규모와 수익률을 말한다), ② 환매연기 또는 환매재개의 결정 및 그 사유, ③ 부실자산이 발생한 경우 그 명세 및 상각률, ④ 집합투자자총회의 결의내용, ⑤ 그 밖에 투자자보호를 위하여 필요한 사항이 발생한 경우 이를 지체 없이 공시하도록 의무를 부과시키고 있다(법 제89조 제1항).

그리고 수시공시는 ① 집합투자업자, 집합투자증권을 판매한 투자매매업자 또는 투자중개업자 및 협회의 인터넷 홈페이지를 이용하여 공시하는 방법, ② 집합투자증권을 판매한 투자매매업자 또는 투자중개업자로 하여금 전자우편을 이용하여 투자자에게 알리는 방법, ③ 집합투자업자, 집합투자증권을 판매한 투자매매업자 또는 투자중개업자의 본점과 지점, 그 밖의 영업소에 게시하는 방법으로 한다(법 제89조 제2항).

12) 집합투자재산 보고

자본시장법은 투자신탁이나 투자익명조합의 집합투자업자에게 매 분기마다 집합투자재산에 대한 영업보고서를 작성하여 금융위원회와 금융투자업협회에 제출할 의무를 부과시키고 있다. 즉, 투자신탁이나 투자익명조합의 집합투자업자는 집합투자재산에 관한 매 분기의 영업보고서를 작성하여 매 분기 종료 후 2개월 이내에 금융위원회 및 협회에 제출하여야 한다(법 제90조).

그리고 집합투자업자는 집합투자기구에 대하여 ① 집합투자기구의 회계기간 종료, ② 집합투자기구의 계약기간 또는 존속기간의 종료, ③ 집합투자기구의 해지 또는 해산 중 어느 하나에 해당하는 사유가 발생한 경우 그 사유가 발생한 날부터 2개월 이내에 결산서류를 금융위원회 및 협회에 제출하여야하며, 금융위원회 및 협회는 제출받은 영업보고서와 결산서류를 인터넷 홈페이지 등을 이용하여 공시하여야 한다.

그리고 금융투자협회는 각 집합투자재산의 순자산가치의 변동명세가 포함된 운용실적을 비교하여 그 결과를 인터넷 홈페이지 등을 이용하여 공시하여야 한다.

13) 장부 · 서류의 열람 및 공시

자본시장법은 투자신탁이나 투자익명조합의 집합투자업자, 그리고 해당 집합투자증권을 판매한 투자매매업자 및 투자중개업자에게 집합투자재산에 관한 장부나 서류의 열람이나 등·초본 교부의무를 부과시키고 있다(법 제91조). 즉, 투자자는 집합투자업자(투자신탁이나 투자익명조합의 집합투자업자에 한하며, 해당 집합투자증권을 판매한 투자매매업자 및 투자중개업자를 포함)에게 영업시간 중에 이유를 기재한 서면으로 그 투자자에 관련된 집합투자재산에 관한 장부·서류의 열람이나 등본 또는 초본의 교부를 청구할 수 있다. 이 경우 그 집합투자업자는 정당한 사유가 없는 한 이를 거절할 수 없다.

여기서 말하는 대통령령으로 정하는 정당한 사유란 ① 집합투자재산의 매매주문내역 등이 포함된 장부·서류를 제공함으로써 제공받은 자가 그 정보를 거래 또는 업무에 이용하거나 타인에게 제공할 것이 뚜렷하게 염려되는 경우, ② 집합투자재산의 매매주문내역 등이 포함된 장부·서류를 제공함으로써 다른 투자자에게 손해를 입힐 것이 명백히 인정되는 경우, ③ 해지 또는 해산된 집합투자기구에 관한 장부·서류로서 보존기한이 지나는 등의 사유로 인하여 투자자의 열람제공 요청에 응하는 것이 불가능한 경우를 말한다. 이 경우 집합투자업자는 열람이나 교부가 불가능하다는 뜻과 그 사유가 기재된 서면을 투자자에게 내주어야 한다(법시행령 제95조 제1항).

그리고 집합투자재산에 관한 장부나 서류의 열람이나 등본 또는 초본의 교부 청구의 대상이 되는 장부·서류의 범위 등에 관하여 필요한 사항은 대통령령으로 정하며, 집합투자업자는 집합투자규약을 인터넷 홈페이지 등을 이용하여 공시하여야 한다.

14) 환매연기 통지

자본시장법은 투자신탁이나 투자익명조합의 집합투자업자가 ① 집합투자증권의 환매를 연기한 경우나, ② 집합투자기구에 대한 회계감사인의 감사의견이 적정의견이 아닌 경우 중 어느 하나에 해당하는 사유가 발생한 경우 해당 집합투자증권을 판매한 투자매매업자 또는 투자중개업자에게 이를 즉시 통지하여야 한다(법 제92조 제1항).

그리고 집합투자업자는 위의 통지사유가 해소된 경우에도 해당 집합투자증권을 판매한 투자매매업자 또는 투자중개업자에게 이를 즉시 통지하여야 한다(법 제92조 제2항).

15) 파생상품 운용 특례

자본시장법은 집합투자업자가 집합투자재산을 파생상품에 운용하는 경우에는 그 위험에 관한 지표를 투자자들이 알 수 있도록 공시의무를 부과시키고 있다. 즉, 집합투자업자는 파생상품 매매에 따른 위험평가액이 일정한 기준을 초과하여 투자할 수 있는 집합투자기구의 집합투자재산을 파생상품에 운용하는 경우에는 계약금액, 그 밖에 위험에 관한 지표를 인터넷 홈페이지 등을 이용하여 공시하여야 한다. 이 경우 그 집합투자기구의 투자설명서에 해당 위험에 관한 지표의 개요 및 위험에 관한 지표가 공시된다는 사실을 기재하여야 한다(법 제93조 제1항).

그리고 집합투자업자는 장외파생상품 매매에 따른 위험평가액이 일정 기준을 초과하여 투자할 수 있는 집합투자기구의 집합투자재산을 장외파생상품에 운용하는 경우에는 장외파생상품 운용에 따른 위험관리방법을 작성하여 그 집합투자재산을 보관·관리하는 신탁업자의 확인을 받아 금융위원회에 신고하여야 한다(법 제93조 제2항).

16) 부동산 운용 특례

자본시장법은 집합투자업자가 집합투자재산으로 부동산을 취득하는 경우에는 집합투자기구의 계산으로 금전을 차입할 수 있도록 특례를 인정하고 있다. 즉, 집합투자업자는 법 제83조에서 집합투자업자는 집합투자재산을 운용함에 있어서 집합투자기구의 계산으로 금전을 차입(借入)하지 못하도록 규정하고 있음에도 불구하고 집합투자재산으로 부동산을 취득하는 경우에는 예외적으로 집합투자기구의 계산으로 금전을 차입할 수 있다(법 제94조 제1항).

그리고 여기서 말하는 예외란 집합투자업자가 ① 은행, ② 한국산업은행, ③ 중소기업은행, ④ 한국수출입은행, ⑤ 투자매매업자 또는 투자중개업자, ⑥ 증권금융회사, ⑦ 종합금융회사, ⑧ 상호저축은행, ⑨ 보험회사, ⑩ 국가재정법에 따른 기금, ⑪ 다른 부동산집합투자기구, ⑫ 외국 은행 중 어느 하나에 해당하는 금융기관 등에게 부동산을 담보로 제공하거나 금융위원회가 정하여 고시하는 방법으로 금전을 차입하는 것을 말한다. 물론, 집합투자자총회의 의결에 따라 금전을 차입할 수도 있다(법시행령 제97조 제3항).

그리고 자본시장법은 집합투자업자가 집합투자재산을 운용함에 있어서 금융기관에 대한 30일 이내의 단기대출을 제외하고는 금전을 대여할 수 없도록 금지시키고 있지만(법 제83조 제4항), 집합투자업자가 집합투자재산으로 부동산개발사업을 영위하는 법인에 대하여 금전을 대여하는 경우에는 예외적으로 이를 허용하고 있다(법 제94조 제2항).

그리고 집합투자업자가 집합투자재산으로 부동산을 취득하거나 처분하는 경우에는 그 부동산의 현황, 거래가격, 그 밖에 실사보고서를 작성·비치할 것을 요구하고 있다.

또한 집합투자업자는 집합투자재산으로 부동산개발사업에 투자하고자 하는 경우에는 추진일정·추진방법, 그 밖에 사업계획서를 작성하여 감정평가업자로부터 그 사업계획서가 적정한지의 여부에 대하여 확인을 받아야 하며, 이를 인터넷 홈페이지 등을 이용하여 공시하여야 한다.

그리고 집합투자업자가 투자신탁재산으로 부동산을 취득하는 경우 신탁등기에 관한 규정 적용 시 그 신탁원부에 수익자를 기록하지 않아도 되도록 예외를 인정하고 있으며, 금융투자업자의 금전 차입과 금전 대여의 한도, 차입한 금전의 운용 제한 등에 관하여 필요한 사항은 대통령령으로 정하고 있다(법 제94조).

17) 청산

자본시장법은 집합투자업자가 청산사무 집행시 투자자에게 불공정한 방법으로 손해를 가하는 것을 예방하고자 금융위원회가 금융투자업자의 청산사무를 감독하도록 규제하고 있다(법 제95조).

그리고 금융위원회는 집합투자업자의 청산사무 및 재산의 상황을 검사하거나 재산의 공탁명령, 그 밖에 청산의 감독에 필요한 명령을 할 수 있으며, 집합투자업을 영위하는 금융투자업자가 금융투자업인가의 취소로 인하여 해산한 경우에는 직권으로 청산인을 선임하여야 한다.

또한 집합투자업을 영위하는 금융투자업자가 법원의 명령 또는 판결에 의하여 해산하는 경우와 청산인이 없는 경우에 금융위원회는 직권으로 또는 이해관계인의 청구에 의하여 청산인을 선임하여야 하며, 금융위원회가 청산인을 선임한 경우에는 집합투자업을 영위하는 금융투자업자에게 보수를 주게 할 수 있으며, 이 경우 보수액은 금융위원회가 정하여 고시한다.

그리고 청산인이 그 업무를 집행함에 있어서 현저하게 부적합하거나 중대한 법령 위반사항이 있는 경우에 금융위원회는 직권으로 또는 이해관계인의 청구에 의하여 청산인을 해임할 수 있다.

3. 투자자문업자 및 투자일임업자의 영업행위 규칙

1) 선관의무 및 충실의무

자본시장법은 제4장에서 규정한 영업행위 규칙에 관한 상세한 규정을 두고 있으며, 제2절의 금융투자업자별 영업행위 규칙과 관련하여 제3관에서 투자자문업자 및 투자일임업자의 영업행위 규칙을 규정하고 있다. 그리고 이러한 투자자문업자 및 투자일임업자의 영업행위 규칙과 관련하여 가장 먼저 투자자문업자 및 투자일임업자의 선관의무 및 충실의무에 대하여 규정하고 있다.

이러한 투자자문업자 및 투자일임업자의 선관주의 의무 및 충실의무는 집합투자업자의 선관의무 및 충실의무(법 제79조)와 본질을 같이 한다.

선관주의의무란 일반적으로 평균인에게 요구되는 주의의무라고 할 수 있으므로 투자자문업자 및 투자일임업자의 경우에는 투자자문업 및 투자일임업에 종사하는 일반적 평균인을 기준으로 그에게 요구되는 주의의무이다.

충실의무란 이해상충관계에 있는 투자자문업자 및 투자일임업자와 투자자간의 이해관계가 충돌되는 경우 투자자문업자 및 투자일임업자는 투자자문에 응하거나 투자일임재산을 운용함에 있어 투자자의 이익을 우선적으로 보호해야 한다는 주의의무를 말한다.

즉, 충실의무란 투자자문업자 및 투자일임업자가 자문과 일임재산 운용시 그에게 부여된 권한을 투자자에 가장 유리하다고 믿는 바에 따라 성실하고 정당한 목적을 위하여 행사하여야 하고, 투자자의 이익과 투자자문업자 및 투자일임업자의 이익이 충돌하는 경우에는 투자자문업자 및 투자일임업자 자신의 이익을 희생하면서 의사결정을 하여야 한다. 그리고 투자자문업자 및 투자일임업자 임직원의 이익과 투자자의 개인적 이익이 충돌하는 계약을 체결해서는 안되는 의무라고 보아야 한다.

그리고 이러한 선관주의의무와 충실의무를 위반한 경우에는 금융투자업자의 손해배상책임에 관한 자본시장법 제64조에 의거하여 손해배상책임을 지게 된다. 즉, 투자자문업자 및 투자일임업자가 법령 · 약관 · 집합투자규약 · 투자설명서에 위반하는 행위를 하거나 그 업무를 소홀히 하여 투자자에게 손해를 발생시킨 경우에는 그 손해를 배상할 책임이 있다. 다만, 배상책임을 질 금융투자업자가 신의성실의무에 관한 제37조 제2항, 이해상충의 관리에 관한 제44조, 정보교류의 차단에 관한 제45조, 투자매매업자 또는 투자중개업자의 불건전 영업행위의 금지에 관한 제71조 또는 집합투자업자의 불건전 영업행위의 금지에 관한 제85조를 위반한 경우(투자매매업 또는 투자중개업과 집합투자업을 함께 영위함에 따라 발생하는 이해상충과 관련된 경우에 한한다)로서 그 금융투자업자가 상당한 주의를 하였음을 증명하거나 투자자가 금융투자상품의 매매, 그 밖의 거래를 할 때에 그 사실을 안 경우에는 배상책임을 지지 않는다(법 제96조 제1항).

그리고 금융투자업자가 손해배상책임을 지는 경우로서 관련 임원에게도 귀책사유가 있는 경우에는 그 금융투자업자와 관련되는 임원이 연대하여 그 손해를 배상할 책임이 있다(법 제96조 제2항).

2) 계약체결

(1) 서면자료 교부의무

자본시장법은 투자자보호 차원에서 투자자문업자 또는 투자일임업자가 일반투자자와 투자자문계약 또는 투자일임계약을 체결하고자 하는 경우에 당해 계약체결과 관련하여 투자자 보호적 규제를 하고 있다. 즉, 투자자문업자 또는 투자일임업자는 일반투자자와 투자자문계약 또는 투자일임계약을 체결하고자 하는 경우 ① 투자자문의 범위 및 제공방법 또는 투자일임의 범위 및 투자대상 금융투자상품, ② 투자자문업 또는 투자일임업의 수행에 관하여 투자자문업자 또는 투자일임업자가 정하고 있는 일반적인 기준 및 절차, ③ 투자자문업 또는 투자일임업을 실제로 수행하는 임직원의 성명 및 주요경력, ④ 투자자와의 이해상충방지를 위하여 투자자문업자 또는 투자일임업자가 정한 기준 및 절차, ⑤ 투자자문계약 또는 투자일임계약과 관련하여 투자결과가 투자자에게 귀속된다는 사실 및 투자자가 부담하는 책임에 관한 사항, ⑥ 수수료에 관한 사항, ⑦ 투자실적의 평가 및 투자결과를 투자자에게 통보하는 방법(투자일임계약의 경우에 한함), ⑧ 투자자는 투자일임재산의 운용방법을 변경하거나 계약의 해지를 요구할 수 있다는 사실, ⑨ 그 밖에 투자자가 계약체결 여부를 결정하는 데에 중요한 판단기준이 되는 사항을 기재한 서면자료를 미리 일반투자자에게 교부하여야 한다(법 제97조 제1항).

(2) 계약서류 교부의무

투자자문업자 또는 투자일임업자는 일반투자자와 투자자문계약 또는 투자일임계약을 체결하는 경우 일반투자자에게 교부하는 계약서류에 위에서 언급한 서면자료에 포함되어 있는 내용 외에도 추가로 ① 계약당사자에 관한 사항, ② 계약기간 및 계약일자, ③ 계약변경 및 계약해지에 관한 사항, ④ 투자일임재산이 예탁된 투자매매업자 · 투자중개업자, 그 밖의 금융기관의 명칭 및 영업소명을 기재하여야 한다. 이 경우 그 기재내용은 교부한 서면자료에 기재된 내용과 달라서는 안된다(법 제97조 제2항).

3) 불건전 영업행위 금지

(1) 투자자문업자 또는 투자일임업자 금지행위

자본시장법은 투자자 보호 및 건전한 거래질서 유지차원에서 집합투자업에게 불건전영업행위를 금지(법 제85조)시키고 있듯이 투자자문업자 또는 투자일임업자에게 대하여도 불건전영업행위를 금지시키고 있다(법 제98조). 따라서 자본시장법상 투자자문업자 또는 투자일임업자는 법이 열거한 5가지 영업행위를 할 수 없도록 금지되었다.

금지된 불건전한 영업행위는 ① 투자자로부터 금전 · 증권, 그 밖의 재산의 보관 · 예탁을 받는 행위, ② 투자자에게 금전 · 증권, 그 밖의 재산을 대여하거나 투자자에 대한 제3자의 금전 · 증권, 그 밖의 재산의 대여를 중개 · 주선 또는 대리하는 행위, ③ 투자권유자문인력 또는 투자운용인력이 아닌 자에게 투자자문업 또는 투자일임업을 수행하게 하는 행위, ④ 계약으로 정한 수수료 외의 대가를 추가로 받는 행위, ⑤ 투자자문에 응하거나 투자일임재산을 운용하는 경우 금융투자상품 등의 가격에 중대한 영향을 미칠 수 있는 투자판단에 관한 자문 또는 매매의사를 결정한 후 이를 실행하기 전에 그 금융투자상품 등을 자기의 계산으로 매매하거나 제3자에게 매매를 권유하는 행위 등이다.

그러나 앞의 금지규정에도 불구하고 예외적으로 투자자보호 및 건전한 거래질서를 해할 우려가 없는 경우에는 금지된 영업행위라 할지라도 허용된다(법 제98조 제1항 단서). 즉, 앞의 금지행위 중 ① 투자자로부터 금전 · 증권, 그 밖의 재산의 보관 · 예탁을 받는 행위와 ② 투자자에게 금전 · 증권, 그 밖의 재산을 대여하거나 투자자에 대한 제3자의 금전 · 증권, 그 밖의 재산의 대여를 중개 · 주선 또는 대리하는 행위를 적용할 때 투자자문업자 또는 투자일임업자가 다른 금융투자업, 그 밖의 금융업을 겸영하는 경우로서 그 겸영과 관련된 해당 법령에서 ①과 ②의 행위를 금지하지 아니하는 경우에는 예외적으로 허용된다.

또한 ⑤ 투자자문에 응하거나 투자일임재산을 운용하는 경우 금융투자상품 등의 가격에 중대한 영향을 미칠 수 있는 투자판단에 관한 자문 또는 매매의사를 결정한 후 이를 실행하기 전에 그 금융투자상품 등을 자기의 계산으로 매매하거나 제3자에게 매매를 권유하는 행위를 금지시키는 규정을 적용함에 있어서 투자자문 또는 투자일임재산의 운용과 관련한 정보를 이용하지 아니하였음을 증명하는 경우나 차익거래 등 투자자문 또는 투자일임재산의 운용과 관련한 정보를 의도적으로 이용하지 아니하였다는 사실이 객관적으로 명백한 경우에도 예외적으로 허용된다(법시행령 제99조 제1항).

(2) 투자일임업자 금지행위

자본시장법은 투자일임업자에게는 별도로 엄격한 통제를 가하고 있는데, 투자일임업자는 투자일임재산을 운용함에 있어서 ① 정당한 사유 없이 투자자의 운용방법의 변경 또는 계약의 해지 요구에 응하지 아니하는 행위, ② 자기 또는 관계인수인이 인수한 증권을 투자일임재산으로 매수하는 행위, ③ 자기 또는 관계인수인이 인수업무를 담당한 법인의 특정증권 등에 대하여 인위적인 시세를 형성하기 위하여 투자일임재산으로 그 특정증권 등을 매매하는 행위, ④ 특정 투자자의 이익을 해하면서 자기 또는 제3자의 이익을 도모하는 행위, ⑤ 투자일임재산으로 자기가 운용하는 다른 투자일임재산, 집합투자재산 또는 신탁재산과 거래하는 행위, ⑥ 투자일임재산으로 투자일임업자 또는 그 이해관계인의 고유재산과 거래하는 행위, ⑦ 투자자의 동의 없이 투자일임재산으로 투자일임업자 또는 그 이해관계인이 발행한 증권에 투자하는 행위, ⑧ 투자일임재산을 각각의 투자자별로 운용하지 아니하고 여러 투자자의 자산을 집합하여 운용하는 행위, ⑨ 투자자로부터 법정행위를 위임받는 행위, ⑩ 그 밖에 투자자보호 또는 건전한 거래질서를 해할 우려가 있는 행위로서 대통령령으로 정하는 행위 등을 할 수 없다.

그리고 "⑨ 투자자로부터 법정 행위를 위임받는 행위"는 (가) 투자일임재산을 예탁하는 투자매매업자 · 투자중개업자, 그 밖의 금융기관을 지정하거나 변경하는 행위, (나) 투자일임재산을 예탁하거나 인출하는 행위, (다) 투자일임재산에 속하는 증권의 의결권, 그 밖의 권리를 행사하는 행위가 이에 해당한다(법 제98조 제2항).

그러나 이처럼 투자일임업자에게 특별히 요구되는 엄격한 불건전영업행위의 금지규정에도 불구하고 예외적으로 투자자보호 및 건전한 거래질서를 해할 우려가 없는 경우로서 대통령령으로 정하는 경우에는 허용된다(법 제98조 제2항 단서). 즉, 앞의 ② 자기 또는 관계인수인이 인수한 증권을 투자일임재산으로 매수하는 행위를 적용할 때 인수 일부터 3개월이 지난 후 매수하는 경우와 인수한 증권이 국채증권, 지방채증권, 한국은행통화안정증권, 특수채증권 또는 사채권(주권 관련 사채권 및 상각형 조건부자본증권은 제외) 중 어느 하나에 해당하는 경우에는 예외적으로 허용된다. 그러나 사채권의 경우에는 투자자보호 및 건전한 거래질서를 위하여 금융위원회가 정하여 고시하는 발행조건, 거래절차 등의 기준을 충족하는 채권으로 한정한다.

또한 ⑥ 투자일임재산으로 투자일임업자 또는 그 이해관계인의 고유재산과 거래하는 행위를 적용할 때 (가) 이해관계인이 되기 6개월 이전에 체결한 계약에 따른 거래인 경우, (나) 증권시장 등 불특정 다수인이 참여하는 공개시장을 통한 거래인 경우, (다) 일반적인 거래조건에 비추어 투자일임재산에 유리한 거래인 경우, (라) 환매조건부매매, (마) 투자일임업자 또는 이해관계인의 중개 · 주선 또는 대리를 통하여 금융위원회가 정하여 고시하는 방법에 따라 투자일임업자 또는 이해관계인이 아닌 자와 행하는 투자일임재산의 매매, (바) 이해관계인이 금융위원회가 정하여 고시하는 매매형식의 중개를 통하여 채무증권, 원화로 표시된 양도성 예금증서 또는 어음(기업어음증권은 제외)을 그 이해관계인과 매매하는 경우, (사) 투자에 따르는 위험을 회피하기 위하여 투자일임재산으로 상장지수집합투자기구의 집합투자증권을 차입하여 매도하는 거래인 경우, (아) 그 밖에 금융위원회가 투자자의 이익을 해칠 염려가 없다고 인정하는 경우에도 예외적으로 허용된다.

그리고 ⑧ 투자일임재산을 각각의 투자자별로 운용하지 아니하고 여러 투자자의 자산을 집합하여 운용하는 행위를 적용할 때 개별 투자일임재산을 효율적으로 운용하기 위하여 투자대상자산의 매매주문을 집합하여 처리하고, 그 처리 결과를 투자일임재산별로 미리 정하여진 자산배분명세에 따라 공정하게 배분하는 경우에도 예외적으로 허용된다.

마지막으로 투자일임재산에 속하는 증권의 의결권, 그 밖의 권리를 행사하는 행위(법 제98조 제2항 9호 다목)를 적용할 때 (가) 주식매수청구권의 행사, (나) 공개매수에 대한 응모, (다) 유상증자의 청약, (라) 전환사채권의 전환권의 행사, (마) 신주인수권부사채권의 신주인수권의 행사, (바) 교환사채권의 교환청구, (사) 파생결합증권의 권리의 행사, (아) 당사자 어느 한쪽의 의사표시에 의하여 기초자산이나 기초자산의 가격 · 이자율 · 지표 · 단위 또는 이를 기초로 하는 지수 등에 의하여 산출된 금전 등을 수수하는 거래를 성립시킬 수 있는 권리를 부여하는 것을 약정하는 계약(법 제5조 제1항제2호)에 따른 권리를 행사하는 경우에는 예외적으로 허용된다(법시행령 제99조 제2항).

4) 성과보수 제한

자본시장법은 투자자문업자 또는 투자일임업자가 과도하게 보수를 받는 것은 투자자의 이익을 침해할 우려가 있다는 전제하에 투자자문업자 또는 투자일임업자의 성과보수를 금지시키고 있다. 즉, 투자자문업자 또는 투자일임업자는 투자자문과 관련한 투자결과 또는 투자일임재산의 운용실적과 연동된 성과보수를 받는 것은 금지 된다. 그러나 투자자보호 및 건전한 거래질서를 해할 우려가 없는 경우로서 대통령령으로 정하는 경우에는 성과보수를 받을 수 있다.

그리고 투자자문업자 또는 투자일임업자가 예외적으로 성과보수를 받고자 하는 경우에는 그 성과보수의 산정방식, 그 밖에 대통령령으로 정하는 사항을 해당 투자자문 또는 투자일임의 계약서류에 기재하여야 한다(법 제98조의2).

그리고 법을 위반하여 성과보수를 받은 자에게는 5천만 원 이하의 과태료가 부과된다(법 제449조 제1항 34의2호).

5) 투자일임보고서 교부

자본시장법은 투자자들이 투자일임재산의 운용관련 정보를 접할 수 있도록 투자일임업자에게 투자일임보고서 교부의무를 부과시키고 있다. 즉, 투자일임업자는 ① 투자일임재산의 운용현황(법 제99조 제1항 제1호), ② 투자일임재산 중 특정자산을 그 투자일임업자의 고유재산과 거래한 실적이 있는 경우 그 거래시기 · 거래실적 및 잔액에 대한 투자일임보고서를 작성하여 3개월마다 1회 이상 투자일임계약을 체결한 일반투자자에게 교부하여야 한다.

그리고 투자일임보고서의 기재사항 및 교부방법 등에 관하여 필요한 사항은 대통령령으로 정한다(법 제99조).

6) 역외투자자문업자 특례

자본시장법은 투자자보호 차원에서 외국 투자자문업자와 외국 투자일임업자에 대한 금융당국의 감독을 위한 특례규정들을 두어 국내법의 역외적용을 확대하고자 하고 있다(법 제100조).

우선, 자본시장법은 제2장에서 규정하고 있는 금융투자업자의 지배구조에 관한 규정과 제3장에서 건전경영 유지차원에서 이뤄지는 경영건전성 감독에 관한 규정과 대주주와의 거래제한에 관한 규정을 역외투자자문업자 등에게는 적용하지 않도록 특례를 인정하고 있다. 즉, 금융투자업자의 지배구조규정의 적용범위(제22조), 대주주의 변경승인 등(제23조), 임원의 자격(제24조), 사외이사의 선임 및 이사회의 구성(제25조), 감사위원회의 설치(제26조), 상근감사(제27조), 내부통제기준 및 준법감시인(제28조), 파생상품업무책임자(제28조의2), 소수주주권(제29조), 재무건전성 유지(제30조), 경영건전성기준(제31조), 회계처리(제32조), 업무보고서 및 공시 등(제33조), 대주주와의 거래 등의 제한(제34조), 대주주의 부당한 영향력 행사의 금지(제35조), 금융위원회의 자료 제출명령(제36조)에 관한 규정을 역외투자자문업자와 역외투자일임업자에게는 적용을 배제하고 있다. 그 밖에도 제4장 영업행위 규칙과 관련하여 공통 영업행위 규칙 중 신의성실의무 등과 관련하여 상호(제38조), 금융투자업자의 다른 금융업무 영위(제40조), 금융투자업자의 부수업무 영위(제41조), 이해상충의 관리(제44조), 정보교류의 차단(제45조), 그리고 투자권유와 관련하여 투자권유준칙(제50조), 투자권유대행인의 등록 등(제51조), 투자권유대행인의 금지행위 등(제52조), 또한 직무관련 정보의 이용 금지 등과 관련하여 약관(제56조) 및 소유증권의 예탁(제61조), 금융투자업 폐지 공고 등(제62조), 임직원의 금융투자상품 매매(제63조)의 규정은 역외투자자문업자 또는 역외투자일임업자에게는 적용을 배제하고 있다(법 제100조 제1항).

그러나 역외투자자문업자 또는 역외투자일임업자는 투자자 보호를 위하여 연락책임자를 국내에 두어야 하며, 국내 거주자와 체결하는 투자자문계약 또는 투자일임계약 내용에 그 계약에 대하여 국내법이 적용되고 그 계약에 관한 소송은 국내법원이 관할한다는 내용을 포함하여야 한다(법 제100조 제3항).

그리고 역외투자자문업자 또는 역외투자일임업자는 법이 정한 사항의 준수 여부 점검 등을 위하여 임직원이 그 직무를 수행함에 있어서 따라야 할 적절한 기준 및 절차를 마련하고, 그 운영실태를 정기적으로 점검하여야 한다. 또한 역외투자자문업자 또는 역외투자일임업자는 업무보고서를 작성하여 금융위원회에 제출하여야 한다.

이와 관련하여 역외투자일임업자는 일반투자자를 대상으로 투자일임업을 영위할 수 없으며, 투자일임재산으로 취득한 외화증권을 외국 보관기관에 보관하여야 한다(법 제100조).

7) 유사투자자문업 신고

자본시장법은 자본시장의 활성화 차원에서 유사투자자문업을 신고만으로 영위할 수 있도록 하고 있다(법 제101조). 유사자문투자업이란 불특정 투자자에게 인터넷 · ARS · 간행물 등을 통해 투자자문회사로 등록을 하지 아니한 자가 일정한 대가를 받고 투자조언을 영업으로 하는 자를 말한다(법 제8조 제5항).

이러한 유사투자자문업은 불특정 다수를 상대로 투자자문을 한다는 점에서 자본시장법상 투자자문업에 관한 규정의 적용을 받지 않는다. 즉, 투자자문업자는 투자자를 상대로 1 : 1로 투자자문업 및 투자일임업을 영위할 수 있는 반면에 유사자문투자업자는 불특정 다수를 상대로 발행 또는 송신되는 간행물 · 출판물 · 통신물, 전자우편 또는 방송 등을 통하여 사업을 영위하는 자이다.

따라서 유사투자자문업자는 투자자문업자나 투자일임업자와는 달리 금융감독원의 감독과 검사를 받지 않는다는 점에서 투자자보호 문제를 해결하기 위하여 자본시장법은 최소한의 감독차원에서 신고주의를 채택하였다.

구체적으로 자본시장법은 불특정 다수인을 대상으로 하여 발행되는 간행물, 전자우편 등에 의하여 금융투자상품에 대한 투자판단 또는 금융투자상품의 가치에 관한 조언을 업으로 영위하고자 하는 유사투자자문업자는 금융위원회가 정하여 고시하는 서식에 따라 금융위원회에 신고할 의무를 부과시키고 있으며, 이를 위반한 유사투자자문업자에 대하여는 1천만원 이하의 과태료가 부과된다(법 제449조 제2항 제6호).

그리고 이러한 유사투자자문업자는 ① 유사투자자문업을 폐지한 경우, ② 명칭 또는 소재지를 변경한 경우, ③ 대표자를 변경한 경우에는 2주 이내에 이를 금융위원회에 보고하여야 한다.

특히, 투자자보호 차원에서 금융위원회는 유사투자자문업의 질서유지 및 고객보호 등을 위하여 필요하다고 인정되는 경우에는 유사투자자문업을 영위하는 자에 대하여 영업내용 및 업무방법 등에 관한 자료의 제출을 요구할 수 있다.

그리고 유사투자자문업자에 대하여도 투자자문업자 또는 투자일임업자의 불건전영업행위의 금지에 관한 규정(법 제98조 제1항)이 준용된다. 물론, 투자자보호 및 건전한 거래질서를 해할 우려가 없는 경우로서 ① 투자자로부터 금전 · 증권, 그 밖의 재산의 보관 · 예탁을 받는 행위 ② 투자자에게 금전 · 증권, 그 밖의 재산을 대여하거나 투자자에 대한 제3자의 금전 · 증권, 그 밖의 재산의 대여를 중개 · 주선 또는 대리하는 행위, ③ 계약으로 정한 수수료 외의 대가를 추가로 받는 행위, ④ 투자자문에 응하거나 투자일임재산을 운용하는 경우 금융투자상품 등의 가격에 중대한 영향을 미칠 수 있는 투자판단에 관한 자문 또는 매매 의사를 결정한 후 이를 실행하기 전에 그 금융투자상품 등을 자기의 계산으로 매매하거나 제3자에게 매매를 권유하는 행위의 경우에는 예외적으로 허용되지만, 투자권유자문인력 또는 투자운용인력이 아닌 자에게 투자자문업 또는 투자일임업을 수행하게 하는 것은 비록 투자자보호 및 건전한 거래질서를 해할 우려가 없는 경우에 해당한다 하더라도 금지된다(법 제101조).

4. 신탁업자의 영업행위 규칙

1) 신탁업자 선관의무 및 충실의무

자본시장법은 영업행위 규칙에 관한 제4장의 제2절에서 금융투자업자별 영업행위 규칙에 관하여 규정하고 있는데, 제2절 제4관에서는 신탁업자의 영업행위 규칙을 정하고 있으며, 제102조에서는 신탁업자의 선관의무 및 충실의무를 규정하고 있다.

우선, 선관의무와 관련하여 자본시장법은 신탁업자는 수익자에 대하여 선량한 관리자의 주의로써 신탁재산을 운용할 것을 요구하고 있다(법 제102조 제1항).

선관주의의무란 일반적으로 평균인에게 요구되는 주의의무라고 할 수 있으므로 신탁업자의 경우에는 신탁업에 종사하는 일반적 평균인을 기준으로 그에게 요구되는 주의의무이다.

이러한 신탁업자의 선관주의의무는 투자자문업자 및 투자일임업자의 선관주의 의무 및 충실의무(법 제96조), 집합투자업자의 선관의무 및 충실의무(법 제79조)와 본질을 같이 한다고 할 수 있다

그리고 신탁업자가 이러한 선관주의의무와 충실의무를 위반한 경우에는 금융투자업자의 손해배상책임에 관한 자본시장법 제64조에 의거하여 손해배상책임을 지게 된다. 즉, 신탁업자가 법령・약관・집합투자규약・투자설명서에 위반하는 행위를 하거나 그 업무를 소홀히 하여 투자자에게 손해를 발생시킨 경우에는 그 손해를 배상할 책임이 있다. 다만, 배상의 책임을 질 신탁업자가 금융투자업자의 신의성실의무에 관한 제37조 제2항, 금융투자업자의 이해상충의 관리에 관한 제44조, 금융투자업자의 정보교류의 차단에 관한 제45조, 투자매매업자 또는 투자중개업자의 불건전 영업행위의 금지에 관한 제71조 또는 집합투자업자의 불건전 영업행위의 금지에 관한 제85조를 위반한 경우(투자매매업 또는 투자중개업과 집합투자업을 함께 영위함에 따라 발생하는 이해상충과 관련된 경우에 한한다)로서 그 신탁업자가 상당한 주의를 하였음을 증명하거나 투자자가 금융투자상품의 매매, 그 밖의 거래를 할 때에 그 사실을 안 경우에는 배상의 책임을 지지 아니한다.

그리고 신탁업자가 제1항에 따른 손해배상책임을 지는 경우로서 관련되는 임원에게도 귀책사유가 있는 경우에는 그 신탁업자와 관련되는 임원이 연대하여 그 손해를 배상할 책임이

있다(법 제102조).

2) 신탁재산 제한

자본시장법은 위탁자 보호차원에서 신탁업자의 수탁사업과 관련한 신탁재산의 범위를 제한하고 있다. 즉, 신탁업자는 ① 금전, ② 증권, ③ 금전채권, ④ 동산, ⑤ 부동산, ⑥ 지상권, 전세권, 부동산임차권, 부동산소유권 이전등기청구권, 그 밖의 부동산 관련 권리, ⑦ 무체재산권(지식재산권을 포함) 이외의 재산은 수탁할 수 없도록 금지시키고 있다(법 제103조).

그러나 신탁계약시 반드시 신탁재산 중 1개만을 수탁할 수 있는 것은 아니고, 위 7개 열거 재산 중 둘 이상의 재산을 종합하여 수탁할 수 있다.

그리고 자본시장법은 각 신탁재산의 신탁 및 종합재산신탁의 수탁과 관련한 신탁의 종류, 손실의 보전 또는 이익의 보장, 그 밖의 신탁거래조건 등에 관하여 필요한 사항은 대통령령으로 정하도록 위임하고 있다.

그리고 법시행령에서는 금전신탁을 ① 위탁자가 신탁재산인 금전의 운용방법을 지정하는 금전신탁(특정금전신탁)과 ② 위탁자가 신탁재산인 금전의 운용방법을 지정하지 아니하는 금전신탁(불특정금전신탁)으로 구분하고 있으며(법시행령 제103조), 신탁업무의 방법과 관련하여 신탁업자는 수탁한 재산에 대하여 손실보전이나 이익보장 하는 것을 금지시키고 있다. 그러나 연금이나 퇴직금의 지급을 목적으로 하는 신탁으로서 금융위원회가 정하여 고시하는 경우에는 손실보전이나 이익보장을 할 수 있다(법시행령 제104조).

이때 신탁업자는 손실보전이나 이익보장을 한 신탁재산의 운용실적이 신탁계약으로 정한 것에 미달하는 경우에는 특별유보금(손실보전이나 이익보장 계약이 있는 신탁의 보전 또는 보장을 위하여 적립하는 금액을 말함), 신탁보수, 고유재산의 순으로 충당하여야 하며, 신탁업자는 신탁계약기간이 끝난 경우에는 손실의 보전이나 이익의 보장을 한 경우를 제외하고는 신탁재산의 운용실적에 따라 반환하여야 한다.

그리고 신탁업자는 위탁자가 신탁계약기간이 종료되기 전에 신탁계약을 해지하는 경우에는 신탁재산의 운용실적에서 신탁계약에서 정하고 있는 중도해지수수료를 빼고 반환하여야 한다. 그러나 금융위원회가 정하여 고시하는 사유에 해당하는 경우에는 이를 빼지 않으며, 신탁업자는 신탁계약이 정하는 바에 따라 신탁보수를 받을 수 있다(법시행령 제104조 제5항).

신탁계약의 내용 중 부동산개발사업을 목적으로 하는 신탁계약을 체결한 경우에는 신탁업자는 그 신탁계약에 의한 부동산개발사업별로 금전의 신탁재산만은 사업비의 15% 이내에서 수탁할 수 있도록 금전신탁에 대한 제한을 가하고 있다(법 제103조 제4항).

그리고 여기서 말하는 사업비란 공사비, 광고비, 분양비 등 부동산개발사업에 드는 모든 비용에서 부동산 자체의 취득가액과 등기비용, 그 밖에 부동산 취득에 관련된 부대비용을 제외한 금액을 말한다(법시행령 제104조 제6항).

3) 신탁재산과 고유재산 구분

자본시장법은 신탁재산과 고유재산을 구분하고 있다. 즉, 자본시장법은 금융투자업자와 대주주 간에는 신용공여를 할 수 없도록 금지시키고 있는데, 신탁업자의 경우에는 예외적으로 이러한 제한을 받지 않고 대주주에게도 신용공여를 할 수 있다(법 제104조 제1항).

그리고 신탁업자는 ① 신탁행위에 따라 수익자에 대하여 부담하는 채무를 이행하기 위하여 필요한 경우, ② 신탁계약의 해지, 그 밖에 수익자 보호를 위하여 불가피한 경우 신탁계약이 정하는 바에 따라 신탁재산을 고유재산으로 취득할 수 있도록 허용하고 있다.

여기서 말하는 수익자 보호를 위하여 불가피한 경우란 ① 신탁계약기간이 종료되기까지의 남은 기간이 3개월 이내일 것, ② 신탁재산을 고유재산으로 취득하는 방법 외에 신탁재산의 처분이 곤란할 경우일 것, ③ 취득가액이 공정할 것 등 요건을 모두 충족하는 경우로서 금융위원회가 인정하는 경우를 말한다(법시행령 제105조).

그리고 법을 위반하여 신탁재산을 고유재산으로 취득한 자는 3년 이하의 징역 또는 1억원 이하의 벌금에 처해지게 된다(법 제445조 제16호).

4) 신탁재산 운용 제한

자본시장법은 투자자보호차원에서 신탁재산의 운용에 대하여 제한을 가하고 있다. 구체적으로는 운용방법에 대한 제한, 금전차입에 대한 제한 등을 가하고 있다(법 제105조).

우선, 운용방법에 대한 제한과 관련하여 신탁업자는 신탁재산에 속하는 금전을 ① 증권의 매수, ② 장내파생상품 또는 장외파생상품의 매수, ③ 금융기관에의 예치, ④ 금전채권의 매수, ⑤ 대출, ⑥ 어음의 매수, ⑦ 실물자산의 매수, ⑧ 무체재산권의 매수, ⑨ 부동산의 매수 또는 개발, ⑩ 그 밖에 신탁재산의 안전성 · 수익성 등을 고려하여 운용하여야 한다(법 제105조 제1항).

즉, 신탁재산의 운용과 관련하여서는 자본시장법의 기본원칙인 네거티브 시스템이 아닌 포지티브 시스템을 택한 것이다. 이는 신탁재산의 운용시 투자자보호에 대한 시장의 신뢰가 아직 확립되지 못했기 때문이라 할 수 있다.

그리고 신탁업자는 부동산, 지상권, 전세권, 부동산임차권, 부동산소유권 이전등기청구권, 그 밖의 부동산 관련 권리 재산만을 신탁받는 경우 원칙적으로 신탁의 계산으로 그 신탁업자의 고유재산으로부터 금전을 차입할 수 없도록 금지시키고 있다(법 제105조 제2항).

그 밖에 신탁업자의 신탁재산 운용의 구체적 범위 · 조건 · 한도, 그 밖의 신탁재산의 운용방법 및 제한에 관하여 필요한 사항은 대통령령으로 정하도록 위임하고 있으며(법 제105조 제3항), 법을 위반하여 신탁재산을 운용한 자는 1년 이하의 징역 또는 3천만 원 이하의 벌금에 처해지게 된다(법 제446조 제19호).

5) 여유자금 운용

자본시장법은 신탁업자가 여유자금을 운용하는 경우에도 그 운용방법을 법정함으로서 포지티브시스템제를 택하고 있다(법 제106조). 즉, 신탁업자는 부동산, 지상권, 전세권, 부동산임차권, 부동산소유권 이전등기청구권, 그 밖의 부동산 관련 권리 재산만을 신탁 받는 경우, 그 신탁재산을 운용함에 따라 발생한 여유자금을 ① 금융기관에의 예치, ② 국채증권, 지방채증권 또는 특수채증권의 매수, ③ 정부 또는 금융기관이 지급을 보증한 증권의 매수, ④ 그 밖에 부동산, 지상권, 전세권, 부동산임차권, 부동산소유권 이전등기청구권, 그 밖의 부동산 관련 권리 등의 신탁재산의 안정성·수익성 등을 저해하지 아니하는 방법 등으로 운용하여야 한다.

여기서 말하는 부동산 관련 권리 등의 신탁재산의 안정성·수익성 등을 저해하지 아니하는 방법이란 ① 단기대출, ② 금융기관이 발행한 채권(특수채증권은 제외)의 매수, ③ 그 밖에 신탁재산의 안정성·수익성 등을 해치지 아니하는 방법으로서 금융위원회가 정하여 고시하는 방법 을 말한다(법시행령 제107조 제2항).

6) 불건전 영업행위 금지

자본시장법은 투자자보호 차원에서 신탁업자의 신탁재산운용과 관련하여 허용행위를 열거할 뿐만 아니라 금지행위도 법률로 규제함으로써 네거티브 시스템과 포지티브 시스템(법 제105조) 모두를 혼합하여 택하고 있다. 즉, 자본시장법은 수익자 보호 및 건전한 거래질서를 유지하기 위하여 신탁업자에게 금지되는 법정행위를 열거하고 있다(법 제108조). 이러한 금지행위는 ① 신탁재산을 운용함에 있어서 금융투자상품, 그 밖의 투자대상자산의 가격에 중대한 영향을 미칠 수 있는 매수 또는 매도 의사를 결정한 후 이를 실행하기 전에 그 금융투자상품, 그 밖의 투자대상자산을 자기의 계산으로 매수 또는 매도하거나 제3자에게 매수 또는 매도를 권유하는 행위, ② 자기 또는 관계인수인이 인수한 증권을 신탁재산으로 매수하는 행위, ③ 자기 또는 관계인수인이 인수업무를 담당한 법인의 특정증권 등에 대하여 인위적인 시세를 형성시키기 위하여 신탁재산으로 그 특정증권 등을 매매하는 행위, ④ 특정 신탁재산의 이익을 해하면서 자기 또는 제3자의 이익을 도모하는 행위, ⑤ 신탁재산으로 그 신탁업자가 운용하는 다른 신탁재산, 집합투자재산 또는 투자일임재산과 거래하는 행위, ⑥

신탁재산으로 신탁업자 또는 그 이해관계인의 고유재산과 거래하는 행위, ⑦ 수익자의 동의 없이 신탁재산으로 신탁업자 또는 그 이해관계인이 발행한 증권에 투자하는 행위, ⑧ 투자운용인력이 아닌 자에게 신탁재산을 운용하게 하는 행위, ⑨ 그 밖에 수익자 보호 또는 건전한 거래질서를 해할 우려가 있는 행위등이다. 그러나 수익자 보호 및 건전한 거래질서를 해할 우려가 없는 경우에는 예외적으로 이를 허용하고 있는데, 이에 해당하는 것은 위의 ①을 적용할 때에는 (가) 신탁재산의 운용과 관련한 정보를 이용하지 아니하였음을 증명하는 경우, (나) 증권시장과 파생상품시장간의 가격 차이를 이용한 차익거래, 그 밖에 이에 준하는 거래로서 신탁재산의 운용과 관련한 정보를 의도적으로 이용하지 아니하였다는 사실이 객관적으로 명백한 경우가 이에 해당한다(법시행령 제109조 제1항 제1호).

위의 ②에 관한 규정을 적용할 때에는 인수 일부터 3개월이 지난 후 매수하는 경우(법시행령 제109조 제1항 제2호)와 인수한 증권이 국채증권, 지방채증권, 한국은행통화안정증권, 특수채증권 또는 사채권인 경우에는 예외적으로 허용된다. 다만, 사채권의 경우에는 투자자보호 및 건전한 거래질서를 위하여 금융위원회가 정하여 고시하는 발행조건, 거래절차 등의 기준을 충족하는 채권으로 한정된다(법시행령 제109조 제1항 제2의2호).

그리고 위의 ⑤를 적용할 때에는 같은 신탁업자가 운용하는 신탁재산 상호간에 자산을 동시에 한쪽이 매도하고 다른 한쪽이 매수하는 거래로서 (가) 신탁계약의 해지(일부해지를 포함)에 따른 해지금액 등을 지급하기 위하여 불가피한 경우, (나) 그 밖에 금융위원회가 수익자의 이익을 해칠 염려가 없다고 인정하는 경우에는 예외적으로 허용된다. 이 경우 매매가격, 매매거래 절차 및 방법, 그 밖에 필요한 사항은 금융위원회가 정하여 고시한다(법시행령 제109조 제1항 제3호).

그리고 위의 ⑥에 관한 규정을 적용할 때 (가) 이해관계인이 되기 6개월 이전에 체결한 계약에 따른 거래, (나) 증권시장 등 불특정다수인이 참여하는 공개시장을 통한 거래, (다) 일반적인 거래조건에 비추어 신탁재산에 유리한 거래, (라) 환매조건부매매, (마) 신탁업자 또는 이해관계인의 중개·주선 또는 대리를 통하여 금융위원회가 정하여 고시하는 방법에 따라 신탁업자 및 이해관계인이 아닌 자와 행하는 투자대상자산의 매매, (바) 신탁업자나 이해관계인의 매매중개를 통하여 그 신탁업자 또는 이해관계인과 행하는 채무증권, 원화로 표시된 양도성 예금증서 또는 어음(기업어음증권은 제외)의 매매, (사) 신탁재산을 고유재산으로 취득하거나 또는 신탁의 계산으로 그 신탁업자의 고유재산으로부터 금전을 차입하는 거래, (아) 예금거래, (자) 금액의 규모 또는 시간의 제약으로 인하여 다른 방법으로 운용할 수 없는 경우로서 일시적인 자금의 대여, 단 그 신탁재산을 운용하는 신탁업자에게 대여하는 경우만 해당, (차) 그 밖에 거래의 형태, 조건, 방법 등을 고려하여 신탁재산과 이해가 상충될 염려가 없는 경우로서 금융위원회가 정하여 고시하는 거래에 해당하는 경우에도 예외적으로 허용된다(법시행령 제109조 제1항 제4호).

그리고 신탁재산을 각각의 신탁계약에 따른 신탁재산별로 운용하지 아니하고 여러 신탁계약의 신탁재산을 집합하여 운용하는 행위에 관한 규정을 적용할 때 개별 신탁재산을 효율적으로 운용하기 위하여 투자대상자산의 매매주문을 집합하여 처리하고, 그 처리결과를 신탁재산별로 미리 정하여진 자산배분명세에 따라 공정하게 배분하는 경우(법시행령 제109조 제1항 제5호)에는 예외적으로 허용된다.

이처럼 신탁업자의 불건전한 영업행위를 엄격히 금지시키고 있지만, 이 금지규정을 위반한 경우 이에 대한 제재규정이 존재하지 않는다.

7) 신탁계약

자본시장법은 신탁업자와 위탁자간의 신탁계약에 관하여도 규제를 가하고 있다. 즉, 신탁업자는 위탁자와 신탁계약을 체결하는 경우 위탁자에게 교부하는 계약서류에 기재할 사항들을 법정하여 놓고 있다(법 제109조).

법정기재사항은 ① 위탁자, 수익자 및 신탁업자의 성명 또는 명칭, ② 수익자의 지정 및 변경에 관한 사항, ③ 신탁재산의 종류 · 수량과 가격, ④ 신탁의 목적, ⑤ 계약기간, ⑥ 신탁재산의 운용에 의하여 취득할 재산을 특정한 경우에는 그 내용, ⑦ 손실의 보전 또는 이익의 보장을 하는 경우 그 보전 · 보장 비율 등에 관한 사항, ⑧ 신탁업자가 받을 보수에 관한 사항, ⑨ 신탁계약의 해지에 관한 사항, ⑩ 그 밖에 수익자 보호 또는 건전한 거래질서를 위하여 필요한 사항이다.

그리고 여기서 말하는 수익자 보호 또는 건전한 거래질서를 위하여 필요한 사항이란 ① 수익자가 확정되지 아니한 경우에는 수익자가 될 자의 범위 · 자격, 그 밖에 수익자를 확정하기 위하여 필요한 사항, ② 수익자가 신탁의 이익을 받을 의사를 표시할 것을 요건으로 하는 경우에는 그 내용, ③ 신탁에 따른 등기 · 등록 또는 신탁재산의 표시와 기재에 관한 사항, ④ 수익자에게 교부할 신탁재산의 종류 및 교부방법 · 시기, ⑤ 신탁재산의 관리에 필요한 공과금 · 수선비, 그 밖의 비용에 관한 사항, ⑥ 신탁계약 종료 시의 최종계산에 관한 사항, ⑦ 그 밖에 건전한 거래질서를 유지하기 위하여 필요한 사항으로서 금융위원회가 정하여 고시하는 사항을 말한다(법시행령 제110조).

8) 수익증권

자본시장법은 신탁업자가 발행하는 수익증권에 대하여 투자자보호 차원에서 일정한 규제를 가하고 있다. 즉, 신탁업자는 금전신탁계약에 의한 수익권이 표시된 수익증권을 발행할 수 있으며, 수익증권을 발행하고자 하는 경우에는 서류를 첨부하여 금융위원회에 미리 신고하여야 한다(법 제110조). 여기서 말하는 서류란 ① 수익증권 발행계획서, ② 자금운용계획서, ③ 신탁약관이나 신탁계약서를 말한다(법시행령 제111조 제1항).

그리고 수익증권은 무기명식으로 하는 것이 원칙이지만 수익자의 청구가 있는 경우에는 기명식으로 할 수 있으며, 기명식 수익증권은 수익자의 청구에 의하여 무기명식으로 변경할 수 있다.

그리고 수익증권에는 ① 신탁업자의 상호, ② 기명식의 경우에는 수익자의 성명 또는 명칭, ③ 액면액, ④ 운용방법을 정한 경우 그 내용, ⑤ 재산의 신탁 및 종합재산신탁에 따른 손실의 보전 또는 이익의 보장에 관한 계약을 체결한 경우에는 그 내용, ⑥ 신탁계약기간, ⑦ 신탁의 원금의 상환과 수익분배의 기간 및 장소, ⑧ 신탁보수의 계산방법, ⑨ 그 밖에 대통령령으로 정하는 사항 등을 기재하고 신탁업자의 대표자가 이에 기명날인 또는 서명하여야 한다(법 제110조 제5항). 여기서 기재할 사항이란 ① 수익증권의 발행일, ② 수익증권의 기호 및 번호를 말한다(법시행령 제111조 제2항).

그리고 수익증권이 발행된 경우에는 해당 신탁계약에 의한 수익권의 양도 및 행사는 그 수익증권으로 하여야 하지만, 예외적으로 기명식 수익증권의 경우에는 수익증권으로 양도 및 행사를 하지 않을 수 있다(법 제110조 제6항).

9) 수익증권 매수

자본시장법은 신탁업자가 수익증권을 고유재산으로 매수할 수 있도록 규정하고 있다(법 제111조). 즉, 신탁업자는 수익증권을 그 고유재산으로 매수할 수 있는데, 이 경우에 신탁업자는 신탁계약이 정하는 바에 따라 신탁재산을 고유재산으로 취득할 수 있다(법시행령 제112조). 이때 ① 신탁행위에 따라 수익자에 대하여 부담하는 채무를 이행하기 위하여 필요한 경우로서 금전신탁재산의 운용으로 취득한 자산이 거래소시장 또는 이와 유사한 시장으로서 해외에 있는 시장에서 시세가 있는 경우, ② 신탁계약의 해지, 그 밖에 수익자 보호를 위하여 불가피한 경우 법령이 정한 산정 가액으로 매수하여야 한다(법 제104조 제2항).

이 경우 수탁자의 이익향수금지에 관한 신탁법 제36조를 적용하지 아니한다. 따라서 수익증권의 매수와 관련하여서는 수탁자는 누구의 명의로도 신탁의 이익을 누릴 수 있다.

10) 의결권

자본시장법은 신탁업자의 의결권행사에 관한 충실의무를 부과시키고 있다. 즉, 신탁재산으로 취득한 주식에 대한 권리는 신탁업자가 행사하며, 이 경우 신탁업자는 수익자의 이익을 보호하기 위하여 신탁재산에 속하는 주식의 의결권을 충실하게 행사하여야 한다(법 제112조 제1항).

충실의무란 이해상충관계에 있는 신탁업자와 수익자간의 이해관계가 충돌되는 경우 신탁업자는 신탁재산을 운용함에 있어 수익자의 이익을 우선적으로 보호해야 한다는 주의의무를 말한다.

즉, 충실의무란 신탁업자가 신탁재산을 운용함에 있어서 그에게 부여된 권한을 수익자에 가장 유리하다고 믿는 바에 따라 성실하고 정당한 목적을 위하여 행사하여야 하고, 수익자의 이익과 신탁업자의 이익이 충돌하는 경우에는 신탁업자 자신의 이익을 희생하면서 의사결정을 하여야 하는 것을 말한다. 이는 신탁업자 임직원의 이익과 수익자의 개인적 이익이 충돌하는 계약을 체결해서는 안 되는 의무로도 해석된다. 이처럼 신탁업자가 충실의무를 부담하는 근거는, 신탁업자와 수익자간에 영미법상 신인관계(fiduciary relation)라 말하는 고도의 신뢰관계를 기초로 하는 특수한 법률관계가 있기 때문이다. 이는 신탁의 수탁자(trustee)가 위법한 행위를 한 경우 고도의 신뢰관계에 의거하여 수익자를 법적으로 보호하는 효과를 갖게 되고, 또한 "신탁을 신뢰한 자에게 타인보다 우월한 지위를 인정하는 관계"가 형성된다.

이처럼 자본시장법은 신탁업자에게 의결권을 행사할 권한을 부여하되, 행사시 충실의무를 감당할 것을 요구하고 있다.

그러나 이처럼 의결권행사가 허용되었다 하더라도, 신탁자가 충실의무를 위반할 개연성이 높아 수익자 보호라는 목적을 달성하기 어려운 특정된 경우에는 신탁업자가 의결권을 전부 행사하는 것이 아니라 신탁재산에 속하는 주식을 발행한 법인의 주주총회의 참석 주식수에서 신탁재산에 속하는 주식 수를 뺀 주식 수의 결의내용에 영향을 미치지 아니하도록 의결권을 행사하여야 한다.

여기서 말하는 특정된 경우란 ① (가) 신탁업자 또는 그와 특수관계에 있는 자, (나) 신탁업자에 대하여 사실상의 지배력을 행사하는 자가 그 신탁재산에 속하는 주식을 발행한 법인을 계열회사로 편입하기 위한 경우, ② 신탁재산에 속하는 주식을 발행한 법인이 그 신탁업자와 (가) 계열회사의 관계에 있는 경우나, (나) 신탁업자에 대하여 사실상의 지배력을 행사하는 관계에 있는 경우, ③ 그 밖에 수익자의 보호 또는 신탁재산의 적정한 운용을 해할 우려가 있는 경우를 말한다.

그러나 신탁재산에 속하는 주식을 발행한 법인의 합병, 영업의 양도·양수, 임원의 선임, 그 밖에 이에 준하는 사항으로서 신탁재산에 손실을 초래할 것이 명백하게 예상되는 경우에는 신탁업자가 충실하게 의결권을 행사하게 된다(법 제112조 제2항).

이처럼 자본시장법이 신탁업자의 의결권행사를 금지시키고 있는 것은 사금고화를 차단하기 위한 것이다. 즉, 신탁업자는 신탁재산에 속하는 주식이 ① 동일법인이 발행한 주식 총수의 15%를 초과하여 주식을 취득한 경우 그 초과하는 주식이나, ② 신탁재산에 속하는 주식을 발행한 법인이 자기주식을 확보하기 위하여 신탁계약에 따라 신탁업자에게 취득하게 한 그 법인의 주식 중 어느 하나에 해당하는 경우에는 그 주식의 의결권을 행사할 수 없다(법 제112조 제3항).

그리고 이러한 의결권행사 금지 규정을 회피하기 위하여 신탁업자는 제3자와의 계약 등에 의하여 의결권을 교차하여 행사하는 등 의결권 제한규정의 적용을 면하기 위한 우회적 의결권행사 등과 같은 행위를 할 수 없도록 금지시키고 있다(법 제112조 제4항).

그러나 상호출자제한기업집단에 속하는 신탁업자에게는 신탁재산에 속하는 주식을 발행한 법인의 합병, 영업의 양도·양수, 임원의 선임, 그 밖에 이에 준하는 사항으로서 신탁재산에 손실을 초래할 것이 명백하게 예상되는 경우에도 신탁업자가 전부 의결권을 행사할 수 없다(법 제112조 제5항).

신탁업자가 법을 위반하여 신탁재산에 속하는 주식의 의결권을 행사한 경우 금융위원회는 6개월 이내의 기간을 정하여 그 주식의 처분을 명할 수 있으며(법 제112조 제6항), 신탁업자는 합병, 영업의 양도·양수, 임원의 선임 등 경영권의 변경과 관련된 사항에 대하여 의결권을 행사하는 경우에는 인터넷 홈페이지 등을 이용하여 공시하여야 한다(법 제112조 제7항).

그리고 이러한 의결권제한규정을 위반하여 의결권을 행사한 자에 대하여는 5년 이하의 징역 또는 2억 원 이하의 벌금에 처하게 된다(법 제444조 제11호).

11) 장부·서류의 열람 및 공시

자본시장법은 수익자들이 신탁재산의 현황을 상시로 접근할 수 있도록 공시의무를 부과시키고 있다. 즉, 수익자는 신탁업자에게 영업시간 중에 이유를 기재한 서면으로 그 수익자에 관련된 신탁재산에 관한 장부·서류의 열람이나 등본 또는 초본의 교부를 청구할 수 있다. 이 경우 그 신탁업자는 정당한 사유가 없는 한 이를 거절할 수 없도록 공시의무를 부과시키고 있다(법 제113조 제1항).

여기서 말하는 정당한 사유란 ① 신탁재산의 운용내역 등이 포함된 장부·서류를 제공함으로써 제공받은 자가 그 정보를 거래 또는 업무에 이용하거나 타인에게 제공할 것이 뚜렷하게 염려되는 경우, ② 신탁재산의 운용내역 등이 포함된 장부·서류를 제공함으로써 다른 수익자에게 손해를 입힐 것이 명백히 인정되는 경우, ③ 신탁계약이 해지된 신탁재산에 관한 장부·서류로서 자료의 기록·유지에 관한 보존기한이 지나는 등의 사유로 인하여 수익자의 열람제공 요청에 응하는 것이 불가능한 경우를 말한다(법시행령 제115조 제1항).

그리고 신탁재산에 관한 장부·서류의 열람이나 등본 또는 초본의 교부 청구의 대상이 되는 장부 · 서류란 ① 신탁재산 명세서, ② 재무제표 및 그 부속명세서, ③ 신탁재산 운용내역서를 말한다(법시행령 제115조 제2항).

12) 신탁재산 회계처리

(1) 회계처리기준 준수

자본시장법은 신탁업자에게 신탁재산의 회계처리기준을 제시하여 회계투명성을 확보하고, 이를 통한 수익자 보호를 꾀하고자 하고 있다. 즉, 신탁업자는 신탁재산에 관하여 회계처리를 하는 경우 금융위원회가 증권선물위원회의 심의를 거쳐 정하여 고시한 회계처리기준에 따를 것을 요구하고 있다(법 제114조).

그리고 금융위원회는 회계처리기준의 제정 또는 개정을 전문성을 갖춘 민간법인 또는 단체에게 위탁할 수 있으며, 이 경우 그 민간법인 또는 단체는 회계처리기준을 제정 또는 개정한 때에는 이를 금융위원회에 지체 없이 보고하여야 한다. 현재는 금융위원회가 한국회계기준원에 회계처리기준 제정을 위탁하고 있다(법시행령 제116조).

또한 신탁업자는 신탁재산에 대하여 그 신탁업자의 매 회계연도 종료 후 2개월 이내에 회계감사인의 회계감사를 받아야 하며, 회계감사인의 감사를 받지 않은 신탁업자는 3년 이하의 징역 또는 1억 원 이하의 벌금에 처해지게 된다(법 제445조 제18호).

(2) 회계감사 면제

이처럼 자본시장법은 신탁업자에게 회계감사를 받을 것을 요구하고 있지만, 예외적으로 수익자의 이익을 해할 우려가 없는 경우에는 회계감사를 면제받을 수 있도록 하고 있다(법 제114조 제3항 단서).

즉, 금전신탁인 경우 수익자의 이익을 해할 우려가 없는 경우로는 (가) 특정금전신탁, (나) 이익보장을 하는 금전신탁, (다) 회계감사 기준일 현재 수탁원본이 300억 원 미만인 금전신탁의 경우에는 회계감사를 면제하여 주고 있다(법시행령 제117조 제1호).

그리고 재산신탁의 경우 수익자의 이익을 해할 우려가 없는 경우로서 ① 증권, ② 금전채권, ③ 동산, ④ 부동산, ⑤ 지상권, 전세권, 부동산임차권, 부동산소유권 이전등기청구권, 그 밖의 부동산 관련 권리, ⑥ 무체재산권(지식재산권을 포함한다)이 이에 해당하며 이에 대하여는 회계감사가 면제된다(법시행령 제117조 제2호).

(3) 회계처리 보고의무

자본시장법은 신탁업자에게 회계처리 관련 사항을 금융위원회에 보고하거나 감사에게 통보할 의무를 부과시키고 있다. 즉, 신탁업자는 신탁재산의 회계감사인을 선임하거나 교체하는 경우에는 그 선임일 또는 교체 일부터 1주 이내에 금융위원회에 그 사실을 보고하여야 하며, 회계감사인은 신탁업자가 행하는 수익증권의 기준가격 산정업무 및 신탁재산의 회계처리 업무를 감사할 때 관련 법령을 준수하였는지 여부를 감사하고 그 결과를 신탁업자의 감사나 감사위원회에게 통보하여야 한다.

(4) 회계감사인 회계감사

회계감사인은 자본시장법상 감사기준 및 외감법상의 회계감사기준에 따라 회계감사를 실시하여야 하며, 이때 회계감사인은 신탁업자에게 신탁재산의 회계장부 등 관계 자료의 열람·복사를 요청하거나 회계감사에 필요한 자료의 제출을 요구할 수 있다. 이 경우 신탁업자는 지체 없이 이에 응하여야 한다.

그리고 회계감사인의 비밀유지의무를 신탁재산의 회계감사에 관하여도 준용되며(법 제114조 제8항), 회계감사인의 선임기준, 감사기준, 회계감사인의 권한, 회계감사보고서의 제출 및 공시 등에 관하여 필요한 사항은 대통령령으로 정하도록 되어 있는데, 이에 따르면 신탁업자는 회계감사인을 선임하거나 교체하려는 경우에는 감사나 감사위원회의 동의를 받아야 하며(법시행령 제118조 제1항), 신탁재산에 관한 회계감사기준은 금융위원회가 증권선물위원회의 심의를 거쳐 정하여 고시하도록 요구하고 있다(법시행령 제118조 제2항).

그리고 신탁재산에 대한 회계감사와 관련하여 회계감사인의 권한은 자본시장법 및 외감법에서 정하는 바에 따르도록 규정하고 있으며, 회계감사인은 신탁재산에 대한 회계감사를 마친 때에는 ① 신탁재산의 대차대조표, ② 신탁재산의 손익계산서, ③ 신탁재산의 수익률계산서, ④ 신탁업자와 그 특수관계인과의 거래내역이 기재된 회계감사보고서를 작성하여 신탁업자에게 지체 없이 제출하여야 한다.

그리고 신탁업자는 회계감사인으로부터 회계감사보고서를 제출받은 경우에는 이를 지체 없이 금융위원회에 제출하여야 하며, 신탁업자는 금융위원회가 정하여 고시하는 방법에 따라 해당 수익자가 회계감사보고서를 열람할 수 있도록 하여야 한다. 이때 회계감사에 따른 비용은 그 회계감사의 대상인 신탁재산에서 부담하도록 규정하고 있다(법시행령 제118조).

13) 회계감사인 손해배상책임

(1) 기본원칙

자본시장법은 회계감사인에게 손해배상책임을 부과하여 회계감사의 효율성을 확보하고자 하고 있다. 즉, 회계감사인이 회계감사의 결과 회계감사보고서 중 중요사항에 관하여 거짓의 기재 또는 표시가 있거나 중요사항이 기재 또는 표시되지 아니함으로써 이를 이용한 수익자에게 손해를 끼친 경우에는 당해 회계감사인은 그 수익자에 대하여 손해를 배상할 책임을 진다. 이 경우 감사반이 회계감사인인 때에는 그 신탁재산에 대한 감사에 참여한 자가 연대하여 손해를 배상할 책임을 진다(법 제115조 제1항).

이처럼 감사에 참여한 자들에게 연대책임을 부과하는 법적 근거는 민법상의 공동불법행위자에 관한 일반 법리라고 할 수 있으며, 여기서 말하는 연대책임이란 부진정 연대책임을 의미한다고 해석된다.

(2) 회계감사인 비례책임

회계감사인이 수익자에 대하여 손해를 배상할 책임이 있는 경우로서 그 신탁업자의 이사·감사(감사위원회의 위원 포함)에게도 귀책사유가 있는 경우에는 그 회계감사인과 신탁업자의 이사·감사는 연대하여 손해를 배상할 책임을 진다. 그러나 손해를 배상할 책임이 있는 자가 고의가 없는 경우에 그 자는 법원이 귀책사유에 따라 정하는 책임비율에 따라 손해를 배상할 책임이 있도록 비례책임제도를 도입하였다(법 제115조 제2항).

이에 따라 과거에는 분식회계 및 허위 감사보고서 등을 감사하면서 중요사항에 대하여 허위사실을 미쳐 파악하지 못한 경우 감사인도 회사의 임원 등과 연대해 손해를 배상할 책임이 있지만, 2014년 1월 법개정으로 인해 현재는 감사인은 귀책비율에 따라 손해배상 책임 중 일부만을 부담할 수 있게 되었다.

이와 관련하여 회계감사인의 비례책임제도(proportionate liability)는 미국이 1995년 증권민사소송개혁법(Private Securities Litigation Reform Act of 1995)을 제정하여 외부감사인의 연대책임 대신 비례책임제도를 도입한 것처럼 우리나라에서도 분식회계에 대한 회계감사인의 연대책임을 비례책임으로 전환하자는 의견들이 제시되었고, 이러한 의견들이 금번 2014년 법개정시 반영된 것이다.

그러나 이러한 비례책임을 인정하는 경우 생계가 어려운 국민기초생활보장대상자가 충분한 배상을 받지 못하는 것을 우려하여, 저소득층이 피해자인 경우에는 회계감사인에게도 연대책임을 인정하는 특례규정을 두었다. 즉, 손해배상을 청구하는 자의 소득인정액이 최저생계비의 100분의 120 이하인 사람(국민기초생활보장법 제2조 제8호, 제11호, 시행령 제3조의2)에 대하여는 회계감사인과 신탁업자의 이사·감사는 연대하여 손해를 배상할 책임이 있다(법 제115조 제3항).

(3) 외감법상 회계감사인 책임규정 준용

자본시장법은 회계감사인의 책임과 관련하여서는 주식회사의 외부감사에 관한 법률 제17조 제6항부터 제9항까지의 규정을 준용하도록 규정하고 있다(법 제115조 제4항).

즉, 손해를 배상할 책임이 있는 자 중 배상능력이 없는 자가 있어 손해액의 일부를 배상하지 못하는 경우에는 각자 책임비율의 50% 범위 내에서 손해액을 추가로 배상할 책임을 진다(외감법 제17조 제6항).

그리고 감사인 또는 감사에 참여한 공인회계사가 손해배상책임을 면하기 위하여는 그 임무를 게을리 하지 아니하였음을 증명하여야 하지만 ① 감사인을 선임한 회사, ② 은행 및 수산업협동조합중앙회의 신용사업 부문, ③ 보험회사, ④ 종합금융회사, ⑤ 상호저축은행이 감사인 또는 감사에 참여한 공인회계사에 대하여 손해배상 청구의 소를 제기하는 경우에는 그 자가 감사인 또는 감사에 참여한 공인회계사가 임무를 게을리 하였음을 증명하여야 한다(외감법 제17조 제7항).

또한 감사인은 손해배상책임을 보장하기 위하여 손해배상공동기금의 적립 또는 보험가입 등 필요한 조치를 하여야 하며(외감법 제17조 제8항), 손해배상책임은 그 청구권자가 해당 사실을 안 날부터 1년 이내 또는 감사보고서를 제출한 날부터 3년 이내에 청구권을 행사하지 아니하면 소멸하지만, 감사인 선임 시 계약으로 그 기간을 연장할 수 있다(외감법 제17조 제8항).

그 밖에도 회계감사인은 증권관련집단소송법상의 책임이 발생할 수 있다. 즉, 증권관련집단소송법은 적용범위와 관련하여 거짓의 기재 등으로 인한 배상책임, 즉 분식회계에 관한 자본시장법 제125조에 따른 손해배상청구의 경우에도 증권집단소송의 대상이 되도록 하고 있으므로(증권집단소송법 제3조 제1항 제1호 참조), 일명 분식회계를 대상으로 하는 증권집단소송의 경우에는 회계감사인도 증권집단소송의 대상이 될 수 있다.

14) 신탁업자 합병

자본시장법은 신탁업자가 합병하는 경우 합병효과에 대하여 규정하고 있는데, 이에 따르면 신탁업자가 합병하는 경우 합병 후 존속하는 신탁업자 또는 합병으로 인하여 설립된 신탁업자는 합병으로 인하여 소멸된 신탁업자의 신탁에 관한 권리의무를 승계하게 된다(법 제116조 제1항).

그리고 신탁업자의 합병에 관하여 이의를 제기한 수익자가 있는 경우 그 신탁업자의 임무종료 및 새로운 신탁업자의 선임 등에 관하여는 신탁의 규정이 준용된다.

이에 따르면 수탁자의 임무는 ① 수탁자가 사망한 경우, ② 수탁자가 금치산선고 또는 한정치산선고를 받은 경우, ③ 수탁자가 파산선고를 받은 경우, ④ 법인인 수탁자가 합병 외의 사유로 해산한 경우 중 어느 하나가 발생하면 자동적으로 종료된다(신탁법 제12조).

그리고 앞의 ① 수탁자가 사망한 경우, ② 수탁자가 금치산선고 또는 한정치산선고를 받은 경우, ③ 법인인 수탁자가 합병 외의 사유로 해산한 경우가 발생하여 수탁자의 임무가 종료되면 수탁자의 상속인, 법정대리인 또는 청산인은 즉시 수익자에게 그 사실을 통지하여야 한다(신탁법 제12조 제2항).

그리고 수탁자가 파산선고를 받아 수탁자의 임무가 종료된 경우 수탁자는 ① 수익자에게 수탁자의 임무가 종료된 사실과, ② 파산관재인에게 신탁재산에 관한 사항과의 구분에 따라 해당 사실을 통지하여야 한다(신탁법 제12조 제3항).

또한 ① 수탁자가 사망한 경우, ② 수탁자가 금치산선고 또는 한정치산선고를 받은 경우, ③ 법인인 수탁자가 합병 외의 사유로 해산한 경우가 발생하여 수탁자의 임무가 종료된 경우 수탁자의 상속인, 법정대리인 또는 청산인은 신수탁자(新受託者)나 신탁재산관리인이 신탁사무를 처리할 수 있을 때까지 신탁재산을 보관하고 신탁사무 인계에 필요한 행위를 하여야 하며, 즉시 수익자에게 그 사실을 통지하여야 한다(신탁법 제12조 제4항).

수탁자인 법인이 합병하는 경우 합병으로 설립된 법인이나 합병 후 존속하는 법인은 계속 수탁자로서의 권리・의무를 가진다. 수탁자인 법인이 분할하는 경우 분할에 의하여 수탁자로 정하여진 법인도 또한 같다(신탁법 제12조 제5항).

신수탁자의 선임과 관련하여 위탁자와 수익자 간에 신수탁자 선임에 대한 합의가 이루어지지 아니한 경우 이해관계인은 법원에 신수탁자의 선임을 청구할 수 있으며(신탁법 제21조 제2항), 유언에 의하여 수탁자로 지정된 자가 신탁을 인수하지 아니하거나 인수할 수 없는 경우에는 위탁자와 수익자는 합의하여 또는 위탁자가 없으면 수익자 단독으로 신수탁자를 선임하거나 이해관계인은 법원에 신수탁자의 선임을 청구할 수 있다(신탁법 제21조 제3항).

그리고 금융위원회는 신탁업자가 그 목적을 변경하여 다른 업무를 행하는 회사로서 존속하는 경우에는 그 회사가 신탁에 관한 채무 전부를 변제하기에 이르기까지 재산의 공탁을 명하거나, 그 밖에 필요한 명령을 할 수 있다. 합병으로 인하여 신탁업자가 아닌 회사가 신탁업자의 임무 종료를 위하여 필요한 사무를 처리하는 동안에도 또한 같다(자본시장법 제116조 제3항).

15) 신탁업자 청산

자본시장법은 신탁업자의 청산에 관하여 집합투자업자의 청산에 관한 규정을 준용하도록 규정하고 있다.

따라서 신탁업자는 청산사무 집행시 투자자에게 불공정한 방법으로 손해를 가하는 것을 예방하고자 금융위원회가 신탁업자의 청산사무를 감독하도록 규제하고 있다(법 제95조 제1항).

그리고 금융위원회는 신탁업자의 청산사무 및 재산의 상황을 검사하거나 재산의 공탁명령, 그 밖에 청산의 감독에 필요한 명령을 할 수 있으며, 신탁업을 영위하는 금융투자업자가 금융투자업인가의 취소로 인하여 해산한 경우에는 직권으로 청산인을 선임하여야 한다.

또한 신탁업을 영위하는 금융투자업자가 법원의 명령 또는 판결에 의하여 해산하는 경우와 청산인이 없는 경우에 금융위원회는 직권으로 또는 이해관계인의 청구에 의하여 청산인을 선임하여야 하며, 금융위원회가 청산인을 선임한 경우에는 신탁업을 영위하는 금융투자업자에게 보수를 주게 할 수 있으며, 이 경우 보수액은 금융위원회가 정하여 고시한다(법 제95조 제5항).

그리고 청산인이 그 업무를 집행함에 있어서 현저하게 부적합하거나 중대한 법령 위반사항이 있는 경우에 금융위원회는 직권으로 또는 이해관계인의 청구에 의하여 청산인을 해임할 수 있다(법 제95조 제6항).

16) 관리형 신탁 특례

금융환경 변화를 적극적으로 수용하면서 우리 금융산업이 도약하는 계기를 마련하고 투자자의 자본시장에 대한 신뢰성을 높여 공정한 시장질서를 확립하기 위하여 2013년 5월 28일 자본시장법을 개정하면서 관리형 신탁에 관한 특례규정을 신설하였다.

신탁재산의 운용과 관련하여 전통적으로 관리형과 고정형으로 분류할 수 있는데, 고정형 신탁의 경우에는 신탁기간 종료시까지 운용자가 상황에 따라 자유롭게 편입증권의 매매 등을 할 수 없는 신탁을 말한다. 그리고 관리형 신탁의 경우에는 신탁업자의 판단에 따라 자유롭게 편입증권을 매매할 수 있는 신탁방법으로서 펀드설정 후 경제·금융정세의 변화에 민감하게 대응하여 운용할 수 있는 장점을 갖고 있다. 최근에는 투자신탁이 고정형에서 관리형으로 변화되고 있어 관리형이 세계의 주류를 이루고 있는 점을 감안하여 이번 자본시장법 개정 당시 관리형 신탁에 대한 특례를 인정하게 된 것이다.

관리형 신탁에 대한 특례를 구체적으로 보면, 자본시장법은 관리형 신탁에 관한 특례를 인정하면서, 이를 위하여 동산, 부동산, 지상권, 전세권, 부동산임차권, 부동산소유권 이전등기청구권, 그 밖의 부동산 관련 권리 중 어느 하나의 재산만을 수탁받는 신탁업자가 관리형 신탁계약을 체결하는 경우 그 신탁재산에 수반되는 금전채권을 수탁할 수 있도록 하였다(법 제117조의2 제1항).

그리고 이러한 신탁재산의 운용방법 및 제한에 관하여 필요한 사항은 대통령령으로 정하고 있는데, 이에 따르면 신탁업자가 금전채권을 수탁한 경우 그 금전채권에서 발생한 과실인 금전은 ① 금융기관에의 예치, ② 국채증권, 지방채증권 또는 특수채증권의 매수, ③ 국가 또는 금융기관이 지급을 보증한 증권의 매수, ④ 그 밖에 신탁재산의 안정성 및 수익성 등을 고려하여 운용하여야 한다.

그리고 신탁업자가 금전채권을 수탁한 경우 운용방법의 세부사항, 그 밖에 신탁재산의 제한에 필요한 사항은 금융위원회가 정하여 고시하도록 위임하고 있다(법시행령 제118조의2).

제3편 증권의 발행 및 유통

제1장 증권신고서

1. 적용범위

자본시장법은 자본시장의 신뢰를 제고함과 동시에 투자자보호를 위하여 증권을 발행하고 유통을 하고자 하는 경우에는 증권신고서를 제출할 것으로 요구하고 있다. 그러나 이러한 증권신고서 관련 규정은 국가기관에서 발행하거나 다른 법률에 따라 충분한 공시가 이뤄지고 있는 증권에 대하여는 별도의 증권신고서의 제출의무를 면제시켜주는 특례를 규정하고 있다.

즉, 증권신고서에 관한 제3편의 "증권의 발행 및 유통" 중 제1장에서 규정하고 있는 '증권신고서'에 관한 규정들은 국채증권, 지방채증권, 법률에 따라 직접 설립된 법인이 발행한 채권, 그 밖에 다른 법률에 따라 충분한 공시가 행하여지는 등 투자자보호가 이루어지고 있다고 인정되는 증권에 관하여는 적용되지 않는다(법 제118조).

2. 모집 또는 매출 신고

자본시장법은 시장에서 공개적으로 자금을 조달하는 경우 투자자보호 차원에서 증권발행인에 대한 공시의무를 강화시키고 있다. 즉, 주식이나 사채발행을 통한 자금조달의 경우 상법상 주식청약서나 사채청약서만이 투자자에게 공시되는 자료이지만 거래소를 통하여 자금을 조달하는 경우 이러한 주식청약서나 사채청약서만으로는 공시하기에는 투자자보호에 미흡하다는 전제하에 자본시장법은 상장회사의 경우 증권발행신고서를 발행하도록 하여 추가 공시의무를 부과시키고 있다(법 제119조).

그리고 증권발행신고서에는 보다 상세한 정보를 기재하도록 함으로써 투자자들이 투자판단에 필요한 충분한 정보를 얻을 수 있도록 공시제도를 강화한 것이다.

이를 구체적으로 보면 우선, 모집가액 또는 매출가액 각각의 총액이 10억 원 이상인 증권의 모집 또는 매출을 하고자 하는 경우에는 발행인이 그 모집 또는 매출에 관한 신고서를 금융위원회에 제출하여 수리되지 아니하면 증권의 모집 또는 매출을 할 수 없도록 되어 있다(법 제119조 제1항).

그러나 일괄신고서를 제출한 경우에는 예외가 인정된다. 즉, 증권의 종류, 발행예정기간, 발행횟수, 발행인의 요건 등을 고려하여 일정기간 동안 모집하거나 매출할 증권의 총액을 일괄하여 기재한 일괄신고서를 금융위원회에 제출하여 수리된 경우에는 그 기간 중에 그 증권을 모집하거나 매출할 때마다 제출하여야 하는 신고서를 따로 제출하지 아니하고 그 증권을 모집하거나 매출할 수 있다. 그러나 이 경우에도 그 증권을 모집하거나 매출할 때마다 일괄신고와 관련된 일괄신고 추가서류는 제출하여야 한다(법 제119조 제2항).

이 경우 발행인은 증권신고서에 발행인의 미래의 재무상태나 영업실적 등에 대한 예측 또는 전망에 관한 사항으로서 예측정보인 ① 매출규모 · 이익규모 등 발행인의 영업실적, 그 밖의 경영성과에 대한 예측 또는 전망에 관한 사항, ② 자본금규모 · 자금흐름 등 발행인의 재무상태에 대한 예측 또는 전망에 관한 사항, ③ 특정한 사실의 발생 또는 특정한 계획의 수립으로 인한 발행인의 경영성과 또는 재무상태의 변동 및 일정시점에서의 목표수준에 관한 사항, ④ 그 밖에 발행인의 미래에 대한 예측 또는 전망에 관한 사항을 기재 또는 표시할 수 있다. 이 경우 예측정보의 기재 또는 표시는 ① 그 기재 또는 표시가 예측정보라는 사실이 밝혀져 있을 것, ② 예측 또는 전망과 관련된 가정이나 판단의 근거가 밝혀져 있을 것, ③ 그 기재 또는 표시에 대하여 예측 치와 실제 결과치가 다를 수 있다는 주의문구가 밝혀져 있을 것 등의 요건을 충족시켜야 한다(법 제119조 제3항).

그리고 증권신고서를 제출하는 경우 증권신고서에 기재하여야 할 사항이나 그 첨부서류에 이미 제출된 것과 같은 부분이 있는 때에는 그 부분을 적시하여 이를 참조하라는 뜻을 기재한 서면으로 이에 갈음할 수 있다(법 제119조 제4항).

또한 증권신고서를 제출하는 경우 신고 당시 해당 발행인의 대표이사나 대표집행임원 및 신고업무를 담당하는 이사는 그 증권신고서의 기재사항 중 중요사항에 관하여 거짓의 기재 또는 표시가 있거나 중요사항의 기재 또는 표시가 누락되어 있지 아니하다는 사실 등을 확인 · 검토하고 이에 각각 서명하여야 한다(법 제119조 제5항).

그러나 이러한 자본시장법상의 증권발행 신고에 관한 규정에도 불구하고 발행인 및 같은 종류의 증권에 대하여 충분한 공시가 이루어지고 있는 등의 사유가 있는 경우에는 매출에 관한 증권신고서의 제출의무가 면제되며(법 제119조 제6항), 그 밖에도 증권신고서의 기재사항 및 그 첨부서류에 관하여 필요한 사항은 대통령령으로 정하도록 위임하고 있다(법 제119조 제7항).

그리고 증권신고서 제출 요건을 충족치 못한 경우에는 과징금의 부과 및 형사처벌의 대상이 됨은 물론이고 해당 증권의 모집, 매출이 금지된다. 즉, 증권신고서상의 모집가액 또는 매출가액의 3%나 최대 20억 원을 초과하지 아니하는 범위에서 과징금을 부과할 수 있으며(법 제429조 제1항 제1호 및 제2호), 증권신고서의무를 위반한 경우에는 5년 이하의 징역 또는 2억 원 이하의 벌금에 처해지게 된다(법 제444조 제12호). 그러나 증권신고서의 서명과 관련하여서는 예외적으로 형사벌 규정의 적용이 배제된다.

또한 증권신고서의 내용이 부정확하거나 중요사항을 누락한 경우에도 증권의 발행 등이 금지되고 5년 이하의 징역 또는 2억 원 이하의 벌금에 처해지게 된다(법 제444조 제13호).

그 밖에도 이러한 위반행위로 인해 손해를 입은 투자자는 민사상의 손해배상청구와 증권집단소송을 제기할 수 있으며, 증권신고서를 제출한 법인, 그 이사뿐만 아니라 증권발행에 관여한 증권회사, 공인회계사, 감정인, 신용평가전문가 등도 손해배상책임을 질 수 있다(법 제125조).

3. 자료요구권

우리나라 거래소가 2011년부터 국제회계기준(IFRS)을 적용하기로 함으로써 자본시장법상 상장회사들은 종속회사들과 연결한 연결재무제표를 작성하여야 하므로 불가피하게 지배회사는 증권신고서를 작성함에 있어서 종속회사의 관련자료가 필요하다.

따라서 자본시장법은 증권신고서 작성시 필요한 재무상태를 표시하기 위하여 필요한 관련자료를 종속회사에 요구할 수 있는 권리를 인정하고 있다. 즉, 종속회사가 있는 연결재무제표 작성대상법인 중 증권신고서를 제출하여야 하는 법인은 증권신고서의 작성을 위하여 필요한 범위에서 종속회사에게 관련자료의 제출을 요구할 수 있다(법 제119조의2 제1항).

그리고 연결재무제표 작성대상법인 중 증권신고서를 제출하여야 하는 법인은 증권신고서의 작성을 위하여 필요한 자료를 입수할 수 없거나 종속회사가 제출한 자료의 내용을 확인할 필요가 있는 때에는 종속회사의 업무와 재산상태를 조사할 수 있다(법 제119조의2 제2항).

그리고 정당한 이유 없이 연결재무제표 작성대상법인의 자료제출 요구 및 조사를 거부·방해·기피한 자에 대하여는 1년 이하의 징역 또는 3천만 원 이하의 벌금에 처할 수 있다(법 제446조 제19의2호).

4. 신고 효력발생시기

자본시장법은 증권신고의 효력발생시기에 대하여 규정을 두고 있는데, 이에 따르면 증권신고는 그 증권신고서가 금융위원회에 제출되어 수리된 날부터 증권의 종류 또는 거래의 특성 등을 고려하여 채무증권의 모집 또는 매출인 경우에는 7일, 채무증권인 경우에는 5일이 경과한 날에 그 효력이 발생하도록 규정하고 있다(법 제120조).

그리고 금융위원회는 증권신고서의 형식을 제대로 갖추지 아니한 경우 또는 그 증권신고서 중 중요사항에 관하여 거짓의 기재 또는 표시가 있거나 중요사항이 기재 또는 표시되지 아니한 경우를 제외하고는 그 수리를 거부할 수 없다.

그러나 이러한 증권신고를 하더라도 그 증권신고서의 기재사항이 진실 또는 정확하다는 것을 인정하거나 정부에서 그 증권의 가치를 보증 또는 승인하는 효력이 발생하는 것은 아니다.

그리고 증권의 발행인이 증권신고를 철회하고자 하는 경우에는 그 증권신고서에 기재된 증권의 취득 또는 매수의 청약일 전일까지 철회신고서를 금융위원회에 제출하여야 한다.

5. 거래 제한

자본시장법은 거래상의 혼란을 예방하기 위하여 증권신고서의 효력이 발생하기 전에는 증권의 취득 또는 매수의 청약이 있는 경우 청약의 승낙을 할 수 없도록 금지시키고 있다. 즉, 증권신고의 효력이 발생하지 아니한 증권의 취득 또는 매수의 청약이 있는 경우에 그 증권의 발행인·매출인과 그 대리인은 그 청약의 승낙을 할 수 없다(법 제121조).

그리고 일괄신고추가서류를 제출하여야 하는 경우 그 일괄신고추가서류가 제출되지 아니하면 그 증권의 발행인·매출인과 그 대리인은 그 증권에 관한 취득 또는 매수의 청약에 대한 승낙도 금지된다.

그럼에도 불구하고 이를 위반하여 증권에 관한 취득 또는 매수의 청약에 대한 승낙을 한 자에 대하여는 1년 이하의 징역 또는 3천만 원 이하의 벌금에 처해지게 된다(제446조 제20호).

6. 정정신고서

자본시장법은 증권신고서 제출시 형식을 제대로 갖추지 못한 경우 이를 정정할 수 있는 기회를 부여하고 있다. 즉, 금융위원회는 증권신고서의 형식을 제대로 갖추지 아니한 경우 또는 그 증권신고서 중 중요사항에 관하여 거짓의 기재 또는 표시가 있거나 중요사항이 기재 또는 표시되지 아니한 경우와 중요사항의 기재나 표시내용이 불분명하여 투자자의 합리적인 투자판단을 저해하거나 투자자에게 중대한 오해를 일으킬 수 있는 경우에는 그 증권신고서에 기재된 증권의 취득 또는 매수의 청약일 전일까지 그 이유를 제시하고 그 증권신고서의 기재내용을 정정한 정정신고서의 제출을 요구할 수 있다(법 제122조 제1항). 그리고 이러한 금융위의 정정요구가 있는 경우 그 증권신고서는 그 요구를 한 날부터 수리되지 아니한 것으로 의제된다(법 제122조 제2항).

그리고 증권신고서를 제출한 자는 그 증권신고서의 기재사항을 정정하고자 하는 경우에는 그 증권신고서에 기재된 증권의 취득 또는 매수의 청약일 전일까지 정정신고서를 제출할 수 있다. 이 경우 중요한 사항을 정정하고자 하는 경우 또는 투자자보호를 위하여 그 증권신고서에 기재된 내용을 정정할 필요가 있는 경우에는 반드시 정정신고서를 제출하여야 한다(법 제122조 제3항).

여기서 말하는 중요한 사항이란 ① 집합투자증권을 제외한 증권인 경우와 ②집합투자증권인 경우를 각기 달리 정하고 있다. 즉, 집합투자증권을 제외한 증권인 경우에는 (가) 모집가액 또는 매출가액 · 발행이율 등 발행조건, (나) 배정기준일 · 청약기간 또는 납입기일, (다) 자금의 사용목적, (라) 인수인 · 보증기관 또는 수탁회사, (마) 그 밖에 투자자의 합리적인 투자판단이나 해당 증권의 가치에 중대한 영향을 미칠 수 있는 사항으로서 금융위원회가 정하여 고시하는 사항을 말한다(법시행령 제130조 제1항 제1호).

그리고 집합투자증권인 경우에는 (가) 모집가액 또는 매출가액, 발행예정기간, 발행예정금액 등 발행조건, (나) 인수인, (다) 집합투자기구로 등록한 사항을 변경하는 경우, (라) 그 밖에 투자자의 합리적인 투자판단이나 해당 집합투자증권의 가치에 중대한 영향을 미칠 수 있는 사항으로서 금융위원회가 정하여 고시하는 사항이 이에 해당한다.

그리고 투자자 보호를 위하여 그 증권신고서에 기재된 내용을 정정할 필요가 있는 경우로는 ① 증권신고서의 기재나 표시내용이 불분명하여 그 증권신고서를 이용하는 자로 하여금 중대한 오해를 일으킬 수 있는 내용이 있는 경우, ② 발행인에게 불리한 정보를 생략하거나 유리한 정보만을 강조하는 등 과장되게 표현된 경우, ③ 집합투자증권을 제외한 증권인 경우에는 특정한 사실 중 하나가 발생한 때, ④ 집합투자증권인 경우에는 특정사실 중 하나가 발생한 때이며, 이 경우에는 반드시 정정신고서를 제출하여야 한다(법 제122조 제3항, 법시행령 제130조 제2항).

그리고 여기서 말하는 ③ 집합투자증권을 제외한 증권인 경우에 특정한 사실이란, (가) 최근 사업연도의 재무제표 또는 반기보고서, 분기보고서가 확정된 때, (나) 발행인의 사업목적이 변경된 때, (다) 영업의 양도 · 양수 또는 합병계약이 체결된 때, (라) 발행인의 경영이나 재산 등에 중대한 영향을 미치는 소송의 당사자가 된 때, (마) 발행한 어음이나 수표가 부도로 되거나 은행과의 당좌거래가 정지되거나 금지된 때, (바) 영업활동의 전부나 중요한 일부가 정지된 때, (사) 회생절차개시의 신청이 있은 때, (아) 법정해산사유가 발생한 때가 이에 해당한다.

그리고 ④ 집합투자증권인 경우에 특정사실이란 (가) 최근 결산기의 재무제표가 확정된 때, (나) 집합투자기구 간의 합병계약이 체결된 때, (다) 집합투자재산 등에 중대한 영향을 미치는 소송이 제기된 때가 이에 해당한다.

이처럼 정정신고서는 증권신고서에 기재된 증권의 취득 또는 매수의 청약일 전일까지 제출하여야 하지만, 예외적으로 일괄신고서를 제출한 자는 그 발행예정기간 종료 전까지 정정신고서를 제출할 수 있다. 이 경우 집합투자증권 중 개방형 집합투자증권을 제외하고는 발행예정금액 및 발행예정기간을 정정할 수는 없지만, 발행예정금액의 20% 한도 이하로 감액되는 발행예정금액은 정정이 가능하다(법 제122조 제4항).

그리고 정정신고서가 제출된 경우, 그 정정신고서가 수리된 날 그 증권신고서가 수리된 것으로 의제되며(법 제122조 제5항), 금융위원회로부터 정정신고 요구를 받은 후 3개월 이내에 발행인이 정정신고서를 제출하지 아니하는 경우에는 해당 증권신고서를 철회한 것으로 의제된다(법 제122조 제6항).

그리고 정정신고서에 중요사항을 거짓기재 또는 거짓표시 하거나 중요사항을 기재 또는 표시하지 아니한 자 및 그 중요사항에 관하여 거짓의 기재 또는 표시가 있거나 중요사항의 기재 또는 표시가 누락되어 있는 사실을 알고도 서명을 한 자와 그 사실을 알고도 이를 진실 또는 정확하다고 증명하여 그 뜻을 기재한 공인회계사 · 감정인 또는 신용평가를 전문으로 하는 자에게는 5년 이하의 징역 또는 2억 원 이하의 벌금이 처해지게 된다(법 제444조 제13호 나목).

7. 투자설명서 작성 · 공시

자본시장법은 증권을 모집하거나 매출하는 경우 발행인에게 투자설명서를 금융위원회에 제출하고, 이를 일반인들이 열람할 수 있도록 공시의무를 부과시키고 있다. 즉, 증권을 모집하거나 매출하는 경우 그 발행인은 투자설명서 및 간이투자설명서를 그 증권신고의 효력이 발생하는 날에 금융위원회에 제출하여야 하며, 이를 ① 해당 증권의 발행인의 본점, ② 금융위원회, ③ 한국거래소, ④ 청약사무를 취급하는 장소에 비치하고 일반인이 열람할 수 있도록 하여야 한다(법 제123조 제1항).

이때 투자설명서 및 간이투자설명서는 대통령령으로 정하는 방법에 따라 작성하여야 하는데, 이에 따르면 투자설명서는 표제부와 본문으로 구분하여 작성하여야 하며(법시행령 제131조 제1항), 투자설명서의 표제부에는 ① 증권신고의 효력발생일, ② 해당 증권의 모집가액 또는 매출가액, ③ 청약기간, ④ 납부기간, ⑤ 해당 증권신고서의 사본과 투자설명서의 열람 장소, ⑥ 안정조작이나 시장조성을 하려는 경우에는 증권시장에서 안정조작이나 시장조성이 행하여질 수 있다는 뜻, ⑦ 청약일 전날까지는 해당 증권신고서의 기재사항 중 일부가 변경될 수 있다는 뜻, ⑧ 정부가 증권신고서의 기재사항이 진실 또는 정확하다는 것을 인정하거나 해당 증권의 가치를 보증 또는 승인하는 것이 아니라는 뜻, ⑨ 그 밖에 투자자를 보호하기 위하여 필요한 사항으로서 금융위원회가 정하여 고시하는 사항을 기재하여야 한다(법시행령 제131조 제2항).

그리고 투자설명서의 본문에는 ① 신고서의 기재사항 및 첨부서류, ② 일괄신고서의 기재사항 및 첨부서류, ③ 집합투자증권의 증권신고서의 기재사항, ④ 유동화증권의 증권신고서의 기재사항 및 첨부서류, ⑤ 증권신고서의 기재사항 및 첨부서류의 특칙 등을 기재하여야 한다(법시행령 제131조 제3항).

그 밖에도 투자설명서에는 증권신고서에 기재된 내용과 다른 내용을 표시하거나 그 기재사항을 누락하여서는 아니 된다. 다만, 기업경영 등 비밀유지와 투자자 보호와의 형평 등을 고려하여 기재를 생략할 필요가 있는 사항으로서 ① 군사기밀에 해당하는 사항, ② 발행인의 업무나 영업에 관한 것으로서 금융위원회의 확인을 받은 사항에 대하여는 그 기재를 생략할 수 있다(법 제123조 제2항).

자본시장법은 개방형 집합투자증권 및 금적립계좌 등에 대하여는 추가의무를 부과시키고 있다(법시행령 제131조 제6항). 즉, 개방형 집합투자증권 및 금적립계좌 등의 집합투자증권 및 파생결합증권의 발행인은 투자설명서의 작성 · 공시의무 이외에 ① 투자설명서 및 간이투자설명서를 제출한 후 1년마다 1회 이상 개정한 투자설명서 및 간이투자설명서를 제출할 것, ② 변경등록을 한 경우 변경등록의 통지를 받은 날부터 5일 이내에 그 내용을 반영한 투자설명서 및 간이투자설명서를 제출할 것이라는 의무의 구분에 따라 투자설명서 및 간이투자설명서를 금융위원회에 추가로 제출하여야 하며, 이를 해당 증권의 발행인의 본점, 금융위원회, 한국거래소, 청약사무를 취급하는 장소에 비치하고 일반인이 열람할 수 있도록 하여야 한다. 그러나 그 집합투자증권 및 파생결합증권의 모집 또는 매출을 중지한 경우에는 제출·비치 및 공시의무가 면제된다(법 제123조 제3항).

그리고 자본시장법이 정한 투자설명서의 작성 및 공시의무를 위반한 경우에는 5년 이하의 징역 또는 2억 원 이하의 벌금에 처해지게 되며(법 제444조 제13호 다목), 투자설명서나 공개매수설명서 또는 위임장 용지 및 참고서류를 제출하지 아니한 자에 대하여는 1년 이하의 징역 또는 3천만 원 이하의 벌금에 처해진다(법 제446조칙 제21호).

8. 정당한 투자설명서 사용

자본시장법은 투자자에게 투자설명서를 미리 교부하여야 증권을 매도할 수 있도록 규제하고 있다. 즉, 증권신고의 효력이 발생한 증권을 취득하고자 하는 일반투자자에게 투자설명서를 미리 교부하지 아니하면 그 증권을 취득하게 하거나 매도할 수 없다(법 제124조).

이 경우 투자설명서가 전자문서로 작성된 경우에는 법이 열거한 요건을 모두 충족하는 때에 이를 교부한 것으로 의제되는데, 여기서 말하는 법이 열거한 요건은 ① 전자문서로 투자설명서를 받는 것에 대한 전자문서수신자의 동의가 있을 것, ② 전자문서수신자가 전자문서를 받을 전자전달매체의 종류와 장소를 지정할 것, ③ 전자문서수신자가 그 전자문서를 받은 사실이 확인될 것, ④ 전자문서의 내용이 서면에 의한 투자설명서의 내용과 동일할 것 등이다.

그리고 법은 청약권유방법과 관련하여 3가지 방법을 제시하고 있는데 이에 따르면 누구든지 증권신고의 대상이 되는 증권의 모집 또는 매출, 그 밖의 거래를 위하여 청약의 권유 등을 하고자 하는 경우에는 ① 증권신고의 효력이 발생한 후 투자설명서를 사용하는 방법, ② 증권신고서가 수리된 후 신고의 효력이 발생하기 전에 발행인이 작성한 예비투자설명서를 사용하는 방법, ③ 증권신고서가 수리된 후 신문·방송·잡지 등을 이용한 광고, 안내문·홍보전단 또는 전자전달매체를 통하여 발행인이 작성한 간이투자설명서를 사용하는 방법 중 어느 하나에 해당하는 방법으로 해야 한다.

그러나 집합투자증권의 경우에는 앞에서 본 법이 정한 청약권유의 방법에도 불구하고 간이투자설명서를 사용할 수 있다. 그러나 투자자가 투자설명서의 사용을 별도로 요청하는 경우에는 예외가 인정되며, 집합투자증권의 간이투자설명서를 교부하거나 사용하는 경우에는 투자자에게 투자설명서를 별도로 요청할 수 있음을 알려야 한다.

그럼에도 불구하고 투자설명서를 미리 교부하지 아니하고 증권을 취득하게 하거나 매도한 자(법 제446조 제22호)와 증권신고의 대상이 되는 증권의 모집 또는 매출, 그 밖의 거래를 위하여 청약의 권유방법에 따르지 아니하고 청약의 권유 등을 한 자(법 제446조 제23호)는 1년 이하의 징역 또는 3천만 원 이하의 벌금에 처해지게 된다.

9. 거짓의 기재 책임(허위공시책임)

1) 책임원칙

자본시장법은 허위공시를 하여 시장 사기행위를 한 경우 이에 대한 손해배상책임을 규정하고 있다.

여기서 말하는 허위공시란 ① 증권신고서의 신고인과 신고 당시의 발행인의 이사, ② 상법상 업무집행지시자로서 그 증권신고서의 작성을 지시하거나 집행한 자, ③ 증권신고서의 기재사항 또는 그 첨부서류가 진실 또는 정확하다고 증명하여 서명한 공인회계사 · 감정인 또는 신용평가를 전문으로 하는 자, ④ 증권신고서의 기재사항 또는 그 첨부서류에 자기의 평가 · 분석 · 확인 의견이 기재되는 것에 대하여 동의하고 그 기재내용을 확인한 자, ⑤ 증권의 인수인 또는 주선인, ⑥ 투자설명서를 작성하거나 교부한 자, ⑦ 매출의 방법에 의한 경우 매출신고 당시의 매출인이 분식을 통하여 거짓으로 기재한 신고서와 설명서, 보고서등 금융위를 통하여 공시한 경우를 말한다.

그리고 자본시장법은 이러한 허위공시에 대한 책임을 부과시키고 있는데, 이에 따르면 증권신고서와 사업설명서, 그리고 사업보고서 등을 허위작성하여 이를 금융감독원에 비치케 하고 이를 열람한 공중이 이에 의거하여 주식을 취득한 후 허위공시사실이 밝혀지면서 주가하락으로 손해를 본 자에 대하여 허위공시자가 손해배상책임을 지도록 한 것을 말하며, 이러한 허위공시책임은 증권집단소송의 대상이 되기도 한다.

일반적으로 기업들은 분식회계에 의하여 작성된 재무제표를 근거로 공시자료를 작성하게 되는데, 우리 자본시장법상 "증권신고서와 투자설명서", 그리고 "사업보고서 · 반기보고서 및 분기보고서"를 허위 작성하여 이를 금융감독원에 비치케 하고 이를 열람한 공중이 이에 의거하여 주식을 취득한 후 주가하락으로 손해를 본 자에 대하여 손해배상책임을 지도록 한 것이다.

따라서 기업이 분식회계를 하기는 하였지만 이를 토대로 한 유가증권신고서나 사업설명서 및 사업보고서 등을 금융위에 제출하지 않아 공중이 이를 열람할 기회가 없었던 경우에는 세법상의 제재대상은 되지만 자본시장법상의 허위공시로 인한 손해배상책임을 지지 않는다고 해석된다.

물론, 증권신고서나 사업설명서 및 사업보고서 등을 금융위에 제출하지 않고, 자체적으로 보도자료를 언론에 제공한 경우에 허위공시관련 책임이 발생할 수 있는지 여부는 논란의 여지가 있을 것으로 생각한다.

이와 관련하여 금융감독원의 전자공시 시스템에서 정보를 취득한 언론이나 애널리스트 등이 보도한 사실을 보고 주식을 매입한 경우에도 허위공시로 인한 손해배상책임의 대상이 될 수 있을 것으로 본다.

2) 예측정보 허위공시

자본시장법은 예측정보를 허위공시한 경우에도 손해배상책임을 지도록 규정하고 있다. 이에 따르면 기업이 증권신고서와 증권발행실적보고서 및 사업보고서, 반기보고서 및 분기보고서에 예측정보를 허위공시한 경우에 손해배상책임을 지게 된다. 구체적으로는 ① 매출규모 · 이익규모 등 보고자의 영업실적 기타 경영성과에 대한 예측 또는 전망에 관한 사항, ② 자본금규모 · 자금흐름 등 보고자의 재무상태에 대한 예측 또는 전망에 관한 사항, ③ 특정한 사실의 발생 또는 특정한 계획의 수립으로 인한 보고자의 경영성과 또는 재무상태의 변동 및 일정시점에서의 목표수준에 관한 사항, ④ 기타 보고자의 미래에 대한 예측 또는 전망에 관한 사항으로서 이를 허위로 기재하거나 표시한 경우 또는 중요한 사항이 기재 또는 표시하지 않은 경우가 이에 해당한다. 그리고 발행인의 재무에 관한 사항, 기타 투자자보호를 위하여 필요한 사항을 기재하지 않은 경우에도 이에 해당한다.

따라서 해당 기업이 신고서나 보고서 등을 작성함에 있어 분식회계에 기초한 재무상태 및 예측정보를 작성하여 이를 공시하고 이를 신뢰하여 투자한 주주들이 손해를 본 경우에는 손해배상책임이 발생한다.

이러한 예측정보와 관련하여 자본시장법은 기업이 단순히 공시한 예측정보에 대하여 까지 엄격책임을 부과하는 것은 과도하다는 전제하에 예측정보에 대한 면책조항을 두고 있다. 즉, 예측정보도 허위공시의 대상이 되기는 하지만 일정한 요건을 충족시킨 경우에는 이에 대한 허위공시책임을 면제된다는 것이다. 따라서 기업이 신고서나 보고서에 기재할 사항 중 예측정보에 관한 사항을 기재할 때 ① 당해 기재 또는 표시가 예측정보라는 사실이 밝혀진 경우, ② 예측 또는 전망과 관련된 가정 또는 판단의 근거가 밝혀져 있는 경우, ③ 당해 기재 또는 표시가 합리적 근거 또는 가정에 기초하여 성실하게 행하여졌을 경우, ④ 당해 기재 또는 표시에 대하여 예측치와 실제 결과치가 다를 수 있다는 주의문구가 밝혀져 있는 경우에는 손해배상책임을 지지 않는다(법 제125조 제2항).

그러나 당해 증권의 취득자가 취득의 청약시에 예측정보에 허위의 기재 또는 표시가 있거나 중요한 사항이 기재 또는 표시되지 아니한 사실을 알지 못한 경우로서 허위기재 자에게 그 기재 또는 표시와 관련하여 고의 또는 중대한 과실이 있었음을 증명한 경우에는 책임을 물을 수 있다.

참고로 미국의 경우에는 1979년부터 예측정보공시제도를 운영하고 있으며, 우리나라처럼 예측정보공시를 강제하지 않고 기업들이 임의적으로 필요에 따라 이를 결정하도록 하고 있다. 즉, 예측정보의 면책과 관련하여서는 미국 증권거래위원회(SEC: Securities and Exchange Commission)의 SEC Rule 175에서는 "주의에 의한 면책의 법리(Bespeaks Caution Doctrin)" 규정을 두고 있는데, 이 원칙의 핵심은 회사가 제공한 정보에 '적절한 주의문구'가 기재되어 있으면, 당해 정보와 관련하여서는 증권사기로 인한 소송을 제기할 수 없다는 것이다.

그러나 많은 미국의 기업들이 예측정보의 범위 · 면책여부 등과 관련하여 법원의 판결이 일관되지 않기 때문에 예측정보공시를 꺼려왔다.

이러한 점에서 향후 우리나라에서도 예측정보공시와 관련된 법리적 논란은 지속될 것으로 예상된다.

3) 허위공시 면책

자본시장법상 허위공시로 인한 손해배상청구를 하기 위하여는 투자자가 당해 신고서 및 보고서의 허위 기재 또는 표시가 있거나 중요한 사항이 기재 또는 표시되지 아니한 것을 신뢰하여 유가증권을 취득하였어야 한다. 즉, 기업이 분식회계에 기초한 허위공시를 한 경우에 당해 기업 및 이사가 보고 및 신고서를 금융위에 제출할 당시 허위의 기재 또는 표시가 있거나 중요한 사항이 기재 또는 표시되지 아니하였다는 사실을 상당한 주의를 하였음에도 불구하고 이를 알 수 없었음을 증명하거나 그 증권의 취득자가 취득의 청약시에 그 사실을 안 때에는 책임을 면할 수 있다(법 제125조 제1항 단서).

다만, 투자자의 신뢰여부에 대한 입증책임을 누가 부담하는지 여부가 문제가 된다. 즉, 우리나라에서는 손해배상청구권자가 증권신고서에 허위기재 · 누락이 있다는 사실을 입증하여야하지만, 현실적으로 유가증권신고서와 사업설명서의 내용에 관한 모든 재무 및 영업에 관한 자료를 발행인 측이 보관하고 있어 원고가 유가증권신고서와 사업설명서에 허위기재 또는 누락이 있었다는 사실을 입증하기 어렵다는 지적들이 많다. 그러나 이와 관련하여 우리 자본시장법은 아무런 규정을 두고 있지 않으며, 판례도 없는 실정이다. 다만, 우리 자본시장법 제125조를 해석하여 볼 때 피고에게 입증책임이 있는 것으로 해석되고 있다. 이와 관련하여 미국의 경우에는 입증책임과 관련하여 인과관계요건을 허위공시를 보고 거래하였는지 여부인 거래인과관계와 허위공시로 인하여 손해를 보았는지 여부인 손해인과관계로 구분하여 1933년 연방증권법 및 1934년 연방증권거래법에서 발행공시책임, 유통공시책임 및 사기금지규정에 위반하는 경우의 손해배상책임을 법률 또는 판례를 통하여 명확한 기준을 제시하고 있다.

4) 손해배상액

허위공시로 인한 손해배상책임을 추궁하는 과정에서 구체적인 손해액을 산정하는 것이 용이치 않는 않다. 그럼에도 불구하고 손해배상액을 산정하는 것은 손해배상책임규정의 실효성을 확보 차원에서 매우 중요하다.

이와 관련하여 자본시장법은 사법의 기본원칙인 실손해배상원칙에 대한 예외로 손해배상액 추정주의를 택하고 있다. 즉, 허위공시 후 취득한 가액과 허위공시 사실이 확인된 후 처분한 가액과의 차액을 손해액으로 추정하고 이를 배상토록 함으로써 소송실무상 손해액산정의 어려움을 입법론적으로 극복하고자 하였다.

그러나 이러한 배상액추정규정이 실질적으로 실손해배상원칙에 대한 예외를 인정함으로써 원고의 도덕적 해이로 인한 남소의 우려가 있어 헌법 제37조 제2항에서 규정하고 있는 과잉금지의 원칙상 규제방법이 적절치 않은 것에 해당하여 위헌의 여지를 안고 있다.

그럼에도 불구하고 그 입법목적은 정당하다는 점에서 향후 판례를 통하여 피해의 최소성, 법익의 균형성 등에 대한 기준이 제시되면 입법론적 타당성 여부가 구체화될 수 있을 것으로 생각된다.

구체적으로는 허위공시에 따라 배상할 금액은 청구권자가 해당 증권을 취득함에 있어서 실제로 지급한 금액에서 ① 손해배상을 청구하는 소송의 변론이 종결될 때의 그 증권의 시장가격(시장가격이 없는 경우에는 추정처분가격)이나 ② 변론종결 전에 그 증권을 처분한 경우에는 그 처분가격 중 어느 하나에 해당하는 금액을 뺀 금액으로 추정하도록 규정하고 있다(법 제126조 제1항). 즉, 허위공시 후 취득한 가액과 허위공시 사실이 확인된 후 처분한 가액과의 차액을 손해액으로 추정하고 있다.

그러나 허위공시로 인하여 배상책임을 질자가 청구권자가 입은 손해액의 전부 또는 일부가 중요사항에 관하여 거짓의 기재 또는 표시가 있거나 중요사항이 기재 또는 표시되지 아니함으로써 발생한 것이 아님을 증명한 경우에는 그 부분에 대하여 배상책임을 면하도록 면책가능성을 법정화하였다(법 제126조 제2항). 즉, 피고가 허위공시와 손해간의 손해인과관계가 없음을 입증하면 면책을 할 수 있도록 하였다.

그러나 이와 관련하여 허위공시를 신뢰하여 취득하였는지 여부에 대한 신뢰인과관계가 없는 경우 면책가능성을 명문으로 규정하지 않았다는 점에서 향후 법리해석과 판례를 통하여 정립되어야 할 과제이다.

그 밖에도 분식회계에 의한 허위공시가 존재하는 경우 자본시장법상의 손해배상 외에도 증권집단소송법상의 손해배상책임이 발생할 수 있는데, 자본시장법상의 허위공시에 의한 손해배상책임과 마찬가지로 증권집단소송법상의 손해배상책임소송 역시 손해배상액 산정문제와 배상액의 분배문제를 두고 논란이 많다. 이에 대하여 증권집단소송법은 손해배상액 산정과 관련하여 ① 자본시장법 및 그 밖에 다른 법률에 규정이 있는 경우에는 그에 따르고(증권집단소송법 제34조 제1항), 손해액 산정이 곤란한 때에는 제반사정을 참작하여 표본적・평균적・통계적 방법 그 밖의 합리적 방법으로 이를 정할 수 있도록 규정하고 있다(증권집단소송법 제34조 제2항).

이와 관련하여 문제가 될 수 있는 것은 현행 자본시장법 제126조에서 발행시장에서의 허위공시책임을 취득가액과 처분가액, 또는 변론종결시의 주식가액의 차액을 일괄적으로 배상토록 하고 있으며, 증권집단소송법도 이를 준용하고 있어 향후 손해배상액이 천문학적인 액수에 달할 수 있다(동법 제34조). 또한 자본시장법은 유통시장에서의 허위공시에 대하여도 발행시장에서의 허위공시책임에 따른 손해배상액 산정을 동일하게 적용하도록 규정하고 있다. 이는 유통시장과 발행시장에서의 허위공시책임에 대하여 달리 규정을 두고 있는 미국과 비교하여 볼 때에 입법적 흠결이라고 생각한다.

배상액의 분배문제와 관련하여 법원은 직권 또는 대표당사자의 신청에 의하여 분배관리인을 선임하도록 되어 있다(동법 제41조 제1항). 그리고 분배기준은 판결이유 중의 판단이나 화해조서를 기준으로 하여 분배계획서를 분배관리인이 작성하고(동법 제43조, 제42조), 법원은 분배계획안을 결정의 방식으로 인가하도록 되어 있다(동법 제46조 제1항). 이때 구성원은 분배기준에 따라 권리신고기간 내에 권리를 신고하여야 한다(동법 제49조 제1항).

이처럼 분배문제는 결국 법원이 얼마나 합리적으로 판단할 것인가 하는 문제에 달려 있다. 그러나 증권집단소송이 미국의 사례에서 보듯이 대부분이 화해로 끝나는 점을 고려하여 볼 때에 화해금액에 대한 분배문제도 입법론적으로 해결할 필요가 있다.

이를 위하여은 무엇보다도 이에 대한 구체적인 기준이 제시되어야 할 것이며, 가능하다면 입법작업을 통하여 책임한도액을 설정하는 것이 바람직하다. 이때 해상운송이나 항공운송의 경우 운송인의 손해배상한도액에 관한 규정을 참조할 필요가 있다.

5) 배상청구권 소멸

자본시장법은 허위공시에 의한 손해배상청구권의 특별소멸시효 규정을 두고 있는데, 이에 따르면 허위공시에 대한 배상책임은 그 청구권자가 해당 사실을 안 날부터 1년 이내 또는 해당 증권에 관하여 증권신고서의 효력이 발생한 날부터 3년 이내에 청구권을 행사하지 아니한 경우에는 소멸한다.

이처럼 허위공시에 의한 손해배상책임의 단기소멸시효를 인정한 근거는 증권거래의 신속성이라는 특성을 고려하여 볼 때에 법률관계를 조속히 확정시켜 분쟁을 없애기 위한 것으로 해석된다.

다만, 소멸시효로 인하여 손해배상을 청구할 수 없는 원고의 경우 청구권경합설에 따르면 민법 제750조에 의거한 불법행위로 인한 손해배상청구를 할 수 있다고 해석되며, 법조경합설에 따르면 청구권이 부정된다.

그리고 청구권경합설에 따라 안날로부터 3년, 행위가 있은 날로부터 10년의 규정에 의거하여 손해배상을 청구하는 경우, 민법상의 기본원칙인 입증책임원칙에 따라 원고가 피고의 고의나 과실을 입증하여야 하고, 손해배상액의 입증, 신뢰인과관계, 손해인과관계 등의 입증책임을 원고가 부담하는 등 자본시장법상의 특칙을 적용받지 않게 된다.

10. 증권발행실적보고서

자본시장법은 증권의 발행인에게 증권발행실적보고서를 금융위에 제출할 의무를 부과시키고 있다.

증권발행실적보고서란 증권신고서에 기초해서 발행된 증권의 사항을 최종적으로 공시하는 것을 말하는 것으로서 증권을 발행한 회사에 사업내용, 경영실적, 재무상태, 사업계획, 경영진 등 증권의 가치를 판단하는 데 필요한 정보를 공개하여 개인 투자자들도 기관투자자와 동일한 정보접근성을 확보할 수 있도록 제도적으로 보장하고자 하는데 목적이 있다.

발행인이 공모시 공시하는 자료에는 '증권신고서'와 '투자설명서'가 있는데, 이 모두는 발행인이 금융감독 당국에 제출해야 하는 점에서는 동일하지만, 그 목적 면에서 증권신고서는 감독 당국의 심사를 받기 위한 목적으로 제출하는 것이고, 투자설명서는 투자자용으로 제출하는 것이다.

그러나 그 내용은 거의 동일하며, 증권신고서나 투자설명서의 전반부에 있는 '요약정보'에는 발행인의 핵심 투자위험과 공모에 관한 일반 사항이 간결하게 기재되어야 한다.

그리고 이러한 증권신고의 효력이 발생한 증권의 발행인은 금융위원회가 정하여 고시하는 방법에 따라 그 발행실적에 관한 증권발행실적보고서를 금융위원회에 제출할 의무를 부과시키고 있다. 그리고 이를 위반한 경우에는 1천만 원 이하의 과태료에 처해지게 된다(법 제449조 제2항 제7호).

11. 금융위원회 공시의무

자본시장법은 금융위원회에게 신고서와 보고서의 공시의무를 부과시키고 있는데, 이에 따르면 금융위원회는 ① 증권신고서 및 정정신고서, ② 투자설명서, ③ 증권발행실적보고서를 각각 3년간 일정한 장소에 비치하고, 인터넷 홈페이지 등을 이용하여 공시하여야 한다. 이 경우 기업경영 등 비밀유지와 투자자보호와의 형평성 등을 고려하여 대통령령으로 정하는 사항을 제외하고 비치 및 공시할 수 있는데, 제외되는 사항이란 ① 군사기밀에 해당하는 사항, ② 발행인 또는 그 종속회사의 업무나 영업에 관한 것으로서 금융위원회의 확인을 받은 사항을 말한다(법시행령 제136조). 그러나 이 의무 위반과 관련하여 자본시장법은 아무런 제재규정을 두고 있지 않다.

12. 신고서 미제출 모집 · 매출

자본시장법은 신고서를 제출하지 아니하는 모집 · 매출의 경우 별도의 투자자보호를 위한 조치를 취할 것을 요구하고 있다. 즉, 증권신고서를 제출하지 아니하고 증권을 모집 또는 매출하는 발행인은 투자자를 보호하기 위하여 재무상태에 관한 사항의 공시, 그 밖에 조치를 하여야 할 것을 요구하고 있다(법 제130조).

여기서 말하는 투자자보호를 위한 조치와 관련하여 시행령에서는 6개의 조치를 열거하여 명시하고 있다. 첫번째 보호조치는 증권의 모집 또는 매출 전에 회계감사 등을 받은 발행인의 재무상태와 영업실적을 기재한 서류를 금융위원회에 제출하는 것이다.

두 번째 보호조치는 청약의 권유를 하는 경우 필요한 보호조치를 말하는데, 이에는 2가지의 보호조치가 필요하다. 하나는 모집매출관련 보호조치이며, 이에 따르면 모집 또는 매출에 관한 일반사항, 모집 또는 매출되는 증권의 권리내용, 모집 또는 매출되는 증권의 취득에 따른 투자위험요소, 모집 또는 매출되는 증권의 기초자산에 관한 사항, 모집 또는 매출되는 증권에 대한 인수인의 의견, 주권비상장법인이 인수 없이 지분증권의 모집 또는 매출에 관한 신고서를 제출하는 경우에는 증권분석기관의 평가의견, 자금의 사용목적, 그 밖에 투자자를 보호하기 위하여 필요한 사항, 발행인에 관한 회사의 개요, 사업의 내용, 재무에 관한 사항, 회계감사인의 감사의견, 이사회 등 회사의 기관 및 계열회사에 관한 사항, 주주에 관한 사항, 임원 및 직원에 관한 사항, 이해관계자와의 거래내용, 그 밖에 투자자를 보호하기 위하여 금융위원회가 정하여 고시하는 사항이 이에 해당한다.

그러나 이러한 청약의 권유와 관련한 모집매출관련보호조치에도 불구하고 집합투자증권인 경우에는 추가의 보호조치를 요구하고 있다. 즉, 모집 또는 매출에 관한 사항과 집합투자기구에 관한 사항, 투자신탁을 제외한 출자금에 관한 사항, 최초 증권신고서 제출시를 제외한 재무에 관한 사항, 유동화증권인 경우에는 모집 또는 매출에 관한 사항, 발행인에 관한 사항, 자산보유자에 관한 사항, 유동화자산에 관한 사항, 자산유동화계획 등에 관한 사항, 그 밖에 투자자를 보호하기 위하여 금융위원회가 정하여 고시하는 사항이 이에 해당한다.

청약의 권유와 관련한 필요한 또 다른 보호조치는 해당 증권의 모집가액 또는 매출가액, 청약기간, 납부기간의 사항을 인쇄물 등에 기재하거나 표시하는 것이다.

이 경우 재무상태와 영업실적에 관하여 금융위원회에 제출된 서류의 내용과 다른 내용이나 거짓의 사실을 기재하거나 표시해서는 아니 된다.

세 번째 보호조치는 증권의 모집 또는 매출의 개시일 3일 전까지 청약의 권유방법과 인쇄물 등에 기재하거나 표시한 내용을 금융위원회에 제출하는 것이다. 이때 증권의 모집 또는 매출을 시작한 후 청약의 권유방법이나 인쇄물 등에 기재하거나 표시한 내용을 변경한 경우에도 동일하게 요구된다.

네 번째 보호조치는 증권에 관한 투자매매업자 또는 투자중개업자, 은행, 한국산업은행, 중소기업은행, 증권금융회사 중 어느 하나에 해당하는 자와 청약증거금의 예치, 보관 및 투자자에 대한 반환 등에 관한 사항을 포함하는 청약증거금관리계약을 체결하고 계좌를 개설해야 하는 조치이다.

다섯 번째 보호조치는 증권의 모집 또는 매출이 끝난 경우에는 지체 없이 그 모집 또는 매출 실적에 관한 결과를 금융위원회에 보고하는 것이다.

여섯 번째 보호조치는 대차대조표와 그 부속 명세서, 손익계산서와 그 부속명세서, 이익잉여금처분계산서 또는 결손금처리계산서, 회계감사인의 감사보고서 등 결산에 관한 서류를 매 사업연도 경과 후 90일 이내에 금융위원회에 제출할 것 등을 말한다. 다만, 사업보고서 제출대상법인, 외국법인 등, 모집 또는 매출한 증권의 상환 또는 소각을 완료한 법인 및 보증사채권만을 발행한 법인의 경우에는 예외이다(법시행령 제137조 제1항).

그러나 발행인 및 같은 종류의 증권에 대하여 충분한 공시가 이루어지고 있는 등 대통령령으로 정한 사유에 해당하는 때(법 제119조 제6항)에는 예외가 인정된다. 즉, 일괄신고서를 제출한 법인이 일괄신고서에 기재된 발행예정기간 중 합병 등에 따라 새로운 법인으로 설립되는 경우로서 합병 등의 당사자가 되는 모든 법인이 발행인 및 같은 종류의 증권에 대하여 충분한 공시가 이루어지고 있는 등 모든 요건을 충족하는 경우에는 이미 제출한 일괄신고서를 이용할 수 있다. 그리고 법을 위반하여 조치를 하지 아니한 자에 대하여는 5천만 원 이하의 과태료가 부과된다(법 제449조 제1항 제36호).

13. 보고 및 조사

증권신고와 관련하여 금융감독기관은 투자자보호 차원에서 필요한 경우 관련자에게 참고가 될 내용을 보고케 하거나 조사할 수 있도록 근거규정을 마련하였다(법 제131조). 즉, 금융위원회는 투자자 보호를 위하여 필요한 경우에는 증권신고의 신고인, 증권의 발행인·매출인·인수인, 그 밖의 관계인에 대하여 참고가 될 보고 또는 자료의 제출을 명하거나, 금융감독원장에게 그 장부·서류, 그 밖의 물건을 조사하게 할 수 있다. 그리고 이때 조사를 하는 자는 그 권한을 표시하는 증표를 지니고 이를 관계인에게 내보여야 한다.

조사와 관련하여 금융위원회가 보고 또는 자료의 제출명령을 하였음에도 이에 불응한 자는 1천만 원 이하의 과태료가 부과되지만(법 제449조 제2항 제8호), 조사자가 권한을 표시하는 증표를 보이지 않은 경우에 대한 제재규정은 없다.

14. 위원회의 조치

자본시장법은 증권신고관련 절차상 하자가 있거나 내용상 흠결이 있는 경우 이를 보완할 수 있는 조치를 할 수 있도록 근거규정을 두고 있다(법 제132조). 이에 따르면 금융위원회는 ① 증권신고서·정정신고서 또는 증권발행실적보고서를 제출하지 아니한 경우, ② 증권신고서·정정신고서 또는 증권발행실적보고서 중 중요사항에 관하여 거짓의 기재 또는 표시가 있거나 중요사항이 기재 또는 표시되지 아니한 경우, ③ 증권신고 효력발생전 거래제한규정을 위반하여 증권의 취득 또는 매수의 청약에 대한 승낙을 한 경우, ④ 투자설명서에 관하여 투자설명서 작성 및 공시의무(제123조) 또는 정당한 투자설명서의 사용(제124조)을 위반한 경우, ⑤ 예비투자설명서 또는 간이투자설명서에 의한 증권의 모집·매출, 그 밖의 거래에 관하여 청약의 권유제한 규정(제124조 제2항)을 위반한 경우, ⑥ 신고서를 제출하지 아니하는 모집·매출시에 법이 정한 조치(제130조)를 하지 아니한 경우 중 어느 하나에 해당하는 경우에는 증권신고의 신고인, 증권의 발행인·매출인·인수인 또는 주선인에 대하여 이유를 제시한 후 그 사실을 공고하고 정정을 명할 수 있으며, 필요한 때에는 그 증권의 발행·모집·매출, 그 밖의 거래를 정지 또는 금지하거나 필요한 조치를 할 수 있다. 그리고 여기서 말하는 필요한 조치란 ① 1년의 범위에서 증권의 발행 제한, ② 임원에 대한 해임권고, ③ 법을 위반한 경우에는 고발 또는 수사기관에의 통보, ④ 다른 법률을 위반한 경우에는 관련 기관이나 수사기관에의 통보, ⑤ 경고 또는 주의 중 어느 하나에 해당하는 조치를 취할 수 있다(법시행령 138조).

이와 관련하여 시행령은 그 조치에 필요한 절차 및 조치기준은 총리령으로 정하도록 규정하고 있는데, 정작 법시행규칙에서는 이에 대하여 아무런 규정을 두고 있지 않다.

그리고 금융위원회의 처분을 위반한 자는 1년 이하의 징역 또는 3천만 원 이하의 벌금에 처해진다(법 제446조 제24호).

제2장 기업의 인수·합병 관련제도

제1절 공개매수

1. 공개매수 적용대상

자본시장법은 제3편에서 “증권의 발행 및 유통”에 관하여 규정하면서 제2장에서는 기업의 인수·합병 관련제도에 관한 규정 중 제1절 공개매수와 관련하여 우선적으로 그 적용대상에 대하여 규정하고 있다.

우선, 자본시장법은 공개매수의 개념에 대하여 정의를 하고 있는데, 이에 따르면 ‘공개매수’란 불특정 다수인에 대하여 의결권 있는 주식, 그 밖에 공개매수의 적용대상으로 정하는 증권매수의 청약을 하거나 매도청약을 권유하고 증권시장 및 다자간매매체결회사 밖에서 그 주식 등을 매수하는 것이라고 정의하고 있다(법 제133조 제1항).

그리고 ‘의결권 있는 주식, 그 밖에 증권’이란 의결권 있는 주식에 관계되는 ① 주권상장법인이 발행한 증권으로서 주권, 신주인수권 증서, 전환사채권, 신주인수권부사채권, 증권과 교환을 청구할 수 있는 교환사채권, 증권을 기초자산으로 하는 파생결합증권, ② 주권상장법인 외의 자가 발행한 증권으로서 증권과 관련된 증권예탁증권, 증권이나 증권과 교환을 청구할 수 있는 교환사채권, 증권이나 증권을 기초자산으로 하는 파생결합증권을 말한다(법 시행령 제139조).

그리고 ‘공개매수사무취급자’에 대해여도 개념을 정의하고 있는데, 이에 따르면 공개매수사무취급자란 공개매수를 하고자 하는 자를 대리하여 매수·교환·입찰, 그 밖의 유상취득을 할 주식 등의 보관, 공개매수에 필요한 자금 또는 교환대상 증권의 지급, 그 밖의 공개매수 관련 사무를 취급하는 자라고 정의하고 있다(법 제133조 제2항).

그리고 주식 등을 매수하는 날부터 과거 6개월간으로 정하는 기간 동안 10인 이상으로부터 증권시장 밖에서 주식 등의 매수 등을 하고자 하는 자는 그 매수 등을 한 후에 본인과 그 특수관계인과 공동보유자가 보유하게 되는 주식 등의 수의 합계가 그 주식 등의 총수의 5 % 이상이 되는 경우에는 공개매수를 하여야 한다.

그러나 매수 등의 목적, 유형, 그 밖에 다른 주주의 권익침해 가능성 등을 고려하여 ① 소각을 목적으로 하는 주식 등의 매수 등, ② 주식매수청구에 응한 주식의 매수, ③ 신주인수권이 표시된 것, 전환사채권, 신주인수권부사채권 또는 교환사채권의 권리행사에 따른 주식 등의 매수 등, ④ 파생결합증권의 권리행사에 따른 주식 등의 매수 등, ⑤ 특수관계인으로부터의 주식등의 매수 등, ⑥ 그 밖에 다른 투자자의 이익을 해칠 염려가 없는 경우로서 금융위원회가 정하여 고시하는 주식 등의 매수의 경우에는 공개매수 외의 방법으로 매수 등을 할 수 있다(법 제133조 제3항, 법시행령 제143조).

그리고 공개매수에 관한 규정을 적용함에 있어서 증권시장에서의 경쟁매매 외의 방법에 의한 주식 등의 매수로서 매도와 매수 쌍방당사자간의 계약, 그 밖의 합의에 따라 종목, 가격과 수량 등을 결정하고, 그 매매의 체결과 결제를 증권시장을 통하는 방법으로 하는 주식 등의 매수의 경우에는 증권시장 밖에서 행하여진 것으로 의제되며, 공개매수관련 주식 등의 수와 주식 등의 총수는 총리령으로 정하는 방법에 따라 산정한 수로 한다(법 제133조 제4항, 제5항).

그리고 공개매수에 의하지 아니하고 주식 등을 매수한 자는 3년 이하의 징역 또는 1억 원 이하의 벌금에 처한다(법 제445조 제19호).

2. 공개매수공고 및 공개매수신고서 제출

1) 공개매수 공고

자본시장법은 투자자와 주주보호차원에서 공개매수사실을 공고하고, 공개매수신고서를 제출하는 방법 등에 대하여 상세한 규정을 두고 있다. 즉, 공개매수를 하고자 하는 자는 ① 공개매수자, ② 공개매수 할 주식 등의 발행인, ③ 공개매수의 목적, ④ 공개매수 할 주식 등의 종류 및 수, ⑤ 공개매수기간 · 가격 · 결제일 등 공개매수조건, ⑥ 매수자금의 명세, 그 밖에 투자자 보호를 위하여 필요한 사항들을 공고하여야 한다(법 제134조 제1항).

여기서 말하는 필요한 사항이란 일반일간신문 또는 경제분야의 특수일간신문 중 전국을 보급지역으로 하는 둘 이상의 신문에 공고하는 것을 말하며(법시행령 제145조 제1항), '대통령령으로 정하는 주식 등'이란 교환사채권과 파생결합증권을 말하며(법시행령 제145조 제2항), 대통령령으로 정하는 자란 (1) 증권예탁증권의 경우에는 그 기초가 되는 주식 등의 발행인, (2)

교환사채권의 경우에는 교환의 대상이 되는 주식 등의 발행인, (3) 파생결합증권의 경우에는 그 기초자산이 되는 주식 등의 발행인을 말한다(법시행령 제145조 제3항).

2) 공개매수신고

자본시장법은 공개매수시 이를 공고하는 것 이외에도 금융위원회와 거래소에 공고내용을 신고할 것도 요구하고 있다. 즉, 공개매수자는 ① 공개매수자 및 그 특별관계자에 관한 사항, ② 공개매수 할 주식 등의 발행인, ③ 공개매수의 목적, ④ 공개매수 할 주식 등의 종류 및 수, ⑤ 공개매수기간·가격·결제일 등 공개매수조건, ⑥ 공개매수공고일 이후에 공개매수에 의하지 아니하고 주식 등의 매수 등을 하는 계약이 있는 경우에는 그 계약의 내용, ⑦ 매수자금의 명세, 그 밖에 투자자보호를 위하여 필요한 사항들을 기재한 공개매수신고서를 공개매수공고일에 금융위원회와 거래소에 제출하여야 한다.

그리고 투자자보호를 위하여 필요한 사항이란 (1) 공개매수사무취급자에 관한 사항, (2) 공개매수대상회사의 현황, (3) 공개매수의 방법, (4) 공개매수에 필요한 자금이나 교환대상증권의 조성내역, (5) 공개매수자와 그 특별관계자의 최근 1년간 공개매수대상회사의 주식 등의 보유상황과 거래상황, (6) 공개매수대상회사의 임원이나 최대주주와 사전협의가 있었는지 여부와 사전협의가 있는 경우에는 그 협의내용, (7) 공개매수가 끝난 후 공개매수대상회사에 관한 장래계획, (8) 공개매수의 중개인이나 주선인이 있는 경우에는 그에 관한 사항, (9) 공개매수신고서와 공개매수설명서의 열람장소를 말한다(법시행령 제146조 제2항).

그러나 공개매수공고일이 공휴일(근로자의 날 및 토요일 포함), 그 밖에 금융위원회가 정하여 고시하는 날에 해당되는 경우에는 그 다음 날에 제출할 수 있다(법 제134조 제2항).

그리고 공개매수기간은 20일 이상 60일 이내의 기간이어야 하며(법 제134조 제3항), 공개매수자는 공개매수신고서에 그 주식 등의 발행인의 예측정보를 기재 또는 표시할 수 있다.

이 경우 예측정보의 기재 또는 표시는 ① 그 기재 또는 표시가 예측정보라는 사실이 밝혀져 있을 것, ② 예측 또는 전망과 관련된 가정이나 판단의 근거가 밝혀져 있을 것, ③ 그 기재 또는 표시에 대하여 예측 치와 실제 결과치가 다를 수 있다는 주의문구가 밝혀져 있을 것 등의 요건에 따라야한다(법 제134조 제4항).

그 밖에도 공개매수신고서의 첨부서류, 그 밖에 공개매수신고서에 관하여 필요한 사항은 대통령령으로 정한다(법 제134조 제5항). 즉, 공개매수신고서에는 (1) 공개매수자가 외국인인 경우에는 주민등록표 등본에 준하는 서류, (2) 공개매수자가 법인, 그 밖의 단체인 경우에는 정관과 법인 등기사항증명서에 준하는 서류, (3) 공개매수 관련 사무에 관한 계약서 사본, (4) 공개매수에 필요한 금액 이상의 금융기관 예금잔액, 그 밖에 자금의 확보를 증명하는 서류, (5) 다른 증권과의 교환에 의한 공개매수인 경우에는 공개매수자가 교환의 대가로 인도할 증권의 확보를 증명하는 서류. 다만, 자회사 주식의 40% 미만 소유금지규정(공정거래법 제8조의2 제2항 제2호)의 적용을 회피할 목적으로 현물출자를 받기 위하여 공개매수를 하려는 경우에는 신주의 발행을 증명하는 서류, (6) 다른 증권과의 교환에 의한 공개매수에 관하여 모집 또는 매출의 신고를 하여야 하는 경우에는 그 신고서에 기재할 사항의 내용과 같은 내용을 기재한 서류, (7) 주식 등의 매수 등에 행정관청의 허가 · 인가 또는 승인이 필요한 경우에는 그 허가 · 인가 또는 승인이 있었음을 증명하는 서류, (8) 공개매수공고 내용, (9) 공개매수공고 전에 해당 주식 등의 매수 등의 계약을 체결하고 있는 경우에는 그 계약서의 사본, (10) 그 밖에 공개매수신고서의 기재사항을 확인하는 데에 필요한 서류로서 금융위원회가 정하여 고시하는 서류를 첨부하여야 한다. 이 경우 금융위원회는 행정정보의 공동이용을 통하여 공개매수자의 주민등록표 등본 또는 법인 등기사항증명서를 확인하여야 하며, 공개매수자가 주민등록표 등본의 확인에 동의하지 아니하는 경우에는 주민등록표 등본을 첨부하도록 하여야 한다(법시행령 제146조 제4항). 그리고 이 밖에도 공개매수신고서의 서식과 작성방법 등에 관하여 필요한 사항은 금융위원회가 정하여 고시한다(법시행령 제146조 제5항).

공개매수공고 또는 공개매수신고서의 공고 또는 서류 중 중요사항에 관하여 거짓의 기재 또는 표시를 하거나 중요사항을 기재 또는 표시하지 아니한 자(법 제444조 제15호 가목)와 공고를 하지 아니한 자(법 제444조 제16호), 공개매수신고서를 제출하지 아니한 자(법 제444조 제17호)는 5년 이하의 징역 또는 2억 원 이하의 벌금에 처한다.

3. 신고서 사본 송부

자본시장법은 공개매수사실을 발행인이 알게 하여 이에 대비할 수 있도록 제도적 장치를 마련하고 있다. 즉, 공개매수자는 공개매수신고서를 제출한 경우에는 지체 없이 그 사본을 공개매수 할 주식 등의 발행인에게 송부하여야 한다.

그리고 공개매수자가 신고서 또는 보고서의 사본을 송부하지 아니한 경우(법 제449조 제37호)와 신고서 사본이나 대량보유보고서에 따른 보고서 사본에 신고서 또는 보고서에 기재된 내용과 다른 내용을 표시하거나 그 내용을 누락하여 송부한 자(법 제449조 제38호)에 대하여는 5천만 원 이하의 과태료를 부과한다.

4. 정정신고 · 공고

1) 정정신고

자본시장법은 공개매수신고서에 하자가 있는 경우 이를 정정하는 절차와 방법에 대하여 상세한 규정을 둠으로써 공시제도의 효율성을 확보하고자 하고 있다. 즉, 금융위원회는 공개매수신고서의 형식을 제대로 갖추지 아니한 경우 또는 그 공개매수신고서 중 중요사항에 관하여 거짓의 기재 또는 표시가 있거나 중요사항이 기재 또는 표시되지 아니한 경우에는 공개매수기간이 종료하는 날까지 그 이유를 제시하고 그 공개매수신고서의 기재내용을 정정한 신고서의 제출을 요구할 수 있도록 규정하고 있으며, 금융위가 정정신고서를 요구한 경우 그 공개매수신고서는 그 요구를 한 날부터 제출되지 않은 것으로 의제된다(법 제136조).

정정신고서 제출기간과 관련하여 공개매수자는 공개매수조건, 그 밖에 공개매수신고서의 기재사항을 정정하고자 하는 경우 또는 투자자보호를 위하여 그 공개매수신고서에 기재된 내용을 정정할 필요가 있는 경우에는 공개매수기간이 종료하는 날까지 금융위원회와 거래소에 정정신고서를 제출하여야 한다. 그러나 매수가격의 인하, 매수예정 주식 등의 수의 감소, 매수대금 지급기간의 연장, 그 밖에 대통령령으로 정하는 공개매수조건 등은 변경할 수 없다.

여기서 정정할 필요가 있는 경우란 (1) 공개매수신고서의 기재나 표시내용이 불분명하여 그 공개매수신고서를 이용하는 자로 하여금 중대한 오해를 일으킬 수 있는 내용이 있는 경우, (2) 공개매수자에게 불리한 정보를 생략하거나 유리한 정보만을 강조하는 등 과장되게 표현된 경우를 말한다(법시행규칙 제15조).

그리고 "그 밖에 대통령령으로 정하는 공개매수조건"이란 (1) 공개매수기간의 단축, (2) 응모주주가 선택할 수 있는 대가의 종류를 추가하는 경우를 제외한 응모주주에게 줄 대가의 종류의 변경, (3) 공개매수 대금지급기간의 연장을 초래하는 공개매수조건의 변경을 말한다(법시행령 제147조).

그러나 ① 정정신고서 제출일 전 3일의 기간 중 해당 주식 등의 증권시장에서 성립한 최종가격 기준의 산술평균가격이 공개매수가격의 90% 이상인 경우 또는 대항공개매수가 있는 경우의 매수가격 인상, ② 공개매수공고 후 해당 주식 등의 총수에 변경이 있는 경우 또는 대항공개매수가 있는 경우의 매수예정 주식 등의 수의 증가, ③ 대항공개매수가 있는 경우의 공개매수기간의 연장의 경우는 제외한다.

공개매수자가 공개매수신고서의 정정신고서를 제출하는 경우 공개매수기간의 종료일은 ① 그 정정신고서를 제출한 날이 공개매수기간 · 가격 · 결제일 등 공개매수조건에 따라 공고한 공개매수기간 종료일 전 10일 이내에 해당하는 경우에는 그 정정신고서를 제출한 날부터 10일이 경과한 날, ② 그 정정신고서를 제출한 날이 공개매수기간 · 가격 · 결제일 등 공개매수조건에 따라 공고한 공개매수기간 종료일 전 10일 이내에 해당하지 아니하는 경우에는 그 공개매수기간이 종료하는 날이다(법 제136조 제4항).

2) 정정내용공고

공개매수자는 정정신고서를 제출한 경우에는 지체 없이 그 사실과 정정한 내용을 공개매수공고하여야 한다. 이 경우 공개매수를 하고자 하는 자는 전국을 보급지역으로 하는 둘 이상의 일간신문에 ① 공개매수를 하고자 하는 자, ② 공개매수 할 주식 등의 발행인, ③ 공개매수의 목적, ④ 공개매수 할 주식 등의 종류 및 수, ⑤ 공개매수기간 · 가격 · 결제일 등 공개매수조건, ⑥ 매수자금의 명세, 그 밖에 투자자 보호를 위하여 필요한 사항들을 공개매수공고하여야 한다(법 제136조 제5항, 법 제134조 제1항).

이때 일반일간신문 또는 경제분야의 특수일간신문 중 전국을 보급지역으로 하는 둘 이상의 신문에 공고하며, 공개매수 할 주식 등이란 교환사채권과 파생결합증권을 말하며, 신고대상은 (1) 증권예탁증권의 경우에는 그 기초가 되는 주식등의 발행인, (2) 교환사채권의 경우에는 교환의 대상이 되는 주식 등의 발행인, (3) 파생결합증권의 경우에는 그 기초자산이 되는 주식 등의 발행인을 말한다(법시행령 제145조 제3항).

공개매수자는 공개매수신고서의 정정신고서를 제출한 경우에는 지체 없이 그 사본을 공개매수할 주식 등의 발행인에게 송부하여야 한다(법 제136조 제6항).

신고서 또는 보고서의 사본을 송부하지 아니한 자(법 제449조 제1항 제37호) 및 신고서 사본이나 보고서 사본에 신고서 또는 보고서에 기재된 내용과 다른 내용을 표시하거나 그 내용을 누락하여 송부한 자(법 제449조 제1항 제38호)에 대하여는 5천만 원 이하의 과태료가 부과된다.

5. 공개매수설명서 작성 · 공시

자본시장법은 공개매수자에게 공개매수설명서의 작성 및 공시의무를 부과시키고 있다. 즉, 공개매수자 및 공개매수사무취급자는 공개매수를 하고자 하는 경우에는 대통령령으로 정하는 방법에 따라 그 공개매수에 관한 설명서(공개매수설명서)를 작성하여 공개매수공고일에 금융위원회와 거래소에 제출할 의무를 부과시킴과 동시에, 이를 총리령으로 정하는 장소에 비치하고 일반인이 열람할 수 있도록 할 것을 요구하고 있다(법 제137조).

여기서 대통령령으로 정하는 방법이란 공개매수설명서에는 (1) 공개매수자 및 그 특별관계자에 관한 사항, (2) 공개매수할 주식 등의 발행인, (3) 공개매수의 목적, (4) 공개매수 할 주식 등의 종류 및 수, (5) 공개매수기간·가격·결제일 등 공개매수조건, (6) 공개매수공고일 이후에 공개매수에 의하지 아니하고 주식 등의 매수 등을 하는 계약이 있는 경우에는 그 계약의 내용, (7) 매수자금의 명세, 그 밖에 투자자보호를 위하여 필요한 사항으로서 대통령령으로 정하는 사항을 기재할 것을 요구하고 있다. 다만, 공개매수자가 주권상장법인인 경우에는 금융위원회가 정하여 고시하는 사항의 기재를 생략할 수 있다(법시행령 제148조).

이 경우 공개매수공고일이 공휴일, 그 밖에 금융위원회가 정하여 고시하는 날에 해당되는 경우에는 그 다음 날에 제출할 수 있다.

그리고 시장의 사기행위를 방지하는 차원에서 허위공시를 차단하고자 공개매수설명서에는 공개매수신고서에 기재된 내용과 다른 내용을 표시하거나 그 기재사항을 누락시키지 못하도록 금지시키고, 공개매수자는 공개매수 할 주식 등을 매도하고자 하는 자에게 공개매수설명서를 미리 교부하지 아니하면 그 주식 등을 매수할 수 없도록 금지시키고 있다. 이 경우 공개매수설명서가 전자문서의 방법에 따르는 때에는 ① 전자문서에 의하여 공개매수설명서를 받는 것을 전자문서수신자가 동의할 것, ② 전자문서수신자가 전자문서를 받을 전자전달매체의 종류와 장소를 지정할 것, ③ 전자문서수신자가 그 전자문서를 받은 사실이 확인될 것, ④ 전자문서의 내용이 서면에 의한 공개매수설명서의 내용과 동일할 것 등의 요건을 모두 충족하는 때에 이를 교부한 것으로 의제한다(법 제137조).

공개매수설명서를 미리 교부하지 아니하고 주식 등을 매수한 자는 1년 이하의 징역 또는 3천만 원 이하의 벌금에 처해진다(법 제446조 제25호).

6. 공개매수 의견표명

자본시장법은 발행인에게 공개매수에 관한 의견을 표명할 수 있도록 근거규정을 두고 있다. 즉, 공개매수신고서가 제출된 주식 등의 발행인은 대통령령으로 정하는 방법에 따라 그 공개매수에 관한 의견을 표명할 수 있도록 허용하고 있다(법 제138조 제1항).

그리고 여기서 말하는 대통령령으로 정하는 방법이란 공개매수신고서가 제출된 주식 등의 발행인이 공개매수에 관한 의견을 표명하는 경우에는 광고·서신, 그 밖의 문서에 의하여 하여야 하는 것과, 의견표명에는 공개매수에 대한 발행인의 찬성·반대 또는 중립의 의견에 관한 입장과 그 이유가 포함되어야 하며, 의견표명 이후에 그 의견에 중대한 변경이 있는 경우에는 지체 없이 앞에서 정한 방법에 따라 그 사실을 알려야 한다(법시행령 149조).

한편, 발행인이 의견을 표명한 경우에는 그 내용을 기재한 문서를 지체 없이 금융위원회와 거래소에 제출할 의무를 부과시키고 있다(법 제138조 제2항).

7. 공개매수 철회

공개매수는 시장에 공시한다는 점에서 이를 임의로 철회하는 것은 투자자보호를 위협할 뿐만 아니라 시장의 신뢰를 약화시키는 부작용을 초래할 수 있다.

따라서 자본시장법은 공개매수자는 공개매수공고일 이후에는 공개매수를 철회할 수 없도록 강제하고 있다(법 제139조 제1항).

그러나 대항공개매수가 있는 경우, 공개매수자가 사망·해산·파산한 경우, 그 밖에 투자자보호를 해할 우려가 없는 경우로서 대통령령으로 정하는 경우에는 공개매수기간의 말일까지 철회할 수 있다(법 제139조 제1항 단서).

여기서 "그 밖에 투자자 보호를 해할 우려가 없는 경우로서 대통령령으로 정하는 경우"란 (1) 공개매수자가 발행한 어음 또는 수표가 부도로 되거나 은행과의 당좌거래가 정지 또는 금지된 경우 (2) 공개매수대상회사에 (가) 합병, 분할, 분할합병, 주식의 포괄적 이전 또는 포괄적 교환, (나) 중요한 영업이나 자산의 양도·양수, (다) 해산, (라) 파산, (마) 발행한 어음이나 수표의 부도, (바) 은행과의 당좌거래의 정지 또는 금지, (사) 주식 등의 상장폐지, (아) 천재지변·전시·사변·화재, 그 밖의 재해 등으로 인하여 최근 사업연도 자산총액의 10% 이상의 손해가 발생한 경우 중 어느 하나의 사유가 발생한 경우에 공개매수를 철회할 수 있다는 조건을 공개매수공고시 게재하고 이를 공개매수신고서에 기재한 경우로서 그 기재한 사유가 발생한 경우를 말한다.

앞에서 본 바와 같이 예외적으로 공개매수자가 공개매수를 철회하고자 하는 경우에는 철회신고서를 금융위원회와 거래소에 제출하고, 그 내용을 공고하여야 하며, 이 경우 공개매수를 하고자 하는 자는 대통령령으로 정하는 방법에 따라 ① 공개매수를 하고자 하는 자, ② 공개매수할 주식 등의 발행인, ③ 공개매수의 목적, ④ 공개매수 할 주식 등의 종류 및 수, ⑤ 공개매수기간·가격·결제일 등 공개매수조건, ⑥ 매수자금의 명세, 그 밖에 투자자보호를 위하여 필요한 공개매수공고를 하여야 한다(법 제139조 제2항, 법 제134조 제1항).

여기서 말하는 대통령령이 정하는 방법이란 공개매수공고를 하려는 자는 금융위원회가 정하여 고시하는 방법에 따라 일반일간신문 또는 경제분야의 특수일간신문 중 전국을 보급지역으로 하는 둘 이상의 신문에 공고하는 것을 말한다(법시행령 제145조).

그리고 대통령령으로 정하는 주식 등의 경우란 교환사채권과 파생결합증권을 말하며(법시행령 제145조 제2항), 대통령령으로 정하는 자란 (1) 증권예탁증권의 경우에는 그 기초가 되는 주식 등의 발행인, (2) 교환사채권의 경우에는 교환의 대상이 되는 주식 등의 발행인, (3) 파생결합증권의 경우에는 그 기초자산이 되는 주식 등의 발행인을 말한다.

또한 대통령령으로 정하는 사항이란 (1) 공개매수자와 그 특별관계자의 현황, (2) 공개매수사무취급자에 관한 사항, (3) 공개매수의 방법, (4) 공개매수 할 주식 등의 발행인(공개매수대상회사)의 임원이나 최대주주와 사전협의가 있었는지 여부와 사전협의가 있는 경우에는 그 협의내용, (5) 공개매수가 끝난 후 공개매수대상회사에 관한 장래 계획, (6) 공개매수공고 전에 해당 주식 등의 매수 등의 계약을 체결하고 있는 경우에는 그 계약사실 및 내용, (7) 공개매수신고서와 공개매수설명서의 열람장소를 말한다.

그리고 공개매수자는 공개매수의 철회신고서를 제출한 경우 지체 없이 그 사본을 공개매수를 철회할 주식 등의 발행인에게 송부하여야 하며(법 제139조 제3항), 공개매수대상 주식 등의 매수의 청약에 대한 승낙 또는 매도의 청약을 한 응모주주는 공개매수기간 중에는 언제든지 응모를 취소할 수 있다. 이 경우 공개매수자는 응모주주에 대하여 그 응모의 취소에 따른 손해배상 또는 위약금의 지급을 청구할 수 없다(법 제139조 제4항).

또한 공개매수철회 신고서 또는 보고서의 사본을 송부하지 아니한 자(법 제449조 제1항 제37호)와 신고서 사본이나 보고서 사본에 신고서 또는 보고서에 기재된 내용과 다른 내용을 표시하거나 그 내용을 누락하여 송부한 자(법 제449조 제1항 제38호)는 5천만 원 이하의 과태료를 부과받게 된다.

8. 비공개매수 금지

자본시장법은 공개매수기간 중에는 공개매수의 방법으로만 주식 등을 매수할 수 있도록 규정하고 있다. 즉, 공개매수자는 공개매수 공고일부터 그 매수기간이 종료하는 날까지 그 주식 등을 공개매수에 의하지 아니하고는 매수 등을 할 수 없도록 금지시키고 있다. 그러나 공개매수에 의하지 아니하고 그 주식 등의 매수 등을 하더라도 다른 주주의 권익침해가 없는 경우에는 공개매수에 의하지 아니하고도 매수 등을 할 수 있는데(법 제140조), 이에 해당하는 경우는 (1) 해당 주식 등의 매수 등의 계약을 공개매수공고 전에 체결하고 있는 경우로서 그 계약체결 당시 공개매수의 적용대상에 해당하지 아니하고 공개매수공고와 공개매수신고서에 그 계약사실과 내용이 기재되어 있는 경우, (2) 공개매수사무취급자가 공개매수자와 그 특별관계자 외의 자로부터 해당 주식 등의 매수 등의 위탁을 받는 경우 중 어느 하나에 해당하는 경우를 말 한다(법시행령 제151조).

그리고 공개매수에 의하지 아니하고 주식 등의 매수 등을 한 자는 3년 이하의 징역 또는 1억 원 이하의 벌금에 처해지게 된다(법 제445조 제19호).

9. 공개매수 조건과 방법

자본시장법은 공개매수신고를 한 경우에 공개매수의 조건과 방법에 관하여 법정하고 있다. 즉, 공개매수자는 공개매수신고서에 기재한 매수조건과 방법에 따라 응모한 주식 등의 전부를 공개매수기간이 종료하는 날의 다음 날 이후 지체 없이 매수하여야 한다(법 제141조 제1항). 그러나 ① 응모한 주식 등의 총수가 공개매수 예정주식 등의 수에 미달할 경우 응모주식 등의 전부를 매수하지 아니한다는 조건, ② 응모한 주식 등의 총수가 공개매수 예정주식 등의 수를 초과할 경우에는 공개매수 예정주식 등의 수의 범위에서 비례배분하여 매수하고 그 초과 부분의 전부 또는 일부를 매수하지 아니한다는 조건 중 어느 하나에 해당하는 조건을 공개매수공고에 게재하고 공개매수신고서에 기재한 경우에는 그 조건에 따라 응모한 주식 등의 전부 또는 일부를 매수하지 않을 수 있다(법 제141조 제1항 단서).

그리고 공개매수자가 공개매수를 하는 경우 그 매수가격은 균일할 것을 요구하고 있다(법 제141조 제2항). 그러나 이를 위반한 경우에 이에 대한 제재규정은 존재하지 않는다.

10. 공개매수자 배상책임

1) 책임성립요건

(1) 허위공시

자본시장법은 투자자보호 차원에서 공개매수과정에서 법에서 정한 절차와 방법을 위반하여 투자자에게 손해를 발생시킨 경우 공개매수자에게 특별한 손해배상책임규정을 두고 있다. 즉, ① 공개매수신고서 및 그 정정신고서의 신고인과 그 대리인, ② 공개매수설명서의 작성자와 그 대리인이 공개매수신고서 및 그 공고, 정정신고서 및 그 공고 또는 공개매수설명서 중 중요사항에 관하여 거짓의 기재 또는 표시가 있거나 중요사항이 기재 또는 표시되지 아니함으로써 응모주주가 손해를 입은 경우에는 그 손해에 관하여 배상의 책임을 지도록 규정하고 있다(법 제142조 제1항). 여기서 말하는 신고인이란 신고인의 특별관계자뿐만 아니라 신고인이 법인인 경우 그 이사도 포함된다.

이 규정은 결국, 공개매수자의 허위공시에 대한 손해배상책임을 인정한 것이다. 그러나 배상의 책임을 질자가 상당한 주의를 하였음에도 불구하고 이를 알 수 없었음을 증명하거나 응모주주가 응모를 할 때에 그 사실을 안 경우에는 배상의 책임을 면하게 된다(법 제142조 제1항 단서). 즉, 허위공시에 대한 면책의 입증책임을 피고에게 부과시킴으로서 입증책임을 전환시키고 과실추정주의를 택하고 있는 것이다.

(2) 허위공시 신뢰존재

앞에서 본 바와 같이 공개매수신고서 등의 중요사항에 관하여 거짓의 기재 또는 표시가 있거나 중요사항이 기재 또는 표시되지 아니함으로써 응모주주가 손해를 입은 경우에는 그 손해에 관하여 배상의 책임을 진다(법 제142조 제1항).

따라서 응모주주가 손해배상을 받기 위하여는 당해 자가 공개매수 신고서 및 정정신고서, 공개매수설명서의 허위의 기재 또는 표시가 있거나 중요한 사항이 기재 또는 표시되지 아니한 것을 신뢰하여 응모하였어야 한다. 즉, 응모주주가 허위공시를 응모하였어야 한다. 그러나 이와 관련하여 응모주주의 허위공시 신뢰여부에 대한 입증책임을 누가 부담하는가 하는 점이 문제가 된다.

사법의 기본원칙상 손해배상청구권자가 공개매수신고서 등에 허위기재·누락이 있다는 사실을 입증하여야하지만, 현실적으로 공개매수 신고서 및 정정신고서, 공개매수설명서의 내용에 관한 모든 재무 및 영업에 관한 자료를 신고자 측이 보관하고 있어 원고가 공개매수 신고서와 정정신고서, 공개매수설명서에 허위기재 또는 누락이 있었다는 사실을 어려움에도 불구하고 우리 자본시장법에서는 이러한 인과관계에 대한 명문규정이 존재하지 않으며, 판례도 없는 실정이다. 다만, 법 제142조 제1항 단서를 해석하여 볼 때 피고에게 입증책임이 있는 것으로 해석되고 있다. 그러나 미국의 경우에는 입증책임과 관련하여 인과관계요건을 거래인과관계와 손해인과관계로 구분하여 1933년 연방증권법 및 1934년 연방증권거래법상 발행공시책임, 유통공시책임 및 사기금지규정에 위반하는 경우의 손해배상책임규정에 법률로써 혹은 판례를 통하여 명확하게 이들 두 가지 문제를 해결하고 있다.

2) 예측정보 면책

자본시장법은 공개매수자가 공개매수 신고서 등에 예측정보를 기재하도록 강제하고 있고, 이러한 경우에는 허위공시책임을 면할 수 있는 근거규정을 두고 있다. 즉, 예측정보의 기재와 관련하여 예측정보가 ① 그 기재 또는 표시가 예측정보라는 사실이 밝혀져 있을 것, ② 예측 또는 전망과 관련된 가정 또는 판단의 근거가 밝혀져 있을 것, ③ 그 기재 또는 표시가 합리적 근거 또는 가정에 기초하여 성실하게 행하여졌을 것, ④ 그 기재 또는 표시에 대하여 예측치와 실제 결과치가 다를 수 있다는 주의문구가 밝혀져 있을 것 등의 요건에 따라 기재 또는 표시된 경우에는 그 손해에 관하여 배상의 책임을 면하게 된다(법 제142조 제2항).

그러나 응모주주가 주식 등의 응모를 할 때에 예측정보 중 중요사항에 관하여 거짓의 기재 또는 표시가 있거나 중요사항이 기재 또는 표시되지 아니한 사실을 알지 못한 경우로서 공개매수신고인과 그 대리인, 공개매수설명서의 작성자와 그 대리인에게 그 기재 또는 표시와 관련하여 고의 또는 중대한 과실이 있었음을 증명한 경우에는 배상책임을 면할 수 없다(법 제142조 제2힝 딘서).

이와 관련하여 미국의 경우에도 1979년부터 예측정보공시제도를 운영하고 있으며, 우리나라처럼 예측정보공시를 강제하지 않고 기업들이 임의적으로 필요에 따라 이를 결정하도록 하고 있다. 그러나 많은 미국의 기업들이 예측정보의 범위 · 면책여부 등과 관련하여 법원의 판결이 일관되지 않기 때문에 예측정보공시를 꺼려왔다.

이는 예측정보가 공개매수신고관련 손해배상책임 발생의 중요한 요인이 될 수 있다는 점을 고려하여 볼 때에, 예측정보의 공시는 강제규정보다는 임의규정화하는 것이 바람직하다고 할 수 있다.

3) 손해배상액 추정과 소멸시효

이러한 공개매수자가 배상할 금액은 손해배상을 청구하는 소송의 변론이 종결될 때의 그 주식등의 시장가격(시장가격이 없는 경우에는 추정처분가격)에서 응모의 대가로 실제로 받은 금액을 뺀 금액으로 추정한다(법 제142조 제3항).

손해배상액의 추정에도 불구하고 배상책임을 질자가 응모주주의 손해액의 전부 또는 일부가 중요사항에 관하여 거짓의 기재 또는 표시가 있거나 중요사항을 기재 또는 표시하지 아니함으로써 발생한 것이 아님을 증명한 경우에는 그 부분에 대하여 배상의 책임을 면하게 된다(법 제142조 제4항).

이와 관련하여 허위공시로 인하여 배상책임을 질자가 청구권자가 입은 손해액의 전부 또는 일부가 중요사항에 관하여 거짓의 기재 또는 표시가 있거나 중요사항이 기재 또는 표시되지 아니함으로써 발생한 것이 아님을 증명한 경우에는 그 부분에 대하여 배상책임을 면하도록 면책가능성을 법정화하였다(법 제142조 제1항). 즉, 피고가 허위공시와 손해간의 손해인과관계가 없음을 입증하면 면책을 할 수 있도록 하였다.

그러나 이와 관련하여 허위공시를 신뢰하여 취득하였는지 여부에 대한 신뢰인과관계가 없는 경우에는 면책가능성을 명문으로 규정하지 않았다는 점에서 향후 법리해석과 판례를 통하여 정립되어야 할 과제이다.

그리고 이러한 공개매수관련 배상책임은 응모주주가 해당 사실을 안 날부터 1년 이내 또는 해당 공개매수공고일부터 3년 이내에 청구권을 행사하지 아니한 경우에는 소멸한다(법 제142조 제5항).

이처럼 허위공시에 의한 손해배상책임의 단기소멸시효를 인정한 근거는 증권거래의 신속성이라는 특성을 고려하여 볼 때에 법률관계를 조속히 확정시켜 분쟁의 여지를 최소화하기 위한 것으로 해석된다.

다만, 소멸시효로 인하여 손해배상을 청구할 수 없는 원고의 경우 청구권경합설에 따르면 민법 제750조에 의거한 불법행위로 인한 손해배상청구를 할 수 있다고 해석되며, 법조경합설에 따르면 청구권이 부정된다.

그리고 청구권경합설에 따라 안날로부터 3년, 행위가 있은 날로부터 10년의 규정에 의거하여 손해배상을 청구하는 경우, 민법상의 기본원칙인 입증책임, 원고가 피고의 고의나 과실을 입증하여야 하고, 손해배상액의 입증, 신뢰인과관계, 손해인과관계 등의 입증책임을 원고가 부담하는 등 법 142조의 특례를 적용을 받지 않게 된다.

11. 공개매수결과보고서 및 신고서 공시

자본시장법은 공개매수결과를 보고하도록 함으로써 신고인에게 정보제공의무를 부과시키고 있다. 즉, 공개매수자는 금융위원회가 정하여 고시하는 방법에 따라 공개매수의 결과를 기재한 보고서(공개매수결과보고서)를 금융위원회와 거래소에 제출할 의무를 부과시키고 있다(법 제143조).

그리고 공개매수결과보고서를 제출하지 아니하거나 거짓으로 작성하여 제출한 자에 대하여는 1천만 원 이하의 과태료가 부과된다(법 제449조 제2항 제7호).

또한 자본시장법은 공개매수신고서 등의 공시의무규정을 두고 있는데, 이에 따르면 금융위원회와 거래소는 ① 공개매수신고서 및 정정신고서, ② 공개매수설명서, ③ 공개매수에 관한 의견표명 문서, ④ 공개매수 철회신고서, ⑤ 공개매수결과보고서 등의 서류를 그 접수일부터 3년간 비치하고, 인터넷 홈페이지 등을 이용하여 공시할 의무를 부과시키고 있다. 그러나 의무위반에 대한 제재규정은 없다.

12. 의결권 제한

자본시장법은 법이 정한 공개매수절차와 방법을 위반하여 주식 등을 매수한 경우 당해 주식에 대하여 의결권을 제한함으로써 공개매수관련규정의 실효성을 확보하고자 하고 있다. 즉, 공개매수 등을 한 후에 본인과 그 특별관계자가 보유하게 되는 주식 등의 수의 합계가 그 주식 등의 총수의 5% 이상임에도 이를 공개매수 하지 않은 경우나 공개매수신고서를 제출하지 않고 주식 등의 매수 등을 한 경우에는 그 날부터 그 주식에 대한 의결권을 행사할 수 없으며, 금융위원회는 6개월 이내의 기간을 정하여 그 주식 등의 처분을 명할 수 있다(법 제145조).

그리고 처분명령 또는 시정명령을 위반한 경우에 해당 자는 1년 이하의 징역 또는 3천만원 이하의 벌금에 처해지게 된다(법 제446조 제26호).

13. 조사 및 조치

자본시장법은 투자자보호차원에서 금융감독기관인 금융위원회가 공개매수관련 위법사실 여부를 확인하기 위하여 조사할 수 있는 법적 근거를 마련해 놓고 있다. 즉, 금융위원회는 투자자보호를 위하여 필요한 경우에는 공개매수자, 공개매수자의 특별관계자, 공개매수사무취급자, 그 밖의 관계인에 대하여 참고가 될 보고 또는 자료의 제출을 명하거나, 금융감독원장에게 그 장부 · 서류, 그 밖의 물건을 조사하게 할 수 있다. 이 경우 조사를 하는 자는 그 권한을 표시하는 증표를 지니고 이를 관계인에게 제시하여야 한다(법 제146조 제1항, 제131조 제2항).

그리고 자본시장법은 조사를 한 결과 법위반사실이 확인된 경우 이에 대한 조치를 할 수 있는 법적 근거를 마련해 두고 있다. 이에 따르면 금융위원회는 ① 공개매수공고 또는 공개매수자의 정정신고서 공고를 하지 아니한 경우, ② 공개매수신고서, 정정신고서 또는 공개매수결과보고서를 제출하지 아니한 경우, ③ 공개매수공고, 공개매수신고서, 정정신고서, 공개매수자의 정정신고서 공고 또는 공개매수결과보고서 중 중요사항에 관하여 거짓의 기재 또는 표시가 있거나 중요사항이 기재 또는 표시되지 아니한 경우, ④ 공개매수신고서 사본의 송부, 공개매수신고서의 정정신고서 송부 또는 공개매수의 철회신고서 송부규정을 위반하여 공개매수신고서, 정정신고서 또는 철회신고서의 사본을 발행인에게 송부하지 아니한 경우, ⑤ 공개매수 신고서 사본의 송부, 공개매수신고서의 정정신고서 송부 또는 공개매수의 철회신고서 송부에 따른 신고서 사본에 신고서에 기재된 내용과 다른 내용을 표시하거나 그 내용을 누락하여 송부한 경우, ⑥ 공개매수설명서에 관하여 공개매수설명서의 작성 · 공시의무를 위반한 경우, ⑦ 공개매수를 철회한 경우, ⑧ 공개매수에 의하지 아니하고 매수등을 한 경우, ⑨ 공개매수의 조건과 방법에 관한 규정을 위반하여 공개매수를 한 경우, ⑩ 의결권제한규정을 위반하여 의결권을 행사하거나, 처분명령을 위반한 경우 중 어느 하나에 해당하는 경우에는 공개매수자, 공개매수자의 특별관계자 또는 공개매수사무취급자에 대하여 이유를 제시한 후 그 사실을 공고하고 정정을 명할 수 있으며, 필요한 때에는 그 공개매수를 정지 또는 금지하거나 대통령령으로 정하는 조치를 할 수 있다. 이 경우 그 조치에 필요한 절차 및 조치기준은 총리령으로 정하도록 규정하였으나, 총리령에는 해당규정이 존재하지 않는다(법 제146조 제2항).

그리고 이러한 조치에는 (1) 1년의 범위에서 공개매수의 제한(공개매수자와 공개매수자의 특별관계자만 해당), (2) 1년의 범위에서 공개매수사무 취급업무의 제한(공개매수사무취급자만 해당), (3) 임원에 대한 해임권고, (4) 법을 위반한 경우에는 고발 또는 수사기관에의 통보, (5) 다른 법률을 위반한 경우에는 관련기관이나 수사기관에의 통보, (6) 경고 또는 주의 등을 법시행령에서 열거하여 놓고 있다(법시행령 제152조).

그러나 이상과 같은 조치는 행정벌에 해당하므로, 죄형법정주의와 법치주의 원칙상 법률에 열거하는 것이 타당하다.

제 2 절 주식 대량보유상황 보고

1. 주식 대량보유 보고

1) 대량보유보고

(1) 보고사항

자본시장법은 상장법인의 경영권보호와 투자자보호를 위해 발행주식의 5% 이상을 보유한 자는 그 사실을 금융위원회와 거래소에 보고하도록 규정하고 있다. 이러한 주식대량보유공시제도는 일정비율 이상의 주식취득과 변동을 신속하게 공시하도록 는데 있으며, 이를 통하여 증권시장의 투명성과 공정성을 확보함은 물론이고 경영권의 불공정한 침탈을 방지하는데 목적을 두고 있다.

따라서 주권상장법인의 주식 등을 본인과 그 특별관계자가 보유하게 되는 주식 등의 수의 합계가 그 주식 등의 총수의 5 %이상으로 대량보유하게 된 자는 그 날부터 5일 이내에 그 보유상황, 발행인의 경영권에 영향을 주기 위한 목적 여부에 관한 보유목적, 그 보유주식 등에 관한 주요계약내용을 신고하여야 한다. 그리고 (1) 주식 등을 대량보유와 그 특별관계자에 관한 사항, (2) 보유 주식 등의 발행인에 관한 사항, (3) 변동 사유, (4) 취득 또는 처분 일자 · 가격 및 방법, (5) 보유 형태, (6) 취득에 필요한 자금이나 교환대상물건의 조성내역(차입인 경우에는 차입처를 포함), (7) 앞의 사항과 관련된 세부사항으로서 금융위원회가 정하여 고시하는 사항도 금융위원회와 거래소에 보고하여야 한다(법시행령 제153조 제2항).

그리고 그 보유주식 등의 수의 합계가 그 주식 등의 총수의 1% 이상 변동된 경우에는 그 변동된 날부터 5일 이내에 그 변동내용을 금융위원회와 거래소에 보고하여야 한다(법 제147조 제1항). 그러나 (1) 주주가 가진 주식 수에 따라 배정하는 방법으로 신주를 발행하는 경우로서 그 배정된 주식만을 취득하는 경우, (2) 주주가 가진 주식 수에 따라 배정받는 신주인수권에 의하여 발행된 신주인수권증서를 취득하는 것만으로 보유 주식 등의 수가 증가하는 경우, (3) 자기주식의 취득 또는 처분으로 보유 주식 등의 비율이 변동된 경우, (4) 자본감소로 보유 주식 등의 비율이 변동된 경우, (5) 신주인수권이 표시된 것(신주인수권증서는 제외), 신주인수권부사채권 · 전환사채권 또는 교환사채권에 주어진 권리행사로 발행 또는 교환되는 주식 등의 발행가격 또는 교환가격 조정만으로 보유 주식 등의 수가 증가하는 경우는 예외적으로 보고할 필요가 없다(법 시행령 제153조 제5항).

(2) 대량보유보고서 작성

보고서의 서식과 작성방법 등에 관하여 필요한 사항은 금융위원회가 정하여 고시하도록 위임하였다(법 시행령 제153조 제6항).

이 경우 그 보유 목적이 발행인의 경영권에 영향을 주기 위한 것, 즉 임원의 선임 · 해임 또는 직무의 정지, 이사회 등 회사의 기관과 관련된 정관의 변경 등에 해당하지 않는 경우와 전문투자자의 경우에는 그 보고내용 및 보고시기 등을 달리 정할 수 있다(법 제147조 제1항).

여기서 발행인의 경영권에 영향을 주는 경우란 (1) 임원의 선임 · 해임 또는 직무정지, (2) 이사회 등 회사의 기관과 관련된 정관 변경, (3) 회사의 자본금 변경, (4) 회사의 배당결정, (5) 회사의 합병, 분할과 분할합병, (6) 주식의 포괄적 교환과 이전, (7) 영업전부의 양수 · 양도 또는 금융위원회가 정하여 고시하는 중요한 일부의 양수 · 양도, (8) 자산 전부의 처분 또는 금융위원회가 정하여 고시하는 중요한 일부의 처분, (9) 영업전부의 임대 또는 경영위임, 타인과 영업의 손익 전부를 같이하는 계약, 그 밖에 이에 준하는 계약의 체결, 변경 또는 해약, (10) 회사의 해산 중 어느 하나에 해당하는 것을 위하여 회사나 그 임원에 대하여 사실상 영향력을 행사하는 것을 말한다(법시행령 제154조 제1항).

그리고 (1) 국가, (2) 지방자치단체, (3) 한국은행, (4) 그 밖에 그 보고내용과 보고시기 등을 달리 정할 필요가 있는 자의 경우에는 금융위원회가 정하여 달리 정할 수 있다(법시행령 제154조 제2항).

그리고 주식 등의 대량보유상황 · 보유 목적 또는 그 변동내용을 보고하는 날 전일까지 새로 변동내용을 보고하여야 할 사유가 발생한 경우 새로 보고하여야 하는 변동내용은 당초의 대량보유상황, 보유목적 또는 그 변동내용을 보고할 때 이를 함께 보고하여야 한다(법 제147조 제3항).

2) 중요사항 변경보고

주식 등의 대량보유 등을 보고한 자는 그 보유 목적이나 그 보유 주식 등에 관한 주요계약내용 등, 즉 (1) 보유목적, (2) 신탁 · 담보계약, 그 밖에 해당 계약의 대상인 주식 등의 수가 그 주식 등의 총수의 1% 이상인 경우 그 내용, (3) 소유와 소유 외의 보유간에 변경이 있는 경우로서 그 보유형태가 변경되는 주식 등의 수가 그 주식 등의 총수의 1% 이상인 경우의 보유 형태 등 중요한 사항의 변경이 있는 경우에는 5일 이내에 금융위원회와 거래소에 보고하여야 한다(법 제147조 제4항, 법시행령 제155조).

3) 법위반 제재

자본시장법은 대량보유 보고 등을 위반한 경우 이에 대한 제재규정을 두고 있다. 즉, 주식 대량보유 현황 보고서류 중 중요한 사항에 관하여 거짓의 기재 또는 표시를 하거나 중요한 사항을 기재 또는 표시하지 아니한 자는 5년 이하의 징역 또는 2억 원 이하의 벌금에 처해지게 된다(법 제444조 제18호).

여기서 말하는 중요한 사항이란 (1) 대량보유자와 그 특별관계자에 관한 사항, (2) 보유목적, (3) 보유 또는 변동주식 등의 종류와 수, (4) 취득 또는 처분 일자, (5) 보유 주식 등에 관한 신탁 · 담보계약, 그 밖의 주요계약 내용 중 어느 하나에 해당하는 것을 말한다(법시행령 제157조).

또한 주식 대량보유 현황보고를 하지 않은 자는 3년 이하의 징역 또는 1억 원 이하의 벌금에 처해지게 된다(법 제445조 제20호).

2. 발행인 상대 대량보유보고서 송부 및 공시

자본시장법은 대량보유보고서를 금융위원장과 거래소에 보고한 자는 그 사실을 발행인에게 보고하도록 규정하고 있는데, 이에 따르면 대량보유보고서를 금융위원장과 거래소에 보고한 자는 지체 없이 그 사본을 해당 주식 등의 발행인에게 송부해야 한다(법 제148조).

그러나 (1) 교환사채권의 경우에는 교환의 대상이 되는 주식 등의 발행인, (2) 파생결합증권의 경우에는 그 기초자산이 되는 주식 등의 발행인, (3) 증권예탁증권의 경우에는 그 기초가 되는 주식 등의 발행인이 송부하여야 한다(법시행령 제156조).

그리고 대량보유보고서를 발행인에게 송부하도록 한 규정을 위반하여 신고서 또는 보고서의 사본을 송부하지 아니한 자에 대하여는 5천만 원 이하의 과태료가 부과된다(법 제449조 제1항 제37호).

금융위원회와 거래소는 이러한 대량보유보고서를 받은 경우 이를 공시하여야 하는데, 이에 따르면 제출받은 보고서를 3년간 비치하고, 인터넷 홈페이지 등을 이용하여 공시하여야 한다(법 제149조).

3. 위반주식 의결권행사 제한

자본시장법은 주식 등의 대량보유 등의 보고서의 내용이 사실과 다른 경우 시장의 사기행위가 될 수 있다는 점에서 이에 대한 제재로 의결권제한을 가하고 있다. 즉, 주식 등 보유상황, 보유목적, 그 보유주식 등에 관한 주요 계약내용 등 보고서 내용, 그리고 그 변경 등의 내용을 보고하지 아니한 자 또는 중요한 사항을 거짓으로 보고하거나 중요한 사항의 기재를 누락한 자는 의결권 있는 발행주식총수의 5%를 초과하는 부분 중 위반분에 대하여 그 의결권을 행사할 수 없으며, 금융위원회는 6개월 이내의 기간을 정하여 그 위반분의 처분을 명할 수 있도록 규정하고 있다(법 제150조 제1항). 여기서 의결권이 제한되는 기간은 고의나 중과실로 보고하지 않은 경우 주식 등을 매수한 날부터 그 보고를 한 후 6개월이 되는 날까지의 기간까지이며, 주식 등의 대량보유상황이나 그 변동·변경내용이 금융위원회와 거래소에 이미 신고되었거나, 정부의 승인·지도·권고 등에 따라 주식등을 취득하거나 처분하였다는 사실로 인한 착오가 발생하여 보고가 늦어진 경우에는 해당 주식 등의 매수 등을 한 날부터 그 보고를 한 날까지의 기간이다(법시행령 제158조).

그리고 중요한 사항이란 (1) 대량보유자와 그 특별관계자에 관한 사항, (2) 보유목적, (3) 보유 또는 변동 주식 등의 종류와 수, (4) 취득 또는 처분 일자, (5) 보유주식 등에 관한 신탁·담보계약, 그 밖의 주요 계약내용 중 어느 하나에 해당하는 것을 말한다(법시행령 제157조).

그리고 주식 등의 보유목적을 발행인의 경영권에 영향을 주기 위한 것으로 보고하는 자는 그 보고하여야 할 사유가 발생한 날부터 보고한 날 이후 5일까지 그 발행인의 주식 등을 추가로 취득하거나 보유 주식 등에 대하여 그 의결권을 행사할 수 없다(법 제150조 제2항).

또한 보고한 날 이후 5일 경과하여 주식 등을 추가로 취득한 자는 그 추가 취득분에 대하여 그 의결권을 행사할 수 없으며, 금융위원회는 6개월 이내의 기간을 정하여 그 추가 취득분의 처분을 명할 수 있도록 규정하고 있다(법 제150조 제3항).

그리고 이러한 금융위원회의 처분명령 또는 시정명령을 위반한 자는 1년 이하의 징역 또는 3천만 원 이하의 벌금에 처해지게 된다(법 제446조 제26호).

4. 조사 및 정정요구

자본시장법은 금융위원회가 투자자보호 차원에서 대량보유보고서 관련 참고자료가 필요한 경우 이를 제출할 것을 명하거나 관련 장부나 서류를 조사할 수 있다(법 제151조). 이에 따르면 금융위원회는 투자자보호를 위하여 필요한 경우에는 대량보유보고서를 제출한 자, 그 밖의 관계인에 대하여 참고가 될 보고 또는 자료의 제출을 명하거나, 금융감독원장에게 그 장부·서류, 그 밖의 물건을 조사하게 할 수 있다.

이때 조사자는 그 권한을 표시하는 증표를 지니고 이를 관계인에게 내보여야 하며, 조사와 관련하여 금융위원회가 보고 또는 자료의 제출명령을 하였음에도 이에 불응한 자는 1천만 원 이하의 과태료가 부과된다(법 제449조 제2항 제8호). 그러나 조사자가 권한을 표시하는 증표를 보이지 않은 경우에 대한 제재규정은 없다.

그리고 금융위원회는 대량보유 보고서의 형식을 제대로 갖추지 아니한 경우 또는 그 보고서 중 중요사항에 관하여 거짓의 기재 또는 표시가 있거나 중요사항의 기재 또는 표시가 누락된 경우에는 그 이유를 제시하고 그 보고서의 정정을 명할 수 있으며, 필요한 때에는 거래를 정지 또는 금지하거나 조치를 할 수 있는데, 조치에는 (1) 임원에 대한 해임권고, (2) 법을 위반한 경우에는 고발 또는 수사기관에의 통보, (3) 다른 법률을 위반한 경우에는 관련기관이나 수사기관에의 통보, (4) 경고 또는 주의 등이 있다(법시행령 제159조).

이처럼 금융위원회가 처분하였음에도 이를 위반한 자에 대하여는 1년 이하의 징역 또는 3천만 원 이하의 벌금이 처해지며(법 제446조 제24호), 주식대량보유 정정보고서 중 중요한 사항에 관하여 거짓의 기재 또는 표시를 하거나 중요한 사항을 기재 또는 표시하지 아니한 자에 대하여는 5년 이하의 징역 또는 2억 원 이하의 벌금에 처해진다(법 제444조 제18호).

여기서 주식대량보유 정정보고서 중 중요한 사항이라 함은 (1) 대량보유자와 그 특별관계자에 관한 사항, (2) 보유목적, (3) 보유 또는 변동 주식 등의 종류와 수, (4) 취득 또는 처분일자, (5) 보유주식 등에 관한 신탁 · 담보계약, 그 밖의 주요계약 내용을 말한다(법시행령 제389조, 제157조).

제3절 의결권 대리행사의 권유 제한

1. 의결권 대리행사 권유

1) 의결권 대리행사 의의

자본시장법은 주주들의 주주총회 참여가 어려운 현실을 고려하여 상법 제368조 제3항을 통하여 운영되고 있는 의결권 대리행사에 관한 원칙을 정함으로써 주주의 권익을 보호하고자 하고 있다.

그리고 자본시장법은 상법상의 의결권 대리행사 규정을 보완하는 차원에서 의결권 대리행사의 권유의 개념을 정의하고 있는데, 이에 따르면 '의결권 대리행사의 권유'란 ① 자기 또는 제3자에게 의결권의 행사를 대리시키도록 권유하는 행위, ② 의결권의 행사 또는 불행사를 요구하거나 의결권 위임의 철회를 요구하는 행위, ③ 의결권의 확보 또는 그 취소 등을 목적으로 주주에게 위임장 용지를 송부하거나, 그 밖의 방법으로 의견을 제시하는 행위라고 정의하고 있다. 그러나 의결권 피권유자의 수 등을 고려하여 특정한 경우에는 의결권 대리행사의 권유로 보지 않도록 부정의제규정을 두고 있다(법 제152조 제2항). 이처럼 부정의제규정이 적용되는 경우로는 (1) 해당 상장주권의 발행인과 그 임원 외의 자가 10인 미만의 의결권 피권유자에게 그 주식의 의결권 대리행사의 권유를 하는 경우, (2) 신탁, 그 밖의 법률관계에 의하여 타인의 명의로 주식을 소유하는 자가 그 타인에게 해당 주식의 의결권 대리행사의 권유를 하는 경우, (3) 신문 · 방송 · 잡지 등 불특정 다수인에 대한 광고를 통하여 ① 자기 또는 제3자에게 의결권의 행사를 대리시키도록 권유하는 행위, ② 의결권의 행사 또는 불행사를 요구하거나 의결권 위임의 철회를 요구하는 행위, ③ 의결권의 확보 또는 그 취소 등을 목적으로 주주에게 위임장 용지를 송부하거나, 그 밖의 방법으로 의견을 제시하는 행위 중 어느 하나에 해당하는 행위를 하는 경우로서 그 광고내용에 해당 상장주권의 발행인의 명칭, 광고의 이유, 주주총회의 목적사항과 위임장 용지, 참고서류를 제공하는 장소만을 표시하는 경우이다(법시행령 제161조).

즉, 상장주권과 그 관련 증권예탁증권의 의결권 대리행사의 권유를 하고자 하는 의결권 권유자는 그 권유에 있어서 그 상대방인 의결권 피권유자에게 위임장 용지 및 참고서류를 교부해야 한다(법 제152조 제1항).

그리고 교부방법과 관련하여 의결권 권유자가 위임장 용지 및 참고서류를 (1) 의결권 권유자가 의결권 피권유자에게 직접 내어주는 방법, (2) 우편 또는 모사전송에 의한 방법, (3) 전자우편을 통한 방법, (4) 의결권 권유자가 해당 상장주권 발행인인 경우 주주총회 소집통지와 함께 보내는 방법 중 한 방법으로 의결권 대리행사의 권유 이전이나 그 권유와 동시에 의결권 피권유자에게 내주어야 한다(법시행령 제160조).

2) 의결권 대리행사 제한

자본시장법은 국가기간산업 등 국민경제상 중요한 산업을 영위하는 공공적 법인의 경우에는 그 공공적 법인만이 그 주식의 의결권 대리행사의 권유를 할 수 있도록 자격을 제한하고 있다(법 제152조 제3항).

여기서 공공적 법인이란 (1) 경영기반이 정착되고 계속적인 발전가능성이 있는 법인일 것, (2) 재무구조가 건실하고 높은 수익이 예상되는 법인일 것, (3) 해당 법인의 주식을 국민이 광범위하게 분산 보유할 수 있을 정도로 자본금 규모가 큰 법인일 것 등의 요건을 모두 충족하는 법인 중에서 금융위원회가 관계 부처장관과의 협의와 국무회의에의 보고를 거쳐 지정하는 법인을 말한다(법시행령 제162조).

그리고 의결권 대리행사를 권유할 때 준수하여야 하는 위임장 용지 및 참고서류를 교부하여야하는데, 이때 교부되어야 하는 위임장 용지는 주주총회의 목적사항 각 항목에 대하여 의결권 피권유자가 찬반(贊反)을 명기할 수 있도록 작성되어야 한다(법 제152조 제4항).

의결권 대리행사와 관련하여 의결권 권유자는 위임장 용지에 나타난 의결권 피권유자의 의사에 반하여 의결권을 행사할 수 없도록 강제하고 있으며(법 제152조 제5항), 위임장 용지 및 참고서류에는 의결권 피권유자가 (1) 의결권을 대리행사하도록 위임한다는 내용, (2) 의결권 권유자 등 의결권을 위임받는 자, (3) 의결권 피권유자가 소유하고 있는 의결권 있는 주식 수, (4) 위임할 주식 수, (5) 주주총회의 각 목적사항과 목적사항별 찬반(贊反) 여부, (6) 주주총회 회의시 새로 상정된 안건이나 변경 또는 수정 안건에 대한 의결권 행사 위임여부와 위임내용, (7) 위임일자와 위임시간, (8) 위임인의 성명과 주민등록번호(법인인 경우에는 명칭과 사업자등록번호를 말함) 등의 사항에 대하여 명확히 기재할 수 있도록 작성되어야 한다(법시행령 제163조 제1항).

그리고 참고서류에는 (1) 의결권 대리행사의 권유에 관한 사항, (2) 주주총회의 목적사항, (3) 의결권 대리행사의 권유를 하는 취지의 사항이 기재되어야 한다(법시행령 제163조 제2항).

이때 의결권 대리행사의 권유에 관한 사항에는 (가) 의결권 권유자의 성명이나 명칭, 의결권 권유자가 소유하고 있는 주식의 종류 및 수와 그 특별관계자가 소유하고 있는 주식의 종류 및 수, (나) 의결권 권유자의 대리인의 성명, 그 대리인이 소유하고 있는 주식의 종류 및 수(대리인이 있는 경우만 해당),(다) 의결권 권유자 및 그 대리인과 해당 주권상장법인과의 관계에 관한 사항이 포함된다.

그 밖에도 위임장 용지 및 제2항에 따른 참고서류의 구체적인 기재내용, 서식과 작성방법 등에 관하여 필요한 사항은 금융위원회가 정하여 고시하도록 위임하고 있다(법시행령 제163조 제3항).

3) 법위반 제재

위임장 용지 및 참고서류 교부의무를 위반하였거나 또는 공공적 법인이 아닌 자가 의결권 대리행사를 권유한 경우 당해 자는 3년 이하의 징역 또는 1억 원 이하의 벌금에 처해진다(법 제445조 제21호).

2. 발행인과 의결권 권유자 관계

자본시장법은 발행인이 아닌 의결권 권유자의 의결권 대리행사 권유에 관한 특례규정을 두고 있는데, 이에 따르면 발행인이 아닌 의결권 권유자는 발행인이 의결권 대리행사의 권유를 하는 경우에는 그 발행인에 대하여 ① 발행인이 아닌 의결권 권유자에 대하여 주주명부의 열람·등사를 허용하는 행위, ② 발행인이 아닌 의결권 권유자를 위하여 그 의결권 권유자의 비용으로 위임장 용지 및 참고서류를 주주에게 송부하는 행위를 요구할 수 있다(법 제152조의2 제1항).

그리고 발행인은 주주명부 열람·등사나 위임장 용지 및 참고서류의 송부에 대한 요구가 있는 경우에는 요구받은 날부터 2일 이내에 이에 응해야 할 의무를 부과시키고 있다(법 제152조의2 제2항).

그리고 주주명부 열람 · 등사나 위임장 용지 및 참고서류의 송부에 대한 요구와 관련하여 발행인이 아닌 의결권 권유자의 요구에 응하지 아니한 자에 대하여는 1천만 원 이하의 과태료가 부과된다(법 제449조 제2항 제8의2호).

3. 위임장 용지 및 참고서류의 비치 및 열람

자본시장법은 투자자보호 차원에서 의결권 권유자에게 위임장 용지 및 참고서류를 공시하도록 요구하고 있는데, 이에 따르면 의결권 권유자는 위임장 용지 및 참고서류를 의결권 피권유자에게 제공하는 날 2일전까지 이를 금융위원회와 거래소에 제출하여야 하며, (1) 주권상장법인의 본점과 지점, 그 밖의 영업소, (2) 등록을 한 명의개서대행회사, (3) 금융위원회, (4) 거래소에 이를 비치하고 일반인이 열람할 수 있도록 하여야 한다(법 제153조).

그리고 투자설명서 및 집합투자증권의 경우 간이투자설명서, 공개매수설명서 또는 위임장 용지 및 참고서류를 제출하지 아니한 자는 1년 이하의 징역 또는 3천만 원 이하의 벌금에 처해지게 된다(법 제446조 제21호).

4. 정당한 위임장 용지 사용

자본시장법은 시장에서의 사기행위를 방지하기 위하여 의결권 권유자에게 위임장 용지 및 참고서류에 허위기재하는 것을 금지시키고 있는데, 이에 따르면 위임장 용지 및 참고서류 중 의결권 피권유자의 의결권 위임여부 판단에 중대한 영향을 미칠 수 있는 의결권 위임 관련 중요사항에 관하여 거짓의 기재 또는 표시를 하거나 의결권 위임 관련 중요사항의 기재 또는 표시를 누락하는 것을 금지시키고 있다(법 제154조).

그리고 위임장 용지 및 참고서류 또는 정정서류 중 의결권 피권유자의 의결권 위임여부를 판단하는데 중대한 영향을 미칠 수 있는 사항에 관하여 거짓의 기재 또는 표시를 하거나 의결권 위임 관련 중요사항을 기재 또는 표시하지 아니한 자는 5년 이하의 징역 또는 2억 원 이하의 벌금에 처해지게 된다(법 제444조 제19호).

5. 의견표명

자본시장법은 의결권 대리행사의 권유에 대하여 보고의무를 부과시키고 있는데, 이에 따르면 의결권 대리행사의 권유대상이 되는 상장주권의 발행인은 의결권 대리행사의 권유에 대하여 의견을 표명한 경우에는 그 내용을 기재한 서면을 지체 없이 금융위원회와 거래소에 제출하도록 의무를 부과시키고 있다. 그러나 이 의무를 위반한 경우, 이에 대한 제재규정은 없다.

6. 정정요구

자본시장법은 의결권 피권유자 보호차원에서 금융위원회에게 의결권 권유관련 정정요구권을 부여하고 있다. 이에 따르면 금융위원회는 의결권 권유자가 위임장용지 및 참고서류의 형식을 제대로 갖추지 아니한 경우 또는 위임장 용지 및 참고서류 중 의결권 위임관련 중요사항에 관하여 거짓의 기재 또는 표시가 있거나 의결권 위임관련 중요사항이 기재 또는 표시되지 아니한 경우에는 그 이유를 제시하고 위임장용지 및 참고서류를 정정하여 제출할 것을 요구할 수 있다(법 제156조).

이러한 정정요구가 있는 경우에는 당초 제출한 위임장 용지 및 참고서류는 제출하지 아니한 것으로 의제되며, 의결권 권유자는 위임장 용지 및 참고서류의 기재사항을 정정하고자 하는 경우에는 그 권유와 관련된 주주총회일 7일 전까지 이를 정정하여 제출할 수 있다. 그리고 중요한 사항을 정정하고자 하는 경우 또는 투자자보호를 위하여 그 위임장 용지 및 참고서류에 기재된 내용을 정정할 필요가 있는 경우에는 반드시 이를 정정하여 제출하여야 한다(법 제156조 제3항).

여기서 절대적으로 정정해야 할 중요한 사항이란 (1) 의결권 권유자 등 의결권을 위임받는 자, (2) 의결권 대리행사의 권유에 관한 것, (3) 주주총회의 목적사항을 말한다(법시행령 제165조). 이때 의결권 대리행사의 권유에 관한 것에는 (가) 의결권 권유자가 소유하고 있는 주식의 종류 및 수와 그 특별관계자가 소유하고 있는 주식의 종류 및 수, (나) 의결권 권유자의 대리인의 성명, 그 대리인이 소유하고 있는 주식의 종류 및 수, (다) 의결권 권유자 및 그 대리인과 해당 주권상장법인과의 관계가 포함된다.

그리고 정정할 필요가 있는 경우란 의결권 대리행사의 권유를 하는 취지가 (1) 기재나 표시사항이 불분명하여 의결권피권유자로 하여금 중대한 오해를 일으킬 수 있는 경우, (2) 의결권 권유자에게 불리한 정보를 생략하거나 유리한 정보만을 강조하는 등 과장되게 표현된 경우 중 어느 하나에 해당하는 경우를 말한다(법시행령 제165조 제3항).

이러한 금융위원회의 정정요구에도 불구하고 정정서류를 제출하지 아니한 자는 1년 이하의 징역 또는 3천만 원 이하의 벌금에 처해지게 되며(법 제446조 제27호), 정정서류 중 의결권 피권유자의 의결권 위임여부 판단에 중대한 영향을 미칠 수 있는 사항에 관하여 거짓의 기재 또는 표시를 하거나 의결권 위임관련 중요사항을 기재 또는 표시하지 아니한 자는 5년 이하의 징역 또는 2억 원 이하의 벌금에 처해지게 된다(법 제444조 제19호).

7. 위임장 용지 공시

자본시장법은 의결권 대리권유와 관련하여 위임장 용지 등의 공시의무를 부과시키고 있다(법 제157조). 이에 따르면 금융위원회와 거래소는 의결권 대리권유와 관련하여 위임장 용지 및 참고서류, 의결권 대리권유와 관련 발행인의 의견표명에 따른 서면 및 위임장용지 및 참고서류의 정정내용을 그 접수일부터 3년간 비치하고, 인터넷 홈페이지 등을 이용하여 공시하여야 한다.

8. 조사 및 조치

자본시장법은 투자자보호 차원에서 의결권 대리권유와 관련하여 금융위원회에 조사권과 조치권을 부여하고 있는데, 이에 따르면 금융위원회는 투자자보호를 위하여 필요한 경우에는 의결권 권유자, 그 밖의 관계인에 대하여 참고가 될 보고 또는 자료의 제출을 명하거나, 금융감독원장에게 그 장부・서류, 그 밖의 물건을 조사하게 할 수 있다. 이 경우 조사하는 자는 그 권한을 표시하는 증표를 지니고 이를 관계인에게 내보여야 한다(법 제158조 제1항).

그리고 금융위원회는 ① 위임장 용지 및 참고서류를 의결권 피권유자에게 교부하지 아니한 경우, ② 공공적 법인이 아닌 자가 의결권 대리행사의 권유를 한 경우, ③ 위임장 용지 및 참고서류에 관하여 비치 및 열람기회 제공 의무 또는 정당한 위임장 용지 등의 사용규정을 위반한 경우, ④ 제출하는 위임장 용지 및 참고서류 중 의결권 위임관련 중요사항에 관하여 거짓의 기재 또는 표시가 있거나 의결권 위임 관련 중요사항이 기재 또는 표시되지 아니한 경우, ⑤ 정정서류를 제출하지 아니한 경우 중 어느 하나에 해당하는 경우에는 의결권 권유자에 대하여 이유를 제시한 후 그 사실을 공고하고 정정을 명할 수 있다. 그리고 금융위원회는 필요한 때에는 의결권 대리행사의 권유를 정지 또는 금지하거나 조치를 할 수 있다(법 제158조 제2항).

여기서 조치란 (1) 1년의 범위에서 의결권 대리행사의 권유의 제한, (2) 임원에 대한 해임 권고, (3) 법을 위반한 경우에는 고발 또는 수사기관에의 통보, (4) 다른 법률을 위반한 경우에는 관련 기관이나 수사기관에의 통보 (5) 경고 또는 주의를 말한다(법시행령 제166조).

그리고 금융위원회는 투자자보호를 위하여 필요한 경우에는 의결권 권유자, 그 밖의 관계인에 대하여 참고가 될 보고 또는 자료의 제출을 명한 경우 이에 따른 보고 또는 자료의 제출명령이나 증인의 출석, 증언 및 의견의 진술 요구에 불응한 자에 대하여는 1천만 원 이하의 과태료가 부과된다(법 제449조 제2항 제8호).

제3장 상장법인의 사업보고서

1. 사업보고서 제출

1) 사업보고서 공시의무

자본시장법은 주권상장법인에게 사업보고서 등을 제출토록 하는 등 공시의무를 부과시키고 있다. 이에 따르면 주권상장법인, 그 밖에 사업보고서 제출대상법인은 그 사업보고서를 각 사업연도 경과 후 90일 이내에 금융위원회와 거래소에 제출하여야 한다(법 제159조). 즉, (1) 주권 외의 지분증권, 무보증사채권, 전환사채권·신주인수권부사채권·이익참가부사채권 또는 교환사채권, 신주인수권이 표시된 것, 증권예탁증권, 파생결합증권 중 어느 하나에 해당하는 증권을 증권시장에 상장한 발행인, (2) 주권, 증권을 모집 또는 매출한 발행인, (3) 외부감사대상 법인으로서 주권 외의 지분증권, 무보증사채권, 전환사채권·신주인수권부사채권·이익참가부사채권 또는 교환사채권, 신주인수권이 표시된 것, 증권예탁증권, 파생결합증권, 주권, 증권 중 증권별로 그 증권의 소유자 수가 500인 이상인 법인은 사업보고서 등을 공시하여야 한다(법시행령 제167조 제1항).

그러나 파산, 그 밖의 사유로 인하여 사업보고서의 제출이 사실상 불가능하거나 실효성이 없는 경우에는 사업보고서 제출의무를 면할 수 있다. 즉, (1) 파산으로 인하여 사업보고서의 제출이 사실상 불가능한 경우, (2) 법정 해산사유가 발생한 법인으로서 최근 사업연도의 사업보고서의 제출이 사실상 불가능한 경우, (3) 주권상장법인 또는 주권 외의 지분증권, 무보증사채권, 전환사채권·신주인수권부사채권·이익참가부사채권 또는 교환사채권, 신주인수권이 표시된 것, 증권예탁증권, 파생결합증권을 증권시장에 상장한 발행인의 경우에는 상장의 폐지요건에 해당하는 발행인으로서 해당 법인에게 책임이 없는 사유로 사업보고서의 제출이 불가능하다고 금융위원회의 확인을 받은 경우, (4) 주권이나 증권을 모집 또는 매출한 발행인의 경우에는 각각의 증권마다 소유자 수가 모두 25인 미만인 경우로서 금융위원회가 인정한 경우, (5) 각각의 증권마다 소유자의 수가 모두 300인 미만인 경우에는 사업보고서 제출의무를 지지 않는다(법시행령 제167조 제2항).

그러나 (4)의 경우 그 소유자의 수가 25인 미만으로 감소된 날이 속하는 사업연도의 사업보고서는 제출하여야 한다.

2) 사업보고서 기재사항

사업보고서 제출대상법인은 사업보고서에 ① 회사의 목적, 상호, 사업내용, ② 임원보수(주식매수선택권을 포함하되, 임원 모두에게 지급된 그 사업연도의 보수 총액에 한함), ③ 임원 개인별 보수와 그 구체적인 산정기준 및 방법(임원 개인에게 지급된 보수가 5억 원 이상인 경우에 한함), ④ 재무에 관한 사항, ⑤ 그 밖에 대통령령으로 정하는 사항들을 기재하고, 대통령령으로 정하는 서류를 첨부하여야 한다(법 제159조 제2항).

여기서 그 밖에 대통령령으로 정하는 사항이란 (1) 대표이사와 제출업무를 담당하는 이사의 서명, (2) 회사의 개요, (3) 이사회 등 회사의 기관 및 계열회사에 관한 사항, (4) 주주에 관한 사항, (5) 임원 및 직원에 관한 사항, (6) 회사의 대주주(그 특수관계인을 포함) 또는 임직원과의 거래내용, (7) 재무에 관한 사항과 그 부속명세, (8) 회계감사인의 감사의견, (9) 그 밖에 투자자에게 알릴 필요가 있는 사항으로서 금융위원회가 정하여 고시하는 사항을 말한다(법시행령 제168조 제3항).

그리고 대통령령으로 정하는 서류란 (1) 회계감사인의 감사보고서, (2) 감사의 감사보고서, (3) 법인의 내부감시장치의 가동현황에 대한 감사의 평가의견서, (4) 그 밖에 금융위원회가 정하여 고시하는 서류를 말한다(법시행령 제168조 제6항).

3) 사업보고서 제출

최초로 사업보고서를 제출하여야 하는 법인은 사업보고서 제출대상법인에 해당하게 된 날부터 5일 이내에 그 직전 사업연도의 사업보고서를 금융위원회와 거래소에 제출하여야 한다. 이때 사업보고서를 제출하여야 하는 법인 중 연결재무제표 작성대상법인의 경우에는 재무에 관한 사항과 그 부속명세, 그 밖에 금융위원회가 정하여 고시하는 사항은 연결재무제표를 기준으로 기재하되 그 법인의 재무제표를 포함하여야 하며, 회계감사인의 감사의견은 연결재무제표와 그 법인의 재무제표에 대한 의견을 기재하여야 한다(법시행령 제168조 제4항).

그러나 그 법인이 증권신고서 등을 통하여 이미 직전 사업연도의 사업보고서에 준하는 사항을 공시한 경우에는 직전 사업연도의 사업보고서를 제출하지 않을 수 있다(법 제159조 제3항).

그리고 사업보고서 제출대상법인은 사업보고서를 작성함에 있어서 금융위원회가 정하여 고시하는 기재방법 및 서식에 따라야 하며(법 제159조 제4항), 사업보고서 제출대상법인은 사업보고서에 그 법인의 예측정보를 기재 또는 표시할 수 있다. 이 경우 예측정보의 기재 또는 표시는 ① 그 기재 또는 표시가 예측정보라는 사실이 밝혀져 있을 것, ② 예측 또는 전망과 관련된 가정이나 판단의 근거가 밝혀져 있을 것, ③ 그 기재 또는 표시에 대하여 예측치와 실제 결과치가 다를 수 있다는 주의문구가 밝혀져 있을 것 등의 방법에 따라야 한다(법 제159조 제6항).

그리고 사업보고서를 제출하는 경우 제출 당시 그 법인의 대표이사 또는 대표집행임원 및 제출업무를 담당하는 이사는 그 사업보고서의 기재사항 중 중요사항에 관하여 거짓의 기재 또는 표시가 있거나 중요사항의 기재 또는 표시가 누락되어 있지 아니하다는 사실 등 대통령령으로 정하는 사항을 확인·검토하고 이에 각각 서명하여야 한다(법 제159조 제7항).

여기서 대통령령으로 정하는 사항이란 (1) 사업보고서의 기재사항 중 중요사항에 관하여 거짓의 기재 또는 표시가 없고, 중요사항의 기재 또는 표시를 빠뜨리고 있지 아니하다는 사실, (2) 사업보고서의 기재 또는 표시 사항을 이용하는 자로 하여금 중대한 오해를 일으키는 내용이 기재 또는 표시되어 있지 아니하다는 사실, (3) 사업보고서의 기재사항에 대하여 상당한 주의를 다하여 직접 확인·검토하였다는 사실, (4) 외부감사대상 법인인 경우에는 내부회계관리제도가 운영되고 있다는 사실을 말한다(법시행령 제169조).

4) 제재

사업보고서·반기보고서·분기보고서나 주요사항보고서를 제출하지 아니한 자는 1년 이하의 징역 또는 3천만 원 이하의 벌금에 처해지게 된다(법 제446조 제28호).

2. 반기·분기보고서 제출

자본시장법상 주권상장법인은 정기사업보고서 이외에도 반기보고서와 분기보고서도 제출하여야 한다. 즉, 사업보고서 제출대상법인은 그 사업연도 개시 일부터 6개월간의 사업보고서(반기보고서)와 사업연도 개시일부터 3개월간 및 9개월간의 사업보고서(분기보고서)를 각각 그 기간 경과 후 45일 이내에 금융위원회와 거래소에 제출하여야 한다. 그리고 사업보고서 제출대상법인이 재무에 관한 사항과 그 부속명세, 그 밖에 금융위원회가 정하여 고시하는 사항을 연결재무제표를 기준으로 기재하여 작성한 반기보고서와 분기보고서를 금융위원회와 거래소에 제출하는 경우에는 그 최초의 사업연도와 그 다음 사업연도에 한하여 그 기간 경과 후 60일 이내에 제출할 수 있다(법 제160조).

그리고 자본시장법은 반기·분기보고서의 제출과 관련하여 정기사업보고서에 관한 규정 중 일부를, 즉 사업보고서 제출대상법인은 반기・분기보고서에 ① 회사의 목적, 상호, 사업내용, ② 임원보수, ③ 보수가 5억 원 이상인 임원 개인별 보수와 그 구체적인 산정기준 및 방법, ④ 재무에 관한 사항, ⑤ 그 밖에 대통령령으로 정하는 사항들을 기재하고, 대통령령으로 정하는 서류를 첨부하여야 한다(법 제159조 제2항).

여기서 그 밖에 대통령령으로 정하는 사항이란 (1) 대표이사와 제출업무를 담당하는 이사의 서명, (2) 회사의 개요, (3) 이사회 등 회사의 기관 및 계열회사에 관한 사항, (4) 주주에 관한 사항, (5) 임원 및 직원에 관한 사항, (6) 회사의 대주주와 그 특수관계인 또는 임직원과의 거래내용, (7) 재무에 관한 사항과 그 부속명세, (8) 회계감사인의 감사의견, (9) 그 밖에 투자자에게 알릴 필요가 있는 사항으로서 금융위원회가 정하여 고시하는 사항을 발한다(법시행령 제168조 제3항).

그리고 대통령령으로 정하는 서류란 (1) 회계감사인의 감사보고서, (2) 감사의 감사보고서, (3) 법인의 내부감시장치의 가동현황에 대한 감사의 평가의견서, (4) 그 밖에 금융위원회가 정하여 고시하는 서류를 말한다(법시행령 제168조 제6항).

사업보고서 제출대상법인은 반기・분기보고서를 작성함에 있어서 금융위원회가 정하여 고시하는 기재방법 및 서식에 따라야 하며(법 제159조 제4항), 사업보고서 제출대상법인은 반기・분기보고서에 그 법인의 예측정보를 기재 또는 표시할 수 있다. 이 경우 예측정보의 기재 또는 표시에는 ① 그 기재 또는 표시가 예측정보라는 사실이 밝혀져 있을 것, ② 예측 또는 전망과 관련된 가정이나 판단의 근거가 밝혀져 있을 것, ③ 그 기재 또는 표시에 대하여 예측치와 실제 결과치가 다를 수 있다는 주의문구가 밝혀져 있을 것 등의 내용이 포함되어야 한다(법 제159조 제6항).

그리고 반기・분기보고서를 제출하는 경우 제출 당시 그 법인의 대표이사 또는 대표집행임원 및 제출업무를 담당하는 이사는 그 반기・분기보고서의 기재사항 중 중요사항에 관하여 거짓의 기재 또는 표시가 있거나 중요사항의 기재 또는 표시가 누락되어 있지 아니하다는 사실 등을 확인・검토하고 이에 각각 서명하여야 한다(법 제159조 제7항).

여기서 확인・검토할 사항이란 (1) 사업보고서의 기재사항 중 중요사항에 관하여 거짓의 기재 또는 표시가 없고, 중요사항의 기재 또는 표시를 빠뜨리고 있지 아니하다는 사실, (2) 사업보고서의 기재 또는 표시 사항을 이용하는 자로 하여금 중대한 오해를 일으키는 내용이 기재 또는 표시되어 있지 아니하다는 사실, (3) 사업보고서의 기재사항에 대하여 상당한 주의를 다하여 직접 확인・검토하였다는 사실, (4) 외부감사대상 법인인 경우에는 내부회계관리제도가 운영되고 있다는 사실을 말한다(법시행령 제169조).

이러한 사업보고서・반기보고서・분기보고서나 주요사항보고서를 제출하지 아니한 자는 1년 이하의 징역 또는 3천만 원 이하의 벌금에 처해지게 된다(법 제446조 제28호).

3. 주요사항보고서 제출

1) 주요사항보고서 제출

자본시장법상 주권상장법인은 정기사업보고서와 반기·분기보고서 이외에도 일명 수시공시에 해당하는 주요사항보고서를 제출하여야 한다. 이에 따르면 사업보고서 제출대상법인은 ① 발행한 어음 또는 수표가 부도로 되거나 은행과의 당좌거래가 정지 또는 금지된 때, ② 영업활동의 전부 또는 중요한 일부가 정지되거나 그 정지에 관한 이사회 등의 결정이 있은 때, ③ 회생절차개시의 신청이 있은 때, ④ 법정 해산사유가 발생한 때, ⑤ 자본 또는 부채의 변동에 관한 이사회 등의 결정이 있은 때, ⑥ 주식의 포괄적 교환에 의한 완전모회사의 설립, 주식의 포괄적 이전에 의한 완전모회사의 설립, 합병계약서와 그 승인결의 및 회사의 분할·분할합병에 규정된 사실이 발생한 때, ⑦ 중요한 영업 또는 자산을 양수하거나 양도할 것을 결의한 때, ⑧ 자기주식을 취득 또는 처분할 것을 결의한 때, ⑨ 그 밖에 그 법인의 경영·재산 등에 관하여 중대한 영향을 미치는 사실이 발생한 경우에는 그 사실이 발생한 날의 다음 날까지 그 내용을 기재한 주요사항보고서를 금융위원회에 제출하여야 한다(법 제161조 제1항).

여기서 "자본 또는 부채의 변동"이란 자본의 증가 또는 감소, 조건부자본증권의 발행에 따른 부채의 증가를 말한다(법시행령 제171조 제1항).

또한 "중요한 영업 또는 자산을 양수하거나 양도할 것을 결의한 때"란 (1) 양수·양도하려는 영업부문의 자산액(장부가액과 거래금액 중 큰 금액)이 최근 사업연도말 현재 자산총액의 10% 이상인 양수·양도, (2) 양수·양도하려는 영업부문의 매출액이 최근 사업연도말 현재 매출액의 10%이상인 양수·양도, (3) 영업의 양수로 인하여 인수할 부채액이 최근 사업연도말 현재 부채총액의 10 % 이상인 양수, (4) 영업전부의 양수, (5) 양수·양도하려는 자산액(장부가액과 거래금액 중 큰 금액)이 최근 사업연도말 현재 자산총액의 10% 이상인 양수·양도 중 어느 하나에 해당하는 것을 결의한 때를 말한다(법시행령 제171조 제3항).

2) 예측정보 기재

자본시장법은 주요사항보고서의 제출시에도 정기사업보고서에 예측정보를 기재하도록 한 규정을 준용하도록 규정하고 있다. 즉, 사업보고서 제출대상법인은 주요사항보고서에 그 법인의 예측정보를 기재 또는 표시할 수 있는데, 이 경우 예측정보의 기재 또는 표시는 ① 그 기재 또는 표시가 예측정보라는 사실이 밝혀져 있을 것, ② 예측 또는 전망과 관련된 가정이나 판단의 근거가 밝혀져 있을 것, ③ 그 기재 또는 표시에 대하여 예측치와 실제 결과치가 다를 수 있다는 주의문구가 밝혀져 있을 것 등을 기재하여야 한다(법 제159조 제6항).

그리고 주요사항보고서를 제출하는 경우 제출 당시 그 법인의 대표이사나 대표집행임원 및 제출업무를 담당하는 이사는 그 사업보고서의 기재사항 중 중요사항에 관하여 거짓의 기재 또는 표시가 있거나 중요사항의 기재 또는 표시가 누락되어 있지 아니하다는 사실 등 대통령령으로 정하는 사항을 확인·검토하고 이에 각각 서명하여야 한다(법 제159조 제7항).

여기서 "대통령령으로 정하는 사항"이란 (1) 사업보고서의 기재사항 중 중요사항에 관하여 거짓의 기재 또는 표시가 없고, 중요사항의 기재 또는 표시를 빠뜨리고 있지 아니하다는 사실 (2) 사업보고서의 기재 또는 표시 사항을 이용하는 자로 하여금 중대한 오해를 일으키는 내용이 기재 또는 표시되어 있지 아니하다는 사실 (3) 사업보고서의 기재사항에 대하여 상당한 주의를 다하여 직접 확인·검토하였다는 사실 (4) 외부감사대상 법인인 경우에는 내부회계관리제도가 운영되고 있다는 사실을 말한다(법시행령 169조).

사업보고서 제출대상법인이 주요사항보고서를 제출하는 경우에는 ① 발행한 어음 또는 수표가 부도로 되거나 은행과의 당좌거래가 정지 또는 금지된 때, ② 영업활동의 전부 또는 중요한 일부가 정지되거나 그 정지에 관한 이사회 등의 결정이 있은 때, ③ 회생절차개시의 신청이 있은 때, ④ 법정 해산사유가 발생한 때, ⑤ 자본 또는 부채의 변동에 관한 이사회 등의 결정이 있은 때, ⑥ 주식의 포괄적 교환에 의한 완전모회사의 설립, 주식의 포괄적 이전에 의한 완전모회사의 설립, 합병계약서와 그 승인결의 및 회사의 분할·분할합병이 발생한 때, ⑦ 중요한 영업 또는 자산을 양수하거나 양도할 것을 결의한 때, ⑧ 자기주식을 취득 또는 처분할 것을 결의한 때, ⑨ 그 밖에 그 법인의 경영·재산 등에 관하여 중대한 영향을 미치는 사실이 발생한 때 각 항목별로 서류를 첨부하여야 한다(법 제161조 제2항).

여기서 서류란 (1) 어음이나 수표가 부도로 된 경우에는 은행의 부도 확인서 등 해당 사실을 증명할 수 있는 서류, (2) 은행과의 당좌거래가 정지되거나 금지된 경우에는 은행의 당좌거래정지 확인서 등 해당 사실을 증명할 수 있는 서류, (3) 이사회의사록, 행정기관의 영업정지 처분 명령서 등 영업정지 사실을 증명할 수 있는 서류, (4) 법원에 제출한 회생절차개시신청서 등 해당 사실을 증명할 수 있는 서류, (5) 이사회의사록, 파산결정문 등 해당 사유 발생 사실을 증명할 수 있는 서류, (6) 이사회의사록 등 해당 사실을 증명할 수 있는 서류, (7) 통지서·소장 등 해당 사실을 증명할 수 있는 서류, (8) 그 밖에 투자자보호를 위하여 필요하다고 금융위원회가 정하여 고시하는 서류나 그 사본을 말한다(법시행령 제171조 제4항).

4. 자료요구권

2011년부터 거래소가 국제회계기준(K-IFRS)를 채택함으로서 상장법인들은 연결재무제표를 작성하여야 하는데, 국제회계기준(IFRS)은 영국 등 유럽 국가들이 중심이 되어 사용하는 기준으로서 미국을 중심으로 한 회계기준(GAAP)과 함께 세계 회계기준의 양대산맥을 이루고 있었다.

IFRS의 특징으로는 세세한 규정보다는 원칙 중심, 경제적 실질 반영, 공정가치평가 확대 등을 들 수 있다. 특히, 미국의 엔론사태 이후 110여개 국가들이 미국식 회계기준(US GAAP) 대신 IFRS를 채택하고 있으며 일본(2005년)이나 중국(2007년) 뿐만 아니라 심지어 미국도 이 회계기준을 2009년부터 적용하기 시작해 2014년부터는 전면 도입하기로 결정한 바 있다.

우리나라는 2011년부터 IFRS 기준에 따라 일반 상장기업과 금융회사를 중심으로 K-IFRS를 도입하였으며, 이에 따라 2011년부터 2조 원 이상 상장기업은 국제회계기준(IFRS)을 의무적으로 적용하고 있으며, 2조 원 미만 기업에서는 2013년부터 시행하였다.

우리나라에서 IFRS를 채택하게 된 가장 큰 동기는 과거 우리 기업들이 K-GAAP를 채택함으로써 국제적 정합성 차원에서 겪는 KOREA Discount를 극복하기 위한 것이었다.

이에 따라 자본시장법은 2013년 5월 28일 법개정을 통하여 연결재무제표 작성대상법인이 종속회사에게 관련자료 제출을 요구할 수 있는 권한을 부여하였다. 즉, 연결재무제표 작성대상법인 중 사업보고서 제출대상법인은 사업보고서 등의 작성을 위하여 필요한 범위에서 종속회사에게 관련자료의 제출을 요구할 수 있도록 권한을 부여하였다(법 제161조의2 제1항).

그리고 연결재무제표 작성대상법인 중 사업보고서 제출대상법인은 사업보고서 등의 작성을 위하여 필요한 자료를 입수할 수 없거나 종속회사가 제출한 자료의 내용을 확인할 필요가 있는 때에는 종속회사의 업무와 재산상태도 조사할 수 있도록 하였다(법 제161조의2 제2항).

5. 사업보고서의 거짓 기재 책임

1) 개요

이 규정은 사업보고서의 허위공시에 의한 시장 사기행위에 대한 손해배상책임을 인정한 규정이다. 허위공시 책임과 관련하여 자본시장법은 제125조에서 발행시장의 허위공시책임을 규정하고, 제162조에서는 유통시장에서의 허위공시책임에 관하여 규정하고 있다. 즉, 제

125조에서는 증권신고서와 투자설명서의 허위공시에 대한 책임규정을 두고 있고, 제162조에서는 사업보고서 등을 허위작성하여 이를 금융감독원에 비치케 하고 이를 열람한 공중이 이에 의거하여 주식을 취득한 후 허위공시사실이 밝혀지면서 주가하락으로 손해를 본 자에 대하여 허위공시자가 손해배상책임을 지게 된다. 또한 이러한 허위공시책임은 증권관련집단소송의 대상이 되기도 한다.

2) 손해배상책임

(1) 책임발생원인

일반적으로 기업들은 재무제표를 근거로 공시자료를 작성하게 되는데, 우리 자본시장법상 발행시장에서는 "증권신고서와 투자설명서(법 제125조 제1항)", 유통시장에서는 "사업보고서·반기보고서 및 분기보고서"(법 제162조)를 허위작성하여 이를 금융감독원에 비치케 하고 이를 열람한 공중이 이에 의거하여 주식을 취득한 후 주가하락으로 손해를 본 자에 대하여 손해배상책임을 지도록 규정하고 있다.

이 중에서 제162조는 사업보고서·반기보고서·분기보고서·주요사항보고서 및 그 첨부서류(회계감사인의 감사보고서는 제외) 중 중요사항에 관하여 거짓의 기재 또는 표시가 있거나 중요사항이 기재 또는 표시되지 아니함으로써 사업보고서 제출대상법인이 발행한 증권의 취득자 또는 처분자가 손해를 입은 경우에는 ① 그 사업보고서 등의 제출인과 제출당시의 그 사업보고서 제출대상법인의 이사, ② 업무집행지시자로서 그 사업보고서 등의 작성을 지시하거나 집행한 자, ③ 그 사업보고서 등의 기재사항 및 그 첨부서류가 진실 또는 정확하다고 증명하여 서명한 공인회계사·감정인 또는 신용평가를 전문으로 하는 자, 변호사, 변리사 또는 세무사 등 공인된 자격을 가진 자(법시행령 제173조 제2항), ④ 그 사업보고서 등의 기재사항 및 그 첨부서류에 자기의 평가·분석·확인 의견이 기재되는 것에 대하여 동의하고 그 기재내용을 확인한 자는 그 손해에 관하여 배상의 책임을 지도록 규정하고 있다(법 제162조 제1항 본문). 그러나 배상의 책임을 질 자가 상당한 주의를 하였음에도 불구하고 이를 알 수 없었음을 증명하거나 그 증권의 취득자 또는 처분자가 그 취득 또는 처분을 할 때에 그 사실을 안 경우에는 배상의 책임을 면한다(법 제162조 제1항 단서).

여기서 말하는 증권이란 (1) 해당 증권과 교환을 청구할 수 있는 교환사채권, (2) 해당 증권 및 교환사채권만을 기초자산으로 하는 파생결합증권을 말한다(법시행령 제173조 제1항).

(2) 예측정보에 대한 면책

자본시장법상 기업이 사업보고서, 반기보고서 및 분기보고서에 발행인의 미래의 재무상태나 영업실적 등에 대한 예측 또는 전망에 관한 사항(예측정보)을 기재함에 있어 허위의 기재 또는 표시를 하거나 중요한 사항을 기재 또는 표시하지 아니한 경우에 손해배상책임을 지게 된다. 즉, ① 매출규모 · 이익규모 등 보고자의 영업실적 기타 경영성과에 대한 예측 또는 전망에 관한 사항, ② 자본금규모 · 자금흐름 등 보고자의 재무상태에 대한 예측 또는 전망에 관한 사항, ③ 특정한 사실의 발생 또는 특정한 계획의 수립으로 인한 보고자의 경영성과 또는 재무상태의 변동 및 일정시점에서의 목표수준에 관한 사항, ④ 기타 보고자의 미래에 대한 예측 또는 전망에 관한 사항을 기재함에 있어 이를 허위의 기재 또는 표시가 있거나 중요한 사항이 기재 또는 표시하지 않은 경우가 이에 해당한다. 그리고 발행인의 재무에 관한 사항, 기타 투자자보호를 위하여 필요한 사항을 기재하지 않은 경우에도 이에 해당한다.

그리고 예측정보가 ① 그 기재 또는 표시가 예측정보라는 사실이 밝혀져 있을 것, ② 예측 또는 전망과 관련된 가정 또는 판단의 근거가 밝혀져 있을 것, ③ 그 기재 또는 표시가 합리적 근거 또는 가정에 기초하여 성실하게 행하여졌을 것, ④ 그 기재 또는 표시에 대하여 예측치와 실제 결과치가 다를 수 있다는 주의문구가 밝혀져 있을 것 등의 요건에 따라 기재 또는 표시된 경우에는 그 손해에 관하여 배상책임을 지지 않는다(법 제162조 제2항 본문).

그러나 해당 증권의 취득자 또는 처분자가 그 취득 또는 처분을 할 때에 예측정보 중 중요사항에 관하여 거짓의 기재 또는 표시가 있거나 중요사항이 기재 또는 표시되지 아니한 사실을 알지 못한 경우로서 손해배상책임의 주체에게 그 기재 또는 표시와 관련하여 고의 또는 중대한 과실이 있었음을 증명한 경우에는 배상의 책임을 면하지 못한다(법 제162조 제2항 단서).

(3) 인과관계

자본시장법은 사업보고서, 반기보고서, 분기보고서 중 허위의 기재 또는 표시가 있거나 중요한 사항이 기재 또는 표시되지 아니함으로써 유가증권의 취득자가 손해를 입은 때에 배상을 청구할 수 있도록 규정하고 있다.

그러나 투자자가 손해배상청구를 하기 위하여는 당해 자가 당해 보고서의 허위의 기재 또는 표시가 있거나 중요한 사항이 기재 또는 표시되지 아니한 것을 신뢰하여 유가증권을 취득하였어야 한다. 즉, 투자자가 허위공시를 신뢰하여 투자하였어야 한다. 그러나 이와 관련하여 투자자의 신뢰여부에 대한 입증책임을 누가 부담하는가 하는 점이 문제가 된다. 즉, 우리나라에서는 손해배상청구권자가 사업보고서에 허위기재 · 누락이 있다는 사실을 입증하여야 하지만, 현실적으로 사업보고서의 내용에 관한 모든 재무 및 영업에 관한 자료를 발행인측이 보관하고 있어 원고가 사업보고서에 허위기재 또는 누락이 있었다는 사실을 입증하기 어려움에도 불구하고 우리 자본시장법은 아무런 규정을 두고 있지 않고 있다.

다만, 우리 자본시장법 제162조를 해석하여 볼 때 피고에게 입증책임이 있는 것으로 해석되고 있다. 그러나 미국의 경우에는 입증책임과 관련하여 인과관계요건을 거래인과관계와 손해인관계로 구분하여 1933년 연방증권법 및 1934년 연방증권거래법상 발행공시책임, 유통공시책임 및 사기금지규정에 위반하는 경우의 손해배상책임규정에 법률로써 혹은 판례를 통하여 명확하게 이들 두가지 문제를 해결하고 있다.[1] 이에 따르면 신뢰관계에 대한 입증책임은 원고가 부담한다.

3) 손해배상액

허위공시로 인한 손해배상할 금액은 청구권자가 그 증권을 취득 또는 처분함에 있어서 실제로 지급한 금액 또는 받은 금액과 ① 손해배상을 청구하는 소송의 변론이 종결될 때의 그 증권의 시장가격(시장가격이 없는 경우에는 추정처분가격)과 ② 변론종결 전에 그 증권을 처분한 경우에는 그 처분가격 중 어느 하나에 해당하는 금액과의 차액으로 추정한다(법 제162조 제3항).

이러한 손해배상액의 추정규정에도 불구하고 배상책임을 질 자는 청구권자가 입은 손해액의 전부 또는 일부가 중요사항에 관하여 거짓의 기재 또는 표시가 있거나 중요사항이 기재 또는 표시되지 아니함으로써 발생한 것이 아님을 증명한 경우에는 그 부분에 대하여 배상책임을 면한다(법 제162조 제4항).

그리고 허위공시에 대한 배상의 책임은 그 청구권자가 해당 사실을 안 날부터 1년 이내 또는 해당 제출일부터 3년 이내에 청구권을 행사하지 아니한 경우에는 소멸한다(법 제162조 제5항).

6. 사업보고서 공시, 조사 및 조치

자본시장법은 사업보고서 등의 공시에 관하여 규정하고 있다. 즉, 금융위원회와 거래소는 사업보고서 등을 3년간 일정한 장소에 비치하고, 인터넷 홈페이지 등을 이용하여 공시할 의무를 진다. 이 경우 기업경영 등 비밀유지와 투자자 보호와의 형평 등을 고려하여 (1) 군사기밀에 해당하는 사항, (2) 사업보고서 제출대상법인 또는 그 종속회사의 업무나 영업에 관한

1) 1933년 미국증권법상 발행공시책임은 §11, §12(a)(2), §17에 의거하여 볼 때 원고가 그 부실기재내용을 신뢰하여 손해가 발생하였다는 신뢰인과관계의 입증책임을 진다. 그리고 1934년 미국 증권거래법 §10b 및 Rule 10b-5에서는 공시책임에 대하여도 원고가 부실공시내용을 신뢰하였고 당해 부실기재에 대한 신뢰가 원고의 손해의 주된 원인이라는 사실을 입증하도록 하는 것이 판례의 일반적인 입장이다: 이준섭, 증권관련집단소송제의 전제조건으로서의 손해배상책임제도의 정비방안, 전경련세미나자료(2004.1.30), 2-14,2-15면.

것으로서 금융위원회의 확인을 받은 사항을 제외하고 비치 및 공시할 수 있다(법시행령 제174조)

그리고 자본시장법은 투자자보호를 위하여 금융위원회에게 사업보고서 관련자료 등을 제출하라고 명령하거나 조사할 권한을 부여하고 있다. 즉, 금융위원회는 투자자보호를 위하여 필요한 경우에는 사업보고서 제출대상법인, 그 밖의 관계인에 대하여 참고가 될 보고 또는 자료의 제출을 명하거나, 금융감독원장에게 그 장부 · 서류, 그 밖의 물건을 조사하게 할 수 있다. 이 경우 조사를 하는 자는 그 권한을 표시하는 증표를 지니고 이를 관계인에게 내보여야 한다(법 제131조 제2항, 법 제164조 제1항).

그리고 금융위원회는 ① 사업보고서 등을 제출하지 아니한 경우, ② 사업보고서 등 중 중요사항에 관하여 거짓의 기재 또는 표시가 있거나 중요사항이 기재 또는 표시되지 아니한 경우 중 어느 하나에 해당하는 경우에는 사업보고서 제출대상법인에 대하여 이유를 제시한 후 그 사실을 공고하고 정정을 명할 수 있으며, 필요한 때에는 증권의 발행, 그 밖의 거래를 정지 또는 금지하거나 조치를 할 수 있다(법 제164조 제2항).

여기서 '조치'란 (1) 1년의 범위에서 증권의 발행 제한, (2) 임원에 대한 해임권고, (3) 법을 위반한 경우에는 고발 또는 수사기관에의 통보, (4) 다른 법률을 위반한 경우에는 관련기관이나 수사기관에의 통보, (5) 경고 또는 주의를 말한다(법시행령 제175조).

7. 사업보고서 제출 특례

1) 외국법인 특례

자본시장법은 사업보고서 등과 관련하여 외국법인에게는 특례를 인정하고 있다. 즉, 사업보고서 등의 제출(제159조), 반기 · 분기보고서의 제출(제160조), 주요사항보고서의 제출(제161조) 등의 규정은 외국법인 등의 경우에는 제출의무를 면제하거나 제출기한을 달리하는 등 그 적용을 달리할 수 있도록 예외를 인정하고 있다(법 제165조 제1항).

즉, (1) 외국 정부, (2) 외국 지방자치단체, (3) 외국의 법령에 따라 설립되어 공익사업을 영위하는 외국 공공단체로서 외국 정부 또는 외국 지방자치단체가 지분을 보유하고 있는 외국 공공단체, (4) 국제금융기구 중 어느 하나에 해당하는 외국법인 등에 대하여는 사업보고서, 반기보고서, 분기보고서, 주요사항보고서의 제출의무를 면제해주고 있다(법시행령 제176조 제1항).

이와 관련하여 외국법인에 대하여 자본시장법의 적용배제를 시행령에 위임하는 것은 법률위임의 범위를 벗어난 위임입법으로서 위헌의 여지가 있다.

그리고 외국 정부, 외국 지방자치단체, 공익사업을 영위하는 외국 공공단체로서 외국 정부 또는 외국 지방자치단체가 지분을 보유하고 있는 외국 공공단체, 국제금융기구 등을 제외한 외국법인은 사업보고서를 사업연도 경과 후 90일 경과 후 30일 이내에 제출할 수 있고, 반기보고서 및 분기보고서의 제출기간 경과 후 45일 이내에 금융위원회와 거래소에 제출하여야 하되, 연결재무제표를 기준으로 기재하여 작성한 반기보고서와 분기보고서를 금융위원회와 거래소에 제출하는 경우에는 그 최초의 사업연도와 그 다음 사업연도에 한하여 그 기간 경과 후 60일의 기간에 추가로 15일을 가산한 기간 이내에 제출할 수 있다(법시행령 제176조 제2항).

그러나 외국법인 등이 사업보고서 등에 상당하는 서류를 해당 국가에 제출한 경우에는 그 날부터 10일(주요사항보고서의 경우에는 5일) 이내에 사업보고서 등을 제출하거나 해당 국가에서 제출한 사업보고서 등에 상당하는 서류에 금융위원회가 정하여 고시하는 요약된 한글번역문을 첨부하여 제출할 수 있다(법시행령 제176조 제3항).

그리고 사업보고서 · 반기보고서 · 분기보고서를 제출하는 외국법인 등은 금융위원회가 정하여 고시하는 사유에 해당하는 때에는 연결재무제표에 상당하는 서류를 제출한 경우에는 그 외국법인 등의 재무제표를 제출하지 않을 수 있다. 이 경우 그 외국법인 등은 사업보고서 · 반기보고서 · 분기보고서에 (1) 사업보고서의 경우에는 그 외국법인 등의 재무제표를 기준으로 한 재무에 관한 사항과 그 부속명세와 그 외국법인 등의 재무제표에 대한 회계감사인의 감사의견의 사항, (2) 반기보고서 · 분기보고서의 경우에는 그 외국법인 등의 재무제표를 기준으로 한 재무에 관한 사항과 그 부속명세와 그 외국법인 등의 재무제표에 대한 회계감사인의 감사의견 또는 확인과 의견표시의 사항을 기재하지 않아도 된다(법시행령 제176조 제4항).

그리고 증권시장에 지분증권을 상장한 외국법인등은 (1) 발행한 어음 또는 수표가 부도로 되거나 은행과의 당좌거래가 정지 또는 금지된 때, (2) 영업활동의 전부 또는 중요한 일부가 정지되거나 그 정지에 관한 이사회 등의 결정이 있은 때, (3) 회생절차개시의 신청이 있은 때, (4) 법정해산사유가 발생한 때, (5) 자본 또는 부채의 변동에 관한 이사회 등의 결정이 있은 때, (6) 주식의 포괄적 교환에 의한 완전모회사의 설립, 주식의 포괄적 이전에 의한 완전모회사의 설립, 합병계약서와 그 주총 승인결의 및 회사의 분할 · 분할합병에 규정된 사실이 발생한 때, (7) 중요한 영업 또는 자산을 양수하거나 양도할 것을 결의한 때, (8) 자기주식을 취득 또는 처분할 것을 결의한 때, (9) 그 밖에 그 법인의 경영 · 재산 등에 관하여 중대한 영향을 미치는 사항이 발생한 경우 외에도 (1) 지분증권의 양도제한, 외국법인 등의 국유화 등 외국법인등이나 그 출자자에게 중대한 영향을 미치는 외국법령 등이 변경된 때, (2) 외국법인 등의 주식 등에 대하여 외국에서 공개매수 또는 안정조작 · 시장조성이 행하여지는 때, (3) 외국금융투자감독기관 또는 외국거래소로부터 관계법규 위반으로 조치를 받은 때, (4)

외국 거래소로부터 매매거래 정지 · 해제, 상장폐지 조치를 받은 때 중 어느 하나에 해당하는 경우(외국 지주회사의 경우에는 그 외국 지주회사의 자회사가 앞의 4개의 사실 발생 중 어느 하나에 해당하는 경우를 포함)에도 금융위원회가 정하여 고시하는 날까지 주요사항보고서를 금융위원회에 제출하여야 한다(법시행령 제176조 제5항).

그리고 증권시장에 지분증권을 상장한 외국법인 등의 사업보고서 · 분기보고서 · 반기보고서에 기재하거나 첨부하는 재무제표 또는 연결재무제표는 한국채택국제회계기준, 국제회계기준위원회가 제정한 국제회계기준, 미국 내에서 일반적으로 인정되는 회계처리기준 중 어느 하나에 해당하는 회계처리기준에 따라 작성된 것이어야 한다(법시행령 제176조 제6항).

또한 금융위원회는 외국법인 등의 종류 · 성격, 외국법령 등을 고려하여 외국법인 등의 사업보고서등의 구체적인 기재내용, 첨부서류 및 서식 등을 달리 정하여 고시하며(법시행령 제176조 제7항), 코넥스시장에 상장된 주권을 발행한 법인에 대해서는 반기 · 분기보고서의 제출에 관한 법 제160조를 적용하지 아니한다(법시행령 제176조 제9항).

2) 중소기업 발행주권 매매 특례

반기 · 분기보고서의 제출에 관한 규정은 중소기업이 발행한 주권을 매매하는 코넥스시장에 상장된 주권을 발행한 법인의 경우에는 대통령령으로 정하는 기준 및 방법에 따라 반기 · 분기보고서의 제출의무를 면제하거나 제출기한을 달리하는 등 그 적용을 달리할 수 있도록 예외를 인정하고 있다(법 제165조 제2항). 즉, 외국법인 등에 대한 특례가 그대로 적용된다.

제4장 주권상장법인 특례

1. 적용범위

자본시장법은 주권상장법인에 대하여 상법의 회사편에 관한 특례규정을 두고 있으며, 이와 관련한 적용범위를 정하고 있다. 이러한 특례는 모든 주권상장법인에 대하여 적용되지만, 외국법인이나 투자회사에 대하여는 이러한 특례규정의 적용을 배제하고 있다(법 제165조의2 제1항). 그러나 외국법인의 경우 주권상장법인 재무관리기준 및 주권상장법인에 대한 조치에 관하여는 그대로 특례가 적용되도록 하였으며 이러한 특례규정은 상법 제3편 '회사'에 관한 규정보다 우선하여 적용된다(법 제165조의2 제1항).

2. 자기주식 취득 및 처분 특례

1) 주주총회의 결의 취득

상법상 주식회사가 자기주식을 취득하기 위하여는 배당가능 이익범위 내에서 주주총회의 승인을 받거나 정관에 자기주식취득에 관한 결정을 이사회가 주주총회결의에 갈음하여 행사할 수 있다는 규정을 둔 경우에 취득할 수 있도록 규정하고 있다(상법 제341조 제1항). 다만, ① 회사의 합병 또는 다른 회사의 영업전부의 양수로 인한 경우, ② 회사의 권리를 실행함에 있어 그 목적을 달성하기 위하여 필요한 경우, ③ 단주(端株)의 처리를 위하여 필요한 경우, ④ 주주가 주식매수청구권을 행사한 경우에는 위의 요건을 충족하지 않더라도 취득할 수 있도록 예외를 인정하고 있다(상법 제341조의2).

이와 관련하여 자본시장법은 자기주식취득과 처분에 관하여 주권상장법인에게 상법상의 규정에 대한 특례로 신탁계약이 해지된 경우 주주총회 결의 없이도 자기주식을 취득할 수 있도록 특례를 인정하고 있다. 이에 따르면 주권상장법인은 ① 주주총회의 결의에 따른 방법 또는 ② 신탁계약에 따라 자기주식을 취득한 신탁업자로부터 신탁계약이 해지되거나 종료된 때 반환받는 방법으로 자기주식을 취득할 수 있다. 그러나 이 경우에도 자기주식의 취득가액의 총액은 배당가능이익을 한도로 한다(법 제165조의3)

2) 이사회 결의 취득

앞에서 본 바와 같이 자본시장법은 상법과 달리 주주총회의 결의로 자기주식을 취득할 수 있도록 한 것 이외에도 특정한 경우에는 이사회결의만으로 자기주식을 취득할 수 있는 예외를 인정하고 있다. 이에 따르면 주권상장법인은 주주총회결의 방법 또는 거래소에서 시세(時勢)가 있는 주식의 경우에는 거래소에서 취득하는 방법, 그리고 주식의 상환에 관한 종류주식의 경우 외에 각 주주가 가진 주식 수에 따라 균등한 조건으로 취득하는 방법(상법 제341조 제1항) 중 (1) 회사가 모든 주주에게 자기주식 취득의 통지 또는 공고를 하여 주식을 취득하는 방법, (2) 공개매수의 방법 중 어느 하나에 해당하는 방법으로 자기주식을 취득하는 경우에는 주주총회 대신에 이사회의 결의로써 자기주식을 취득할 수 있다(법 제165조의3 제3항, 상법시행령 제9조 제1항).

3) 자기주식 처분

자본시장법은 자기주식을 취득 후 처분에 관하여도 그 요건과 방법을 정하여 놓고 있다. 이에 따르면 주권상장법인은 예외적으로 자기주식을 취득하거나 이에 따라 취득한 자기주식을 처분하는 경우에는 대통령령으로 정하는 요건·방법 등의 기준에 따라야 할 것을 요구하고 있다(법 제165조의3 제4항).

여기서 주권상장법인이 자기주식을 취득 또는 처분하거나 신탁계약을 체결 또는 해지하려는 경우 이사회는 (1) 자기주식을 취득 또는 처분하려는 경우에는 취득 또는 처분의 목적·금액 및 방법, 주식의 종류 및 수, 그 밖에 금융위원회가 정하여 고시하는 사항, (2) 신탁계약을 체결 또는 해지하려는 경우에는 체결 또는 해지의 목적·금액, 계약기간, 그 밖에 금융위원회가 정하여 고시하는 사항을 결의하여야 한다. 그러나 주식매수선택권의 행사에 따라 자기주식을 교부하는 경우와 신탁계약의 계약기간이 종료한 경우에는 이사회 결의없이도 자기주식을 처분할 수 있다(법시행령 제176조의2 제1항).

그리고 일정한 기간 동안에는 자기주식의 취득 또는 처분 및 신탁계약의 체결 또는 해지를 할 수 없도록 금지시키고 있는데, 이에 따르면 주권상장법인은 (1) 다른 법인과의 합병에 관한 이사회 결의 일부터 과거 1개월간, (2) 유상증자의 신주배정에 관한 기준일 1개월 전부터 청약일까지의 기간, (3) 준비금의 자본전입에 관한 이사회 결의일부터 신주배정기준일까지의 기간,

(4) 시장조성을 할 기간, (5) 미공개중요정보가 있는 경우 그 정보가 공개되기 전까지의 기간, (6) 처분 후 3개월간 또는 취득 후 6개월간 중 어느 하나에 해당하는 기간 동안에는 자기주식의 취득 또는 처분 및 신탁계약의 체결 또는 해지를 할 수 없다(법시행령 제176조의2 제2항).

그러나 이러한 금지가 예외적으로 허용되는 경우가 있는데, 이에 따르면 (가) 임직원에 대한 상여금으로 자기주식을 교부하는 경우, (나) 주식매수선택권의 행사에 따라 자기주식을 교부하는 경우, (다) 한도를 초과하는 자기주식을 처분하는 경우, (라) 임직원에 대한 퇴직금 · 공로금 또는 장려금 등으로 자기주식을 지급 하는 경우, (마) 우리사주조합에 처분하는 경우, (바) 법령 또는 채무이행 등에 따라 불가피하게 자기주식을 처분하는 경우, (사) 공기업이 민영화를 위하여 그 기업의 주식과의 교환을 청구할 수 있는 교환사채권을 발행하는 경우, (아) 국가 또는 예금보험공사로부터 자기주식을 취득한 기업이 그 주식과 교환을 청구할 수 있는 교환사채권을 발행하는 경우. 이 경우 교환의 대상이 되는 자기주식의 취득일부터 6개월이 지난 후에 교환을 청구할 수 있는 교환사채권만 해당한다, (자) 기업이 교환사채권을 해외에서 발행하는 경우로서 자기주식을 갈음하여 발행하는 증권예탁증권과 교환을 청구할 수 있는 교환사채권을 발행하는 경우, (차) 자기주식의 취득일부터 금융위원회가 정하여 고시하는 기간이 경과한 후 자기주식을 기초로 하는 증권예탁증권을 해외에서 발행하기 위하여 자기주식을 처분하는 경우, (카) 신탁계약에 따라 자기주식을 취득한 신탁업자로부터 신탁계약이 해지되거나 종료된 때 반환받는 방법으로 자기주식을 취득하는 경우 중 어느 하나에 해당하는 경우에는 자기주식의 취득 또는 처분 및 신탁계약의 체결 또는 해지를 할 수 있다(법시행령 제176조의2 제2항).

그리고 주권상장법인이 자기주식을 취득하려는 경우에는 이사회 결의 사실이 공시된 날의 다음 날부터 3개월 이내에 금융위원회가 정하여 고시하는 방법에 따라 증권시장에서 자기주식을 취득하여야 한다(법시행령 제176조의2 제3항). 그러나 이 규정을 적용할 때에는 주권상장법인이 주식이나 그 밖의 다른 유가증권으로 교환 또는 상환할 수 있는 사채를 소유하고 있는 상장증권 중 자기주식을 교환대상으로 하는 교환사채권을 발행한 경우에는 그 사채권을 발행하는 때에 자기주식을 처분한 것으로 의제된다(법시행령 제176조의2 제4항).

그리고 주권상장법인이 금전의 신탁계약에 따라 신탁업자에게 자기주식을 취득하게 한 경우 (1) 다른 법인과의 합병에 관한 이사회 결의 일부터 과거 1개월간, (2) 유상증자의 신주배정에 관한 기준일 1개월 전부터 청약 일까지의 기간, (3) 준비금의 자본전입에 관한 이사회 결의 일부터 신주배정기준일까지의 기간, (4) 시장조성을 할 기간, (5) 미공개 중요정보가 있는 경우 그 정보가 공개되기 전까지의 기간 중 어느 하나에 해당하는 기간이 개시되는 때에는 지체 없이 그 신탁업자에게 그 기간이 개시된다는 사실을 통보하여야 한다(법시행령 제176조의2 제5항).

3. 합병 특례

1) 합병 특례

자본시장법은 주권상장법인이 합병하는 경우 상법상의 합병에 관한 규정의 특례를 인정하고 있다. 즉, 주권상장법인은 ① 다른 법인과의 합병, ② 중요한 영업 또는 자산의 양수 또는 양도, ③ 주식의 포괄적 교환 또는 포괄적 이전, ④ 분할 또는 분할합병을 하려면 대통령령으로 정하는 요건·방법 등의 기준에 따라야 한다(제165조의4 제1항).

여기서 '중요한 영업 또는 자산의 양수 또는 양도'란 (1) 양수·양도하려는 영업부문의 자산액(장부가액과 거래금액 중 큰 금액)이 최근 사업연도말 현재 자산총액의 10% 이상인 양수·양도, (2) 양수·양도하려는 영업부문의 매출액이 최근 사업연도말 현재 매출액의 10% 이상인 양수·양도, (3) 영업의 양수로 인하여 인수할 부채액이 최근 사업연도말 현재 부채총액의 10% 이상인 양수, (4) 영업전부의 양수, (5) 양수·양도하려는 자산액이 최근 사업연도말 현재 자산총액의 10% 이상인 양수·양도 중 어느 하나에 해당하는 경우를 말한다. 그러나 일상적인 영업활동으로서 상품·제품·원재료를 매매하는 행위 등 금융위원회가 정하여 고시하는 자산의 양수·양도는 이 규정의 적용을 받지 않는다(법시행령 제176조의6 제1항).

그리고 합병의 요건·방법 등과 관련하여 대통령령에서 상세히 규정하고 있는데, 이에 따르면 주권상장법인이 다른 법인과 합병하려는 경우에는 (1) 주권상장법인간 합병의 경우에는 합병을 위한 이사회 결의일과 합병계약을 체결한 날 중 앞서는 날의 전일을 기산일로 한 최근 1개월간 평균종가, 최근 1주일간 평균종가, 최근일의 종가를 산술평균한 가액을 기준으로 10%의 범위에서 할인 또는 할증한 가액, (2) 코넥스시장에 주권을 상장한 법인을 제외한 주권상장법인과 주권비상장법인간 합병의 경우에는 주권상장법인의 경우 산술평균가액, 주권비상장법인의 경우에는 자산가치와 수익가치를 가중산술평균한 가액의 기준에 따른 가격의 방법에 따라 산정한 합병가액에 따라야 한다(법시행령 제176조의5 제1항).

그리고 주권비상장법인의 경우에는 자산가치와 수익가치를 가중산술평균한 가액의 기준에 따른 가격으로 산정하는 경우에는 금융위원회가 정하여 고시하는 방법에 따라 산정한 유사한 업종을 영위하는 법인의 상대가치를 비교하여 공시하여야 하며, 자산가치·수익가치 및 그 가중산술평균방법과 상대가치의 공시방법은 금융위원회가 정하여 고시한다(법시행령 제176조의5 제2항).

그러나 주권상장법인인 기업인수목적회사가 투자자보호와 건전한 거래질서를 위하여 금융위원회가 정하여 고시하는 요건을 갖추어 그 사업목적에 따라 다른 법인과 합병하여 그 합병법인이 주권상장법인이 되려는 경우에는 우회상장이라는 편법을 방지하고자 합병가액에 대한 기본원칙을 정하여 놓고 있다. 이에 따르면 주권상장법인인 기업인수목적회사가 주권상장법인간 합병을 하는 경우에는 합병을 위한 이사회 결의일과 합병계약을 체결한 날 중 앞서는 날의 전일을 기산일로 한 최근 1개월간 평균종가, 최근 1주일간 평균종가, 최근일의 종가를 산술평균한 가액을 기준으로 10%의 범위에서 할인 또는 할증한 가액에 따라 산정한 것을 합병가액으로 하도록 규정하고 있다. 그리고 기업인수목적회사와 합병하는 다른 법인이 주권상장법인인 경우 합병을 위한 이사회 결의일과 합병계약을 체결한 날 중 앞서는 날의 전일을 기산일로 한 (1) 최근 1개월간 평균종가, (2) 최근 1주일간 평균종가, (3) 최근일의 종가를 산술평균한 가액을 기준으로 10%의 범위에서 할인 또는 할증한 가액에 따른 가격으로 합병가액을 산정할 수 있다. 그리고 기업인수목적회사와 합병하는 다른 법인이 주권비상장법인인 경우에는 기업인수목적회사와 협의하여 정하는 가액의 기준에 따른 가액으로 합병가액을 산정할 수 있다(법시행령 제176조의5 제3항).

주권상장법인이 주권비상장법인과 합병하여 주권상장법인이 되는 경우에는 합병의 당사자가 되는 주권상장법인이 주요사항보고서를 제출하는 날이 속하는 사업연도의 직전사업연도의 재무제표를 기준으로 자산총액·자본금 및 매출액 중 두 가지 이상이 그 주권상장법인보다 더 큰 주권비상장법인이 (가) 상장규정에서 정하는 재무 등의 요건, (나) 감사의견, 소송계류, 그 밖에 공정한 합병을 위하여 필요한 사항에 관하여 상장규정에서 정하는 요건을 충족할 것을 요구하고 있다(법시행령 제176조의5 제4항).

그리고 특정 증권시장에 주권이 상장된 법인이 다른 증권시장에 주권이 상장된 법인과 합병하여 특정 증권시장에 상장된 법인 또는 다른 증권시장에 상장된 법인이 되는 경우에는 주권상장법인이 주권비상장법인과 합병하여 주권상장법인이 되는 경우를 준용한다(법시행령 제176조의5 제5항). 즉, 이 경우 '주권상장법인'은 "합병에도 불구하고 같은 증권시장에 상장되는 법인"으로, '주권비상장법인'은 "합병에 따라 다른 증권시장에 상장되는 법인"으로 본다.

2) 합병관련 외부기관 평가

상법상으로는 합병시 외부기관의 평가를 받도록 요구하는 규정이 없다. 그러나 주권상장법인이 합병을 하는 경우에는 투자자보호 및 건전한 거래질서를 위하여 대통령령으로 정하는 바에 따라 외부평가기관으로부터 합병 등의 가액, 그 밖에 대통령령으로 정하는 사항에 관한 평가를 받을 것을 요구하고 있다(제165조의4 제2항).

또한 금융위원회는 외부평가기관의 합병 등에 관한 평가가 현저히 부실한 경우, 그 밖에 투자자 보호 또는 건전한 거래질서를 해할 우려가 있는 경우로서 대통령령으로 정하는 경우에는 평가 업무를 제한할 수 있도록 하였다(제165조의4 제3항).

여기서 "대통령령으로 정하는 경우"란 (1) 외부평가기관이 평가금지규정을 위반하여 평가한 경우 또는 특수관계에 있는 기관을 평가한 경우, (2) 외부평가기관의 임직원이 평가와 관련하여 알게 된 비밀을 누설하거나 업무 외의 목적으로 사용한 경우, (3) 외부평가기관의 임직원이 합병 등에 관한 평가와 관련하여 직접 또는 간접으로 재산상의 이익을 제공받은 경우, (4) 그 밖에 투자자보호와 외부평가기관의 평가의 공정성 · 독립성을 해칠 우려가 있는 경우를 말 한다(법시행령 제176조의5 제11항).

4. 주식매수청구권 특례

1) 상법상 주식매수청구

상법은 ① 영업의 전부 또는 중요한 일부의 양도, ② 영업 전부의 임대 또는 경영위임, 타인과 영업의 손익 전부를 같이 하는 계약, 그 밖에 이에 준하는 계약의 체결 · 변경 또는 해약, ③ 회사의 영업에 중대한 영향을 미치는 다른 회사의 영업 전부 또는 일부의 양수를 하는 경우 주주총회의 특별결의에 의한 승인을 얻을 것을 요구하고 있다(상법 제374조). 그리고 이어 이에 반대하는 주주에게는 주주총회 전에 회사에 대하여 서면으로 그 결의에 반대하는 의사를 통지하면, 그 총회의 결의일부터 20일 이내에 주식의 종류와 수를 기재한 서면으로 회사에 대하여 자기가 소유하고 있는 주식의 매수를 청구할 수 있도록 되어 있다. 그리고 회사는 주식매수청구를 받은 날부터 2월 이내에 그 주식을 매수하여야 하며, 매수가액은 주주와 회사간의 협의에 의하여 결정하고, 청구일로부터 30일 이내에 협의가 이루어지지 아니한 경우에는 법원에서 매수가액을 결정할 수 있으며, 결정시 법원은 회사의 재산상태 그 밖의 사정을 참작하여 공정한 가액으로 이를 산정하도록 규정하고 있다(상법 제374조의2).

그리고 이러한 영업양도 등에 관한 주식매수청구권에 관한 규정(상법 제374조의2)을 합병(상법 제522조의3)과 주식교환(상법 제360조의3), 소규모주식교환(제360조의10), 주식이전(상법제360조의22), 회사분할합병(상법 제530조의11 제2항) 등에 대하여도 유사한 규정을 두거나 준용하도록 규정하고 있다.

그리고 주식매수청구로 인하여 취득한 자기주식에 대하여는 그 처분기간을 직접적으로 규정하고 있지는 않지만, 자기주식의 취득에 관한 상법 제341조 제2항 제3호에서 자기주식을 취득하려는 회사는 미리 주주총회의 결의로 1년을 초과하지 아니하는 범위에서 자기주식을 취득할 수 있는 기간을 결정하여야 한다.

따라서 상법상 주식매수청구권의 행사로 회사가 자기주식을 취득한 경우에는 취득일로부터 1년 이내에 취득주식을 처분해야 하는 것으로 해석된다.

이와 관련 하여 자본시장법은 주식교환(상법 제360조의3) · 간이주식교환(상법 제360조의9) · 주주총회에 의한 주식이전의 승인(상법 제360조의16) · 영업양도, 양수, 임대등(상법 제374조) · 합병계약서와 그 승인결의(상법 제522조) · 간이합병(상법 제527조의2) 및 회사분할합병(530조의3) 등에 대하여 이사회가 이를 승인한 경우 이 결의에 반대하는 주주는 주주총회 전에 해당 법인에 대하여 서면으로 그 결의에 반대하는 의사를 통지할 수 있다. 그리고 이처럼 반대의사를 통지한 주주에 한해서만 자기가 소유하고 있는 주식을 매수하여 줄 것을 해당 법인에 대하여 주주총회의 결의 일부터 20일 이내에 주식의 종류와 수를 기재한 서면으로 청구할 수 있다(법 제165조의5 제1항).

이러한 자본시장법상의 주식매수청구권의 특례는 상법과 비교하여 볼 때에 상법은 간이주식교환, 간이합병의 경우에는 주식매수청구권을 불인정하고 있으나, 자본시장법은 이에 대하여 인정하고 있다는 점이다. 구체적으로 보면, 상법은 주식교환에 대하여는 주식매수청구권규정을 두고 있으며, 소규모주식교환에 대하여도 이를 준용하는 규정을 두고 있다. 그러나 간이주식교환(상법 제360조의9)에 대하여는 주식매수청구권 유사규정이나 주식매수청구권을 준용하는 규정이 없다.

그리고 상법은 간이합병에 대하여는 명문으로 주식매수청구권을 적용한다는 규정을 두고 있지않는 반면(상법 제527조의2), 자본시장법은 간이합병의 경우 반대주주의 주식매수청구권을 인정하고 있는 것이다.

〈표-3〉 자본시장법의 주식매수청구권 특례사항

규정	상법	자본시장법
주식교환	0	0
간이주식교환	x	0
소규모주식교환	0	0
영업양도, 양수, 임대등	0	0
합병	0	0
회사분할합병	0	0
간이합병	x	0
주식이전	0	0
매수기간	2개월	1개월
주식처분기간	1년(제341조 제2항 제3호)	3년(제165조의5 제4항)

2) 자본시장법상 주식매수청구

자본시장법은 합병이나 분할합병에 반대하는 주주에게 주식매수청구권을 부여하고 있는 상법상 매수기간에 대한 특례를 인정하고 있다. 즉, 상법상 매수청구기간이 종료하는 날부터 2개월 이내이지만 자본시장법상으로는 1개월로 이내에 해당 주식을 매수하도록 특례를 인정하고 있는 것이다.

이에 따라 주권상장법인이 상법에서 규정하고 있는 주식교환계약서의 작성과 주주총회의 승인(상법 제360조의3) · 간이주식교환(상법 제360조의9) · 주주총회에 의한 주식이전의 승인(상법 제360조의16) · 영업양도, 양수, 임대 등(상법 제374조) · 합병계약서와 그 승인결의(상법 제522조) · 간이합병(상법 제527조의2) 및 분할계획서 · 분할합병계약서 등에 대하여 이사회가 이를 승인한 경우 이 결의에 반대하는 주주는 주주총회 전에 해당 법인에 대하여 서면으로 그 결의에 반대하는 의사를 통지할 수 있다. 그리고 이처럼 반대의사를 통지한 주주에 한해서만 자기가 소유하고 있는 주식을 매수하여 줄 것을 해당 법인에 대하여 주주총회의 결의일부터 20일 이내에 주식의 종류와 수를 기재한 서면으로 청구할 수 있다(법 제165조의5 제1항).

여기서 분할로서 대통령령으로 정하는 경우란 인적분할로 설립되는 법인이 발행하는 주권이 증권시장에 상장되지 아니하는 경우를 말한다(법시행령 제176조의7 제1항).

그리고 대통령령으로 정하는 경우란 이사회 결의 사실이 공시된 날의 다음 영업일까지 (1) 해당 주식에 관한 매매계약의 체결, (2) 해당 주식의 소비대차계약의 해지, (3) 그 밖에 해당 주식의 취득에 관한 법률행위 중 어느 하나에 해당하는 행위가 있는 경우를 말한다(법시행령 제176조의7 제2항).

3) 자본시장법상 주식매수 절차

주식매수청구를 받으면 해당 법인은 매수청구기간이 종료하는 날부터 1개월 이내에 해당 주식을 매수하여야 하며(제165조의5 제2항), 매수시 주식의 매수가격은 주주와 해당 법인간의 협의로 결정한다. 그러나 협의가 이루어지지 아니하는 경우의 매수가격은 이사회 결의일 이전에 증권시장에서 거래된 해당 주식의 거래가격을 기준으로 하여 대통령령으로 정하는 방법에 따라 산정된 금액으로 하며, 해당 법인이나 매수를 청구한 주주가 그 매수가격에 대하여도 반대하면 법원에 매수가격의 결정을 청구할 수 있다(제165조의5 제3항).

여기서 '대통령령으로 정하는 방법에 따라 산정된 금액'이란 증권시장에서 거래가 형성된 주식의 경우 (가) 이사회 결의일 전일부터 과거 2개월간 공표된 매일의 증권시장에서 거래된 최종시세가격을 실물거래에 의한 거래량을 가중치로 하여 가중산술평균한 가격, (나) 이사회 결의일 전일부터 과거 1개월간 공표된 매일의 증권시장에서 거래된 최종시세가격을 실물거래에 의한 거래량을 가중치로 하여 가중산술평균한 가격, (다) 이사회 결의일 전일부터 과거 1주일간 공표된 매일의 증권시장에서 거래된 최종시세가격을 실물거래에 의한 거래량을 가중치로 하여 가중산술평균한 가격에 따라 산정된 가격의 산술평균가격을 말한다.

그리고 증권시장에서 거래가 형성되지 아니한 주식은 주권비상장법인의 경우에는 자산가치와 수익가치를 가중산술평균한 가액에 따른 가격을 말한다(법시행령 제176조의7 제3항).

그러나 이러한 산정기준에 따라 결정된 매수가격에 대하여 매수청구 주주가 반대하면 최종적으로 법원이 결정하게 된다.

이처럼 주권상장법인이 매수한 주식은 해당 주식을 매수한 날부터 3년 이내에 처분하여야 하며(법 제165조의5 제4항), 주권상장법인은 상법상 주주총회 소집의 통지, 공고 규정(제363조)에 따라 주식교환계약서의 작성과 주주총회의 승인, 주주총회에 의한 주식이전의 승인, 영업양도, 양수, 임대 등, 합병계약서와 그 승인결의 및 분할계획서 · 분할합병계약서의 승인 시 요구되는 결의사항에 관한 주주총회 소집의 통지 또는 공고를 하거나 간이주식교환 및 간이합병에 따른 통지 또는 공고를 하는 경우에는 주식매수청구권의 내용 및 행사방법을 명시하여야 한다. 이 경우 의결권이 없거나 제한되는 종류주식의 주주에게도 그 사항을 통지하거나 공고하여야 한다(법 제165조의5 제5항).

여기서 "분할로서 대통령령으로 정하는 경우"란 물적분할이 아닌 인적분할로서 분할에 의하여 설립되는 법인이 발행하는 주권이 증권시장에 상장되지 아니하는 경우를 말한다(법시행령 제176조의7 제1항).

5. 주식발행 및 배정 특례

1) 특례

상법은 주식발행사항의 결정과 관련하여 회사가 그 성립 후에 주식을 발행하는 경우에는 ① 주주가 가지는 신주인수권을 양도할 수 있는 것에 관한 사항, ② 주주의 청구가 있는 때에만 신주인수권증서를 발행한다는 것과 그 청구기간에 관하여 정관에 규정이 없는 경우 이사회가 결정하도록 규정하고 있다(상법 제416조 제5호, 6호).

즉, 상법상 신주인수권증서는 주주의 청구가 있는 경우에만 발행할 수 있다. 그러나 자본시장법은 주권상장법인의 경우 신주를 배정하는 경우 상법에 대한 특례로 주주에게 신주인수권증서를 발행할 의무를 부과시키고 있으며, 이 경우 주주 등의 이익보호, 공정한 시장질서 유지의 필요성 등을 고려하여 대통령령으로 정하는 방법에 따라 신주인수권증서가 유통될 수 있도록 할 것을 요구하고 있다(법 제165조의6 제3항).

그리고 상법은 제418조에서 신주인수권의 내용 및 배정일을 지정하고 공고할 것을 요구하고 있는데, 이 경우 주주는 그가 가진 주식 수에 따라서 신주의 배정을 받을 권리가 있다. 즉, 주주에게 신주를 우선적으로 인수할 수 있는 권리를 부여하고 있다. 그러나 예외적으로 신기술의 도입, 재무구조의 개선 등 회사의 경영상 목적을 달성하기 위하여 필요한 경우에 한하여 정관에 별도의 정함을 두면 신주를 주주 외의 자, 즉 제3자 배정이 가능하다.

반면에 자본시장법에서는 주권상장법인에 대하여 주식의 발행 및 배정 등과 관련하여 상법에 대한 특례를 인정하는 규정을 두고 있다. 이에 따르면 주주의 우선적 인수권의 부여는 선택적 사항(임의적 사항)에 불과하다. 즉, 주권상장법인이 신주를 배정하는 경우 주식의 발행 및 배정 등은 ① 주주에게 그가 가진 주식 수에 따라서 신주를 배정하기 위하여 신주인수의 청약을 할 기회를 부여하는 방식(주주배정방식), ② 신기술의 도입, 재무구조의 개선 등 회사의 경영상 목적을 달성하기 위하여 필요한 경우 주주배정 외의 방법으로 특정한 자에게 신주를 배정하기 위하여 신주인수의 청약을 할 기회를 부여하는 방식(제3자 배정방식), ③ 주주배정 외의 방법으로 불특정 다수인에게 신주인수의 청약을 할 기회를 부여하고 이에 따라 청약을 한 자에 대하여 신주를 배정하는 방식(불특정 다수배정방식) 모두를 선택할 수 있다(법 제165조의6 제1항).

그리고 주권상장법인은 신주를 배정하는 경우 그 기일까지 신주인수의 청약을 하지 아니하거나 그 가액을 납입하지 아니한 실권주에 대하여 발행을 철회하여야 한다(법 제165조의6 제2항). 그러나 예외적으로 실권주에 대한 발행을 철회하지 않을 수 있다. 즉, 금융위원회가 정하여 고시하는 방법에 따라 산정한 가격 이상으로 신주를 발행하는 경우로서 ① 실권주가 발생하는 경우 계열회사의 관계인 특수한 관계에 있지 아니한 투자매매업자가 인수인으로서 그 실권주 전부를 취득하는 것을 내용으로 하는 계약을 해당 주권상장법인과 체결하는 경우, ② 주주배정방식의 경우 신주인수의 청약 당시에 해당 주권상장법인과 주주간의 별도의 합의에 따라 실권주가 발생하는 때에는 신주인수의 청약에 따라 배정받을 주식수를 초과하는 내용의 초과청약을 하여 그 초과청약을 한 주주에게 청약에 따라 배정받을 주식 수에 20% 한도 내에서 우선적으로 그 실권주를 배정하기로 하는 경우, ③ 그 밖에 주권상장법인의 자금조달의 효율성, 주주 등의 이익 보호, 공정한 시장질서 유지의 필요성을 종합적으로 고려하여 (1) 신고서를 제출하지 아니하는 모집・매출의 경우, (2) 주권상장법인이 우리사주조합원에 대하여 발행되는 신주를 배정하지 않은 경우 실권주를 우리사주조합원에게 배정하는 경우에는 발행을 철회하지 않을 수 있다(법 제165조의6 제2항 단서).

2) 주주배정

주주배정 방식으로 신주를 배정하는 경우 상법이 주주가 가지는 신주인수권을 양도할 수 있는 것에 관한 사항(상법 제416조 제5호) 및 주주의 청구가 있는 때에만 신주인수권증서를 발행한다는 것과 그 청구기간(상법 제416조 제6호)의 경우 이사회가 결정하도록 규정하고 있음에도 불구하고 주권상장법인의 경우 주주에게 신주인수권증서를 발행하여야 한다. 이 경우 주주 등의 이익보호, 공정한 시장질서 유지의 필요성 등을 고려하여 대통령령으로 정하는 방법에 따라 신주인수권증서가 유통될 수 있도록 하여야 한다(법 제165조의6 제3항).

여기서 "대통령령으로 정하는 방법"이란 (1) 증권시장에 상장하는 방법, (2) 2 이상의 금융투자업자를 통하여 신주인수권증서의 매매 또는 그 중개·주선이나 대리업무가 이루어지도록 하는 방법 중 어느 하나에 해당하는 방법을 말한다(법시행령 제176조의8 제4항).

3) 불특정 다수배정

자본시장법은 상법과는 달리 불특정 다수를 상대로 신주를 배정하는 방식을 허용하고 있다. 이에 따르면 불특정 다수에게 신주인수권을 부여하는 방식으로 신주를 배정하는 경우에는 정관으로 정하는 바에 따라 이사회의 결의로 ① 신주인수의 청약을 할 기회를 부여하는 자의 유형을 분류하지 아니하고 불특정 다수의 청약자에게 신주를 배정하는 방식, ② 우리사주조합원에 대하여 신주를 배정하고 청약되지 아니한 주식까지 포함하여 불특정 다수인에게 신주인수의 청약을 할 기회를 부여하는 방식, ③ 주주에 대하여 우선적으로 신주인수의 청약을 할 수 있는 기회를 부여하고 청약되지 아니한 주식이 있는 경우 이를 불특정 다수인에게 신주를 배정하는 방식, ④ 투자매매업자 또는 투자중개업자가 인수인 또는 주선인으로서 마련한 수요예측 등 합리적인 기준에 따라 특정한 유형의 자에게 신주인수의 청약을 할 수 있는 기회를 부여하는 경우로서 금융위원회가 인정하는 방식으로 신주를 배정하여야 한다(법 제165조의6 제4항). 이 경우 상법에서 규정하고 있는 주주의 신주인수권(상법 제418조 제1항) 및 신주인수권 제3자 배정(상법 제418조 제2항 단서)에 관한 규정을 적용하지 않는다.

6. 우리사주 주식배정 특례

상법은 주주에게 신주인수권 우선배정원칙을 정하고 있음에도 불구하고 자본시장법은 주권상장법인의 경우에는 근로자복지차원에서 우리사주조합원에게 신주를 배정하도록 하는 특례를 인정하고 있다. 즉, 한국거래소가 개설한 유가증권시장에 상장된 주권상장법인 또는 주권을 유가증권시장에 상장하려는 법인이 주식을 모집하거나 매출하는 경우 상법이 주주에게 신주인수권을 부여하고 있음(상법 제418조)에도 불구하고 해당 법인의 우리사주조합원에 대하여 모집하거나 매출하는 주식총수의 20%를 배정하도록 배정의무를 부과시키고 있다(법 제165조의7).

그러나 ① 외국인투자법인이 주식을 발행하는 경우나, ② 그 밖에 해당 법인이 우리사주조합원에 대하여 우선배정을 하기 어려운 경우에는 예외를 인정하고 있다.

그러나 우리사주조합원이 소유하는 주식 수가 신규로 발행되는 주식과 이미 발행된 주식의 총수의 20%를 초과하는 경우에는 우리사주조합원에 대한 신주인수권 배정에 관한 규정을 적용하지 않는다.

그리고 주주배정방식으로 신주를 발행하는 경우 우리사주조합원에 대한 배정분에 대하여는 신주인수권자에 대한 최고에 관한 상법규정(제419조 제1항부터 제3항)을 적용하지 아니하며(법 제165조의7 제3항), 금융위원회는 우리사주조합원에 대한 주식의 배정과 그 주식의 처분 등에 필요한 기준을 정하여 고시할 수 있다.

7. 액면미달발행 특례

1) 액면미달발행 특례

주식발행시 액면미달발행은 자본충실의 원칙에 위배되기 때문에 상법에서는 주주총회의 특별결의와 법원의 인가를 요건으로 하고 있다. 그러나 자본시장법은 주권상장법인의 경우에는 법원의 인가(상법 제417조) 없이 주주총회의 특별결의만으로 액면미달발행이 가능하도록 예외를 인정하고 있다. 즉, 주권상장법인은 법원의 인가 없이 주주총회의 결의만으로 주식을 액면미달의 가액으로 발행할 수 있도록 특례를 인정하고 있다(법 제165조의8 제1항). 그러나 기존에 이미 액면미달발행을 한 경우에는 그 액면미달금액의 총액에 대하여 상각(償却)을 완료하지 않고 신규로 액면미달발행을 하고자 하는 경우에는 법원의 인가를 필요로 한다(법 제165조의8 제1항 단서).

2) 최저발행가액

주식발행시 액면미달발행을 하고자 하는 경우에는 이를 위한 주주총회의 특별결의가 필요하며, 이때 주식의 최저발행가액을 정하여야 한다. 이와 관련하여 자본시장법은 최저발행가액은 대통령령으로 정하는 방법에 따라 산정한 가격 이상일 것을 요구하고 있다(법 제165조의8 제2항).

여기서 언급한 "대통령령으로 정하는 방법에 따라 산정한 가격"이란 (1) 주식의 액면미달가액 발행을 위한 주주총회의 소집을 결정하는 이사회의 결의일 전일부터 과거 1개월간 공표된 매일의 증권시장에서 거래된 최종시세가격의 평균액, (2) 주주총회소집을 위한 이사회의 결의일 전일부터 과거 1주일간 공표된 매일의 증권시장에서 거래된 최종시세가격의 평균액, (3) 주주총회소집을 위한 이사회의 결의일 전일의 증권시장에서 거래된 최종시세가격 중 높은 가격의 70%를 말한다(법시행령 제176조의10).

이처럼 액면미달발행을 발행하는 경우 주권상장법인은 주주총회에서 다르게 정하는 경우를 제외하고는 주식을 주주총회의 결의일부터 1개월 이내에 발행하여야 한다(법 제165조의8 제3항).

8. 주주 통지 · 공고 특례

상법상 신주의 제3자 배정을 위하여는 이에 관한 사항을 정관에 기재할 것을 요구하고 있다(상법 제418조 제2항). 이와 관련하여 자본시장법은 주권상장법인이 제3자 배정방식으로 신주를 배정할 때 금융위원회에 제출한 주요사항보고서가 금융위원회와 거래소에 공시된 경우에는 주금납입기일의 2주 전까지 주주에게 통지하거나 공고하도록 규정하고 있는 상법규정(제418조 제4항)을 적용하지 않도록 특례를 인정하고 있다.

9. 사채발행 및 배정 특례

1) 사채발행 및 배정 특례

자본시장법은 주권상장법인에 대하여는 상법상 사채발행 및 배정에 관한 특례를 인정하고 있는데, 이에 따르면 주권상장법인이 조건부자본증권의 발행에 따른 전환사채와 주식이나 그 밖의 다른 유가증권으로 교환 또는 상환할 수 있는 교환사채(상법 제469조 제2항 제2호), 전환사채(상법 제513조) 및 신주인수권부사채(상법 제516조의2) 등의 주권 관련 사채권를 발행하는 경우에는 자본시장법상 신주배정방식(법 제165조의6제1항) · 실권주발행철회(법 제165조의6 제2항) 및 불특정 다수 신주배정(법 제165조의6제4항), 주주에 대한 통지 또는 공고의 특례(법 제165조의9)를 준용하도록 규정하고 있다(법 제165조의10 제1항).

2) 신주인수권증권 양도목적 사채발행금지

상법에 따르면 신주인수권부사채를 발행할 때 정관상 다른 규정이 없으면 이사회가 결정하도록 되어 있음에도(상법 제516조의2 제2항 제4호) 불구하고 주권상장법인의 경우에는 사채권자가 신주인수권증권만을 양도할 수 있는 사채는 발행할 수 없도록 특례를 두어 금지시키고 있다(법 제165조의10 제2항).

10. 조건부 자본증권 발행

자본시장법은 조건부 자본증권의 발행에 관한 규정을 두고 있다. 조건부 자본증권이란 주권상장법인이 발행하는 사채이지만, 발행당시 객관적이고 합리적인 기준에 따라 미리 정한 사유가 발생하는 경우 주식으로 전환되는 채무증권을 말한다.

이처럼 조건부 자본증권을 자본시장법이 도입한 이유는 금융위기가 발생한 경우 은행들이 자본확충을 용이하도록 하기 위하여서이다.

이에 따라 주권상장법인은 정관으로 정하는 바에 따라 이사회의 결의로 상법상 이익배당참가부사채(상법 제469조 제2항 제1호), 교환사채(상법 제469조 제2항 제2호), 조건부 자본증권(상법 제469조 제2항 제3호), 전환사채(상법 제513조) 및 신주인수권부사채(상법 제516조의2)에 따른 사채와 다른 종류의 사채로서 해당 사채의 발행 당시 객관적이고 합리적인 기준에 따라 미리 정하는 사유가 발생하는 경우 주식으로 전환되거나 그 사채의 상환과 이자지급 의무가 감면된다는 조건이 붙은 사채, 그 밖에 대통령령으로 정하는 사채를 발행할 수 있다(제165조의11 제1항).

11. 이익배당 특례

1) 배당가능이익 존재

자본시장법은 주권상장법인의 이익배당과 관련하여 상법에 대한 특례규정을 두고 있다. 즉, 상법은 반기배당만을 허용하고 분기배당을 허용하지 않는 반면, 자본시장법은 연 1회의 결산기를 정한 주권상장법인의 경우 정관으로 정하는 바에 따라 사업연도 중 그 사업연도 개시일부터 3월, 6월 및 9월 말일 당시의 주주에게 이사회 결의로써 금전으로 분기배당을 할 수 있도록 허용하고 있다(법 제165조의12 제1항). 그리고 분기배당에 대한 이사회 결의는 3

월. 6월, 9월의 말일부터 45일 이내에 하여야 하며(법 제165조의12 제2항), 분기배당금은 이사회 결의 일부터 20일 이내에 지급하여야 한다. 그러나 정관에서 그 지급시기를 따로 정한 경우에는 이에 대한 예외가 인정된다(법 제165조의12 제3항).

그리고 분기배당은 직전 결산기의 대차대조표상의 분기배당가능이익, 즉 순자산액에서 ① 직전 결산기의 자본의 액, ② 직전 결산기까지 적립된 자본준비금과 이익준비금의 합계액, ③ 직전 결산기의 정기총회에서 이익배당을 하기로 정한 금액, ④ 분기배당에 따라 해당 결산기에 적립하여야 할 이익준비금의 합계액에 해당하는 금액을 뺀 금액을 한도로 배당할 수 있다(법 제165조의12 제4항).

그러나 해당 결산기의 대차대조표상 분기배당가능이익이 없는 경우에는 배당을 금지시키고 있는데(법 제165조의12 제5항), 이를 위반하여 분기배당을 한다는 이사회 결의에 찬성한 이사는 해당 법인에 대하여 연대하여 그 차액을 배상할 책임이 있으며, 이때 분기배당액의 합계액이 그 차액보다 적을 경우에는 분기배당액의 합계액을 배상할 책임이 있다.

그러나 그 이사가 상당한 주의를 하였음에도 불구하고 순자산액이 법이 정한 합계액에 미치지 못할 우려가 있다는 것을 알 수 없었음을 증명하면 배상할 책임을 면하게 된다(제165조의12 제6항).

그리고 이사가 연대책임을 지는 경우에 관하여는 회의록에 이의를 제기한 것으로 기재되지 않은 이사의 책임에 관한 규정(상법 제399조 제3항) 및 이사의 회사에 대한 책임의 감면(상법 제400조)에 관한 규정을 준용하고, 배당가능이익이 없음에도 이를 위반하여 분기배당을 한 경우에 관하여는 이익배당에 관한 주총결의(상법 제462조 제2항) 및 위법배당반환청구(상법 제462조 제3항)에 관한 규정을 준용한다(법 제165조의12 제8항).

2) 의제규정

자본시장법은 배당과 관련하여 분기배당시에는 배당가능이익이 있는 것으로 의제하는 규정을 두고 있다. 즉, 기명주식의 등록질권자에게 이익배당 등의 우선변제권(상법 제340조 제1항), 종류주식에 대한 이익배당(상법 제344조 제1항), 주식배당에 대한 전환의 효력발생(제350조 제3항), 주주명부폐쇄(제354조 제1항), 이익준비금(제458조), 이익배당의 기준(제464조) 및 법령 또는 정관에 위반하여 이익배당을 한 때 적용하는 처벌규정(제625조 제3호)을 적용하고자 할 때, 일단은 분기배당을 배당가능한 이익이 있어 배당하는 것으로 본다(상법 제462조 제1항).

그리고 전환주식의 전환시기를 영업연도말로 정한 규정(상법 제350조 제3항)을 적용하는 경우 3월, 6월, 9월의 말일을 영업연도 말로 보며, 분기배당금 기간(법 제165조의12 제3항)은 이익배당의 지급시기(상법 제464조의2 제1항)의 기간으로 본다(제165조의12 제7항).

이와 관련하여 자본시장법은 배당의제규정과 관련하여 의결권없는 주식에 관한 상법 제370조 제1항, 배당건설이자의 계상에 관한 상법 제457조 제2항, 과태료에 관한 상법 제635조 제1항 제22호의2를 의제하도록 규정하고 있다. 그러나 이 규정들은 2011년 4월 14일 상법개정시 삭제된 내용들이므로 법개정시 이에 대한 보완이 필요하다.

12. 주식배당 특례

자본시장법은 주권상장법인이 주식배당을 하는 경우 상법규정에 대한 특례를 두고 있다. 상법상 주식배당은 이익배당총액의 2분의 1을 초과하지 못하는 반면(상법 제462조의2 제1항 단서), 자본시장법상으로는 이에 대한 예외가 인정되어 이익배당총액에 상당하는 금액까지는 새로 발행하는 주식으로 이익배당을 할 수 있도록 주식배당상한을 없앴다(법 제165조의13 제1항).

그러나 해당 주식의 시가가 액면미달인 경우 주식배당은 이익배당총액의 2분의 1에 상당하는 금액을 초과하지 못한다(법 제165조의13 제1항 단서).

즉, 주식의 시가가 액면액에 미치지 못하는 경우 주식배당은 배당가능이익의 2분의 1을 최대하도록 하고 있는데, 이때 주식의 시가 산정방법은 대통령령으로 하도록 되어 있는데, 이에 따르면 주식배당하는 경우 그 주식의 시가는 주식배당을 결의한 주주총회일의 직전일부터 소급하여 그 주주총회일이 속하는 사업연도의 개시일까지 사이에 공표된 매일의 증권시장에서 거래된 최종시세가격의 평균액과 그 주주총회일의 직전일의 증권시장에서 거래된 최종시세가격 중 낮은 가액으로 하도록 규정하고 있다(법시행령 제176조의14).

13. 공공적 법인 배당 특례

1) 공공적 법인 특례

자본시장법은 공공적 법인이 이익이나 이자배당하는 경우 상법에서 정한 규정에 특례를 인정하고 있다. 즉, 상법상 이익은 각 주주가 가진 주식의 수에 따라 평등하게 배당하도록 규정하고 있는데(상법 제464조), 공공적 법인은 이러한 상법의 규정에도 불구하고 이익이나 이자를 배당할 때 정부에 지급할 배당금의 전부 또는 일부를 해당 법인의 주주 중 ① 해당 주식을 발행한 법인의 우리사주조합원, ② 연간소득수준 및 소유재산규모 등을 고려하여 대통령령으로 정하는 기준에 해당하는 자에게 지급할 수 있도록 예외를 인정하고 있다(법 제165

조의14 제1항).

이때 공공적 법인은 이익이나 이자를 배당할 필요가 있는 경우에는 (1) 해당 주식을 발행한 법인의 우리사주조합원, (2) 연간소득수준 및 소유재산규모 등을 고려하여 대통령령으로 정하는 기준에 해당하는 자가 정부[1]로부터 직접 매수하여 계속 소유하는 주식 수에 따라 배당한다(법시행령 제176조의15 제1항).

그리고 "대통령령으로 정하는 기준에 해당하는 자"란 (1)(i) 국가, 지방자치단체, 공공단체, 영리 · 비영리의 법인 및 단체, 그 밖의 사업체에 고용되어 근무하는 사람으로서 본인과 배우자의 연간 총소득의 합계액이 2천500만 원 이하인 사람, (ii) 일용근로자 중 사업주 또는 근로자의 단체가 취업의 계속성을 확인하는 사람으로서 일급여액이 10만 원 이하인 사람, (iii) 거주자에게 고용되어 해외에서 취업하고 있는 사람, (iv) 비거주자(외국정부를 포함)에게 고용되어 해외에서 취업하고 있는 사람 중 주무부장관 또는 한국국제협력단의 총재가 그 사실을 확인하는 사람, (v) 외국정부 · 국제기구 또는 외국기업에 고용되어 국내에 있는 사무소에 취업하고 있는 사람으로서 본인과 배우자의 연간 총소득의 합계액이 2천500만 원 이하인 사람(한국주택금융공사법 시행령 제2조 제1항에 따른 근로자), (2) 농어민, (3) 연간소득금액이 720만 원 이하인 자 중 어느 하나에 해당하는 자를 말한다(법시행령 제176조의15 제2항).

2) 준비금 자본전입 특례

상법은 준비금을 자본전입시 주주에 대하여 그가 가진 주식의 수에 따라 평등하게 주식을 발행하도록 하고 있으나(상법 제461조 제2항), 자본시장법은 공공적 법인의 경우 준비금의 전부 또는 일부를 자본에 전입할 때에는 정부에 대하여 발행할 주식의 전부 또는 일부를 공공적 법인의 발행주식을 일정 기간 소유하는 주주에게 발행할 수 있도록 예외를 인정하고 있다(제165조의14 제2항).

14. 무의결권주식 특례

1) 무의결권주 산입시 배제

상법상 의결권이 배제되거나 제한되는 종류주식과 관련하여 회사가 의결권이 없는 종류주식이나 의결권이 제한되는 종류주식을 발행하는 경우에는 정관에 의결권을 행사할 수 없는

1) 한국은행, 한국산업은행, 그 밖에 공공기관 중 금융위원회가 지정하는 기관이 그 소유하는 공공적 법인의 발행주식을 매각한 경우에는 그 기관을 포함한다.

사항과, 의결권행사 또는 부활의 조건을 정한 경우에는 그 조건 등을 정할 것을 요구하고 있다(상법 제344조의3제1항).

그럼에도 불구하고 자본시장법상 의결권이 없거나 제한되는 주식의 총수에 관한 한도를 적용할 때 주권상장법인이 ① 외국에서 주식을 발행하거나, 외국에서 발행한 주권 관련 사채권, 그 밖에 주식과 관련된 증권의 권리행사로 주식을 발행하는 경우, ② 국가기간산업 등 국민경제상 중요한 산업을 경영하는 법인으로서 금융위원회가 의결권 없는 주식의 발행이 필요하다고 인정하는 법인이 주식을 발행하는 경우에는 발행하는 의결권 없는 주식은 그 한도를 계산할 때 산입하지 않는다(법 제165조의15 제1항).

2) 예외

자본시장법은 ① 외국에서 주식을 발행하거나, 외국에서 발행한 주권 관련 사채권, 그 밖에 주식과 관련된 증권의 권리행사로 주식을 발행하는 경우, ② 국가기간산업 등 국민경제상 중요한 산업을 경영하는 법인으로서 금융위원회가 의결권 없는 주식의 발행이 필요하다고 인정하는 법인이 주식을 발행하는 경우 의결권 없는 주식과 상법상 의결권이 없거나 제한되는 주식을 합한 의결권 없는 주식의 총수는 발행주식총수의 2분의 1을 초과할 수 없도록 제한하고 있다(법 제165조의15 제2항).

그러나 의결권이 없거나 제한되는 주식총수의 발행주식총수에 대한 비율이 4분의 1을 초과하는 주권상장법인은 발행주식총수의 2분의 1 비율 이내에서 신주인수권의 행사, 준비금의 자본전입 또는 주식배당 등의 방법으로 의결권 없는 주식을 발행할 수 있도록 규정하고 있다(법 제165조의15 제3항).

여기서 의결권 없는 주식을 발행하는 방법이란 (1) 주주 또는 사채권자에 의한 신주인수권·전환권 등의 권리행사, (2) 준비금의 자본전입, (3) 주식배당, (4) 주식매수선택권의 행사를 말한다(법시행령 제176조의16 제3항).

15. 주권상장법인 재무관리기준

자본시장법은 투자자보호 차원에서 상법과는 달리 주권상장법인들에게 재무관리기준을 제시할 수 있는 근거규정을 마련하여 놓고 있다. 즉, 금융위원회는 투자자를 보호하고 공정한 거래질서를 확립하기 위하여 ① 유상증자의 요건에 관한 사항, ② 주권 관련 사채권의 발행에 관한 사항, ③ 배당에 관한 사항, ④ 해외증권의 발행에 관한 사항, ⑤ 그 밖에 건전한 재무관리에 필요한 것으로서 주권상장법인 재무관리기준을 정하여 고시하거나 그 밖에 필요한 권고를 할 수 있도록 근거규정을 두고 있다(법 제165조의16 제1항).

여기서 '해외증권'이란 주권상장법인이 해외에서 발행하는 주권, 주권 관련 사채권, 이익참가부사채권, 증권예탁증권, 그 밖에 이와 비슷한 증권을 말한다(법시행령 제176조의17 제1항). 그리고 "대통령령으로 정하는 사항"이란 (1) 이익참가부사채권의 발행에 관한 사항, (2) 결손금에 관한 사항, (3) 계산서류 및 재무에 관한 사항의 신고 및 공시방법에 관한 사항을 말한다(법시행령 제176조의17 제2항).

그러나 주권과 관련된 증권예탁증권이 증권시장에 상장된 경우에는 그 주권을 발행한 법인에 대하여는 주권상장법인 재무관리기준을 다르게 정할 수 있도록 예외를 인정하고 있다(법 제165조의16 제1항 단서).

그리고 주권상장법인은 금융위원회가 마련한 재무관리기준을 준수해야 할 의무를 부담한다(법 제165조의16 제2항).

16. 주식매수선택권 부여신고

자본시장법은 주권상장법인이 임직원 등에게 주식매수선택권을 부여한 경우에, 상법과는 달리 당해 사실을 금융위원회나 거래소에 신고하고 공시할 것을 요구하고 있다. 즉, 상법(제340조의2, 제542조의3)에 따른 주식매수선택권을 부여한 주권상장법인은 주주총회 또는 이사회에서 주식매수선택권을 부여하기로 결의한 경우 금융위원회와 거래소에 그 사실을 신고하여야 하며, 금융위원회와 거래소는 신고일부터 주식매수선택권의 존속기한까지 그 사실에 대한 기록을 갖추어 두고, 인터넷 홈페이지 등을 이용하여 그 사실을 공시하여야 한다(법 제165조의17 제1항).

그리고 「공기업의 경영구조개선 및 민영화에 관한 법률」, 「은행법」 그 밖의 법률에 따라 선임된 주권상장법인의 비상임이사 또는 사외이사는 「상법」에 따른 요건 및 절차 등에 따라 선임된 사외이사로 의제함으로써 이들에 대하여 주식매수선택권을 부여한 경우에 이를 신고하고 공시하여야 한다(법 제165조의17 제2항).

또한 주권상장법인은 사외이사를 선임 또는 해임하거나 사외이사가 임기만료 외의 사유로 퇴임한 경우에는 그 내용을 선임·해임 또는 퇴임한 날의 다음 날까지 금융위원회와 거래소에 신고하여야 한다(법 제165조의17 제3항).

17. 주권상장법인에 대한 조치

자본시장법은 주권상장법인에 대한 상법상의 특례규정을 둔 경우 그 실효성과 감독의 효율성을 제고하기 조치규정을 두고 있다. 따라서 금융위원회는 조치사유가 발생한 경우에는 주권상장법인에 대하여 이유를 제시한 후 그 사실을 공고하고 정정을 명할 수 있으며, 필요하면 그 법인의 주주총회에 대한 임원의 해임권고, 일정기간 증권의 발행제한, 그 밖에 조치를 할 수 있다. 이 경우 그 조치에 필요한 절차 및 조치기준은 총리령으로 정하도록 위임하고 있다(법 제165조의18).

그리고 조치사유로는 (1) 자기주식의 취득가액의 총액이 이익배당을 할 수 있는 한도 이내이어야 한다는 규정을 위반하여 자기주식을 취득한 경우, (2) 자기주식의 취득과 처분에 관한 규정을 위반하여 자기주식을 취득하거나 처분한 경우, (3) 합병 등의 특례에 따른 요건 · 방법 등을 위반한 경우, (4) 외부평가기관으로부터 평가를 받지 아니한 경우, (5) 주식매수청구기간이 종료하는 날부터 1개월 이내에 해당 주식을 매수하지 아니한 경우, (6) 대통령령으로 정하는 기간 이내에 주식을 처분하지 아니한 경우, (7) 통지 또는 공고를 하거나, 같은 항에 따른 통지 또는 공고를 하지 아니한 경우, (8) 실권주의 발행을 철회하지 아니한 경우, (9) 신주인수권증서를 발행하지 아니하거나 유통될 수 있도록 하지 아니한 경우, (10) 불특정 다수인에게 신주를 배정한 경우, (11) 법을 위반하여 우리사주조합원에 대하여 주식의 배정을 한 경우, (12) 액면미달의 가액으로 주식을 발행한 경우, (13) 최저발행가액을 정하지 않거나 법이 정한 방법에 따라 최저발행가액을 산정하지 아니한 경우, (14) 주주총회의 결의일부터 1개월 이내에 주식을 발행하지 아니한 경우, (15) 법을 위반하여 사채를 발행한 경우, (16) 법을 위반하여 조건부자본증권 등을 발행한 경우, (17) 이사회 결의를 거치지 아니하고 분기배당을 한 경우, (18) 분기배당금을 지급하지 아니한 경우, (19) 법을 위반하여 분기배당을 한 경우, (20) 법을 위반하여 주식배당을 한 경우(21) 사외이사 및 상근감사에 관한 특례규정을 위반한 경우 등이 열거되어 있다.

제5장 장외거래

1. 장외거래

자본시장법은 장외거래에 대하여도 규율하고자 근거규정을 두고 있다. 즉, 거래소시장 또는 다자간매매체결회사 외에서 금융투자상품을 매매, 그 밖의 거래를 하는 경우 그 매매, 그 밖의 거래방법 및 결제의 방법 등 필요한 사항은 대통령령으로 정하도록 위임하고 있다(법 제166조). 이에 따르면 거래소시장 및 다자간매매체결회사 외에서 증권이나 장외파생상품을 매매하는 경우에는 부정거래행위 및 부정거래행위 등의 배상책임이 인정되는 매매거래를 제외하고는 단일의 매도자와 매수자간에 매매하는 방법으로 하여야 한다(법시행령 제177조).

2. 장외파생상품 매매

1) 장외파생상품 매매기준

자본시장법은 장외파생상품을 대상으로 하여 투자매매업 또는 투자중개업에 대한 기준을 제시하고 있다. 즉, 투자매매업자 또는 투자중개업자가 장외파생상품을 대상으로 하여 투자매매업 또는 투자중개업을 하는 경우에는 다음과 같은 기준을 준수할 것을 요구하고 있다(법 제166조의2 제1항).

첫째, 장외파생상품의 매매 및 그 중개·주선 또는 대리의 상대방이 일반투자자인 경우에는 그 일반투자자가 위험회피 목적의 거래를 하는 경우에 한한다. 이 경우 투자매매업자 또는 투자중개업자는 일반투자자가 장외파생상품 거래를 통하여 회피하려는 위험의 종류와 금액을 확인하고, 관련자료를 보관하여야 한다(법 제166조의2 제1항 제1호).

여기서 "위험회피 목적의 거래"란 위험을 회피하려는 자가 보유하고 있거나 보유하려는 자산·부채 또는 계약 등(위험회피대상)에 대하여 미래에 발생할 수 있는 경제적 손실을 부분적 또는 전체적으로 줄이기 위한 거래로서 계약체결 당시 (1) 위험회피대상을 보유하고 있거나 보유할 예정일 것, (2) 장외파생거래 계약기간 중 장외파생거래에서 발생할 수 있는 손익이 위험회피대상에서 발생할 수 있는 손익의 범위를 초과하지 아니할 것이라는 요건을 충족하는 거래를 말한다(법시행령 제186조의2).

둘째, 장외파생상품의 매매에 따른 위험액이 금융위원회가 정하여 고시하는 한도를 초과하지 아니할 것(법 제166조의2 제1항 제2호)이다.

셋째, 영업용순자본이 총위험액의 2배에 미달하는 경우에는 그 미달상태가 해소될 때까지 새로운 장외파생상품의 매매를 중지하고, 미종결거래의 정리나 위험회피에 관련된 업무만을 수행할 것(법 제166조의2 제1항 제3호)이다.

넷째, 장외파생상품의 매매를 할 때마다 파생상품업무책임자의 승인을 받을 것이다. 그러나 금융위원회가 정하여 고시하는 기준을 충족하는 계약으로서 거래당사자간에 미리 합의된 계약조건에 따라 장외파생상품을 매매하는 경우는 제외한다(법 제166조의2 제1항 제4호).

다섯째, 월별 장외파생상품(파생결합증권 포함)의 매매, 그 중개·주선 또는 대리의 거래내역을 다음 달 10일까지 금융위원회에 보고할 것(법 제166조의2 제1항 제5호)이다.

여섯째, ① 기초자산이 신용위험(법 제4조 제10항 제4호) 또는 그 밖에 자연적·환경적·경제적 현상 등에 속하는 위험으로서 합리적이고 적정한 방법에 의하여 가격·이자율·지표·단위의 산출이나 평가가 가능한(법 제4조 제10항 제5호) 장외파생상품이나, ② 일반투자자를 대상으로 하는 장외파생상품을 신규로 취급하는 경우 협회의 사전심의를 받을 것이다(법 제166조의2 제1항 제6호).

그러나 (1) 장외파생상품의 기초자산이나 기초자산의 가격·이자율·지표·단위 또는 이를 기초로 하는 지수 등에 관한 정보가 증권시장·파생상품시장, 해외 증권시장·파생상품시장, 그 밖에 금융위원회가 정하여 고시하는 시장에서 충분히 제공되는 경우(다만, 일반투자자를 대상으로 하는 장외파생상품은 제외), (2) 협회의 사전심의를 받은 장외파생상품과 같거나 비슷한 구조의 상품으로서 협회가 정하는 기준을 충족하는 경우, (3) 앞의 (1) 및 (2)에 준하는 경우로서 금융위원회가 정하여 고시하는 경우 중 어느 하나에 해당하는 경우에는 협회의 사전심의를 필요로 하지 않는다(법시행령 제177조의2).

2) 기준준수 감독

장외파생상품 거래의 매매에 따른 위험관리, 그 밖에 투자자를 보호하기 위하여 필요한 사항은 금융위원회가 정하여 고시할 수 있으며(법 제166조의2 제2항), 금융감독원장은 투자매매업자 및 투자중개업자의 장외파생상품의 매매 등과 관련하여 장외파생상품매매기준 준수 여부를 감독하여야 한다(법 제166조의2 제3항).

3. 장외거래 청산의무

1) 의의

2013년 4월 5일 자본시장법을 개정하면서 금융투자상품거래청산제도(CCP, central counter party)를 도입하였다. 이는 미국의 서브프라임 모기지 등의 사태를 통한 금융위기를 발생원인 중 하나인 장외파생상품의 잠재 결제리스크를 감소시키기 위하여 G20 정상회의에서 장외파생상품의 리스크 관리수단으로 도입하기로 합의한 사항으로서 중앙청산결제서비스제도를 말한다.

중앙청산결제서비스제도란 거래당사자간의 결제이행보장과 다자간 결제이행보장간의 결제금액차감을 통하여 결제불이행위험을 감소시키는 제도를 말한다. 자본시장법이 이 제도를 도입하기 이전부터 대부분의 G20국가들은 금융투자상품거래청산회사를 설립운영하고 있었다.

따라서 자본시장법은 금융투자업자에게 장외거래에 대한 청산의무에 관한 규정을 둔 것이다.

2) 청산의무거래

자본시장법에 따르면 금융투자업자는 다른 금융투자업자 및 외국금융투자업자(거래상대방)와 장외파생상품의 매매 및 그 밖에 채무의 불이행이 국내 자본시장에 중대한 영향을 줄 우려가 있는 장외거래(청산의무거래)를 하는 경우 금융투자상품거래청산회사, 그 밖에 이에 준하는 자로서 외국금융투자상품거래청산회사에게 청산의무거래에 따른 자기와 거래상대방의 채무를 채무인수, 경개, 그 밖의 방법으로 부담하게 할 의무를 부담한다.

여기서 "장외파생상품의 매매 및 그 밖의 장외거래"란 원화로 표시된 원본액에 대하여 일정한 기간 동안 고정이자와 변동이자를 장래의 특정시점마다 원화로 교환할 것을 약정하는 거래로서 기초자산, 거래의 만기 등에 관하여 금융위원회가 정하여 고시하는 요건을 충족하는 장외파생상품거래를 말한다. 다만, 국내법 또는 외국법령 등에 따라 인가를 받은 금융투자상품거래청산회사를 통한 청산이 불가능한 거래는 제외한다(법시행령 제186조의3 제2항).

그리고 외국금융투자상품거래청산회사란 (1) 외국금융투자상품거래청산회사가 해당 금융투자상품거래청산업에 상당하는 업무를 하기 위하여 외국금융투자감독기관의 허가·인가 또는 승인 등을 받을 것, (2) 외국금융투자상품거래청산회사가 외국금융투자감독기관으로부터 금융투자상품거래청산업에 상당하는 업무와 관련하여 적절한 감독을 받을 것, (3) 금융위원회가 법 또는 법에 상응하는 외국의 법령을 위반한 외국금융투자상품거래청산회사의 행위에 대하여 법 또는 법에 상응하는 외국의 법령에서 정하는 방법에 따라 행하여진 조사 또는 검사자료를 상호주의의 원칙에 따라 외국금융투자감독기관으로부터 제공받을 수 있는 국가의 외국금융투자상품거래청산회사일 것, (4) 금융위원회가 외국금융투자상품거래청산회사가 소재한 국가의 외국금융투자감독기관과 상호 정보교환 및 청산대상거래 등 금융위원회가 정하여 고시하는 사항에 관한 협력약정 등을 체결하고 있을 것 등의 요건을 모두 충족하는 자 중에서 금융위원회가 승인하는 자를 말한다(법시행령 제186조의3 제3항).

4. 공공적 법인 발행주식 소유제한

외국자본이 국내자본시장을 지배하는 것을 차단하기 위하여 1997년 이전에는 법에서 정한 일부 예외적인 경우를 제외하고는 누구든지 상장법인이 발행한 주식을 누구의 명의로 하든지 자기계산으로 10% 이상 취득하는 것이 불가능하였다. 그러나 이 조항이 폐지된 후 민간상장법인들의 경우에는 주식소유제한이 폐지되었지만, 예외적으로 공공적 법인의 경우에는 공공적 필요성에 의해 그 주식소유를 여전히 제한할 수 있도록 근거규정을 두고 있다. 즉, 우리 자본시장법은 공공적 법인의 주식소유한도를 설정함으로써 적대적 M&A로부터 보호하는 방안을 마련하였다.

이에 따르면 공공적 법인이 발행한 주식을 누구의 명의로 하든지 자기의 계산으로 ① 그 주식이 상장된 당시에 발행주식총수의 10% 이상을 소유한 주주는 그 소유비율이나, ② 주주 외의 자는 발행주식총수의 3% 이내에서 정관이 정하는 비율을 초과하여 소유할 수 없도록 제한하고 있다. 이 경우 의결권 없는 주식은 발행주식총수에 포함되지 않으며, 그 특수관계인의 명의로 소유하는 때에는 자기의 계산으로 취득한 것으로 의제된다(법 제167조 제1항).

그러나 금융위원회의 승인을 받은 경우에는 그 소유비율 한도까지 공공적 법인이 발행한 주식을 소유할 수 있다(법 제167조 제2항).

그리고 법이 정한 기준을 초과하여 사실상 주식을 소유하는 자는 그 초과분에 대하여는 의결권을 행사할 수 없으며, 금융위원회는 그 기준을 초과하여 사실상 주식을 소유하고 있는 자에 대하여 6개월 이내의 기간을 정하여 그 기준을 충족하도록 시정할 것을 명할 수 있다(법 제167조 제3항).

그리고 이를 위반하여 주식을 소유한 자에 대하여는 1년 이하의 징역 또는 3천만 원 이하의 벌금에 처하도록 규정되어 있다(법 제446조 제29호).

5. 외국인 증권 또는 장내파생상품 거래 제한

자본시장법은 국가기간산업 등 국민경제상 중요한 산업을 영위하는 유가증권시장 및 코스닥시장 상장 법인 중 공공적 법인 또는 다른 법령에서 외국인이 취득할 수 있는 한도를 두는 외국인 주식취득제한제도를 두고 있다.

따라서 금융위원회는 증권시장 및 파생상품시장의 안정과 투자자보호를 위하여 필요하다고 인정하는 경우에는 증권 또는 장내파생상품에 대하여 업종별, 종류별 또는 종목별, 품목별 취득한도를 정할 수 있도록 하고 있다.

그리고 국내에 6개월 이상 주소 또는 거소를 두지 아니한 개인인 외국인 또는 외국법인 등에 의한 증권 또는 장내파생상품의 매매, 그 밖의 거래에 관하여는 일정한 기준 및 방법에 따라 그 취득한도 등을 제한할 수 있다(법 제168조 제1항).

여기서 일정한 기준 및 방법과 관련하여 시행령은 외국인 또는 외국법인 등은 금융위원회가 정하여 고시하는 경우를 제외하고는 누구의 명의로든지 자기의 계산으로 하는 종목별 외국인 또는 외국법인 등의 1인 취득한도는 해당 공공적 법인의 정관에서 정한 한도로 할 것을 요구하고 있다.

그리고 종목별 외국인 및 외국법인 등의 전체 취득한도는 해당 종목의 지분증권 총수의 40%이며, 이 경우 한도초과분의 처분, 취득한도의 계산기준 · 관리 등에 관하여 필요한 사항은 금융위원회가 정하여 고시한다(법시행령 제187조 제1항). 그리고 이러한 제한 외에도 외국인 또는 외국법인 등에 의한 공공적 법인의 주식 취득에 관하여는 추가로 그 공공적 법인의 정관이 정하는 바에 따라 따로 이를 제한할 수 있다(법 제168조 제2항).

또한 이를 위반하여 주식을 취득한 자는 그 주식에 대한 의결권을 행사할 수 없으며, 금융위원회는 법을 위반하여 증권 또는 장내파생상품을 매매한 자에게 6개월 이내의 기간을 정하여 그 시정을 명할 수 있도록 사후 조치규정을 두고 있다(법 제168조 제3항).

그 밖에 외국인 또는 외국법인 등에 의한 증권 또는 장내파생상품의 매매, 그 밖의 거래와 관련하여 투자자보호 및 건전한 거래질서를 위하여 필요한 사항은 대통령령으로 정하도록 하고 있는데(법 제168조 제4항), 이에 따르면 금융위원회는 증권시장 및 파생상품시장의 안정과 투자자 보호를 위하여 필요하다고 인정하는 경우에는 이러한 취득한도 제한 외에 증권 또는 장내파생상품에 대하여 업종별, 종류별 또는 종목별 · 품목별 취득한도를 정하여 고시할 수 있다(법시행령 제187조 제2항).

외국예탁결제기관은 해외에서 증권예탁증권을 발행할 목적으로 국내법인이 발행한 지분증권을 취득하려는 경우에는 그 지분증권을 발행한 국내법인으로부터 미리 동의를 받아야 한다. 다만, 그 지분증권을 새로 발행하는 경우, 그 밖에 금융위원회가 정하여 고시하는 경우는 제외한다(법시행령 제187조 제3항).

6. 회계감사인 감사증명

1) 회계감사

우리 자본시장법은 상장회사의 사업보고서에 회사의 재무제표 내용이 기업회계기준에 맞도록 공정타당하게 작성되었는지의 여부를 증명하는 공인회계사의 감사증명을 첨부케 하여 투자자들을 보호하고 있다. 즉, 금융위원회와 거래소에 재무에 관한 서류를 제출하는 자는 「주식회사의 외부감사에 관한 법률」에 따라 회계감사를 받을 것을 요구하고 있다.

그리고 이러한 회계감사를 받아야 하는 대상자는 시행령으로 범위를 구체화하고 있는데, 이에 따르면 (1) 사업보고서 제출대상법인, (2) 주권 또는 주권 외의 지분증권, 무보증사채권, 전환사채권 · 신주인수권부사채권 · 이익참가부사채권 또는 교환사채권, 신주인수권이 표시된 것, 증권예탁증권, 파생결합증권 중 어느 하나에 해당하는 증권을 모집 또는 매출한 발행인이 이에 해당한다(법시행령 제189조 제1항).

그러나 예외적으로 기업경영 등 비밀유지 및 기업부담과 투자자보호와의 형평 등을 고려하여 특정한 사항에 대하여는 회계감사가 면제되는데(법 제169조 제1항), 이에 해당하는 것으로는 (1) 재무에 관한 서류 중 군사기밀에 해당하는 사항이나 발행인의 업무나 영업에 관한 것으로서 금융위원회의 확인을 받은 사항 중 어느 하나에 해당하는 사항이 기재된 부분, (2) 반기보고서와 분기보고서 중 재무에 관한 서류을 말한다(법시행령 제189조 제2항). 그러나 반기보고서와 금융기관 또는 최근 사업연도말 현재의 자산총액이 5천억 원 이상인 주권상장법인이 제출하는 분기보고서의 경우에는 회계감사인의 확인과 의견표시가 있는 것만 재무에 관한 서류에 해당한다.

2) 금융위원회 조치

금융위원회는 투자자보호를 위하여 필요하다고 인정되는 경우에는 회계감사를 한 회계감사인 또는 회계감사를 받은 법인에 대하여 자료의 제출 및 보고를 명하거나, 그 밖에 필요한 조치를 할 수 있는 권한을 갖는다(법 제169조 제2항).

외국법인 등이 외국법령에 따라 회계감사를 받은 경우로서 일정한 기준을 충족하였을 경우에는 회계감사를 받은 것으로 의제되는데, 이 경우 자료제출 등 명령이나 조치에 관한 사항은 외국 금융투자업관련 법령에 따라 회계감사를 한 외국회계감사인 또는 회계감사를 받은 외국법인 등에게 준용한다(법 제169조 제3항).

여기서 일정한 기준과 관련하여 외국법인 등이 (1) 외국 정부, 외국 지방자치단체, 외국의 법령에 따라 설립되어 공익사업을 영위하는 외국 공공단체로서 외국 정부 또는 외국 지방자치단체가 지분을 보유하고 있는 외국 공공단체, 국제금융기구 중 어느 하나에 해당하는 외국법인 등이 외국 법령이나 설립의 근거가 되는 조약 · 정관 · 규정 등에 따라 감사를 받은 경우, (2) 외국 법령에 따라 설립된 외국 기업이 외국 법령에 따라 외부감사를 받은 경우(다만, 외국 기업이 채택하고 있는 회계처리기준이 외감법에 따른 회계처리기준과 다른 경우에는 금융위원회가 정하여 고시하는 사항을 기재한 서류를 해당 감사보고서와 함께 제출하여야 함) 중 어느 하나에 해당하는 경우에는 회계감사를 받은 것으로 본다(법시행령 제190조).

7. 회계감사인 손해배상책임

1) 외감법 준용

우리 자본시장법은 상장회사의 사업보고서에 회사의 재무제표 내용이 기업회계기준에 맞도록 공정타당하게 작성되었는지의 여부를 증명하는 공인회계사의 감사증명을 첨부케 하여 투자자들을 보호하고 있다. 따라서 회계감사인이 그 임무를 충실히 이행하지 않았음에도 불구하고, 이를 신뢰해 손해를 입은 투자자에게 손해배상책임을 지도록 하는 근거규정을 두고 있다.

이에 따르면 외감법상 회계감사인의 손해배상책임에 관한 규정(제17조 제2항부터 제9항)은 선의의 투자자가 사업보고서 등에 첨부된 국내 · 외 회계감사인의 감사보고서를 신뢰하여 손해를 입은 경우 그 회계감사인의 손해배상책임에 관하여 준용하고 있다(자본시장법 제170조 제1항).

2) 부실감사책임

외감법에서는 감사인이 중요한 사항에 관하여 감사보고서에 기재하지 아니하거나 거짓으로 기재함으로써 이를 믿고 이용한 제3자에게 손해를 발생하게 한 경우에는 그 감사인은 제3자에게 손해를 배상할 책임이 있다. 다만, 연결재무제표에 대한 감사보고서에 중요한 사항을 기재하지 아니하거나 거짓으로 기재를 한 책임이 종속회사 또는 관계회사의 감사인에게 있는 경우에는 해당 감사인은 이를 믿고 이용한 제3자에게 손해를 배상하여야 한다(외감법 제17조 제2항). 이 경우 감사반인 감사인의 경우에는 해당 회사에 대한 감사에 참여한 공인회계사가 연대하여 손해를 배상할 책임을 진다(외감법 제17조 제3항).

그리고 감사인이 회사 또는 제3자에게 손해를 배상할 책임이 있는 경우에 해당 회사의 이사 또는 감사(감사위원회)도 그 책임이 있으면 그 감사인과 해당 회사의 이사 및 감사는 연대하여 손해를 배상하여야 한다. 다만, 손해를 배상할 책임이 있는 자가 고의가 없는 경우에 그 자는 법원이 귀책사유에 따라 정하는 책임비율에 따라 배상책임이 발생한다(외감법 제17조 제4항).

그러나 고의가 없는 경우라 할지라도 손해배상을 청구하는 자의 소득인정액이 1억5천만원 이하에 해당되는 경우에는 감사인과 해당 회사의 이사 및 감사는 연대하여 손해를 배상하여야 한다(외감법 제17조 제5항).

또한 손해를 배상할 책임이 있는 자 중 배상능력이 없는 자가 있어 손해액의 일부를 배상하지 못하는 경우에는 각자 책임비율의 50%범위에서 손해액을 추가로 배상할 책임을 진다(외감법 제17조 제6항). 즉, 손해액의 추가 배상책임은 손해를 배상할 책임이 있는 자 중 배상능력이 없는 자를 제외한 자가 그 배상능력이 없는 자로 인하여 배상하지 못하는 손해액에 대하여 각자 책임비율의 50%의 범위에서 그 책임비율에 비례하여 진다(외감법시행령 제17조 제2항).

그리고 감사인 또는 감사에 참여한 공인회계사가 손해배상책임을 면하기 위하여는 그 임무를 게을리 하지 아니하였음을 증명하여야 한다. 이때 감사인을 선임한 회사, 은행, 보험회사, 종합금융회사, 상호저축은행이 감사인 또는 감사에 참여한 공인회계사를 상대로 손해배상 청구소송을 제기하는 경우에는 그 자가 감사인 또는 감사에 참여한 공인회계사가 임무를 게을리하였음을 증명하여야 한다(외감법 제17조 제7항).

이때 감사인은 손해배상책임을 보장하기 위하여 총리령으로 정하는 바에 따라 손해배상공동기금의 적립 또는 보험가입 등 필요한 조치를 하여야 한다(외감법 제17조 제8항).

손해배상책임은 그 청구권자가 해당 사실을 안 날부터 1년 이내 또는 감사보고서를 제출한 날부터 3년 이내에 청구권을 행사하지 아니하면 소멸하지만, 선임을 할 때 계약으로 그 기간을 연장할 수 있다(외감법 제17조 제9항).

3) 손해배상액

회계감사인이 배상할 책임의 액에 대하여 실손해배상원칙에 따라 배상액을 산정하는 경우 법리상 그 액을 입증하기 용이하지 않다. 따라서 자본시장법은 회계감사인의 손해배상액을 추정하도록 규정하고 있다. 즉, 회계감사인이 배상할 금액은 청구권자가 그 증권을 취득 또는 처분함에 있어서 실제로 지급한 금액 또는 받은 금액과 ① 손해배상을 청구하는 소송의 변론이 종결될 때의 그 증권의 시장가격 또는 추정처분가격, ② 변론종결 전에 그 증권을 처분한 경우에는 그 처분가격 중 어느 하나에 해당하는 금액과의 차액으로 추정하도록 규정하고 있다(자본법 제170조 제2항).

여기서 '증권'이란 (1) 회계감사인의 회계감사를 받는 법인이 발행한 증권과 교환을 청구할 수 있는 교환사채권, (2) 회계감사인의 회계감사를 받는 법인이 발행한 증권과 교환사채권만을 기초자산으로 하는 파생결합증권을 말한다(법시행령 제191조).

회계감사인의 손해배상액에 관한 규정에 불구하고 배상책임을 질 자는 청구권자가 입은 손해액의 전부 또는 일부가 중요사항에 관하여 거짓의 기재 또는 표시가 있거나 중요사항이 기재 또는 표시되지 아니함으로써 발생한 것이 아님을 증명한 경우에는 그 부분에 대하여 배상책임을 지지 아니한다(법 제170조 제3항).

8. 보증금 대신 납부

1) 공과금 현금납부 예외

자본시장법은 일명 공과금을 상장증권으로 대납할 수 있도록 함으로써 상장증권의 유통력을 확보할 수 있도록 근거규정을 두고 있다. 즉, 국가 · 지방자치단체 또는 공공기관에 납부할 보증금 또는 공탁금 중 일정한 보증금이나 공탁금은 상장증권으로 대신 납부할 수 있도록 현금납부원칙에 대한 예외를 인정하고 있다(법 제171조 제1항). 여기서 "일정한 보증금이나 공탁금"이란 입찰보증금, 계약보증금, 하자보수보증금, 법령에 따른 공탁금을 말하며(법시행령 제192조 제1항), 보증금이나 공탁금으로 대신 납부할 수 있는 상장증권은 채무증권(기업어음증권은 제외), 지분증권을 말한다(법시행령 제192조 제2항).

그리고 상장증권으로 대신 납부하는 경우 국가 · 지방자치단체 또는 공공기관은 이를 거부할 수 없도록 수납을 강제하고 있다(법 제171조 제2항).

2) 상장증권 평가기준

앞에서 본 바와 같이 자본시장법은 일명 공과금을 상장증권으로 대납할 수 있도록 하고 있으며 국가 · 지방자치단체 또는 공공기관에 대신 납부할 수 있는 상장증권 및 그 상장증권으로 대신 납부하는 가액의 평가기준은 대통령령으로 정하도록 하고 있다(법 제171조 제3항). 이에 따르면 보증금이나 공탁금으로 대신 납부할 수 있는 상장증권의 대신납부가액은 거래소가 정하는 대용가격(代用價格)으로 평가하도록 규정하고 있다(법시행령 제192조 제2항).

그리고 대신 납부하는 상장증권이 예탁증권 등인 경우에는 예탁결제원이 대통령령으로 정하는 방법에 따라 발행하는 예탁증명서로 그 상장증권에 갈음할 수 있도록 규정하고 있는데(법 제171조 제4항), 이에 따르면 예탁결제원은 예탁증명서를 발행하는 경우 예탁자의 자기소유분에 대하여는 예탁자계좌부에 의하여, 투자자예탁분에 대하여는 해당 예탁자가 예탁결제원에 통지한 투자자계좌부에 의하여 예탁증명서를 발행하여야 한다(법시행령 제193조 제1항).

그리고 이 예탁증명서에는 (1) 예탁자계좌부 또는 투자자계좌부상의 실질소유자의 성명이나 명칭과 주소, (2) 예탁증권 등의 종류와 수, (3) 예탁증명서의 사용목적, (4) 보증금이나 공탁금을 대신 납부하는 경우 외에는 예탁증명서를 사용할 수 없다는 뜻, (5) 예탁증명서로 보증금이나 공탁금을 대신 납부받은 자는 해당 예탁증권 등을 투자자계좌부나 예탁자계좌부상의 자기계좌로 대체할 것을 신청할 수 있다는 뜻, (6) 예탁자가 계좌대체를 신청하는 경우에는 해당 예탁증명서를 예탁결제원이나 예탁자에게 반환하여야 하며, 이 경우 예탁결제원이나 예탁자는 처분 제한의 뜻을 말소한다는 뜻, (7) 예탁증명서를 반환받은 예탁자는 이를 지체 없이 예탁결제원에 반환하여야 한다는 뜻을 기재하여야 한다(법시행령 제193조 제2항)

예탁결제원 또는 예탁자는 예탁증명서가 발행된 경우 그 발행일부터 그 예탁증명서를 반환받을 때까지 해당 상장증권의 처분이 제한된다는 뜻을 예탁자계좌부 또는 투자자계좌부에 기재하여야 하며(법 제171조 제5항), 누구든지 이처럼 처분이 제한되는 상장증권을 자신의 채권과 상계하거나 이를 압류(가압류를 포함)하지 못하도록 규정하고 있다(법 제171조 제6항).

제4편 불공정거래 규제

제1장 내부자거래

1. 내부자 단기매매차익 반환

1) 내부자 상대 단기차익반환청구

(1) 내부자 범위

자본시장법은 불공정거래 행위 중의 하나로 내부자 거래를 규제하고 있으며, 제172조에서는 단기차익매매에 대한 규제를 규정하고 있다.

즉, 주권상장법인의 업무집행지시자를 포함한 임원, 직원 또는 주요주주가 ① 그 법인이 발행한 증권, ② 증권과 관련된 증권예탁증권, ③ 그 법인 외의 자가 발행한 것으로서 증권과 교환을 청구할 수 있는 교환사채권, ④ 증권만을 기초자산으로 하는 금융투자상품(특정증권 등)을 매수한 후 6개월 이내에 매도하거나 특정증권 등을 매도한 후 6개월 이내에 매수하여 이익을 얻은 경우에는 그 법인은 그 임직원 또는 주요주주에게 그 단기매매차익을 그 법인에게 반환할 것을 청구할 수 있다. 이 경우 이익의 산정기준 · 반환절차 등에 관하여 필요한 사항은 대통령령으로 정한다(법 제172조 제1항).

특히, 직원의 경우 종사한 업무를 기준으로 그 규율대상범위를 시행령으로 구체적으로 규정하고 있는데, 이에 따르면 그 법인에서 (i) 발행한 어음 또는 수표가 부도로 되거나 은행과의 당좌거래가 정지 또는 금지된 때, (ii) 영업활동의 전부 또는 중요한 일부가 정지되거나 그 정지에 관한 이사회 등의 결정이 있은 때, (iii) 회생절차개시의 신청이 있은 때, (iv) 법정해산사유가 발생한 때, (v) 대통령령으로 정하는 경우에 해당하는 자본 또는 부채의 변동에 관한 이사회 등의 결정이 있은 때, (vi) 주식의 포괄적 교환에 의한 완전모회사의 설립, 주식의 포괄적 이전에 의한 완전모회사의 설립, 합병계약서와 그 승인결의 및 회사의 분할 · 분할합병이 발생한 때, (vii) 중요한 영업 또는 자산을 양수하거나 양도할 것을 결의한 때, (viii) 자기주식을 취득 또는 처분할 것을 결의한 때, (ix) 그 밖에 그 법인의 경영 · 재산 등에 관하여 중대한 영향을 미치는 사실이 발생한 때 이에 해당하는 사항의 수립 · 변경 · 추진 · 공시,

그 밖에 이에 관련된 업무에 종사하고 있는 직원이 그 대상자이다. 그리고 그 법인의 재무·회계·기획·연구개발에 관련된 업무에 종사하고 있는 직원 중 증권선물위원회가 미공개중요정보를 알 수 있는 자로 인정하는 자도 그 대상이 된다(법시행령 제194조).

그리고 단기차익매매 관련 증권은 채무증권, 수익증권, 파생결합증권을 말하는데, 여기서 채무증권과 관련하여 전환사채권, 신주인수권부사채권, 이익참가부사채권, 그 법인이 발행한 지분증권 또는 이들과 교환을 청구할 수 있는 교환사채권은 제외한다.

또한 파생결합증권과 관련하여 증권만을 기초자산으로 하는 금융투자상품에 해당하는 파생결합증권은 제외된다(법시행령 제196조).

(2) 단기매매차익 계산방법

단기매매차익을 계산하는 방법은 우선, 해당 매수 또는 매도 후 6개월 이내에 매도 또는 매수한 경우에는 매도단가에서 매수단가를 뺀 금액에 매수수량과 매도수량 중 적은 매매일치수량을 곱하여 계산한 금액에서 해당 매매일치수량분에 관한 매매거래수수료와 증권거래세액 및 농어촌특별세액을 공제한 금액을 이익으로 계산하는 방법이 있다.

그리고 해당 매수 또는 매도 후 6개월 이내에 2회 이상 매도 또는 매수한 경우에는 가장 시기가 빠른 매수분과 가장 시기가 빠른 매도분을 대응하여 위의 방법으로 계산한 금액을 이익으로 산정하고, 그 다음의 매수분과 매도분에 대하여는 대응할 매도분이나 매수분이 없어질 때까지 같은 방법으로 대응한 계산 금액을 이익으로 산정하는 방법이 있다.

이 경우 대응된 매수분이나 매도분 중 매매일치수량을 초과하는 수량은 해당 매수 또는 매도와 별개의 매수 또는 매도로 보아 대응의 대상으로 한다(법시행령 제195조 제1항).

그리고 단기매매차익을 계산하는 경우 매수가격·매도가격은 특정증권 등의 종류 및 종목에 따라 매수 특정증권 등과 매도 특정증권 등이 종류는 같으나 종목이 다른 경우에는 매수 후 매도하여 이익을 얻은 경우에는 매도한 날의 매수 특정증권 등의 최종가격을 매도 특정증권 등의 매도가격으로 하고, 매도 후 매수하여 이익을 얻은 경우에는 매수한 날의 매도 특정증권 등의 최종가격을 매수 특정증권 등의 매수가격으로 한다.

그리고 매수 특정증권 등과 매도 특정증권 등이 종류가 다른 경우에는 지분증권 외의 특정증권등의 가격은 증권선물위원회가 정하여 고시하는 방법에 따라 지분증권으로 환산하여 계산한 가격으로 한다(법시행령 제195조 제2항).

그리고 매수 특정증권 등과 매도 특정증권 등이 종류가 다른 경우 그 수량의 계산은 증권선물위원회가 정하여 고시하는 방법에 따라 계산된 수량으로 하며(법시행령 제195조 제3항), 앞의 방법으로 이익을 계산하는 경우에 매수 또는 매도 후 특정증권 등의 권리락·배당락 또는 이자락, 그 밖에 이에 준하는 경우로서 증권선물위원회가 정하여 고시하는 사유가 있는 경우에는 이를 고려하여 환산한 가격 및 수량을 기준으로 이익을 계산한다(법시행령 제195조 제4항).

그 밖에도 단기매매차익계산의 구체적인 기준과 방법 등 필요한 세부사항은 증권선물위원회가 정하여 고시한다(법시행령 제195조 제6항).

2) 대위청구

단기매매차익이 발생한 해당 법인의 주주는 그 법인으로 하여금 단기매매차익을 얻은 자에게 단기매매차익의 반환청구를 하도록 요구할 수 있으며, 그 법인이 그 요구를 받은 날부터 2개월 이내에 그 청구를 하지 아니하는 경우에는 그 주주는 그 법인을 대위(代位)하여 그 청구를 할 수 있다(법 제172조 제2항).

이때 증권선물위원회는 단기매매차익의 발생사실을 알게 된 경우에는 해당 법인에 이를 통보하여야 한다. 이 경우 그 법인은 통보받은 내용을 인터넷 홈페이지 등을 이용하여 공시하여야 한다(법 제172조 제3항).

그리고 공시와 관련하여서는 단기매매차익을 반환해야 할 자의 지위, 단기매매차익 금액, 증권선물위원회로부터 단기매매차익 발생사실을 통보받은 날을 지체 없이 공시하여야 한다(법시행령 제197조).

3) 소멸시효

단기매매차익의 반환청구에 관한 소를 제기한 주주가 승소한 경우에는 그 주주는 회사에 대하여 소송비용, 그 밖에 소송으로 인한 모든 비용의 지급을 청구할 수 있으며, 이러한 청구권의 소멸시효는 이익을 취득한 날부터 2년이다(법 제172조 제4항, 제5항).

그리고 단기이익반환청구에 관련하여 임직원 또는 주요주주로서 행한 매도 또는 매수의 성격, 그 밖의 사정 등을 고려하여 특정의 경우 및 주요주주가 매도·매수한 시기 중 어느 한 시기에 주요주주가 아닌 경우에는 적용하지 아니한다(법 제172조 제6항).

여기서 말하는 '특정의 경우'란 (1) 법령에 따라 불가피하게 매수하거나 매도하는 경우, (2) 정부의 허가·인가·승인 등이나 문서에 의한 지도·권고에 따라 매수하거나 매도하는 경우, (3) 안정조작이나 시장조성을 위하여 매수·매도 또는 매도·매수하는 경우, (4) 모집·사모·매출하는 특정증권 등의 인수에 따라 취득하거나 인수한 특정증권등을 처분하는 경우, (5) 주식매수선택권의 행사에 따라 주식을 취득하는 경우, (6) 이미 소유하고 있는 지분증권, 신주인수권이 표시된 것, 전환사채권 또는 신주인수권부사채권의 권리행사에 따라 주식을 취득하는 경우, (7) 증권예탁증권의 예탁계약 해지에 따라 그 법인이 발행한 증권을 취득하는 경우, (8) 그 법인이 발행한 증권 중 교환사채권 또는 교환사채권의 권리행사에 따라 증권을 취득하는 경우, (9) 모집·매출하는 특정증권 등의 청약에 따라 취득하는 경우, (10) 우리사주조합원이 우리사주조합을 통하여 회사의 주식을 취득하는 경우(그 취득한 주식을 수탁기관에 예탁하는 경우만 해당), (11) 주식매수청구권의 행사에 따라 주식을 처분하는 경우, (12) 공개매수에 응모함에 따라 주식 등을 처분하는 경우, (13) 그 밖에 미공개중요정보를 이용할 염려가 없는 경우로서 증권선물위원회가 인정하는 경우가 이에 해당한다(법시행령 제198조).

그리고 단기매매차익 반환청구에 관한 규정은 주권상장법인이 모집·사모·매출하는 특정증권 등을 인수한 투자매매업자에게 인수계약을 체결한 날부터 3개월 이내에 매수 또는 매도하여 그 날부터 6개월 이내에 매도 또는 매수하는 경우에 준용한다(법 제172조 제7항).

그러나 투자매매업자가 안정조작이나 시장조성을 위하여 매매하는 경우에는 해당 안정조작이나 시장조성기간 내에 매수 또는 매도하여 그 날부터 6개월 이내에 매도 또는 매수하는 경우에 준용하는데, 안정조작이나 시장조성을 위하여 매수·매도 또는 매도·매수하는 경우에는 적용되지 않는다(법시행령 제199조).

2. 임원의 특정증권 소유상황 보고

1) 입법취지

자본시장법은 금융투자업자의 임원 또는 주요주주가 보유하고 있는 특정증권의 소유나 변동사항을 증권선물위원회와 거래소에 보고하도록 함으로써 공시제도의 효율성을 제고하고자 하고 있다(법 제173조). 일반적으로 기업의 공시제도란 상장법인들이 자사주식에 투자할려는 투자자들에게 투자판단에 중대한 영향을 미칠 수 있는 중요한 기업내용의 정보를 공시하도록 함으로써 투자자가 기업의 실체를 파악하여 투자자 스스로의 자유로운 판단과 책임 하에 투자결정을 할 수 있도록 하는 제도를 말한다.

이러한 공시제도는 증권시장 내의 정보의 불균형을 해소하고 증권시장의 공정성을 확보하여 투자자를 보호하는 기능을 담당하고 있다. 이는 임원 또는 주요주주가 정보불균형을 이용하여 내부자거래 등의 방법으로 사적 이득을 취하기 위해 투자자들의 이익을 침해할 위험성을 사전에 투자자들에게 경고하고자 하는데 목적이 있다는 것을 의미한다.

2) 주식소유상황보고

(1) 보고

자본시장법은 주권상장법인의 임원 또는 주요주주는 그 임원 또는 주요주주가 된 날부터 5일(공휴일, 근로자의 날, 토요일은 불산입) 이내에 누구의 명의로 하든지 자기의 계산으로 소유하고 있는 특정증권 등의 소유상황을, 그 특정증권 등의 소유상황에 변동이 있는 경우에는 그 변동이 있는 날부터 5일까지 그 내용을 각각 증권선물위원회와 거래소에 보고하여야 한다.

그러나 증권 등의 변동 수량이 1천주 미만이고, 그 취득 또는 처분금액이 1천만 원 미만인 경우, 즉 경미한 소유상황 변동의 경우에는 보고의무가 면제된다. 다만, 직전 보고일 이후 증권등의 변동수량의 합계가 1천주 이상이거나 그 취득 또는 처분금액의 합계액이 1천만 원 이상인 경우에는 보고하여야 한다(법시행령 제200조 제5항).

그리고 보고방법과 관련하여 주권상장법인의 업무집행지시자를 포함한 임원 또는 주요주주가 특정증권 등의 소유상황을 보고하여야 하는 경우에 그 보고기간의 기준일은 주권상장법인의 임원이 아니었던 자가 해당 주주총회에서 임원으로 선임된 경우에는 그 선임일이 된다.

그리고 업무집행지시자로서 회사에 대한 자신의 영향력을 이용하여 이사에게 업무집행을 지시한 자나 이사의 이름으로 직접 업무를 집행한 자, 그리고 이사가 아니면서 명예회장 · 회장 · 사장 · 부사장 · 전무 · 상무 · 이사 기타 회사의 업무를 집행할 권한이 있는 것으로 인정될 만한 명칭을 사용하여 회사의 업무를 집행한 자(상법 제401조의2 제1항)인 경우에는 해당 지위를 갖게 된 날이 기준일이 된다.

그리고 주권상장법인이 발행한 주식의 취득 등으로 해당 법인의 주요주주가 된 경우에는 그 취득 등을 한 날이 기준일이 되며, 주권비상장법인이 발행한 주권이 증권시장에 상장된 경우에는 그 상장일이 기준일이 된다.

주권비상장법인의 임원 또는 주요주주가 합병, 분할합병 또는 주식의 포괄적 교환 · 이전으로 주권상장법인의 임원이나 주요주주가 된 경우에는 그 합병, 분할합병 또는 주식의 포괄적 교환 · 이전으로 인하여 발행된 주식의 상장일이 기준일이 된다(법시행령 제200조 제3항).

그 밖에도 주권상장법인의 임원이나 주요주주가 그 특정증권 등의 소유상황의 변동을 보고하여야 하는 경우의 그 변동일은 (1) 증권시장이나 파생상품시장에서 특정증권 등을 매매한 경우에는 그 결제일, (2) 증권시장이나 파생상품시장 외에서 특정증권 등을 매수한 경우에는 대금을 지급하는 날과 특정증권 등을 인도받는 날 중 먼저 도래하는 날, (3) 증권시장이나 파생상품시장 외에서 특정증권 등을 매도한 경우에는 대금을 수령하는 날과 특정증권 등을 인도하는 날 중 먼저 도래하는 날, (4) 유상증자로 배정되는 신주를 취득하는 경우에는 주금납입일의 다음날, (5) 특정증권 등을 차입하는 경우에는 그 특정증권 등을 인도받는 날,

상환하는 경우에는 그 특정증권 등을 인도하는 날, (6) 특정증권 등을 증여받는 경우에는 그 특정증권 등을 인도받는 날, 증여하는 경우에는 그 특정증권 등을 인도하는 날, (7) 상속으로 특정증권 등을 취득하는 경우로서 상속인이 1인인 경우에는 단순승인이나 한정승인에 따라 상속이 확정되는 날, 상속인이 2인 이상인 경우에는 그 특정증권등과 관계되는 재산분할이 종료되는 날, (8) 그 밖의 경우에는 민법 · 상법 등 관련 법률에 따라 해당 법률행위 등의 효력이 발생하는 날이다(법시행령 제200조 제4항).

(2) 예외

부득이한 사유에 따라 특정증권 등의 소유상황에 변동이 있는 경우와 전문투자자 중 특정한 자에 대하여는 그 보고 내용 및 시기를 달리 정할 수 있도록 예외를 인정하고 있다(법 제173조 제1항).

여기서 '부득이한 사유'란 주식배당, 준비금의 자본전입, 주식의 분할 또는 병합, 자본의 감소 에 해당하는 사유를 말하며, 특정한 자란 국가, 한국은행, 예금보험공사 및 정리금융기관, 한국자산관리공사, 한국주택금융공사, 한국투자공사, 한국정책금융공사, 한국예탁결제원, 거래소, 금융감독원, 신용보증기금, 기술신용보증기금, 기금 및 그 기금을 관리 · 운용하는 법인, 지방자치단체를 말하며, 이들의 특정증권 등의 보유목적이 해당 법인의 경영권에 영향을 주기 위한 것이 아닌 자를 말한다(법시행령 제200조 제6항, 제7항).

그 밖에도 주권상장법인의 임원 또는 주요주주의 특정증권 소유상황에 변동이 있는 경우 그 변동이 있었던 달의 다음 달 10일까지 그 변동내용을 보고할 수 있으며(법시행령 제200조 제8항), 국가 등의 자는 특정증권 등의 소유상황에 변동이 있는 경우 그 변동이 있었던 분기의 다음 달 10일까지 그 변동내용을 보고할 수 있다(법시행령 제200조 제9항).

그리고 증권선물위원회와 거래소는 임원 등의 특정증권 등 소유상황 보고서를 3년간 갖추어 두고, 인터넷 홈페이지 등을 이용하여 공시하여야 한다(법 제173조 제2항).

3. 장내파생상품 대량보유 보고

자본시장법은 파생상품 연계 불공정거래 행위를 차단하고 투자자보호를 강화하기 위하여 장내파생상품을 대량 보유한 경우에는 금융위원회와 거래소에 이를 보고하여야 한다.

이에 따르면 동일품목의 장내파생상품을 금융위원회가 정하여 고시하는 수량 이상 보유하게 된 자는 그 날부터 5일 이내에 그 보유상황, 그 밖에 특정사항을 금융위원회와 거래소에 보고하여야 하며, 그 보유수량이 금융위원회가 정하여 고시하는 수량 이상으로 변동된 경우에는 그 변동된 날부터 5일 이내에 그 변동내용을 금융위원회와 거래소에 보고하여야 한다(법 제173조의2 제1항).

여기서 "특정사항"이란 (1) 대량보유자 및 그 위탁을 받은 금융투자업자에 관한 사항, (2) 해당 장내파생상품거래의 품목 및 종목, (3) 해당 장내파생상품을 보유하게 된 시점, 가격 및 수량, (4) 앞 사항과 관련된 사항으로서 금융위원회가 정하여 고시하는 사항을 말한다(법 시행령 제200조의2 제3항).

그리고 업무와 관련하여 알게 된 정보의 이용은 금지되는데, 이에 따르면 ① 장내파생상품의 시세에 영향을 미칠 수 있는 정책을 입안·수립 또는 집행하는 자, ② 장내파생상품의 시세에 영향을 미칠 수 있는 정보를 생성·관리하는 자, ③ 장내파생상품의 기초자산의 중개·유통 또는 검사와 관련된 업무에 종사하는 자로서 파생상품시장에서의 시세에 영향을 미칠 수 있는 정보를 업무와 관련하여 알게 된 자와 그 자로부터 그 정보를 전달받은 자는 그 정보를 누설하거나, 장내파생상품 및 그 기초자산의 매매나 그 밖의 거래에 이용하거나, 타인으로 하여금 이용하게 하는 것을 금지시키고 있다(법 제173조의2 제2항).

그리고 이러한 장내파생상품의 대량보유를 보고하지 아니하거나 거짓으로 보고한 자에 대하여는 1천만 원 이하의 과태료를 부과한다(법 제449조 제2항 제8의3호).

4. 미공개중요정보 이용행위 금지

1) 서설

자본시장법 제174조(미공개정보 이용행위의 금지)에서는 일반인에게 공개되지 않은 중요한 정보를 알게 된 내부자의 유가증권 거래를 금지하고 있다. 미공개정보 이용행위가 금지되는 '내부자'란 임원, 직원 대리인, 주요주주, 이러한 회사내부자에 해당되지 아니한 날로부터 1년이 경과되지 않은 자 모두가 해당된다. 또한 회사내부자는 아니지만 직무나 지위에 의해 내부정보에 접근할 수 있는 공무원, 감독기관 임직원, 기자, 공인회계사, 주거래은행 임직원, 유가증권 인수회사 직원 등도 '준내부자'로 분류돼 단속대상이 되고 있다. 또 이들로부터 1차로 정보를 받아 주식투자를 한 사람도 해당된다.

여기서 '미공개정보'란 투자자의 투자판단에 중대한 영향을 미칠 수 있는 정보로서 불특정 다수인이 알 수 있도록 공개되기 전의 것을 말한다. 그리고 미공개정보 이용행위의 금지조항을 위반할 경우 2년 이상의 유기징역에 처하며, 그 위반행위로 얻은 이익 또는 회피한 손실액이 5억 원 이상인 때에는 가중처벌한다. 그리고 50억 원 이상인 때에는 무기 또는 5년 이상의 징역, 5억 원 이상 50억 원 미만인 때는 3년 이상의 유기징역에 처해지게 된다.

이때 이익 또는 회피한 손실액 이하에 상당하는 벌금을 병과할 수 있으며, 미공개정보를 이용하여 매매거래를 한 자는 그와 관련하여 입은 손해에 대하여 배상책임이 있다(법 제443조 제1항).

2) 금지대상자 및 금지내용

자본시장법은 미공개중요정보를 이용하지 못하도록 금지하고 있는 대상을 열거하고 있는데, 이에 따르면 ① 해당 법인, 그 법인의 계열사 및 그 법인의 임직원·대리인으로서 그 직무와 관련하여 미공개중요정보를 알게 된 자, ② 해당 법인 및 그 계열사의 주요주주로서 그 권리를 행사하는 과정에서 미공개중요정보를 알게 된 자, ③ 해당 법인에 대하여 법령에 따른 허가·인가·지도·감독, 그 밖의 권한을 가지는 자로서 그 권한을 행사하는 과정에서 미공개중요정보를 알게 된, ④ 해당 법인과 계약을 체결하고 있거나 체결을 교섭하고 있는 자로서 그 계약을 체결·교섭 또는 이행하는 과정에서 미공개중요정보를 알게 된 자, ⑤ 해당법인, 그 계열사 및 그 법인의 임직원·대리인, 해당법인 및 그 계열사의 주요주주 중 어느 하나에 해당하는 자의 대리인·사용인, 그 밖의 종업원으로서 그 직무와 관련하여 미공개중요정보를 알게 된 자, ⑥ 앞의 어느 하나에 해당하는 자 및 그 지위를 상실한 날부터 1년이 경과하지 아니한 자로부터 미공개중요정보를 받은 자는 상장법인 및 상장예정법인의 업무 등과 관련된 미공개중요정보를 특정증권 등의 매매, 그 밖의 거래에 이용하거나 타인에게 이용하게 하는 것은 금지된다(법 제174조 제1항).

여기서 말하는 상장예정법인이란 6개월 이내에 상장하는 법인 또는 6개월 이내에 상장법인과의 합병, 주식의 포괄적 교환, 그 밖에 기업결합 방법에 따라 상장되는 효과가 있는 비상장법인을 말한다.

3) 공개매수예정자 금지

자본시장법은 공개매수예정자의 미공개정보이용행위도 금지시키고 있다. 이에 따르면 ① 공개매수예정자 및 그 계열회사, 공개매수예정자의 임직원·대리인으로서 그 직무와 관련하여 공개매수의 실시 또는 중지에 관한 미공개정보를 알게 된 자, ② 공개매수예정자 및 그 계열사의 주요주주로서 그 권리를 행사하는 과정에서 공개매수의 실시 또는 중지에 관한 미공개정보를 알게 된 자, ③ 공개매수예정자에 대하여 법령에 따른 허가·인가·지도·감독, 그 밖의 권한을 가지는 자로서 그 권한을 행사하는 과정에서 공개매수의 실시 또는 중지에 관한 미공개정보를 알게 된 자, ④ 공개매수예정자와 계약을 체결하고 있거나 체결을 교섭하고 있는 자로서 그 계약을 체결·교섭 또는 이행하는 과정에서 공개매수의 실시 또는 중지에 관한 미공개정보를 알게 된 자, ⑤ 공개매수예정자의 주요주주 및 감독권한 자, 계약 체결 및 교섭자 중 어느 하나에 해당하는 자의 대리인 · 사용인, 그 밖의 종업원으로서 그 직무와 관련하여 공개매수의 실시 또는 중지에 관한 미공개정보를 알게 된 자, ⑥ 공개매수 예정자 또는 앞의 자 중 어느 하나에 해당하는 자 및 그 직을 상실한 날부터 1년이 경과하지 아니한 자는 주식 등에 대한 공개매수의 실시 또는 중지에 관한 미공개정보를 그 주식 등과 관련된 특정증권 등의 매매, 그 밖의 거래에 이용하거나 타인에게 이용하게 하는 것이 금지 된다. 다만, 공개매수예정자가 공개매수공고 이후에도 상당한 기간 동안 주식 등을 보유하는 등 주식 등에 대한 공개매수의 실시 또는 중지에 관한 미공개정보를 그 주식 등과 관련된 특정증권 등의 매매, 그 밖의 거래에 이용할 의사가 없다고 인정되는 경우에는 예외이다(법 제174조 제2항).

4) 대량 취득 · 처분 예정자 금지

자본시장법은 증권거래와 관련하여 대량 취득 · 처분을 하려는 자에 대하여도 미공개정보 이용금지의무를 부과시키고 있다. 이에 따르면 ① 대량 취득 · 처분을 하려는 자 및 그 계열회사, 대량 취득 · 처분을 하려는 자의 임직원 · 대리인으로서 그 직무와 관련하여 대량 취득 · 처분의 실시 또는 중지에 관한 미공개정보를 알게 된 자, ② 대량 취득 · 처분을 하려는 자 및 그 계열사의 주요주주로서 그 권리를 행사하는 과정에서 대량 취득 · 처분의 실시 또는 중지에 관한 미공개정보를 알게 된 자, ③ 대량 취득 · 처분을 하려는 자에 대하여 법령에 따른 허가 · 인가 · 지도 · 감독, 그 밖의 권한을 가지는 자로서 그 권한을 행사하는 과정에서 대량 취득 · 처분의 실시 또는 중지에 관한 미공개정보를 알게 된 자, ④ 대량 취득 · 처분을 하려는 자와 계약을 체결하고 있거나 체결을 교섭하고 있는 자로서 그 계약을 체결 · 교섭 또는 이행하는 과정에서 대량 취득 · 처분의 실시 또는 중지에 관한 미공개정보를 알게 된 자, ⑤ 대량취득자의 대리인 · 사용인, 그 밖의 종업원으로서 그 직무와 관련하여 대량 취득 · 처분의 실시 또는 중지에 관한 미공개정보를 알게 된 자, ⑥ 대량 취득 · 처분을 하려는 자로부터 대량 취득 · 처분의 실시 또는 중지에 관한 미공개정보를 알게 된 자는 주식 등의 대량 취득 · 처분의 실시 또는 중지에 관한 미공개정보를 그 주식 등과 관련된 특정증권 등의 매매, 그 밖의 거래에 이용하거나 타인에게 이용하게 하는 것이 금지 된다. 다만, 대량 취득 · 처분을 하려는 자가 제149조에 따른 공시 이후에도 상당한 기간 동안 주식 등을 보유하는 등 주식 등에 대한 대량 취득 · 처분의 실시 또는 중지에 관한 미공개정보를 그 주식 등과 관련된 특정증권 등의 매매, 그 밖의 거래에 이용할 의사가 없다고 인정되는 경우에는 예외이다(법 제174조 제3항).

5) 벌칙

자본시장법은 미공개정보 이용금지규정에 위반한 경우 가장 엄격한 벌칙규정을 두고 있다. 즉, ① 상장법인의 업무 등과 관련된 미공개중요정보를 특정증권 등의 매매, 그 밖의 거래에 이용하거나 타인에게 이용하게 한 자, ② 주식 등에 대한 공개매수의 실시 또는 중지에 관한 미공개정보를 그 주식 등과 관련된 특정증권 등의 매매, 그 밖의 거래에 이용하거나 타인에게 이용하게 한 자, ③ 주식 등의 대량 취득·처분의 실시 또는 중지에 관한 미공개정보를 그 주식 등과 관련된 특정증권 등의 매매, 그 밖의 거래에 이용하거나 타인에게 이용하게 한 자 중 어느 하나에 해당하는 자는 10년 이하의 징역 또는 그 위반행위로 얻은 이익 또는 회피한 손실액의 1배 이상 3배 이하에 상당하는 벌금에 처한다. 다만, 그 위반행위로 얻은 이익 또는 회피한 손실액의 3배에 해당하는 금액이 5억 원 이하인 경우에는 벌금의 상한액을 5억 원으로 한다(법 제443조 제1항).

5. 미공개 중요정보 이용행위 배상책임

자본시장법은 미공개 중요정보를 이용하는 행위를 금지당한 자가 이를 위반하여 미공개 중요정보를 이용함으로써 손해를 입은 자가 있는 경우에는 이 자의 손해를 미공개 정보이용자가 배상하도록 책임을 부과시키고 있다(법 제175조 제1항).

그리고 이러한 손해배상청구권의 소멸시효는 청구권자가 미공개 중요정보이용 행위가 있었던 사실을 안 날부터 1년간 또는 그 행위가 있었던 날부터 3년간으로 규정하고 있다(법 제175조 제2항).

여기서 말하는 상장기업의 내부자가 직무와 관련해 알게 된 기업 내부의 미공개 중요정보를 이용해 유가증권을 매매하거나 다른 사람에게 이 정보를 제공하는 행위를 가리킨다.

그리고 내부자란 기업의 임원, 직원, 주요주주, 대리인, 기업에 대한 허가·인가·지도·감독 등의 권한을 가진 사람 등으로, 이들이 일을 그만두더라도 1년이 경과하지 않은 시점까지는 내부자로 본다. 또, 내부자로부터 미공개정보를 전달받아 주식투자를 한 사람도 내부자거래의 당사자로 간주한다. 한편 미공개 중요정보란 발행어음, 수표의 부도, 은행거래 정지·금지, 사업목적 변경, 조업중단, 기업합병, 증자 또는 감자, 신규투자계획 등 투자자의 투자판단에 중대한 영향을 미칠 수 있는 공개되지 않은 정보를 의미한다.

그리고 내부자거래란 주가에 영향을 미치는 미공개정보에 접근할 수 있는 내부자가 이를 이용해 직접 주식거래를 함으로써 이득을 얻거나 손실을 피하고, 특정인들에게 정보를 제공하여 이득을 취할 수 있도록 돕는 행위를 말한다. 이러한 행위는 소액 개인투자자들의 손해를 불러오는 등 주식시장을 교란시키는 불공정거래이기 때문에 법으로 이를 규제하고 있다.

이와 관련하여 자본시장과 금융투자업에 관한 법률은 공정한 자본시장을 유지하고 일반투자자들을 보호하기 위해 제174조(미공개중요정보 이용행위금지)에 따라 내부자거래를 금지하고 있으며, 제172조(내부자의 단기매매차익 반환)에 따라 내부자가 당해 기업의 주식을 매수한 후 6개월 이내에 매도하거나, 매도한 후 6개월 이내에 매수하여 이익을 얻은 경우 그 이익을 당해 기업에게 반환하여야 한다고 배상책임을 규정하고 있다.

제2장 시세조종

1. 시세조종행위 금지

1) 개요

증권 · 선물시장에 있어서의 불공정행위란 시장에서의 '자유롭고 대등한 경쟁', 즉 공정경쟁을 저해하는 거래행위를 말한다. 이러한 불공정행위의 유형으로는 시세조종, 내부자거래, 미공개정보 이용행위, 기타 사기적 거래행위 등을 들 수 있으며, 이 중에서도 특히 전통적인 불공정행위로 시세조종을 들 수 있다.

시세조종이란 부당이득을 취득할 목적으로 증권 등의 가격을 인위적으로 변동시키거나 고정시키는 행위를 말한다. 즉, 수요와 공급의 법칙에 따라 형성되어야 할 증권 등의 가격을 과도한 매수 또는 매도 주문, 허위사실 유포 등과 같은 불공정한 방법으로 변동시키거나 고정시키는 행위를 말한다.

시세조종은 그 유형이 매우 다양하지만, 자본시장법은 이러한 시세조종 행위로 5가지를 구분하여 규율하고 있으며, 구체적으로는 ① 위장거래에 의한 시세조종, ② 현실거래에 의한 시세조종, ③ 표시에 의한 시세조종, ④ 불법 시세고정 및 안정행위, ⑤ 현선연계에 의한 시세조종에 관하여 규정하고 있다(법 제176조).

이러한 시세조종은 그 법적 성질과 관련하여 그 행위주체가 누구든 될 수 있다는 점에서 내부자거래와는 달리 비신분범적 성질을 갖는다. 그리고 그 성립요건을 엄격히 하고자 행위자에게 특정한 주관적 목적이 존재해야 범죄가 성립되도록 하는 목적범으로 그 범위를 제한하고 있다. 따라서 시세조종 관련 민 · 형사상 책임이 성립하기 위하여는 행위자에게 타인으로 하여금 그릇된 판단을 하게 할 목적, 타인의 매매거래를 유인할 목적, 시세를 고정시키거나 안정시킬 목적 등이 존재하여야 하며, 그 주관적 목적의 존재여부는 기소권자가 입증하여야 한다.

다만, 시세조종의 결과로 행위자가 부당이득을 취득하였는지 여부를 불문하고 주관적 목적을 가지고 시세조종행위를 한 것만으로 제재를 가한다는 점에서 형식범 또는 위험범에 해당하는 법적 성질을 갖고 있다.

2) 유형별 규제내용

(1) 위장거래형 시세조종

자본시장법은 상장증권 또는 장내파생상품의 매매거래에 관하여 그 거래가 성황을 이루고 있는 듯이 잘못 알게 하거나, 기타 타인으로 하여금 그릇된 판단을 할 목적으로 통정매매, 가장매매 또는 그의 위탁이나 수탁을 하는 행위를 못하도록 금지시키고 있다(법 제176조 제1항). 여기서 통정매매란 자기가 매도하는 시기에 그와 동일한 가격으로 타인이 그 유가증권을 매수할 것을 사전에 통정한 후 매도하는 행위를 말하며, 가장매매란 형식적으로는 매매거래의 외관을 갖추고 있으나 실질적으로는 권리의 이전을 목적으로 하지 아니하는 동일인이 같은 시기 같은 가격으로 행하는 매매행위를 말한다.

이러한 시세조종행위로 규제하는 금융투자상품은 상장증권 또는 장내파생상품이며, 법상 금지된 위장거래에 의한 시세조종이 되기 위하여는 오인케 할 목적이 있어야 한다.

그리고 이러한 위장거래에 의한 시세조종 금지규정을 위반한 경우에는 10년 이하의 징역 또는 그 위반행위로 얻은 이익 또는 회피한 손실액의 1배 이상 3배 이하에 상당하는 벌금에 처해질 수 있으나, 벌금의 상한액은 5억 원이다(법 제443조 제1항 제4호).

그리고 "특정경제범죄 가중처벌 등에 관한 법률(특경가법)"상 부당이득액이 5억 원 이상 50억 원 미만인 경우에는 3년 이상 15년 이하의 유기징역, 50억 원 이상일 경우에는 무기징역 또는 5년 이상 15년 이하의 유기징역에 처해 질 수 있다(제3조).

(2) 현실거래형 시세조종

자본시장법은 상장증권 또는 장내파생상품의 매매거래를 유인할 목적으로 거래가 성황을 이루고 있는 듯이 잘못 알게 하거나 그 시세를 변동시키는 매매거래 또는 그 위탁이나 수탁하는 행위, 즉 현실거래에 의한 시세조종행위를 금지시키고 있다(법 제176조 제2항 제1호). 이러한 현실거래에 의한 시세조종의 대표적인 예로 허수주문 또는 허수호가를 들 수 있다.

그리고 현실거래에 의한 시세조종을 하기 위하여는 시세조종행위자에게 매매를 유인하려는 목적이 있어야 하는데, 이러한 유인목적이란 주관적인 상태를 말하므로 원고가 이를 입증하기란 용이치 않다. 따라서 실무상으로는 시세조종의 동기가 무엇인가를 파악하고 그 동기가 금전적인 이해관계인 경우에는 유인할 목적이 있었던 것으로 추정하는 것이 일반적이다.

그리고 자본시장법의 법문상 현실거래에 의한 시세조종에 대한 제재를 하기 위하여는 시세변동이라는 결과가 있어야 하지만, 이 또한 입증이 어렵다는 점을 고려하여 해석상으로는 시세변동가능성만 있어도 시세조종죄가 성립하는 것으로 해석되고 있다.

그러나 변동가능성만으로 유죄를 인정하는 경우 과도하게 추상적 위험범의 법리를 적용하는 결과를 가져올 수 있다.

물론, 이러한 현실거래에 의한 시세조종에 관한 판례가 가장 많은 것은 사실이지만 경우에 따라서는 정상거래와의 구별이 애매한 경우가 많다.

따라서 현실거래에 의한 시세조종죄의 성립을 인정하기 위하여는 시세를 인위적으로 조작하겠다는 목적과 동시에 투자자를 오인케 하려는 목적이 입증되어야 한다(대법원 2003. 12. 12. 선고 2001도606 판결, 대법원 2008.12.11. 선고 2006도2718 판결).

그리고 이러한 현실거래에 의한 시세조종 금지규정을 위반한 경우에는 10년 이하의 징역 또는 그 위반행위로 얻은 이익 또는 회피한 손실액의 1배 이상 3배 이하에 상당하는 벌금에 처해질 수 있으나, 벌금의 상한액은 5억 원이다(법 제443조 제1항 제4호).

그리고 특정경제범죄법상 부당이득액이 5억 원 이상 50억 원 미만인 경우에는 3년 이상 15년 이하의 유기징역, 50억 원 이상일 경우에는 무기징역 또는 5년 이상 15년 이하의 유기징역에 처해 질 수 있다(제3조).

(3) 표시형 시세조종

표시에 의한 시세조종이란 누구든지 매매거래를 유인할 목적으로 증권 또는 장내파생상품의 시세가 자기 또는 타인의 시장조작에 의하여 변동한다는 말을 유포하는 행위 또는 당해 증권 또는 장내파생상품의 매매에 있어서 중요한 사실에 관하여 고의로 허위의 표시 또는 오해를 유발하게 하는 표시를 하는 행위를 말하며, 자본시장법은 이러한 행위를 금지시키고 있다(법 제176조 제2항 제2호, 제3호). 이러한 표시 등에 의한 시세조종은 2가지 유형으로 구분할 수 있는데 첫째는 조작사실의 유포행위이며, 이는 금융투자상품의 시세가 자기 또는 타인의 시장조작으로 인하여 변동된다는 사실을 유포하는 하는 것을 의미한다. 그리고 둘째는 허위표시인데, 이는 금융투자상품 매매시에 중요한 사실에 대하여 고의로 허위표시하는 행위를 의미한다.

그리고 법문상 이러한 조작사실유표나 허위표시가 성립하기 위하여는 양자 모두 유인목적을 필요로 한다. 그러나 조작사실유포행위와 허위표시의 결과 증권매매가 수반되어야 하는지 여부에 대하여는 해석상 상이하다. 즉, 조작사실유포행위의 경우 반드시 증권매매가 수반될 것을 요하지 않을 뿐만 아니라 유포행위 후 시장조작이 실행될 것도 요하지 않는 반면, 허위표시의 경우에는 증권매매의 수반을 요건으로 하고 있다.

그리고 이러한 처벌이 부과되기 위하여는 유인목적이 있는 경우에 한하며, 이러한 표시에 의한 시세조종행위로는 구체적으로 시세조작의 유표행위와 허위 또는 오해를 유발하는 표시행위로 구분할 수 있다. 우선, 시세조작의 유포행위, 즉 타인에게 시세조종이 진행 중이라고 하거나 또는 시작될 예정이라고 말하는 것은 그 자료가 진실인지 여부와 관계없이 시세조종죄가 성립하는 것을 말한다. 그리고 허위 또는 오해를 유발하는 표시행위는 시세조작과는 달리 당해 증권의 매매와 관련이 있어야 하며 표시의 대상이 중요한 사실에 한정되어 적용된다.

그리고 이를 위반한 경우에는 10년 이하의 징역 또는 그 위반행위로 얻은 이익 또는 회피한 손실액의 1배 이상 3배 이하에 상당하는 벌금에 처해진다. 그러나 그 위반행위로 얻은 이익 또는 회피한 손실액의 3배에 해당하는 금액이 5억 원 이하인 경우에는 벌금의 상한액을 5억 원으로 한다(법 제443조 제1항 제5호).

그리고 특경법상 부당이득액이 5억 원 이상 50억 원 미만인 경우에는 3년 이상 15년 이하의 유기징역, 50억 원 이상일 경우에는 무기징역 또는 5년 이상 15년 이하의 유기징역에 처해 질 수 있다.

(4) 불법 시세고정 및 안정행위

자본시장법은 시세를 고정시키거나 안정시킬 목적으로 일련의 매매 또는 그 위탁이나 수탁을 하는 행위도 시세조종행위로 규정하고 있다. 다만, 원칙적으로 금지시키면서도 예외적으로 이를 허용하기도 하고 있다(법 제176조 제3항).

이러한 시세고정 및 안정조작은 소극적으로 시세를 유지시키는 행위이지만, 인위적으로 시세를 형성한다는 점에서 불법으로 분류하고 있는 것이다.

(5) 현·선연계형 시세조종

경제의 변동성이 증가하고 시장의 수요가 다양화됨에 따라 다양하고 복합적인 형태의 금융상품이 등장하였는데, 특히 현물과 선물간의 가격연계성과 국내시장과 국외시장간 등의 가격연계성을 이용하여 부당한 이익을 추구하려는 불공정한 행위들이 발생하고 있다. 이러한 연계 불공정행위의 대표적인 유형으로 현·선 연계 불공정행위를 들 수 있으며, 이러한 현·선 연계 불공정행위는 다양한 형태의 포지션을 구축할 수 있는 파생상품의 특성을 이용하여 현물과 선물이 연계된 결합포지션을 형성한 후 이를 이용하여 부당한 이익을 도모하는 경우가 일반적이다.

이러한 연계 불공정행위는 현·선 연계 불공정행위뿐만 아니라 선물가격을 조작하여 동종 또는 유사한 자산에 기초한 선물의 가격을 변동시켜 이익을 취하는 선·선 연계 불공정행위를 발생시키는 경우도 있다. 또한 증권의 가격을 조작하여 그 증권에 기초한 파생증권의 가격을 변동시키거나, 반대로 이득을 취하는 현·현 연계행위도 있을 수 있다.

또한 장내상품의 가격을 조작하여 장외상품의 가격을 변동시거나 그 반대로 이익을 도모하는 장내·외 연계행위도 있다.

그리고 국내시장과 국제시장이 연계된 결합포지션을 취한 뒤 이를 이용하여 부당한 이익을 취하는 국내·외 시장 연계 등의 형태로 불공정행위가 발생할 수도 있다.

이 중에서 자본시장법은 현·현 연계거래를 규제할 수 있는 근거규정을 두고 있으며, 특히 동법 시행령(제207조)에서 연계대상 증권의 범위를 상세하게 규정하고 있다(법 제176조 제4항).

2. 시세조종의 배상책임

자본시장법은 시세조종행위를 금지시키고 이를 위반한 경우 이에 대한 피해자의 민사상 구제방법을 규정하고 있다. 구체적으로 시세조종행위자의 피해자에 대한 손해배상책임을 규정하고 있다(법 제177조).

이 배상책임은 과실책임원칙에 따라서 시세조종행위자의 고의나 과실이 있어야 하며, 이에 대한 입증책임 역시 특칙이 없어, 피해자가 입증책임을 져야 하는 것으로 해석된다.

자본시장법상 시세조종 행위의 금지규정을 위반한 경우를 3가지 유형으로 구분하여 이에 대한 상세한 배상책임규정을 두고 있다. 첫째는 시세조종 금지규정을 위반한 행위로 인하여 형성된 가격에 의하여 해당 증권 또는 파생상품에 관한 매매 등을 하거나 그 위탁을 한 자가 그 매매 등 또는 위탁으로 인하여 입은 손해에 대하여 배상할 책임을 부과시키고 있다(법 제177조 제1항 제1호). 앞에서 본 바와 같이 자본시장법은 시세조종 행위를 5가지로 구분하여 규율하고 있으며, 구체적으로는 ① 위장거래에 의한 시세조종(법 제176조 제1항), ② 현실거래에 의한 시세조종(법 제176조 제2항 제1호), ③ 표시에 의한 시세조종(법 제176조 제2항 제2호, 제3호), ④ 불법 시세고정 및 안정행위(법 제176조 제3항), ⑤ 현선연계에 의한 시세조종(법 제176조 제4항)에 관하여 규정하고 있다.

따라서 이러한 5가지의 시세조종행위 중 현·선 연계에 의한 시세조종을 제외한 행위로 인하여 형성된 가격으로 증권을 거래함으로써 입은 손해에 대하여 배상책임을 인정한 것이다.

둘째는 현·선연계에 의한 시세조종으로 인하여 가격에 영향을 받은 다른 증권, 파생상품 또는 그 증권·파생상품의 기초자산에 대한 매매 등을 하거나 그 위탁을 한 자가 그 매매 등 또는 위탁으로 인하여 입은 손해에 대한 배상책임규정을 두고 있다(법 제177조 제1항 제2호).

셋째는 현·선 연계에 의한 시세조종행위로 인하여 특정시점의 가격 또는 수치에 따라 권리행사 또는 조건성취 여부가 결정되거나 금전 등이 결제되는 증권 또는 파생상품과 관련하여 그 증권 또는 파생상품을 보유한 자가 그 위반행위로 형성된 가격 또는 수치에 따라 결정되거나 결제됨으로써 입은 손해에 대하여 배상책임을 규정하고 있다(법 제177조 제1항 제3호).

그리고 이러한 시세조종행위로 인한 손해배상청구권은 청구권자가 그 위반한 행위가 있었던 사실을 안 때부터 1년간, 그 행위가 있었던 때부터 3년간 이를 행사하지 아니한 경우에는 시효로 인하여 소멸한다(법 제177조 제1항).

제3장 부정거래행위

1. 부정거래행위 금지

자본시장에서 발생하는 다양한 형태의 불공정거래행위를 법률로 통제하기란 쉽지 않다. 따라서 자본시장법은 2007년 제정 당시 도입한 네거티브 시스템과 다소 상충되지만 불공정거래행위를 효율적으로 규제하고자 포괄적 · 추상적 성격을 갖는 부정거래행위 금지조항을 도입하였다. 다만, 이러한 부정거래행위 금지조항이 갖는 포괄성과 추상성이라는 특성 때문에 여전히 법의 과다적용으로 인하여 불필요한 규제가 양산될 수 있다는 우려는 상존하고 있다.

이와 관련하여 미국이나 일본은 증권관련법 내에 불공정거래행위를 포괄적으로 금지시키지 않고 단지 개별적으로만 이를 금지시키고 있다.

현재 국내에서 논의되고 있는 부정거래금지 조항 관련 논의는 이 규정의 직접적인 개정보다는 "부정거래행위 등의 금지(법 제178조)" 규정의 도입취지에 부합하는 범위 내에서 과다적용을 방지하는 운영방안을 모색하는 방향으로 진행되고 있다.

물론, 입법초기 당시에도 논의되었던 것처럼 부정거래금지 조항이 근본적으로 죄형법정주의에 반하기 때문에 법적용을 신중히 하는 경우 오히려 과소적용으로 인한 입법취지의 퇴색을 우려하는 견해도 있지만, 여전히 규제강화의 수단으로 이용된다는 주장들도 제기되고 있다.

따라서 제178조 문제는 부정거래 금지조항의 내용에 대한 적정한 해석과 적용을 통한 자본시장의 건전성 확보문제로 귀결된다고 할 수 있다.

구체적으로 자본시장법은 누구든지 금융투자상품의 매매, 그 밖의 거래와 관련하여 ① 부정한 수단, 계획 또는 기교를 사용하는 행위, ② 중요사항에 관하여 거짓의 기재 또는 표시를 하거나 타인에게 오해를 유발시키지 않도록 하기 위하여 필요한 중요사항의 기재 또는 표시가 누락된 문서, 그 밖의 기재 또는 표시를 사용하여 금전, 그 밖의 재산상의 이익을 얻고자 하는 행위, ③ 금융투자상품의 매매, 그 밖의 거래를 유인할 목적으로 거짓의 시세를 이용하는 행위를 금지시키고 있다(법 제178조 제1항).

그 밖에도 누구든지 금융투자상품의 매매, 그 밖의 거래를 할 목적이나 그 시세의 변동을 도모할 목적으로 풍문의 유포, 위계(僞計)의 사용, 폭행 또는 협박을 하는 것도 금지시키고 있다(제2항).

그리고 이를 위반한 경우에는 10년 이하의 징역 또는 그 위반행위로 얻은 이익 또는 회피한 손실액의 1배 이상 3배 이하에 상당하는 벌금에 처해지게 된다. 다만, 그 위반행위로 얻은 이익 또는 회피한 손실액의 3배에 해당하는 금액이 5억 원 이하인 경우에는 벌금의 상한액을 5억 원으로 제한하고 있다(제443조 제1항 제8, 9호).

2. 시장질서 교란행위 금지

이 규정은 2014년 12월 개정된 규정으로 기존 불공정거래행위에 비하여 위법성의 정도는 낮으나 시장의 건전성을 훼손하는 시장질서 교란행위에 대한 규제를 신설하고, 그 시장질서 교란행위에 대해서는 과징금을 부과하도록 함으로써 불공정거래 규제의 사각지대를 해소하고 투자자를 보호하려고 도입된 규정이다.

이 규정의 신설과 함께 전자투표 및 의결권 대리행사의 권유를 실시한 회사에 한정하여 중립적 의결권행사제(shadow voting)를 2017년 12월 31일까지 활용할 수 있도록 허용함으로써 감사선임 등을 위한 주주총회의 의결정족수를 충족할 수 있도록 경과조치를 마련하였다. 아울러 퇴직자 상당통보의 대상이 되는 임직원에 대한 조치를 모든 제재조치로 확대함으로써 임직원 제재의 실효성을 제고하고자 하였다.

구체적으로는 기존 불공정거래행위와 비교하여 미공개 중요정보이용 및 시세조종 규제범위를 확대함으로써 2차·3차 정보수령자의 이용행위, 목적성 없이 시세에 영향을 주는 행위 등을 금지하도록 하기 위하여 시장질서 교란행위를 신설하고, 시장질서 교란행위에 대해서는 과징금을 부과하도록 하였다(법 제178조의2 및 제429조의2).

이와 관련하여 한국거래소 시장감시위원회의 업무에 불공정거래의 예방 등을 위한 활동근거를 신설하였으며(법 제402조 제1항 제4호), 퇴직자 상당통보의 대상이 되는 임직원에 대한 조치를 해임요구·면직뿐만 아니라 임원의 경우 주의에서부터 해임요구, 직원의 경우 주의에서부터 면직 등 모든 제재조치로 확대하였다(제424조 제3항).

그리고 금융위원회는 체납 과징금의 징수를 위하여 필요한 경우 국세과세 등에 관한 정보를 세무관서의 장 등에게 요청할 수 있도록 하였으며(제434조 제4항), 현행 불공정거래행위 금지 위반자에 대하여 징역형을 처할 경우 벌금형도 병과하도록 하고, 불공정거래행위 금지 위반자가 해당 행위를 하여 취득한 재산에 대해서는 반드시 몰수 또는 추징을 하도록 하는 등 엄격한 제재를 가하고 있다(제447조 제1항 및 제447조의2).

그리고 전자투표 및 의결권 대리행사의 권유를 실시한 회사에 한정하여 중립적 의결권행사제를 2017년 12월 31일까지 활용할 수 있도록 하였다(부칙 제18조).

이 규정의 신설로 인해 2차 · 3차 정보수령자는 목적성 없이 시세에 영향을 주는 정보를 증권시장에 상장된 증권이나 장내파생상품 또는 이를 기초자산으로 하는 파생상품의 매매, 그 밖의 거래에 이용하거나 타인에게 이용하게 하는 행위도 금지된다. 다만, 투자자보호 및 건전한 시장질서를 해할 우려가 없는 행위 및 그 행위가 장내파생상품관련 정보 비밀유지의무(제173조의2제2항), 미공개중요정보 이용행위 금지(제174조) 또는 부정거래행위 등의 금지(제178조)에 해당하는 경우는 제외한다.

여기서 말하는 2차 · 3차 정보수령자란 ① 미공개 중요정보 이용행위금지자로부터 나온 미공개 중요정보 또는 미공개정보인 정을 알면서 이를 받거나 전득(轉得)한 자, ② 자신의 직무와 관련하여 정보를 생산하거나 알게 된 자, ③ 해킹, 절취(竊取), 기망(欺罔), 협박, 그 밖의 부정한 방법으로 정보를 알게 된 자, ④ 직무관련 정보생산자 및 정보취득자 또는 부정한 방법으로 정보를 알게된 자로부터 나온 정보인 정을 알면서 이를 받거나 전득한 자를 말한다.

그리고 목적성 없이 시세에 영향을 주는 정보란 ① 그 정보가 지정 금융투자상품의 매매 등 여부 또는 매매 등의 조건에 중대한 영향을 줄 가능성이 있을 것, ② 그 정보가 투자자들이 알지 못하는 사실에 관한 정보로서 불특정 다수인이 알 수 있도록 공개되기 전일 것 등의 요건을 갖춘 것을 말한다(법 제178조의2 제1항).

그리고 자본시장법은 시장질서 교란행위와 관련하여 누구든지 상장증권 또는 장내파생상품에 관한 매매 등과 관련하여 금지행위를 열거하여 놓고 있다. 다만, 그 행위가 시세조종행위 등의 금지(제176조) 또는 부정거래행위 등의 금지(제178조)에 해당하는 경우는 제외한다.

구체적으로 열거된 금지행위는 ① 거래 성립 가능성이 희박한 호가를 대량으로 제출하거나 호가를 제출한 후 해당 호가를 반복적으로 정정 · 취소하여 시세에 부당한 영향을 주거나 줄 우려가 있는 행위, ② 권리의 이전을 목적으로 하지 아니함에도 불구하고 거짓으로 꾸민 매매를 하여 시세에 부당한 영향을 주거나 줄 우려가 있는 행위, ③ 손익이전 또는 조세회피 목적으로 자기가 매매하는 것과 같은 시기에 그와 같은 가격 또는 약정수치로 타인이 그 상장증권 또는 장내파생상품을 매수할 것을 사전에 그 자와 서로 짠 후 매매를 하여 시세에 부당한 영향을 주거나 영향을 줄 우려가 있는 행위, ④ 풍문을 유포하거나 거짓으로 계책을 꾸미는 등으로 상장증권 또는 장내파생상품의 수요 · 공급 상황이나 그 가격에 대하여 타인에게 잘못된 판단이나 오해를 유발하거나 상장증권 또는 장내파생상품의 가격을 왜곡할 우려가 있는 행위가 이에 해당한다(법 제178조의2 제2항).

3. 불공정거래행위 통보 및 배상책임

증권선물위원회는 공시의무위반에 대한 과징금 및 시장질서 교란행위에 대한 과징금 사건이 장내파생상품의 대량보유 보고, 미공개 중요정보 이용행위 금지, 시세조종행위 등의 금지 또는 부정거래행위 등의 금지에 관한 규정을 위반 혐의가 있다고 인정하는 경우에는 검찰총장에게 이를 통보하여야 한다(법 제178조의3 제1항).

그리고 증권선물위원회는 법 위반자를 소추하기 위하여 관련 정보를 요구하는 경우에는 이를 제공할 수 있다(법 제178조의3 제2항).

또한 자본시장법은 이러한 포괄적·추상적 성격을 갖는 부정거래행위 금지조항을 위반한 경우 형사처벌 이외에도 민사책임도 규정하고 있다. 즉, 부정거래행위 금지조항을 위반하여 금융투자상품의 매매, 그 밖의 거래를 한 자에게는 그 매매, 그 밖의 거래와 관련하여 입은 손해를 배상하도록 책임을 부과시키고 있다(법 제179조 제1항).

그리고 이러한 손해배상청구권은 청구권자가 부정거래행위가 있었던 사실을 안 때부터 1년간, 그 행위가 있었던 때부터 3년간 이를 행사하지 아니한 경우에는 시효로 인하여 소멸하도록 단기책임소멸시효규정을 두고 있다(법 제179조 제2항).

4. 공매도 제한

자본시장법은 국내 금융투자업자의 경우 원칙적으로 개인이든 기관이든 공매도를 금지시키되, 예외적인 경우에 한하여 이를 허용하고 있다. 공매도(short stock selling)란 주식이나 채권을 소유하지 않은 상태에서 매도주문하는 것을 말하며, 주식이나 채권의 매도 후 결제일도래 전 3일 내에 주식이나 채권을 구해 매입자에게 반환하면 된다. 이러한 공매도는 약세장이 예상되는 경우 시세차익을 노리는 투자자가 활용하는 방식이다.

그러나 공매도 당시 예상한 대로 주가가 하락하는 경우 시세차익을 얻을 수 있지만, 반대로 주가가 상승하는 경우 공매도로 인한 투자 손실을 보게 된다.

더욱이 공매도 후 주식을 확보하지 못해 결제일에 주식을 입고하지 못하는 경우 결제불이행 사태가 발생하는 등 시장교란상태가 발생할 수 있다.

따라서 국내 금융투자업자의 경우 원칙적으로 개인이든 기관이든 공매도를 금지시키고 있지만 일부 예외적으로 증권시장의 안정성 및 공정한 가격형성을 위하여 일정한 경우에는 공매도를 허용하고 있다. 즉, 누구든지 증권시장에서 상장증권에 대하여 ① 소유하지 아니한 상장증권의 매도 또는, ② 차입한 상장증권으로 결제하고자 하는 공매도를 하거나 그 위탁 또는 수탁을 할 수 없도록 금지시키고 있다. 다만, 증권시장의 안정성 및 공정한 가격형성을 위하여 대통령령으로 정하는 방법에 따르는 경우에는 공매도가 허용된다(법 제180조 제1항).

이에 따르면 ① 증권시장에서 매수계약이 체결된 상장증권을 해당 수량의 범위에서 결제일 전에 매도하는 경우, ② 전환사채 · 교환사채 · 신주인수권부사채 등의 권리 행사, 유 · 무상증자, 주식배당 등으로 취득할 주식을 매도하는 경우로서 결제일까지 그 주식이 상장되어 결제가 가능한 경우, ③ 그 밖에 결제를 이행하지 아니할 우려가 없는 경우로서 특정한 경우에는 이를 공매도로 보지 않도록 예외를 인정하고 있다(법 제180조 제2항).

그리고 시행령은 이러한 예외에 해당하는 것으로는 ① 매도주문을 위탁받는 투자중개업자 외의 다른 보관기관에 보관하고 있거나, 그 밖의 방법으로 소유하고 있는 사실이 확인된 상장증권의 매도, ② 상장된 집합투자증권의 추가발행에 따라 받게 될 집합투자증권의 매도, ③ 상장지수집합투자기구의 집합투자증권의 환매청구에 따라 받게 될 상장증권의 매도, ④ 증권예탁증권에 대한 예탁계약의 해지로 취득할 상장증권의 매도, ⑤ 대여 중인 상장증권 중 반환이 확정된 증권의 매도, ⑥ 증권시장 외에서의 매매에 의하여 인도받을 상장증권의 매도, ⑦ 증권을 예탁하고 취득할 증권예탁증권의 매도, ⑧ 그 밖에 계약, 약정 또는 권리 행사에 의하여 인도받을 상장증권을 매도하는 경우로서 증권시장업무규정으로 정하는 경우에 해당하는 매도로서 결제일까지 결제가 가능한 경우를 말한다(법시행령 제208조 제3항).

그리고 공매도금지규정을 위반하여 상장증권에 대하여 공매도를 하거나 그 위탁 또는 수탁을 한 자에게는 5천만 원 이하의 과태료가 부과된다(법 제449조 제1항 제39호).

제5편 집합투자기구

제1장 총 칙

1. 관련 법률 적용

일반적으로 펀드라고 불리우는 집합투자기구는 자본시장법에서 특별히 정한 경우를 제외하고는 상법 및 민법의 적용을 받는다고 규정함으로써 상법이나 민법상의 법인격을 소유한 권리주체 모두가 집합투자기구가 될 수 있다는 것을 천명하고 있다(법 제181조).

여기서 말하는 집합투자기구란 2인 이상의 투자자에게 투자를 권유를 하여 조성한 금전 등을 투자자의 운용지시 없이 독자적으로 투자대상자산을 취득 · 처분 하는 등의 방법으로 이를 운용하고 그 결과를 투자자에게 배분하여 귀속시키는 것을 말하며, 과거에는 간접투자기구로 불렸다.

이러한 집합투자기구는 집합투자를 위한 재산의 집합체로 일명 '펀드'라고 부르며, 동일한 집합투자기구에 투자한 투자자들은 동등한 권리를 갖는다는 수익자 평등의 원리와 운용결과를 그대로 분배하는 실적배당원칙을 기본 원리로 삼고 있다.

이러한 집합투자기구는 주된 투자대상에 따라 증권펀드, 부동산펀드, 특별자산펀드, 혼합자산펀드, 단기금융펀드로 구분하는 것이 일반적이다.

집합투자를 수행하기 위한 기구로서 신탁업자가 집합투자업자로부터 위탁받아 운용하는 투자신탁, 상법상 주식회사 형태의 집합투자기구인 투자회사, 상법상 유한회사 형태의 집합투자기구인 투자유한회사, 상법상 합자회사 형태의 투자합자회사, 민법상 조합형태의 투자조합, 상법상 익명조합 형태인 투자익명조합, 투자합자회사로서 지분증권을 사모로만 발행하는 사모투자전문회사 등이 있다.

이러한 집합투자기구는 투자자가 그 일상적인 운용에 관여하지 않고 단지 그 운용결과만을 수령한다는 점에서 정보의 비대칭성으로 인한 도덕적 해이 등의 대리인 문제(agency problem)가 발생할 수 있다. 따라서 자본시장법은 이러한 대리인 문제를 규율하기 위한 규제와 감독에 관한 규정을 두고 있다.

이와 관련하여 구 간접투자자산운용법은 간접투자기구, 즉 자산운용회사가 주택건설 등 부동산개발사업 투자나 도심의 오피스 빌딩 임대사업, 부동산개발업체에 사업자금을 대여하여 사업에서 발생하는 수익을 분배받는 출자지분이나 권리에 투자를 허용하였었다.

그러나 자본시장법은 상법상 규정된 회사나 조합이 자유로이 집합투자기구를 구성할 수 있도록 허용함으로써, 자산운용회사가 아니더라도 '투자성이 있는 상품'은 제약 없이 개발할 수 있도록 하였다.

따라서 종래에는 집합투자기구는 임대나 개발수익 배분에 목적을 둔 펀드의 역할로 한정되어 있었는데, 자본시장법을 통하여 직접 투자대상인 부동산을 직접 취득, 처분할 수 있도록 함으로써 부동산투자의 새 길을 열었다고 볼 수 있다. 또한, 과거에 신탁업법에 정한 부동산투자신탁과 달리 회사운용의 규제가 적고, 사모형 펀드인 사모집합투자기구에 여러 가지 특례를 인정하고 있어, 운영능력을 발휘할 수 있도록 하였다.

이러한 집합투자기구는 고수익 고위험의 투자전략으로 상품을 개발할 수도 있는데, 이러한 투자방식을 선호하는 개인투자자에게 판매할 수도 있다.

결국, 자본시장법의 제정으로 인해 다양한 형태의 집합투자업자가 허용되기 때문에, 국내 자본시장에서도 대규모의 자금을 조성할 수 있는 길이 열렸다고 할 수 있다.

2. 집합투자기구 등록

자본시장법은 집합투자업가 그 업을 영위하고자 하는 경우에는 당해 집합투자기구를 등록할 것을 요건으로 하고 있다.

행정규제로서의 등록이란 일정한 법률사실 또는 법률관계를 특정한 등록기관에 비치된 장부에 기재하는 것으로서, 이러한 등록은 장부에 기재된 사실이나 법률관계의 존재를 공적으로 공시 또는 증명하는 공증행위에 속하는 것으로서 공증력이 발생하는 것이 일반적이다.

그러나 이 집합투자기구의 등록은 일정한 영업을 하기 위한 요건으로서 허가의 성질을 가지는 것으로 이해된다. 따라서 집합투자기구를 금융위원회에 등록하는 것은 허가의 성질을 갖는다고 해석된다.

구체적으로 투자신탁이나 투자익명조합의 집합투자업자 또는 투자회사 · 투자유한회사 · 투자합자회사 · 투자유한책임회사 및 투자합자조합은 집합투자기구가 설정 · 설립된 경우 그 집합투자기구를 금융위원회에 등록하여야 한다(법 제182조 제1항). 그리고 집합투자기구의 등록요건으로 4가지를 정하고 있는데, 첫째는 집합투자업자능력요건이다. 즉, ① 그 집합투자재산을 운용하는 집합투자업자, ② 그 집합투자재산을 보관 · 관리하는 신탁업자, ③ 그 집합투자증권을 판매하는 투자매매업자 · 투자중개업자, ④ 투자회사인 경우 그 투자회사로부터 업무를 위탁받은 일반사무관리회사가 업무정지기간 중에 있지 않아야 한다(법 제182조 제2항 제1호).

둘째 등록요건은 집합투자기구가 자본시장법에 따라 적법하게 설정·설립되었어야 하는 적법성 요건이다(법 제182조 제2항 제2호). 셋째는 집합투자규약이 법령을 위반하거나 투자자의 이익을 명백히 침해하지 않아야 한다(법 제182조 제2항 제3호). 넷째는 그 밖에 집합투자기구의 형태 등을 고려하여 대통령령으로 정하는 요건을 갖추어야 한다(법 제182조 제2항 제4호).

그리고 이러한 요건을 갖춘 투자신탁이나 투자익명조합의 집합투자업자 또는 투자회사 등은 집합투자기구를 등록하려는 경우에는 금융위원회에 등록신청서를 제출하여야 한다(법 제182조 제3항).

이러한 등록신청서를 접수한 금융위원회는 그 내용을 검토하여 20일 이내에 등록 여부를 결정하고, 그 결과와 이유를 지체 없이 신청인에게 문서로 통지하여야 하며, 이 경우 등록신청서에 흠결이 있는 때에는 보완을 요구할 수 있다(법 제182조 제4항).

금융위원회의 검토기간을 산정함에 있어서 등록신청서 흠결의 보완기간 및 다른 기관 등으로부터 필요한 자료를 제공받는 데에 걸리는 기간 등은 검토기간에 산입하지 않는다(법 제182조 제5항). 이와 관련하여 금융위원회는 등록 여부를 결정함에 있어서 ① 집합투자기구 등록요건을 갖추지 아니한 경우, ② 등록신청서를 거짓으로 작성한 경우, ③ 금융위원회의 보완요구를 이행하지 아니한 경우 중 어느 하나에 해당하지 않는 한 등록을 거부할 수 없다(법 제182조 제6항).

그리고 금융위원회가 등록을 결정한 경우 집합투자기구등록부에 필요한 사항을 기재하여야 하며, 등록내용을 인터넷 홈페이지 등에 공고하여야 한다(법 제182조 제7항).

그리고 투자신탁이나 투자익명조합의 집합투자업자 또는 투자회사 등은 등록된 사항이 변경된 경우에는 투자자 보호를 해할 우려가 없는 경우를 제외하고는 2주 이내에 그 내용을 금융위원회에 변경등록하여야 한다(법 제182조 제8항).

3. 집합투자기구 명칭

자본시장법은 투자자보호차원에서 집합투자기구의 상호 또는 명칭 사용에 대한 일정한 제한을 가하고 있다. 이에 따르면 상호나 명칭은 자유롭게 선정하되, 집합투자기구의 종류를 반드시 명기하도록 의무화하고 있다. 그리고 집합투자기구가 아닌 자가 그 명칭을 사용하는 경우 시장의 사기행위로 인한 투자자피해가 우려된다는 점에서 이를 금지시키고 있다.

이에 따르면 집합투자기구의 명칭과 관련하여 집합투자기구는 그 상호 또는 명칭 중에 집합투자기구의 종류를 표시하는 문자(증권 · 부동산 · 특별자산 · 혼합자산 및 단기금융을 말함)를 사용하여야 한다(법 제183조 제1항).

그러나 이를 위반한 경우 이에 대한 벌칙이나 과태료를 부과한 규정이 없는 점을 감안하여 볼 때에 위법행위에 대하여는 허위공시에 관한 손해배상 책임 등의 민사책임만 추궁하고 형사책임은 부과하지 않고자 하였던 입법자의 의도가 있었던 것으로 이해된다.

그리고 집합투자기구가 아닌 자는 '집합투자', '간접투자', '투자신탁', '투자회사', '투자유한회사', '투자합자회사', '사모투자전문회사', '투자유한책임회사', '투자합자조합', '투자익명조합', 그 밖에 이와 유사한 명칭을 사용하는 것을 금지시키고 있다. 그러나 예외적으로 사모(私募)의 방법으로 금전 등을 모아 운용 · 배분하는 것으로서 투자자의 총수가 49인 이하인 경우에는 집합투자기구가 아닌 자도 집합투자기구라는 명칭을 사용할 수 있도록 했다(법 제183조 제2항). 그리고 이를을 위반하여 명칭을 사용한 자에게는 5천만 원 이하의 과태료가 부과된다(법 제449조 제1항 제41호).

4. 집합투자기구 업무수행

자본시장법은 집합투자기구의 업무수행과 관련하여 의결권행사, 투자재산운용, 집합투자재산의 보관 · 관리, 집합투자증권의 판매, 일반사무관리의 위탁 등에 관한 기본원칙을 규정하고 있다.

그리고 이를 위반한 경우에는 이에 대한 제재규정을 두고 있지 않다. 따라서 이 규정을 위반한 경우에는 형사책임은 없고 회사법상의 법령위반행위관련 민사책임만 부과된다고 본다.

구체적으로 집합투자기구의 업무수행과 관련하여 우선, 투자신탁재산 또는 투자익명조합재산에 속하는 지분증권의 의결권 행사는 그 투자신탁 또는 투자익명조합의 집합투자업자가 수행하여야 하며, 투자회사 등의 집합투자재산에 속하는 지분증권의 의결권 행사는 그 투자회사 등이 수행하여야 한다. 그러나 예외적으로 투자회사 등은 그 투자회사 등의 집합투자업자에게 그 투자회사 등의 집합투자재산에 속하는 지분증권의 의결권 행사는 타인에게 위탁할 수 있도록 허용하고 있다(법 제184조 제1항).

그리고 투자신탁재산 또는 투자익명조합재산의 운용업무는 그 투자신탁 또는 투자익명조합의 집합투자업자가 이를 수행하도록 규정하고 있으며, 투자회사 등의 집합투자재산 운용업무는 그 투자회사 등의 법인이사 · 업무집행사원 · 업무집행자 또는 업무집행조합원인 집합투자업자가 이를 수행하여야 한다(법 제184조 제2항).

그러나 집합투자재산의 보관 및 관리와 관련하여서는 투자신탁이나 투자익명조합의 집합투자업자 또는 투자회사 등은 집합투자재산의 보관·관리업무를 신탁업자에게 위탁할 것을 요구하고 있으며(법 제184조 제3항), 이때 집합투자업자는 자신이 운용하는 집합투자재산을 보관·관리하는 신탁업자가 될 수 없도록 금지시키고 있다(법 제184조 제4항).

그리고 집합투자증권의 판매시 투자신탁이나 투자익명조합의 집합투자업자 또는 투자회사 등은 집합투자기구의 집합투자증권을 판매하고자 하는 경우 투자매매업자와 판매계약을 체결하거나 투자중개업자와 위탁판매계약을 체결할 것을 요구하고 있다.

그러나 투자신탁이나 투자익명조합의 집합투자업자가 투자매매업자 또는 투자중개업자로서 집합투자기구의 집합투자증권을 판매하는 경우에는 판매계약 또는 위탁판매계약을 체결하지 않도록 예외를 두고 있다(법 제184조 제5항).

그 밖에도 자본시장법은 투자회사에 대한 별도의 특별 규제규정을 두고 있는데, 이에 따르면 투자회사는 ① 투자회사 주식의 발행 및 명의개서, ② 투자회사재산의 계산, ③ 법령 또는 정관에 의한 통지 및 공고, ④ 이사회 및 주주총회의 소집·개최·의사록 작성 등에 관한 업무, ⑤ 그 밖에 투자회사의 사무를 처리하기 위하여 필요한 업무를 일반사무관리회사에 위탁하여야 한다(법 제184조 제6항). 그리고 위탁규정의 실효성을 확보하기 위하여 투자회사에게는 상근임원 또는 직원도 둘 수 없도록 하였으며, 본점 외의 영업소도 설치할 수 없도록 규제하고 있다(법 제184조 제7항).

5. 연대책임

자본시장법은 집합투자기구에 투자하였다가 손해를 본 투자자는 집합투자기구의 운용 등과 관련하여 귀책사유가 있는 모든 참여자에게 연대책임을 부과함으로써 투자자보호 목적을 달성하고자 하고 있다. 즉, 집합투자업자·신탁업자·투자매매업자·투자중개업자·일반사무관리회사·집합투자기구평가회사 및 채권평가회사는 자본시장법에 따라 투자자에 대한 손해배상책임을 부담하는 경우 귀책사유가 있는 경우에는 연대하여 손해배상책임을 진다(법 제185조).

6. 자기집합투자증권 취득 제한

자본시장법은 투기를 방지하는 차원에서 자기집합투자증권의 취득을 제한하고 있다. 즉, 투자회사 등은 자기의 계산으로 자기가 발행한 집합투자증권을 취득하거나 질권의 목적으로 받지 못하도록 제한된다.

그러나 예외적으로 ① 담보권의 실행 등 권리 행사에 필요한 경우에는 허용되지만 이 경우 취득한 집합투자증권은 대통령령으로 정하는 방법에 따라 처분하여야 한다, ② 투자회사 등의 집합투자증권을 환매하는 경우, ③ 합병반대주주의 주식매수청구권행사로 주식을 매수하는 경우 중 어느 하나에 해당하는 경우에는 자기의 계산으로 자기가 발행한 집합투자증권을 취득할 수 있다(법 제186조 제1항).

그리고 집합투자업자의 의결권 행사에 관한 규정(제87조) 및 수시공시(제89조), 집합투자재산에 관한 보고(제90조), 장부 · 서류의 열람 및 공시(제91조), 환매연기 등의 통지(제92조)의 규정들이 투자회사 등에도 준용된다.

7. 자료 기록 · 유지

자본시장법은 집합투자기구의 운용에 관한 투명성을 확보하기 위하여 업무와 관련한 자료를 기록하고 이를 유지하도록 의무를 부과시키고 있으나(법 제187조), 이를 위반한 경우 이에 대한 제재규정이 없다.

구체적으로 보면 투자회사 등은 투자회사 등의 업무와 관련한 자료를 대통령령으로 정하는 자료의 종류별로 대통령령으로 정하는 기간 동안 기록 · 유지하여야 한다. 그리고 투자회사 등은 기록 · 유지하여야 하는 자료가 멸실되거나 위조 또는 변조되지 아니하도록 적절한 대책을 수립 · 시행할 의무도 진다.

제2장 집합투자기구의 구성

제1절 투자신탁

1. 투자신탁 의의

투자신탁(investment trust)이란 위탁회사가 투자자로부터 자금을 신탁받아 투자자를 대신하여 유가증권이나 부동산 등에 투자하여 그 수익을 투자자에게 분배하는 것을 말한다.

이러한 투자신탁에는 주식형과 공사채형이 있는데, 주식형은 주로 주식투자 형태로 운용되는 것이 일반적이지만 일부는 채권 등에도 운영하며, 공사채형은 일반적으로 확정이자부 채권을 운용대상으로 한다.

그리고 투자신탁의 매입 형태와 관련하여 중도환매가 가능한 경우를 개방형 투자신탁이라 하고 중도환매가 불가능한 경우는 폐쇄형 투자신탁이라 한다. 또한 원본을 증액하는 추가설정이 가능한 경우 이를 추가형 투자신탁이라 하고, 추가설정이 불가능하면 단위형 투자신탁이라고 한다.

투자신탁의 판매방식과 관련하여 투자자로부터 모집한 자금으로 펀드를 설정하면 모집형 투자신탁, 판매회사의 자금으로 일단 설정한 후 투자자를 대상으로 매출, 판매하는 형태는 매출형 투자신탁이라고 한다.

그리고 모집방식과 관련하여서는 투자자금을 불특정 다수인으로부터 자금을 모집하면 공모형 투자신탁이라 하고, 49인 이하의 특정인으로부터 매입 청약을 권유하면 사모형 투자신탁이라고 한다.

투자신탁을 위탁하는 회사는 신탁은행과 신탁계약을 체결하고 이에 의거하여 수익증권을 발행한다. 그리고 일반투자자는 그 수익증권을 매입함으로써 투자신탁에 가입하는 형식을 취한다.

이 경우 투자신탁회사를 위탁자라 하고, 신탁은행은 수탁자, 그리고 투자자는 수익자라 부른다. 이때 신탁재산의 운용은 위탁자가 담당하며 그 재산의 관리 및 수지계산은 수탁자가 담당하게 된다.

2. 신탁계약 체결

자본시장법은 신탁계약의 체결에 관한 기본원치을 정하여 놓고 있다. 즉, 투자신탁을 설정하고자 하는 집합투자업자는 ① 집합투자업자 및 신탁업자의 상호, ② 신탁원본의 가액 및 수익증권의 총좌수에 관한 사항, ③ 투자신탁재산의 운용 및 관리에 관한 사항, ④ 이익분배 및 환매에 관한 사항, ⑤ 집합투자업자 · 신탁업자 등이 받는 보수, 그 밖의 수수료의 계산방법과 지급시기 · 방법에 관한 사항. 다만, 집합투자업자가 기준가격 산정업무를 위탁하는 경우에는 그 수수료는 해당 투자신탁재산에서 부담한다는 내용을 포함, ⑥ 수익자총회에 관한 사항, ⑦ 공시 및 보고서에 관한 사항, ⑧ 그 밖에 수익자 보호를 위하여 필요한 사항으로서 대통령령으로 정하는 사항이 기재된 신탁계약서에 의하여 신탁업자와 신탁계약을 체결하여야 한다(법 제188조 제1항).

그리고 투자신탁을 설정한 집합투자업자는 신탁계약을 변경하고자 하는 경우에는 신탁업자와 변경계약을 체결하여야 한다. 이 경우 신탁계약 중 ① 집합투자업자 · 신탁업자 등이 받는 보수, 그 밖의 수수료의 인상, ② 신탁업자의 변경, ③ 신탁계약기간의 변경, ④ 그 밖에 수익자의 이익과 관련된 중요한 사항을 변경하는 경우에는 미리 수익자총회의 결의를 거쳐야 한다(법 제188조 제2항).

그리고 수익자 총회 결의와 관련하여 수익자총회는 출석한 수익자의 의결권의 과반수와 발행된 수익증권 총좌수의 4분의 1 이상의 수로 결의한다. 다만, 이 법에서 정한 수익자총회의 결의사항 외에 신탁계약으로 정한 수익자총회의 결의사항에 대하여는 출석한 수익자의 의결권의 과반수와 발행된 수익증권의 총좌수의 5분의 1 이상의 수로 결의할 수 있다(법 제190조 제5항).

그리고 투자신탁을 설정한 집합투자업자가 신탁계약을 변경한 경우에는 인터넷 홈페이지 등을 이용하여 공시하여야 하며, 수익자총회결의에 따라 신탁계약을 변경한 경우에는 공시 외에 이를 수익자에게 통지하여야 한다(법 제188조 제3항).

또한 집합투자업자는 투자신탁을 설정하는 경우 신탁업자에게 해당 신탁계약에서 정한 신탁원본 전액을 금전으로 납입하여야 한다(법 제188조 제4항).

3. 수익증권

자본시장법은 투자신탁의 수익배분을 수익증권으로 실현할 수 있도록 제도적 장치를 마련하고 있다. 즉, 집합투자업자에게 투자신탁의 수익권을 균등하게 분할하여 수익증권(beneficiary certificate)으로 표시할 것을 요구하고 있다. 수익증권이란 신탁계약상의 수익권을 표시하는 증권으로서 재산의 운용을 타인에게 신탁한 투자자가 그 수익을 받을 권리를 표시한 증권이다.

자본시장법은 무액면 기명식의 수익증권을 원칙으로 하고 있다. 따라서 현행법상 수익증권은 유가증권성이 없으며, 증거증권에 불과하므로 이를 양도하는 경우 민법 제450조에서 규정하고 있는 지명채권양도 방법에 따라 회사에 통지하고 수익자명부의 명의를 개서해야만 양도의 효력이 발생한다.

그리고 투자신탁을 설정한 집합투자업자는 투자신탁의 수익권을 균등하게 분할하여 수익증권으로 표시하여야 한다(법 제189조). 이때 수익자는 신탁원본의 상환 및 이익의 분배 등에 관하여 수익증권의 좌수에 따라 균등한 권리를 가지며, 투자신탁을 설정한 집합투자업자는 수익증권의 발행가액 전액이 납입된 경우 신탁업자의 확인을 받아 수익증권을 발행하여야 한다.

이러한 수익증권은 무액면 기명식으로 발행하여야 하며, 투자신탁을 설정한 집합투자업자는 수익증권에 ① 집합투자업자 및 신탁업자의 상호, ② 수익자의 성명 또는 명칭, ③ 신탁계약을 체결할 당시의 신탁원본의 가액 및 수익증권의 총 좌수, ④ 수익증권의 발행일, ⑤ 그 밖에 수익자 보호를 위하여 필요한 사항으로서 대통령령으로 정하는 사항을 기재하고 그 집합투자업 및 그 투자신탁재산을 보관・관리하는 신탁업자의 대표이사 또는 대표집행임원이 기명날인 또는 서명하여야 한다.

그리고 투자신탁을 설정한 집합투자업자는 수익자명부의 작성에 관한 업무를 예탁결제원에 위탁하여야 하며, 위탁을 받은 예탁결제원은 ① 수익자의 주소 및 성명, ② 수익자가 소유하는 수익증권의 좌수, ③ 수익증권을 발행한 경우에는 그 번호 등을 각각 기재한 수익자명부를 작성・비치하여야 한다.

이때 예탁결제원은 수익자명부에 기재된 정보를 타인에게 제공할 수 없지만, 예외적으로 수익자총회 개최를 위하여 집합투자업자에게 제공하는 경우, 그 밖에 대통령령으로 정하는 경우에는 이를 제공할 수 있도록 허용하고 있다.

그리고 수익증권과 관련하여 주식의 양도방법, 주식이전의 대항요건, 주식의 입질, 질권의 물상대위, 주식의 등록질, 주권의 불소지, 주권의 선의취득, 주권의 제권판결 및 재발행에 관한 상법규정을 수익권 및 수익증권에 관하여 준용하도록 규정하고 있다.

즉, 수익증권을 양도하는 경우에는 수익증권을 교부하여야 하며, 수익증권의 점유자는 이를 적법한 소지인으로 추정한다(상법 제336조). 그리고 수익증권의 이전은 취득자의 성명과 주소를 주주명부에 기재하지 아니하면 회사에 대항하지 못하며, 집합투자업자는 정관이 정하는 바에 의하여 수익자명의개서대리인을 둘 수 있다. 이 경우 명의개서대리인이 취득자의 성명과 주소를 수익자명부의 복본에 기재한 때에는 명의개서가 있는 것으로 본다(상법 제337조).

그리고 수익증권을 질권의 목적으로 하는 때에는 그 수익증권을 질권자에게 교부하여야 하며, 질권자는 계속하여 증권을 점유하지 아니하면 그 질권으로써 제3자에게 대항하지 못한다(상법 제338조).

수익증권의 소각, 병합, 분할 또는 전환이 있는 때에는 이로 인하여 종전의 수익자가 받을 금전이나 수익증권에 대하여도 종전의 수익증권을 목적으로 한 질권을 행사할 수 있다(상법 제339조).

또한 수익증권을 질권의 목적으로 한 경우에 집합투자업자가 질권설정자의 청구에 따라 그 성명과 주소를 수익자명부에 덧붙여 쓰고 그 성명을 수익증권에 적은 경우에는 질권자는 회사로부터 이익배당, 잔여재산의 분배 또는 수익증권의 소각, 병합, 분할 또는 전환에 따른 금전의 지급을 받아 다른 채권자에 우선하여 자기채권의 변제에 충당할 수 있다. 이때 질권의 목적이 된 채권의 실행방법에 관한 민법 제353조 제3항의 규정이 준용되는데, 이에 따르면 채권의 변제기가 질권자의 채권의 변제기보다 먼저 도래한 때에는 질권자는 제3채무자에 대하여 그 변제금액의 공탁을 청구할 수 있으며, 이 경우에 질권은 그 공탁금에 존재하게 된다. 그리고 집합투자업자에 대하여 수익증권에 대한 증권의 교부를 청구할 수 있다(상법 제340조).

또한 자본시장법은 수익증권과 관련하여 주주명부의 효력(상법 제353조) 및 주주명부의 폐쇄 및 기준일(상법 제354조)에 관한 상법 규정이 수익자명부에 준용하도록 규정하고 있는데(법 제189조 제9항), 이에 따르면 수익자 또는 질권자에 대한 집합투자업자의 통지 또는 최고는 수익자명부에 기재한 주소 또는 그 자로부터 회사에 통지한 주소로 하면 된다. 이때 통지 또는 최고에 관하여는 주식인수인 등에 대한 통지 및 최고에 관한 상법 제304조 제2항의 규정이 준용되어 통지 또는 최고는 보통 그 도달할 시기에 도달한 것으로 본다.

그리고 집합투자업자는 의결권을 행사하거나 배당받을 자 기타 수익자 또는 질권자로서 권리를 행사할 자를 정하기 위하여 일정한 기간을 정하여 수익자명부의 기재변경을 정지하거나 일정한 날에 수익자명부에 기재된 수익자 또는 질권자를 그 권리를 행사할 수익자 또는 질권자로 볼 수 있으며, 수익자명부의 폐쇄기간은 3월을 초과하지 못하도록 제한하고 있다. 그리고 기준일은 수익자 또는 질권자로서 권리를 행사할 날에 앞선 3월 내의 날로 정하여야 하며, 집합투자업자가 폐쇄기간 또는 기준 일을 정한 때에는 그 기간 또는 날의 2주간 전에 이를 공고하여야 한다. 그러나 정관으로 그 기간 또는 날을 지정한 때에는 예외가 인정된다(상법 제354조).

4. 수익자총회

자본시장법은 투자자보호차원에서 수익자총회에 관한 제반사항을 규정하고 있다. 즉, 투자신탁에는 전체 수익자로 구성되는 수익자총회를 두며, 수익자총회는 자본시장법 또는 신탁계약에서 정한 사항에 대하여만 결의할 수 있도록 그 결의 범위를 제한하고 있다. 그리고 수익자총회는 투자신탁을 설정한 집합투자업자가 소집하며, 투자신탁을 설정한 집합투자업자는 투자신탁재산을 보관·관리하는 신탁업자 또는 발행된 수익증권의 총좌수의 5 % 이상을 소유한 수익자가 수익자총회의 목적과 소집의 이유를 기재한 서면을 제출하여 수익자총회의 소집을 그 집합투자업자에 요청하는 경우 1개월 이내에 수익자총회를 소집하여야 한다. 이 경우 집합투자업자가 정당한 사유 없이 수익자총회를 소집하기 위한 절차를 거치지 아니하는 경우에는 그 신탁업자 또는 발행된 수익증권총좌수의 5 % 이상을 소유한 수익자는 금융위원회의 승인을 받아 수익자총회를 개최할 수 있도록 규정하고 있으며, 이때 상법상 주주총회 소집통지에 관한 규정은 수익자총회의 소집통지에 관하여 준용한다.

수익자총회는 출석한 수익자의 의결권의 과반수와 발행된 수익증권 총좌수의 4분의 1 이상의 수로 결의하는 것으로 것을 원칙으로 하고, 예외적으로 자본시장법에서 정한 수익자총회의 결의사항 외에 신탁계약으로 정한 수익자총회의 결의사항에 대하여는 출석한 수익자의 의결권의 과반수와 발행된 수익증권의 총좌수의 5분의 1 이상의 수로 결의할 수 있다.

그리고 수익자는 수익자총회에 출석하지 않고 서면으로 의결권을 행사할 수 있다. 그러나 ① 수익자에게 의결권 행사에 관한 통지가 있었으나 의결권이 행사되지 아니하였을 것, ② 간주의결권행사의 방법이 집합투자규약에 기재되어 있을 것, ③ 수익자총회에서 의결권을 행사한 수익증권의 총좌수가 발행된 수익증권의 10% 이상일 것, ④ 그 밖에 수익자를 보호하기 위한 방법 및 절차를 따를 것이라는 요건을 모두 충족하는 경우에는 수익자총회에 출석한 수익자가 소유한 수익증권의 총좌수의 결의내용에 영향을 미치지 아니하도록 의결권을 행사하는 간주의결권행사를 한 것으로 본다.

투자신탁을 설정한 집합투자업자는 수익자총회의 결의가 이루어지지 아니한 경우 그 날부터 2주 이내에 연기수익자총회를 소집하여야 한다.

그리고 연기수익자총회의 결의에 관하여는 수익자총회 결의 방법을 준용하며, "발행된 수익증권 총좌수의 4분의 1 이상"은 "발행된 수익증권 총좌수의 8분의 1 이상"으로 보고, "수익증권의 총좌수의 5분의 1 이상"은 "수익증권의 총좌수의 10분의 1 이상"으로 본다. 수익자총회 및 연기수익자총회의 소집 방법, 서면에 의한 의결권 행사 방법, 그 밖에 수익자총회에 관하여 필요한 사항은 대통령령으로 정한다.

그리고 상법상 주주총회소집지(제364조), 총회 의장의 질서유지(제366조의2제2항 · 제3항), 검사인의 선임에 관한 총회결의(제367조), 총회의 결의방법과 의결권의 행사(제368조 제3항 · 제4항), 전자적 방법에 의한 의결권의 행사(제368조의4), 주주의 의결권(제369조 제1항 · 제2항), 총회의 정족수, 의결권수의 계산(제371조) 및 총회의 연기, 속행의 결의(제372조)부터 총회의 의사록(제373조)까지, 주주총회 결의취소의 소(제376조), 주주총회 결의 취소의 소 제소주주의 담보제공의무(제377조) 및 법원의 재량에 의한 결의취소의 소의 청구기각(제379조), 주주총회 결의무효 및 부존재확인의 소(제380조), 주주총회 부당결의의 취소, 변경의 소(제381조)의 규정은 수익자총회에 관하여 준용한다. 이 경우 '주주'는 각각 '수익자'로, '정관'은 각각 '신탁계약'으로, '주식'은 '수익증권'으로, '회사'는 각각 '집합투자업자'로, '이사회의 결의'는 각각 '집합투자업자의 결정'으로 본다(법 제190조).

5. 반대수익자의 수익증권매수청구권

자본시장법은 합병에 반대하는 수익자의 권리를 보장하기 위하여 집합투자업자에게 수익증권의 매수를 청구할 수 있는 권리를 인정하고 있다. 즉, 투자신탁의 수익자는 ① 신탁계약의 변경 또는 투자신탁의 합병에 대한 수익자총회의 결의에 반대하는 수익자가 그 수익자총회의 결의일부터 20일 이내에 수익증권의 매수를 청구하는 경우, ② 투자신탁의 합병에 반대하는 수익자가 수익증권의 매수를 청구하는 경우 중 어느 하나에 해당하는 경우 집합투자업자에게 수익증권의 수를 기재한 서면으로 자기가 소유하고 있는 수익증권의 매수를 청구할 수 있도록 허용하고 있다.

이때 투자신탁을 설정한 집합투자업자는 합병에 반대하는 수익자의 수익증권매수 청구가 있는 경우 해당 수익자에게 수익증권의 매수에 따른 수수료, 그 밖의 비용을 부담시키는 것을 금지시키고 있다.

또한 투자신탁을 설정한 집합투자업자는 수익증권매수 청구가 있는 경우에는 매수청구기간이 만료된 날부터 15일 이내에 그 투자신탁재산으로 그 수익증권을 매수하여야 한다. 다만, 매수자금이 부족하여 매수에 응할 수 없는 경우에는 금융위원회의 승인을 받아 수익증권의 매수를 연기할 수 있다.

그리고 투자신탁을 설정한 집합투자업자는 수익증권을 매수한 경우에는 지체 없이 그 수익증권을 소각하여야 한다(법 제191조).

6. 투자신탁 해지

투자신탁을 설정한 집합투자업자는 금융위원회의 승인을 받아 투자신탁을 해지할 수 있다. 다만, 수익자의 이익을 해할 우려가 없는 경우에는 금융위원회의 승인을 받지 아니하고 투자신탁을 해지할 수 있으며, 이 경우 집합투자업자는 그 해지사실을 지체 없이 금융위원회에 보고하여야 한다.

그리고 투자신탁을 설정한 집합투자업자는 ① 신탁계약에서 정한 신탁계약기간의 종료, ② 수익자총회의 투자신탁 해지 결의, ③ 투자신탁의 피흡수합병, ④ 투자신탁의 등록 취소, ⑤ 수익자의 총수가 1인이 되는 경우에는 지체 없이 투자신탁을 해지하여야 하며, 이 경우 집합투자업자는 그 해지사실을 지체 없이 금융위원회에 보고하여야 한다.

그러나 수익자의 총수가 1인이 되는 경우 건전한 거래질서를 해할 우려가 없는 경우는 예외가 인정된다.

그리고 투자신탁을 설정한 집합투자업자는 투자신탁을 해지하는 경우에는 투자신탁의 피흡수합병의 경우를 제외하고는 모든 경우에 신탁계약이 정하는 바에 따라 투자신탁재산에 속하는 자산을 해당 수익자에게 지급할 수 있다.

집합투자업자가 해지 승인을 신청하는 경우 신청서의 기재사항 및 첨부서류, 투자신탁이 해지되는 경우 미수금 및 미지급금 등의 처리방법, 그 밖에 투자신탁의 해지에 관하여 필요한 사항은 대통령령으로 정한다.

그리고 투자신탁을 설정한 집합투자업자는 수익자의 환매청구에 응하는 등 대통령령으로 정하는 경우에는 투자신탁의 일부를 해지할 수 있다(법 제192조).

7. 투자신탁 합병

투자신탁을 설정한 집합투자업자는 그 집합투자업자가 운용하는 다른 투자신탁을 흡수하는 방법으로 투자신탁을 합병할 수 있다. 그리고 투자신탁을 설정한 집합투자업자는 투자신탁을 합병하고자 하는 경우 ① 투자신탁의 합병으로 인하여 존속하는 투자신탁의 증가하는 신탁원본의 가액 및 수익증권의 좌수, ② 투자신탁의 합병으로 인하여 소멸하는 투자신탁의 수익자에게 발행하는 수익증권의 배정에 관한 사항, ③ 투자신탁의 합병으로 인하여 소멸하는 투자신탁의 수익자에게 현금을 지급하는 경우 그 내용, ④ 합병하는 각 투자신탁의 수익자총회의 회일, ⑤ 합병을 할 날, ⑥ 투자신탁의 합병으로 인하여 존속하는 투자신탁의 신탁계약을 변경하는 경우 그 내용, ⑦ 그 밖에 대통령령으로 정하는 사항을 기재한 합병계획서를 작성하여 합병하는 각 투자신탁의 수익자총회의 결의를 거쳐야 한다.

그러나 건전한 거래질서를 해할 우려가 적은 소규모 투자신탁의 합병 등의 경우에는 수익자총회 결의를 필요로 하지 않는다(법 제193조 제2항).

그리고 채권자가 있는 투자신탁이 합병하는 경우에는 상법상 채권자보호절차에 관한 규정(상법 제527조의5 제1항 및 제3항)이 준용된다. 즉, 합병에 관한 수익자총회의 승인결의가 있은 날부터 2주 내에 채권자에 대하여 합병에 이의가 있으면 1월 이상의 기간 내에 이를 제출할 것을 공고하고 알고 있는 채권자에 대하여는 개별적으로 이를 최고하여야 하며, 채권자가 이 기간내에 이의를 제출하지 아니한 때에는 합병을 승인한 것으로 본다. 그리고 이의를 제출한 채권자가 있는 때에는 회사는 그 채권자에 대하여 변제 또는 상당한 담보를 제공하거나 이를 목적으로 하여 상당한 재산을 신탁회사에 신탁하여야 한다.

투자신탁을 설정한 집합투자업자는 수익자총회일의 2주 전부터 합병 후 6개월이 경과하는 날까지 ① 합병하는 각 투자신탁의 최종의 결산서류, ② 합병으로 인하여 소멸하는 투자신탁의 수익자에게 발행하는 수익증권의 배정에 관한 사항 및 그 이유를 기재한 서면, ③ 합병계획서를 본점 및 투자매매업자 또는 투자중개업자의 영업소에 비치하여야 한다. 이 경우 그 투자신탁의 수익자 및 채권자는 영업시간 중 언제든지 그 서류를 열람할 수 있으며, 그 서류의 등본 또는 초본의 교부를 청구할 수 있다.

투자신탁을 설정한 집합투자업자는 투자신탁을 합병한 경우에는 그 사실을 지체 없이 금융위원회에 보고하여야 하며, 이 경우 합병되는 투자신탁의 수익증권이 증권시장에 상장되어 있는 때에는 거래소에도 보고하여야 한다.

그리고 투자신탁의 합병은 존속하는 투자신탁의 집합투자업자가 금융위원회에 보고를 한 때에 그 효력이 발생하며, 이 경우 소멸하는 투자신탁은 해지된 것으로 본다.

합병 후 존속하는 투자신탁은 합병으로 인하여 소멸된 투자신탁의 권리·의무를 승계하며, 수익증권의 합병가액 산정방식, 수익자총회 승인사항의 수익자 통지, 그 밖에 투자신탁의 합병에 관하여 필요한 사항은 대통령령으로 정한다(법 제193조).

제2절 회사 형태의 집합투자기구

1. 투자회사

1) 투자회사 설립

자본시장법상 집합투자기구의 형태를 회사형과 계약형으로 구분하는데, 회사형을 투자회사라 하며 일명 뮤추얼 펀드라고 하고 주식을 발행하며, 계약형은 투자신탁이라 하며 수익증권을 발행한다. 따라서 투자신탁은 수익자의 지위를 갖으며, 투자회사의 경우는 주주의 지위를 갖게 되므로, 투자신탁의 수익자는 환매청구권과 이익을 분배할 권리를 가지며, 투자회사 주주의 경우는 의결권과 배당을 받을 수 있는 권리 및 잔여재산분배청구권을 행사할 수 있다.

그리고 투자회사의 설립과 관련하여 금융투자업자의 임원으로 부적합한 자는 투자회사의 발기인이 될 수 없도록 자격을 제한하고 있다(법 제194조 제1항).

투자회사의 발기인은 설립시 정관을 작성하여야 하는데, 정관에는 ① 목적, ② 상호, ③ 발행할 주식의 총수, ④ 설립시에 발행하는 주식의 총수 및 발행가액, ⑤ 회사의 소재지, ⑥ 투자회사재산의 운용 및 관리에 관한 사항, ⑦ 그 투자회사가 유지하여야 하는 최저순자산액, ⑧ 이익분배 및 환매에 관한 사항, ⑨ 공시 및 보고서에 관한 사항, ⑩ 공고방법, ⑪ 그 밖에 주주를 보호하기 위하여 필요한 사항이 기재되어야 하며, 이 정관에는 발기인 전원이 기명날인 또는 서명하여야 한다(법 제194조 제2항).

이러한 투자회사 설립시의 자본금은 주식 발행가액의 총액으로 하며, 투자회사가 설립시에 발행하는 주식의 총수는 그 상한과 하한을 두는 방법으로 정할 수 있다. 이때 투자회사의 최저순자산액은 10억 원 이상이어야 하며, 투자회사의 발기인은 투자회사의 설립 시에 발행하는 주식의 총수를 인수하여야 한다.

그리고 주식을 인수한 발기인은 지체 없이 주식의 인수가액을 금전으로 납입하여야 하며, 발기인은 투자회사 설립 시에 발행하는 주식의 인수가액의 납입이 완료된 경우에는 지체 없이 의결권 과반수의 찬성으로 이사를 선임하여야 하며, 선임된 이사는 투자회사의 설립에 관하여 법령이나 투자회사의 정관을 위반한 사항이 있는지를 조사하여 그 결과를 이사회에 보고하여야 한다.

이사는 법령이나 정관위반 여부의 조사결과 법령 또는 투자회사의 정관을 위반한 사항을 발견한 경우에는 지체 없이 이를 발기인에게 보고하여야 하며, 투자회사의 발기인은 ① 목적, ② 상호, ③ 발행할 주식의 총수, ④ 회사의 소재지, ⑤ 그 투자회사가 유지하여야 하는 최저순자산액, ⑥ 공고방법, ⑦ 정관으로 투자회사의 존속기간 또는 해산사유를 정한 경우 그 내용, ⑧ 이사의 성명 · 주민등록번호(법인인 경우에는 상호 · 사업자등록번호)의 사항을 이사회 보고 종료일로부터 2주 이내에 대통령령으로 정하는 서류를 첨부하여 설립등기를 하여야 한다.

그리고 투자회사의 발기인은 ① 투자회사재산의 70% 초과하여 부동산에 투자하는 투자회사나, ② 투자회사재산을 선박에 투자하는 투자회사를 설립할 수 없으며, 투자회사는 설립 후에도 그 투자회사의 정관을 변경하여 부동산투자회사나 선박투자회사를 설립할 수 없다(법 제194조).

2) 투자회사 정관 변경

투자회사는 자치규범으로 정관을 두어야 설립이 가능하다. 따라서 상법상 회사가 정관에 절대적으로 기재할 사항과 상대적으로 기재할 사항이 정하여져 있으며, 이를 변경하고자 하는 경우에도 법에서 정한 절차를 준수해야 한다.

특히, 정관변경은 주주들의 이해관계에 중대한 영향을 미치기 때문에 정관변경 시에는 주주총회의 특별결의를 필요로 한다. 그러나 투자회사의 경우에는 페이퍼 컴퍼니의 성격이 강하기 때문에 정관변경 시 주주총회보다는 이사회에서 결의하는 것이 더 효과적이다.

따라서 자본시장법은 투자회사의 정관변경 시 이사회 결의를 원칙으로 하고 있으며, 예외적으로 법률이 정한 경우에만 예외적으로 주주총회의 결의를 거치도록 하고 있다.

투자회사는 이사회 결의로 정관을 변경할 수 있으나 예외적으로 정관의 내용 중 ① 집합투자업자 · 신탁업자 등이 받는 보수, 그 밖의 수수료의 인상, ② 집합투자업자 또는 신탁업자의 변경, ③ 정관으로 투자회사의 존속기간 또는 해산사유를 정한 경우 존속기간 또는 해산사유의 변경, ④ 그 밖에 주주의 이익과 관련된 중요한 사항을 변경하고자 하는 경우에는 주주총회의 보통결의를 거쳐야 한다(법 제195조 제1항, 제201조 제2항 본문).

그러나 투자회사는 합병 · 분할 · 분할합병, 그 밖에 대통령령으로 정하는 사유로 집합투자업자 또는 신탁업자가 변경된 경우에는 이사회 결의 및 주주총회의 결의 없이 정관을 변경할 수 있다(법 제195조 제2항).

그리고 투자회사는 정관을 변경한 경우에는 인터넷 홈페이지 등을 이용하여 공시하여야 하며, 주주총회결의로 정관을 변경한 경우에는 공시 외에 이를 주주에게 통지하여야 한다(법 제195조 제3항).

3) 투자회사 주식

자본시장법상 투자회사란 주식회사 형태의 집합투자기구를 말한다. 따라서 투자회사에는 주주가 존재하며, 이들을 위하여 주식을 발행하여야 한다. 주식은 자본의 구성부분이라는 점에서 주주들은 이를 통해 권리와 의무를 갖게 되지만 이러한 투자회사가 발행한 주식은 상법상 주식회사의 주식과는 달리 다양성이 인정되지 않고 단지 무액면 기명식의 주식만을 발행할 수 있다.

그리고 자본시장법은 투자회사의 지분권을 표창하는 주식에 대한 기본원칙을 정하여 놓고 있다. 즉, 투자회사는 주식을 무액면 기명식으로 발행하여야 하며, 회사 성립일 또는 신주의 납입기일에 지체 없이 주식을 발행하여야 한다(법 제196조). 이때 예탁자 또는 그 투자자가 증권 등을 인수 또는 청약하거나, 그 밖의 사유로 새로 증권 등의 발행을 청구하는 경우에 그 증권 등의 발행인은 예탁자 또는 그 투자자의 신청에 의하여 이들을 갈음하여 예탁결제원을 명의인으로 하여 그 증권 등을 발행 또는 등록할 수 있다(법 제309조 제5항).

그리고 투자회사가 그 성립 후에 신주를 발행하는 경우 신주의 수, 발행가액 및 납입기일은 이사회가 결정하여야 하지만, 예외적으로 정관에서 달리 정하고 있는 경우에는 그에 따른다(법 제196조 제3항).

주주의 청구가 있는 경우 그 주주의 주식을 매수할 수 있는 개방형투자회사가 그 성립 후에 신주를 발행하는 경우 이사회는 ① 신주의 발행기간, ② 신주의 발행기간 이내에 발행하는 신주수의 상한, ③ 신주의 발행기간 동안 매일의 발행가액 및 주금납입기일을 정하는 방법을 결정할 수 있다. 이 경우 개방형투자회사는 신주의 발행기간 동안 매일의 발행가액 및 주금납입기일을 정하는 방법에 따라 확정된 매일의 발행가액을 그 투자회사의 주식을 판매하는 투자매매업자 또는 투자중개업자의 지점, 그 밖의 영업소에 게시하고, 인터넷 홈페이지 등을 이용하여 공시하여야 한다(법 제196조 제4항).

그리고 투자회사는 그 성립 후에 신주를 발행하는 경우 같은 날에 발행하는 신주의 발행가액, 그 밖의 발행조건은 균등하게 정하여야 한다. 이 경우 신주의 발행가액은 그 투자회사가 소유하는 자산의 순자산액에 기초하여 기준가격의 계산방법에 따라 산정한다(법 제196조 제5항).

이와 관련하여 자본시장법은 주식을 인수한 발기인은 지체 없이 주식의 인수가액을 금전으로 납입할 것을 요구하고 있는데, 투자회사가 신주를 발행하는 경우 발기인의 납입의무에 관한 규정은 주식인수인에게 준용한다(법 제196조 제6항).

그리고 주식인수인은 투자회사가 그 성립 후에 신주를 발행하는 경우 주금의 납입과 동시에 주주의 권리·의무를 가진다(법 제196조 제7항).

4) 투자회사 이사 구분

현행법상 법인이 기관이 되는 것은 원칙적으로 허용하고 있지 않지만, 예외적으로 자본시장법상 집합투자업자에 한하여 투자회사의 이사가 될 수 있도록 허용하고 있다.

그리고 법인인 이사는 그 대리인을 선임할 수 있으며, 투자회사의 대표이사는 법인이사의 대리인에 불과하다.

자본시장법은 투자회사의 경우에 한하여 예외적으로 법인이사를 허용하고 있다. 즉, 투자회사의 이사는 집합투자업자인 법인이사와 감독이사로 구분하고 있으며(법 제197조 제1항), 투자회사는 법인이사 1인과 감독이사 2인 이상을 선임하여야 한다.

5) 투자회사 법인이사

현행법상 법인이 기관이 되는 것은 원칙적으로 허용하고 있지 않지만, 예외적으로 자본시장법상 집합투자업자에 한하여 투자회사의 이사가 될 수 있도록 허용하고 있다.

그리고 법인인 이사는 그 대리인을 선임할 수 있으며, 투자회사의 대표이사는 법인이사의 대리인에 불과하다.

자본시장법은 법인이사에 관한 권한과 의무에 관하여 상세한 규정을 두고 있는데, 이에 따르면 법인이사는 투자회사를 대표하고 투자회사의 업무를 집행한다. 이때 특정업무에 대하여는 이사회결의를 거쳐야 하는데, 이에 해당하는 것으로는 ① 집합투자업자・신탁업자・투자매매업자・투자중개업자 및 일반사무관리회사와의 업무위탁계약의 체결, ② 자산의 운용 또는 보관 등에 따르는 보수의 지급, ③ 금전의 분배 및 주식의 배당에 관한 사항, ④ 그 밖에 투자회사의 운영상 중요하다고 인정되는 사항으로서 정관이 정하는 사항에 해당하는 업무를 말한다.

그리고 법인이사는 3개월마다 1회 이상 그 업무의 집행상황 및 자산의 운용내용을 이사회에 보고하여야 하며, 법인이사는 법인이사의 직무를 정하여 그 직무를 수행할 자를 그 임직원 중에서 선임할 수 있으며 이 경우 집합투자업자는 이를 투자회사에 서면으로 통보하여야 한다.

그리고 법인이사가 그의 직무를 정하여 그 직무를 수행할 자를 그 임직원 중에서 선임한 후 이를 투자회사에 서면으로 통보한 경우 투자회사에 통보된 자가 그 직무 범위에서 행한 행위는 법인이사의 행위로 본다(법 제198조).

6) 투자회사 감독이사

자본시장법은 감독이사에 대하여 기본원칙을 정하여 놓고 있는데, 이에 따르면 감독이사는 법인이사의 업무집행을 감독하게 된다. 그리고 감독이사는 투자회사의 업무 및 재산상황을 파악하기 위하여 필요한 경우에는 법인이사와 그 투자회사재산을 보관·관리하는 신탁업자, 그 투자회사의 주식을 판매하는 투자매매업자·투자중개업자 또는 그 투자회사로부터 업무를 위탁받은 일반사무관리회사에 대하여 그 투자회사와 관련되는 업무 및 재산상황에 관한 보고를 요구할 권한을 갖는다(법 제199조).

이때 감독이사는 그 직무를 수행함에 있어서 필요하다고 인정되는 경우에는 회계감사인에 대하여 회계감사에 관한 보고를 요구할 수 있으며, 감독이사의 요구를 받은 자는 특별한 사유가 없는 한 이에 응하여야 한다.

그리고 자본시장법은 감독이사의 결격사유를 열거하고 있는데, 이에 따르면 ① 금융투자업자의 임원에 적합하지 아니한 자(법 제24조), ② 해당 투자회사의 발기인, ③ 투자회사의 대주주 및 그 특수관계인, ④ 법인이사의 특수관계인 또는 법인이사로부터 계속적으로 보수를 지급받고 있는 자, ⑤ 그 투자회사의 주식을 판매하는 투자매매업자 또는 투자중개업자의 특수관계인, ⑥ 그 투자회사의 이사가 다른 법인의 이사로 있는 경우 그 법인의 상근 임직원인 자 ⑦ 그 밖에 감독이사로서의 중립성을 해할 우려가 있는 자는 감독이사가 될 수 없으며, 감독이사가 된 후에도 이러한 결격사유가 발생하면 그 직을 상실한다.

그리고 감독이사에게는 금융투자업자의 직무관련 정보의 이용 금지에 관한 규정이 준용된다.

7) 투자회사 이사회

자본시장법은 법인이사와 감독이사 2인으로 구성된 투자회사의 이사회 운영에 관한 특칙을 두고 있는데, 이에 따르면 이사회는 각 이사가 소집하여야 한다. 이사가 이사회를 소집하고자 하는 경우에는 그 회의일 3일 전까지 각 이사에게 소집을 통지하여야 하지만 정관이 정하는 바에 따라 통지기간을 단축할 수 있다.

그리고 이사회는 자본시장법과 정관이 정하는 사항에 대하여만 결의하여야 하며, 이사가 결원된 경우 이사를 선임하기 위한 주주총회를 즉시 소집하여야 한다. 이때 이사회 결의는 이사 과반수의 출석과 출석한 이사 과반수의 찬성으로 한다(법 제200조).

8) 투자회사 주주총회

자본시장법은 투자회사의 주주총회의 운영에 관한 특례를 두고 있는데, 이에 따르면 의결정족수 등에 대한 특례는 물론이고, 주주총회에 관하여는 수익자총회에 관한 규정을 준용토록 하고 있다.

따라서 투자회사의 주주총회는 이사회가 소집하며(법 제201조), 주주총회는 출석한 주주의 의결권의 과반수와 발행주식총수의 4분의 1 이상의 수로 결의한다. 그러나 자본시장법에서 정한 주주총회의 결의사항 외에 집합투자규약으로 정한 주주총회의 결의사항에 대하여는 출석한 주주의 의결권의 과반수와 발행주식총수의 5분의 1 이상의 수로 결의할 수 있다.

그리고 수익자 총회의 구성, 수익자 총회의 소집, 수익자총회의 간주의결권, 연기수익자총회 소집, 연기수익자총회결의에 관한 규정들은 투자회사의 주주총회에 관하여 준용하도록 규정하고 있다.

이에 따르면 투자회사에는 전체 주주로 구성되는 주주총회를 두며, 주주총회는 자본시장법 또는 정관에서 정한 사항에 대하여만 결의할 수 있도록 그 결의 범위를 제한하고 있다. 그리고 주주총회는 투자회사의 이사회가 소집하며, 투자회사의 이사회는 투자회사재산을 보관·관리하는 신탁업자 또는 발행된 주식수의 5 % 이상을 소유한 주주가 주주총회의 목적과 소집의 이유를 기재한 서면을 제출하여 주주총회의 소집을 그 투자회사의 이사회에 요청하는 경우 1개월 이내에 주주총회를 소집하여야 한다. 이 경우 투자회사의 이사회가 정당한 사유 없이 주주총회를 소집하기 위한 절차를 거치지 아니하는 경우에는 발행된 주식의 5% 이상을 소유한 주주는 금융위원회의 승인을 받아 주주총회를 개최할 수 있도록 규정하고 있으며, 이때 상법상 주주총회 소집통지에 관한 규정이 준용된다.

주주총회는 출석한 주주의 의결권의 과반수와 발행된 주식수의 4분의 1 이상의 수로 결의하는 것으로 것을 원칙으로 하고, 예외적으로 자본시장법에서 정한 주주총회의 결의사항 외에 정관으로 정한 주주총회의 결의사항에 대하여는 출석한 주주의 의결권의 과반수와 발행된 주식수의 5분의 1 이상의 수로 결의할 수 있다.

그리고 주주는 주주총회에 출석하지 않고 서면으로 의결권을 행사할 수 있다. 그러나 ① 주주에게 의결권 행사에 관한 통지가 있었으나 의결권이 행사되지 아니하였을 것, ② 간주의결권행사의 방법이 집합투자규약에 기재되어 있을 것, ③ 주주총회에서 의결권을 행사한 주식수가 발행된 주식의 10% 이상일 것, ④ 그 밖에 주주를 보호하기 위한 방법 및 절차를 따를 것이라는 요건을 모두 충족하는 경우에는 주주에 출석한 주주가 소유한 주식수의 결의 내용에 영향을 미치지 아니하도록 의결권을 행사하는 간주의결권행사를 한 것으로 본다.

투자회사의 이사회는 주주총회의 결의가 이루어지지 아니한 경우 그 날부터 2주 이내에 연기주주총회를 소집하여야 한다.

그리고 연기주주총회의 결의에 관하여는 주주총회 결의 요건의 2분의 1만 충족하면 된다. 그리고 연기수익자총회의 결의에 관하여는 4분의 1 결의요건 대신에 집합투자업자가 소집한다로 본다(법 제201조 제3항).

9) 투자회사 해산

자본시장법은 투자회사의 해산에 관한 특칙을 두고 있다. 즉, 상법 제517조에서는 주식회사의 해산사유로 ① 존립기간의 만료 기타 정관으로 정한 사유의 발생, ② 합병, ③ 파산, ④ 법원의 명령 또는 판결, ⑤ 회사의 분할 또는 분할합병, ⑥ 주주총회의 결의 등을 열거하고 있다.

자본시장법은 이에 추가하여 투자회사만의 고유한 해산사유로 투자회사 등록의 취소와 주주의 총수가 1인이 되는 경우를 해산사유로 규정하고 있는데, 법인이사인 주주가 1인만 잔존하는 경우에는 적용되지 않는다.

그리고 주식회사의 해산사유에는 해당하지만 투자회사의 해산사유에 해당하지 않는 것은 회사의 분할 또는 분할합병이다. 즉, 자본시장법은 투자회사의 경우 분할을 인정하지 않고 있다.

그 밖에 투자회사의 해산과 관련하여 ① 정관에서 정한 존속기간의 만료, 그 밖의 해산사유의 발생, ② 주주총회의 해산 결의, ③ 투자회사의 피흡수합병, ④ 투자회사의 파산, ⑤ 법원의 명령 또는 판결, ⑥ 투자회사 등록의 취소, ⑦ 주주(법인이사인 주주는 제외)의 총수가 1인이 되는 경우가 해산사유이다. 이 경우 청산인은 해산 일부터 30일 이내에 해산의 사유 및 연월일, 청산인 및 청산감독인의 성명·주민등록번호를 금융위원회에 보고하여야 한다.

그리고 투자회사는 해산한 경우 법인이사가 청산인이 되는 때에는 해산 일부터 2주 이내에, 청산인이 선임된 때에는 그 선임 일부터 2주 이내에 대통령령으로 정하는 서류를 첨부하여 ① 청산인의 성명·주민등록번호, ② 청산인 중에서 대표청산인을 정하도록 하거나 2인 이상의 청산인이 공동으로 투자회사를 대표할 것을 정한 경우에는 그 내용 등의 사항을 등기하여야 한다(법 제202조).

이처럼 투자회사가 해산한 경우 감독이사가 청산감독인이 되는 때에는 해산일부터 2주 이내에, 청산감독인이 선임된 때에는 선임일부터 2주 이내에 대통령령으로 정하는 서류를 첨부하여 청산감독인의 성명 및 주민등록번호를 등기하여야 한다.

그리고 투자회사가 해산한 경우 투자회사의 피흡수합병이나 투자회사의 파산의 경우를 제외하고는 청산인 및 청산감독인으로 구성되는 청산인회를 두어야 하며, 투자회사가 ① 정관에서 정한 존속기간의 만료, 그 밖의 해산사유의 발생, ② 주주총회의 해산 결의, ③ 주주(법인이사인 주주는 제외)의 총수가 1인이 되는 경우의 사유로 해산한 때에는 정관 또는 주주총회에서 달리 정한 경우 외에는 법인이사 및 감독이사가 각각 청산인 및 청산감독인이 된다(법 제202조 제5항).

그리고 투자회사가 ① 법원의 명령 또는 판결의 사유로 해산한 경우, ② 청산인 또는 청산감독인이 없는 경우, ③ 설립무효의 판결 또는 설립취소의 판결에 따라 청산하는 경우에는 금융위원회가 이해관계인의 청구에 의하여 청산인 및 청산감독인을 선임하며 투자회사가 투자회사 등록의 취소의 사유로 해산한 경우에는 금융위원회가 직권으로 청산인 및 청산감독인을 선임한다.

금융위원회는 청산인 또는 청산감독인이 업무를 집행함에 있어서 현저하게 부적합하거나 중대한 법령 위반사항이 있는 경우에는 직권으로 또는 이해관계인의 청구에 의하여 이들을 해임할 수 있으며, 이 경우 금융위원회는 직권으로 새로운 청산인 또는 청산감독인을 선임할 수 있다.

그리고 금융위원회는 투자회사 등록의 취소의 사유로 투자회사가 해산한 경우와 금융위원회가 직권으로 청산인 또는 청산감독인을 해임한 경우에는 등기원인을 증명하는 서면을 첨부하여 투자회사의 소재지를 관할하는 등기소에 해당 등기를 촉탁하여야 한다.

10) 투자회사 청산

주식회사의 청산과 관련하여 상법 제531조 제1항에서는 주식회사의 해산시 합병·분할·분할합병 또는 파산의 경우를 제외하고는 이사가 청산인이 되는 것을 원칙으로 규정하고 있다.

이에 따라, 자본시장법은 청산인과 관련하여 법인이사가 청산인이 되는 경우와 감독이사가 청산인이 되는 경우 모두를 상정하여 별도의 선임절차에 관한 규정을 두고 있다.

투자회사는 주식회사의 규정을 많이 준용한다는 점에서 청산과 관련하여서도 이와 관련된 규정을 준용하면서, 추가로 이에 대한 특칙규정들을 두고 있다.

이에 따르면 청산인은 취임 후 지체 없이 투자회사의 재산상황을 조사하여 청산인으로 취임한 날부터 15일 이내에 재산목록과 대차대조표를 작성하여 이를 청산인회에 제출하여 승인을 받아야 하며, 그 등본을 지체 없이 금융위원회에 제출하여야 한다(법 제203조 제1항).

그리고 청산감독인은 청산인이 업무수행과 관련하여 법령이나 정관을 위반하거나, 그 밖에 투자회사에 대하여 현저하게 손해를 끼칠 우려가 있는 사실을 발견한 경우에는 금융위원회에 이를 보고하여야 한다(법 제203조 제2항).

이때 청산인은 취임한 날부터 1개월 이내에 투자회사의 채권자에 대하여 일정 기간 이내에 그 채권을 신고할 것과 그 기간 이내에 신고하지 아니하면 청산에서 제외된다는 뜻을 2회 이상 공고함으로써 최고하여야 하며, 이 경우 그 신고기간은 1개월 이상으로 하여야 한다(법 제203조 제3항).

그리고 청산인은 자금차입·채무보증 또는 담보제공이 제한되는 투자회사의 경우 1개월 이내의 채권신고기간과 2회 이상 공고 등의 규정에도 불구하고 대통령령으로 정하는 방법에 따라 채권자에 대한 최고절차를 생략할 수 있다. 그러나 장내파생상품 매매에 따른 계약이행책임이 있는 경우 등 대통령령으로 정하는 경우에는 그 절차를 생략할 수 없다(법 제203조 제4항).

청산인은 청산사무가 종결된 경우에는 지체 없이 결산보고서를 작성하여 주주총회의 승인을 받아야 하며, 이 경우 그 결산보고서를 공고하고, 이를 금융위원회 및 협회에 제출하여야 한다(법 제203조 제5항).

그리고 청산인 또는 청산감독인은 법인이사 및 감독이사가 각각 청산인 및 청산감독인이 되는 경우에는 정관 또는 주주총회가 정하는 바에 따라, 그리고 금융위원회가 이해관계인의 청구에 의하여 청산인 및 청산감독인을 선임하는 경우 및 투자회사 등록취소의 사유로 해산하여 금융위원회가 직권으로 청산인 및 청산감독인을 선임한 경우에는 금융위원회가 정하는 바에 따라 투자회사로부터 보수를 지급받을 수 있다(법 제203조 제6항).

청산인은 승인을 얻은 재산목록과 대차대조표를 청산종결시까지 투자회사에 비치하여야 하며, 이를 집합투자업자 및 투자매매업자 · 투자중개업자에게 송부하여 그 영업소에 비치하도록 하여야 한다(법 제203조 제7항).

11) 투자회사 합병

자본시장법은 투자회사의 합병에 대하여는 투자자보호차원에서 상법상 주식회사의 합병과는 달리 엄격한 통제를 가하고 있다. 즉, 투자회사는 그 투자회사의 법인이사가 법인이사로 있는 다른 투자회사와의 흡수합병만을 허용하고 있는데, 이는 자본시장에서의 건전한 거래질서를 유지하기 위한 것으로 해석된다(법 제204조 제1항). 그리고 투자회사가 투자회사와 법인이사가 같은 다른 투자회사를 흡수합병하고자 하는 경우에는 출석한 주주의 의결권의 과반수와 발행주식 총수의 5분의 1 이상의 찬성에 의한 결의를 거쳐야 한다. 그러나 건전한 거래질서를 해할 우려가 적은 소규모 투자회사의 합병 등의 경우는 예외가 인정된다(법 제204조 제2항).

그리고 투자회사의 합병에 대하여는 투자신탁의 합병에 관한 규정 중 일부를 준용하도록 하고 있는데, 이에 따르면 투자회사는 주주총회일의 2주 전부터 합병 후 6개월이 경과하는 날까지 ① 합병하는 각 투자회사의 최종의 결산서류, ② 합병으로 인하여 소멸하는 투자회사의 주주에게 발행하는 주식의 배정에 관한 사항 및 그 이유를 기재한 서면, ③ 합병계획서를 본점 및 투자매매업자 또는 투자중개업자의 영업소에 비치하여야 한다. 이 경우 그 투자회사의 주주 및 채권자는 영업시간 중 언제든지 그 서류를 열람할 수 있으며, 그 서류의 등본 또는 초본의 교부를 청구할 수 있다(법 제193조 제4항 참조).

그리고 투자회사를 설립한 집합투자업자가 투자회사를 합병한 경우에는 그 사실을 지체없이 금융위원회에 보고하여야 하는데, 이 경우 합병되는 투자회사의 주식이 증권시장에 상장되어 있는 때에는 거래소에도 보고하여야 한다(법 제193조 제5항 참조). 주식의 합병가액 산정방식, 주주총회 승인사항의 주주 통지, 그 밖에 투자회사의 합병에 관하여 필요한 사항은 대통령령으로 정한다(법 제204조 제3항).

12) 투자회사 특례

자본시장법은 투자회사가 상장회사가 되는 것은 원칙적으로 허용하지만, 상장회사에 적용되는 "증권의 발행 및 유통" 및 "상장법인의 사업보고서"에 관한 자본시장법상의 규정은 적용하지 않는다. 즉, 자본시장법은 투자회사에 대하여 상장회사에 관한 규정 중 제3편(증권의 발행 및 유통) 제3장(상장법인의 사업보고서)은 투자회사에는 적용하지 않도록 예외규정을 두고 있다(법 제205조 제1항).

그러나 상법상 소수주주권에 관한 특례규정인 자본시장법 제29조를 투자회사의 주주에게 준용하도록 규정하고 있는데, 이에 따르면 소수주주권과 관련하여 금융투자업자에 대하여는 시행령으로 정하도록 규정되어 있다. 이에 따르면 소수주주권의 행사와 관련 ① 최근 사업연도말을 기준으로 자산총액이 2조원 미만인 금융투자업자, ② 외국 금융투자업자의 국내지점, 그 밖의 영업소 중의 하나에 해당하는 자를 말한다. 그러나 최근 사업연도말을 기준으로 그 금융투자업자가 운용하는 집합투자재산, 투자일임재산 및 신탁재산의 전체 합계액이 6조원 이상인 경우는 제외한다(법시행령 제33조 제1항).

그리고 대표소송이외의 소수주주권에 대한 특례는 최근 사업연도말 현재 자본금이 1천억원 이상인 금융투자업자를 대상으로 하고 있다(법시행령 제33조 제2항).

이에 의거하여 자본시장법상 투자회사는 주식회사일 것을 요구하고 있기 때문에 투자회사의 소수주주들은 상법상의 소수주주권의 특례규정에 의거하여 소수주주권을 행사할 수 있다(법 제29조, 법 제205조 제1항). 이러한 특례를 구체적으로 보면, 상법상 총발행주식의 1% 이상 소유할 것을 요구하는 소수주주권인 대표소송제기권(상법 제324조, 제403조, 제467조의 2 제4항)의 경우 자본 1천억 원의 구분 없이 투자회사의 소수주주는 총발행주식 수의 0.01% 이상의 주식을 6개월 이상 동안 소유하여야 한다(법 제29조 제1항).

그리고 지주비율 1% 이상의 요구하는 상법상 이사의 위법행위유지청구권(제402조)의 경우 자본금 1천억원 미만인 투자회사에게는 총발행주식의 0.05% 이상을 6개월 이상 보유한 주주에게, 그리고 자본금이 1천억원 이상인 투자회사의 경우에는 총발행주식의 0.025% 이상을 6개월 이상 기간동안 보유한 주주에게만 소수주주권을 인정한다(자본시장법 제29조 제2항, 법 제205조 제1항).

그리고 의결권있는 주식의 3%를 요구하는 상법상 소수주주권인 주주제안권(제363조의2)은 투자회사의 경우 6개월 이상 보유한 자본금 1천억원 미만의 회사의 소수주주권은 의결권있는 주식의 1%, 자본금 1천억원 이상인 투자회사는 의결권있는 주식의 0.5% 이상을 소유하여야 한다(자본시장법 제29조 제6항, 법 제205조 제1항).

또한 상법상 지주율이 총발행주식의 3%를 소유할 것을 요구하는 소수주주의 총회소집청구권(제366조)은 투자회사의 경우 자본금 1천억 원 미만인 경우 의결권있는 주식을 기준으로 6개월 이상 3% 이상, 자본금 1천억원 이상인 경우 의결권있는 주식 기준 1.5%를 보유하여야 한다(자본시장법 제29조 제5항, 법 제205조 제1항).

상법상 발행주식 총수의 3% 이상을 소유하여야 소수주주권을 행사할 수 있는 이사・감사의 해임청구권(제385조 제2항, 제415조)의 경우 자본금 1천억원 미만인 투자회사의 경우에는 총발행주식의 0.5%, 그리고 자본금이 1천억원 이상인 투자회사의 경우에는 총발행주식의 0.25% 이상을 6개월 이상 소유한 소수주주에게만 인정된다(자본시장법 제29조 제4항, 법 제205조 제1항).

상법상 총발행주식의 3% 이상을 소유한 소수주주에게만 허용되는 회계장부열람권(제466조)은 자본금 1천억원 미만인 투자회사의 소수주주에게는 6개월 이상 기간동안 총발행주식수의 0.1% 이상, 그리고 자본금이 1천억원 이상인 투자회사의 소수주주에게는 총발행주식의 0.05%를 6개월 이상 보유할 것을 요구하고 있다(자본시장법 제29조 제3항, 법 제205조 제1항).

상법상 소수주주에게 총발행주식의 3%를 소유할 것을 요구하는 회사의 업무와 재산상태의 검사청구권(제467조 제1항)은 투자회사인 경우에는 자본금이 1천억원 미만인 경우 3%, 자본금 1천억원 미만인 경우에는 총발행주식의 1.5% 이상을 6개월 이상 소유한 소수주주에게만 인정된다(자본시장법 제29조 제5항, 법 제205조 제1항).

그리고 상법상 발행주식 총수의 3% 이상을 소유하여야 소수주주권을 행사할 수 있는 청산인의 해임청구권(제385조 제2항, 제415조)의 경우 자본금 1천억원 미만인 투자회사의 경우에는 총발행주식의 0.025%, 그리고 자본금이 1천억원 이상인 금융투자업자인 경우에는 총발행주식의 0.0125% 이상을 6개월 이상 소유한 소수주주에게만 인정된다(자본시장법 제29조 제4항, 법 제205조 제1항).

또한 상법상 의결권있는 주식의 3%를 소유하여야 행사할 수 있는 소수주주의 집중투표청구권(제382조의2)은 자본시장법상 별도의 규정이 없기 때문에 상장회사에 관한 규정에 의거하여 자본금 1천억원 미만인 투자회사의 소수주주에게는 의결권있는 주식의 3%, 자본금 1천억원 이상인 투자회사의 소수주주에게는 의결권있는 주식의 1%를 6개월 이상 보유할 것을 요구하고 있다(상법 제542조의7 제2항).

그리고 상법이나 자본시장법상 구분없이 총발행주식의 10%를 요구하는 소수주주권으로는 회사의 해산청구권(제 520조 제1항)이 있다.

이에 의거하여 자본시장법상 투자회사는 주식회사일 것을 요구하고 있기 때문에 금융투자업자의 소수주주들은 상법상의 소수주주권의 특례규정에 의거하여 소수주주권을 행사할 수 있다(법 제29조, 법 제205조 제1항). 이러한 특례를 구체적으로 보면, 상법상 총발행주식의 1% 이상 소유할 것을 요구하는 소수주주권인 대표소송제기권(상법 제324조, 제403조, 제467조의 2 제4항)의 경우 자산 2조 원 미만의 투자회사의 소수주주는 총발행주식 수의 0.01% 이상, 자산

2조 원 미만인 투자회사의 소수주주에게는 0.01% 이상의 주식을 6개월 이상동안 소유하여야 한다(법 제29조 제1항).

그리고 지주비율 1% 이상의 요구하는 상법상 이사의 위법행위유지청구권(제402조)의 경우 자본금 1천억 원 미만인 투자회사에게는 총발행주식의 0.05% 이상을 6개월 이상 보유한 주주에게, 그리고 자본금이 1천억 원 이상인 투자회사의 경우에는 총발행주식의 0.025% 이상을 6개월 이상 기간동안 보유한 주주에게만 소수주주권을 인정한다(자본시장법 제29조 제2항, 법 제205조 제1항).

그리고 의결권있는 주식의 3%를 요구하는 상법상 소수주주권인 주주제안권(제363조의2)은 투자회사의 경우 6개월 이상 보유한 자본금 1천억 원 미만의 회사의 소수주주권은 의결권있는 주식의 1%, 자본금 1천억 원 이상인 투자회사는 의결권있는 주식의 0.5% 이상을 소유하여야 한다(자본시장법 제29조 제6항, 법 제205조 제1항).

또한 상법상 지주율이 총발행주식의 3%를 소유할 것을 요구하는 소수주주의 총회소집청구권(제366조)은 투자회사의 경우 자본금 1천억 원 미만인 경우 의결권있는 주식을 기준으로 6개월 이상 3% 이상, 자본금 1천억 원 이상인 경우 의결권있는 주식 기준 1.5%를 보유하여야 한다(자본시장법 제29조 제5항, 법 제205조 제1항).

상법상 발행주식 총수의 3% 이상을 소유하여야 소수주주권을 행사할 수 있는 이사・감사의 해임청구권(제385조 제2항, 제415조)의 경우 자본금 1천억 원 미만인 투자회사의 경우에는 총발행주식의 0.5%, 그리고 자본금이 1천억 원 이상인 투자회사의 경우에는 총발행주식의 0.25% 이상을 6개월 이상 소유한 소수주주에게만 인정된다(자본시장법 제29조 제4항, 법 제205조 제1항).

상법상 총발행주식의 3% 이상을 소유한 소수주주에게만 허용되는 회계장부열람권(제466조)은 자본금 1천억 원 미만인 투자회사의 소수주주에게는 6개월 이상 기간동안 총발행주식수의 0.1% 이상, 그리고 자본금이 1천억 원 이상인 투자회사의 소수주주에게는 총발행주식의 0.05%를 6개월 이상 보유할 것을 요구하고 있다(자본시장법 제29조 제3항, 법 제205조 제1항).

상법상 소수주주에게 총발행주식의 3%를 소유할 것을 요구하는 회사의 업무와 재산상태의 검사청구권(제467조 제1항)은 투자회사인 경우에는 자본금이 1천억 원 미만인 경우 3%, 자본금 1천억 원 미만인 경우에는 총발행주식의 1.5% 이상을 6개월 이상 소유한 소수주주에게만 인정된다(자본시장법 제29조 제5항, 법 제205조 제1항).

그리고 상법상 발행주식 총수의 3% 이상을 소유하여야 소수주주권을 행사할 수 있는 청산인의 해임청구권(제385조 제2항, 제415조)의 경우 자본금 1천억 원 미만인 투자회사의 경우에는 총발행주식의 0.025%, 그리고 자본금이 1천억 원 이상인 금융투자업자인 경우에는 총발행주식의 0.0125% 이상을 6개월 이상 소유한 소수주주에게만 인정된다(자본시장법 제29조 제4항, 법 제205조 제1항).

또한 상법상 의결권있는 주식의 3%를 소유하여야 행사할 수 있는 소수주주의 집중투표청구권(제382조의2)은 자본시장법의 별도의 규정이 없기 때문에 상장회사에 관한 규정에 의거하여 자본금 1천억 원 미만인 투자회사의 소수주주에게는 의결권있는 주식의 3%, 자본금 1천억 원 이상인 투자회사의 소수주주에게는 의결권있는 주식의 1%를 6개월 이상 보유할 것을 요구하고 있다(상법 제542조의7 제2항).

그리고 상법이나 자본시장법상 구분없이 총발행주식의 10%를 요구하는 소수주주권으로는 회사의 해산청구권(제 520조 제1항)이 있다.

〈표-4〉 상법과 금융투자업자, 투자회사 소수주주권 지분율 (단위 : %)

소수주주권내용	자본 1천억 원	대표 소송	이사위법 유지	업무 검사	이사 등 해임	주주 제안	집중 투표	회계장 부열람	주총 소집	해산 판결
비상장사(상법)		1	1	3	3	3	3	3	3	10
상장사(상법)	미만	0.01	0.5	1.5	0.5	1	3	0.1	1.5	10
	이상	0.01	0.25	1.5	0.25	0.5	1	0.05	1.5	10
	6월	보유	보유	보유	보유	보유	보유	보유	보유	
금융투자업자 (자시법)	미만	0.05	0.025	3	0.025	0.5	3	0.05	1.5	10
	이상	0.01	0.0125	1.5	0.0125	0.25	1	0.025	0.75	10
	6월	보유	보유	보유	보유	보유	보유	보유	보유	
투자회사 (자시법)	미만	0.01	0.05	3	0.5	1	3	0.1	3	10
	이상	0.01	0.025	1.5	0.25	0.5	1	0.05	1.5	10
	6월	보유	보유	보유	보유	보유	보유	보유	보유	

〈표-5〉 상법과 자본시장법상 지분율 기준 주식의 비교

기준	상법상 비상장사	상법 상장사 및 금융투자업
의결권 있는 주식 기준	주주제안권 집중투표 청구권	주주제안권 집중투표 청구권 주주총회 소집 청구권
총발행주식 기준	유지청구권 대표소송 제기권 주주총회 소집 청구권 이사·감사 해임 청구권 회계장부 열람권 업무검사권	유지청구권 대표소송 제기권 업무검사권 이사·감사 해임 청구권 회계장부 열람권

13) 상법과 관계

자본시장법은 투자회사의 경우 상법상 주식회사가 법원과 검사가 담당할 부분에 대하여는 법원과 검사 대신 금융위원회가 당해 업무를 담당하도록 규정하고 있다. 이는 금융시장의

거래안전과 투자자보호를 전문기관이 담당하도록 하여 법적용상의 효율성을 제고하기 위한 것으로 이해된다.

자본시장법은 투자회사에 상법을 적용함에 있어서 특례를 인정하고 있다. 투자회사에 상법을 적용함에 있어서 청산인이 변제기 미도달 회사채무를 변제하는 경우 조건부채권, 존속기간이 불확정한 채권 기타 가액이 불확정한 채권에 대하여는 법원이 선임한 감정인의 평가에 의하여 변제하여야 한다는 상법 제259조 제4항, 정관으로 변태설립사항을 정한 때에는 이사는 이에 관한 조사를 하게 하기 위하여 검사인의 선임을 법원에 청구하여야 하지만 현물출자 등의 증명이 있는 경우에는 예외를 인정하는 상법 제298조 제4항, 검사인의 조사·보고에 관한 규정 상법 제299조, 현물출자 등의 증명에 관한 상법 제299조의2, 법원의 변경처분에 관한 상법 제300조, 검사인의 손해배상책임에 관한 상법 제325조, 현물출자검사에 관한 상법 제422조, 회사의 업무, 재산상태의 검사에 관한 상법 제467조 제1항부터 제3항까지, 채권신고기간 내의 변제에 관한 상법 제536조, 청산인의 해임에 관한 상법 제539조 및 서류의 보존에 관한 상법 제541조 중 '법원'은 각각 '금융위원회'로, 해산명령에 관한 제176조 중 '검사'는 각각 '금융위원회'로 본다(법 제206조 제1항).

그러나 이러한 투자회사에 관하여 상법상의 규정 중 상당부분은 적용을 배제하고 있다. 즉, 회사의 상호에 관한 상법 제19조, 회사 등기기간의 기산점에 관한 제177조, 주식회사 발기인에 관한 제288조, 주식회사 정관의 효력발생에 관한 제292조, 주식회사 이사·감사의 조사·보고와 검사인의 선임청구에 관한 제298조 제1항부터 제3항까지, 주식회사 모집설립의 경우의 주식모집에 관한 상법 제301조, 주식인수의 청약, 주식청약서의 기재사항에 관한 상법 제302조, 주식인수인의 의무에 관한 상법 제303조, 주식인수인 등에 대한 통지, 최고에 관한 상법 제304조, 주식에 대한 납입에 관한 상법 제305조, 납입금의 보관자 등의 변경에 관한 상법 제306조, 주식인수인의 실권절차에 관한 상법 제307조, 주식회사 창립총회에 관한 상법 제308조, 주식회사 창립총회의 결의에 관한 상법 제309조, 주식회사 변태설립의 경우의 조사에 관한 상법 제310조, 발기인의 보고에 관한 상법 제311조, 주식회사 창립총회에서 임원의 선임에 관한 상법 제312조, 주식회사 창립총회에서 이사, 감사의 조사, 보고에 관한 상법 제313조, 주식 액면미달발행의 제한에 관한 상법 제330조, 주식의 양도성에 관한 상법 제335조 제1항 단서, 주식양도승인의 청구에 관한 상법 제335조의2, 주식양도상대방의 지정청구에 관한 상법 제335조의3, 주식양도 상대방으로 지정된 자의 매도청구권에 관한 상법 제335조의4, 매도가액의 결정에 관한 상법 제335조의5, 주식의 매수청구에 관한 상법 제335조의6, 주식의 양수인에 의한 승인청구에 관한 상법 제335조의7, 자기주식의 취득에 관한 상법 제341조, 특정목적에 의한 자기주식의 취득에 관한 상법 제341조의2, 다른 회사의 주식취득에 관한 제341조의3, 자기주식의 처분에 관한 제342조,

자회사에 의한 모회사주식의 취득에 관한 제342조의2, 다른 회사의 주식취득에 관한 제342조의3, 주식의 소각에 관한 제343조, 종류주식에 관한 제344조, 이익배당, 잔여재산분배에 관한 종류주식에 관한 제344조의2, 의결권의 배제 · 제한에 관한 종류주식에 관한 제344조의3, 주식의 상환에 관한 종류주식에 관한 제345조, 주식의 전환에 관한 종류주식에 관한 제346조, 전환주식발행의 절차에 관한 제347조, 전환으로 인하여 발행하는 주식의 발행가액에 관한 제348조, 전환의 청구에 관한 제349조, 전환의 효력발생에 관한 제350조, 전환의 등기에 관한 제351조, 총회의 소집에 관한 제365조, 영업양도 등에 대한 반대주주의 주식매수청구권에 관한 제374조의2, 이사의 원수 및 임기에 관한 제383조, 대표이사에 관한 제389조 제1항, 이사의 경업금지에 관한 제397조, 집행임원 설치회사 및 집행임원과 회사의 관계에 관한 제408조의2, 집행임원의 임기에 관한 제408조의3, 집행임원의 권한에 관한 제408조의4, 대표집행임원에 관한 제408조의5, 집행임원의 이사회에 대한 보고에 관한 제408조의6, 집행임원의 이사회 소집 청구에 관한 제408조의7, 집행임원의 책임에 관한 제408조의8, 집행임원에 대한 준용규정에 관한 제408조의9, 감사의 선임에 관한 제409조, 감사의 해임에 관한 의견진술의 권리에 관한 제409조의2, 감사의 임기에 관한 제410조, 감사의 겸임금지에 관한 제411조, 감사의 직무와 보고요구 및 조사의 권한에 관한 제412조, 이사의 보고의무에 관한 제412조의2, 감사의 총회 소집청구에 관한 제412조의3, 감사의 이사회 소집 청구에 관한 제412조의4, 모회사 감사의 자회사의 조사권에 관한 제412조의5, 감사의 조사 · 보고의 의무에 관한 제413조, 감사록의 작성에 관한 제413조의2, 감사의 책임에 관한 제414조, 감사에 대한 준용규정에 관한 제415조, 감사위원회에 관한 제415조의2, 액면미달의 발행에 관한 제417조, 신주인수권의 내용 및 배정일의 지정 · 공고에 관한 제418조, 신주인수권자에 대한 최고에 관한 제419조, 주식청약서에 관한 제420조, 신주인수권증서의 발행에 관한 제420조의2, 신주인수권의 양도에 관한 제420조의3, 신주인수권의 전자등록에 관한 제420조의4, 신주인수권증서에 의한 청약에 관한 제420조의5, 자본금 감소의 결의에 관한 제438조, 자본금 감소의 방법 및 절차에 관한 제439조, 재무제표 등의 승인 · 공고에 관한 제449조, 재무제표 등의 승인에 대한 특칙에 관한 제449조의2, 이사 및 감사의 책임해제에 관한 제450조, 이익준비금에 관한 제458조, 자본준비금에 관한 제459조, 법정준비금의 사용에 관한 제460조, 준비금의 자본금 전입에 관한 제461조, 준비금의 감소에 관한 제461조의2 및 주식회사의 유한회사에의 조직변경에 관한 제604조는 투자회사에 적용하지 않는다(법 제206조 제2항).

2. 투자유한회사

1) 투자유한회사의 설립 등

자본시장법은 회사 형태의 집합투자기구와 관련하여 상법상의 유한회사와 유사한 회사형태로 설립되는 투자유한회사에 관한 특례규정을 두고 있다. 이러한 유한투자회사는 투자회사와 동일하게 집합투자업자만이 설립할 수 있다.

상법상 유한회사의 정관에 절대적 기재할 사항으로는 ① 목적, ② 상호, ③ 사원의 성명·주민등록번호 및 주소, ④ 자본금의 총액, ⑤ 출자1좌의 금액, ⑥ 각 사원의 출자좌수, ⑦ 본점의 소재지 등을 법정하고 있으며(상법 제543조 제2항), 정관은 공증인의 인증을 받음으로써 효력이 발생한다고 규정하고 있다.

그러나 투자유한회사의 경우에는 정관에 '자본금의 총액', '출자1좌의 금액', '각 사원의 출자좌수'를 기재할 것을 요구하고 있지 않다. 반면에 추가로 '투자유한회사재산의 운용 및 관리에 관한 사항', '이익분배 및 환매에 관한 사항', '공시 및 보고서에 관한 사항', '그 밖에 사원을 보호하기 위하여 필요한 사항'을 정관에 절대적으로 기재할 것을 요구하고 있다.

즉, 집합투자업자는 투자유한회사를 설립하는 경우 ① 목적, ② 상호, ③ 법인이사의 상호·사업자등록번호, ④ 회사의 소재지, ⑤ 투자유한회사재산의 운용 및 관리에 관한 사항, ⑥ 이익분배 및 환매에 관한 사항, ⑦ 공시 및 보고서에 관한 사항, ⑧ 그 밖에 사원을 보호하기 위하여 필요한 사항으로서 대통령령으로 정하는 사항을 기재한 정관을 작성하여 기명날인 또는 서명하여야 한다(법 제207조).

그리고 집합투자업자는 정관을 작성한 후 투자유한회사 설립시에 출자금을 금전으로 납입하여야 하며(법 제207조), 집합투자업자는 ① 목적, ② 상호, ③ 법인이사의 상호·사업자등록번호, ④ 회사의 소재지, ⑤ 정관으로 투자유한회사의 존속기간 또는 해산사유를 정한 경우 그 내용을 출자금액이 납입된 날부터 2주 이내에 대통령령으로 정하는 서류를 첨부하여 설립등기를 하여야 한다(법 제207조 제3항).

이때 투자유한회사 사원의 출자의 목적은 금전에 한하며, 투자유한회사는 금융위원회에 집합투자기구 등록 전에는 집합투자업자 외의 자를 사원으로 가입시키는 것을 금지시키고 있다(법 제207조 제1항).

2) 지분증권

자본시장법은 투자유한회사의 사원의 지위를 표창하는 증권인 지분증권에 관한 특례규정을 두고 있다. 상법상 유한회사의 경우 사원의 지분에 관하여 지시식 또는 무기명식의 증권을 발행하지 못하도록 규정함으로써(상법 제555조), 유가증권이 아닌 증거증권으로서의 효력만 인정하고 있다.

그러나 투자유한회사의 경우에는 지분증권에 관하여 투자회사의 주식에 관한 규정을 준용하도록 함으로써 유가증권성을 부여하고 있다. 이에 따르면 투자유한회사의 사원은 출자금액의 반환 및 이익의 분배 등에 관하여 지분증권의 수에 따라 균등한 권리를 가진다(법 제208조 제1항). 그리고 투자유한회사의 지분증권에는 ① 회사의 상호, ② 회사의 성립연월일, ③ 지분증권의 발행일, ④ 사원의 성명 또는 법인의 상호, ⑤ 그 밖에 투자유한회사 사원의 보호에 필요한 사항으로서 대통령령으로 정하는 사항을 기재하고, 법인이사가 기명날인 또는 서명하여야 한다(법 제208조 제2항).

그리고 투자회사의 주식에 관한 규정은 투자유한회사의 지분증권에 관하여 준용한다. 즉, 투자유한회사는 지분증권을 무액면 기명식으로 발행하여야 하며, 회사 성립일 또는 새 지분증권대금의 납입기일에 지체 없이 지분증권을 발행하여야 한다(법 제196조). 이때 예탁자 또는 그 투자자가 증권 등을 인수 또는 청약하거나, 그 밖의 사유로 새로 증권 등의 발행을 청구하는 경우에 그 증권 등의 발행인은 예탁자 또는 그 투자자의 신청에 의하여 이들을 갈음하여 예탁결제원을 명의인으로 하여 그 증권 등을 발행 또는 등록할 수 있다(법 제309조 제5항).

그리고 투자유한회사가 그 성립 후에 신지분증권를 발행하는 경우 신지분증권의 수, 발행가액 및 납입기일은 법인이사가 결정하여야 하지만, 예외적으로 정관에서 달리 정하고 있는 경우에는 그에 따른다(법 제208조 제3항, 제196조 제3항).

사원의 청구가 있는 경우 그 사원의 지분증권을 매수할 수 있는 개방형투자유한회사가 그 성립 후에 신지분증권을 발행하는 경우 법인이사는 ① 새 지분증권의 발행기간, ② 새 지분증권의 발행기간 이내에 발행하는 새 지분증권수의 상한, ③ 새 지분증권의 발행기간 동안 매일의 발행가액 및 지분증권 대금납입기일을 정하는 방법을 결정할 수 있다. 이 경우 개방형 투자유한회사는 새 지분증권의 발행기간 동안 매일의 발행가액 및 지분증권 대금납입기일을 정하는 방법에 따라 확정된 매일의 발행가액을 그 투자유한회사의 지분증권을 판매하는 투자매매업자 또는 투자중개업자의 지점, 그 밖의 영업소에 게시하고, 인터넷 홈페이지 등을 이용하여 공시하여야 한다(법 제208조 제3항, 제196조 제4항).

그리고 투자유한회사는 그 성립 후에 새 지분증권을 발행하는 경우 같은 날에 발행하는 새 지분증권의 발행가액, 그 밖의 발행조건은 균등하게 정하여야 한다. 이 경우 새 지분증권의 발행가액은 그 투자유한회사가 소유하는 자산의 순자산액에 기초하여 기준가격의 계산방법에 따라 산정한다(법 제208조 제3항, 제196조 제5항).

이와 관련하여 자본시장법은 지분증권을 인수한 발기인은 지체 없이 지분증권의 인수가액을 금전으로 납입할 것을 요구하고 있는데, 투자유한회사가 새 지분증권을 발행하는 경우 발기인의 납입의무에 관한 규정은 지분증권인수인에게 준용한다(법 제208조 제3항, 제196조 제6항).

그리고 지분증권인수인은 투자유한회사가 그 성립 후에 새 지분증권을 발행하는 경우 지분증권 대금의 납입과 동시에 사원의 권리·의무를 가진다(법 제208조 제3항, 제196조 제7항).

3) 법인이사

현행법상 법인이 기관이 되는 것은 원칙적으로 허용하고 있지 않지만, 예외적으로 자본시장법상 집합투자업자에 한하여 투자회사의 이사가 될 수 있도록 허용하고 있다.

그리고 법인인 이사는 그 대리인을 선임할 수 있으며, 투자유한회사의 대표사원은 법인이사의 대리인에 불과하다.

자본시장법은 투자유한회사의 법인이사에 관한 별도의 규정을 두고 있는데, 이에 따르면 투자유한회사에는 집합투자업자인 법인이사 1인을 두며(법 제209조 제1항), 투자회사의 법인이사에 관한 규정 중 ① 법인이사는 투자회사를 대표하고 투자회사의 업무를 집행한다(법 제198조 제1항), ② 법인이사는 법인이사의 직무를 정하여 그 직무를 수행할 자를 그 임직원 중에서 선임할 수 있다. 이 경우 집합투자업자는 이를 투자회사에 서면으로 통보하여야 한다(법 제198조 제4항), ③투자회사에 통보된 자가 그 직무 범위에서 행한 행위는 법인이사의 행위로 본다(법 제198조 제5항)는 규정은 투자유한회사의 법인이사에게 준용한다.

이에 따르면 법인이사는 법인이사의 직무를 정하여 그 직무를 수행할 자를 그 임직원 중에서 선임할 수 있으며 이 경우 집합투자업자는 이를 투자유한회사에 서면으로 통보하여야 한다.

그리고 법인이사가 그의 직무를 정하여 그 직무를 수행할 자를 그 임직원 중에서 선임한 후 이를 투자유한회사에 서면으로 통보한 경우 투자유한회사에 통보된 자가 그 직무 범위에서 행한 행위는 법인이사의 행위로 본다(법 제209조 제2항).

4) 사원총회

자본시장법은 집합투자기구인 투자유한회사에 대하여 상법상의 유한회사의 사원총회에 관한 특칙을 두고 있다. 상법상으로 사원총회는 이사가 소집하는 것을 원칙으로 정하고 있는데(상법 제571조 제1항), 자본시장법상으로는 법인이사가 소집하도록 규정하고 있다. 그 밖에도 의결정족수의 산정과 관련하여서도 차이가 있는데, 이에 따르면 상법상 유한회사 사원총회의 결의는 정관 또는 본법에 다른 규정이 있는 경우 외에는 총사원의 의결권의 과반수를 가지는 사원이 출석하고 그 의결권의 과반수로써 할 것을 요구하고 있다(상법 제574조).

그러나 투자유한회사의 경우에는 투자유한회사의 사원총회는 출석한 사원의 의결권의 과반수와 발행된 지분증권 총수의 4분의 1 이상의 수로 결의하도록 규정하고 있다. 그러나 사원총회의 결의사항 외에 정관으로 정한 사원총회의 결의사항에 대하여는 출석한 사원의 의결권의 과반수와 발행된 지분증권총수의 5분의 1 이상의 수로 결의할 수 있도록 예외를 인정하고 있다(법 제210조 제2항).

그리고 투자신탁의 수익자총회에 관한 규정들을 투자유한회사에 대하여도 많은 부분을 준용하도록 규정하고 있다.

우선, 투자신탁의 수익자총회에 관한 규정 중 일부를 투자유한회사의 사원총회에 관하여 준용하도록 규정하고 있다. 즉, 투자유한회사에는 전체 사원으로 구성되는 사원총회를 두며, 사원총회는 이 법 또는 정관에서 정한 사항에 대하여만 결의할 수 있다(법 제190조 제1항). 그리고 투자유한회사의 법인이사는 투자유한회사재산을 보관·관리하는 신탁업자 또는 발행된 지분증권의 총수의 5% 이상을 소유한 사원이 사원총회의 목적과 소집의 이유를 기재한 서면을 제출하여 사원총회의 소집을 그 투자유한회사의 법인이사에 요청하는 경우 1개월 이내에 사원총회를 소집하여야 한다. 이 경우 투자유한회사의 법인이사가 정당한 사유 없이 사원총회를 소집하기 위한 절차를 거치지 아니하는 경우에는 그 신탁업자 또는 발행된 지분증권총수의 5 % 이상을 소유한 사원은 금융위원회의 승인을 받아 사원총회를 개최할 수 있다(법 제210조 제3항).

또한 사원은 사원총회에 출석하지 아니하고 서면에 의하여 의결권을 행사할 수 있다. 그러나 ① 사원에게 대통령령으로 정하는 방법에 따라 의결권 행사에 관한 통지가 있었으나 의결권이 행사되지 아니하였을 것, ② 간주의결권행사의 방법이 집합투자규약에 기재되어 있을 것, ③ 사원총회에서 의결권을 행사한 지분증권의 총수가 발행된 지분증권의 총수의 10분의 1 이상일 것, ④ 그 밖에 사원을 보호하기 위하여 대통령령으로 정하는 방법 및 절차를 따를 것 등 모든 요건을 모두 충족하는 경우에는 사원총회에 출석한 사원이 소유한 지분증권의 총수의 결의내용에 영향을 미치지 아니하도록 간주의결권을 행사한 것으로 본다(법 제190조 제6항).

그리고 투자유한회사의 법인이사는 사원총회의 결의가 이루어지지 아니한 경우 그 날부터 2주 이내에 연기사원총회를 소집하여야 한다(법 제190조 제7항). 그리고 연기사원총회의 결의에 관한 사원총회는 출석한 사원의 의결권의 과반수와 발행된 지분증권 총수의 4분의 1 이상의 수로 결의한다. 다만, 이 법에서 정한 사원총회의 결의사항 외에 정관으로 정한 사원총회의 결의사항에 대하여는 출석한 사원의 의결권의 과반수와 발행된 지분증권의 총수의 5분의 1 이상의 수로 결의할 수 있다. 그리고 사원은 사원총회에 출석하지 아니하고 서면에 의하여 의결권을 행사할 수 있다. 다만, ① 사원에게 대통령령으로 정하는 방법에 따라 의결권 행사에 관한 통지가 있었으나 의결권이 행사되지 아니하였을 것, ② 간주의결권행사의 방법이 집합투자규약에 기재되어 있을 것, ③ 사원총회에서 의결권을 행사한 지분증권의 총수가 발행된 지분증권의 총수의 10분의 1 이상일 것, ④ 그 밖에 사원을 보호하기 위하여 대통령령으로 정하는 방법 및 절차를 따를 것 등 모든 요건을 모두 충족하는 경우에는 사원총회에 출석한 사원이 소유한 지분증권의 총수의 결의내용에 영향을 미치지 아니하도록 의결권을 행사(간주의결권)한 것으로 본다.

그리고 사원총회 및 연기사원총회의 소집 방법, 서면에 의한 의결권 행사 방법, 그 밖에 사원총회에 관하여 필요한 사항은 대통령령으로 정한다(법 제190조 제9항).

또한 총회 소집지, 사원총회의 질서유지, 검사인의 선임, 사원총회의 결의방법과 의결권의 행사, 전자적 방법에 의한 의결권의 행사, 주식회사 의결권, 총회 정족수 및 의결권수의 계산, 주주총회의 연기 및 속행의 결의, 주주총회의 의사록, 주총결의취소의 소, 결의취소제소주주의 담보제공의무 및 결의취소의 소에 대한 법원의 재량에 의한 청구기각, 주총결의무효 및 부존재확인의 소, 주주총회 부당결의의 취소, 변경의 소에 관한 상법규정은 사원총회에 관하여 준용한다(법 제210조 제3항).

5) 준용규정

(1) 정관변경

자본시장법은 투자회사에 관한 규정들 중 정관변경, 해산, 청산, 합병 등에 관한 규정들을 투자유한회사에 준용하도록 규정하고 있다.

우선, 투자회사의 정관변경에 관한 제195조의 규정을 투자유한회사의 정관변경의 경우에도 적용하도록 준용규정을 두고 있다. 즉, 자본시장법은 투자유한회사의 정관변경에 관한 기본원칙을 정해 놓고 있다. 즉, 투자유한회사는 법인이사가 정관을 변경할 수 있다. 그러나 예외적으로 정관의 내용 중 ① 집합투자업자 · 신탁업자 등이 받는 보수, 그 밖의 수수료의 인상, ② 집합투자업자 또는 신탁업자의 변경, ③ 정관으로 투자유한회사의 존속기간 또는 해산사유를 정한 경우 존속기간 또는 해산사유의 변경, ④ 그 밖에 사원의 이익과 관련된 중요한 사항으로서 대통령령으로 정하는 사항 중 어느 하나에 해당하는 사항을 변경하고자 하는 경우에는 사원총회의 보통결의를 거쳐야 한다.

그러나 투자유한회사는 합병 · 분할 · 분할합병, 그 밖에 대통령령으로 정하는 사유로 집합투자업자 또는 신탁업자가 변경된 경우에는 사원총회의 결의로 정관을 변경할 수 있다.

그리고 투자유한회사는 정관을 변경한 경우에는 인터넷 홈페이지 등을 이용하여 공시하여야 하며, 사원총회결의로 정관을 변경한 경우에는 공시 외에 이를 사원에게 통지하여야 한다(법 제211조 제1항).

(2) 해산

투자유한회사의 해산과 관련하여서는 자본시장법 제202조(제3항 및 제4항은 제외)를 준용한다. 이에 따르면 투자유한회사는 ① 정관에서 정한 존속기간의 만료, 그 밖의 해산사유의 발생, ② 사원총회의 해산 결의, ③ 투자유한회사의 피흡수합병, ④ 투자유한회사의 파산, ⑤ 법원의 명령 또는 판결, ⑥ 투자유한회사 등록의 취소, ⑦ 사원(법인이사인 사원은 제외)의 총수가 1인이 되는 경우(다만, 건전한 거래질서를 해할 우려가 없는 경우로서 대통령령으로 정하는 경우는 제외) 중 어느 하나에 해당하는 사유로 해산한다. 이 경우 청산인은 해산일부터 30일 이내에 해산의 사유 및 연월일, 청산인 및 청산감독인의 성명 · 주민등록번호(청산인이 법인이사인 경우에는 상호 · 사업자등록번호)를 금융위원회에 보고하여야 한다(법 제202조 제1항).

그리고 투자유한회사는 해산한 경우 법인이사가 청산인이 되는 때에는 해산 일부터 2주 이내에, 청산인이 선임된 때에는 그 선임 일부터 2주 이내에 대통령령으로 정하는 서류를 첨부하여 ① 청산인의 성명 · 주민등록번호(청산인이 법인이사인 경우에는 상호 · 사업자등록번호), ② 청산인 중에서 대표청산인을 정하도록 하거나 2인 이상의 청산인이 공동으로 투자유한회사를 대표할 것을 정한 경우에는 그 내용 등의 사항을 등기하여야 한다(법 제202조 제2항).

그리고 투자유한회사가 ① 정관에서 정한 존속기간의 만료, 그 밖의 해산사유의 발생, ② 사원총회의 해산 결의, ③ 사원(법인이사인 사원은 제외)의 총수가 1인이 되는 경우의 사유로 해산한 때에는 정관 또는 사원총회에서 달리 정한 경우 외에는 법인이사 및 감독이사가 각각 청산인 및 청산감독인이 된다(법 제202조 제5항).

그리고 투자유한회사가 ① 법원의 명령 또는 판결의 사유로 해산한 경우, ② 청산인 또는 청산감독인이 없는 경우, ③ 설립무효의 판결 또는 설립취소의 판결에 따라 청산하는 경우 중 어느 하나에 해당하는 경우에는 금융위원회가 이해관계인의 청구에 의하여 청산인 및 청산감독인을 선임한다(법 제202조 제6항).

또한 투자유한회사가 투자유한회사 등록의 취소의 사유로 해산한 경우에는 금융위원회가 직권으로 청산인 및 청산감독인을 선임한다(법 제202조 제7항).

금융위원회는 청산인 또는 청산감독인이 업무를 집행함에 있어서 현저하게 부적합하거나 중대한 법령 위반사항이 있는 경우에는 직권으로 또는 이해관계인의 청구에 의하여 이들을 해임할 수 있다. 이 경우 금융위원회는 직권으로 새로운 청산인 또는 청산감독인을 선임할 수 있다(법 제202조 제8항).

그리고 금융위원회는 ① 투자유한회사 등록의 취소의 사유로 투자유한회사가 해산한 경우, ② 금융위원회가 직권으로 청산인 또는 청산감독인을 해임한 경우 중 어느 하나에 해당하는 경우에는 등기원인을 증명하는 서면을 첨부하여 투자유한회사의 소재지를 관할하는 등기소에 해당 등기를 촉탁하여야 한다(법 제202조 제9항).

(3) 청산

투자유한회사의 청산과 관련하여서는 제203조(제2항은 제외)을 준용한다. 이에 따르면 청산인은 취임 후 지체 없이 투자유한회사의 재산상황을 조사하여 청산인으로 취임한 날부터 15일 이내에 재산목록과 대차대조표를 작성하여 이를 청산인회에 제출하여 승인을 받아야 하며, 그 등본을 지체 없이 금융위원회에 제출하여야 한다(법 제203조 제1항).

그리고 청산인은 취임한 날부터 1개월 이내에 투자유한회사의 채권자에 대하여 일정 기간 이내에 그 채권을 신고할 것과 그 기간 이내에 신고하지 아니하면 청산에서 제외된다는 뜻을 2회 이상 공고함으로써 최고하여야 한다. 이 경우 그 신고기간은 1개월 이상으로 하여야 한다(법 제203조 제3항).

그리고 청산인은 자금차입 · 채무보증 또는 담보제공이 제한되는 투자유한회사의 경우 1개월 이내의 채권신고기간과 2회 이상 공고 등의 규정에도 불구하고 대통령령으로 정하는 방법에 따라 채권자에 대한 최고절차를 생략할 수 있다. 그러나 장내파생상품 매매에 따른 계약이행책임이 있는 경우 등 대통령령으로 정하는 경우에는 그 절차를 생략하여서는 아니 된다(법 제203조 제4항).

청산인은 청산사무가 종결된 경우에는 지체 없이 결산보고서를 작성하여 사원총회의 승인을 받아야 한다. 이 경우 그 결산보고서를 공고하고, 이를 금융위원회 및 협회에 제출하여야 한다(법 제203조 제5항).

그리고 청산인은 법인이사가 각각 청산인이 되는 경우에는 정관 또는 사원총회가 정하는 바에 따라, 그리고 금융위원회가 이해관계인의 청구에 의하여 청산인을 선임하는 경우 및 투자유한회사 등록취소의 사유로 해산하여 금융위원회가 직권으로 청산인을 선임한 경우에는 금융위원회가 정하는 바에 따라 투자유한회사로부터 보수를 지급받을 수 있다(법 제203조 제6항).

청산인은 승인을 얻은 재산목록과 대차대조표를 청산종결시까지 투자유한회사에 비치하여야 하며, 이를 집합투자업자 및 투자매매업자 · 투자중개업자에게 송부하여 그 영업소에 비치하도록 하여야 한다(법 제203조 제7항).

(4) 합병

투자유한회사의 합병에 대하여는 투자회사의 합병에 관한 규정 제204조의 규정을 준용하도록 규정하고 있다. 이에 따르면 투자유한회사는 그 투자유한회사와 법인이사가 같은 다른 투자유한회사를 흡수하는 방법으로 합병하는 경우가 아니면 다른 회사와 합병할 수 없도록 금지시키고 있다(법 제204조 제1항). 그리고 투자유한회사가 투자유한회사와 법인이사가 같은 다른 투자유한회사를 흡수합병하고자 하는 경우에는 출석한 사원의 의결권의 과반수와 발행주식총수의 5분의 1 이상의 찬성에 의한 결의를 거쳐야 한다. 그러나 건전한 거래질서를 해할 우려가 적은 소규모 투자유한회사의 합병 등 대통령령으로 정하는 경우는 제외한다(법 제204조 제2항).

그리고 투자유한회사의 합병에 대하여는 투자신탁의 합병에 관한 규정 중 일부를 준용하도록 하고 있는데, 이에 따르면 투자유한회사를 설립한 집합투자업자는 수익자총회일의 2주 전부터 합병 후 6개월이 경과하는 날까지 ① 합병하는 각 투자유한회사의 최종의 결산서류, ② 합병으로 인하여 소멸하는 투자유한회사의 주주에게 발행하는 주식의 배정에 관한 사항 및 그 이유를 기재한 서면, ③ 합병계획서를 본점 및 투자매매업자 또는 투자중개업자의 영업소에 비치하여야 한다. 이 경우 그 투자유한회사의 사원 및 채권자는 영업시간 중 언제든지 그 서류를 열람할 수 있으며, 그 서류의 등본 또는 초본의 교부를 청구할 수 있다(법 제193조 제4항 참조).

그리고 투자유한회사를 설립한 집합투자업자는 투자유한회사를 합병한 경우에는 그 사실을 지체 없이 금융위원회에 보고하여야 한다. 이 경우 합병되는 투자유한회사의 지분증권이 증권시장에 상장되어 있는 때에는 거래소에도 보고하여야 한다(법 제193조 제5항 참조). 지분증권의 합병가액 산정방식, 사원총회 승인사항의 사원 통지, 그 밖에 투자유한회사의 합병에 관하여 필요한 사항은 대통령령으로 정한다(법 제211조 제2항).

6) 상법과 관계

자본시장법상의 투자유한회사의 경우 상법상 유한회사에 관한 규정 중 일부를 준용하도록 하고, 준용하는 경우 직접 준용하는 경우도 있고, 일부 내용의 변경하여 준용하는 경우도 있다. 특히, 자본시장법이 규제법의 성격을 갖고 있는 점을 감안하여 상법상 법원의 역할을 금융위원회가 대신하도록 하는 규정도 있다.

그리고 투자유한회사에 「상법」을 적용함에 있어서 유한회사의 업무, 재산상태의 검사에 관한 상법 제582조, 준용규정을 열거하고 있는 상법 제613조 제1항(제259조 제4항, 제536조 제2항 및 제541조 제2항을 준용하는 경우에 한한다) 및 같은 조 제2항(유한회사 청산인의 해임에 관한 제539조를 준용하는 경우에 한한다) 중 '법원'은 각각 '금융위원회'로 본다(법 제212조 제1항).

즉, 유한회사의 해산등기, 유한회사의 청산 중의 회사, 법원선임에 의한 청산인, 청산인의 등기, 청산인의 직무권한, 청산인의 회사대표, 채무의 변제, 잔여재산의 분배, 청산종결의 등기, 유한회사 해산판결, 청산인의 결정, 청산인의 신고, 회사재산조사보고의무, 대차대조표 · 사무보고서 · 부속명세서의 제출 · 감사 · 공시 · 승인, 회사채권자에의 최고, 채권신고기간 내의 변제, 제외된 채권자에 대한 변제, 청산의 종결, 서류의 보존에 관한 상법규정은 유한회사에 준용한다.

그리고 대표사원의 권한, 손해배상책임, 소수주주에 의한 소집청구, 검사인의 선임, 총회의 의사록, 결의취소의 소, 제소주주의 담보제공의무, 이사의 선임·회사와의 관계 및 사외이사, 이사의 결원, 이사의 보수, 이사의 회사에 대한 책임, 이사의 유지청구권, 이사의 직무집행정지, 직무대행자선임, 직무대행자의 권한, 겸임금지, 감사의 조사·보고의 의무, 감사의 책임, 이사, 감사의 책임해제, 주주의 회계장부열람권, 청산인의 해임, 회사대표, 이사와 회사간의 소에 관한 대표, 업무집행의 결정, 이사와 회사간의 거래, 사원의 대표소송, 서류의 비치 및 열람, 사원총회의 소집, 소수사원에 의한 총회소집청구, 사원의 회계장부열람권에 관한 상법규정은 유한회사의 청산인에 준용한다(상법 제613조 제2항).

그러나 유한회사 정관의 작성과 관련한 절대적 기재사항, 출자 1좌의 금액의 제한, 자기주식의 질취, 자기주식의 처분 및 주식의 소각, 유한회사의 감사, 감사의 권한, 준용규정, 사원의 의결권, 재무제표 등의 승인·공고, 이사 및 감사의 책임해제, 이익준비금, 자본준비금, 법정준비금의 사용, 정관변경의 방법, 정관변경의 특별결의, 자본금 증가의 결의, 자본금 증가의 경우의 출자인수권의 부여, 유한회사 사원의 출자인수권, 출자인수의 방법, 출자인수인의 지위, 자본금 증가의 등기, 자본금 증가의 효력발생, 자본금감소의 경우 자본금감소의 방법 및 절차 및 유한회사의 주식회사로의 조직변경에 관한 상법규정은 투자유한회사에는 적용하지 아니한다(법 제212조 제2항).

3. 투자합자회사

1) 투자합자회사 설립

자본시장법은 집합투자기구 중 합자회사 형태를 취하고 있는 투자합자회사에 관한 특칙을 두고 있다. 합자회사는 무한책임사원과 유한책임사원이 공존하는 회사형태인데, 자본시장법에 따르면 집합투자업자는 투자합자회사를 설립하는 경우 ① 목적, ② 상호, ③ 업무집행사원의 상호·사업자등록번호, ④ 회사의 소재지, ⑤ 투자합자회사재산의 운용 및 관리에 관한 사항, ⑥ 이익분배 및 환매에 관한 사항, ⑦ 공시 및 보고서에 관한 사항, ⑧ 그 밖에 사원을 보호하기 위하여 필요한 사항으로서 대통령령으로 정하는 사항을 기재한 정관을 작성하여 무한책임사원 1인과 유한책임사원 1인이 기명날인 또는 서명하여야 한다(법 제213조 제1항).

이때 집합투자업자는 정관을 작성한 후 투자합자회사 설립 시에 출자금을 금전으로 납입하여야 하며(법 제213조 제2항), 집합투자업자는 ① 목적, ② 상호, ③ 업무집행사원의 상호·사업자등록번호, ④ 회사의 소재지, ⑤ 정관으로 투자합자회사의 존속기간 또는 해산사유를 정한 경우 그 내용 등의 사항을 출자금액이 납입된 날부터 2주 이내에 대통령령으로 정하는 서류를 첨부하여 설립등기를 하여야 한다(법 제213조 제3항).

그리고 투자합자회사 사원의 출자의 목적은 금전에 한하며(법 제213조 제4항), 투자합자회사는 등록하기 전에는 사원 외의 자를 사원으로 가입시킬 수 없도록 금지시키고 있다(법 제213조 제5항).

2) 업무집행사원

자본시장법은 투자합자회사의 업무집행사원에 관하여 규정을 두고 있다. 상법상 합자회사의 업무집행사원은 무한책임사원이 되는 것이 원칙이지만, 투자합자회사의 경우에는 집합투자업자가 무한책임을 진다는 점을 감안하여 집합투자업자가 업무집행사원일 것을 요구하고 있다.

따라서 투자합자회사는 업무집행사원 1인 외의 무한책임사원을 둘 수 없으며, 이 경우 업무집행사원은 집합투자업자이어야 한다(법 제214조).

그리고 투자합자회사의 업무집행사원에 대하여는 투자회사의 법인이사에 관한 규정(법 제198조 제1항 · 제4항 및 제5항)을 준용하도록 하고 있다. 이에 따르면 업무집행사원은 투자합자회사를 대표하고 투자합자회사의 업무를 집행하며, 업무집행사원의 직무를 정하여 그 직무를 수행할 자를 그 임직원 중에서 선임할 수 있는데, 이 경우 집합투자업자는 이를 투자합자회사에 서면으로 통보하여야 한다.

그리고 업무집행사원이 업무집행사원의 직무를 정하여 그 직무를 수행할 자를 그 임직원 중에서 선임한 후 이를 투자합자회사에 서면으로 통보한 경우 투자합자회사에 통보된 자가 그 직무 범위에서 행한 행위는 업무집행사원의 행위로 본다(법 제198조).

3) 사원총회

자본시장법은 집합투자기구인 투자합자회사의 사원총회에 관하여 상법상 합자회사의 사원총회에 관한 특칙을 두고 있다.

자본시장법은 투자합자회사의 경우 사원총회의 운영에 관하여 기본원칙을 정하고 있다. 즉, 투자합자회사에 사원 전원으로 구성되는 사원총회를 두며, 사원총회는 이 법 또는 정관에서 정한 사항에 대하여만 결의할 수 있다(법 제215조).

그리고 투자합자회사의 사원총회는 업무집행사원이 소집하며, 투자합자회사의 사원총회는 출석한 사원의 의결권의 과반수와 발행된 지분증권 총수의 4분의 1 이상의 수로 결의한다. 다만, 이 법에서 정한 사원총회의 결의사항 외에 정관으로 정한 사원총회의 결의사항에 대하여는 출석한 사원의 의결권 과반수와 발행된 지분증권총수의 5분의 1 이상의 수로 결의할 수 있다.

그리고 투자합자회사에 자본시장법은 투자신탁의 수익자총회에 관한 규정을 투자합자회사의 사원총회에 관하여 준용하도록 규정하고 있다.

이에 따르면 투자합자회사의 업무집행사원은 투자합자회사재산을 보관·관리하는 신탁업자 또는 발행된 지분증권의 총수의 5% 이상을 소유한 사원이 사원총회의 목적과 소집의 이유를 기재한 서면을 제출하여 사원총회의 소집을 그 집합투자업자에 요청하는 경우 1개월 이내에 수익자총회를 소집하도록 규정하고 있다. 이 경우 투자합자회사의 업무집행사원이 정당한 사유 없이 사원총회를 소집하기 위한 절차를 거치지 아니하는 경우에는 그 신탁업자 또는 발행된 지분증권총수의 5% 이상을 소유한 사원은 금융위원회의 승인을 받아 사원총회를 개최할 수 있도록 규정하고 있다(법 제190조 제3항).

그리고 상법상 주주총회 소집통지에 관한 규정은 사원총회의 소집통지에 관하여 준용한다. 그리고 사원은 사원총회에 출석하지 아니하고 서면에 의하여 의결권을 행사할 수 있다. 그러나 ① 사원에게 대통령령으로 정하는 방법에 따라 의결권 행사에 관한 통지가 있었으나 의결권이 행사되지 아니하였을 것, ② 간주의결권행사의 방법이 집합투자규약에 기재되어 있을 것, ③ 사원총회에서 의결권을 행사한 지분증권의 총수가 발행된 지분증권의 총수의 10% 이상일 것, ④ 그 밖에 사원을 보호하기 위하여 대통령령으로 정하는 방법 및 절차를 따를 것이라는 요건을 모두 충족하는 경우에는 사원총회에 출석한 사원이 소유한 지분증권의 총수의 결의내용에 영향을 미치지 아니하도록 의결권을 행사(간주의결권행사)한 것으로 본다(법 제190조 제6항).

투자합자회사의 업무집행사원은 사원총회의 결의가 이루어지지 아니한 경우 그 날부터 2주 이내에 연기사원총회를 소집하여야 한다.

그리고 상법상 주주총회소집지(제364조), 총회 의장의 질서유지(제366조의2 제2항·제3항), 검사인의 선임에 관한 총회결의(제367조), 총회의 결의방법과 의결권의 행사(제368조 제3항·제4항), 전자적 방법에 의한 의결권의 행사(제368조의4), 주주의 의결권(제369조 제1항·제2항), 총회의 정족수, 의결권수의 계산(제371조) 및 총회의 연기, 속행의 결의(제372조)부터 총회의 의사록(제373조)까지, 주주총회 결의취소의 소(제376조), 주주총회 결의 취소의 소 제소주주의 담보제공의무(제377조) 및 법원의 재량에 의한 결의취소의 소의 청구기각(제379조), 주주총회 결의무효 및 부존재확인의 소(제380조), 주주총회 부당결의의 취소, 변경의 소(제381조)의 규정은 수익자총회에 관하여 준용한다.

4) 준용규정

(1) 정관변경

자본시장법은 투자합자회사의 경우 투자회사의 정관변경에 관한 규정과 투자유한회사의 지분증권, 투자회사의 해산(제202조, 단 제3항 및 제4항은 제외), 투자회사의 청산(제203조, 단 제2항 제외) 및 투자회사의 합병(제204조)에 관한 규정을 투자합자회사의 해산 · 청산 및 합병에 관하여 준용하도록 규정하고 있다.

자본시장법은 투자회사의 정관변경에 관한 규정(법 제195조)을 투자합자회사의 정관변경에 관하여 준용하도록 규정하고 있다. 즉, 투자합자회사는 업무집행사원이 정관을 변경할 수 있다. 그러나 예외적으로 정관의 내용 중 ① 집합투자업자 · 신탁업자 등이 받는 보수, 그 밖의 수수료의 인상, ② 집합투자업자 또는 신탁업자의 변경, ③ 정관으로 투자합자회사의 존속기간 또는 해산사유를 정한 경우 존속기간 또는 해산사유의 변경, ④ 그 밖에 사원의 이익과 관련된 중요한 사항으로서 대통령령으로 정하는 사항 중 어느 하나에 해당하는 사항을 변경하고자 하는 경우에는 사원총회의 보통결의를 거쳐야 한다(법 제195조 제1항, 제201조 제 2항 본문).

그러나 투자합자회사는 합병 · 분할 · 분할합병, 그 밖에 대통령령으로 정하는 사유로 집합투자업자 또는 신탁업자가 변경된 경우에는 사원총회 결의 없이 정관을 변경할 수 있다(법 제195조 제2항).

그리고 투자합자회사는 정관을 변경한 경우에는 인터넷 홈페이지 등을 이용하여 공시하여야 하며, 사원총회의 결의로 정관을 변경한 경우에는 공시 외에 이를 사원에게 통지하여야 한다(법 제216조 제1항).

(2) 지분증권

자본시장법은 투자유한회사의 지분증권에 관한 규정(법 제208조)를 투자합자회사의 지분증권에 관하여 준용하도록 규정하고 있다. 즉, 투자합자회사의 사원은 출자금액의 반환 및 이익의 분배 등에 관하여 지분증권의 수에 따라 균등한 권리를 가진다(법 제208조 제1항). 그리고 투자합자회사의 지분증권에는 ① 회사의 상호, ② 회사의 성립연월일, ③ 지분증권의 발행일, ④ 사원의 성명(법인인 경우에는 상호), ⑤ 그 밖에 투자합자회사 사원의 보호에 필요한 사항으로서 대통령령으로 정하는 사항을 기재하고, 업무집행사원이 기명날인 또는 서명하여야 한다(법 제216조 제2항).

(3) 해산

자본시장법은 투자회사의 해산(제202조, 단 제3항 및 제4항은 제외), 청산(제203조, 단 제2항 제외)

및 합병(제204조)에 관한 규정을 투자합자회사의 해산·청산 및 합병에 관하여 준용하도록 규정하고 있다(법 제216조 제3항).

따라서 투자합자회사는 ① 정관에서 정한 존속기간의 만료, 그 밖의 해산사유의 발생, ② 사원총회의 해산 결의, ③ 투자합자회사의 피흡수합병, ④ 투자합자회사의 파산, ⑤ 법원의 명령 또는 판결, ⑥ 투자합자회사 등록의 취소, ⑦ 사원(업무집행사원인 사원은 제외)의 총수가 1인이 되는 경우(다만, 건전한 거래질서를 해할 우려가 없는 경우로서 대통령령으로 정하는 경우는 제외) 중 어느 하나에 해당하는 사유로 해산한다. 이 경우 청산인은 해산일부터 30일 이내에 해산의 사유 및 연월일, 청산인 및 청산감독인의 성명·주민등록번호(청산인이 법인이사인 경우에는 상호·사업자등록번호)를 금융위원회에 보고하여야 한다.

그리고 투자합자회사는 해산한 경우 업무집행사원이 청산인이 되는 때에는 해산 일부터 2주 이내에, 청산인이 선임된 때에는 그 선임일부터 2주 이내에 대통령령으로 정하는 서류를 첨부하여 ① 청산인의 성명·주민등록번호(청산인이 업무집행사원인 경우에는 상호·사업자등록번호), ② 청산인 중에서 대표청산인을 정하도록 하거나 2인 이상의 청산인이 공동으로 투자합자회사를 대표할 것을 정한 경우에는 그 내용 등의 사항을 등기하여야 한다.

투자합자회사는 해산한 경우 업무집행임원이 청산인이 되는 때에는 해산일부터 2주 이내에, 청산인이 선임된 때에는 선임일부터 2주 이내에 대통령령으로 정하는 서류를 첨부하여 청산인의 성명 및 주민등록번호를 등기하여야 한다.

투자합자회사가 해산한 경우 투자합자회사의 피흡수합병이나 투자합자회사의 파산의 경우를 제외하고는 청산인으로 구성되는 청산인회를 두어야 하며, 투자합자회사가 ① 정관에서 정한 존속기간의 만료, 그 밖의 해산사유의 발생, ② 사원총회의 해산 결의, ③ 사원(업무집행사원인 사원은 제외)의 총수가 1인이 되는 경우의 사유로 해산한 때에는 정관 또는 사원총회에서 달리 정한 경우 외에는 업무집행사원이 청산인이 된다.

그리고 투자합자회사가 ① 법원의 명령 또는 판결의 사유로 해산한 경우, ② 청산인이 없는 경우, ③ 설립무효의 판결 또는 설립취소의 판결에 따라 청산하는 경우 중 어느 하나에 해당하는 경우에는 금융위원회가 이해관계인의 청구에 의하여 청산인을 선임한다.

또한 투자합자회사가 투자합자회사 등록의 취소의 사유로 해산한 경우에는 금융위원회가 직권으로 청산인을 선임한다.

금융위원회는 청산인이 업무를 집행함에 있어서 현저하게 부적합하거나 중대한 법령 위반사항이 있는 경우에는 직권으로 또는 이해관계인의 청구에 의하여 이들을 해임할 수 있다. 이 경우 금융위원회는 직권으로 새로운 청산인을 선임할 수 있다.

그리고 금융위원회는 ① 투자합자회사 등록의 취소의 사유로 투자합자회사가 해산한 경우, ② 금융위원회가 직권으로 청산인을 해임한 경우 중 어느 하나에 해당하는 경우에는 등기원인을 증명하는 서면을 첨부하여 투자합자회사의 소재지를 관할하는 등기소에 해당 등기를 촉탁하여야 한다.

(4) 청산

투자합자회사는 투자회사의 규정을 많이 준용한다는 점에서 청산과 관련하여서도 이에 관한 규정을 준용하면서, 추가로 이에 대한 특칙규정들을 두고 있다.

이에 따르면 청산인은 취임 후 지체 없이 투자합자회사의 재산상황을 조사하여 청산인으로 취임한 날부터 15일 이내에 재산목록과 대차대조표를 작성하여 이를 청산인회에 제출하여 승인을 받아야 하며, 그 등본을 지체 없이 금융위원회에 제출하여야 한다.

그리고 청산인은 청산인이 업무수행과 관련하여 법령이나 정관을 위반하거나, 그 밖에 투자회사에 대하여 현저하게 손해를 끼칠 우려가 있는 사실을 발견한 경우에는 금융위원회에 이를 보고하여야 한다.

이때 청산인은 취임한 날부터 1개월 이내에 투자합자회사의 채권자에 대하여 일정 기간 이내에 그 채권을 신고할 것과 그 기간 이내에 신고하지 아니하면 청산에서 제외된다는 뜻을 2회 이상 공고함으로써 최고하여야 한다. 이 경우 그 신고기간은 1개월 이상으로 하여야 한다.

그리고 청산인은 자금차입 · 채무보증 또는 담보제공이 제한되는 투자회사의 경우 1개월 이내의 채권신고기간과 2회 이상 공고 등의 규정에도 불구하고 대통령령으로 정하는 방법에 따라 채권자에 대한 최고절차를 생략할 수 있다. 그러나 장내파생상품 매매에 따른 계약이행책임이 있는 경우 등 대통령령으로 정하는 경우에는 그 절차를 생략하여서는 아니 된다.

청산인은 청산사무가 종결된 경우에는 지체 없이 결산보고서를 작성하여 사원총회의 승인을 받아야 한다. 이 경우 그 결산보고서를 공고하고, 이를 금융위원회 및 협회에 제출하여야 한다.

그리고 청산인은 업무집행사원이 각각 청산인이 되는 경우에는 정관 또는 사원총회가 정하는 바에 따라, 그리고 금융위원회가 이해관계인의 청구에 의하여 청산인을 선임하는 경우 및 투자합자회사 등록취소의 사유로 해산하여 금융위원회가 직권으로 청산인을 선임한 경우에는 금융위원회가 정하는 바에 따라 투자합자회사로부터 보수를 지급받을 수 있다.

청산인은 승인을 얻은 재산목록과 대차대조표를 청산종결시까지 투자합자회사에 비치하여야 하며, 이를 집합투자업자 및 투자매매업자 · 투자중개업자에게 송부하여 그 영업소에 비치하도록 하여야 한다.

(5) 합병

자본시장법은 집합투자기구의 특성상 투자자보호를 위해 투자합자회사의 합병에 관하여 제한을 가하고 있다. 즉, 투자합자회사는 그 투자합자회사와 업무집행사원이 같은 다른 투자합자회사를 흡수하는 방법으로 합병하는 경우가 아니면 다른 회사와 합병할 수 없도록 금지시키고 있다. 그리고 투자합자회사가 투자합자회사와 업무집행사원이 같은 다른 투자합자회사를 흡수합병하고자 하는 경우에는 출석한 주주의 의결권의 과반수와 발행주식총수의 5분의 1 이상의 찬성에 의한 결의를 거쳐야 한다. 그러나 건전한 거래질서를 해할 우려가 적은 소규모 투자합자회사의 합병 등 대통령령으로 정하는 경우는 제외한다.

그리고 투자합자회사의 합병에 대하여는 투자신탁의 합병에 관한 규정 중 일부를 준용하도록 하고 있는데, 이에 따르면 투자합자회사를 설립한 집합투자업자는 사원총회일의 2주 전부터 합병 후 6개월이 경과하는 날까지 ① 합병하는 각 투자합자회사의 최종의 결산서류, ② 합병으로 인하여 소멸하는 투자합자회사의 사원에게 발행하는 지분증권의 배정에 관한 사항 및 그 이유를 기재한 서면, ③ 합병계획서를 본점 및 투자매매업자 또는 투자중개업자의 영업소에 비치하여야 한다. 이 경우 그 투자합자회사의 사원 및 채권자는 영업시간 중 언제든지 그 서류를 열람할 수 있으며, 그 서류의 등본 또는 초본의 교부를 청구할 수 있다(법 제193조 제4항 참조).

그리고 투자합자회사를 설립한 집합투자업자는 투자합자회사를 합병한 경우에는 그 사실을 지체 없이 금융위원회에 보고하여야 한다. 이 경우 합병되는 투자합자회사의 지분증권이 증권시장에 상장되어 있는 때에는 거래소에도 보고하여야 한다(법 제193조 제5항 참조). 지분증권의 합병가액 산정방식, 사원총회 승인사항의 사원 통지, 그 밖에 투자합자회사의 합병에 관하여 필요한 사항은 대통령령으로 정한다.

5) 상법과 관계

자본시장법은 투자합자회사에 관하여 상법규정의 적용에 관한 기본원칙을 정해 놓고 있다. 우선, 합명회사에 대한 법원의 역할과 관련하여 투자합자회사에 대하여는 금융위원회가 그 역할을 대신하도록 특례규정을 두고 있다.

그리고 상법상 합명회사와 합자회사에 관한 규정 중 적용이 배제되는 규정들을 열거하고 있다.

구체적으로는 투자합자회사에 상법을 적용함에 있어서 합명회사의 직무대행자의 권한, 합명회사의 업무집행사원의 권한상실선고, 합명회사의 채무의 변제 및 합자회사의 유한책임사원의 감시권에 관한 상법 규정 중 '법원'은 각각 '금융위원회'로 본다고 규정하고 있다(법 제217조 제1항).

그리고 합명회사 사원의 경업금지에 관한 상법 제198조, 합명회사 사원의 퇴사권에 관한 제217조, 합명회사 사원의 퇴사원인에 관한 제218조, 합명회사 사원사망 시 권리승계의 통지에 관한 제219조, 합명회사의 제명의 선고에 관한 제220조, 합명회사의 지분 압류채권자에 의한 퇴사청구에 관한 제224조, 합자회사의 출자감소의 경우의 책임에 관한 제280조 및 합자회사의 조직변경에 관한 상법 제286조는 투자합자회사에 적용하지 아니한다(법 제217조 제2항).

그리고 투자합자회사의 유한책임사원은 합자회사의 유한책임사원의 책임에 관한 상법 제279조에 불구하고 투자합자회사의 채무에 대하여 출자를 이행한 금액을 한도로 하여 책임을 진다(법 제217조 제3항).

투자합자회사는 정관이 정하는 바에 따라 이익을 배당함에 있어서 무한책임사원과 유한책임사원의 배당률 또는 배당순서 등을 달리 정할 수 있으며(법 제217조 제4항), 투자합자회사는 손실을 배분함에 있어서 무한책임사원과 유한책임사원의 배분율 또는 배분순서 등을 달리 정하지 못하도록 규정하고 있다(법 제217조 제5항).

4. 투자유한책임회사

1) 투자유한책임회사 설립

출자한 사원들이 출자금액 범위에서만 대외적인 책임을 지는 유한책임회사 형태를 취하는 집합투자업자인 투자유한책임회사에 대하여 자본시장법은 그 권한과 의무에 대하여 상세한 규정을 두고 있다.

유한책임회사는 주식회사나 유한회사와 유사하지만 주주총회나 사원총회 없이 사원들의 개별적인 합의에 의해 회사를 운영한다는 점에서 사적 자치가 보장된 회사라는 특징을 투자유한책임회사에도 반영하고자 이 규정을 두었다.

집합투자업자가 투자유한책임회사를 설립하는 경우 ① 목적, ② 상호, ③ 업무집행자의 상호·사업자등록번호, ④ 회사의 소재지, ⑤ 투자유한책임회사재산의 운용 및 관리에 관한 사항, ⑥ 이익분배 및 환매에 관한 사항, ⑦ 공시 및 보고서에 관한 사항, ⑧ 그 밖에 사원을 보호하기 위하여 필요한 사항으로서 대통령령으로 정하는 사항을 기재한 정관을 작성하여 사원 1인이 기명날인 또는 서명하여야 한다(법 제217조의2).

그리고 투자유한책임회사의 사원은 정관을 작성한 후 설립등기를 할 때까지 출자금을 금전으로 납입하여야 하며, 집합투자업자는 ① 목적, ② 상호, ③ 업무집행자의 상호·사업자등록번호, ④ 회사의 소재지, ⑤ 정관으로 투자유한책임회사의 존속기간 또는 해산사유를 정한 경우 그 내용에 관한 사항을 출자금액이 납입된 날부터 2주 이내에 대통령령으로 정하는 서류를 첨부하여 설립등기를 하여야 한다.

이때 투자유한책임회사 사원의 출자의 목적은 금전에 한하며, 투자유한책임회사는 등록하기 전에는 사원 외의 자를 사원으로 가입시킬 것을 금지시키고 있다.

2) 지분증권

자본시장법은 투자유한책임회사의 지분증권에 관하여 상세한 규정을 두고 있다. 특히, 투자유한책임회사의 지분증권에 대하여는 투자회사의 주식에 관한 규정을 상당부분 준용하도록 하고 있다.

투자유한책임회사의 지분증권과 관련하여 자본시장법은 투자유한책임회사의 사원은 출자금액의 반환 및 이익의 분배 등에 관하여 지분증권의 수에 따라 균등한 권리를 가지도록 규정하고 있다(법 제217조의3).

그리고 투자유한책임회사의 지분증권에는 ① 회사의 상호, ② 회사의 성립연월일, ③ 지분증권의 발행일, ④ 사원의 성명(법인인 경우에는 상호), ⑤ 그 밖에 투자유한책임회사 사원의 보호에 필요한 사항으로서 대통령령으로 정하는 사항을 각각 기재하고, 업무집행자가 기명날인 또는 서명하도록 요구하고 있다.

그리고 투자유한책임회사의 지분증권에 관하여는 투자회사의 주식에 관한 규정을 준용하도록 규정하고 있는데, 이에 따르면 투자유한책임회사는 지분증권을 무액면 기명식으로 발행하여야 하며, 회사 성립일 또는 새 지분증권의 납입기일에 지체 없이 지분증권을 발행하여야 한다(법 제196조). 이때 예탁자 또는 그 투자자가 증권 등을 인수 또는 청약하거나, 그 밖의 사유로 새로 증권 등의 발행을 청구하는 경우에 그 증권 등의 발행인은 예탁자 또는 그 투자자의 신청에 의하여 이들을 갈음하여 예탁결제원을 명의인으로 하여 그 증권 등을 발행 또는 국채법 또는 공사채등록법에 따른 등록을 할 수 있다(법 제309조 제5항).

그리고 투자유한책임회사가 그 성립 후에 지분증권을 발행하는 경우 새 지분증권의 수, 발행가액 및 납입기일은 이사회가 결정하여야 하지만, 예외적으로 정관에서 달리 정하고 있는 경우에는 그에 따른다(법 제196조 제3항).

사원의 청구가 있는 경우 그 사원의 지분을 매수할 수 있는 투자유한책임회사가 그 성립 후에 신증권을 발행하는 경우 업무집행자는 ① 새 지분증권의 발행기간, ② 새 지분증권의 발행기간 이내에 발행하는 새 지분증권수의 상한, ③ 새 지분증권의 발행기간 동안 매일의 발행가액 및 지분증권대금납입기일을 정하는 방법을 결정할 수 있다. 이 경우 개방형투자회사는 새 지분증권의 발행기간 동안 매일의 발행가액 및 지분증권대금납입기일을 정하는 방법에 따라 확정된 매일의 발행가액을 그 투자유한책임회사의 지분증권을 판매하는 투자매매업자 또는 투자중개업자의 지점, 그 밖의 영업소에 게시하고, 인터넷 홈페이지 등을 이용하여 공시하여야 한다(법 제196조 제4항).

그리고 투자유한책임회사는 그 성립 후에 새 지분증권을 발행하는 경우 같은 날에 발행하는 새 지분증권의 발행가액, 그 밖의 발행조건은 균등하게 정하여야 한다. 이 경우 새 지분증권의 발행가액은 그 투자유한책임회사가 소유하는 자산의 순자산액에 기초하여 대통령령으로 정하는 방법에 따라 산정한다(법 제196조 제5항).

그리고 지분증권을 인수한 발기인은 지체 없이 지분증권의 인수가액을 금전으로 납입할 것을 요구하고 있는데, 투자유한책임회사가 새 지분증권을 발행하는 경우 발기인의 납입의무에 관한 규정은 지분증권인수인에게 준용한다(법 제196조 제6항).

그리고 지분증권인수인은 투자유한책임회사가 그 성립 후에 새 지분증권을 발행하는 경우 지분증권대금의 납입과 동시에 사원의 권리・의무를 가진다(법 제196조 제7항).

3) 업무집행자

자본시장법은 투자유한책임회사의 업무집행자는 집합투자업자일 것을 요구하고 있으며, 투자회사의 법인이사에 관한 규정의 상당부분을 준용하도록 규정하고 있다.

이에 따르면 투자유한책임회사는 사원 또는 사원이 아닌 자로 업무집행자 1인을 두어야 하며, 이 경우 업무집행자는 집합투자업자일 것을 요구하고 있다(법 제217조의4).

그리고 투자유한책임회사의 법인이사는 그 회사를 대표하고 투자유한책임회사의 업무를 집행하며, 법인이사는 법인이사의 직무를 정하여 그 직무를 수행할 자를 그 임직원 중에서 선임할 수 있다. 이 경우 집합투자업자는 이를 투자회사에 서면으로 통보하여야 한다.

법인이사가 법인이사의 직무를 정하여 그 직무를 수행할 자를 그 임직원 중에서 선임한 후 이를 투자유한책임회사에 서면으로 통보한 경우 투자유한책임회사에 통보된 자가 그 직무 범위에서 행한 행위는 법인이사의 행위로 본다(법 제198조).

4) 사원총회

자본시장법은 투자유한책임회사의 사원총회에 관하여 상세한 규정을 두고 있으며, 투자신탁의 수익자총회에 관한 규정을 상당부분 준용하도록 규정하고 있다. 그리고 사원총회에 대하여 상법상 주식회사의 주주총회에 관한 일부규정도 준용하도록 규정하고 있다.

이에 따르면, 투자유한책임회사는 사원 전원으로 구성되는 사원총회를 두며, 사원총회는 이 법 또는 정관에서 정한 사항에 대하여만 결의할 수 있도록 제한하고 있다(법 제217조의5).

그리고 투자유한책임회사의 사원총회는 업무집행자가 소집하며, 투자유한책임회사의 사원총회는 출석한 사원의 의결권의 과반수와 발행된 지분증권 총수의 4분의 1 이상의 수로 결의한다. 그러나 법에서 정한 사원총회의 결의사항 외에 정관으로 정한 사원총회의 결의사항에 대하여는 출석한 사원의 의결권 과반수와 발행된 지분증권총수의 5분의 1 이상의 수로 결의할 수 있다.

그리고 투자신탁의 수익자총회에 관한 규정을 투자유한책임회사의 사원총회에도 준용하도록 규정하고 있는데, 이에 따르면 투자유한책임회사의 업무집행자는 투자유한책임회사재산을 보관·관리하는 신탁업자 또는 발행된 지분증권의 총좌수의 5% 이상을 소유한 수익자가 사원총회의 목적과 소집의 이유를 기재한 서면을 제출하여 사원총회의 소집을 그 투자유한책임회사의 업무집행자에 요청하는 경우 1개월 이내에 사원총회를 소집하도록 규정하고 있다. 이 경우 투자유한책임회사의 업무집행자가 정당한 사유 없이 사원총회를 소집하기 위한 절차를 거치지 아니하는 경우에는 그 신탁업자 또는 발행된 지분증권총좌수의 5% 이상을 소유한 수익자는 금융위원회의 승인을 받아 사원총회를 개최할 수 있도록 규정하고 있다.

또한 자본시장법은 투자유한책임회사에 대하여 반대수익자의 지분증권매수청구권에 관한 규정 제191조는 투자유한책임회사의 정관의 변경 또는 합병에 반대하는 사원에게 준용하도록 규정하고 있다. 즉, 투자유한책임회사의 사원은 ① 정관의 변경 또는 투자유한책임회사의 합병에 대한 사원총회의 결의에 반대(사원총회 전에 해당 투자유한책임회사에게 서면으로 그 결의에 반대하는 의사를 통지한 경우로 한정)하는 사원이 그 사원총회의 결의일부터 20일 이내에 지분증권의 매수를 청구하는 경우, ② 투자유한책임회사의 합병에 반대하는 사원이 대통령령으로 정하는 방법에 따라 지분증권의 매수를 청구하는 경우 중 어느 하나에 해당하는 경우 투자유한책임회사에게 지분증권의 수를 기재한 서면으로 자기가 소유하고 있는 지분증권의 매수를 청구할 수 있도록 허용하고 있다.

이때 투자유한책임회사는 합병에 반대하는 사원의 지분증권매수 청구가 있는 경우 해당 사원에게 지분증권의 매수에 따른 수수료, 그 밖의 비용을 부담시키는 것을 금지시키고 있다.

또한 투자유한책임회사의 업무집행자는 지분증권매수 청구가 있는 경우에는 매수청구기간이 만료된 날부터 15일 이내에 그 투자유한책임회사재산으로 대통령령으로 정하는 방법에 따라 그 지분증권을 매수하여야 한다. 다만, 매수자금이 부족하여 매수에 응할 수 없는 경우에는 금융위원회의 승인을 받아 지분증권의 매수를 연기할 수 있다.

그리고 투자유한책임회사의 업무집행자는 지분증권을 매수한 경우에는 지체 없이 그 지분증권을 소각하여야 한다(법 제217조의5 제5항).

5) 준용규정

(1) 정관변경

자본시장법은 투자회사의 정관변경에 관한 규정들을 투자유한책임회사에 대하여도 준용하도록 규정하고 있다. 그리고 투자회사의 해산·청산 및 합병에 관한 규정들도 투자유한책임회사에 준용하도록 규정하고 있다. 즉, 투자회사의 정관의 변경에 관한 제195조를 투자유한책임회사의 정관변경에 관하여 준용하도록 하고 있는데, 이에 따르면 투자유한책임회사는 업무집행자가 정관을 변경할 수 있다. 그러나 예외적으로 정관의 내용 중 ① 집합투자업자·신탁업자 등이 받는 보수, 그 밖의 수수료의 인상, ② 집합투자업자 또는 신탁업자의 변경, ③ 정관으로 투자유한책임회사의 존속기간 또는 해산사유를 정한 경우 존속기간 또는 해산사유의 변경, ④ 그 밖에 사원의 이익과 관련된 중요한 사항으로서 대통령령으로 정하는 사항 중 어느 하나에 해당하는 사항을 변경하고자 하는 경우에는 사원총회의 보통결의를 거쳐야 한다.

그러나 투자유한책임회사는 합병·분할·분할합병, 그 밖에 대통령령으로 정하는 사유로 집합투자업자 또는 신탁업자가 변경된 경우에는 업무집행자 및 사원총회의 결의 없이 정관을 변경할 수 있다.

그리고 투자유한책임회사는 정관을 변경한 경우에는 인터넷 홈페이지 등을 이용하여 공시하여야 하며, 사원총회의 결의로 정관을 변경한 경우에는 공시 외에 이를 주주에게 통지하여야 한다(법 제217조의6 제1항).

(2) 해산

자본시장법상 투자회사의 해산에 관한 제202조(제3항 및 제4항은 제외한다), 투자회사의 청산에 관한 제203조(제2항은 제외한다) 및 투자회사의 합병에 관한 제204조는 투자유한책임회사의 해산·청산 및 합병에 관하여 준용하도록 규정하고 있다.

즉, 투자유한책임회사는 ① 정관에서 정한 존속기간의 만료, 그 밖의 해산사유의 발생, ② 사원총회의 해산 결의, ③ 투자유한책임회사의 피흡수합병, ④ 투자유한책임회사의 파산, ⑤ 법원의 명령 또는 판결, ⑥ 투자유한책임회사 등록의 취소, ⑦ 사원(업무집행자인 사원은 제외)의 총수가 1인이 되는 경우(다만, 건전한 거래질서를 해할 우려가 없는 경우로서 대통령령으로 정하는 경우는 제외) 중 어느 하나에 해당하는 사유로 해산한다. 이 경우 청산인은 해산일부터 30일 이내에 해산의 사유 및 연월일, 청산인 및 청산감독인의 성명·주민등록번호(청산인이 법인이 사인 경우에는 상호·사업자등록번호)를 금융위원회에 보고하여야 한다.

그리고 투자유한책임회사는 해산한 경우 업무집행자가 청산인이 되는 때에는 해산 일부터

2주 이내에, 청산인이 선임된 때에는 그 선임일부터 2주 이내에 대통령령으로 정하는 서류를 첨부하여 ① 청산인의 성명·주민등록번호(청산인이 업무집행자인 경우에는 상호·사업자등록번호) ② 청산인 중에서 대표청산인을 정하도록 하거나 2인 이상의 청산인이 공동으로 투자유한책임회사를 대표할 것을 정한 경우에는 그 내용 등의 사항을 등기하여야 한다.

(3) 청산

투자유한책임회사는 해산한 경우 감독이사가 청산인이 되는 때에는 해산일부터 2주 이내에, 청산인이 선임된 때에는 선임일부터 2주 이내에 대통령령으로 정하는 서류를 첨부하여 청산인의 성명 및 주민등록번호를 등기하여야 한다.

투자유한책임회사가 해산한 경우 투자유한책임회사의 피흡수합병이나 투자유한책임회사의 파산의 경우를 제외하고는 청산인으로 구성되는 청산인회를 두어야 하며(법 제202조 제4항), 투자유한책임회사가 ① 정관에서 정한 존속기간의 만료, 그 밖의 해산사유의 발생, ② 사원총회의 해산 결의, ③ 사원(업무집행자인 사원은 제외)의 총수가 1인이 되는 경우의 사유로 해산한 때에는 정관 또는 사원총회에서 달리 정한 경우 외에는 업무집행자가 각각 청산인이 된다.

그리고 투자유한책임회사가 ① 법원의 명령 또는 판결의 사유로 해산한 경우, ② 청산인이 없는 경우, ③ 설립무효의 판결 또는 설립취소의 판결에 따라 청산하는 경우 중 어느 하나에 해당하는 경우에는 금융위원회가 이해관계인의 청구에 의하여 청산인을 선임한다.

또한 투자유한책임회사가 투자회사 등록의 취소의 사유로 해산한 경우에는 금융위원회가 직권으로 청산인을 선임한다.

금융위원회는 청산인이 업무를 집행함에 있어서 현저하게 부적합하거나 중대한 법령 위반사항이 있는 경우에는 직권으로 또는 이해관계인의 청구에 의하여 이들을 해임할 수 있다. 이 경우 금융위원회는 직권으로 새로운 청산인을 선임할 수 있다.

그리고 금융위원회는 ① 투자유한책임회사 등록의 취소의 사유로 투자유한책임회사가 해산한 경우, ② 금융위원회가 직권으로 청산인을 해임한 경우 중 어느 하나에 해당하는 경우에는 등기원인을 증명하는 서면을 첨부하여 투자유한책임회사의 소재지를 관할하는 등기소에 해당 등기를 촉탁하여야 한다.

또한 청산인은 취임 후 지체 없이 투자유한책임회사의 재산상황을 조사하여 청산인으로 취임한 날부터 15일 이내에 재산목록과 대차대조표를 작성하여 그 등본을 지체 없이 금융위원회에 제출하여야 한다.

그리고 청산인은 청산인이 업무수행과 관련하여 법령이나 정관을 위반하거나, 그 밖에 투자유한책임회사에 대하여 현저하게 손해를 끼칠 우려가 있는 사실을 발견한 경우에는 금융위원회에 이를 보고하여야 한다.

이때 청산인은 취임한 날부터 1개월 이내에 투자유한책임회사의 채권자에 대하여 일정 기간 이내에 그 채권을 신고할 것과 그 기간 이내에 신고하지 아니하면 청산에서 제외된다는 뜻을 2회 이상 공고함으로써 최고하여야 한다. 이 경우 그 신고기간은 1개월 이상으로 하여야 한다. 그리고 청산인은 자금차입·채무보증 또는 담보제공이 제한되는 투자유한책임회사의 경우 1개월 이내의 채권신고기간과 2회 이상 공고 등의 규정에도 불구하고 대통령령으로 정하는 방법에 따라 채권자에 대한 최고절차를 생략할 수 있다. 그러나 장내파생상품 매매에 따른 계약이행책임이 있는 경우 등 대통령령으로 정하는 경우에는 그 절차를 생략하여서는 아니 된다.

청산인은 청산사무가 종결된 경우에는 지체 없이 결산보고서를 작성하여 사원총회의 승인을 받아야 한다. 이 경우 그 결산보고서를 공고하고, 이를 금융위원회 및 협회에 제출하여야 한다.

그리고 청산인은 업무집행자가 각각 청산인이 되는 경우에는 정관 또는 사원총회가 정하는 바에 따라, 그리고 금융위원회가 이해관계인의 청구에 의하여 청산인을 선임하는 경우 및 투자유한책임회사 등록취소의 사유로 해산하여 금융위원회가 직권으로 청산인을 선임한 경우에는 금융위원회가 정하는 바에 따라 투자유한책임회사로부터 보수를 지급받을 수 있다.

청산인은 승인을 얻은 재산목록과 대차대조표를 청산종결시까지 투자유한책임회사에 비치하여야 하며, 이를 집합투자업자 및 투자매매업자·투자중개업자에게 송부하여 그 영업소에 비치하도록 하여야 한다.

(4) 합병

투자유한책임회사의 합병과 관련하여 투자유한책임회사는 그 투자유한책임회사와 업무집행자가 같은 다른 투자유한책임회사를 흡수하는 방법으로 합병하는 경우가 아니면 다른 회사와 합병할 수 없도록 금지시키고 있다. 그리고 투자유한책임회사가 투자유한책임회사와 업무집행자가 같은 다른 투자유한책임회사를 흡수합병하고자 하는 경우에는 출석한 사원의 의결권의 과반수와 발행주식총수의 5분의 1 이상의 찬성에 의한 결의를 거쳐야 한다. 그러나 건전한 거래질서를 해할 우려가 적은 소규모 투자회사의 합병 등 대통령령으로 정하는 경우는 제외한다.

그리고 투자유한책임회사의 합병에 대하여는 투자신탁의 합병에 관한 규정 중 일부를 준용하도록 하고 있는데, 이에 따르면 투자유한책임회사를 설립한 집합투자업자는 수익자총회일의 2주 전부터 합병 후 6개월이 경과하는 날까지 ① 합병하는 각 투자유한책임회사의 최종의 결산서류, ② 합병으로 인하여 소멸하는 투자유한책임회사의 사원에게 발행하는 지분증권의 배정에 관한 사항 및 그 이유를 기재한 서면, ③ 합병계획서를 본점 및 투자매매업자 또는 투자중개업자의 영업소에 비치하여야 한다. 이 경우 그 투자유한책임회사의 사원 및 채권자는 영업시간 중 언제든지 그 서류를 열람할 수 있으며, 그 서류의 등본 또는 초본의 교부를 청구할 수 있다.

그리고 투자유한책임회사를 설립한 집합투자업자는 투자유한책임회사를 합병한 경우에는 그 사실을 지체 없이 금융위원회에 보고하여야 한다. 이 경우 합병되는 투자유한책임회사의 지분증권이 증권시장에 상장되어 있는 때에는 거래소에도 보고하여야 한다. 지분증권의 합병가액 산정방식, 사원총회 승인사항의 사원 통지, 그 밖에 투자유한책임회사의 합병에 관하여 필요한 사항은 대통령령으로 정한다(법 제217조의6 제2항).

6) 상법과 관계

자본시장법은 투자유한책임회사에 대하여 상법의 규정을 준용토록 하고 있는데, 상법상 유한책임회사, 합명회사, 합자회사에 관하여 법원의 역할을 정하고 있는 규정들을 투자유한책임회사에 대하여는 금융위원회가 그 역할을 대신하도록 규정하고 있다.

그리고 유한책임회사의 지분양수금지나 업무집행관, 사원권 등과 관련한 상법규정들을 투자유한책임회사에는 적용을 배제하고 있다.

그 밖에 자본시장법은 투자유한책임회사에 대하여 상법의 규정을 적용함에 있어서 특칙을 두고 있다. 즉, 투자유한책임회사에 「상법」을 적용함에 있어서 유한책임회사의 내부관계 관련 직무대행자의 권한 등에 관한 상법 제287조의13(합명회사의 직무대행자의 권한에 관한 제200조의2를 준용하는 경우로 한정한다), 유한책임회사의 사원의 감시권에 관한 상법 제287조의14(합자회사의 유한책임사원의 감시권에 관한 제277조를 준용하는 경우로 한정한다), 유한책임회사의 업무집행자 등의 권한상실 선고에 관한 상법 제287조의17(합명회사의 업무집행사원의 권한상실선고에 관한 제205조를 준용하는 경우로 한정한다), 유한책임회사의 청산에 관한 제287조의45(합명회사의 채무의 변제에 관한 제259조 제4항을 준용하는 경우로 한정한다) 중 '법원'은 각각 '금융위원회'로 본다(법 제217조의7 제1항).

그리고 유한책임회사에 의한 지분양수의 금지에 관한 상법 제287조의9, 유한책임회사의 업무집행자의 경업 금지에 관한 제287조의10, 유한책임회사의 업무집행에 관한 제287조의12, 유한책임회사와 관련하여 법인이 업무집행자인 경우의 특칙에 관한 제287조의15, 유한책임회사의 정관변경에 관한 제287조의16, 유한책임회사의 사원의 가입에 관한 제287조의23제3항, 유한책임회사 사원의 퇴사권에 관한 제287조의24부터 유한책임회사 사원의 퇴사원인에 관한 제287조의44까지는 투자유한책임회사에는 적용하지 아니한다(법 제217조의7 제2항).

제3절 조합형태의 집합투자기구

1. 투자합자조합

1) 투자합자조합의 설립

자본시장법은 집합투자업자가 투자합자조합을 설립하는 경우, 상법상 합자조합에 관한 규정에 대한 특례를 규정하고 있다.

합자조합이란 상법상 경영을 담당하는 무한책임의 업무집행조합원과 이를 위해 투자를 하는 유한책임조합원으로 구성된 법인격 있는 사단을 말하는 것으로서, 집합투자업자는 무한책임을 지는 업무집행조합원이 되고 투자자는 유한책임조합원으로서의 법률관계를 형성하게 된다.

이러한 투자합자조합을 설립하는 경우 집합투자업자는 ① 목적, ② 투자합자조합의 명칭, ③ 업무집행조합원의 상호·사업자등록번호, ④ 투자합자조합의 소재지, ⑤ 투자합자조합 재산의 운용 및 관리에 관한 사항, ⑥ 존속기간 또는 해산사유를 정한 경우에는 그 내용, ⑦ 이익분배 및 환매에 관한 사항, ⑧ 공시 및 보고서에 관한 사항, ⑨ 그 밖에 조합원을 보호하기 위하여 필요한 사항으로서 대통령령으로 정하는 사항을 기재한 조합계약을 작성하여 업무집행조합원 1인과 유한책임조합원 1인이 기명날인 또는 서명하여야 한다(법 제218조).

이때 조합원 출자의 목적은 금전에 한하며, 투자합자조합은 등록하기 전에는 조합원 외의 자를 조합원으로 가입시키는 것을 금지시키고 있다. 그리고 투자합자조합은 설립 후 2주 이내에 대통령령으로 정하는 서류를 첨부하여 ① 목적, ② 투자합자조합의 명칭, ③ 업무집행조합원의 상호·사업자등록번호, ④ 투자합자조합의 소재지, ⑤ 조합계약으로 투자합자조합의 존속기간 또는 해산사유를 정한 경우 그 내용 등 각 사항을 등기하여야 한다.

2) 업무집행조합원

자본시장법은 집합투자업자가 투자합자조합을 설립하는 경우, 상법상 합자조합에 관한 규정에 대한 특례를 규정하고 있다. 합자조합이란 상법상 경영을 담당하는 무한책임의 업무집행조합원과 이를 위해 투자를 하는 유한책임조합원으로 구성된 법인격 있는 사단을 말한다.

이러한 합자조합은 조합의 업무집행자로서 조합의 채무에 대하여 무한책임을 지는 조합원과 출자가액을 한도로 하여 유한책임을 지는 조합원이 상호출자하여 공동사업을 경영할 것을 약정함으로써 그 효력이 발생한다(상법 제86조의2).

그리고 자본시장법은 이러한 합자조합형태의 집합투자기구에 관하여 기본 원칙을 정해 놓고 있다.

이에 따르면 투자합자조합은 투자합자조합의 채무에 대하여 무한책임을 지는 집합투자업자인 업무집행조합원 1인과 출자액을 한도로 하여 유한책임을 지는 유한책임조합원으로 구성된다(법 제219조).

이러한 투자합자조합의 업무집행조합원에 대하여 투자회사의 법인이사에 관한 규정 중 일부를 투자합자조합의 업무집행조합원에게 준용하도록 규정하고 있다. 즉, 업무집행조합원은 투자합자조합을 대표하고 투자합자조합의 업무를 집행하며, 업무집행조합원은 업무집행조합원의 직무를 정하여 그 직무를 수행할 자를 그 임직원 중에서 선임할 수 있다. 이 경우 집합투자업자는 이를 투자합자조합에 서면으로 통보하여야 한다.

업무집행조합원이 업무집행조합원의 직무를 정하여 그 직무를 수행할 자를 그 임직원 중에서 선임한 후 이를 투자합자조합에 서면으로 통보한 경우 투자합자조합에 통보된 자가 그 직무 범위에서 행한 행위는 업무집행조합원의 행위로 본다(법 제219조 제2항).

3) 조합원총회

투자합자조합의 조합원 총회는 최고의 의사결정기관이라는 점을 고려하여 자본시장법은 총회운영 등에 대하여 기본원칙을 정하여 놓고 있다. 그리고 투자신탁의 수익자총회에 관한 규정들 중 일부를 조합원총회에도 준용하도록 규정하고 있다.

이에 따르면 투자합자조합에 조합원 전원으로 구성되는 조합원총회를 두며, 조합원총회는 자본시장법 또는 조합계약에서 정한 사항에 대하여만 결의할 수 있도록 규정하고 있다(법 제220조).

그리고 투자합자조합의 조합원총회는 업무집행조합원이 소집하며, 투자합자조합의 조합원총회는 출석한 조합원의 의결권의 과반수와 발행된 지분증권 총수의 4분의 1 이상의 수로 결의하도록 규정하고 있다. 그러나 자본시장법에서 정한 조합원총회의 결의사항 외에 조합계약으로 정한 조합원총회의 결의사항에 대하여는 출석한 조합원의 의결권의 과반수와 발행된 지분증권 총수의 5분의 1 이상의 수로 결의할 수 있도록 예외를 인정하고 있다.

그리고 조합원총회에 대하여는 투자신탁의 수익자총회에 관한 규정 중 대부분의 규정을 투자합자조합의 조합원총회에 관하여 준용하도록 규정하고 있다.

즉, 투자신탁을 설정한 집합투자업자는 투자신탁재산을 보관·관리하는 신탁업자 또는 발행된 지분증권의 총수의 5% 이상을 소유한 조합원이 조합원총회의 목적과 소집의 이유를 기재한 서면을 제출하여 조합원총회의 소집을 그 집합투자업자에 요청하는 경우 1개월 이내에 조합원총회를 소집하도록 규정하고 있다. 이 경우 집합투자업자가 정당한 사유 없이 조합원총회를 소집하기 위한 절차를 거치지 아니하는 경우에는 그 신탁업자 또는 발행된 지분증권총수의 5% 이상을 소유한 조합원은 금융위원회의 승인을 받아 조합원총회를 개최할 수 있도록 규정하고 있으며, 상법상 주주총회 소집통지에 관한 규정은 조합원총회의 소집통지에 관하여 준용하도록 규정하고 있다(법 제220조 제4항).

그리고 조합원은 조합원총회에 출석하지 아니하고 서면에 의하여 의결권을 행사할 수 있다. 그러나 간주의결권 행사에 관한 특례를 두고 있는데, 이에 따르면, ① 조합원에게 대통령령으로 정하는 방법에 따라 의결권 행사에 관한 통지가 있었으나 의결권이 행사되지 아니하였을 것, ② 간주의결권행사의 방법이 집합투자규약에 기재되어 있을 것, ③ 조합원총회에서 의결권을 행사한 지분증권의 총수가 발행된 지분증권의 총수의 10분의 1 이상일 것, ④ 그 밖에 수익자를 보호하기 위하여 대통령령으로 정하는 방법 및 절차를 따를 것이라는 요건을 모두 충족하는 경우에는 조합원총회에 출석한 조합원이 소유한 지분증권의 총수의 결의내용에 영향을 미치지 아니하도록 의결권을 행사(간주의결권행사)한 것으로 본다.

투자합자조합의 업무집행조합원는 조합원총회의 결의가 이루어지지 아니한 경우 그 날부터 2주 이내에 연기된 조합원총회(연기조합원총회)를 소집하여야 한다.

그리고 상법상 주주총회소집지(제364조), 총회 의장의 질서유지(제366조의2 제2항 · 제3항), 검사인의 선임에 관한 총회결의(제367조), 총회의 결의방법과 의결권의 행사(제368조 제3항 · 제4항), 전자적 방법에 의한 의결권의 행사(제368조의4), 주주의 의결권(제369조 제1항 · 제2항), 총회의 정족수, 의결권수의 계산(제371조) 및 총회의 연기, 속행의 결의(제372조)부터 총회의 의사록(제373조)까지, 주주총회 결의취소의 소(제376조), 주주총회 결의 취소의 소 제소주주의 담보제공의무(제377조) 및 법원의 재량에 의한 결의취소의 소의 청구기각(제379조), 주주총회 결의무효 및 부존재확인의 소(제380조), 주주총회 부당결의의 취소, 변경의 소(제381조)의 규정은 수익자총회에 관하여 준용한다(법 제220조 제4항).

4) 투자합자조합의 해산 및 청산

자본시장법은 투자합자조합의 해산 및 청산에 관한 별도의 규정을 두고 있으며, 투자회사의 청산에 관한 규정 중 일부를 투자합자조합에도 준용하도록 규정하고 있다.

이에 따르면 투자합자조합은 ① 조합계약에서 정한 존속기간의 만료, 그 밖의 해산사유의 발생, ② 조합원총회의 결의, ③ 투자합자조합 등록의 취소, ④ 유한책임조합원의 총수가 1인이 되는 경우가 발생하면 해산하도록 법정 해산사유를 열거하고 있다. 이 경우 청산인은 대통령령으로 정하는 사항을 금융위원회에 보고하여야 한다(법 제221조).

그리고 투자합자조합이 해산하는 경우 조합계약 또는 조합원총회에서 달리 정한 경우를 제외하고는 업무집행조합원이 청산인이 되며, 금융위원회는 투자합자조합의 청산인이 없거나 없게 된 경우에는 직권으로 청산인을 선임하도록 규정하고 있다.

이때 금융위원회는 청산인이 업무를 집행함에 있어서 현저하게 부적합하거나 중대한 법령 위반사항이 있는 경우에는 직권으로 또는 이해관계인의 청구에 의하여 청산인을 해임할 수 있도록 규정하고 있으며, 이 경우 금융위원회는 직권으로 새로운 청산인을 선임할 수 있도록 하였다(법 제221조 제4항).

그리고 청산인은 투자합자조합의 잔여재산을 조합원에게 분배함에 있어서 조합계약이 정하는 바에 따라 투자합자조합재산에 속하는 자산을 그 조합원에게 지급할 수 있도록 하였다(법 제221조 제5항).

그 밖에도 자본시장법은 투자합자조합의 청산에 대하여 투자회사의 청산에 관한 규정을 준용하도록 하고 있는데, 이에 따르면 청산인은 취임 후 지체 없이 투자합자조합의 재산상황을 조사하여 청산인으로 취임한 날부터 15일 이내에 재산목록과 대차대조표를 작성하여 그 등본을 지체 없이 금융위원회에 제출하여야 한다(법 제203조 제1항).

이때 청산인은 취임한 날부터 1개월 이내에 투자합자조합의 채권자에 대하여 일정 기간 이내에 그 채권을 신고할 것과 그 기간 이내에 신고하지 아니하면 청산에서 제외된다는 뜻을 2회 이상 공고함으로써 최고하여야 한다. 이 경우 그 신고기간은 1개월 이상으로 하여야 한다(법 제203조 제3항).

그리고 청산인은 자금차입·채무보증 또는 담보제공이 제한되는 투자합자조합의 경우 1개월 이내의 채권신고기간과 2회 이상 공고 등의 규정에도 불구하고 대통령령으로 정하는 방법에 따라 채권자에 대한 최고절차를 생략할 수 있다. 그러나 장내파생상품 매매에 따른 계약이행책임이 있는 경우 등 대통령령으로 정하는 경우에는 그 절차를 생략해서는 안된다(법 제203조 제4항).

청산인은 청산사무가 종결된 경우에는 지체 없이 결산보고서를 작성하여 조합원총회의 승인을 받아야 한다. 이 경우 그 결산보고서를 공고하고, 이를 금융위원회 및 협회에 제출하여야 한다(법 제203조 제5항).

그리고 청산인은 법인이사 및 감독이사가 각각 청산인 및 청산감독인이 되는 경우에는 정관 또는 조합원총회가 정하는 바에 따라, 그리고 금융위원회가 이해관계인의 청구에 의하여 청산인을 선임하는 경우 및 투자합자조합 등록취소의 사유로 해산하여 금융위원회가 직권으로 청산인을 선임한 경우에는 금융위원회가 정하는 바에 따라 투자합자조합으로부터 보수를 지급받을 수 있다.

청산인은 승인을 얻은 재산목록과 대차대조표를 청산종결시까지 투자합자조합에 비치하여야 하며, 이를 집합투자업자 및 투자매매업자 · 투자중개업자에게 송부하여 그 영업소에 비치하도록 하여야 한다(법 제221조 제6항).

5) 준용규정

자본시장법은 투자합자조합에 관하여 준용해야 할 규정들을 규정하고 있다. 구체적으로는 투자회사의 정관변경에 관한 규정과 투자유한회사의 지분증권에 관한 규정을 투자합자조합에 준용하도록 규정하고 있다(법 제222조).

즉, 투자합자조합은 업무집행조합원이 정관을 변경할 수 있다. 그러나 예외적으로 정관의 내용 중 ① 집합투자업자 · 신탁업자 등이 받는 보수, 그 밖의 수수료의 인상, ② 집합투자업자 또는 신탁업자의 변경, ③ 정관으로 투자합자조합의 존속기간 또는 해산사유를 정한 경우 존속기간 또는 해산사유의 변경, ④ 그 밖에 조합원의 이익과 관련된 중요한 사항으로서 대통령령으로 정하는 사항 중 어느 하나에 해당하는 사항을 변경하고자 하는 경우에는 조합원총회의 보통결의를 거쳐야 한다.

그러나 투자합자조합은 합병 · 분할 · 분할합병, 그 밖에 대통령령으로 정하는 사유로 집합투자업자 또는 신탁업자가 변경된 경우에는 조합원총회의 결의 없이 정관을 변경할 수 있다.

그리고 투자합자조합은 정관을 변경한 경우에는 인터넷 홈페이지 등을 이용하여 공시하여야 하며, 조합원총회결의로 정관을 변경한 경우에는 공시 외에 이를 조합원에게 통지하여야 한다.

즉, 투자합자조합의 유한책임조합원은 출자금액의 반환 및 이익의 분배 등에 관하여 지분증권의 수에 따라 균등한 권리를 가진다(법 제208조 제1항). 그리고 투자합자조합사의 지분증권에는 ① 투자합자조합의 상호, ② 투자합자조합의 성립연월일, ③ 지분증권의 발행일, ④ 유한책임조합원의 성명(법인인 경우에는 상호), ⑤ 그 밖에 투자합자조합 유한책임조합원의 보호에 필요한 사항으로서 대통령령으로 정하는 사항을 기재하고, 업무집행조합원이 기명날인 또는 서명하여야 한다(법 제222조 제2항).

6) 상법 및 민법과 관계

자본시장법은 투자합자조합에 대하여 민법이나 상법을 적용하는 경우 법원의 역할을 금융위원회가 대신하도록 규정하고 있다. 그러나 상법상 합자조합에 관한 규정 중 투자합자조합에는 적용을 배제하는 내용들이 있다. 또한 민법상 조합에 관한 규정 중 탈퇴와 관련한 규정들의 적용을 배제하고 있다.

자본시장법은 투자합자조합에 대하여 상법과 민법에 대한 특칙을 두고 있다. 즉, 투자합자조합에 상법을 적용함에 있어서 합자조합에 관한 준용규정을 두고 있는 상법 제86조의8 제2항(합명회사의 직무대행자의 권한에 관한 상법 제200조의2를 준용하는 경우로 한정), 제86조의8 제3항(합자회사 유한책임사원의 감시권에 관한 제277조를 준용하는 경우로 한정) 중 '법원'은 각각 '금융위원회'로 본다(법 제223조 제1항).

그리고 상법 제86조의8 제2항(합명회사 사원의 경업금지에 관한 상법 제198조, 합명회사 공동대표에 관한 상법 제208조 제2항 및 합자회사 청산인에 관한 상법 제287조를 준용하는 경우로 한정)은 투자합자조합에는 적용하지 아니한다(법 제223조 제2항).

그리고 조합의 의의에 관한 민법 제703조, 조합의 사무집행에 관한 제706조부터 제713조까지 및 조합의 임의탈퇴에 관한 민법 제716조부터 제724조까지의 규정은 투자합자조합에 적용하지 아니한다(법 제223조 제3항).

그리고 투자자가 투자합자조합의 지분증권을 매수한 경우 투자합자조합에 가입한 것으로 보며(법 제223조 제4항), 투자합자조합은 조합계약으로 정하는 바에 따라 이익을 배당함에 있어서 무한책임조합원과 유한책임조합원의 배당률 또는 배당순서 등을 달리 정할 수 있다(법 제223조 제5항).

투자합자조합은 손실을 배분함에 있어서 무한책임조합원과 유한책임조합원의 배분율 또는 배분순서 등을 달리 할 수 없다(법 제223조 제6항).

2. 투자익명조합

1) 투자익명조합의 설립

자본시장법은 집합투자업자가 투자익명조합을 설립하는 경우 익명조합계약의 작성 등과 관련한 내용들을 규정하고 있다. 상법상 익명조합이란 익명조합원이 영업자의 영업을 위하여 출자하고, 상대방은 그 영업으로 인한 이익을 분배할 것을 약정하는 관계를 말한다(상법 제78조).

자본시장법은 이러한 익명조합에 유사한 투자익명조합에 관한 특칙을 두고 있다. 즉, 집합투자업자는 투자익명조합을 설립하는 경우 ① 목적, ② 투자익명조합의 명칭, ③ 영업자의 상호·사업자등록번호, ④ 투자익명조합의 소재지, ⑤ 투자익명조합재산의 운용 및 관리에 관한 사항, ⑥ 존속기간 또는 해산사유를 정한 경우에는 그 내용, ⑦ 이익분배 및 환매에 관한 사항, ⑧ 공시 및 보고서에 관한 사항, ⑨ 그 밖에 익명조합원을 보호하기 위하여 필요한 사항으로서 대통령령으로 정하는 사항을 각각 기재한 익명조합계약을 작성하여 영업자 1인과 익명조합원 1인이 기명날인 또는 서명하여야 한다.

이때 익명조합원의 출자의 목적은 금전에 한하며, 투자익명조합의 영업자는 등록하기 전에는 익명조합원 외의 자를 익명조합원으로 가입시켜서는 아니 된다(법 제224조).

2) 영업자

자본시장법은 투자익명조합의 경우 영업자에 관한 기본원칙을 정하고, 이에 대하여는 투자회사의 법인이사에 관한 규정을 준용토록 규정하고 있다.

이에 따르면 투자익명조합재산은 집합투자업자인 영업자 1인이 운용하며(법 제225조), 영업자에게는 투자회사의 법인이사에 관한 규정(제198조 제1항 · 제4항 및 제5항)을 준용하도록 규정하고 있다(법 제225조 제2항).

즉, 영업자는 투자익명조합을 대표하고 투자익명조합의 업무를 집행하며, 영업자는 영업자의 직무를 정하여 그 직무를 수행할 자를 그 임직원 중에서 선임할 수 있다. 이 경우 집합투자업자는 이를 투자익명조합에 서면으로 통보하여야 한다.

영업자가 영업자의 직무를 정하여 그 직무를 수행할 자를 그 임직원 중에서 선임한 후 이를 투자익명조합에 서면으로 통보한 경우 투자익명조합에 통보된 자가 그 직무 범위에서 행한 행위는 영업자의 행위로 본다.

3) 익명조합원총회

자본시장법은 투자익명조합의 익명조합원총회에 관한 기본원칙을 정하여 놓고 있으며, 투자익명조합의 익명조합원총회에 관하여는 투자신탁의 수익자총회에 관한 규정을 준용하도록 하고 있다. 그리고 상법상 주식회사의 주주총회에 관한 규정 중 일부도 준용하도록 규정하고 있다.

자본시장법은 투자익명조합의 익명조합원총회에 관한 기본원칙을 정하여 놓고 있다. 이에 따르면 투자익명조합에 익명조합원 전원으로 구성되는 익명조합원총회를 두며, 익명조합원총회는 자본시장법 또는 익명조합계약에서 정한 사항에 대하여만 결의할 수 있도록 하고 있다(법 제226조 제1항).

그리고 투자익명조합의 익명조합원총회는 영업자가 소집하며(법 제226조 제2항), 투자익명조합의 익명조합원총회는 출석한 익명조합원의 의결권의 과반수와 발행된 지분증권 총수의 4분의 1 이상의 수로 결의한다. 그러나 자본시장법에서 정한 익명조합원총회의 결의사항 외에 익명조합계약으로 정한 익명조합원총회의 결의사항에 대하여는 출석한 익명조합원의 의결권의 과반수와 발행된 지분증권 총수의 5분의 1 이상의 수로 결의할 수 있도록 예외를 인정하고 있다(법 제226조 제3항).

또한 투자익명조합의 익명조합원총회에 관하여는 투자신탁의 수익자총회에 관한 규정(법 제190조 제3항 · 제4항 및 제6항부터 제10항까지)을 준용하도록 하고 있다(법 제226조 제4항).

4) 준용규정

(1) 정관변경

자본시장법은 투자익명조합의 익명조합계약변경에 관하여 투자회사의 정관변경에 관한 규정(법 제195조)을 준용하도록 규정하고 있다. 또한 자본시장법은 투자익명조합의 지분증권에 관하여 투자유한회사의 지분증권에 관한 규정(법 제208조)을 준용하도록 하고 있다. 또한 투자익명조합의 해산 · 청산에 관하여 투자합자조합의 해산 · 청산에 관한 규정(법 제221조)을 준용하도록 하고 있다.

자본시장법은 투자익명조합의 익명조합계약변경에 관하여 투자회사의 정관변경에 관한 규정(법 제195조)을 준용하도록 규정하고 있다.

즉, 투자익명조합은 ① 조합계약에서 정한 존속기간의 만료, 그 밖의 해산사유의 발생, ② 조합원총회의 결의, ③ 투자익명조합 등록의 취소, ④ 유한책임조합원의 총수가 1인이 되는 경우(다만, 건전한 거래질서를 해할 우려가 없는 경우로서 대통령령으로 정하는 경우는 제외) 중 어느 하나에 해당하는 사유가 발생하면 해산하도록 법정 해산사유를 열거하고 있다. 이 경우 청산인은 대통령령으로 정하는 사항을 금융위원회에 보고하여야 한다(법 제221조 제1항).

(2) 해산

투자익명조합이 해산하는 경우 조합계약 또는 조합원총회에서 달리 정한 경우를 제외하고는 업무집행조합원이 청산인이 되며(법 제221조 제2항), 금융위원회는 투자익명조합이 청산인이 없거나 없게 된 경우에는 직권으로 청산인을 선임하도록 규정하고 있다(법 제221조 제3항).

이때 금융위원회는 청산인이 업무를 집행함에 있어서 현저하게 부적합하거나 중대한 법령위반사항이 있는 경우에는 직권으로 또는 이해관계인의 청구에 의하여 청산인을 해임할 수 있도록 규정하고 있으며, 이 경우 금융위원회는 직권으로 새로운 청산인을 선임할 수 있도록 하였다(법 제221조 제4항).

그리고 청산인은 투자익명조합의 잔여재산을 조합원에게 분배함에 있어서 조합계약이 정하는 바에 따라 투자익명조합재산에 속하는 자산을 그 조합원에게 지급할 수 있도록 하였다(법 제221조 제5항).

(3) 청산

자본시장법은 투자합자조합의 청산에 대하여 투자회사의 청산에 관한 규정인 제203조(제2

항은 제외)을 준용하도록 하고 있다(법 제227조 제3항).

즉, 청산인은 취임 후 지체 없이 투자익명조합의 재산상황을 조사하여 청산인으로 취임한 날부터 15일 이내에 재산목록과 대차대조표를 작성하여 이를 청산인회에 제출하여 승인을 받아야 하며, 그 등본을 지체 없이 금융위원회에 제출하여야 한다.

이때 청산인은 취임한 날부터 1개월 이내에 투자익명조합의 채권자에 대하여 일정 기간 이내에 그 채권을 신고할 것과 그 기간 이내에 신고하지 아니하면 청산에서 제외된다는 뜻을 2회 이상 공고함으로써 최고하여야 한다. 이 경우 그 신고기간은 1개월 이상으로 하여야 한다.

그리고 청산인은 자금차입・채무보증 또는 담보제공이 제한되는 투자익명조합의 경우 1개월 이내의 채권신고기간과 2회 이상 공고 등의 규정에도 불구하고 대통령령으로 정하는 방법에 따라 채권자에 대한 최고절차를 생략할 수 있다. 그러나 장내파생상품 매매에 따른 계약이행책임이 있는 경우 등 대통령령으로 정하는 경우에는 그 절차를 생략하여서는 아니 된다.

청산인은 청산사무가 종결된 경우에는 지체 없이 결산보고서를 작성하여 익명조합원총회의 승인을 받아야 한다. 이 경우 그 결산보고서를 공고하고, 이를 금융위원회 및 협회에 제출하여야 한다.

그리고 익명조합원이 청산인이 되는 경우에는 정관 또는 익명조합원총회가 정하는 바에 따라, 그리고 금융위원회가 이해관계인의 청구에 의하여 청산인을 선임하는 경우 및 투자익명조합 등록취소의 사유로 해산하여 금융위원회가 직권으로 청산인을 선임한 경우에는 금융위원회가 정하는 바에 따라 투자익명조합으로부터 보수를 지급받을 수 있다(법 제203조 제6항).

청산인은 승인을 얻은 재산목록과 대차대조표를 청산종결시까지 투자익명조합에 비치하여야 하며, 이를 집합투자업자 및 투자매매업자・투자중개업자에게 송부하여 그 영업소에 비치하도록 하여야 한다(법 제221조 제6항).

5) 다른 법률과 관계

자본시장법은 투자익명조합에 대하여 상법의 익명조합에 관한 규정의 적용을 배제하는 한편 신탁법에 관한 규정은 준용하도록 규정하고 있다.

이에 따르면 투자익명조합에 대하여는 익명조합의 이익배당과 손실분담에 관한 상법 제82조 제3항, 익명조합의 계약 해지에 관한 상법 제83조 및 익명조합 계약의 종료에 관한 상법 제84조의 적용을 배제하는 특칙규정을 두고 있다(법 제228조 제1항).

그리고 자본시장법은 투자익명조합에 대하여 신탁법 제3장을 준용하도록 규정하고 있다(법 제228조 제2항).

즉, 신탁법 제3장에서는 '신탁재산'에 관하여 규정하고 있는데, 투자익명조합재산에 대하여는 강제집행, 담보권 실행 등을 위한 경매, 보전처분(강제집행 등) 또는 국세 등 체납처분을 할 수 없다. 다만, 투자익명조합 가입 전의 원인으로 발생한 권리 또는 투자익명조합 가입사무의 처리상 발생한 권리에 기한 경우에는 예외이다신탁법 제22조).

그리고 익명조합원이나 영업자는 이를 위반한 강제집행등에 대하여 이의를 제기할 수 있으며, 익명조합원이나 영업자는 이를 위반한 국세 등 체납처분에 대하여 이의를 제기할 수 있다. 이 경우 국세 등 체납처분에 대한 불복절차를 준용한다.

또한 투자익명조합재산은 영업자의 상속재산에 속하지 아니하며, 영업자의 이혼에 따른 재산분할의 대상이 되지 아니하며, 투자익명조합재산은 영업자의 파산재단, 회생절차의 관리인이 관리 및 처분 권한을 갖고 있는 채무자의 재산이나 개인회생재단을 구성하지 아니한다.

투자익명조합재산에 속하는 채권과 투자익명조합재산에 속하지 아니하는 채무는 상계(相計)하지 못한다. 다만, 양 채권·채무가 동일한 재산에 속하지 아니함에 대하여 제3자가 선의이며 과실이 없을 때에는 그러하지 아니하다(신탁법 제25조).

투자익명조합재산에 속하는 채무에 대한 책임이 투자익명조합재산만으로 한정되는 경우에는 투자익명조합재산에 속하지 아니하는 채권과 투자익명조합재산에 속하는 채무는 상계하지 못한다. 다만, 양 채권·채무가 동일한 재산에 속하지 아니함에 대하여 제3자가 선의이며 과실이 없을 때에는 그러하지 아니하다.

그리고 ① 동일한 물건에 대한 소유권과 그 밖의 물권이 각각 투자익명조합재산과 고유재산 또는 서로 다른 투자익명조합재산에 귀속하는 경우, ② 소유권 외의 물권과 이를 목적으로 하는 권리가 각각 투자익명조합재산과 고유재산 또는 서로 다른 투자익명조합재산에 귀속하는 경우, ③ 투자익명조합재산에 대한 채무가 영업자에게 귀속하거나 영업자에 대한 채권이 투자익명조합재산에 귀속하는 경우 혼동(混同)으로 인하여 권리가 소멸하지 아니한다.

투자익명조합재산의 관리, 처분, 운용, 개발, 멸실, 훼손, 그 밖의 사유로 영업자가 얻은 재산은 투자익명조합재산에 속하며, 투자익명조합재산과 고유재산간에 귀속관계를 구분할 수 없는 경우 그 재산은 투자익명조합재산에 속한 것으로 추정하며, 서로 다른 투자익명조합재산 간에 귀속관계를 구분할 수 없는 경우 그 재산은 각 투자익명조합재산 간에 균등하게 귀속된 것으로 추정한다.

이때 영업자는 투자익명조합재산의 점유에 관하여 위탁자의 점유의 하자를 승계한다(신탁법 제30조). 투자자가 투자익명조합의 지분증권을 매수한 경우 투자익명조합에 가입한 것으로 본다(자본시장법 제228조 제3항).

제3장 집합투자기구의 종류

1. 집합투자기구의 종류

자본시장법은 집합투자재산의 운용대상에 따라 집합투자기구를 증권 집합투자기구, 부동산 집합투자기구, 특별자산 집합투자기구, 혼합자산 집합투자기구, 단기금융 집합투자기구로 구분하고 있다(법 제229조). 그 밖에도 환매금지형 집합투자기구와 종류형 집합투자기구, 전환형 집합투자기구, 모자형 집합투자기구, 상장지수 집합투자기구, 기업재무안정 투자회사 등 특수한 형태의 집합투자기구도 실무상 존재하고 있다.

우선 증권집합투자기구는 집합투자재산의 50%를 초과하여 증권에 투자하는 집합투자기구로서 부동산집합투자기구 및 특별자산집합투자기구에 해당하지 아니하는 집합투자기구를 말한다.

부동산집합투자기구는 집합투자재산의 50%를 초과하여 부동산에 투자하는 집합투자기구를 말하며, 특별자산집합투자기구는 집합투자재산의 50%를 초과하여 특별자산(증권 및 부동산을 제외한 투자대상자산)에 투자하는 집합투자기구를 말한다.

혼합자산집합투자기구는 집합투자재산을 운용함에 있어서 증권집합투자기구, 부동산집합투자기구, 특별자산집합투자기구의 규정의 제한을 받지 아니하는 집합투자기구를 말하며, 단기금융집합투자기구는 집합투자재산 전부를 단기금융상품에 투자하는 집합투자기구를 말한다.

2. 특수한 형태의 집합투자기구

1) 환매금지형 집합투자기구

집합투자기구는 투자자에게 환매권을 부여하는지 여부에 따라 개방형 집합투자기구와 폐쇄형 집합투자기구로 구분하는데, 개방형 집합투자기구는 투자자에게 환매권을 인정하지만 폐쇄형 집합투자기구는 투자자에게 환매권을 인정하지 않는다. 일반적으로 집합투자기구는 환매권을 인정하지만, 특수한 경우에는 환매권을 제한할 수 있는데, 이를 '환매금지형 집합투자기구'라 한다.

자본시장법상 투자자는 언제든지 집합투자증권의 환매를 청구할 수 있도록 기본원칙을 정해 놓고 있지만, 예외적으로 투자신탁 · 투자유한회사 · 투자합자회사 · 투자유한책임회사 · 투자합자조합 및 투자익명조합을 설정 · 설립하고자 하는 집합투자업자 또는 투자회사의 발기인은 존속기간을 정한 집합투자기구에 대하여만 집합투자증권의 환매를 청구할 수 없는 환매금지형 집합투자기구를 설정 · 설립할 수 있도록 하고 있다.

그리고 투자신탁이나 투자익명조합의 집합투자업자 또는 투자회사 등은 기존 투자자의 이익을 해할 우려가 없는 등 대통령령으로 정하는 때에만 환매금지형 집합투자기구의 집합투자증권을 추가로 발행할 수 있도록 제한하고 있다.

이때 투자신탁의 집합투자업자 또는 투자회사는 신탁계약 또는 정관에 투자자의 환금성 보장 등을 위한 별도의 방법을 정하지 아니한 경우에는 환매금지형 집합투자기구의 집합투자증권을 최초로 발행한 날부터 90일 이내에 그 집합투자증권을 증권시장에 상장하여야 한다.

그리고 집합투자재산의 평가 및 기준가격의 산정을 정하고 있는 규정은 환매금지형 집합투자기구의 집합투자증권에 관하여는 적용하지 아니한다. 그러나 추가로 집합투자증권을 발행할 수 있는 환매금지형 집합투자기구의 경우에는 이를 적용한다.

그리고 집합투자업자 등은 집합투자기구의 투자대상자산이 현금화되기 곤란한 사정 등을 고려하여 대통령령으로 정하는 경우에는 그 집합투자기구를 환매금지형 집합투자기구로 설정 · 설립하여야 한다(법 제230조).

2) 종류형 집합투자기구

자본시장법은 판매보수의 차이로 인하여 기준가격이 다르거나 판매수수료가 다른 여러 종류의 집합투자증권을 발행하는 집합투자기구에 관하여 별도의 규정을 두고 있다.

이에 따르면 집합투자업자 등은 투자신탁의 수익증권, 투자회사의 주식, 투자유한회사의 지분증권에 관한 규정들에도 불구하고 같은 집합투자기구에서 판매보수의 차이로 인하여 기준가격이 다르거나 판매수수료가 다른 여러 종류의 집합투자증권을 발행하는 종류형 집합투자기구를 설정 · 설립할 수 있다(법 제231조).

그리고 종류형 집합투자기구는 집합투자자총회의 결의가 필요한 경우로서 특정종류의 집합투자증권의 투자자에 대하여만 이해관계가 있는 경우에는 그 종류의 투자자만으로 종류집합투자자총회를 개최할 수 있다.

3) 전환형 집합투자기구

자본시장법은 특수한 형태의 집합투자기구로 각 집합투자기구의 투자자가 소유하고 있는 집합투자증권을 다른 집합투자기구의 집합투자증권으로 전환할 수 있는 권리가 부여된 전환형 집합투자기구에 관하여 규정하고 있다.

이에 따르면 집합투자업자 등은 복수의 집합투자기구 간에 각 집합투자기구의 투자자가 소유하고 있는 집합투자증권을 다른 집합투자기구의 집합투자증권으로 전환할 수 있는 권리를 투자자에게 부여하는 구조의 전환형 집합투자기구를 설정・설립하는 경우에는 ① 복수의 집합투자기구 간에 공통으로 적용되는 집합투자규약이 있을 것 ② 집합투자규약에 집합투자기구 간의 전환이 금지되어 있을 것이라는 요건을 모두 충족하여야 한다(법 제232조).

4) 모자형 집합투자기구

자본시장법은 모집합투자기구와 자집합투자기구간의 관계가 설정되는 경우 이들 집합투자기구에 대한 증권취득을 제한하는 규정을 두고 있는데, 우선 모집합투자기구가 자집합투자기구를 설정하고 설립하는 것에 대한 기본원칙을 정해 놓고 있다.

이에 따르면 집합투자업자 등은 모집합투자기구가 발행하는 집합투자증권을 취득하는 구조의 자집합투자기구를 설정・설립하는 경우에는 3가지 요건인 ① 자집합투자기구가 모집합투자기구의 집합투자증권만의 취득을 허용할 것, ② 자집합투자기구 만이 모집합투자기구의 집합투자증권을 취득하는 것을 허용할 것, ③ 자집합투자기구와 모집합투자기구의 집합투자재산을 운용하는 집합투자업자가 동일할 것 등의 요건을 모두 충족하여야 한다.

그리고 자산운용의 제한과 관련하여 집합투자업자가 집합투자재산을 집합투자증권에 운용하는 것을 금지시키고 있는 규정(법 제81조 제1항 제3호, 라목 제외)은 자집합투자기구가 모집합투자기구의 집합투자증권을 취득하는 경우에는 적용하지 않도록 예외를 인정하고 있다(법 제233조).

5) 상장지수 집합투자기구

자본시장법은 특수한 형태의 집합투자기구 중 하나로 상장지수 집합투자기구(ETF: Exchange Traded Fund)에 관하여 별도의 규정을 두고 있다.

상장지수 집합투자기구(ETF)란 상장지수 펀드라고도 하는데 특정자산의 가격 또는 특정지수의 변화에 연동하여 운용하는 것을 목표로 하는 집합투자기구로서 거래소에 상장되어 주식처럼 거래되는 집합투자기구를 말한다.

이러한 ETF는 지수의 움직임에 연동하도록 설계되기 때문에 소규모 자금으로도 분산투자가 가능하고 개별종목에 대한 투자가 아니라 시장의 방향성에 대한 투자이므로 비교적 투자판단이 용이하다.

더욱이 거래소에 상장되어 거래되기 때문에 주식투자와 동일한 환금성을 확보할 수 있고, 그 보수가 낮기 때문에 시장에 대한 장기 투자시 가장 효과적인 투자수단이라 말할 수 있다. ETF는 납입자산구성내역(PDF : Portfolio Deposit File) 공시제도를 통해 펀드의 포트폴리오를 매일 확인할 수 있어 일반 펀드보다 펀드 운용면에서 투명하다.

이러한 상장지수 집합투자기구에 대하여 자본시장법은 ① 금융투자업자의 대주주가 발행한 증권을 소유하는 행위, ② 금융투자업자의 특수관계인(금융투자업자의 대주주를 제외) 중 대통령령으로 정하는 자가 발행한 주식, 채권 및 약속어음(기업이 사업에 필요한 자금을 조달하기 위하여 발행한 것에 한한다)을 소유하는 행위를 금지시키고 있는 규정, 금융투자업자의 주요의결사항에 관한 규정, 자산운용보고서의 교부에 관한 규정, 주식 등의 대량보유 등의 보고에 관한 규정, 내부자의 단기매매차익 반환에 관한 규정, 임원 등의 특정증권 등 소유상황 보고에 관한 규정, 환매청구 및 방법에 관한 규정, 환매가격 및 수수료에 관한 규정, 환매의 연기에 관한 규정은 상장지수 집합투자기구가 3가지 요건을 충족하는 경우 그 적용을 배제하고 있다. 여기서 말하는 3가지 요건이란 ① 기초자산의 가격 또는 기초자산의 종류에 따라 다수 종목의 가격수준을 종합적으로 표시하는 지수의 변화에 연동하여 운용하는 것을 목표로 할 것, ② 수익증권 또는 투자회사 주식의 환매가 허용될 것, ③ 수익증권 또는 투자회사 주식이 해당 투자신탁의 설정일 또는 투자회사의 설립일부터 30일 이내에 증권시장에 상장될 것 등이다(법 제234조).

그리고 투자매매업자 또는 투자중개업자가 상장지수 집합투자기구의 설정·설립을 위하여 자기 또는 타인의 계산으로 증권을 매매하는 경우에는 투자일임업을 영위하는 것으로 보지 않는다.

그리고 상장지수 집합투자기구를 설정·추가설정 또는 설립·신주발행하는 경우 신탁원본 전액의 금전납입 및 투자회사의 주식을 인수한 발기인의 인수가액 납입에 관한 규정에도 불구하고 금전 외의 자산으로 납입할 수 있도록 예외를 인정하고 있다(법 제234조 제3항).

이때 상장지수 집합투자기구의 설정·추가설정·설립 및 신주발행, 집합투자증권의 판매 및 환매, 상장 및 상장폐지, 소유 재산의 공고, 그 밖에 필요한 사항은 대통령령으로 정한다(법 제234조 제4항).

제4장 집합투자증권의 환매

1. 환매청구 및 방법

집합투자증권의 환매(Redemption)란 집합투자기구에 투자한 투자자가 집합투자기구의 순자산가치대로 자신의 투자금의 전부 또는 일부를 회수하는 것을 말한다.

일반적으로 투자자가 판매회사에 집합투자증권의 환매를 청구하면 판매회사는 자산운용회사 또는 투자회사에 이를 전달하고, 원칙적으로 집합투자기구재산으로 보유중인 현금으로 환매대금을 지급하고 환매한 집합투자기구의 지분은 소각하여야 하지만, 투자자 전원의 동의가 있는 경우에는 집합투자기구에서 보유중인 자산으로 지급할 수 있다(법 제235조).

그리고 환매대금의 지급시기는 집합투자규약에서 정하는 바에 따르며 일반적으로 국내주식에 투자하는 주식형 집합투자기구의 경우 환매청구일로부터 4영업일에 환매대금을 지급하고 있다.

집합투자규약에서 정한 환매수수료 부과기간 이전에 투자자가 환매하는 경우 이익금의 일정비율만큼 환매수수료를 부담하여야 하며, 환매수수료는 집합투자기구 재산으로 귀속된다. 그러나 집합투자기구 보유자산의 매각이 불가능하여 사실상 환매에 응할 수 없는 경우 수익자총회를 통해 일정기간을 정하여 환매연기를 할 수 있다. 그리고 집합투자기구 자산이 매각가능한 자산과 매각불가능한 자산으로 혼합구성되어 있는 경우 매각이 가능한 자산에 대하여만 부분환매를 실시할 수 있다.

이에 따르면 투자자는 언제든지 집합투자증권의 환매를 청구할 수 있으며, 투자자가 집합투자증권의 환매를 청구하고자 하는 경우에는 그 집합투자증권을 판매한 투자매매업자 또는 투자중개업자에게 청구하여야 한다. 그러나 투자매매업자 또는 투자중개업자가 해산 · 인가취소 또는 업무정지, 그 밖에 해산 등의 사유로 인하여 환매청구에 응할 수 없는 경우에는 해당 집합투자기구의 집합투자업자에게 직접 청구할 수 있으며, 환매청구를 받은 집합투자업자가 해산등으로 인하여 환매에 응할 수 없는 경우에는 해당 집합투자재산을 보관 · 관리하는 신탁업자에게 청구할 수 있다.

이때 환매청구를 받은 투자매매업자 또는 투자중개업자는 수익증권 또는 투자익명조합의 지분증권인 경우 해당 투자신탁 또는 투자익명조합의 집합투자업자에 대하여, 투자회사 등이 발행한 집합투자증권인 경우 그 투자회사 등에 대하여 각각 지체 없이 환매에 응할 것을 요구하여야 하며, 투자회사 등이 발행한 집합투자증권의 환매청구를 받은 집합투자업자 또는 신탁업자는 투자회사 등에 대하여 지체 없이 환매에 응할 것을 요구하여야 한다.

그리고 환매청구를 받거나 환매에 응할 것을 요구받은 투자신탁이나 투자익명조합의 집합투자업자(해당 집합투자재산을 보관・관리하는 신탁업자 포함) 또는 투자회사 등은 그 집합투자기구의 투자대상자산의 환금성 등을 고려하여 투자자가 환매청구를 한 날부터 15일 이내에 집합투자규약에서 정한 환매일에 환매대금을 지급하여야 한다.

또한 투자신탁이나 투자익명조합의 집합투자업자 또는 투자회사 등은 환매대금을 지급하는 경우 집합투자재산의 범위에서 집합투자재산으로 소유 중인 금전 또는 집합투자재산을 처분하여 조성한 금전으로만 환매대금을 지급하여야 한다. 다만, 집합투자기구의 투자자 전원의 동의를 얻은 경우에는 예외적으로 그 집합투자기구에서 소유하고 있는 집합투자재산으로 지급할 수 있다.

그리고 집합투자증권을 판매한 투자매매업자・투자중개업자, 집합투자재산을 운용하는 집합투자업자 또는 집합투자재산을 보관・관리하는 신탁업자는 환매청구를 받거나 환매에 응할 것을 요구받은 집합투자증권을 자기의 계산으로 취득하거나 타인에게 취득하게 할 수 없다. 그러나 집합투자증권의 원활한 환매를 위하여 필요하거나 투자자의 이익을 해할 우려가 없는 경우에는 그 투자매매업자・투자중개업자・집합투자업자 또는 신탁업자는 환매청구를 받거나 환매에 응할 것을 요구받은 집합투자증권을 자기의 계산으로 취득할 수 있다.

그리고 투자신탁이나 투자익명조합의 집합투자업자 또는 투자회사 등은 이 장에 따라 집합투자증권을 환매한 경우에는 그 집합투자증권을 소각하여야 한다.

2. 환매가격 및 수수료

자본시장법은 환매시 환매가격 및 수수료에 관한 기본원칙을 정해 놓고 있는데, 이에 따르면 투자신탁이나 투자익명조합의 집합투자업자 또는 투자회사 등은 집합투자증권을 환매하는 경우 환매청구일 후에 산정되는 기준가격으로 하여야 한다.

그러나 투자자의 이익 또는 집합투자재산의 안정적 운용을 해할 우려가 없는 경우에는 환매청구일 이전에 산정된 기준가격으로 환매할 수 있다(법 제236조).

그리고 집합투자증권을 환매하는 경우에 부과하는 환매수수료는 집합투자증권의 환매를 청구하는 해당 투자자가 부담하며, 투자자가 부담한 환매수수료는 집합투자재산에 귀속된다.

3. 환매의 연기

자본시장법은 환매를 위하여 자산을 처분하는 것이 불가능한 경우 이를 연기할 수 있도록 예외를 인정하고 있다. 이에 따르면 투자신탁이나 투자익명조합의 집합투자업자 또는 투자회사 등은 집합투자재산인 자산의 처분이 불가능한 사유로 인하여 집합투자규약에서 정한 환매일에 집합투자증권을 환매할 수 없게 된 경우에는 그 집합투자증권의 환매를 연기할 수 있다. 이 경우 투자신탁이나 투자익명조합의 집합투자업자 또는 투자회사 등은 환매를 연기한 날부터 6주 이내에 집합투자자총회에서 집합투자증권의 환매에 관하여 필요한 사항을 결의하여야 한다(법 제237조).

그리고 투자신탁이나 투자익명조합의 집합투자업자 또는 투자회사 등은 집합투자자총회에서 집합투자증권의 환매에 관한 사항을 정하지 아니하거나 환매에 관하여 정한 사항의 실행이 불가능한 경우에는 계속하여 환매를 연기할 수 있다.

이때 투자신탁이나 투자익명조합의 집합투자업자 또는 투자회사 등은 집합투자자총회에서 환매에 관한 사항이 결의되거나 환매의 연기를 계속하는 경우 지체 없이 ① 집합투자자총회에서 환매에 관한 사항을 결의한 경우와, ② 환매연기를 계속하는 경우를 각각 구분하여 자본시장법이 정한 사항을 투자자에게 통지하여야 한다.

즉, 집합투자자총회에서 환매에 관한 사항을 결의한 경우에는 그 결의사항과 그 밖에 필요한 사항을 투자자에게 통지하여야 하며, 환매연기를 계속하는 경우에는 ① 환매를 연기하는 사유, ② 환매를 연기하는 기간, ③ 환매를 재개하는 경우 환매대금의 지급방법, ④ 그 밖에 필요한 사항을 투자자에게 통지하여야 한다.

그리고 투자신탁이나 투자익명조합의 집합투자업자 또는 투자회사 등은 환매연기사유의 전부 또는 일부가 해소된 경우에는 환매가 연기된 투자자에 대하여 환매한다는 뜻을 통지하고 환매대금을 지급하여야 한다.

또한 투자신탁이나 투자익명조합의 집합투자업자 또는 투자회사 등은 집합투자재산의 일부가 환매연기사유에 해당하는 경우 그 일부에 대하여는 환매를 연기하고 나머지에 대하여는 투자자가 소유하고 있는 집합투자증권의 지분에 따라 환매에 응할 수 있다.

그리고 투자신탁이나 투자익명조합의 집합투자업자 또는 투자회사 등은 환매가 연기된 집합투자재산만으로 별도의 집합투자기구를 설정 또는 설립할 수 있다. 이 경우 자산운용의 제한(제81조), 자산운용보고서의 교부(제88조), 집합투자재산의 평가 및 기준가격의 산정(제238조 제7항), 집합투자재산의 회계처리(제240조 제3항부터 제8항) 및 자산보관·관리보고서의 교부(제248조) 등에 관한 규정을 적용하지 않는다.

그리고 환매대금의 지급방법 및 별도의 집합투자기구의 설정 또는 설립 등에 관하여 필요한 사항은 대통령령으로 정하며(법 제237조 제7항), 투자신탁이나 투자익명조합의 집합투자업자 또는 투자회사등은 다음 4개 사항, 즉 ① 집합투자기구(투자신탁을 제외)가 해산한 경우, ② 투자회사의 순자산액이 정관이 정하는 최저순자산액에 미달하는 경우, ③ 법령 또는 법령에 따른 명령에 따라 환매가 제한되는 경우, ④ 투자신탁의 수익자, 투자회사의 주주 또는 그 수익자·주주의 질권자로서 권리를 행사할 자를 정하기 위하여 주주명부의 폐쇄, 기준일(상법 제354조 제1항, 법 제189조 제9항)에 따라 일정한 날을 정하여 수익자명부 또는 주주명부에 기재된 수익자·주주 또는 질권자를 그 권리를 행사할 수익자·주주 또는 질권자로 보도록 한 경우로서 이 일정한 날과 그 권리를 행사할 날의 사이에 환매청구를 한 경우에는 환매청구에 응하지 않을 수 있다.

이 경우 상법상으로는 주주명부의 폐쇄, 기준일을 주주 또는 질권자로서 권리를 행사할 날에 앞선 3월 내의 날로 정하도록 규정되어 있는데(상법 제354조 제3항), 자본시장법상으로 '2월 내'로 단축하였다.

제5장 평가 및 회계

1. 집합투자재산 평가 및 기준가격 산정

자본시장법은 집합투자재산의 평가 및 기준가격의 산정에 관한 기본원칙을 정하여 놓고 있다. 즉, 집합투자업자는 대통령령으로 정하는 방법에 따라 집합투자재산을 시가에 따라 평가하되, 평가일 현재 신뢰할 만한 시가가 없는 경우에는 대통령령으로 정하는 공정가액으로 평가하여야 한다.

그러나 투자자가 수시로 변동되는 등 투자자의 이익을 해할 우려가 적은 경우로서 대통령령으로 정하는 경우에는 대통령령으로 정하는 가액으로 평가할 수 있으며, 집합투자업자는 집합투자재산의 평가업무를 수행하기 위하여 평가위원회를 구성 · 운영하여야 한다(법 제238조).

이때 집합투자업자는 집합투자재산에 대한 평가가 공정하고 정확하게 이루어질 수 있도록 그 집합투자재산을 보관 · 관리하는 신탁업자의 확인을 받아 집합투자재산 평가기준을 마련하여야 한다. 이때 이 기준에는 ① 평가위원회의 구성 및 운영에 관한 사항, ② 집합투자재산의 평가의 일관성 유지에 관한 사항, ③ 집합투자재산의 종류별로 해당 재산의 가격을 평가하는 채권평가 회사를 두는 경우 그 선정 및 변경과 해당 채권평가회사가 제공하는 가격의 적용에 관한 사항, ④ 그 밖에 대통령령으로 정하는 사항 등이 포함되어야 한다.

그리고 집합투자업자는 평가위원회가 집합투자재산을 평가한 경우 그 평가명세를 지체 없이 그 집합투자재산을 보관 · 관리하는 신탁업자에게 통보하여야 하며, 집합투자재산을 보관 · 관리하는 신탁업자는 집합투자업자의 집합투자재산에 대한 평가가 법령 및 집합투자재산 평가기준에 따라 공정하게 이루어졌는지 확인하여야 한다.

그리고 투자신탁이나 투자익명조합의 집합투자업자 또는 투자회사 등은 집합투자재산의 평가결과에 따라 집합투자증권의 기준가격을 산정하여야 하며, 투자신탁이나 투자익명조합의 집합투자업자 또는 투자회사 등은 산정된 기준가격을 매일 공고 · 게시하여야 한다.

다만, 기준가격을 매일 공고 · 게시하기 곤란한 경우에는 해당 집합투자규약에서 기준가격의 공고 · 게시주기를 15일 이내의 범위에서 별도로 정할 수 있다.

그리고 금융위원회는 투자신탁이나 투자익명조합의 집합투자업자 또는 투자회사 등이 거짓으로 기준가격을 산정한 경우에는 그 투자신탁이나 투자익명조합의 집합투자업자 또는 투자회사 등에 대하여 기준가격 산정업무를 일반사무 관리회사에 그 범위를 정하여 위탁하도록 명할 수 있다. 이 경우 해당 집합투자업자 및 그 집합투자업자의 계열회사, 투자회사・투자유한회사・투자합자회사・투자유한책임회사의 계열회사는 그 수탁대상에서 제외된다.

2. 결산서류 작성

자본시장법은 자본시장에 대한 투자자의 신뢰를 제고할 수 있도록 회계투명성을 확보하고자 투자신탁이나 투자익명조합의 집합투자업자 또는 투자회사 등의 결산서류 작성 등에 관한 기본원칙을 정하여 놓고 있다.

이에 따르면 투자신탁이나 투자익명조합의 집합투자업자 또는 투자회사 등은 집합투자기구의 결산기마다 ① 대차대조표, ② 손익계산서, ③ 자산운용보고서 등 서류 및 부속명세서(결산서류)를 작성하여야 한다(법 제239조).

그리고 투자회사의 법인이사는 결산서류의 승인을 위하여 이사회 개최 1주 전까지 그 결산서류를 이사회에 제출하여 그 승인을 받아야 하며, 투자신탁이나 투자익명조합의 집합투자업자 또는 투자회사 등은 ① 결산서류, ② 회계감사보고서, ③ 집합투자자총회 의사록, ④ 이사회 의사록(투자회사의 경우) 등의 각 서류를 본점(투자회사 등의 경우 그 투자회사 등의 집합투자재산을 운용하는 집합투자업자의 본점을 포함)에 비치하여야 하며, 해당 집합투자증권을 판매한 투자매매업자 또는 투자중개업자에게 이를 송부하여 그 영업소에 비치하도록 하여야 한다.

그리고 투자신탁이나 투자익명조합의 집합투자업자, 투자회사 등 및 해당 집합투자증권을 판매한 투자매매업자 또는 투자중개업자는 결산서류 및 회계감사보고서를 비치일부터 5년간 보존하여야 한다.

집합투자기구의 투자자 및 채권자는 영업시간 중 언제든지 비치된 서류를 열람할 수 있으며, 그 서류의 등본 또는 초본의 교부를 청구할 수 있으며, 결산서류의 기재사항 등에 관하여 필요한 사항은 금융위원회가 정하여 고시한다.

3. 집합투자재산 회계처리

자본시장법은 시장의 신뢰를 제고하기 위하여 집합투자재산의 회계처리에 관한 기본원칙을 정하여 놓고 있다.

이에 따르면 투자신탁이나 투자익명조합의 집합투자업자 또는 투자회사 등은 집합투자재산에 관하여 회계처리를 하는 경우 금융위원회가 증권선물위원회의 심의를 거쳐 정하여 고시한 회계처리기준에 따를 것을 요구하고 있다(법 제240조).

그리고 금융위원회는 회계처리기준의 제정 또는 개정을 전문성을 갖춘 민간법인 또는 단체인 한국회계기준원에게 위탁할 수 있으며, 이 경우 한국회계기준원은 회계처리기준을 제정 또는 개정한 때에는 이를 금융위원회에 지체 없이 보고하여야 한다.

투자신탁이나 투자익명조합의 집합투자업자 또는 투자회사 등은 집합투자재산에 대하여 회계기간의 말일부터 2개월 이내에 회계감사를 받아야 한다. 그러나 계약기간 종료 또는 해지의 경우의 경우에는 그 종료일 또는 해지일로부터 2개월, 존속기간 만료 또는 해산의 경우에는 그 만료일 또는 해산일 등 각 날부터 2개월 이내에 회계감사인의 회계감사를 받아야 한다. 그러나 예외적으로 투자자의 이익을 해할 우려가 없는 경우로서 ① 집합투자기구의 자산총액이 300억원 이하인 경우와 ② 집합투자기구의 자산총액이 300억원 초과 500억원 이하인 경우로서 회계기간의 말일에 해당하는 날 이전 6개월간 집합투자증권을 추가로 발행하지 아니한 경우에는 회계감사가 면제된다.

그리고 투자신탁이나 투자익명조합의 집합투자업자 또는 투자회사 등은 집합투자재산의 회계감사인을 선임하거나 교체한 경우에는 지체 없이 그 집합투자재산을 보관·관리하는 신탁업자에게 그 사실을 통지하여야 하며, 그 선임일 또는 교체일부터 1주 이내에 금융위원회에 그 사실을 보고하여야 한다.

또한 회계감사인은 투자신탁이나 투자익명조합재산의 집합투자업자 또는 투자회사 등의 집합투자증권의 기준가격 산정업무 및 집합투자재산의 회계처리 업무를 감사함에 있어서 집합투자재산 평가기준을 준수하는지 여부를 감사하고 그 결과를 투자신탁이나 투자익명조합의 집합투자업자의 감사 또는 감사위원회, 투자회사 등에 통보하여야 한다.

이때 회계감사인은 감사기준 및 외감법상의 회계감사기준에 따라 회계감사를 실시하여야 하며, 회계감사인은 ① 그 집합투자재산을 운용하는 집합투자업자, ② 그 집합투자재산을 보관·관리하는 신탁업자, ③ 해당 집합투자증권을 판매하는 투자매매업자·투자중개업자, ④ 투자회사로부터 업무를 위탁받은 일반사무 관리회사 또는 투자신탁이나 투자익명조합의 집합투자업자 또는 투자회사 등으로부터 기준가격 산정업무를 위탁받은 일반사무 관리회사에게 집합투자재산의 회계장부 등 관계 자료의 열람·복사를 요청하거나 회계감사에 필요한 자료의 제출을 요구할 수 있다.

그리고 외감법상의 비밀엄수의무에 관한 규정(제9조)은 집합투자재산의 회계감사에 관하여 준용하지만, 외부감사나 내부회계관리제도의 운영에 관한 규정은 투자회사에는 적용하지 않는다.

4. 회계감사인 손해배상책임

자본시장법은 시장의 신뢰를 제고하기 위하여 집합투자재산의 회계처리에 관한 기본원칙을 정하여 놓고, 회계감사인에게 손해배상책임을 부과하여 회계감사의 효율성을 확보하고자 하고 있다. 즉, 회계감사인이 집합투자재산의 회계감사의 결과 회계감사보고서 중 중요사항에 관하여 거짓의 기재 또는 표시가 있거나 중요사항이 기재 또는 표시되지 아니함으로써 이를 이용한 투자자에게 손해를 끼친 경우에는 당해 회계감사인은 그 투자자에 대하여 손해를 배상할 책임을 진다. 이 경우 감사반이 회계감사인인 때에는 그 신탁재산에 대한 감사에 참여한 자가 연대하여 손해를 배상할 책임을 진다(법 제241조).

이처럼 감사에 참여한 자들에게 법적 근거는 민법상의 공동불법행위자에 관한 일반 법리라고 할 수 있으며, 여기서 말하는 연대책임이란 부진정 연대책임을 의미한다.

그리고 회계감사인이 투자자에 대하여 손해를 배상할 책임이 있는 경우로서 해당 집합투자재산을 운용하는 집합투자업자의 이사・감사・감사위원회 또는 투자회사의 감독이사에게도 귀책사유가 있는 경우에는 그 회계감사인과 집합투자업자의 이사・감사 또는 투자회사의 감독이사는 연대하여 손해를 배상할 책임을 진다. 다만, 손해를 배상할 책임이 있는 자가 고의가 없는 경우에 그 자는 법원이 귀책사유에 따라 정하는 책임비율에 따라 책임을 진다.

이에 따라 과거에는 분식회계 및 허위 감사보고서 등을 감사하면서 중요사항에 대하여 허위사실을 미쳐 파악하지 못한 경우 감사인도 회사의 임원 등과 연대해 손해를 배상할 책임이 있지만, 2014년 1월 법개정으로 인해 현재는 감사인은 귀책비율에 따라 손해배상 책임 중 일부만을 부담할 수 있게 되었다.

이와 관련하여 회계감사인의 비례책임제도(proportionate liability)는 1995년 증권민사소송개혁법(Private Securities Litigation Reform Act of 1995)을 제정하여 외부감사인의 연대책임 대신 비례책임제도를 도입한 우리나라에서도 분식회계에 대한 회계감사인의 연대책임을 비례책임으로 전환하자는 의견들이 제시되었고, 이러한 의견들이 금번 2014년 법개정시 반영되었다.

그러나 이러한 비례책임을 인정하는 경우 생계가 어려운 국민기초생활보장대상자가 충분한 배상을 받지 못하게 되는 것을 우려하여, 저소득층인 피해자인 경우에는 회계감사인에게도 연대책임을 인정하는 특례규정을 두었다. 즉, 손해배상을 청구하는 자의 소득인정액이 최저생계비의 120% 이하인 사람에 대하여는 회계감사인과 신탁업자의 이사・감사는 연대하여 손해를 배상할 책임이 있다(법 제115조 제3항).

5. 이익금 분배

자본시장법은 투자자의 이익을 보호하기 위하여 법으로 집합투자기구의 집합투자재산 운용에 따라 발생한 이익금을 투자자에게 배분하는 원칙을 정하여 놓고 있다.

이에 따르면 투자신탁이나 투자익명조합의 집합투자업자 또는 투자회사 등은 집합투자기구의 집합투자재산 운용에 따라 발생한 이익금을 투자자에게 금전 또는 새로 발행하는 집합투자증권으로 분배할 의무를 부과시키고 있다. 그러나 예외적으로 집합투자기구의 특성을 고려하여 대통령령으로 정하는 집합투자기구의 경우에는 집합투자규약이 정하는 바에 따라 이익금의 분배를 집합투자기구에 유보할 수 있다(법 제242조).

그리고 투자신탁이나 투자익명조합의 집합투자업자 또는 투자회사 등은 집합투자기구의 특성에 따라 이익금을 초과하여 분배할 필요가 있는 경우에는 이익금을 초과하여 금전으로 분배할 수 있다. 그러나 투자회사의 경우에는 순자산액에서 최저순자산액을 뺀 금액을 초과하여 분배할 수 없다.

6. 최저순자산액 미달사실 보고

자본시장법은 투자회사의 재정건전성 확보를 위하여 최저순자산액 보고의무를 부과시키고 있는데, 이에 따르면 투자회사는 그 순자산액이 최저순자산액에 미달하게 된 경우에는 그 날부터 3일 이내에 그 사실을 금융위원회에 보고하여야 한다(법 제243조).

이때 금융위원회는 순자산액이 최저순자산액에 미달하게 된 투자회사에 대하여 3개월이 경과될 때까지 순자산액 미달상태가 계속되는 경우에는 등록을 취소할 수 있다는 뜻을 통지하여야 하며, 최저순자산액은 10억 원 이상이다(법 제194조 제5항).

제6장 집합투자재산의 보관 및 관리

1. 선관주의의무

자본시장법은 투자자이익의 보호를 위하여 집합투자재산을 보관·관리하는 신탁업자에게 선관주의의무를 부과시키고 있다.

선관주의의무란 일반적으로 평균인에게 요구되는 주의의무라고 할 수 있으므로 집합투자재산을 보관·관리하는 신탁업자의 경우에는 당해 신탁업에 종사하는 일반적 평균인을 기준으로 그에게 요구되는 주의의무이다.

2. 적용배제

신탁업자가 투자신탁재산을 신탁받는 경우 그 투자신탁에 관하여는 자본시장법이 규정하고 있는 신탁업자의 영업행위 규칙에 관한 규정의 적용을 배제하도록 하는 특례를 인정하고 있다(제2편 제4장 제2절 제4관).

그러나 신탁업자의 영업행위 규칙에 관한 규정 중 신탁업자의 합병에 관한 법 제116조 및 신탁업을 영위하는 금융투자업자의 청산에 관한 법 제117조는 투자신탁재산을 신탁받는 경우 그 투자신탁에 대하여도 그대로 적용하도록 예외를 인정하였다.

3. 신탁업자의 업무제한

자본시장법은 집합투자재산을 보관·관리하는 신탁업자의 업무를 제한하고 있는데, 이에 따르면 이 신탁업자가 ① 해당 집합투자기구(투자회사·투자유한회사·투자합자회사 및 투자유한책임회사로 한정)가 되는 것과 ② 그 집합투자재산을 운용하는 집합투자업자의 계열회사가 되는 것은 현재는 물론이고 장래에도 금지된다(법 제246조).

그리고 이 신탁업자는 집합투자재산을 자신의 고유재산, 다른 집합투자재산 또는 제3자로부터 보관을 위탁받은 재산과 구분하여 관리하여야 하며, 이 경우 집합투자재산이라는 사실과 위탁자를 명기하여야 한다.

또한 이 신탁업자는 집합투자재산 중 증권, 그 밖에 대통령령으로 정하는 것을 자신의 고유재산과 구분하여 집합투자기구별로 예탁결제원에 예탁하여야 한다. 다만, 해당 증권의 유통가능성, 다른 법령에 따른 유통방법이 있는지 여부, 예탁의 실행가능성 등을 고려하여 대통령령으로 정하는 경우에는 예외가 인정된다. 그리고 이 신탁업자는 집합투자재산을 운용하는 집합투자업자가 그 신탁업자에 대하여 자산의 취득·처분 등의 이행 또는 보관·관리 등에 필요한 지시를 하는 경우 대통령령으로 정하는 방법에 따라 이를 각각의 집합투자기구별로 이행하여야 한다(법 제246조 제4항).

또한 신탁업자가 자신이 보관·관리하는 집합투자재산을 자신의 고유재산, 다른 집합투자재산 또는 제3자로부터 보관을 위탁받은 재산과 거래하는 것은 금지되는 것이 원칙이지만, 집합투자재산을 효율적으로 운용하기 위하여 필요한 경우로서 대통령령으로 정하는 경우에는 예외적으로 허용된다.

그리고 자본시장법은 신탁업자가 자신이 보관·관리하는 집합투자재산을 그 이해관계인의 고유재산과 거래하는 것을 금지시키고 있으며, 집합투자재산을 보관·관리하는 신탁업자가 그 집합투자기구의 집합투자재산에 관한 정보를 자기의 고유재산의 운용, 자기가 운용하는 집합투자재산의 운용 또는 자기가 판매하는 집합투자증권의 판매를 위하여 이용하는 것을 금지시키고 있다.

4. 운용행위감시

자본시장법은 집합투자재산의 운용에 관한 건전성 확보를 위하여 신탁업자에게 집합투자업자를 감시할 수 있는 법적 근거를 마련해 놓고 있다.

즉, 집합투자재산(투자회사재산을 제외)을 보관·관리하는 신탁업자(이하 '신탁업자')는 그 집합투자재산을 운용하는 집합투자업자의 운용지시 또는 운용행위가 법령, 집합투자규약 또는 투자설명서 등에 위반되는지 여부에 대하여 대통령령으로 정하는 기준 및 방법에 따라 확인하고 위반사항이 있는 경우에는 그 집합투자업자에 대하여 그 운용지시 또는 운용행위의 철회·변경 또는 시정을 요구하여야 한다(법 제247조 제1항).

그리고 신탁업자는 그 투자회사재산을 운용하는 집합투자업자의 운용행위가 법령, 정관 또는 투자설명서 등을 위반하는지의 여부에 대하여 대통령령으로 정하는 기준 및 방법에 따라 확인하고 위반이 있는 경우에는 그 투자회사의 감독이사에게 보고하여야 하며, 보고를 받은 투자회사의 감독이사는 그 투자회사재산을 운용하는 집합투자업자에 대하여 그 운용행위의 시정을 요구하여야 한다(법 제247조 제2항).

또한 신탁업자 또는 투자회사의 감독이사는 해당 집합투자재산을 운용하는 집합투자업자가 신탁업자 또는 투자회사의 감독이사의 요구를 제3영업일 이내에 이행하지 아니하는 경우에는 그 사실을 금융위원회에 보고하여야 하며, 이를 공시하여야 한다. 다만, 투자회사의 감독이사가 금융위원회에 대한 보고 또는 공시에 관한 업무를 이행하지 않는 경우 신탁업자가 이를 이행하여야 한다.

또한 집합투자업자는 신탁업자 또는 투자회사의 감독이사의 요구에 대하여 금융위원회에 이의를 신청할 수 있으며, 이 경우 관련 당사자는 금융위원회의 결정에 따라야 한다.

이때 신탁업자는 집합투자재산과 관련하여 ① 투자설명서가 법령 및 집합투자규약에 부합하는지 여부, ② 자산운용보고서의 작성이 적정한지 여부, ③ 위험관리방법의 작성이 적정한지 여부, ④ 집합투자재산의 평가가 공정한지 여부, ⑤ 기준가격 산정이 적정한지 여부, ⑥ 시정요구 등에 대한 집합투자업자의 이행명세, ⑦ 그 밖에 투자자 보호를 위하여 필요한 사항을 각각 확인하여야 한다.

그리고 신탁업자는 요구를 하거나 보고를 하기 위하여 필요한 경우 또는 확인의무가 부여된 사항을 확인하기 위하여 필요한 경우에는 해당 집합투자업자 또는 투자회사 등에 대하여 관련된 자료의 제출을 요구할 수 있으며, 이 경우 그 집합투자업자 또는 투자회사 등은 정당한 사유가 없는 한 이에 응하여야 한다.

5. 자산보관 · 관리보고서의 교부

자본시장법은 신탁업자에게 자산보관 · 관리보고서를 작성하여 투자자에게 교부하여야 할 의무를 부과시키고 있다.

즉, 집합투자재산을 보관 · 관리하는 신탁업자는 집합투자재산에 관하여 ① 집합투자기구의 회계기간 종료, ② 집합투자기구의 계약기간 또는 존속기간의 종료, ③ 집합투자기구의 해지 또는 해산(법 제90조 제2항) 사유가 발생한 날부터 2개월 이내에 (가) 집합투자규약의 주요 변경사항, (나) 투자운용인력의 변경, (다) 집합투자자총회의 결의내용, (라) 투자설명서가 법령 및 집합투자규약에 부합하는지 여부, (마) 자산운용보고서의 작성이 적정한지 여부, (바)

위험관리방법의 작성이 적정한지 여부, (사) 집합투자재산의 평가가 공정한지 여부, (아) 기준가격 산정이 적정한지 여부, (자) 시정요구 등에 대한 집합투자업자의 이행명세, (차) 그 밖에 투자자 보호를 위하여 필요한 사항으로서 대통령령으로 정하는 사항, (카) 그 밖에 대통령령으로 정하는 사항 등이 기재된 자산보관・관리보고서를 작성하여 투자자에게 교부하여야 한다. 다만, 투자자가 수시로 변동되는 등 투자자의 이익을 해할 우려가 없는 경우로서 대통령령으로 정하는 경우에는 자산보관・관리보고서를 투자자에게 교부하지 아니할 수 있다(법 제248조).

그리고 신탁업자는 자산보관・관리보고서를 사유가 발생한 날부터 2개월 이내에 금융위원회 및 협회에 교부하여야 한다.

제7장 사모집합투자기구 특례

1. 취지

자본시장법은 공모집합투자기구인 뮤추얼 펀드(Mutual Fund)에 대한 반대개념으로 사모집합투자기구인 헤지 펀드(Hedge Fund)의 운용에 관한 제도를 마련하였다. 이러한 사모집합투자기구는 혁신적인 운용기법 도입을 통한 자산운용산업 발전과 함께 국내 투자자본의 해외유출 방지 및 해외자본의 국내 투자유치를 촉진하기 위한 것이었다. 이러한 사모집합투자기구는 2009년 "적격기관 투자자를 위한 사모집합투자기구의 특례"(법 제249조의2)를 통하여 처음으로 입법화되었으며, 2013년 자본시장법 개정을 통해 헤지 펀드의 명칭이였던 '적격투자자대상 사모집합투자구'가 '전문사모집합투자기구'로 변경되었다.

이러한 사모집합투자기구는 1949년 미국에서 처음 탄생한 후 전 세계 투자의 주요수단으로 성장하는 동안 한국 금융시장 내에서는 2011년 이전까지 헤지 펀드라는 집합투자기구 자체가 존재하지 못하였다.

이에 자본시장법은 우리 자본시장의 확대와 발전을 위하여 이에 대한 상세한 규정을 두고 있다.

2. 규정 내용

1) 사모집합투자기구 특례

사모집합투자기구란 헤지 펀드(Hedge Fund)라고도 하는데, 집합투자증권을 사모로만 발행하는 집합투자기구로 투자자수 총수가 49명 이하인 것을 말하며, 자본시장법은 이러한 사모집합투자기구에 대하여는 집합투자기구에 관한 규정 중 일부의 적용을 배제하고 있다.

이에 따르면 사모집합투자기구에 대하여는 투자광고, 자산운용의 제한, 자산운용보고서의 교부, 수시공시, 자기집합투자증권의 취득제한, 집합투자재산에 관한 보고, 장부·서류의 열람 및 공시, 파생상품의 운용 특례, 환매금지형집합투자기구, 집합투자재산의 평가 및 기준가격의 산정, 결산서류의 작성, 집합투자재산의 회계처리, 회계감사인의 손해배상책임, 운용행위감시, 자산보관·관리보고서의 교부에 관한 규정은 사모집합투자기구에는 적용하지 않는다(법 제249조).

그리고 사모집합투자기구의 투자자는 그 집합투자증권을 분할하는 방법으로 타인에게 양도할 수 없도록 금지하는 것이 원칙이지만, 양도의 결과 사모집합투자기구의 요건을 충족하는 범위에서는 분할하여 양도할 수 있도록 예외를 인정하고 있다.

또한 사모집합투자기구의 투자자는 신탁계약의 체결, 투자회사·투자유한회사·투자합자회사·투자유한책임회사·투자합자조합·투자익명조합의 설립 등에 관한 규정에도 불구하고 객관적인 가치평가가 가능하고 다른 투자자의 이익을 해할 우려가 없는 경우에는 증권, 부동산 또는 실물자산 등 금전 외의 자산으로 납입할 수 있다.

그리고 집합투자자총회 및 그와 관련된 사항은 사모집합투자기구에는 적용을 배제하며, 사모집합투자기구인 투자신탁이나 투자익명조합의 집합투자업자 또는 투자회사 등이 자본시장법 또는 상법에 따라 투자자에게 공시 또는 공고하여야 하는 사항에 대하여 집합투자규약에서 정한 방법으로 전체 투자자에게 통지한 경우에는 자본시장법 또는 상법에 따라 공시 또는 공고한 것으로 본다.

이때 사모집합투자기구인 투자신탁이나 투자익명조합의 집합투자업자 또는 투자회사 등은 대통령령으로 정하는 방법에 따라 사모집합투자기구의 집합투자재산 운용현황, 파생상품 매매 현황 등을 금융위원회에 보고하여야 하며, 사모집합투자기구의 요건, 운용특례, 그 밖에 필요한 사항은 대통령령으로 정한다.

2) 전문사모집합투자기구 특례

전문사모집합투자기구란 집합투자증권을 대통령령으로 정하는 적격투자자만을 대상으로 사모로만 발행하는 집합투자기구 중 사모투자전문회사를 제외한 집합투자기구를 말한다.

자본시장법은 이러한 전문사모집합투자기구에 대한 특례를 규정하고 있다. 즉, 투자광고, 집합투자증권 판매특례, 자산운용의 제한, 자기집합투자증권의 취득제한, 금전차입 등의 제한, 자산운용보고서의 교부, 수시공시, 집합투자재산, 장부·서류의 열람 및 공시, 환매연기, 파생상품의 운용특례, 부동산의 운용특례, 집합투자기구의 등록, 집합투자기구의 명칭, 집합투자기구의 업무수행, 자기집합투자증권의 취득제한, 신탁계약의 체결, 수익증권, 정관의 변경, 투자회사의 주식, 투자회사 이사의 구분, 투자회사의 법인이사, 투자회사의 감독이사,

투자회사의 이사회, 투자유한회사의 설립, 투자유한회사 사원의 지분증권, 투자유한회사의 규정준용, 투자합자회사의 설립, 투자합자회사의 준용규정, 투자유한책임회사의 설립, 투자유한책임회사의 지분증권, 투자유한책임회사에 관한 준용규정, 투자합자조합의 설립, 투자합자조합에 관한 준용규정, 투자익명조합의 설립, 투자익명조합에 관한 준용규정, 집합투자기구의 종류, 환매금지형 집합투자기구, 집합투자증권의 환매청구 및 방법, 환매의 연기, 집합투자재산의 평가 및 기준가격의 산정, 결산서류의 작성, 집합투자재산의 회계처리, 회계감사인의 손해배상책임, 최저순자산액 미달사실의 보고, 운용행위감시, 자산보관・관리보고서의 교부 등과 같은 사모집합투자기구에 대한 특례규정은 전문사모집합투자기구에는 적용하지 않는다(법 제249조의2).

이때 전문사모집합투자기구의 투자자는 그 집합투자증권을 적격투자자가 아닌 자에게 양도할 수 없으며, 집합투자업자가 전문사모집합투자기구의 집합투자재산을 운용함에 있어서 집합투자기구의 계산으로 금전을 차입하는 경우 그 차입금의 총액은 차입 당시 집합투자재산 총액의 400%를 초과할 수 없다.

그리고 집합투자업자가 전문사모집합투자기구의 집합투자재산을 운용함에 있어서 집합투자재산으로 해당 집합투자기구 외의 자를 위하여 채무보증 또는 담보제공을 하는 경우 그 채무보증액 및 담보목적물의 가액의 총액은 채무보증 또는 담보제공 당시 집합투자재산 총액의 50%를 초과할 수 없다.

이때 집합투자업자가 전문사모집합투자기구의 집합투자재산을 운용함에 있어서 금전차입, 채무보증, 담보제공의 방법 및 그 밖에 필요한 사항은 대통령령으로 정하며, 전문사모집합투자기구인 투자신탁이나 투자익명조합의 집합투자업자 또는 전문사모집합투자기구인 투자회사 등은 전문사모집합투자기구가 설정・설립되거나 그 밖에 사유가 발생한 경우에는 그 날부터 1개월 이내에 금융위원회에 보고하여야 한다.

그리고 집합투자업자는 전문사모집합투자기구의 금전차입 현황, 파생상품 매매현황 등을 금융위원회에 보고하여야 하며, 전문사모집합투자기구인 투자회사는 집합투자업자인 법인이사 1명을 두며, 이사의 수를 1명 또는 2명으로 할 수 있다. 이때 전문사모집합투자기구는 집합투자규약에 따라 투자자에 대한 손익의 분배 또는 손익의 순위 등에 관한 사항을 정할 수 있다.

3) 은행 특칙

자본시장법은 은행도 금융투자업인가를 받으면 집합투자업에 한하여 영업을 할 수 있도록 허용했으며, 이러한 은행에 대한 특칙들을 두고 있다.

은행으로서 집합투자업에 관한 금융투자업인가를 받은 집합투자업 겸영은행은 인가받은 범위에서 투자신탁의 설정·해지 및 투자신탁재산의 운용업무를 영위할 수 있다(법 제250조).

그리고 집합투자업 겸영은행은 집합투자재산 운용업무와 관련한 의사결정을 위하여 ① 은행업무, ② 신탁업, ③ 일반사무관리회사의 업무를 수행하지 아니하는 임원 3인(사외이사 2인을 포함)으로 구성된 집합투자재산운용위원회를 설치하여야 한다.

이때 집합투자업 겸영은행은 투자신탁재산의 운용과 관련하여 ① 자기가 발행한 투자신탁의 수익증권을 자기의 고유재산으로 취득하는 행위, ② 자기가 운용하는 투자신탁의 투자신탁재산에 관한 정보를 다른 집합투자증권의 판매에 이용하는 행위, ③ 자기가 운용하는 투자신탁의 수익증권을 다른 은행을 통하여 판매하는 행위, ④ 단기금융집합투자기구를 설정하는 행위를 할 수 없다.

집합투자재산의 보관·관리업무를 영위하는 은행은 그 집합투자기구의 집합투자재산에 관한 정보를 자기가 운용하는 투자신탁재산의 운용 또는 자기가 판매하는 집합투자증권의 판매를 위하여 이용할 수 없다.

그리고 일반사무 관리회사의 업무를 영위하는 은행은 해당 집합투자기구의 집합투자재산에 관한 정보를 자기가 운용하는 투자신탁재산의 운용 또는 자기가 판매하는 집합투자증권의 판매를 위하여 이용할 수 없으며, 투자매매업 또는 투자중개업 인가를 받아 집합투자증권의 판매를 영위하는 은행은 ① 자기가 판매하는 집합투자증권의 집합투자재산에 관한 정보를 자기가 운용하는 투자신탁재산의 운용 또는 자기가 운용하는 투자신탁의 수익증권 판매를 위하여 이용하는 행위, ② 집합투자증권의 판매업무와 은행법에 따른 업무를 연계하여 정당한 사유 없이 고객을 차별하는 행위를 할 수 없다.

그리고 은행이 자본시장법에 따라 집합투자업, 신탁업 또는 일반사무 관리회사의 업무를 영위하는 경우에는 임원을 두어야 하고, 임직원에게 ① 은행업무, ② 집합투자업, ③ 신탁업, ④ 일반사무 관리회사의 업무를 겸직하게 하여서는 아니 되며, 전산설비 또는 사무실 등의 공동사용 금지 및 다른 업무를 영위하는 임직원 간의 정보교류 제한 등 이해상충방지체계를 갖추어야 한다. 다만, 임원의 경우 은행업무 중 ① 집합투자업, ② 신탁업, ③ 일반사무 관리회사의 업무와 이해상충이 적은 업무로서 대통령령으로 정하는 업무와 ① 집합투자업, ② 신탁업, ③ 일반사무 관리회사의 업무를 겸직할 수 있으며, 신탁업 및 일반사무 관리회사의 업무 간에는 겸직할 수 있다.

4) 보험회사 특칙

자본시장법은 보험회사에 대하여도 금융투자업인가를 받은 경우 집합투자를 할 수 있도록 허용하고 있다.

즉, 보험회사로서 집합투자업에 관한 금융투자업인가를 받은 집합투자업 겸영보험회사는 인가받은 범위에서 투자신탁의 설정・해지 및 투자신탁재산의 운용업무를 영위할 수 있다. 이 경우 투자신탁의 설정・해지 및 투자신탁재산의 운용업무는 특별계정에 한하며, 그 특별계정은 자본시장법상 투자신탁으로 본다(법 제251조).

은행이 자기가 운용하는 투자신탁의 투자신탁재산에 관한 정보를 다른 집합투자증권의 판매에 이용하는 행위를 금지시키고 있는 규정(제250조 제3항 제2호에 한함)은 집합투자업 겸영보험회사에 준용한다. 즉, 집합투자재산의 보관・관리업무를 영위하는 보험회사는 그 집합투자기구의 집합투자재산에 관한 정보를 자기가 운용하는 투자신탁재산의 운용 또는 자기가 판매하는 집합투자증권의 판매를 위하여 이용할 수 없다. 그리고 일반사무 관리회사의 업무를 영위하는 보험회사는 해당 집합투자기구의 집합투자재산에 관한 정보를 자기가 운용하는 투자신탁재산의 운용 또는 자기가 판매하는 집합투자증권의 판매를 위하여 이용할 수 없다. 투자매매업 또는 투자중개업 인가를 받아 집합투자증권의 판매를 영위하는 보험회사는 ① 자기가 판매하는 집합투자증권의 집합투자재산에 관한 정보를 자기가 운용하는 투자신탁재산의 운용 또는 자기가 운용하는 투자신탁의 수익증권 판매를 위하여 이용하는 행위, ② 집합투자증권의 판매업무와 보험업법에 따른 업무를 연계하여 정당한 사유 없이 고객을 차별하는 행위 를 할 수 없다.

그리고 보험회사는 자본시장법에 따라 집합투자업, 신탁업(집합투자재산의 보관・관리업무를 포함) 또는 일반사무 관리회사의 업무를 영위하는 경우에는 임원을 두어야 하고, 임직원에게 ① 보험업무, ② 집합투자업, ③ 신탁업, ④ 일반사무관리회사의 업무를 겸직하게 하여서는 아니 되며, 전산설비 또는 사무실 등의 공동사용 금지 및 다른 업무를 영위하는 임직원간의 정보교류 제한 등 이해상충방지체계를 갖추어야 한다. 다만, 임원의 경우 보험업무 중 집합투자업, 신탁업, 일반사무 관리회사의 업무와 이해상충이 적은 업무로서 대통령령으로 정하는 업무와 집합투자업, 신탁업, 일반사무 관리회사의 업무를 겸직할 수 있으며, 신탁업, 일반사무 관리회사의 업무간에는 겸직할 수 있다.

그리고 집합투자업 겸영보험회사는 자본시장법에서 집합투자업자가 집합투자재산을 운용함에 있어서 집합투자재산 중 금전을 대여(금융기관에 대한 30일 이내의 단기대출은 제외)하는 것을 금지시키고 있는 규정(제83조 제4항)에 불구하고 투자신탁재산에 속하는 자산을 보험업법에서 정하는 방법에 따라 그 보험에 가입한 자에게 대출하는 방법으로 운용할 수 있다.

집합투자기구의 등록, 집합투자기구의 명칭, 신탁계약의 체결, 투자신탁의 반대수익자의 수익증권매수청구권, 투자신탁 해지의 해지, 투자신탁의 합병, 환매금지형 집합투자기구, 집합투자증권의 환매청구 및 방법, 집합투자증권의 환매가격 및 수수료, 집합투자증권의 환매의 연기, 집합투자재산의 평가 및 기준가격의 산정, 집합투자기구의 결산서류의 작성, 집합투자기구의 등록취소 및 금융투자업자에 대한 조치에 관한 규정은 집합투자업 겸영보험회사가 운용하는 투자신탁에 관하여는 적용하지 않는다.

그리고 자기집합투자증권의 취득 제한, 집합투자업자의 성과보수의 제한, 투자신탁이나 투자익명조합의 수시공시, 집합투자재산에 관한 보고 및 환매연기 등의 통지에 관한 규정들은 보험회사의 집합투자업 영위에 관하여는 적용하지 아니한다.

제8장 감독 · 검사

1. 투자회사 감독 · 검사

자본시장법은 투자회사 등에 대한 감독 · 검사를 위한 근거규정을 두고 있는데, 이에 따르면 금융위원회는 투자자를 보호하고 건전한 거래질서를 유지하기 위하여 투자회사 등에 대하여 ① 집합투자재산의 운용에 관한 사항, ② 집합투자재산의 공시에 관한 사항, ③ 그 밖에 투자자 보호 또는 건전한 거래질서를 위하여 필요한 사항에 관하여 필요한 조치를 명할 수 있다(법 제252조).

여기서 말하는 필요한 사항이란 ① 집합투자증권의 환매에 관한 사항, ② 집합투자재산의 평가와 회계에 관한 사항, ③ 집합투자기구의 해산과 합병에 관한 사항, ④ 투자회사가 일반사무 관리회사에 위탁하여야 할 업무에 관한 사항을 말한다(법시행령 제274조).

그리고 금융투자업자에 대한 검사에 관한 제419조(제2항부터 제4항까지 및 제8항 제외)는 투자회사 등에 대한 검사에 관하여 준용한다.

2. 집합투자기구 등록취소

자본시장법은 집합투자기구의 등록 취소에 관한 기본원칙을 정해 놓고 있는데, 이에 따르면 금융위원회는 ① 거짓, 그 밖의 부정한 방법으로 등록이나 변경등록을 한 경우, ② 등록요건을 갖추지 못하게 된 경우, ③ 집합투자기구가 해지 또는 해산한 경우, ④ 투자회사의 순자산액이 3개월 이상 계속하여 최저순자산액에 미달하는 경우, ⑤ 변경등록을 하지 아니한 경우, ⑥ 금융위원회의 시정명령 또는 중지명령을 이행하지 아니한 경우, ⑦ 투자회사 등에 대한 처분사유에 해당하는 경우, ⑧ 금융관련 법령 등을 위반한 경우, ⑨ 그 밖에 투자자의 이익을 현저히 해할 우려가 있거나 집합투자기구로서 존속하기 곤란하다고 인정되는 경우에는 집합투자기구의 등록을 취소할 수 있다. 그러나 집합투자기구가 해지 또는 해산한 경우에는 등록을 취소할 수 있는 재량사항이 아니라 당연히 취소하여야 한다(법 제253조).

금융위원회는 투자회사 및 그 집합투자업자 또는 그 법인이사 · 업무집행사원 · 업무집행조합원이 ① 거짓, 그 밖의 부정한 방법으로 등록이나 변경등록을 한 경우, ② 등록요건을 갖추지 못하게 된 경우, ③ 집합투자기구가 해지 또는 해산한 경우, ④ 투자회사의 순자산액이 3개월 이상 계속하여 최저순자산액에 미달하는 경우, ⑤ 변경등록을 하지 아니한 경우, ⑥ 금융위원회의 시정명령 또는 중지명령을 이행하지 아니한 경우, ⑧ 금융관련 법령 등을 위반한 경우, ⑨ 그 밖에 투자자의 이익을 현저히 해할 우려가 있거나 집합투자기구로서 존속하기 곤란하다고 인정되는 경우에는 그 투자회사 등에 대하여 ① 6개월 이내의 업무의 전부 또는 일부의 정지, ② 계약의 인계명령, ③ 위법행위의 시정명령 또는 중지명령, ④ 위법행위로 인한 조치를 받았다는 사실의 공표명령 또는 게시명령, ⑤ 기관경고, ⑥ 기관주의, ⑦ 그 밖에 위법행위를 시정하거나 방지하기 위하여 필요한 조치를 할 수 있다.

그리고 금융위원회는 투자회사의 감독이사가 ① 투자회사의 정관의 변경 등에 관한 부분 단서를 위반하여 정관을 변경한 경우, ② 투자회사의 감독이사가 금융투자업자의 직무관련 정보의 이용 금지규정을 위반하여 정당한 사유 없이 직무관련 정보를 이용한 경우, ③ 투자회사의 이사회에 관한 규정을 위반하여 결의한 경우, ④ 집합투자재산(투자회사재산 제외)을 보관 · 관리하는 신탁업자의 운용행위감시 등에 관한 규정을 위반하여 시정을 요구하지 아니하거나, 보고 또는 공시에 관한 업무를 이행하지 아니한 경우, ⑤ 그 밖에 투자자 보호 또는 건전한 거래질서를 해할 우려가 있는 경우에는 해임요구, 6개월 이내의 직무정지, 문책경고, 주의적 경고, 주의, 그 밖에 조치를 할 수 있다.

금융위원회는 집합투자기구의 등록을 취소하거나, 투자회사의 감독이사에 대한 해임요구를 하고자 하는 경우에는 청문을 실시하여야 하며, 금융위원회의 처분 등의 기록 및 공시 등에 관한 규정 및 이의신청에 관한 규정은 집합투자기구 및 투자회사의 감독이사에 대한 조치 등에 관하여 준용한다.

제9장 집합투자기구의 관계회사

1. 일반사무 관리회사

1) 일반사무 관리회사 등록

자본시장법은 집합투자기구의 관계회사 중의 하나로 일반사무 관리회사에 관하여 규정을 두고 있는데, 이에 따르면 법이 정한 일반사무 관리회사의 위탁업무 내용을 투자회사의 위탁을 받아 이를 업으로 영위하려는 자는 금융위원회에 등록하여야 한다(법 제254조).

이때 등록을 하려는 자는 우선, ① 주식회사, 예탁결제원을 포함한 명의개서대행회사, 그 밖에 금융기관이어야 할 것, ② 20억 원 이상의 자기자본을 갖출 것, ③ 상근 임직원 중 증권 등 자산가치의 계산에 관련된 업무나 집합투자재산의 보관·관리업무에 2년 이상 근무한 경력이 있는 2인 이상의 집합투자재산의 계산전문인력을 보유할 것, ④ 일반사무관리회사의 업무를 하는 데에 필요한 전산설비, 업무공간 및 사무장비, 정전·화재 등의 사고가 발생할 경우에 업무의 연속성을 유지하기 위하여 필요한 보완설비 등의 물적 설비를 갖출 것, ⑤ 임원이 자격요건(제24조)에 적합할 것, ⑥ 이해상충방지체계를 구축하고 있을 것 등의 6개 요건을 모두 갖추어야 한다.

그리고 등록을 하려는 자는 금융위원회에 등록신청서를 제출하여야 하며, 금융위원회는 등록신청서를 접수한 경우에는 그 내용을 검토하여 30일 이내에 등록 여부를 결정하고, 그 결과와 이유를 지체 없이 신청인에게 문서로 통지하여야 한다. 이 경우 등록신청서에 흠결이 있는 때에는 보완을 요구할 수 있다.

금융위원회는 등록 여부를 결정함에 있어서 ① 등록요건을 갖추지 아니한 경우, ② 등록신청서를 거짓으로 작성한 경우, ③ 보완요구를 이행하지 아니한 경우가 아닌 한 등록을 거부할 수 없다.

금융위원회는 등록을 결정한 경우 일반사무관리회사등록부에 필요한 사항을 기재하여야 하며, 등록결정한 내용을 관보 및 인터넷 홈페이지 등에 공고하여야 하며, 등록을 한 일반사무 관리회사는 등록 이후 그 영업을 영위함에 있어서 등록요건, 즉 5억 원 이상인 최저자기자본금의 70 % 이상을 계속 유지하여야 한다.

2) 준용규정

자본시장법은 일반사무 관리회사에 관한 규정들을 준용하고 있는데, 이에 따르면 금융투자업자의 업무위탁에 관한 제42조, 금융투자업자의 직무관련 정보의 이용금지에 관한 제54조, 금융투자업자의 자료의 기록·유지에 관한 제60조 및 금융투자업자의 손해배상책임에 관한 제64조는 일반사무관리회사에 준용한다(법 제255조).

3) 일반사무 관리회사 감독·검사

자본시장법은 일반사무 관리회사에 대한 감독 및 검사에 관하여 규정하고 있는데, 이에 따르면

금융위원회는 투자자를 보호하고 건전한 거래질서를 유지하기 위하여 일반사무 관리회사에 대하여 ① 고유재산의 운용에 관한 사항, ② 영업의 질서유지에 관한 사항, ③ 영업방법에 관한 사항, ④ 그 밖에 투자자보호 또는 건전한 거래질서를 위하여 필요한 조치를 명할 수 있다(법 제256조).

여기서 말하는 필요한 조치란 ① 이해상충방지에 관한 사항, ② 업무수탁에 관한 사항, ③ 협회에 가입하지 아니한 일반사무관리회사에 대하여 협회가 건전한 영업질서의 유지와 투자자를 보호하기 위하여 행하는 자율규제에 준하는 내부기준을 제정하도록 하는 것에 관한 조치를 말한다.

그리고 금융투자업자에 대한 검사에 관한 법 제419조(제2항부터 제4항까지 및 제8항을 제외)는 일반사무 관리회사에 대한 검사에 관하여 준용한다.

4) 일반사무 관리회사 처분

자본시장법은 일반사무 관리회사에 대하여 금융위원회가 처분할 수 있는 법적 근거를 두고 있는데, 이에 따르면 금융위원회는 일반사무 관리회사가 ① 거짓, 그 밖의 부정한 방법으로 등록을 한 경우, ② 위탁받은 업무를 수행하지 아니하거나 법령을 위반하여 업무를 수행한 경우, ③ 등록요건 유지의무를 위반한 경우, ④ 업무의 위탁과 관련규정을, ⑤ 금융투자업자의 직무관련 정보의 이용금지에 관한 규정을 위반하여 자기 또는 제3자의 이익을 위하여 정보를 이용한 경우, ⑥ 금융투자업자의 자료의 기록·유지에 관한 규정을 위반하여 자료를

기록·유지하지 아니하거나 거짓으로 기록·유지한 경우, ⑦ 일반사무 관리회사에 대한 감독·검사에 관한 명령을 위반한 경우, ⑧ 금융투자업자에 대한 검사를 거부·방해 또는 기피한 경우, ⑨ 보고 등의 요구에 불응한 경우, ⑩ 업무의 정지기간 중에 업무를 한 경우, ⑪ 금융위원회의 시정명령 또는 중지명령을 이행하지 아니한 경우, ⑫ 조치를 위반한 경우, ⑬ 내용을 기록·유지 또는 관리하지 아니한 경우, ⑭ 보고 또는 자료의 제출명령을 위반하거나 조사를 거부·방해 또는 기피한 경우, ⑮ 요구에 불응한 경우, ⑯ 조치에 불응한 경우, ⑰ 심문이나 압수·수색에 불응한 경우, ⑱ 신고자 등에게 불리한 대우를 한 경우, ⑲ 그 밖에 투자자보호 또는 건전한 거래질서를 해할 우려가 있는 경우 중 어느 하나에 해당하는 경우에는 등록을 취소할 수 있다(법 제257조).

그리고 금융위원회는 일반사무 관리회사가 별표 3 각 호의 어느 하나에 해당하는 경우에는 ① 6개월 이내의 업무의 전부 또는 일부의 정지, ② 계약의 인계명령, ③ 위법행위의 시정명령 또는 중지명령, ④ 위법행위로 인한 조치를 받았다는 사실의 공표명령 또는 게시명령, ⑤ 기관경고, ⑥ 기관주의, ⑦ 그 밖에 위법행위를 시정하거나 방지하기 위하여 필요한 조치를 할 수 있다.

또한 금융위원회는 일반사무관리회사의 임원이 위에서 열거한 행위 중 어느 하나에 해당하는 경우에는 ① 해임요구, ② 6개월 이내의 직무정지, ③ 문책경고, ④ 주의적 경고, ⑤ 주의, ⑥ 그 밖에 위법행위를 시정하거나 방지하기 위하여 필요한 조치를 할 수 있다.

금융위원회는 일반사무관리회사의 직원이 위에 열거된 행위 중 어느 하나에 해당하는 경우에는 ① 면직, ② 6개월 이내의 정직, ③ 감봉, ④ 견책, ⑤ 경고, ⑥ 주의, ⑦ 그 밖에 위법행위를 시정하거나 방지하기 위하여 필요한 조치를 그 일반사무관리회사에 요구할 수 있다.

그리고 임직원에 대한 조치, 이의신청에 관한 규정은 일반사무관리회사 및 그 임직원에 대한 조치 등에 관하여 준용한다.

2. 집합투자기구평가회사

1) 집합투자기구평가회사 등록

자본시장법은 투자자에게 투자정보를 신속히 제공할 수 있도록 집합투자기구평가회사를 허용하고 그 허용요건을 등록으로 정하여 놓고 있다. 즉, 집합투자기구를 평가하고 이를 투자자에게 제공하는 업무를 영위하려는 자는 금융위원회에 등록할 것을 요구하고 있다(법 제258조).

그리고 집합투자기구 평가회사를 등록하고자 하는 자는 ① 주식회사일 것, ② 투자매매업자・투자중개업자 또는 집합투자업자와 그 계열회사가 아닐 것, ③ 5억원 이상의 자기자본을 갖출 것, ④ 상근 임직원 중 3인 이상의 집합투자기구 평가전문인력을 보유할 것, ⑤ 집합투자기구평가회사의 업무를 하기에 필요한 전산설비, 업무공간 및 사무장비, 정전・화재 등의 사고가 발생할 경우 업무의 연속성을 유지하기 위하여 필요한 보완설비 등의 물적 설비를 갖출 것, ⑥ 임원의 자격에 적합할 것, ⑦ 집합투자기구 평가체계를 갖출 것, ⑧ 이해상충방지체계를 구축하고 있을 것 등의 요건을 모두 갖추어야 한다.

집합투자기구 평가회사를 등록하려는 자는 금융위원회에 등록신청서를 제출하여야 하며, 금융위원회는 등록신청서를 접수한 경우에는 그 내용을 검토하여 30일 이내에 등록 여부를 결정하고, 그 결과와 이유를 지체 없이 신청인에게 문서로 통지하여야 한다. 이 경우 등록신청서에 흠결이 있는 때에는 보완을 요구할 수 있다.

그리고 금융위원회는 등록 여부를 결정함에 있어서 ① 등록요건을 갖추지 아니한 경우, ② 등록신청서를 거짓으로 작성한 경우, ③ 금융위원회의 보완요구를 이행하지 아니한 경우가 아닌 한 등록을 거부할 수 없다.

금융위원회가 등록을 결정한 경우 집합투자기구 평가회사등록부에 필요한 사항을 기재하여야 하며, 등록결정한 내용을 관보 및 인터넷 홈페이지 등에 공고하여야 한다.

또한 집합투자기구 평가회사로 등록을 한 자는 등록 이후 그 영업을 영위함에 있어서 등록요건인 5억원 이상의 자기자본 요건이 완화된 요건을 계속 유지하여야 한다.

2) 영업행위준칙

자본시장법은 집합투자기구 평가회사에 영업행위준칙을 제정할 것을 요구하고 있는데, 이에 따르면 집합투자기구 평가회사는 영업행위준칙을 제정하여야 하는데(법 제259조), 이에는 ① 보편타당하고 공정한 기준에 따라 집합투자기구평가업무의 일관성이 유지되도록 하기 위한 사항, ② 미공개정보의 이용을 금지하기 위한 사항, ③ 집합투자기구 평가를 위하여 얻은 정보를 다른 업무를 하는 데에 이용하지 아니하도록 하기 위한 사항을 말한다.

집합투자업자는 집합투자재산의 명세를 집합투자기구 평가회사에 제공할 수 있으며, 집합투자기구평가회사의 평가기준의 공시방법 등에 관하여 필요한 사항은 대통령령으로 정한다.

3) 준용규정

자본시장법은 집합투자기구 평가회사에 대한 준용규정들을 두고 있는데, 이에 따르면 금융투자업자의 직무관련 정보의 이용 금지, 금융투자업자의 자료의 기록・유지 및 금융투자업자의 손해배상책임에 관한 규정들은 집합투자기구 평가회사에 준용하고 있다.

따라서 집합투자기구 평가회사는 직무상 알게 된 정보로서 외부에 공개되지 아니한 정보를 정당한 사유 없이 자기 또는 제3자의 이익을 위하여 이용할 수 없다.

그리고 집합투자기구 평가회사는 집합투자기구 평가업 영위와 관련한 자료를 종류별로 일정 기간 동안 기록·유지하여야 한다.

집합투자기구 평가회사는 기록·유지하여야 하는 자료가 멸실되거나 위조 또는 변조가 되지 아니하도록 적절한 대책을 수립·시행하여야 한다.

또한 집합투자기구 평가회사가 법령·약관·집합투자규약·투자설명서에 위반하는 행위를 하거나 그 업무를 소홀히 하여 투자자에게 손해를 발생시킨 경우에는 그 손해를 배상할 책임이 있다. 다만, 배상의 책임을 질 집합투자기구 평가회사가 금융투자업자의 신의성실의무, 금융투자업자의 이해상충의 관리, 금융투자업자의 정보교류의 차단, 투자매매업자 또는 투자중개업자의 불건전 영업행위의 금지 또는 집합투자업자의 불건전 영업행위의 금지 등의 규정 위반에 대하여 그 집합투자기구 평가회사가 상당한 주의를 하였음을 증명하거나 투자자가 금융투자상품의 매매, 그 밖의 거래를 할 때에 그 사실을 안 경우에는 배상의 책임을 지지 않는다(법 제260조).

즉, 자본시장법은 집합투자기구 평가회사가 법령·약관·집합투자규약·투자설명서를 위반하거나 그 업무를 소홀히 하여 투자자에게 손해를 발생시킨 경우와 신의성실의무 위반이나 이해상충관리의무 위반, 정보교류의 차단, 불건전 영업행위의 금지의무 위반, 불건전 영업행위의 금지의무 위반의 경우를 구분하여 규정하고 있으며, 후자의 경우에는 입증책임을 집합투자기구 평가회사에게 부과하는 소위 입증책임전환규정을 두고 있다.

따라서 법령·약관·집합투자규약·투자설명서를 위반하거나 임무해태로 인한 손해에 대하여는 투자자가 집합투자기구 평가회사의 고의나 과실을 입증하지 못하는 한 집합투자기구 평가회사는 면책이 된다.

그러나 집합투자기구 평가회사가 신의성실의무 위반이나 이해상충관리의무 위반, 정보교류의 차단, 불건전 영업행위의 금지의무 위반, 불건전 영업행위의 금지의무 위반의 경우에 손해배상책임를 면하기 위하여는 집합투자기구 평가회사가 상당한 주의를 하였음을 증명하거나 투자자가 금융투자상품의 매매, 그 밖의 거래를 할 때에 그 사실을 알았다는 것을 집합투자기구 평가회사가 입증하여야 한다.

그리고 자본시장법은 집합투자기구 평가회사의 손해배상책임의 귀책사유가 임원에게 있는 경우에는 그 집합투자기구 평가회사와 관련되는 임원이 연대하여 그 손해를 배상할 책임을 지도록 규정함으로써 임원의 책임소재를 분명히 하고 있다.

4) 집합투자기구 평가회사 감독 · 검사

자본시장법은 투자자를 보호하고 건전한 거래질서를 유지하기 위하여 금융위원회에게 집합투자기구 평가회사에 대한 감독 · 검사를 실시하고 이에 대한 필요한 조치를 명할 수 있도록 근거규정을 두었다.

즉, 금융위원회는 투자자를 보호하고 건전한 거래질서를 유지하기 위하여 집합투자기구 평가회사에 대하여 ① 고유재산의 운용에 관한 사항, ② 영업의 질서 유지에 관한 사항, ③ 영업방법에 관한 사항, ④ 그 밖에 투자자 보호 또는 건전한 거래질서를 위하여 필요한 사항으로서 대통령령으로 정하는 사항 등에 관하여 필요한 조치를 명할 수 있다(법 제261조).

그리고 금융투자업자에 대한 검사에 관한 규정은 집합투자기구평가회사에 대한 검사에 관하여 준용한다.

5) 집합투자기구 평가회사 조치

자본시장법은 집합투자기구 평가회사에 대한 감독 및 검사 후 위법사실이 확인 된 경우 이에 대한 조치를 할 수 있도록 규정하고 있다. 이에 따르면 금융위원회는 집합투자기구 평가회사가 ① 거짓, 그 밖의 부정한 방법으로 등록을 한 경우, ② 등록요건 유지의무를 위반한 경우, ③ 영업행위준칙을 제정하지 아니하거나 영업행위준칙을 위반한 경우, ④ 자기 또는 제3자의 이익을 위하여 정보를 이용한 경우, ⑤ 자료를 기록 · 유지하지 아니한 경우, ⑥ 금융위원회가 투자자를 보호하고 건전한 거래질서를 유지하기 위하여 집합투자기구 평가회사에 대하여 필요하여 조치한 명령을 위반한 경우, ⑦ 검사를 거부 · 방해 또는 기피한 경우, ⑧ 보고 등의 요구에 불응한 경우, ⑨ 업무의 정지 기간 중에 업무를 한 경우, ⑩ 계약의 인계명령 위법행위로 인한 조치를 받았다는 사실의 공표명령 또는 게시명령, 그 밖에 위법행위를 시정하거나 방지하기 위하여 필요한 조치, 해임요구 또는 집합투자기구 평가회사의 직원에 행한 행위에 대하여 요구한 조치를 위반한 경우, ⑪ 금융위원회의 시정명령 또는 중지명령을 이행하지 아니한 경우, ⑫ 법을 위반하여 기록 · 유지 또는 관리하지 아니한 경우, ⑬ 보고 또는 자료의 제출명령을 위반하거나 조사를 거부 · 방해 또는 기피한 경우, ⑭ 요구에 불응한 경우, ⑮ 조치에 불응한 경우, ⑯ 심문이나 압수 · 수색에 불응한 경우, ⑰ 신고자 등에게 불리한 대우를 한 경우, ⑱ 그 밖에 투자자보호 또는 건전한 거래질서를 해할 우려가 있는 경우에는 등록을 취소할 수 있다(법 제262조 제1항).

그리고 금융위원회는 집합투자기구 평가회사가 위에 열거된 행위 중 어느 하나에 해당하는 경우에는 ① 6개월 이내의 업무의 전부 또는 일부의 정지, ② 계약의 인계명령, ③ 위법행위의 시정명령 또는 중지명령, ④ 위법행위로 인한 조치를 받았다는 사실의 공표명령 또는 게시명령, ⑤ 기관경고, ⑥ 기관주의, ⑦ 그 밖에 위법행위를 시정하거나 방지하기 위하여 필요한 조치를 할 수 있다(법 제262조 제2항).

또한 금융위원회는 집합투자기구 평가회사의 임원이 위에 열거된 행위 중 어느 하나에 해당하는 경우에는 ① 해임요구, ② 6개월 이내의 직무정지, ③ 문책경고, ④ 주의적 경고, ⑤ 주의, ⑥ 그 밖에 위법행위를 시정하거나 방지하기 위하여 필요한 조치로서 대통령령으로 정하는 조치 중 어느 하나에 해당하는 조치를 할 수 있다(법 제262조 제3항).

금융위원회는 집합투자기구 평가회사의 직원이 위에 열거된 행위 중 어느 하나에 해당하는 경우에는 ① 면직, ② 6개월 이내의 정직, ③ 감봉, ④ 견책, ⑤ 경고, ⑥ 주의, ⑦ 그 밖에 위법행위를 시정하거나 방지하기 위하여 필요한 조치로서 대통령령으로 정하는 조치 중 어느 하나에 해당하는 조치를 그 집합투자기구 평가회사에 요구할 수 있다(법 제262조 제4항).

금융위원회의 임직원에 대한 조치 및 청문, 처분 등의 기록 및 공시, 이의신청에 관한 규정은 집합투자기구 평가회사 및 그 임직원에 대한 조치 등에 관하여 준용한다(법 제262조 제5항).

3. 채권평가회사

1) 채권평가회사 등록

자본시장법은 집합투자재산에 속하는 채권 등 자산의 가격을 평가하고 이를 집합투자기구에게 제공하는 업무를 영위하는 채권평가회사에 관한 규정을 두고 있다. 즉, 집합투자재산에 속하는 채권 등 자산의 가격을 평가하고 이를 집합투자기구에게 제공하는 업무를 영위하려는 자는 금융위원회에 등록하여야 한다(법 제263조 제1항).

그리고 채권평가회사 등록을 하려는 자는 ① 주식회사일 것, ② 30억 원 이상의 자기자본을 갖출 것, ③ 상호출자제한기업집단의 출자액 또는 금융기관의 출자액이 각각 10% 이하일 것, ④ 상근 임직원 중 일정 기준의 전문인력을 보유할 것, ⑤ 전산설비 등 대통령령으로 정하는 물적 설비를 갖출 것, ⑥ 임원이 자격요건에 관한 제24조에 적합할 것, ⑦ 채권 등의 가격평가 체계를 갖출 것, ⑧ 이해상충방지체계를 구축하고 있을 것 등 각 요건을 모두 갖추어야 한다(법 제263조 제2항).

채권평가회사 등록을 하려는 자는 금융위원회에 등록신청서를 제출하여야 하며(법 제263조 제3항), 등록신청서를 접수한 금융위원회는 그 내용을 검토하여 30일 이내에 등록 여부를 결정하고, 그 결과와 이유를 지체 없이 신청인에게 문서로 통지하여야 한다. 이 경우 등록신청서에 흠결이 있는 때에는 보완을 요구할 수 있다(법 제263조 제4항).

또한 등록신청서 검토기간을 산정함에 있어서 등록신청서 흠결의 보완기간 등 총리령으로 정하는 기간은 검토기간에 산입하지 아니한다(법 제263조 제5항).

그리고 금융위원회는 등록 여부를 결정함에 있어서 ① 등록요건을 갖추지 아니한 경우, ② 등록신청서를 거짓으로 작성한 경우, ③ 보완요구를 이행하지 아니한 경우 중 어느 하나에 해당하는 사유가 없는 한 그 등록을 거부하여서는 아니 된다(법 제263조 제6항).

금융위원회는 등록을 결정한 경우 채권평가회사등록부에 필요한 사항을 기재하여야 하며, 등록결정한 내용을 관보 및 인터넷 홈페이지 등에 공고하여야 한다(법 제263조 제7항).

등록을 한 채권평가회사는 등록 이후 그 영업을 영위함에 있어서 등록요건(최저자본금 요건은 완화된 요건을 말한다)을 계속 유지하여야 한다(법 제263조 제8항).

2) 업무준칙

자본시장법은 채권평가회사에게 업무준칙을 제정할 것을 요구하고 있는데, 이에 따르면 채권평가회사는 대통령령으로 정하는 사항이 포함된 업무준칙을 제정하여야 하며(법 제264조 제1항), 채권평가회사의 증권평가기준 공시방법 등에 관하여 필요한 사항은 대통령령으로 정하도록 규정하고 있다(법 제264조 제2항).

여기서 말하는 '대통령령으로 정하는 사항'이란 ① 보편타당하고 공정한 기준에 따라 채권 등 자산의 가격평가업무를 일관성이 유지되도록 하기 위한 사항, ② 미공개정보의 이용을 금지하기 위한 사항, ③ 채권 등 자산의 가격평가업무를 위하여 얻은 정보를 다른 업무를 하는 데에 이용하지 아니하도록 하기 위한 사항을 말한다.

3) 준용규정

자본시장법은 채권평가회사에 대한 준용규정들을 두고 있는데, 이에 따르면 금융투자업자의 직무관련 정보의 이용 금지, 금융투자업자의 자료의 기록 · 유지 및 금융투자업자의 손해배상책임에 관한 규정은 채권평가회사에 준용하도록 규정하고 있다.

따라서 채권평가회사는 직무상 알게 된 정보로서 외부에 공개되지 아니한 정보를 정당한 사유 없이 자기 또는 제3자의 이익을 위하여 이용할 수 없다.

그리고 채권평가회사는 채권평가업 영위와 관련한 자료를 종류별로 일정 기간 동안 기록 · 유지하여야 하며, 이러한 자료가 멸실되거나 위조 또는 변조가 되지 아니하도록 적절한 대책을 수립 · 시행하여야 한다.

또한 채권평가회사가 법령 · 약관 · 집합투자규약 · 투자설명서에 위반하는 행위를 하거나 그 업무를 소홀히 하여 투자자에게 손해를 발생시킨 경우에는 그 손해를 배상할 책임이 있다.

다만, 배상의 책임을 질 집합투자기구 평가회사가 금융투자업자의 신의성실의무, 금융투자업자의 이해상충의 관리의무, 금융투자업자의 정보교류의 차단, 투자매매업자 또는 투자중개업자의 불건전 영업행위의 금지 또는 집합투자업자의 불건전 영업행위의 금지에 관한 규정을 위반한 경우(투자매매업 또는 투자중개업과 집합투자업을 함께 영위함에 따라 발생하는 이해상충과 관련된 경우에 한한다)로서 그 채권평가회사가 상당한 주의를 하였음을 증명하거나 투자자가 금융투자상품의 매매, 그 밖의 거래를 할 때에 그 사실을 안 경우에는 배상의 책임을 지지 아니한다(법 제265조 제1항).

즉, 자본시장법은 채권평가회사가 법령・약관・집합투자규약・투자설명서를 위반하거나 그 업무를 소홀히 하여 투자자에게 손해를 발생시킨 경우와 신의성실의무 위반이나 이해상충 관리의무 위반, 정보교류의 차단, 불건전 영업행위의 금지의무 위반, 불건전 영업행위의 금지의무 위반의 경우를 구분하여 규정하고 있으며, 후자의 경우에는 입증책임을 채권평가회사에게 부과하는 소위 입증책임전환규정을 두고 있다.

따라서 법령・약관・집합투자규약・투자설명서를 위반하거나 임무해태로 인한 손해에 대하여는 투자자가 채권평가회사의 고의나 과실을 입증하지 못하는 한 채권평가회사는 면책이 된다.

그러나 채권평가회사가 신의성실의무 위반이나 이해상충관리의무 위반, 정보교류의 차단, 불건전 영업행위의 금지의무 위반, 불건전 영업행위의 금지의무 위반의 경우에 손해배상책임를 면하기 위하여는 채권평가회사가 상당한 주의를 하였음을 증명하거나 투자자가 금융투자상품의 매매, 그 밖의 거래를 할 때에 그 사실을 알았다는 것을 채권평가회사가 입증하여야 한다.

그리고 자본시장법은 채권평가회사의 손해배상책임의 귀책사유가 임원에게 있는 경우에는 그 채권평가회사와 관련되는 임원이 연대하여 그 손해를 배상할 책임을 지도록 규정함으로써 임원의 책임소재를 분명히 하고 있다(법 제265조 제2항).

4. 채권평가회사 감독・검사

자본시장법은 투자자를 보호하고 건전한 거래질서를 유지하기 위하여 채권평가회사에 대한 금융위원회의 감독 및 검사권을 부여 하고 있다. 즉, 금융위원회는 투자자를 보호하고 건전한 거래질서를 유지하기 위하여 채권평가회사에 대하여 ① 고유재산의 운용에 관한 사항, ② 영업의 질서 유지에 관한 사항, ③ 영업방법에 관한 사항, ④ 그 밖에 투자자 보호 또는 건전한 거래질서를 위하여 필요한 사항으로서 대통령령으로 정하는 사항에 관하여 필요한 조치를 명할 수 있다(법 제266조 제1항).

금융투자업자에 대한 검사에 관한 규정은 채권평가회사에 대한 검사에 관하여 준용한다(법 제266조 제2항).

5. 채권평가회사 조치

자본시장법은 금융위원회가 채권평가회사의 감독 및 검사결과에 대한 조치를 취할 수 있는 권한을 부여하고 있다. 즉, 금융위원회는 채권평가회사가 ① 거짓, 그 밖의 부정한 방법으로 등록을 한 경우, ② 등록요건 유지의무를 위반한 경우, ③ 업무준칙을 제정하지 아니하거나 업무준칙을 위반한 경우, ④ 증권평가기준을 공시하지 아니하거나 거짓으로 공시한 경우, ⑤ 법을 위반하여 자기 또는 제3자의 이익을 위하여 정보를 이용한 경우, ⑥ 법위반하여 자료를 기록・유지하지 아니한 경우, ⑦ 명령을 위반한 경우, ⑧ 검사를 거부・방해 또는 기피한 경우, ⑨ 보고 등의 요구에 불응한 경우, ⑩ 업무의 정지 기간 중에 업무를 한 경우, ⑪ 계약의 인계명령 위법행위로 인한 조치를 받았다는 사실의 공표명령 또는 게시명령, 그 밖에 위법행위를 시정하거나 방지하기 위하여 필요한 조치로서 대통령령으로 정하는 조치, 해임요구 또는 집합투자기구평가회사의 직원에 행한 행위에 대하여 요구한 조치를 위반한 경우, ⑫ 금융위원회의 시정명령 또는 중지명령을 이행하지 아니한 경우, ⑬ 법 위반하여 그 내용을 기록・유지 또는 관리하지 아니한 경우, ⑭ 보고 또는 자료의 제출명령을 위반하거나 조사를 거부・방해 또는 기피한 경우, ⑮ 요구에 불응한 경우, ⑯ 조치에 불응한 경우, ⑰ 심문이나 압수・수색에 불응한 경우, ⑱ 신고자등에게 불리한 대우를 한 경우, ⑲ 그 밖에 투자자 보호 또는 건전한 거래질서를 해할 우려가 있는 경우로서 대통령령으로 정하는 경우 등록을 취소할 수 있다(법 제267조 제1항).

그리고 금융위원회는 채권평가회사가 위에 열거된 것 중 어느 하나에 해당하는 경우에는 ① 6개월 이내의 업무의 전부 또는 일부의 정지, ② 계약의 인계명령, ③ 위법행위의 시정명령 또는 중지명령, ④ 위법행위로 인한 조치를 받았다는 사실의 공표명령 또는 게시명령, ⑤ 기관경고, ⑥ 기관주의, ⑦ 그 밖에 위법행위를 시정하거나 방지하기 위하여 필요한 조치로서 대통령령으로 정하는 조치를 할 수 있다(법 제267조 제2항).

그리고 금융위원회는 채권평가회사의 임원이 별표 5 각 호의 어느 하나에 해당하는 경우에는 ① 해임요구, ② 6개월 이내의 직무정지, ③ 문책경고, ④ 주의적 경고, ⑤ 주의, ⑥ 그 밖에 위법행위를 시정하거나 방지하기 위하여 필요한 조치로서 대통령령으로 정하는 조치를 할 수 있다(법 제267조 제3항).

또한 금융위원회는 채권평가회사의 직원이 위에 열거된 것 중 어느 하나에 해당하는 경우에는 ① 면직, ② 6개월 이내의 정직, ③ 감봉, ④ 견책, ⑤ 경고, ⑥ 주의, ⑦ 그 밖에 위법행위를 시정하거나 방지하기 위하여 필요한 조치를 그 채권평가회사에 요구할 수 있다(법 제267조 제4항).

금융투자업자의 임직원에 대한 조치 및 청문, 금융투자업자의 처분 등의 기록 및 공시, 이의신청에 관한 규정은 채권평가회사 및 그 임직원에 대한 조치 등에 관하여 준용한다(법 제267조 제5항).

제10장 사모투자전문회사에 대한 특례

1. 의의

사모투자전문회사(Private Equity Fund, PEF)란 경영권 참여를 목적으로 대상기업에 투자하여 경영참여를 하거나 구조조정 등을 통하여 대상기업의 가치를 높여 그 수익을 사원에게 배분하는 것을 목적으로 하는 상법상 합자회사 형태의 집합투자기구를 의미한다.

이러한 사모투자전문회사(PEF)는 무한책임사원인 업무집행사원과 유한책임사원으로 구성되는데, 투자목적이 경영참여라는 점에서 자본시장법은 그 운용에 대한 제한을 가하고 있다. 그러나 자본시장법은 운용자에 대한 제한을 가하고 있지 않아서, 일반집합투자기구와는 달리 집합투자업자가 아닌 자도 운용을 담당하는 업무집행사원이 될 수 있다. 유한책임사원이 개인인 경우에는 10억원, 법인인 경우에는 20억 원이라는 최저출자금 제한이 있는 반면 무한책임사원은 그 제한이 없다. 사모투자전문회사는 투자목적회사(SPC)를 설립하여 투자기업에 투자할 수 있으며 투자목적회사는 사모투자전문회사와 그 운용목적이 동일하여야 한다.

2. 내용

1) 설립 및 등록

자본시장법은 사모투자전문회사에 대한 특례규정을 두고 있다. 우선, 사모투자전문회사의 설립 및 등록과 관련하여 사모투자전문회사의 정관에는 ① 목적, ② 상호, ③ 회사의 소재지, ④ 각 사원의 출자의 목적과 가격 또는 평가의 기준, ⑤ 회사의 존속기간(설립등기일부터 15년 이내), ⑥ 회사의 해산사유를 정한 경우에는 그 내용, ⑦ 사원의 성명 · 주민등록번호(법인인 경우에는 상호 또는 명칭 · 사업자등록번호) 및 주소, ⑧ 무한책임사원 또는 유한책임사원의 구분, ⑨ 정관의 작성연월일 등의 각 사항을 기재하고, 총사원이 기명날인 또는 서명하여야 한다(법

제268조 제1항).

그리고 사모투자전문회사는 ① 목적, ② 상호, ③ 회사의 소재지, ④ 회사의 존속기간(설립등기일부터 15년 이내), ⑤ 회사의 해산사유를 정한 경우에는 그 내용, ⑥ 무한책임사원의 상호 또는 명칭 · 사업자등록번호 및 주소 등 각 사항을 등기하여야 한다(법 제268조 제2항).

또한 사모투자전문회사는 설립등기일부터 2주 이내에 금융위원회에 등록을 신청하여야 하며(법 제268조 제3항), 사모투자전문회사 등록을 하려는 자는 ① 사모투자전문회사가 이 법에 따라 규정에 맞게 설립되었을 것, ② 사모투자전문회사의 정관이 법령을 위반하거나 투자자의 이익을 명백히 침해하지 아니할 것 등 각 요건을 모두 갖추어야 한다(법 제268조 제4항).

사모투자전문회사 등록을 신청하려는 자는 금융위원회에 등록신청서를 제출하여야 하며(법 제268조 제5항), 금융위원회는 등록신청서를 접수한 경우에는 그 내용을 검토하여 30일 이내에 등록 여부를 결정하고, 그 결과와 이유를 지체 없이 신청인에게 문서로 통지하여야 한다. 이 경우 등록신청서에 흠결이 있는 때에는 보완을 요구할 수 있다(법 제268조 제6항).

이러한 검토기간을 산정함에 있어서 등록신청서 흠결의 보완기간 등 총리령으로 정하는 기간은 검토기간에 산입하지 아니하며(법 제268조 제7항), 금융위원회는 등록 여부를 결정함에 있어서 ① 등록요건을 갖추지 아니한 경우, ② 등록신청서를 거짓으로 작성한 경우, ③ 보완요구를 이행하지 아니한 경우에 해당하는 사유가 없는 한 그 등록을 거부하여서는 아니 된다(법 제268조 제8항).

그리고 금융위원회는 등록을 결정한 경우 사모투자전문회사 등록부에 필요한 사항을 기재하여야 하며, 등록결정한 내용을 인터넷 홈페이지 등에 공고하여야 하며(법 제268조 제9항), 사모투자전문회사는 등록된 사항이 변경된 경우에는 경미한 사항으로서 대통령령으로 정하는 경우를 제외하고는 2주 이내에 그 내용을 금융위원회에 변경등록하여야 한다. 이 경우 등록에 관한 규정(법 제268조 제4항부터 제9항)을 준용하며(법 제268조 제10항), 등록신청서의 기재사항 및 첨부서류 등 등록 및 변경등록의 신청에 관한 사항과 등록검토의 방법 · 절차, 그 밖에 필요한 사항은 대통령령으로 정한다(법 제268조 제11항).

2) 사원 및 출자

자본시장법은 사모투자전문회사의 사원 및 출자에 관하여 기본원칙을 정하여 놓고 있다. 즉, 사모투자전문회사의 사원은 1인 이상의 무한책임사원과 1인 이상의 유한책임사원으로 하되, 사원의 총수는 49명 이하일 것을 요구하고 있다(법 제269조 제1항).

사원 총수를 계산함에 있어서 다른 집합투자기구가 그 사모투자전문회사의 지분을 10% 이상 취득하는 경우에는 그 다른 집합투자기구의 투자자의 수를 합하여 계산하여야 하며(법

제269조 제2항), 전문투자자 중 대통령령으로 정하는 자는 사원의 총수 계산에서 제외한다(법 제269조 제3항).

이때 유한책임사원은 사모투자전문회사 재산인 주식 또는 지분의 의결권 행사 및 대통령령으로 정하는 업무집행사원의 업무에 관여하여서는 아니 된다(법 제269조 제4항).

사모투자전문회사 사원의 출자의 목적은 금전으로 한정되지만, 객관적인 가치평가가 가능하고 사원의 이익을 해할 우려가 없는 경우로서 다른 모든 사원의 동의가 있는 경우에는 증권으로 출자할 수 있다(법 제269조 제5항).

유한책임사원의 최소 출자가액은 사원이 법인, 그 밖의 단체인 경우에는 20억원, 개인인 경우에는 10억원으로 하며, 한국산업은행과 중소기업은행은 그 설립목적에 부합하는 범위에서 사모투자전문회사에 출자할 수 있다. 그 밖에 사원의 출자방법 및 절차에 관하여 필요한 사항은 대통령령으로 정한다.

3) 사모투자전문회사 재산 운용방법

자본시장법은 사모투자전문회사 재산의 운용방법에 관한 기본원칙을 정해 놓고 있다. 즉, 사모투자전문회사는 ① 다른 회사(투자회사, 투자유한회사, 투자합자회사, 투자유한책임회사, 그 밖에 대통령령으로 정하는 회사를 제외)의 의결권 있는 발행주식총수 또는 출자총액의 10% 이상 되도록 하는 투자, ② 10% 미만의 투자의 경우에는 임원의 임면 등 투자하는 회사의 주요 경영사항에 대하여 사실상의 지배력 행사가 가능하도록 하는 투자, ③ 증권(지분증권을 제외)에 대한 투자(지배목적을 달성하기 위하여 대통령령으로 정하는 경우로 한정), ④ 투자대상기업(사모투자전문회사 또는 투자목적회사가 다른 회사의 의결권 있는 발행주식총수 또는 출자총액의 10% 이상 되도록 하는 투자, 10% 미만의 투자의 경우에는 임원의 임면 등 투자하는 회사의 주요 경영사항에 대하여 사실상의 지배력 행사가 가능하도록 하는 투자, 증권의 방법으로 투자한 기업을 말함)이 발행한 증권에 대한 투자위험을 회피하기 위한 투자로서 대통령령으로 정하는 장내파생상품 또는 장외파생상품에 대한 투자, ⑤ 사회기반시설 투융자회사가 발행한 증권에 대한 투자, ⑥ 투자목적회사의 지분증권에 대한 투자, ⑦ 그 밖에 앞의 6개의 투자에 준하는 것으로서 대통령령으로 정하는 투자 중 어느 하나에 해당하는 방법으로 사모투자전문회사 재산을 운용하여야 한다(법 제270조 제1항).

그리고 사모투자전문회사는 법이 정한 방법으로 운용하고 남은 사모투자전문회사 재산을 ① 단기대출, ② 금융기관에의 예치, ③ 사모투자전문회사 재산의 5% 이내에서 대통령령으로 정하는 비율에 해당하는 사모투자전문회사 재산을 증권에 투자하는 방법, ④ 그 밖에 사모투자전문회사의 건전한 자산운용을 해할 우려가 없는 방법으로서 대통령령으로 정하는 방법 중 어느 하나에 따른 방법으로 운용할 수 있다(법 제270조 제2항).

사모투자전문회사는 사원이 출자한 날부터 6개월 이내에 출자한 금액의 50% 이상 출자한 금액을 ① 다른 회사(투자회사, 투자유한회사, 투자합자회사, 투자유한책임회사, 그 밖에 대통령령으로 정하는 회사를 제외)의 의결권 있는 발행주식총수 또는 출자총액의 10% 이상 되도록 하는 투자, ② 10% 미만의 투자의 경우에는 임원의 임면 등 투자하는 회사의 주요 경영사항에 대하여 사실상의 지배력 행사가 가능하도록 하는 투자, ⑤ 사회기반시설 투융자회사가 발행한 증권에 대한 투자, ⑥ 투자목적회사의 지분증권에 대한 투자의 방법으로 운용하여야 한다. 다만, 투자대상기업을 선정하기 곤란한 경우, 그 밖에 대통령령으로 정하는 경우로서 미리 금융위원회의 승인을 받은 경우에는 그러하지 아니하다(법 제270조 제3항).

그리고 사모투자전문회사는 ① 다른 회사(투자회사, 투자유한회사, 투자합자회사, 투자유한책임회사, 그 밖에 대통령령으로 정하는 회사를 제외)의 의결권 있는 발행주식총수 또는 출자총액의 10% 이상 되도록 하는 투자, ② 10% 미만의 투자의 경우에는 임원의 임면 등 투자하는 회사의 주요 경영사항에 대하여 사실상의 지배력 행사가 가능하도록 하는 투자, ③ 증권(지분증권을 제외)에 대한 투자(지배목적을 달성하기 위하여 대통령령으로 정하는 경우로 한정) 중 어느 하나에 부합되는 날부터 6개월 이상 투자대상기업이 발행한 지분증권, 그 밖에 대통령령으로 정하는 증권(지분증권 등)을 소유하여야 하며, 6개월 미만의 기간 중에는 그 지분증권 등을 처분하여서는 아니 된다. 다만, 그 지분증권 등을 계속 소유함으로써 사원의 이익을 명백히 해할 우려가 있는 경우, 그 밖에 대통령령으로 정하는 경우로서 미리 금융위원회의 승인을 받은 경우에는 6개월 미만의 기간 중에 이를 처분할 수 있다(법 제270조 제4항).

사모투자전문회사(투자목적회사의 주주 또는 사원이 된 자를 포함)는 투자목적회사가 발행한 지분증권을 취득한 날부터 6개월 이상 소유하여야 하며, 6개월 미만의 기간 중에는 그 지분증권을 처분하여서는 아니 된다. 다만, 투자목적회사의 지분증권을 계속 소유함으로써 사원의 이익을 명백히 해할 우려가 있는 경우, 그 밖에 대통령령으로 정하는 경우로서 미리 금융위원회의 승인을 받은 경우에는 6개월 미만의 기간 중에 이를 처분할 수 있다(법 제270조 제5항).

또한 사모투자전문회사는 다른 회사의 지분증권 등을 최초로 취득한 날부터 6개월이 경과할 때까지 ① 다른 회사(투자회사, 투자유한회사, 투자합자회사, 투자유한책임회사, 그 밖에 대통령령으로 정하는 회사를 제외)의 의결권 있는 발행주식 총수 또는 출자총액의 10% 이상 되도록 하는 투자 ② 10% 미만의 투자의 경우에는 임원의 임면 등 투자하는 회사의 주요 경영사항에 대하여 사실상의 지배력 행사가 가능하도록 하는 투자 ③ 증권(지분증권을 제외)에 대한 투자 중 어느 하나에 부합하지 아니하는 경우에는 이미 취득한 그 다른 회사의 지분증권 등 전부를 다른 자(그 사모투자전문회사와 출자관계를 가지고 있거나 같은 자로부터 출자에 의한 지배를 받는 자를 제외)에게 1개월 이내에 이를 처분하고 금융위원회에 지체 없이 보고하여야 한다. 다만, 지분증권 등의 처분이 곤란한 경우, 그 밖에 대통령령으로 정하는 경우로서 미리 금융위원회의 승인을 받은 경우에는 투자대상기업의 지분증권의 처분이 가능할 때까지의 기간으로서 금융위원회의 확인을 받은 기간 이내에 이를 처분하지 않을 수 있다(법 제270조 제6항).

사모투자전문회사는 ① 사원의 퇴사에 따른 출자금을 지급하기 위하여 불가피한 경우, ② 운영비용에 충당할 자금이 일시적으로 부족한 경우, ③ 투자대상기업에 투자하기 위하여 필요한 자금이 일시적으로 부족한 경우 중 어느 하나에 해당하는 사유가 발생하는 경우 자금을 차입하거나 투자대상기업 또는 투자대상기업과 관련된 타인을 위한 채무보증을 할 수 있다. 이 경우 차입금액 및 채무보증액의 합계는 사모투자전문회사재산의 10%를 초과하지 못한다(법 제270조 제7항).

또한 사모투자전문회사 재산의 투자비율의 산정방식, 그 밖에 사모투자전문회사 재산의 운용에 관하여 필요한 사항은 대통령령으로 정하며(법 제270조 제8항), 사모투자전문회사는 대통령령으로 정하는 바에 따라 파생상품에 대한 투자 및 차입 또는 채무보증의 현황(투자목적회사의 차입 또는 채무보증의 현황을 포함) 등에 관하여 금융위원회에 보고하여야 한다(법 제270조 제9항).

4) 투자목적회사

투자목적회사란 상법상 주식회사나 유한회사형태를 취한 회사로서 자본시장법이 정한 투자를 목적으로 설립된 회사를 말하며, 주주나 사원의 50% 이상이 사모투자전문회사로 구성된 간접투자형태의 회사를 말한다.

자본시장법은 투자목적회사에 대한 기본원칙을 정하여 놓고 있다. 즉, 투자목적회사는 ① 주식회사 또는 유한회사일 것, ② 다른 회사(투자회사, 투자유한회사, 투자합자회사, 투자유한책임회사, 그 밖에 대통령령으로 정하는 회사를 제외)의 의결권 있는 발행주식총수 또는 출자총액의 10% 이상 되도록 하는 투자, ③ 10% 미만의 투자의 경우에는 임원의 임면 등 투자하는 회사의 주요 경영사항에 대하여 사실상의 지배력 행사가 가능하도록 하는 투자, ④ 증권(지분증권을 제외)에 대한 투자(지배목적을 달성하기 위하여 대통령령으로 정하는 경우로 한정), ⑤ 투자대상기업(사모투자전문회사 또는 투자목적회사가 다른 회사의 의결권 있는 발행주식총수 또는 출자총액의 10% 이상 되도록 하는 투자, 10% 미만의 투자의 경우에는 임원의 임면 등 투자하는 회사의 주요 경영사항에 대하여 사실상의 지배력 행사가 가능하도록 하는 투자, 증권의 방법으로 투자한 기업을 말함)이 발행한 증권에 대한 투자위험을 회피하기 위한 투자로서 대통령령으로 정하는 장내파생상품 또는 장외파생상품에 대한 투자, ⑥ 사회기반시설투융자회사가 발행한 증권에 대한 투자, ⑦ 그 밖에 앞의 6개의 투자에 준하는 것으로서 대통령령으로 정하는 투자를 목적으로 할 것, ⑧ 그 주주 또는 사원이 사모투자전문회사 또는 투자목적회사가 투자하는 회사의 임원 또는 대주주, 그 밖에 투자목적회사의 효율적 운영을 위하여 투자목적회사의 주주 또는 사원이 될 필요가 있는 자로서 대통령령으로 정하는 자 중 어느 하나에 해당하되, 사모투자전문회사에 해당하는 주주 또는 사원의 출자비율이 대통령령으로 정하는 비율 이상일 것, ⑨ 그 주주 또는 사원인 사모투자전문회사의 사원의 수와 사모투자전문회사가 아닌 주주 또는 사원의 수를 합산한 수가 49명 이내일 것, ⑩ 상근임원을 두거나 직원을 고용하지 아니하고, 본점 외에 영업소를 설치하지 아니할 것 등의 각 요건을 모두 충족하는 회사를 말한다(법 제271조 제1항).

자본시장법에 특별한 규정이 없는 한 「상법」의 주식회사 또는 유한회사에 관한 규정은 투자목적회사에 적용하며(법 제271조 제2항), 투자목적회사는 차입을 하거나 투자대상기업 또는 투자대상기업과 관련된 타인을 위하여 채무보증을 할 수 있다. 이 경우 차입금액과 채무보증액의 합계는 투자목적회사가 차입하거나 채무보증을 하는 날을 기준으로 계산한 자기자본의 300%를 초과하지 못한다(법 제271조 제3항).

그리고 투자목적회사 재산의 투자비율 산정방식과 그 밖에 투자목적회사 재산의 운용에 관하여 필요한 사항은 대통령령으로 정한다(법 제271조 제4항).

투자목적회사에 대하여는 투자신탁이나 투자익명조합의 이익금의 분배, 사모투자전문회사의 사원과 출자, 사모투자전문회사 재산의 운용방법 및 상호출자제한 기업집단 계열 사모투자전문회사 등에 대한 제한규정은 투자목적회사에 준용한다(법 제271조 제5항).

그러나 주식회사의 설립의 등기 및 유한회사의 설립등기에 관한 상법 규정은 투자목적회사에는 적용하지 아니한다(법 제271조 제6항).

5) 업무집행사원

자본시장법은 사모투자전문회사의 업무집행사원에 관한 기본원칙을 정하여 놓고 있다. 즉, 사모투자전문회사는 정관으로 무한책임사원 중 1인 이상을 업무집행사원으로 정하여야 한다. 이 경우 그 업무집행사원이 회사의 업무를 집행할 권리와 의무를 가진다(법 제272조 제1항).

그리고 대통령령으로 정하는 금융관련 법령에서 규정하고 있는 업무를 영위하고 있는 자는 그 법령에 불구하고 업무집행사원이 될 수 있다. 이 경우 그 업무집행사원은 그 법령에서 제한하거나 금지하는 규정을 위반하지 아니하는 범위에서 업무를 집행할 수 있다(법 제272조 제2항).

사모투자전문회사는 정관으로 업무집행사원에 대한 손익의 분배 또는 손익의 순위 등에 관한 사항을 정할 수 있으며(법 제272조 제3항), 무인가 영업행위를 금지시키고 있는 법 제11조는 사모투자전문회사의 업무집행사원이 사모투자전문회사 재산의 운용 및 보관・관리, 사모투자전문회사 지분의 판매 및 환매 등을 영위하는 경우에 적용하지 아니한다(법 제272조 제4항).

그리고 업무집행사원은 법령과 정관에 따라 사모투자전문회사를 위하여 그 직무를 충실히 수행하여야 하며(법 제272조 제5항), 업무집행사원(법인이 업무집행사원인 경우 제2호 및 제3호에 대하여는 법인의 임직원을 포함)은 ① 사모투자전문회사와 거래하는 행위(사원 전원의 동의가 있는 경우를 제외한다), ② 원금 또는 일정한 이익의 보장을 약속하는 등의 방법으로 사원이 될 것을 부당하게 권유하는 행위, ③ 사원 전원의 동의 없이 사원의 일부 또는 제3자의 이익을 위하여 사모투자전문회사가 소유한 자산의 명세를 사원이 아닌 자에게 제공하는 행위, ④ 그 밖에 사모투자전문회사 사원의 보호 및 사모투자전문회사 재산의 안정성 등을 해할 우려가 있는 경우로서 대통령령으로 정하는 행위 등 각 호의 행위를 하여서는 아니 된다(법 제272조 제6항).

그리고 사모투자전문회사는 업무집행사원이 준수하여야 할 구체적인 행위준칙을 제정하여야 하며, 행위준칙을 제정·변경한 경우에는 지체 없이 이를 금융위원회에 보고하여야 한다. 이 경우 금융위원회는 보고받은 행위준칙이 법령을 위반하거나 사원의 이익을 해할 우려가 있는 때에는 그 내용을 변경하거나 보완할 것을 명할 수 있다(법 제272조 제7항).

또한 업무집행사원은 대통령령으로 정하는 기간마다 1회 이상 사모투자전문회사 및 사모투자전문회사가 출자한 투자목적회사의 재무제표 등을 사원에게 제공하고 그 운영 및 재산에 관한 사항을 설명하여야 하며, 그 제공 및 설명 사실에 관한 내용을 기록·유지하여야 한다(법 제272조 제8항).

업무집행사원이 아닌 사원은 영업시간 내에만 사모투자전문회사 또는 사모투자전문회사가 출자한 투자목적회사의 재산에 관한 장부·서류의 열람이나 등본 또는 초본의 교부를 청구할 수 있다(법 제272조 제9항).

업무집행사원이 아닌 사원은 업무집행사원이 업무를 집행함에 있어서 현저하게 부적합하거나 업무수행에 중대한 위반행위가 있는 경우에는 금융위원회의 승인을 받아 사모투자전문회사 또는 사모투자전문회사가 출자한 투자목적회사의 업무와 재산상황을 검사할 수 있다(법 제272조 제10항).

사모투자전문회사는 정관에서 정하는 바에 따라 사모투자전문회사재산으로 업무집행사원에게 보수(운용실적에 따른 성과보수를 포함한다)를 지급할 수 있다(법 제272조 제11항).

6) 업무집행사원 등록

자본시장법은 사모투자전문회사의 업무집행사원이 되고자 하는 자는 금융위원회에 등록할 것을 요구하고 있다. 즉, 사모투자전문회사의 업무집행사원으로서 사모투자전문회사 재산의 운용업무를 영위하려는 자는 ① 1억 원의 자기자본을 갖출 것, ② 임원이 법이 정한 자격요건(법 제24조)에 적합할 것, ③ 운용인력을 1인 이상 갖출 것, ④ 이해상충이 발생할 가능성을 파악·평가·관리할 수 있는 적절한 내부통제기준을 갖출 것 등 모든 요건을 갖추어 금융위원회에 등록하여야 한다(법 제272조의2 제1항).

그리고 사모투자전문회사의 업무집행사원으로 등록을 하려는 자는 금융위원회에 등록신청서를 제출하여야 하며(법 제272조의2 제2항), 금융위원회는 등록신청서를 접수한 경우에는 그 내용을 검토하여 1개월 이내에 등록 여부를 결정하고, 그 결과와 이유를 지체 없이 신청인에게 문서로 통지하여야 한다. 이 경우 등록신청서에 흠결이 있는 때에는 보완을 요구할 수 있다(법 제272조의2 제3항).

금융위원회가 등록신청서를 검토하는 기간을 산정함에 있어서 등록신청서 흠결의 보완기간 등 총리령으로 정하는 기간은 검토기간에 산입하지 아니하며(법 제272조의2 제4항), 금융위원회는 등록 여부를 결정함에 있어서 ① 등록요건을 갖추지 아니한 경우, ② 등록신청서를 거짓으로 작성한 경우, ③ 보완요구를 이행하지 아니한 경우 중 어느 하나에 해당하는 사유가 없는 한 그 등록을 거부하여서는 아니 된다(법 제272조의2 제5항).

사모투자전문회사의 업무집행사원은 등록 이후 그 사모투자전문회사 재산의 운용업무를 영위함에 있어서 등록요건을 유지하여야 하며(법 제272조의2 제6항), 금융위원회는 사모투자전문회사의 업무집행사원이 ① 거짓, 그 밖의 부정한 방법으로 업무집행사원의 등록을 한 경우, ② 등록요건의 유지의무를 위반한 경우, ③ 업무의 정지기간 중에 업무를 한 경우, ④ 금융위원회의 시정명령 또는 중지명령을 이행하지 아니한 경우, ⑤ 그 밖에 투자자의 이익을 현저히 해할 우려가 있거나 해당 사모투자전문회사재산의 운용업무를 영위하기 곤란하다고 인정되는 경우에는 그 업무집행사원의 등록을 취소할 수 있다(법 제272조의2 제7항).

그리고 등록신청서의 기재사항 · 첨부서류 등 등록의 신청에 관한 사항과 등록검토의 방법 · 절차, 그 밖에 필요한 사항은 대통령령으로 정한다(법 제272조의2 제8항).

7) 지분양도

자본시장법은 사모투자전문회사의 무한책임사원이 출자한 지분의 양도에 관한 기본원칙을 정하고 있다. 이에 따르면 사모투자전문회사의 무한책임사원은 출자한 지분을 타인에게 양도할 수 없도록 하였으나, 예외적으로 정관으로 정한 경우에는 사원 전원의 동의를 얻어 지분을 분할하지 아니하고 타인에게 양도할 수 있도록 규정하고 있다(법 제273조 제1항).

그리고 사모투자전문회사의 유한책임사원은 무한책임사원 전원의 동의를 얻어 출자한 지분을 분할하지 아니하고 타인에게 양도할 수 있으며(법 제273조 제2항), 사모투자전문회사의 무한책임사원 및 유한책임사원은 양도의 결과 사모투자전문회사의 사원 총수가 49명을 초과하지 아니하는 범위에서는 지분을 분할하여 양도할 수 있다. 이 경우 사모투자전문회사 사원의 총수 계산에 관한 규정(법 제269조 제3항)을 준용하도록 규정하고 있다(법 제273조 제3항).

그러나 사모투자전문회사는 다른 회사(다른 사모투자전문회사를 포함)와 합병할 수 없도록 금지시키고 있다(법 제273조 제4항).

8) 상호출자제한 기업집단 계열 사모투자전문회사 제한

자본시장법은 상호출자제한 기업집단 계열 사모투자전문회사 등에 대한 특별한 제한을 가하고 있다. 즉, 상호출자제한 기업집단의 계열회사인 사모투자전문회사 또는 상호출자제한 기업집단의 계열회사가 무한책임사원인 사모투자전문회사는 다른 회사를 계열회사로 편입한 경우에는 편입일부터 5년 이내에 그 다른 회사의 지분증권을 그 상호출자제한 기업집단의 계열회사가 아닌 자에게 처분하여야 한다(법 제274조 제1항).

이때 상호출자제한 기업집단의 계열회사인 사모투자전문회사 또는 상호출자제한 기업집단의 계열회사가 무한책임사원인 사모투자전문회사는 그 계열회사가 발행한 지분증권을 취득하여서는 아니 된다(법 제274조 제2항).

9) 지주회사 규제 특례

자본시장법은 사모투자전문회사 또는 투자목적회사에 대한 지주회사를 규정하고 있는 법률들에 대한 특례를 규정하고 있다.

이에 따르면 공정거래법에 따른 지주회사에 관한 규정은 사모투자전문회사 또는 투자목적회사가 ① 다른 회사(투자회사, 투자유한회사, 투자합자회사, 투자유한책임회사, 그 밖에 대통령령으로 정하는 회사를 제외)의 의결권 있는 발행주식총수 또는 출자총액의 10% 이상 되도록 하는 투자, ② 10% 미만의 투자의 경우에는 임원의 임면 등 투자하는 회사의 주요 경영사항에 대하여 사실상의 지배력 행사가 가능하도록 하는 투자라는 요건(법 제270조 제1항 제1호 또는 제2호)을 충족하는 경우 그 요건을 충족한 날부터 10년이 되는 날까지는 적용하지 아니한다(법 제276조 제1항).

그리고 사모투자전문회사 또는 투자목적회사가 지주회사규정의 적용제외에 해당하는 경우에는 그 요건을 충족한 날부터 2주일 이내에 그 사실을 대통령령으로 정하는 방법에 따라 금융위원회에 보고하여야 하며, 금융위원회는 그 사항을 공정거래위원회에 통보하여야 한다(법 제276조 제2항).

사모투자전문회사(사모투자전문회사의 무한책임사원 중 상호출자제한 기업집단 계열회사 또는 금융지주회사가 아닌 자를 포함) 및 투자목적회사에 대하여는 ① 다른 회사(투자회사, 투자유한회사, 투자합자회사, 투자유한책임회사, 그 밖에 대통령령으로 정하는 회사를 제외)의 의결권 있는 발행주식총수 또는 출자총액의 10 %이상 되도록 하는 투자, ② 10% 미만의 투자의 경우에는 임원의 임면 등 투자하는 회사의 주요 경영사항에 대하여 사실상의 지배력 행사가 가능하도록 하는 투자라는 요건(법 제270조 제1항 제1호 또는 제2호)을 충족하는 경우 그 요건을 충족한 날부터 10년이 되는 날까지는 금융지주회사로 보지 아니한다. 다만, 사모투자전문회사 또는 투자목적회사가 대통령령으로 정하는 1개 이상의 금융기관을 지배하는 경우에는 금융지주회사법상 신용공여한도에 관한 규정 제45조, 은행지주회사의 주요출자자에 대한 신용공여한도 등에 관한 제45조의2, 주요출자자가 발행한 주식의 취득한도 등에 관한 규정 제45조의3, 주요출자자의 부당한 영향력 행사 금지에 관한 법 제45조의4 및 자회사 등의 행위제한에 관한 법 제48조를 준용한다(법 제276조 제3항).

또한 금융지주회사법상 은행지주회사의 주요출자자에 대한 신용공여한도 등에 관한 법 제45조의2, 주요출자자가 발행한 주식의 취득한도 등에 관한 법 제45조의3, 주요출자자의 부당한 영향력 행사 금지에 관한 법 제45조의4는 회사가 사모투자전문회사의 업무집행사원인 경우에 준용한다. 이 경우 '은행지주회사의 대주주'는 '업무집행사원' 또는 '업무집행사원의 대주주'로 본다(법 제276조 제4항).

그리고 금융지주회사법에 따른 자회사는 손자회사 및 증손회사에 관한 금융지주회사법 법 제19조에 불구하고 사모투자전문회사의 지분을 취득할 수 있다(법 제276조 제5항).

10) 적용배제

자본시장법은 사모투자전문회사에 대하여는 금융투자업과 상법에 관한 규정 중 일부의 적용을 배제하는 규정을 두고 있다.

우선, 자본시장법상의 적용배제규정으로는 집합투자기구의 등록, 집합투자기구의 명칭, 집합투자기구의 업무수행, 연대책임, 자기집합투자증권의 취득제한, 투자합자회사의 설립, 업무집행사원, 투자합자회사의 사원총회, 투자합자회사의 준용규정, 투자합자회사의 상법과의 관계, 집합투자기구의 종류, 환매금지형 집합투자기구, 종류형 집합투자기구, 전환형 집합투자기구, 모자형 집합투자기구, 상장지수 집합투자기구, 집합투자증권의 환매청구 및 방법, 집합투자증권의 환매가격 및 수수료, 집합투자증권의 환매의 연기, 집합투자재산의 평가 및 기준가격의 산정, 집합투자기구 결산서류의 작성, 집합투자재산의 회계처리, 회계감사인의 손해배상책임, 최저순자산액 비달사실의 보고, 신탁업자의 선관주의의무, 신탁업자가 투자신탁재산을 신탁받는 경우 그 투자신탁에 관하여는 자본시장법이 규정하고 있는 신탁업자의 영업행위 규칙에 관한 규정의 적용 배제, 신탁업자의 업무제한, 집합투자재산의 운용행위 감시, 신탁업자의 자산보관·관리보고서의 교부, 사모집합투자기구에 대한 특례, 은행에 대한 특칙, 보험회사에 대한 특칙 및 집합투자기구의 등록취소에 관한 규정들은 사모투자전문회사에 적용하지 않는다(법 제277조 제1항).

그리고 상법상 회사의 권리능력의 제한, 합명회사 사원의 경업의 금지, 합명회사 사원의 퇴사권, 합명회사 지분 압류채권자에 의한 퇴사청구, 합자회사 지배인의 선임, 해임 및 합자회사의 조직변경에 관한 상법규정들은 사모투자전문회사에는 적용하지 않는다(법 제277조 제2항).

11) 사모투자전문회사 조치

자본시장법은 사모투자전문회사에 대한 감독 및 검사 후 이에 대한 조치를 할 수 있도록 권한을 부여하고 있다. 즉, 금융위원회는 ① 거짓, 그 밖의 부정한 방법으로 등록이나 변경등록을 한 경우, ② 등록요건을 갖추지 못하게 된 경우, ③ 사모투자전문회사가 해산한 경우, ④ 금융위원회의 시정명령 또는 중지명령을 이행하지 아니한 경우, ⑤ 변경등록을 하지 아니한 경우, ⑥사모투자전문회사 및 그 업무집행사원에 대한 처분사유 27개를 열거하고 있는 별표 6 각 호의 어느 하나에 해당하는 경우로서 대통령령으로 정하는 경우, ⑦ 금융관련 법령 등을 위반한 경우로서 대통령령으로 정하는 경우, ⑧ 그 밖에 투자자의 이익을 현저히 해할 우려가 있거나 사모투자전문회사로서 존속하기 곤란하다고 인정되는 경우로서 대통령령으로 정하는 경우 중 어느 하나에 해당하는 경우에는 사모투자전문회사의 등록을 취소할 수 있다. 다만, ③ 사모투자전문회사가 해산한 경우에는 등록을 취소하여야 하며(법 제278조 제1항), 사모투자전문회사가 등록이 취소된 경우에는 이로 인하여 해산한다(법 제278조 제2항).

금융위원회는 사모투자전문회사가 위의 등록취소사유 중 ⑥ 별표 6 각 호의 어느 하나에 해당하는 경우로서 대통령령으로 정하는 경우를 제외 한 어느 하나에 해당하거나 별표 6 각 호의 어느 하나에 해당하는 경우에는 ① 6개월 이내의 업무의 전부 또는 일부의 정지, ② 계약의 인계명령, ③ 위법행위의 시정명령 또는 중지명령, ④ 위법행위로 인한 조치를 받았다는 사실의 공표명령 또는 게시명령, ⑤ 기관경고, ⑥ 기관주의, ⑦ 그 밖에 위법행위를 시정하거나 방지하기 위하여 필요한 조치로서 대통령령으로 정하는 조치 중 어느 하나에 해당하는 조치를 할 수 있다(법 제278조 제3항).

그리고 금융위원회는 사모투자전문회사의 업무집행사원이 등록취소 사유에 해당하는 경우에는 ① 그 업무집행사원에 대한 조치, ② 그 업무집행사원의 임원에 대한 조치, ③ 그 업무집행사원의 직원에 대한 조치요구 등로 구분하여 조치사항을 정해 놓고 있다.

우선, 업무집행사원에 대한 조치로는 ① 해임요구, ② 6개월 이내의 직무정지, ③ 기관경고, ④ 기관주의, ⑤ 그 밖에 위법행위를 시정하거나 방지하기 위하여 필요한 조치로서 대통령령으로 정하는 조치를 할 수 있다.

그리고 업무집행사원의 임원에 대한 조치로는 ① 해임요구, ② 6개월 이내의 직무정지, ③ 문책경고, ④ 주의적 경고, ⑤ 그 밖에 위법행위를 시정하거나 방지하기 위하여 필요한 조치로서 대통령령으로 정하는 조치가 있다.

업무집행사원의 직원에 대한 조치요구로는 ① 면직, ② 6개월 이내의 정직, ③ 감봉, ④ 견책, ⑤ 주의, ⑥ 그 밖에 위법행위를 시정하거나 방지하기 위하여 필요한 조치로서 대통령령으로 정하는 조치가 있다(법 제278조 제4항).

임직원에 대한 조치 및 청문, 처분 등의 기록 및 공시, 이의신청에 관한 규정은 사모투자전문회사 및 사모투자전문회사의 업무집행사원에 대한 조치 등에 관하여 준용한다(법 제278조 제5항).

12) 기업재무안정사모투자전문회사 특례

자본시장법은 경영정상화 및 재무안정 등을 위하여 투자・운용하여 그 수익을 투자자에게 배분하는 것을 목적으로 하는 사모투자전문회사인 기업재무안정사모투자전문회사 등에 대한 특례규정을 두고 있다.

우선, "기업재무안정 사모투자전문회사에 대한 개념을 정의하고 있는데, 이에 따르면 기업재무안정 사모투자전문회사란 ① 부실징후기업, ② 법원에 회생절차개시를 신청한 기업, ③ 법원에 파산을 신청한 기업, ④ 채권금융기관과 재무구조개선을 위한 약정을 체결한 기업, ⑤ 법인(그 계열회사 포함)의 합병・전환・정리 등 구조조정 또는 재무구조개선 등을 하려는 기업, ⑥ 그 밖에 기업의 재무구조개선 또는 경영정상화의 추진이 필요한 기업에 해당하는 재무구조개선기업(「금융산업의 구조개선에 관한 법률」에서 정하는 금융기관은 제외)의 경영정상화 및 재무안정 등을 위하여 투자・운용하여 그 수익을 투자자에게 배분하는 것을 목적으로 하는 사모투자전문회사를 말한다(법 제278조의3 제1항).

기업재무안정 사모투자전문회사는 사모투자전문회사재산의 운용방법에 관한 규정 제270조에도 불구하고 그 재산을 운용함에 있어 사원이 출자한 날부터 2년 이내에 출자한 금액의 50% 이상을 ① 재무구조개선기업이 발행한 증권의 매매, ② 재무구조개선기업이 채무자인 대출채권 등 채권, 이에 수반되는 담보권 및 그 밖의 권리의 매매, ③ 재무구조개선기업이 보유하고 있는 부동산, 영업권 등 경제적 가치가 있는 자산의 매매, ④ 자산총액을 초과하지 아니하는 범위에서의 재무구조개선기업에 대한 자금의 대여 및 지급의 보증, ⑤ 투자목적회사의 지분증권에 대한 투자 중 어느 하나에 해당하는 방법으로 운용하여야 하고, 그와 같이 운용하고 남은 재산은 대통령령으로 정하는 바에 따라 운용할 수 있다(법 제278조의3 제2항).

그리고 기업재무안정 사모투자전문회사가 주주 또는 사원인 경우로서 주주 또는 사원의 출자비율이 50% 이상인 투자목적회사는 ① 재무구조개선기업이 발행한 증권의 매매, ② 재무구조개선기업이 채무자인 대출채권 등 채권, 이에 수반되는 담보권 및 그 밖의 권리의 매매, ③ 재무구조개선기업이 보유하고 있는 부동산, 영업권 등 경제적 가치가 있는 자산의 매매, ④ 투자목적회사의 자산총액을 초과하지 아니하는 범위에서의 재무구조개선기업에 대한 자금의 대여 및 지급의 보증의 어느 하나에 해당하는 방법 및 그 밖에 대통령령으로 정하는 방법으로 재산을 운용할 수 있다. 이 경우 사모투자전문회사재산의 운용방법에 관한 법규정은 적용하지 않는다(법 제278조의3 제3항).

기업재무안정 사모투자전문회사는 금전차입 등의 제한에도 불구하고 금전을 차입하거나 재무구조개선기업 또는 재무구조개선기업과 관련된 타인을 위하여 채무보증을 할 수 있다. 이 경우 차입금액 및 채무보증액의 합계는 기업재무안정 사모투자전문회사재산의 200%를 초과하지 못하며, 차입금액과 채무보증액의 합계는 대통령령으로 정하는 한도를 초과하지 못하도록 한 법 제271조 제3항의 한도를 적용함에 있어 기업재무안정 사모투자전문회사가 차입한 금액 및 채무보증한 금액과 투자목적회사가 차입한 금액을 합하여 이를 산정한다(법 제278조의3 제4항).

그리고 ① 국민연금기금, ② 공무원연금기금, ③ 사립학교교직원연금기금, ④ 군인연금기금(국가재정법 제13조 제1항 제2호부터 제5호)의 기금을 관리하는 자는 해당 기금 여유자금운용액의 10% 이내의 자금을 해당 기금운용계획에 따라 기업재무안정 사모투자전문회사에 출자할 수 있다. 이 경우 기금이 출자한 금액은 투자목적회사에 출자한 금액을 합하여 산정한다(법 제278조의3 제5항).

기업재무안정 사모투자전문회사 및 투자목적회사는 6개월 미만의 기간 중에는 취득한 지분증권을 처분할 수 없다. 다만, 그 지분증권을 계속 소유함으로써 사원의 이익을 명백히 해할 우려가 있는 경우, 그 밖에 대통령령으로 정하는 경우로서 미리 금융위원회의 승인을 받은 경우에는 6개월 미만의 기간 중에 이를 처분할 수 있다(법 제278조의3 제6항).

기업재무안정 사모투자전문회사재산 및 투자목적회사재산의 투자비율의 산정방식, 그 밖에 기업재무안정 사모투자전문회사재산 및 투자목적회사의 운용 및 운용제한, 자금차입 한도 산정방법 등에 관하여 필요한 사항은 대통령령으로 정한다(법 제278조의3 제7항).

제11장 외국 집합투자증권에 대한 특례

1. 외국 집합투자기구 등록

자본시장법은 외국 집합투자기구의 등록에 관한 특례를 인정하고 있다. 이에 따르면, 외국 법령에 따라 설정된 외국 투자신탁이나 외국 법령에 따라 설립된 외국 투자익명조합의 외국 집합투자업자 또는 외국 투자회사 등은 외국 집합투자증권을 국내에서 판매하고자 하는 경우에는 해당 외국 집합투자기구를 금융위원회에 등록하여야 한다(법 제279조 제1항).

그리고 외국 투자신탁이나 외국 투자익명조합의 외국 집합투자업자 또는 외국 투자회사 등은 외국 집합투자기구를 등록하고자 하는 경우 외국 집합투자업자 적격요건 및 외국 집합투자증권 판매적격 요건을 갖추어야 한다. 이 경우 전문투자자 중 대통령령으로 정하는 자만을 대상으로 외국 집합투자증권을 판매하고자 하는 경우에는 외국 집합투자업자 적격요건 및 외국 집합투자증권 판매적격 요건을 달리 정할 수 있다(법 제279조 제2항).

집합투자기구의 등록에 관한 규정은 외국 집합투자기구의 등록에 관하여 준용한다.

2. 외국 집합투자증권 국내판매

자본시장법은 외국 집합투자증권의 국내판매에 관한 기본원칙을 정하고 있다. 이에 따르면, 외국 투자신탁이나 외국 투자익명조합의 외국 집합투자업자 또는 외국 투자회사 등은 외국 집합투자증권을 국내에서 판매하는 경우에는 투자매매업자 또는 투자중개업자를 통하여 판매하여야 하며(법 제280조 제1항), 외국 집합투자업자는 자산운용보고서를 작성하여 3개월마다 1회 이상 해당 외국 집합투자기구의 투자자에게 제공하여야 한다(법 제280조 제2항).

그리고 투자자는 외국 투자신탁이나 외국 투자익명조합의 외국 집합투자업자, 외국 투자회사 등 또는 외국 집합투자증권을 판매한 투자매매업자 또는 투자중개업자에 대하여 영업시간 중 이유를 기재한 서면으로 그 투자자에 관련된 집합투자재산에 관한 장부・서류의 열람이나 등본 또는 초본의 교부를 청구할 수 있으며, 외국 투자신탁이나 외국 투자익명조합의 외국 집합투자업자, 외국 투자회사 등 또는 외국 집합투자증권을 판매한 투자매매업자 또는 투자중개업자는 정당한 사유가 없는 한 이를 거절하지 못한다(법 제280조 제3항).

그리고 외국 투자신탁이나 외국 투자익명조합의 외국 집합투자업자 또는 외국 투자회사 등은 해당 외국 집합투자증권의 기준가격을 매일 공고・게시하여야 한다. 다만, 기준가격을 매일 공고・게시하기 곤란한 경우에는 해당 집합투자규약에서 기준가격의 공고・게시기간을 15일 이내의 범위에서 별도로 정할 수 있다(법 제280조 제4항).

외국 집합투자증권의 국내 판매와 관련하여 판매방법, 보고서 제공, 그 밖에 필요한 사항은 대통령령으로 정한다(법 제280조 제5항).

3. 외국 집합투자업자 감독・검사

자본시장법은 금융위원회가 외국 집합투자업자 등에 대하여도 감독・검사를 할 수 있는 법적 근거를 마련하고 있다. 즉, 금융위원회는 투자자를 보호하고 건전한 거래질서를 유지하기 위하여 외국 투자신탁이나 외국 투자익명조합의 외국 집합투자업자 또는 외국 투자회사 등에 대하여 해당 집합투자재산의 공시 등에 관하여 필요한 조치를 명할 수 있으며(법 제281조 제1항), 금융투자업자에 대한 검사에 관한 규정은 외국 투자신탁이나 외국 투자익명조합의 외국 집합투자업자 또는 외국 투자회사 등에 대한 검사에 관하여 준용한다(법 제281조 제2항).

4. 외국 집합투자기구 등록취소

자본시장법은 금융위원회가 외국 집합투자기구의 등록을 취소할 수 있는 근거규정을 두고 있다.

이에 따르면 금융위원회는 ① 거짓, 그 밖의 부정한 방법으로 등록을 하거나 변경등록을 한 경우, ② 등록요건을 갖추지 못하게 된 경우, ③ 변경등록을 하지 아니한 경우, ④ 외국 집합투자업자 적격 요건 또는 외국 집합투자증권 판매적격 요건을 갖추지 못하게 된 경우, ⑤ 외국 집합투자증권의 국내판매에 관한 법규정을 위반한 경우, ⑥ 금융위원회의 조치에 따른 명령을 위반한 경우, ⑦ 그 밖에 투자자의 이익을 현저히 해할 우려가 있거나 외국 집합투자기구로서 존속하기 곤란하다고 인정되는 경우에는 외국 집합투자기구의 등록을 취소할 수 있다(법 제282조 제1항).

금융위원회가 외국 집합투자기구의 등록을 취소하고자 하는 경우에는 청문을 실시하여야 하며(법 제282조 제2항), 처분 등의 기록 및 공시 및 이의 신청에 관한 법규정은 외국 집합투자기구의 등록 취소에 관하여 준용한다(법 제282조 제3항).

제6편 금융투자업 관계기관

1. 서설

자본시장법은 금융투자관계기관도 그 개념을 정의 해 놓음으로써 이 법의 적용대상임을 분명히 하고 있다. 이에 따르면 '금융투자 관계기관'이란 법에서 정한 절차에 따라 설립된 한국금융투자협회, 한국예탁결제원, 증권금융회사, 종합금융회사, 자금중개회사, 단기금융회사, 명의개서대행회사, 금융투자 관계 단체를 말한다고 규정하고 있다.

그리고 2013년 4월 자본시장법 개정시 추가로 금융투자상품거래청산회사도 금융투자업관계기관에 포함시켰는데, 금융투자상품거래청산회사의 개념에 대하여는 제25항을 추가로 신설하여 설명하고 있다. 이에 따르면 '금융투자상품거래청산업'이란 금융투자업자 및 청산대상업자를 상대방으로 하여 청산대상업자가 청산대상거래를 함에 따라 발생하는 채무를 채무인수, 경개(更改), 그 밖의 방법으로 부담하는 것을 영업으로 하는 것을 의미한다(법 제9조 제25항).

2. 한국금융투자협회

자본시장법은 금융투자업관계기관으로 한국금융투자협회에 관한 규정을 두고 있다. 이 협회는 회원 상호간의 업무질서 유지 및 공정한 거래를 확립하고 투자자를 보호하며 금융투자업의 건전한 발전을 위하여 설립된 자율규제기관이다. 이 협회에 대하여는 특별한 규정이 있는 것을 제외하고는 「민법」 중 사단법인에 관한 규정을 준용한다(법 제283조).

이 협회의 회원이 될 수 있는 자는 금융투자업자, 그 밖에 금융투자업과 관련된 업무를 영위하는 자이며, 이 협회의 업무로는 ① 회원간의 건전한 영업질서 유지 및 투자자 보호를 위한 자율규제업무, ② 회원의 영업행위와 관련된 분쟁의 자율조정에 관한 업무, ③ 투자권유자문인력이나 조사분석인력, 투자운용인력 등의 주요직무 종사자의 등록 및 관리에 관한 업무, ④ 금융투자업자가 장외파생상품을 신규로 취급하는 경우 그 사전심의업무, ⑤ 증권시장에 상장되지 아니한 주권의 장외매매거래에 관한 업무, ⑥ 금융투자업 관련제도의 조사·연구에 관한 업무, ⑦ 투자자 교육 및 이를 위한 재단의 설립·운영에 관한 업무, ⑧ 금융투자업 관련 연수업무, ⑨ 이 법 또는 다른 법령에 따라 위탁받은 업무 등이 있다(법 제286조).

그리고 협회는 금융투자업자가 장외파생상품을 신규로 취급하는 경우 그 사전심의업무를 위해 장외파생상품심의위원회를 설치하고 운영한다(제288조의2).

3. 한국예탁결제원

1) 설립 및 감독

자본시장법은 증권 등의 집중예탁과 계좌간 대체, 매매거래에 따른 결제업무 및 유통의 원활을 위하여 한국예탁결제원을 설립에 관한 근거규정을 두고 있다(법 제294조). 그리고 예탁결제원은 정관으로 정하는 업무를 수행하는데, 이에 해당하는 것으로는 ① 증권 등의 집중예탁업무, ② 증권 등의 계좌간 대체업무, ③ 증권시장에서의 증권의 매매거래(다자간매매체결회사에서의 증권의 매매거래를 포함)에 따른 증권의 인도와 대금의 지급에 관한 업무, ④ 증권시장 밖에서의 증권 등의 매매거래(다자간매매체결회사에서의 증권의 매매거래는 제외)에 따른 증권 등의 인도와 대금의 지급에 관한 업무, ⑤ 예탁결제원과 유사한 업무를 영위하는 외국예탁결제기관과의 계좌설정을 통한 증권 등의 예탁, 계좌 간 대체 및 매매거래에 따른 증권 등의 인도와 대금의 지급에 관한 업무 등이 있다. 그리고 예탁결제원의 부수업무로는 ① 증권 등의 보호예수업무, ② 예탁증권 등의 담보관리에 관한 업무, ③ 집합투자업자・투자일임업자와 집합투자재산을 보관・관리하는 신탁업자 등 사이에서 이루어지는 집합투자재산의 취득・처분 등에 관한 지시 등을 처리하는 업무, ④ 그 밖에 금융위원회로부터 승인을 받은 업무 등이 있다.

그 밖에 예탁결제원은 정관으로 정하는 바에 따라 기본업무와 부수업무 외에 ① 증권의 명의개서대행업무, 증권대차의 중개 또는 주선 업무, 그 밖에 금융위원회의 승인을 받은 업무 중 어느 하나에 해당하는 업무. 이 경우 이 법 또는 다른 법률에서 인가・허가・등록・신고 등이 필요한 경우에는 인가・허가 등을 받거나 등록・신고 등을 하여야 한다. ② 자본시장법 또는 다른 법령에서 예탁결제원의 업무로 규정한 업무, ③ 그 밖에 금융위원회로부터 승인을 받은 업무를 영위할 수 있다(법 제296조).

그리고 증권시장에서의 매매거래에 따른 증권인도 및 대금지급 업무는 결제기관으로서 예탁결제원이 수행한다(법 제297조).

그러나 예탁결제원이 아닌 자는 증권 등을 예탁받아 그 증권 등의 수수를 갈음하여 계좌간의 대체로 결제하는 업무를 영위하여서는 아니 되며(법 제298조 제1항), 예탁결제원이 아닌 자는 국내에서 증권예탁증권을 발행하는 업무를 영위하여서는 아니 된다(법 제298조 제2항).

금융위원회는 예탁결제원이 법령 위반행위를 한 경우에는 ① 6개월 이내의 업무의 전부 또는 일부의 정지, ② 계약의 인계명령, ③ 위법행위의 시정명령 또는 중지명령, ④ 위법행위로 인한 조치를 받았다는 사실의 공표명령 또는 게시명령, ⑤ 기관경고, ⑥ 기관주의, ⑦ 그 밖에 위법행위를 시정하거나 방지하기 위하여 필요한 조치를 할 수 있다(법 제307조 제1항).

그리고 금융위원회는 예탁결제원의 임원 및 직원이 법령을 위반한 경우에는 ① 해임요구, ② 6개월 이내의 직무정지, ③ 문책경고, ④ 주의적 경고, ⑤ 주의, ⑥ 그 밖에 위법행위를 시정하거나 방지하기 위하여 필요한 조치를 할 수 있다(법 제307조 제2항, 제3항).

2) 예탁관련제도

자본시장법은 예탁결제원에 증권 등을 예탁하는 것에 대한 기본원칙을 정해 놓고 있다. 이에 따르면 예탁결제원에 증권 등을 예탁하고자 하는 자는 예탁결제원에 계좌를 개설할 것을 요구하고 있다(법 제309조 제1항).

그리고 이에 따라 계좌를 개설한 예탁자는 자기가 소유하고 있는 증권 등과 투자자로부터 예탁받은 증권 등을 투자자의 동의를 얻어 예탁결제원에 예탁할 수 있으며(법 제309조 제2항), 예탁결제원은 ① 예탁자의 명칭 및 주소, ② 예탁받은 증권 등의 종류 및 수와 그 발행인의 명칭, ③ 그 밖에 총리령으로 정하는 사항 중 모든 사항을 기재하여 예탁자계좌부를 작성·비치하되, 예탁자의 자기소유분과 투자자 예탁분이 구분될 수 있도록 하여야 한다(법 제309조 제3항).

그리고 예탁결제원은 예탁증권 등을 종류·종목별로 혼합하여 보관할 수 있으며(법 제309조 제4항), 예탁자 또는 그 투자자가 증권 등을 인수 또는 청약하거나, 그 밖의 사유로 새로 증권 등의 발행을 청구하는 경우에 그 증권 등의 발행인은 예탁자 또는 그 투자자의 신청에 의하여 이들을 갈음하여 예탁결제원을 명의인으로 하여 그 증권 등을 발행 또는 등록할 수 있다(법 제309조 제5항).

자본시장법은 투자자로부터 예탁받은 증권 등을 예탁결제원에 예탁하는 것에 대한 기본원칙을 정해 놓고 있다.

이에 따르면 투자자로부터 예탁받은 증권 등을 예탁결제원에 다시 예탁하는 예탁자는 ① 투자자의 성명 및 주소, ② 예탁증권 등의 종류 및 수와 그 발행인의 명칭, ③ 그 밖에 총리령으로 정하는 사항을 기재하여 투자자계좌부를 작성·비치하여야 한다(법 제310조 제1항).

그리고 예탁자는 투자자계좌부를 기재를 한 경우에는 해당 증권 등이 투자자 예탁분이라는 것을 밝혀 지체 없이 예탁결제원에 예탁하여야 하며(법 제310조 제2항), 예탁자는 투자자계좌부에 기재를 한 경우에는 해당 증권 등을 예탁결제원에 예탁하기 전까지는 이를 자기소유분과 구분하여 보관하여야 한다(법 제310조 제3항).

이때 투자자계좌부에 기재된 증권 등은 그 기재를 한 때에 예탁결제원에 예탁된 것으로 본다(법 제310조 제4항).

그 밖에도 자본시장법은 예탁대상증권 등의 지정(제308조), 예탁결제원에의 예탁(제309조), 투자자의 예탁자에의 예탁(제310조), 계좌부 기재의 효력(제311조), 권리추정(제312조), 보전의무(제313조), 예탁증권 등의 권리행사(제314조), 실질주주의 권리행사(제315조), 실질주주명부의 작성(제316조), 민사집행(제317조), 실질주주증명서(제318조), 실질수익자의 권리행사(제319조), 외국예탁결제기관 등의 예탁 등에 관한 특례(제320조), 보고 및 확인(제321조), 증권 등의 관리(제322조), 발행명세 및 사고증권 등의 명세통지(제323조)에 관하여 규정을 두고 있다.

4. 금융투자상품 거래 청산회사

1) 의의

자본시장법은 금융투자관계기관으로 금융투자상품 거래 청산회사를 규정하고 있다. 이는 다수 거래자간에 장외파생상품 거래 등에서 발생하는 채무를 채무인수, 경개, 그 밖의 방법으로 집중 부담하여 다수의 채권·채무 관계를 차감함으로써 상계처리(Netting)하는 방식으로 금융투자상품 거래를 청산하는 업무를 영위하는 회사를 말한다. 종전에는 장외거래중앙청산소(Central Counter Party)라고 불렀다. G20 정상회의에서 장외파생거래 등의 결제불이행 위험을 축소하기로 합의한 사항을 국내에 수용하기 위하여 금융투자업자의 채무불이행이 국내 자본시장에 중대한 영향을 미칠 우려가 있는 장외파생상품의 매매 등에 대해서는 금융투자상품 거래 청산회사에서 의무적으로 청산하도록 관련 조항을 2013년 법개정시 신설한 것이다.

이러한 금융투자상품 거래 청산업은 인가를 받지 않고는 그 업을 영위하는 것을 금지시키고 있다. 이에 따르면 금융투자상품 거래 청산업을 영위하려는 자는 청산대상거래 및 청산대상업자를 구성요소로 하여 업무 단위의 전부나 일부를 선택하여 금융위원회로부터 하나의 금융투자상품 거래 청산업인가를 받아야 한다.

2) 설립인가

금융투자상품 거래 청산업을 영위하려는 자는 청산대상거래 및 청산대상업자를 구성요소로 하여 청산업 인가업무 단위의 전부나 일부를 선택하여 금융위원회로부터 하나의 금융투자상품 거래 청산업인가를 받아야 한다(법 제323조의3 제1항).

그리고 금융투자상품 거래 청산업인가를 받으려는 자는 법이 정한 요건, 즉 ① 주식회사일 것, ② 청산업 인가업무 단위별로 200억원 이상의 자기자본을 갖출 것, ③ 사업계획이 타당하고 건전할 것, ④ 투자자의 보호가 가능하고 그 영위하려는 금융투자상품 거래 청산업을 수행하기에 충분한 인력과 전산설비, 그 밖의 물적 설비를 갖출 것, ⑤ 정관 및 청산업무규정이 법령에 적합하고 금융투자상품 거래 청산업을 수행하기에 충분할 것, ⑥ 임원이 임원의 자격요건에 관한 제24조에 적합할 것, ⑦ 대주주가 충분한 출자능력, 건전한 재무상태 및 사회적 신용을 갖출 것, ⑧ 사회적 신용을 갖출 것, ⑨ 이해상충방지체계를 구축하고 있을 것 등의 각 요건을 모두 갖추어야 한다(법 제323조의3 제2항).

금융투자상품 거래 청산업의 인가를 받으려는 자는 인가신청서를 금융위원회에 제출하여야 하며(법 제323조의4 제1항), 금융위원회는 인가신청서를 접수한 때에는 그 내용을 심사하여 3개월 이내에 인가 여부를 결정하고, 그 결과와 이유를 지체 없이 신청인에게 문서로 통지하여야 한다. 이 경우 인가신청서에 흠결이 있는 경우에는 보완을 요구할 수 있다(법 제323조의4 제2항).

그리고 인가신청서 심사기간을 산정함에 있어서 인가신청서 흠결의 보완기간 등 총리령으로 정하는 기간은 산입하지 아니하며(법 제323조의4 제3항), 금융위원회는 인가를 하는 경우에 금융투자상품 거래 청산회사의 경영의 건전성 확보 및 건전한 시장질서 유지에 필요한 조건을 붙일 수 있다(법 제323조의4 제4항).

3) 업무

자본시장법은 금융투자상품 거래 청산회사의 업무에 관하여 기본원칙을 정해 놓고 있다. 이에 따르면 금융투자상품 거래 청산회사는 정관으로 정하는 바에 따라 ① 청산대상거래의 확인업무, ② 청산대상거래에 따른 채무의 채무인수, 경개, 그 밖의 방법에 따른 채무부담업무, ③ 청산대상거래에서 발생하는 다수의 채권 및 채무에 대한 차감업무, ④ 결제목적물·결제금액의 확정 및 결제기관에 대한 결제지시업무, ⑤ 결제불이행에 따른 처리업무, ⑥ 위의 5가지 업무에 수반되는 부수업무로서 금융위원회로부터 승인을 받은 업무를 행한다(법 제323조의10 제1항).

그리고 금융투자상품 거래 청산회사는 앞의 6가지 업무 외에 다른 업무를 할 수 없지만, 예외적으로 ① 자본시장법 또는 다른 법령에서 금융투자상품 거래 청산회사의 업무로 규정한 업무를 행하는 경우, ② 자본시장법 또는 다른 법률에서 정하는 바에 따라 거래소, 그 밖에 금융투자업 관계기관이 금융투자상품 거래 청산업무를 하는 경우 중 어느 하나에 해당하는 경우에는 그러하지 아니하다(법 제323조의10 제2항).

자본시장법은 금융투자상품 거래 청산회사에 손해배상공동기금을 적립하는 것과 관련된 청산대상업자는 청산대상거래에 따른 채무의 불이행으로 인하여 발생하는 손해를 배상하기 위하여 청산업무규정으로 정하는 바에 따라 금융투자상품 거래 청산회사에 금전 등으로 손해배상공동기금을 적립하여야 한다. 다만, 청산업무규정으로 정하는 청산대상업자에 대하여는 그러하지 아니하다(법 제323조의14 제1항).

4) 손해배상공동기금

금융투자상품 거래 청산회사는 손해배상공동기금을 청산대상거래의 유형별로 구분하여 적립하여야 하며(법 제323조의14 제2항), 청산대상업자(청산업무규정으로 정하는 청산대상업자는 제외)는 손해배상공동기금의 범위에서 청산대상거래에 따른 채무의 불이행으로 인하여 발생하는 손해배상에 관하여 연대책임을 진다(법 제323조의14 제3항).

금융투자상품 거래 청산회사는 손해배상공동기금으로 손해를 보전한 경우에는 손해를 끼친 청산대상업자에 대하여 그 보전한 금액과 이에 소요된 비용에 관하여 구상권을 가지며(법 제323조의14 제4항), 금융투자상품 거래 청산회사는 구상권행사에 따라 추심된 금액을 손해배상공동기금에 충당한다(법 제323조의14 제5항).

자본시장법은 금융투자상품 거래 청산회사의 채권변제의 우선순위에 대하여 정하여 놓고 있다. 이에 따르면, 청산대상업자가 청산대상거래에 따른 채무를 이행하지 아니하여 금융투자상품 거래 청산회사 또는 다른 청산대상업자에게 손해를 끼친 경우 그 손해를 입은 금융투자상품 거래 청산회사 또는 다른 청산대상업자는 그 손해를 끼친 청산대상업자의 청산증거금 및 손해배상공동기금 지분에 대하여 다른 채권자보다 우선하여 변제받을 권리를 가진다(법 제323조의15 제1항).

5) 우선변제권

금융투자상품 거래 청산회사는 청산대상업자가 결제를 위하여 납부한 결제목적물 및 결제대금에 관하여 다른 채권자보다 우선하여 변제를 받을 권리가 있으며(법 제323조의15 제2항), 금융투자상품 거래 청산회사는 청산대상거래에 따른 결제의 완료 전에 결제목적물 또는 결제대금이 인도된 경우에 해당 청산대상업자가 그 결제를 이행하지 아니함으로써 금융투자상품 거래 청산회사에 손해를 끼친 때에는 그 청산대상업자의 재산에 관하여 다른 채권자보다 우선하여 변제를 받을 권리가 있다. 다만, 그 결제의 이행 기한이 도래하기 전에 설정된 전세권・질권・저당권 또는 「동산・채권 등의 담보에 관한 법률」에 따른 담보권에 의하여 담보된 채권에 대하여는 우선하여 변제를 받을 권리가 없다(법 제323조의15 제3항).

자본시장법은 금융투자상품 거래 청산회사의 주식소유에 관한 제한을 가하고 있는데, 이에 따르면 누구든지 ① 정부가 소유하는 경우, ② 그 밖에 금융위원회의 승인을 받은 경우 중 어느 하나에 해당하는 경우를 제외하고는 금융투자상품 거래 청산회사의 의결권 있는 발행주식총수의 100분의 20을 초과하여 금융투자상품 거래 청산회사가 발행한 주식을 소유할 수 없다.

5. 증권금융회사

자본시장법은 금융투자 관계기관으로 증권금융회사에 관하여 규정하고 있는데, 이 회사는 증권회사에 신용거래를 위한 대주(貸株) 및 금융을 행하는 것을 주요 업무로 하며, 인가를 받아야 영업을 할 수 있다. 이에 따르면 증권금융업무를 영위하려는 자는 금융위원회의 인가를 받아야 하며(법 제324조 제1항), 인가를 받으려는 자는 ① 주식회사일 것, ② 20억원 이상의 자기자본을 갖출 것, ③ 사업계획이 타당하고 건전할 것, ④ 투자자를 보호하고 영위하고자 하는 업무를 수행하기에 충분한 인력 및 전산설비, 그 밖의 물적 설비를 갖출 것, ⑤ 임원이 제24조에 적합할 것, ⑥ 대주주(제12조 제2항 제6호가목의 대주주를 말한다)가 충분한 출자능력, 건전한 재무상태 및 사회적 신용을 갖출 것, ⑦ 이해상충방지체계를 구축하고 있을 것 등의 요건을 모두 갖추어야 한다(법 제324조 제2항).

그리고 인가를 받으려는 자는 인가신청서를 금융위원회에 제출하여야 하며(법 제324조 제3항), 금융위원회는 인가신청서를 접수한 경우에는 그 내용을 심사하여 3개월 이내에 인가 여부를 결정하고, 그 결과와 이유를 지체 없이 신청인에게 문서로 통지하여야 한다. 이 경우 인가신청서에 흠결이 있는 때에는 보완을 요구할 수 있다(법 제324조 제4항).

그리고 인가신청서의 심사기간을 산정함에 있어서 인가신청서 흠결의 보완기간 등 총리령으로 정하는 기간은 산입하지 아니한다(법 제324조 제5항).

금융위원회는 인가를 하는 경우에는 경영의 건전성 확보 및 투자자보호에 필요한 조건을 붙일 수 있으며(법 제324조 제6항), 이러한 조건이 붙은 인가를 받은 자는 사정의 변경, 그 밖에 정당한 사유가 있는 경우에는 금융위원회에 조건의 취소 또는 변경을 요청할 수 있다. 이 경우 금융위원회는 2개월 이내에 조건의 취소 또는 변경 여부를 결정하고, 그 결과를 지체 없이 신청인에게 문서로 통지하여야 한다(법 제324조 제7항).

그리고 금융위원회는 인가를 한 경우에는 ① 인가의 내용, ② 인가의 조건(조건을 붙인 경우에 한함), ③ 인가의 조건을 취소하거나 변경한 경우 그 내용 등 각 사항을 관보 및 인터넷 홈페이지 등에 공고하여야 한다(법 제324조 제8항).

증권금융회사는 인가를 받아 그 영업을 영위함에 있어서 각 인가요건을 유지하여야 한다(법 제324조 제9항).

그리고 증권금융회사의 업무의 범위와 관련하여 자본시장법은 이를 제한하고 있는데, 이에 따르면 증권금융업무는 ① 금융투자상품의 매도·매수, 증권의 발행·인수 또는 그 중개나 청약의 권유, 청약, 청약의 승낙과 관련하여 투자매매업자 또는 투자중개업자에 대하여 필요한 자금 또는 증권을 대여하는 업무, ② 거래소시장에서의 매매거래 또는 청산대상거래에 필요한 자금 또는 증권을 청산기관인 거래소 또는 금융투자상품 거래 청산회사를 통하여 대여하는 업무, ③ 증권을 담보로 하는 대출업무, ④ 그 밖에 금융위원회의 승인을 받은 업무 등이다(법 제326조 제1항).

그리고 추가로 증권금융회사는 증권금융업무 외에도 겸업업무로서 ① 투자매매업 및 투자중개업무, ② 신탁업무, ③ 집합투자재산의 보관 · 관리 업무, ④ 증권대차업무, ⑤ 그 밖에 금융위원회의 승인을 받은 업무, ⑥ 자본시장법 또는 다른 법령에서 증권금융회사의 업무로 규정한 업무, ⑦ 그 밖에 금융위원회로부터 승인을 받은 업무 등을 영위할 수 있다(법 제326조 제2항).

또한 증권금융회사는 증권금융업무, 겸업업무 또는 부수업무로서 ① 보호예수업무 ② 그 밖에 금융위원회의 승인을 받은 업무 중 어느 하나에 해당하는 업무를 행한다(법 제326조 제3항).

그리고 증권금융회사는 사채를 발행할 수 있는데, 증권금융회사는 자본금과 준비금의 합계액의 20배를 초과하지 아니하는 범위에서 사채를 발행할 수 있으며(법 제329조 제1항), 발행한 사채의 상환을 위하여 일시적으로 그 한도를 초과하여 사채를 발행할 수 있다. 이 경우 발행 후 1개월 이내에 제1항의 한도에 적합하도록 하여야 한다(법 제329조 제2항).

그 밖에도 금융투자업자, 금융투자업관계기관(증권금융회사 제외), 거래소, 상장법인 등이 증권금융회사에 자금을 예탁할 수 있는데, 이에 관하여 자본시장법은 원칙을 정하고 있다.

이에 따르면 증권금융회사는 금융투자업자, 금융투자업관계기관(증권금융회사 제외), 거래소, 상장법인, 그 밖에 총리령이 정하는 자로부터 자금의 예탁을 받을 수 있다(법 제330조 제1항).

6. 신용평가회사

자본시장법은 금융투자업 관계기관으로 신용평가회사에 관하여 규정하고 있는데, 이에 따르면 신용평가업을 영위하려는 자는 금융위원회로부터 신용평가업인가, 즉 본인가를 받아야 하며(법 제335조의3 제1항), 신용평가업 본인가를 받으려는 자는 ① 주식회사, 그 밖에 대통령령으로 정하는 법인일 것, ② 50억원 이상의 자기자본을 갖출 것, ③ 사업계획이 타당하고 건전할 것, ④ 신뢰성 있는 신용등급을 지속적으로 생산하기에 충분한 인력 및 전산설비, 그 밖의 물적 설비를 갖출 것, ⑤ 임원이 임원자격에 관한 법 제24조에 적합할 것, ⑥ 대주주(제12조 제2항 제6호 가목의 대주주를 말한다)가 충분한 출자능력, 건전한 재무상태 및 사회적 신용을 갖출 것, ⑦ 신용평가회사와 투자자 또는 발행인 사이의 이해상충을 방지하기 위한 체계를 갖출 것 등 각 요건을 모두 갖추어야 한다(법 제335조의3 제2항).

그러나 ① 상법에 따른 주식회사, 그 밖에 대통령령으로 정하는 법인일 것이라는 요건과 관련하여 (가) 상호출자제한기업집단에 속하는 회사가 100분의 10을 초과하여 출자한 법인,

(나) 금융기관이 100분의 10을 초과하여 출자한 법인, (다) 가목 또는 나목의 회사가 최대주주인 법인 중 어느 하나에 해당하는 자는 제외한다.

그리고 신용평가회사에 대하여는 대주주의 변경승인 및 임원의 자격에 관한 규정을 신용평가회사 및 그 임원에게 준용한다(법 제335조의8 제1항).

그리고 신용평가회사는 그 임직원이 직무를 수행함에 있어서 준수하여야 할 적절한 기준 및 절차로서 ① 평가조직과 영업조직의 분리에 관한 사항, ② 이해상충방지체계에 관한 사항, ③ 불공정행위의 금지에 관한 사항, ④ 신용평가 대상의 특성에 적합한 신용평가기준 도입에 관한 사항, ⑤ 그 밖에 신용평가내부통제기준에 관하여 필요한 사항을 포함하는 신용평가내부통제기준을 정하여야 한다(법 제335조의8 제2항).

또한 신용평가회사는 신용평가내부통제기준의 준수 여부를 점검하고 신용평가내부통제기준을 위반하는 경우 이를 조사하여 감사위원회 또는 감사에게 보고하는 자로서 준법감시인을 1인 이상 두어야 한다(법 제335조의8 제3항).

그리고 준법감시인은 선량한 관리자의 주의로 그 직무를 수행하여야 하며, ① 해당 신용평가회사의 고유재산의 운용업무, ② 해당 신용평가회사가 영위하고 있는 신용평가업 및 그 부수업무, ③ 해당 신용평가회사가 영위하고 있는 겸영업무를 수행하는 직무를 담당하여서는 아니 되며(법 제335조의8 제4항), 내부통제기준 및 준법감시인에 관한 규정은 신용평가회사의 준법감시인에게 준용한다(법 제335조의8 제5항).

또한 신용평가회사는 투자자 보호 및 건전한 거래질서를 해할 우려가 없는 업무로서 ① 채권평가회사의 업무, ② 그 밖에 업무를 겸영할 수 있다(법 제335조의10 제1항).

이때 신용평가회사는 ① 은행, 금융기관의 기업 등에 대한 신용공여의 원리금상환 가능성에 대한 평가업무, ② 은행, 보험회사, 그 밖에 금융기관의 지급능력, 재무건전성 등에 대한 평가 업무, ③ 그 밖에 신용평가업에 부수하는 업무를 영위할 수 있다(법 제335조의10 제2항).

그리고 신용평가회사는 겸영업무와 부수업무를 영위하려는 때에는 영위하려는 날의 7일 전까지 이를 금융위원회에 신고하여야 하며(법 제335조의10 제3항), 금융투자업자의 부수업무 영위에 관한 규정은 신용평가회사에 대하여 준용한다.

자본시장법은 상호출자제한 기업집단에 속하는 회사 또는 금융기관이 100분의 10을 초과하여 출자한 법인에 따른 금융기관이 상호출자제한 기업집단에 속하는 회사가 100분의 10을 초과하여 출자한 법인 또는 금융기관이 100분의 10을 초과하여 출자한 법인의 출자한도를 초과하여 신용평가회사의 주식(출자지분을 포함)을 보유하는 경우 해당 주식의 의결권 행사의 범위는 대략 10% 한도로 제한하며, 지체 없이 그 한도에 적합하도록 하여야 한다(법 제335조의13 제1항).

그리고 금융위원회는 상호출자제한 기업집단에 속하는 회사 또는 금융기관이 100분의 10

을 초과하여 출자한 법인에 따른 금융기관이 상호출자제한 기업집단에 속하는 회사가 100분의 10을 초과하여 출자한 법인 또는 금융기관이 100분의 10을 초과하여 출자한 법인의 출자한도를 초과하여 신용평가회사의 주식(출자지분을 포함)을 보유하고 있는 신용평가회사의 주식을 처분할 것을 6개월 이내의 기간을 정하여 명할 수 있다(법 제335조의13 제2항).

7. 종합금융회사

자본시장법은 금융투자 관계기관으로 종합금융회사에 관하여 규정하고 있는데, 이는 종합적인 금융업무를 취급하는 곳으로 외자도입 · 해외투자 등 국제금융, 리스, 기업어음(CP), 유가증권, 증권투자신탁 등 보험과 일반예금만을 제외하고 모든 금융업무를 처리하는 금융회사를 말한다. 종합금융업을 영위하기 위하여는 인가를 얻어야 하는데, 이에 따르면 금융위원회의 인가를 받은 종합금융회사의 업무는 ① 1년 이내에 만기가 도래하는 어음의 발행 · 할인 · 매매 · 중개 · 인수 및 보증, ② 설비 또는 운전자금의 투융자, ③ 증권의 인수 · 매출 또는 모집 · 매출의 중개 · 주선 · 대리, ④ 외자도입, 해외 투자, 그 밖의 국제금융의 주선과 외자의 차입 및 전대, ⑤ 채권의 발행, ⑥ 기업의 경영 상담과 기업인수 또는 합병 등에 관한 용역, ⑦ 지급보증, ⑧ 앞의 7가지 업무에 부수되는 업무이다(법 제336조 제1항).

그리고 종합금융회사는 앞의 8가지 업무 외에 ① 여신전문금융업법에 따른 시설대여업무, ② 집합투자업(투자신탁의 설정 · 해지 및 투자신탁재산의 운용업무에 한함), ③ 금전신탁 외의 신탁업, ④ 증권을 대상으로 하는 투자매매업 및 투자중개업(제1항 제3호에 해당되는 부분을 제외), ⑤ 외국환거래법에 따른 외국환업무, ⑥ 그 밖에 종합금융업자의 8가지 기본업무에 부수되는 업무 또는 앞의 ①부터 ⑤까지의 업무와 관련된 겸영업무를 자본시장법 또는 해당 법률이 정하는 바에 따라 인가 · 허가 · 등록 등을 받아 영위할 수 있다(법 제336조 제2항).

종합금융회사는 업무를 폐지하거나 해산하고자 하는 경우에는 금융위원회의 인가를 받아야 하며(법 제339조 제1항), 종합금융회사는 ① 정관의 변경, ② 업무방법의 변경, ③ 본점의 이전 또는 지점 등의 이전 · 폐쇄 중 어느 하나에 해당하는 경우에는 그 사유가 발생한 날부터 7일 이내에 금융위원회에 그 내용을 보고하여야 한다. 다만, ③ 본점의 이전 또는 지점 등의 이전 · 폐쇄의 경우에는 사전에 금융위원회에 신고하여야 한다(법 제339조 제2항).

그리고 종합금융회사는 자기자본의 10배의 범위에서 채권을 발행할 수 있으며(법 제340조 제1항), 종합금융회사는 발행한 채권의 상환을 위하여 필요한 경우에는 일시적으로 그 한도를 초과하여 채권을 발행할 수 있다(법 제340조 제2항).

종합금융회사는 자본시장법에 따라 투자신탁의 설정 · 해지 및 투자신탁재산의 운용업무를 영위하는 경우에는 임원을 두어야 하고, 임직원에게 ① 1년 이내에 만기가 도래하는 어음의 발행 · 할인 · 매매 · 중개 · 인수 및 보증, ③ 증권의 인수 · 매출 또는 모집 · 매출의 중개 · 주선 · 대리, ④ 외자도입, 해외 투자, 그 밖의 국제금융의 주선과 외자의 차입 및 전대, ⑤ 채권의 발행, ⑥ 기업의 경영 상담과 기업인수 또는 합병 등에 관한 용역, ⑦ 지급보증, ⑧ 앞의 7가지 업무에 부수되는 업무이다(법 제336조 제1항), ⑨ 투자신탁의 설정 · 해지 및 투자신탁재산의 운용업무를 겸직하게 하여서는 아니 되며, 전산설비 또는 사무실 등의 공동사용 금지 및 다른 업무를 영위하는 임직원간의 정보교류 제한 등 대통령령으로 정하는 이해상충방지체계를 갖추어야 한다.

그리고 자본시장법은 종합금융회사의 사금고화를 차단하기 위하여 신용한도 규정을 두고 있다. 이에 따르면 종합금융회사는 같은 개인 · 법인 및 그와 신용위험을 공유하는 동일차주에 대하여 그 종합금융회사의 자기자본의 100분의 25를 초과하는 신용공여, 즉 대출, 어음의 할인, 지급보증, 자금지원적 성격의 증권의 매입, 그 밖에 금융거래상의 신용위험을 수반하는 종합금융회사의 직접 · 간접적 거래를 할 수 없다(법 제342조 제1항).

또한 그 종합금융회사의 임원 · 자회사 및 그와 신용위험을 공유하는 관계인에 대하여 그 종합금융회사의 자기자본의 100분의 15를 초과하는 신용공여를 할 수 없다(법 제342조 제2항).

종합금융회사의 동일차주 각각에 대한 신용공여가 그 종합금융회사의 자기자본의 100분의 10을 초과하는 신용공여의 총 합계액은 매 월말 기준으로 그 종합금융회사 자기자본의 5배를 초과할 수 없다(법 제342조 제3항).

종합금융회사는 같은 개인이나 법인 각각에 대하여 그 종합금융회사의 자기자본의 100분의 20을 초과하여 신용공여를 할 수 없다(법 제342조 제4항).

그러나 종합금융회사는 ① 국민경제 또는 종합금융회사의 채권확보의 실효성 제고를 위하여 필요한 경우, ② 종합금융회사가 추가로 신용공여를 하지 아니하였음에도 불구하고 자기자본의 변동, 동일차주 구성의 변동 등으로 인하여 위에서 규정한 한도를 초과하게 되는 경우에는 법정한도를 초과하여 신용공여를 할 수 있지만(법 제342조 제5항), 그 한도를 초과하게 된 날부터 1년 이내에 법정한도에 적합하도록 하여야 한다.

그리고 자본시장법은 종합금융회사가 대주주와 거래하는 경우 이에 대한 특별한 제한을 가하고 있다. 즉, 종합금융회사가 그의 대주주에게 신용공여를 함에 있어서 자기자본의 100분의 15를 초과하여서는 아니 되며, 대주주는 그 종합금융회사로부터 그 한도를 초과하여 신용공여를 받아서는 아니 된다(법 제343조 제1항).

종합금융회사는 그의 대주주에게 자기자본의 25% 범위에서 10억 원 이상의 신용공여를 하거나 대주주가 발행한 주식을 10억원 이상으로 취득하려는 경우에는 미리 이사회 결의를 거쳐야 한다. 이 경우 이사회는 재적이사 전원의 찬성으로 결의한다(법 제343조 제2항).

종합금융회사는 그의 대주주에게 대통령령으로 정하는 금액 이상의 신용공여를 하거나 대주주가 발행한 주식을 10억원 이상으로 취득한 경우에는 그 사실을 금융위원회에 지체 없이 보고하고, 인터넷 홈페이지 등을 이용하여 공시하여야 한다(법 제343조 제3항).

또한 자본시장법은 종합금융회사는 자기자본의 100분의 100을 초과하여 증권에 투자할 수 없도록 제한하고 있다(법 제344조 제2항).

또한 자본시장법은 대기업집단의 부당지원행위를 차단하기 위하여 상호출자제한 기업집단에 속하는 종합금융회사는 다른 상호출자제한 기업집단에 속하는 금융기관 또는 회사와 ① 한도를 회피하기 위한 목적으로 다른 금융기관 또는 회사의 의결권 있는 주식을 서로 교차하여 소유하거나 신용공여를 하는 행위, ② 상법, 그 밖의 법률에 따른 자기주식 취득의 제한을 회피하기 위한 목적으로 서로 교차하여 주식을 취득하는 행위, ③ 그 밖에 예금자 및 투자자의 이익을 크게 해할 우려가 있는 행위를 하여서는 아니 된다(법 제345조 제1항).

그리고 종합금융회사는 상호출자제한 기업집단에 속하는 종합금융회사에 대한 제한규정을 위반하여 취득한 주식에 대하여는 의결권을 행사할 수 없으며(법 제345조 제2항), 종합금융회사는 그 종합금융회사의 주식을 매입시키기 위한 신용공여를 하여서는 아니 된다(법 제345조 제3항).

금융위원회는 상호출자제한 기업집단에 속하는 종합금융회사에 대한 제한규정을 위반하여 주식을 취득하거나 신용공여를 한 종합금융회사에 대하여 6개월 이내의 기간을 정하여 그 주식의 처분 또는 신용공여의 회수를 명하는 등 필요한 조치를 할 수 있다(법 제345조 제4항).

그리고 종합금융회사는 업무용 부동산을 제외하고는 부동산을 취득하거나 소유할 수 없다. 다만, 담보권의 실행으로 인하여 취득하는 경우에는 이를 소유할 수 있다(법 제347조 제1항).

또한 종합금융회사는 자기자본의 100분의 100을 초과하여 업무용 부동산을 취득하여서는 아니 되며(법 제347조 제2항), 종합금융회사는 자기가 소유하는 부동산 중 업무용 부동산이 아니거나 담보권의 실행으로 취득한 부동산을 처분하여야 한다(법 제347조 제3항).

금융위원회는 종합금융회사가 ① 인가조건을 위반한 경우, ② 업무의 정지기간 중에 업무를 한 경우, ③ 금융위원회의 시정명령 또는 중지명령을 이행하지 아니한 경우, ④ 법령을 위반한 경우, ⑤ 금융관련 법령 등을 위반한 경우, ⑥ 그 밖에 투자자의 이익을 현저히 해할 우려가 있거나 해당 업무를 영위하기 곤란하다고 인정되는 경우에는 종합금융회사의 인가를 취소할 수 있다(법 제354조 제1항).

금융위원회는 종합금융회사나 그 임원 또는 직원이 ① 인가조건을 위반한 경우, ② 업무의 정지기간 중에 업무를 한 경우, ③ 금융위원회의 시정명령 또는 중지명령을 이행하지 아니한 경우, ⑤ 대통령령으로 정하는 금융관련 법령 등을 위반한 경우로서 대통령령으로 정하는 경우, ⑥ 그 밖에 투자자의 이익을 현저히 해할 우려가 있거나 해당 업무를 영위하기 곤란하다고 인정되는 경우에는 ① 6개월 이내의 업무의 전부 또는 일부의 정지, ② 계약의 인계명령, ③ 위법행위의 시정명령 또는 중지명령, ④ 위법행위로 인한 조치를 받았다는 사실의 공표명령 또는 게시명령, ⑤ 기관경고, ⑥ 기관주의, ⑦ 그 밖에 위법행위를 시정하거나 방지하기 위하여 필요한 조치를 할 수 있다(법 제354조).

8. 자금중개회사

자본시장법은 금융투자 관계기관으로 자금중개회사에 관하여 규정하고 있는데, 이는 금융시장의 안정적 발전을 위해 금융기관간 자금거래 중개를 목적으로 금융위원회의 인가를 얻어 설립된 회사를 말한다. 예를 들어 금융기관간 콜자금 거래의 중개 및 대차, 단기자금거래의 중개 및 대차, 채권매매의 중개, 금 중개 및 외국환 중개 등을 수행한다.

이 자금중개회사는 금융투자업의 업무는 할 수 없으나 자금거래의 중개업무와 경제적 실질이 유사한 금융투자업무는 할 수 있다. 즉, 자금중개회사가 금융투자업 인가를 받는 경우 외화표시 양도성예금증서(certificate of deposit, CD)의 중개·주선·대리, 환매조건부매매의 중개·주선·대리, 기업어음증권(Commercial Paper, CP)의 중개·주선·대리, 외국통화·이자율을 기초로 하는 장외파생상품의 중개·주선·대리, 채권중개전문회사 업무를 할 수 있다.

이러한 자금중개회사는 자본시장법의 적용을 받는 원화자금중개회사와 외국환거래법에 따른 외국환중개회사, 그리고 자본시장법 시행령 제179조에 따른 채권중개전문회사(inter-dealer broker, IDB)로 구분하는데, 이들 모두 금융위원회의 인가를 받아야 한다(법 제355조 제1항).

자금중개업 인가를 받으려는 자는 ① 주식회사일 것, ② 20억원 이상의 자기자본을 갖출 것, ③ 사업계획이 타당하고 건전할 것, ④ 투자자를 보호하고 영위하고자 하는 업을 수행하기에 충분한 인력 및 전산설비, 그 밖의 물적 설비를 갖출 것, ⑤ 임원이 임원의 자격요건에 관한 법 제24조에 적합할 것, ⑥ 대주주가 충분한 출자능력, 건전한 재무상태 및 사회적 신용을 갖출 것 중 모든 요건을 갖추어야 한다(법 제355조 제2항).

자금중개업 인가를 받으려는 자는 인가신청서를 금융위원회에 제출하여야 하며(법 제355조 제3항), 금융위원회는 인가신청서를 접수한 경우에는 그 내용을 심사하여 3개월 이내에 인가 여부를 결정하고, 그 결과와 이유를 지체 없이 신청인에게 문서로 통지하여야 한다. 이 경우 인가신청서에 흠결이 있는 때에는 보완을 요구할 수 있다(법 제355조 제4항). 인가신청서의 심사기간을 산정함에 있어서 인가신청서 흠결의 보완기간 등 총리령으로 정하는 기간은 산입하지 아니하며(법 제355조 제5항), 금융위원회는 인가를 하는 경우에는 경영의 건전성 확보 및 투자자 보호에 필요한 조건을 붙일 수 있다(법 제355조 제6항).

경영의 건전성 확보 및 투자자 보호에 필요한 조건이 붙은 인가를 받은 자는 사정의 변경,

그 밖에 정당한 사유가 있는 경우에는 금융위원회에 조건의 취소 또는 변경을 요청할 수 있다. 이 경우 금융위원회는 2개월 이내에 조건의 취소 또는 변경 여부를 결정하고, 그 결과를 지체 없이 신청인에게 문서로 통지하여야 한다(법 제355조 제7항).

금융위원회는 인가를 한 경우에는 ① 인가의 내용, ② 인가의 조건(조건을 붙인 경우에 한한다), ③ 인가의 조건을 취소하거나 변경한 경우 그 내용 등 각 사항을 관보 및 인터넷 홈페이지 등에 공고하여야 한다(법 제355조 제8항).

자본시장법은 자금중개회사에 대하여 행위규제를 가하고 있는데, 이에 따르면 자금중개업자는 금융투자업을 영위할 수 없도록 금지시키고 있다(법 제357조 제1항).

그리고 자금중개회사는 경영건전성기준에 관한 규정, 회계처리에 관한 규정, 업무보고서 및 공시에 관한 규정, 종합금융회사의 인가사항에 관한 규정, 종합금융회사의 겸직금지에 관한 규정 및 금융위원회의 조치명령권에 관한 규정을 자금중개회사에 준용하도록 규정하고 있다(법 제357조 제2항).

9. 단기금융회사

자본시장법은 금융투자 관계기관으로 단기금융회사에 관하여 규정하고 있는데, 이는 1년 이내의 단기 어음 및 채무증서의 발행, 또는 어음의 할인, 매매, 인수, 보증 등의 업무를 수행하며, 이 역시 금융위원회의 인가를 받아야 한다. 즉, 1년 이내에 만기가 도래하는 어음의 발행·할인·매매·중개·인수 및 보증업무와 그 부대업무로서 단기금융업무를 영위하려는 자는 금융위원회의 인가를 받아야 한다. 즉, 1년 이내에 만기가 도래하는 어음의 발행·할인·매매·중개·인수 및 보증업무와 그 부대업무(附帶業務)로서 단기금융업무를 영위하려는 자는 금융위원회의 인가를 받도록 요구하고 있다(법 제360조 제1항).

단기금융업무 인가를 받으려는 자는 ① 은행, 그 밖에 금융기관일 것, ② 300억원 이상의 자기자본을 갖출 것, ③ 사업계획이 타당하고 건전할 것, ④ 투자자를 보호하고 영위하고자 하는 업을 수행하기에 충분한 인력 및 전산설비, 그 밖의 물적 시설을 갖출 것, ⑤ 대주주가 충분한 출자능력, 건전한 재무상태 및 사회적 신용을 갖출 것 등의 모든 요건을 다 갖추어야 한다(법 제360조 제2항).

단기금융업 인가를 받으려는 자는 인가신청서를 금융위원회에 제출하여야 하며(법 제360조 제3항), 금융위원회는 인가신청서를 접수한 경우에는 그 내용을 심사하여 3개월 이내에 인가 여부를 결정하고, 그 결과와 이유를 지체 없이 신청인에게 문서로 통지하여야 한다. 이 경우 인가신청서에 흠결이 있는 때에는 보완을 요구할 수 있다(법 제360조 제4항).

금융위원회가 인가신청서의 심사기간을 산정함에 있어서 인가신청서 흠결의 보완기간 등은 산입하지 아니하며(법 제360조 제5항), 금융위원회는 인가를 하는 경우에는 경영의 건전성 확보 및 투자자 보호에 필요한 조건을 붙일 수 있다(법 제360조 제6항).

경영의 건전성 확보 및 투자자 보호에 필요한 조건이 붙은 인가를 받은 자는 사정의 변경, 그 밖에 정당한 사유가 있는 경우에는 금융위원회에 조건의 취소 또는 변경을 요청할 수 있다. 이 경우 금융위원회는 2개월 이내에 조건의 취소 또는 변경 여부를 결정하고, 그 결과를 지체 없이 신청인에게 문서로 통지하여야 한다(법 제360조 제7항).

금융위원회는 인가를 한 경우에는 ① 인가의 내용, ② 인가의 조건,③ 인가의 조건을 취소하거나 변경한 경우 그 내용 등 각 사항을 관보 및 인터넷 홈페이지 등에 공고하여야 하며(법 제360조 제8항), 단기금융회사는 인가를 받아 그 영업을 영위함에 있어서 인가요건을 유지하여야 한다(법 제360조 제9항).

그리고 투자매매업 또는 투자중개업에 관한 금융투자업인가를 받은 자가 기업어음증권에 대한 투자매매업 또는 투자중개업을 영위하는 경우에는 이를 단기금융업무로 보지 아니한다(법 제362조 제1항).

그리고 단기금융회사(종합금융회사를 포함)가 해당 업무를 영위하는 경우에는 이를 기업어음증권에 대한 투자매매업 또는 투자중개업으로 보지 아니한다(법 제362조 제2항).

그리고 금융위원회는 단기금융회사가 ① 거짓, 그 밖의 부정한 방법으로 인가를 받은 경우, ② 인가조건을 위반한 경우, ③ 인가요건 유지의무를 위반한 경우, ④ 업무의 정지기간 중에 업무를 한 경우, ⑤ 금융위원회의 시정명령 또는 중지명령을 이행하지 아니한 경우, ⑥ 단기금융회사 및 그 임직원에 대한 처분 사유에 해당하는 경우, ⑦ 금융관련 법령 등을 위반한 경우, ⑧ 그 밖에 투자자의 이익을 현저히 해할 우려가 있거나 해당 업무를 영위하기 곤란하다고 인정되는 경우에는 인가를 취소할 수 있다. 또한 단기금융회사나 임원, 직원 등이 위에 열거된 행위를 하는 경우 ① 6개월 이내의 업무의 전부 또는 일부의 정지, ② 계약의 인계명령, ③ 위법행위의 시정명령 또는 중지명령, ④ 위법행위로 인한 조치를 받았다는 사실의 공표명령 또는 게시명령, ⑤ 기관경고, ⑥ 기관주의, ⑦ 그 밖에 위법행위를 시정하거나 방지하기 위하여 필요한 조치를 할 수 있다(법 제364조).

10. 명의개서대행회사

자본시장법은 금융투자업관계기관으로 명의개서대행회사에 대하여 규정하고 있는데, 이에 따르면 명의개서대행회사를 영위하려면 금융위원회에 등록할 것을 요구하고 있다. 즉, 증권의 명의개서를 대행하는 업무를 영위하려는 자는 금융위원회에 등록하여야 한다(법 제365조 제1항).

그리고 명의개서대행업을 등록을 하려는 자는 ① 예탁결제원 또는 전국적인 점포망을 갖춘 은행일 것, ② 전산설비 등 물적 설비를 갖출 것, ③ 이해상충방지체계를 구축하고 있을 것 등의 요건을 모두 갖추어야 한다(법 제365조 제2항).

그리고 명의개서대행업을 등록하려는 자는 금융위원회에 등록신청서를 제출하여야 하며(법 제365조 제3항), 금융위원회는 등록신청서를 접수한 경우에는 그 내용을 검토하여 2개월 이내에 등록 여부를 결정하고, 그 결과와 이유를 지체 없이 신청인에게 문서로 통지하여야 한다. 이 경우 등록신청서에 흠결이 있는 때에는 보완을 요구할 수 있다(법 제365조 제4항).

명의개서대행회사는 부수업무로 증권의 배당 · 이자 및 상환금의 지급을 대행하는 업무와 증권의 발행을 대행하는 업무를 영위할 수 있다(법 제366조).

11. 금융투자 관계 단체

자본시장법은 금융투자업 관계기관으로 투자자 보호 및 건전한 거래질서를 위하여 투자자, 주권상장법인 또는 투자권유대행인, 주요직무 종사자로 구성되는 단체를 설립하고자 하는 자는 금융위원회의 허가를 받아야 한다(법 제370조 제1항).

금융위원회는 금융투자 관계단체의 허가를 하고자 하는 경우에는 ① 설립취지, ② 해당 단체의 재산상황과 수지 전망, ③ 발기인 및 임원의 인적 구성, ④ 자본시장과 금융투자업에 대한 기여도 등의 사항을 심사하여야 한다(법 제370조 제2항).

금융투자 관계단체의 허가를 받은 단체는 정관을 변경한 경우에는 이를 지체 없이 금융위원회에 보고하여야 한다(법 제370조 제4항).

그리고 금융위원회는 금융투자 관계 단체가 ① 거짓, 그 밖의 부정한 방법으로 허가를 받은 경우, ② 허가조건을 위반한 경우, ③ 정관에 따른 목적 외의 업무를 영위한 경우, ④ 그 밖에 투자자 보호 또는 건전한 거래질서를 해할 우려가 있는 경우에는 허가를 취소할 수 있다(법 제372조 제1항).

제7편 거래소

1. 총칙

자본시장법은 금융투자 관계기관으로 거래소에 관하여 규정하고 있는데, 누구든지 자본시장법에 따른 거래소허가를 받지 아니하고는 금융투자상품시장을 개설하거나 운영할 수 없도록 규정하고 있다.

그러나 예외적으로 ① 다자간매매체결회사가 다자간매매체결업무를 하는 경우, ② 협회가 증권시장에 상장되지 아니한 주권의 장외매매거래에 관한 업무를 하는 경우, ③ 그 밖에 거래소 외의 자가 금융투자상품의 매매체결에 관한 업무를 수행하더라도 공정한 가격 형성, 매매 그 밖의 거래의 안정성 및 효율성의 도모 및 투자자의 보호에 우려가 없는 경우에는 허용된다.

자본시장법상 금융투자상품시장, 즉 거래소를 개설하거나 운영하려는 자는 ① 매매의 대상이 되는 금융투자상품의 범위, ② 회원이 되는 자의 범위 등의 사항을 구성요소로 하여 시장개설 단위의 전부나 일부를 선택하여 금융위원회로부터 하나의 거래소 본허가를 받아야 한다(법 제373조의2 제1항).

그리고 거래소허가를 받으려는 자는 ① 주식회사일 것, ② 거래소허가 단위별로 1천억원 이상의 자기자본을 갖출 것, ③ 사업계획이 타당하고 건전할 것, ④ 투자자의 보호가 가능하고 금융투자상품시장을 개설・운영하기에 충분한 인력과 전산설비, 그 밖의 물적 설비를 갖출 것, ⑤ 정관, 회원관리규정・증권시장업무규정・파생상품시장업무규정・상장규정・공시규정・시장감시규정・분쟁조정규정, 그 밖의 업무에 관한 규정(정관등)이 법령에 적합하고, 증권 및 장내파생상품의 공정한 가격 형성과 매매 그 밖의 거래의 안정성 및 효율성을 도모하며 투자자의 보호를 위하여 충분할 것, ⑥ 임원이 임원자격에 관한 제24조에 적합할 것, ⑦ 대주주가 충분한 출자능력, 건전한 재무상태 및 사회적 신용을 갖출 것, ⑧ 사회적 신용을 갖출 것, ⑨ 이해상충방지체계를 구축하고 있을 것 등의 각 요건을 모두 갖추어야 한다(법 제373조의2 제2항).

그리고 거래소의 책무로는 ① 증권의 상장 및 상장폐지 업무, ②(a) 시장감시, 이상거래의 심리 및 회원에 대한 감리(b) 증권시장과 파생상품시장 사이의 연계감시(c) 이상거래의 심리, 회원에 대한 감리, 연계감시의 결과에 따른 회원 또는 거래참가자에 대한 징계 또는 관련 임직원에 대한 징계요구의 결정의무, ③ 그 밖에 투자자를 보호하고 공정한 거래질서를 확보하기 위하여 필요한 업무로서 자본시장법 또는 정관 등에 따라 거래소시장에서 투자자를 보호하고 증권 및 장내파생상품의 매매를 공정하게 수행할 책무를 가진다.

2. 조직

자본시장법상 거래소는 업무로는 정관으로 정하는 바에 따라 ① 거래소시장의 개설 · 운영에 관한 업무, ② 증권 및 장내파생상품의 매매에 관한 업무, ③ 증권 및 장내파생상품의 거래에 따른 매매확인, 채무인수, 차감, 결제증권 · 결제품목 · 결제금액의 확정, 결제이행보증, 결제불이행에 따른 처리 및 결제지시에 관한 업무, ④ 장내파생상품의 매매거래에 따른 품목인도 및 대금지급에 관한 업무, ⑤ 증권의 상장에 관한 업무, ⑥ 장내파생상품 매매의 유형 및 품목의 결정에 관한 업무, ⑦ 상장법인의 신고 · 공시에 관한 업무, ⑧ 증권 또는 장내파생상품 매매 품목의 가격이나 거래량이 비정상적으로 변동하는 거래 등 대통령령으로 정하는 이상거래(異常去來)의 심리 및 회원의 감리에 관한 업무, ⑨ 증권의 경매업무, ⑩ 거래소시장 등에서의 매매와 관련된 분쟁의 자율조정(당사자의 신청이 있는 경우에 한한다)에 관한 업무, ⑪ 거래소시장의 개설에 수반되는 부대업무, ⑫ 금융위원회의 승인을 받은 업무, ⑬ 그 밖에 정관에서 정하는 업무를 행한다.

그러나 ③ 증권 및 장내파생상품의 거래(다자간매매체결회사에서의 거래를 포함한다)에 따른 매매확인, 채무인수, 차감, 결제증권 · 결제품목 · 결제금액의 확정, 결제이행보증, 결제불이행에 따른 처리 및 결제지시에 관한 업무, ④ 장내파생상품의 매매거래에 따른 품목인도 및 대금지급에 관한 업무는 금융위원회로부터 청산기관 또는 결제기관으로 지정된 거래소로 한정한다(법 제377조 제1항).

거래소는 이러한 법정업무 외에 다른 업무를 할 수 없지만, ① 자본시장법 또는 다른 법령에서 거래소가 운영할 수 있도록 한 업무를 행하는 경우, ② 인가를 받아 금융투자상품거래청산업을 영위하는 경우에는 예외로 허용된다(법 제377조 제2항).

증권시장 및 파생상품시장에서의 매매거래에 따른 매매확인, 채무인수, 차감, 결제증권 · 결제품목 · 결제금액의 확정, 결제이행보증, 결제불이행에 따른 처리 및 결제지시업무는 금융위의 허가절차 없이 청산기관으로서 금융위원회가 지정하는 거래소가 수행한다(법 제378조 제1항). 파생상품시장에서의 품목인도 및 대금지급업무는 결제기관으로서 금융위원회가 지정하는 거래소가 수행한다(법 제378조 제2항).

그리고 거래소의 임직원 및 임직원이었던 자는 그 직무에 관하여 알게 된 비밀을 누설 또는 이용하여서는 아니 되며(법 제383조 제1항), 거래소의 상근 임직원은 금융투자업자 및 금융투자업관계기관과 자금의 공여, 손익의 분배, 그 밖에 영업에 관하여 특별한 이해관계를 가져서는 아니 된다(법 제383조 제2항).

금융투자업자의 임직원의 금융투자상품 매매에 관한 규정은 거래소의 임직원에게 준용한다(법 제383조 제3항).

3. 시장

거래소는 시장을 효율적으로 관리하기 위하여 증권시장 또는 파생상품시장별로 둘 이상의 금융투자상품시장을 개설하여 운영할 수 있다.

거래소는 회원의 관리를 위하여 회원관리규정을 정하여야 하며(법 제387조 제1항), 회원은 ① 거래소 결제회원, ② 매매전문회원, ③ 그 밖에 증권회원, 파생상품회원, 증권시장 내의 일부 시장이나 일부 종목에 대하여 결제나 매매에 참가하는 회원으로 구분한다(법 제387조 제2항).

회원관리규정에는 ① 회원의 자격에 관한 사항, ② 회원의 가입과 탈퇴에 관한 사항, ③ 회원의 권리와 의무에 관한 사항, ④ 그 밖에 회원을 관리하기 위하여 필요한 사항이 포함되어야 한다(법 제387조 제3항).

거래소의 회원이 아닌 자는 증권시장 및 파생상품시장에서의 매매거래를 하여서는 아니 된다. 다만, 회원관리규정에서 특정한 증권의 매매거래를 할 수 있도록 정한 경우에는 그 특정한 증권의 매매거래를 할 수 있다(법 제388조 제1항).

그리고 거래소는 회원이 거래의 정지를 당하거나 그 자격을 상실한 경우에는 그 회원 또는 다른 회원으로 하여금 해당 증권시장 또는 파생상품시장에서 행한 매매거래를 종결시켜야 한다. 이 경우 자격을 상실한 회원은 매매거래를 종결시키는 범위에서 회원의 자격을 가진 것으로 본다(법 제389조 제1항).

거래소가 다른 회원으로 하여금 해당 매매거래를 종결시키는 경우에는 그 회원과 다른 회원 사이에 위임계약이 체결된 것으로 본다(법 제389조 제2항).

거래소는 증권시장에 상장할 증권의 심사 및 상장증권의 관리를 위하여 증권상장규정(上場規程)을 정하여야 한다. 이 경우 거래소가 개설·운영하는 둘 이상의 증권시장에 대하여 별도의 상장규정으로 정할 수 있다(법 제390조 제1항).

상장규정에는 ① 증권의 상장기준 및 상장심사에 관한 사항, ② 증권의 상장폐지기준 및 상장폐지에 관한 사항, ③ 증권의 매매거래정지와 그 해제에 관한 사항, ④ 그 밖에 상장법인 및 상장증권의 관리에 관하여 필요한 사항이 포함되어야 한다(법 제390조 제2항).

또한 거래소는 주권, 그 밖에 증권을 상장한 주권등상장법인의 기업내용 등의 신고·공시 및 관리를 위하여 주권등상장법인 공시규정을 정하여야 한다. 이 경우 거래소가 개설·운영하는 둘 이상의 증권시장에 대하여 별도의 공시규정으로 정할 수 있다(법 제391조 제1항).

공시규정에는 ① 주권등상장법인이 신고하여야 하는 내용에 관한 사항, ② 주권등상장법인이 신고함에 있어서 준수하여야 할 방법 및 절차에 관한 사항, ③ 주권등상장법인에 관한 풍문이나 보도 등의 사실 여부 및 그 법인이 발행한 증권의 가격이나 거래량의 현저한 변동의 원인 등에 대한 거래소의 신고 또는 확인 요구에 관한 사항, ④ 주권등상장법인의 경영상 비밀유지와 투자자 보호와의 형평 등을 고려하여 신고·공시하지 아니할 사항, ⑤ 주권등상장법인이 신고한 내용의 공시에 관한 사항, ⑥ 주권등상장법인의 제1호부터 제4호까지의 위반유형, 위반 여부 결정기준 및 조치 등에 관한 사항, ⑦ 매매거래의 정지 등 주권등상장법인의 관리에 관한 사항, ⑧ 주권등상장법인의 신고의무 이행실태의 점검에 관한 사항, ⑨ 그 밖에 주권등상장법인의 신고 또는 공시와 관련하여 필요한 사항 등 각 사항이 포함되어야 한다(법 제391조 제2항).

자본시장법의 공시의 실효성을 확보하기 위하여 은행에게 주권등상장법인에 대하여 ① 발행한 어음이나 수표가 부도로 된 경우와 ② 은행과의 당좌거래가 정지 또는 금지된 경우에 해당하는 사실이 발생한 경우에는 이를 지체 없이 거래소에 통보할 의무를 부과시키고 있다(법 제392조 제1항).

거래소는 주권등상장법인이 신고하여야 하는 내용에 관한 사항과 주권등상장법인에 관한 풍문이나 보도 등의 사실 여부 및 그 법인이 발행한 증권의 가격이나 거래량의 현저한 변동의 원인 등에 대한 거래소의 신고 또는 확인 요구에 관한 사항에 대하여 투자자의 투자판단에 중대한 영향을 미칠 우려가 있어 그 내용을 신속하게 알릴 필요가 있는 경우에는 행정기관, 그 밖의 관계기관에 대하여 필요한 정보의 제공 또는 교환을 요청할 수 있다. 이 경우 요청을 받은 기관은 특별한 사유가 없는 한 이에 협조하여야 한다(법 제392조 제2항).

거래소는 주권등상장법인이 공시규정에 따라 신고를 한 경우에는 이를 지체 없이 금융위원회에 송부하여야 하며(법 제392조 제3항), 금융위원회는 송부를 받은 경우에는 이를 인터넷 홈페이지 등을 이용하여 공시하여야 한다(법 제392조 제4항).

거래소의 업무규정과 관련하여 증권시장에서의 매매거래에 관하여 ① 매매거래의 종류 및 수탁에 관한 사항, ② 증권시장의 개폐·정지 또는 휴장에 관한 사항, ③ 매매거래계약의 체결 및 결제의 방법. 다만, 증권인도와 대금지급에 관한 것을 제외한다, ④ 증거금(證據金)의 납부 등 매매거래의 규제에 관한 사항, ⑤ 그 밖에 매매거래에 관하여 필요한 사항 등 각 사항은 거래소의 증권시장업무규정으로 정한다. 이 경우 거래소가 개설·운영하는 둘 이상의 증권시장에 대하여 별도의 증권시장업무규정으로 정할 수 있다(법 제393조 제1항).

파생상품시장에서의 매매에 관하여 ① 장내파생상품 매매의 수탁에 관한 사항, ② 취급하는 장내파생상품 매매의 유형 및 품목, ③ 장내파생상품 매매의 결제월, ④ 파생상품시장의 개폐·정지 또는 휴장에 관한 사항, ⑤ 장내파생상품 매매에 관한 계약의 체결 및 제한에 관한 사항, ⑥ 위탁증거금 및 거래증거금에 관한 사항, ⑦ 결제의 방법, ⑧ 그 밖에 장내파생상품 매매 및 그 수탁에 관하여 필요한 사항 등 각 사항은 거래소의 파생상품시장업무규정으로 정한다(법 제393조 제2항).

거래소 회원은 증권시장 또는 파생상품시장에서의 매매거래에 따른 채무의 불이행으로 인하여 발생하는 손해를 배상하기 위하여 거래소에 손해배상공동기금(이하 '공동기금' 이라 한다)을 적립하여야 한다. 다만, 증권시장 또는 파생상품시장에서의 매매거래에 대한 결제이행의 책임을 부담하지 아니하는 회원(비적립회원) 등 거래소가 정하는 회원은 공동기금을 적립하지 아니할 수 있다(법 제394조 제1항).

거래소는 공동기금을 증권시장과 파생상품시장으로 구분하여 적립하여야 하며(법 제394조 제2항), 회원(비적립회원은 제외)은 공동기금의 범위에서 회원의 증권시장 또는 파생상품시장에서의 매매거래에 따른 채무의 불이행으로 인하여 발생하는 손해배상에 관하여 연대책임을 진다(법 제394조 제3항).

거래소의 채무이행과 관련하여 거래소는 증권시장 및 파생상품시장에서의 매매거래를 원활하게 하기 위하여 증권시장업무규정 및 파생상품시장업무규정이 정하는 바에 따라 회원을 대신하여 그 회원의 증권시장 또는 파생상품시장에서의 매매거래에 의한 채권 · 채무에 대하여 그 채권을 행사 또는 취득하거나 그 채무를 이행 또는 인수할 수 있다(법 제398조 제1항).

거래소에 의한 채무의 이행 또는 인수로 인하여 거래소에 손실이 발생한 경우 해당 회원은 증권시장업무규정 및 파생상품시장업무규정이 정하는 바에 따라 거래소에 대하여 같은 채무를 부담한다(법 제398조 제2항).

거래소는 회원의 증권시장 또는 파생상품시장에서의 매매거래의 위약(違約)으로 인하여 발생하는 손해에 관하여 배상의 책임을 지며(법 제399조 제1항), 거래소가 손해를 배상하는 경우에는 적립된 공동기금에서 우선 충당한다(법 제399조 제2항).

거래소는 손해를 배상한 경우에는 위약한 회원에 대하여 그 배상한 금액과 이에 소요된 비용에 관하여 구상권을 가지며(법 제399조 제3항), 거래소는 추심된 금액에서 거래소가 배상한 금액과 이에 소요된 비용에 우선 충당하고 잔액은 공동기금에 보전한다(법 제399조 제4항).

채무변제순위와 관련하여 거래소의 회원이 증권시장 또는 파생상품시장에서의 매매거래에 따른 채무를 이행하지 아니하여 거래소 또는 다른 회원에게 손해를 끼친 경우 그 손해를 입은 거래소 또는 다른 회원은 그 손해를 끼친 회원의 회원보증금 · 거래증거금 및 공동기금 지분에 대하여 다른 채권자보다 우선하여 변제받을 권리를 가진다(법 제400조 제1항).

거래소는 회원이 증권시장 또는 파생상품시장에서의 매매에 따른 결제를 위하여 납부한 대금 · 증권 및 품목에 관하여 다른 채권자보다 우선하여 변제를 받을 권리가 있다(법 제400조 제2항).

거래소는 증권시장 또는 파생상품시장에서의 매매에 따른 결제완료 전에 대금 · 증권 및 품목이 인도된 경우에 해당 회원이 그 결제를 이행하지 아니함으로써 거래소에 손해를 끼친 때에는 그 회원의 재산에 관하여 다른 채권자보다 우선하여 변제를 받을 권리가 있다. 다만, 그 결제의 이행기한이 도래하기 전에 설정된 전세권·질권·저당권 또는 「동산·채권 등의 담보에 관한 법률」에 따른 담보권에 의하여 담보된 채권에 대하여는 우선하여 변제를 받을 권리가 없다(법 제400조 제3항).

거래소의 우선권은 위탁자의 회원보증금에 대한 권리보다 우선하는 효력을 가진다(법 제400조 제4항).

시세의 공표와 관련하여 거래소는 ① 증권의 매일의 매매거래량 및 그 성립가격과 최고·최저 및 최종가격, ② 장내파생상품의 종목별 매일의 총거래량, 최초·최고·최저 및 최종 거래 성립가격 또는 약정수치, ③ 그 밖에 시세의 공정한 형성 및 투자자 보호에 필요하다고 인정되는 시세로서 대통령령으로 정하는 시세 등의 증권 및 장내파생상품의 시세(다자간매매체결회사가 다자간매매체결업무를 할 때 형성된 시세를 제외)를 공표하여야 한다.

4. 시장감시 및 분쟁조정

자본시장법은 거래소에 시장감시위원회를 두도록 요구하고 있으며(법 제402조 제1항), 그 업무는 ① 시장감시, 이상거래의 심리 및 회원에 대한 감리(지정거래소가 감시, 이상거래의 심리 또는 거래참가자에 대한 감리를 포함), ② 증권시장과 파생상품시장 사이의 연계감시(지정거래소가 거래소시장과 다른 거래소시장 사이 및 거래소시장과 다자간매매체결회사 사이의 연계감시를 포함), ③ 이상거래의 심리, 회원에 대한 감리, 연계감시의 결과에 따른 회원 또는 거래참가자에 대한 징계 또는 관련 임직원에 대한 징계요구의 결정, ④ 분쟁의 자율조정에 관한 업무, ⑤ 시장감시규정 및 분쟁조정규정의 제정·변경 및 폐지, ⑥ 시장감시위원회의 위의 기본업무에 부수하는 업무이다.

거래소는 ① 거래소시장에서 이상거래의 혐의가 있다고 인정되는 해당 증권의 종목 또는 장내파생상품 매매 품목의 거래상황을 파악하기 위한 경우, ② 회원이 거래소의 업무관련규정을 준수하는지를 확인하기 위한 경우 중 어느 하나에 해당하는 경우에는 금융투자업자(증권 또는 장내파생상품을 대상으로 금융투자업을 영위하는 투자매매업자 또는 투자중개업자에 한함)에게 그 사유를 밝힌 서면으로 관련 자료의 제출을 요청하거나, 회원에 대하여 그와 관련된 업무·재산상황·장부·서류, 그 밖의 물건을 감리할 수 있다(법 제404조 제1항).

거래소는 심리 또는 감리를 위하여 필요한 경우에는 회원에 대하여 이상거래 또는 업무관련규정 위반혐의와 관련된 보고, 자료의 제출 또는 관계자의 출석·진술을 요청할 수 있고, 지정거래소는 다른 거래소 또는 다자간매매체결회사에 대하여 이상거래의 심리 및 감리와 관련한 정보의 제공 또는 교환을 요구할 수 있다(법 제404조 제2항).

거래소는 회원이 심리 또는 감리를 위하여 필요한 보고 등의 요청 또는 요구를 거부하거나 감리에 협조하지 아니하는 경우 시장감시규정이 정하는 바에 따라 회원의 자격을 정지하거나 증권 및 장내파생상품의 매매거래를 제한할 수 있고, 지정거래소는 다른 거래소 또는 다자간 매매체결회사에 대하여 회원 또는 거래참가자의 자격을 정지하거나 거래를 제한할 것을 요구할 수 있다(법 제404조 제3항).

시장감시위원회는 거래소시장 등에서의 매매와 관련된 분쟁의 자율조정을 위하여 필요한 분쟁조정규정을 정하며(법 제405조 제1항), 시장감시위원회는 분쟁조정을 위하여 필요하다고 인정되는 경우에는 당사자에 대하여 사실의 확인 또는 자료의 제출 등을 요구할 수 있다(법 제405조 제2항).

시장감시위원회는 당사자, 그 밖의 이해관계인의 의견을 들을 필요가 있다고 인정되는 경우에는 이들에게 회의에 출석하여 의견을 진술할 것을 요청할 수 있다(법 제405조 제3항).

5. 소유 규제

자본시장법은 거래소의 공정성을 확보하기 위하여 누구든지 ① 집합투자기구가 소유하는 경우(사모집합투자기구가 소유하는 경우를 제외), ② 외국 거래소와의 제휴를 위하여 필요한 경우로서 금융위원회가 자본시장의 효율성과 건전성에 기여할 가능성, 해당 거래소 주주의 보유지분 분포 등을 고려하여 구체적인 보유한도를 정하여 승인한 경우, ③ 정부가 소유하는 경우, ④ 그 밖에 거래소의 공정한 운영을 해할 우려가 없는 경우를 제외하고는 거래소의 의결권 있는 발행주식총수의 5%를 초과하여 거래소가 발행한 주식을 소유할 수 없다(법 제406조 제1항). 그리고 이를 위반한 경우 금융위원회는 그 주식의 처분을 명할 수 있는데, 금융위원회는 주식처분명령을 받은 후 그 기한 이내에 그 주식처분명령을 이행하지 아니한 자에 대하여는 다시 상당한 이행 기한을 정하여 그 주식을 처분할 것을 명하고, 그 기한까지 주식처분명령을 이행하지 아니하는 경우에는 그 처분하여야 하는 주식의 취득가액의 5%를 초과하지 아니하는 범위에서 이행강제금을 부과한다(법 제407조 제1항).

그리고 거래소는 영업양도, 합병, 분할, 분할합병 또는 주식의 포괄적 교환·이전을 하고자 하는 경우에는 금융위원회의 승인을 받아야 한다.

거래소는 발행한 증권의 상장 및 상장폐지에 대한 승인을 할 수 있는데, 이에 따르면 거래소는 자기가 발행한 증권을 상장하거나 상장을 폐지하고자 하는 경우에는 금융위원회의 승인을 받아야 하며(법 제409조 제1항), 거래소는 상장한 경우에는 이상거래의 심리, 회원의 감리,

수시공시, 그 밖의 상장관리 등을 자체적으로 수행하고 그 결과를 금융위원회에 보고하여야 한다(법 제409조 제2항).

6. 거래소 감독

금융위원회는 투자자 보호 또는 건전한 거래질서를 위하여 필요하다고 인정되는 경우에는 거래소에 대하여 그 업무 및 재산에 관한 보고 또는 참고가 될 자료의 제출을 명하고, 금융감독원장에게 그 업무・재산상황・장부・서류, 그 밖의 물건을 검사하게 할 수 있다(법 제410조 제1항).

업무・재산상황・장부・서류, 그 밖의 물건을 검사하는 자는 그 권한을 표시하는 증표를 지니고 관계인에게 내보여야 하며(법 제410조 제2항), 금융감독원장은 검사를 한 경우에는 그 결과를 금융위원회에 보고하여야 한다. 이 경우 이 법 또는 이 법에 따른 명령이나 처분을 위반한 사실이 있는 때에는 그 처리에 관한 의견서를 첨부하여야 한다(법 제410조 제3항).

그리고 금융위원회는 거래소가 ① 거짓, 그 밖의 부정한 방법으로 허가를 받은 경우 ② 허가조건을 위반한 경우, ③ 허가요건 유지의무를 위반한 경우, ④ 업무의 정지기간 중에 업무를 한 경우, ⑤ 금융위원회의 시정명령 또는 중지명령을 이행하지 아니한 경우, ⑥ 별표 14 각 호의 어느 하나에 해당하는 경우로서 대통령령으로 정하는 경우, ⑦ 대통령령으로 정하는 금융관련 법령 등을 위반한 경우로서 대통령령으로 정하는 경우, ⑧ 그 밖에 투자자의 이익을 현저히 해할 우려가 있거나 해당 업무를 영위하기 곤란하다고 인정되는 경우로서 대통령령으로 정하는 경우 중 어느 하나에 해당하는 경우에는 거래소허가를 취소할 수 있다(법 제411조 제1항).

금융위원회는 천재지변, 전시, 사변, 경제사정의 급격한 변동, 그 밖에 이에 준하는 사태의 발생으로 인하여 매매거래가 정상적으로 이루어질 수 없다고 인정되는 경우에는 거래소에 대하여 개장시간의 변경, 거래의 중단 또는 시장의 휴장을 명하거나, 그 밖에 필요한 조치를 할 수 있다.

증권시장 및 파생상품시장의 거래비용 절감과 관련한 사항에 대한 심의를 위하여 금융위원회에 시장효율화위원회를 설치하며(법 제414조 제1항), 자본시장법에 따라 설립된 기관, 그 밖에 수수료 등을 변경하거나 일정금액 이상으로 전산에 대한 투자를 하고자 하는 경우에는 시장효율화위원회의 심의를 거쳐야 한다(법 제414조 제2항).

증권시장 및 파생상품시장의 거래비용 절감과 관련한 사항에 대한 심의를 위하여 금융위원회에 시장효율화위원회를 설치하며(법 제414조 제1항), 자본시장법에 따라 설립된 기관, 그 밖에 수수료 등을 변경하거나 일정금액 이상으로 전산에 대한 투자를 하고자 하는 경우에는 시장효율화위원회의 심의를 거쳐야 한다(법 제414조 제2항).

제8편 감독 및 처분

1. 금융투자업자 상대 명령 및 승인

금융위원회는 투자자를 보호하고 건전한 거래질서를 유지하기 위하여 금융투자업자가 이 법 또는 이 법에 따른 명령이나 처분을 적절히 준수하는지 여부를 감독하여야 한다.

금융위원회는 투자자를 보호하고 건전한 거래질서를 유지하기 위하여 금융투자업자에게 ① 금융투자업자의 고유재산 운용에 관한 사항, ② 투자자 재산의 보관・관리에 관한 사항, ③ 금융투자업자의 경영 및 업무개선에 관한 사항, ④ 각종 공시에 관한 사항, ⑤ 영업의 질서유지에 관한 사항, ⑥ 영업방법에 관한 사항, ⑦ 장내파생상품 및 장외파생상품의 거래규모의 제한에 관한 사항, ⑧ 그 밖에 투자자 보호 또는 건전한 거래질서를 위하여 필요한 조치를 명할 수 있다. 다만, 장내파생상품의 거래규모의 제한에 관한 사항에 관하여는 위탁자에게도 필요한 조치를 명할 수 있다.

금융위는 금융투자업자들의 행위에 대한 규제차원에서 승인권을 행사할 수 있다. 즉, 금융투자업자는 ① 합병, 분할 또는 분할합병, ② 주식의 포괄적 교환 또는 이전, ③ 해산, ④ 투자매매업, 투자중개업, 집합투자업, 신탁업 중 어느 하나에 해당하는 금융투자업 전부의 양도 또는 양수, ⑤ 투자자문업이나 투자일임업 중 어느 하나에 해당하는 금융투자업 전부의 양도 또는 양수, ⑥ 투자매매업, 투자중개업, 집합투자업, 신탁업 중 어느 하나에 해당하는 금융투자업 전부의 폐지, ⑦ 투자자문업이나 투자일임업 중 어느 하나에 해당하는 금융투자업 전부의 폐지, ⑧ 그 밖에 투자자 보호 또는 채권자 보호 등을 위하여 필요한 경우에는 금융위원회의 승인을 받아야 한다(법 제417조 제1항). 그러나 겸영금융투자업자의 경우에는, ④ 투자매매업, 투자중개업, 집합투자업, 신탁업 중 어느 하나에 해당하는 금융투자업 전부의 양도 또는 양수, ⑤ 투자자문업이나 투자일임업 중 어느 하나에 해당하는 금융투자업 전부의 양도 또는 양수, ⑥ 투자매매업, 투자중개업, 집합투자업, 신탁업 중 어느 하나에 해당하는 금융투자업 전부의 폐지, ⑦ 투자자문업이나 투자일임업 중 어느 하나에 해당하는 금융투자업 전부의 폐지에 한한다.

자본시장법은 금융투자업자에게 금융위원회에 보고할 사항을 법정하고 있는데, 이에 따르면 금융투자업자는 ① 상호를 변경한 때, ② 정관 중 중요한 사항을 변경한 때, ③ 임원을 선임하거나 해임 또는 사임한 때, ④ 최대주주가 변경된 때, ⑤ 대주주 또는 그의 특수관계인의 소유주식이 의결권 있는 발행주식총수의 1% 이상 변동된 때, ⑥ 투자매매업, 투자중개업, 집합투자업, 신탁업 중 어느 하나에 해당하는 금융투자업의 일부를 양도 또는 양수한 때, ⑦ 투자자문업이나 투자일임업 중 어느 하나에 해당하는 금융투자업의 일부를 양도 또는 양수한 때,⑧ 투자매매업, 투자중개업, 집합투자업, 신탁업 중 어느 하나에 해당하는 금융투자업의 일부를 폐지한 때, ⑨ 투자자문업이나 투자일임업 중 어느 하나에 해당하는 금융투자업의 일부를 폐지한 때, ⑩ 지점, 그 밖의 영업소를 신설하거나 폐지한 때, ⑪ 본점의 위치를 변경한 때, ⑫ 본점 · 지점, 그 밖의 영업소의 영업을 중지하거나 다시 시작한 때, ⑬ 그 밖에 투자자 보호 또는 건전한 거래질서를 위하여 필요한 경우에는 그 사실을 금융위원회에 보고하여야 한다.

그러나 겸영금융투자업자의 경우에는 ⑥ 투자매매업, 투자중개업, 집합투자업, 신탁업 중 어느 하나에 해당하는 금융투자업의 일부를 양도 또는 양수한 때, ⑦ 투자자문업이나 투자일임업 중 어느 하나에 해당하는 금융투자업의 일부를 양도 또는 양수한 때,⑧ 투자매매업, 투자중개업, 집합투자업, 신탁업 중 어느 하나에 해당하는 금융투자업의 일부를 폐지한 때, ⑨ 투자자문업이나 투자일임업 중 어느 하나에 해당하는 금융투자업의 일부를 폐지한 때에 한한다.

2. 검사 및 조치

금융투자업자는 그 업무와 재산상황에 관하여 금융감독원장의 검사를 받아야 하며(법 제419조 제1항), 한국은행은 금융통화위원회가 금융투자업자의 국가 또는 공공단체 업무의 대리 또는 투자자를 위하여 그 투자자가 예탁한 투자자예탁금(제74조 제1항의 투자자예탁금을 말한다)으로 수행하는 자금이체업무와 관련하여 통화신용정책의 수행 및 지급결제제도의 원활한 운영을 위하여 필요하다고 인정하는 때에는 제40조 제3호 또는 제4호의 업무를 영위하는 금융투자업자에 대하여 자료제출을 요구할 수 있다. 이 경우 요구하는 자료는 금융투자업자의 업무부담을 충분히 고려하여 필요한 최소한의 범위로 한정하여야 한다(법 제419조 제2항).

한국은행은 금융통화위원회가 통화신용정책의 수행을 위하여 필요하다고 인정하는 때에는 금융감독원장에게 검사를 요구하거나 한국은행과의 공동검사를 요구할 수 있다(법 제419조 제3항).

금융감독원장은 검사를 함에 있어서 필요하다고 인정되는 경우에는 금융투자업자에게 업무 또는 재산에 관한 보고, 자료의 제출, 증인의 출석, 증언 및 의견의 진술을 요구할 수 있으며(법 제419조 제5항), 검사를 하는 자는 그 권한을 표시하는 증표를 지니고 이를 관계자에게 내보여야 한다(법 제419조 제6항).

금융감독원장이 검사를 한 경우에는 그 보고서를 금융위원회에 제출하여야 한다. 이 경우 이 법 또는 이 법에 따른 명령이나 처분을 위반한 사실이 있는 때에는 그 처리에 관한 의견서를 첨부하여야 한다(법 제419조 제7항).

금융감독원장은 검사업무의 일부를 거래소 또는 협회에 위탁할 수 있으며(법 제419조 제8항), 금융위원회는 검사의 방법 · 절차, 검사결과에 대한 조치기준, 그 밖의 검사업무와 관련하여 필요한 사항을 정하여 고시할 수 있다(법 제419조 제9항).

자본시장법상 금융위원회는 금융투자업자에 대한 조치를 할 수 있는데, 이에 따르면 금융위원회는 금융투자업자가 ① 거짓, 그 밖의 부정한 방법으로 금융투자업의 인가를 받거나 등록한 경우, ② 인가조건을 위반한 경우, ③ 인가요건 또는 등록요건의 유지의무를 위반한 경우, ④ 업무의 정지기간 중에 업무를 한 경우, ⑤ 금융위원회의 시정명령 또는 중지명령을 이행하지 아니한 경우, ⑥ 금융투자업자 및 그 임직원에 대한 처분 및 업무 위탁계약 취소・변경 명령의 사유가 발생한 경우, ⑦ 금융관련 법령 등을 위반한 경우, ⑧ 그 밖에 투자자의 이익을 현저히 해할 우려가 있거나 해당 금융투자업을 영위하기 곤란하다고 인정되는 경우에는 금융투자업인가 또는 금융투자업등록을 취소할 수 있다(법 제420조 제1항).

그리고 금융투자업자(겸영금융투자업자를 제외)는 그 업무에 관련된 금융투자업인가와 금융투자업등록이 모두 취소된 경우에는 이로 인하여 해산하며(법 제420조 제2항), 금융위원회는 금융투자업자가 ① 거짓, 그 밖의 부정한 방법으로 금융투자업의 인가를 받거나 등록한 경우, ② 인가조건을 위반한 경우, ③ 인가요건 또는 등록요건의 유지의무를 위반한 경우, ④ 업무의 정지기간 중에 업무를 한 경우, ⑤ 금융위원회의 시정명령 또는 중지명령을 이행하지 아니한 경우, ⑦ 대통령령으로 정하는 금융관련 법령 등을 위반한 경우로서 대통령령으로 정하는 경우, ⑧ 그 밖에 투자자의 이익을 현저히 해할 우려가 있거나 해당 금융투자업을 영위하기 곤란하다고 인정되는 경우에는 ① 6개월 이내의 업무의 전부 또는 일부의 정지, ② 신탁계약, 그 밖의 계약의 인계명령, ③ 위법행위의 시정명령 또는 중지명령, ④ 위법행위로 인한 조치를 받았다는 사실의 공표명령 또는 게시명령, ⑤ 기관경고, ⑥ 기관주의, ⑦ 그 밖에 위법행위를 시정하거나 방지하기 위하여 필요한 조치를 할 수 있다(법 제420조 제3항).

자본시장법은 외국 금융투자업자의 지점등의 인가・등록의 취소 등에 대한 특례를 규정하고 있는데, 이에 따르면 금융위원회는 외국 금융투자업자가 ① 해산, ② 파산, ③ 합병 또는 영업의 양도 등으로 인한 소멸, ④ 국내지점, 그 밖의 영업소가 영위하는 금융투자업에 상당하는 영업의 폐지 또는 인가・등록의 취소, ⑤ 국내지점, 그 밖의 영업소가 영위하는 금융투자업에 상당하는 영업의 중지 또는 정지, ⑥ 외국 법령을 위반한 경우(국내지점, 그 밖의 영업소가 이로 인해 영업수행이 곤란하다고 인정되는 경우에 한한다) 중 어느 하나에 해당하는 경우에는 그 외국 금융투자업자의 지점, 그 밖의 영업소에 대하여 금융투자업인가 또는 금융투자업등록을 취소할 수 있다(법 제421조 제1항).

외국 금융투자업자의 지점, 그 밖의 영업소는 ① 해산, ② 파산, ③ 합병 또는 영업의 양도 등으로 인한 소멸, ④ 국내지점, 그 밖의 영업소가 영위하는 금융투자업에 상당하는 영업의 폐지 또는 인가・등록의 취소, ⑤ 국내지점, 그 밖의 영업소가 영위하는 금융투자업에 상당하는 영업의 중지 또는 정지, ⑥ 외국 법령을 위반한 경우(국내지점, 그 밖의 영업소가 이로 인해 영업 수행이 곤란하다고 인정되는 경우에 한한다) 중 어느 하나에 해당하는 사실이 발생한 경우에는 지체 없이 그 사실을 금융위원회에 보고하여야 한다(법 제421조 제2항).

금융위원회는 금융투자업자의 임원 또는 직원이 ① 거짓, 그 밖의 부정한 방법으로 금융투자업의 인가를 받거나 등록한 경우, ② 인가조건을 위반한 경우, ③ 인가요건 또는 등록요건의 유지의무를 위반한 경우, ④ 업무의 정지기간 중에 업무를 한 경우, ⑤ 금융위원회의 시정명령 또는 중지명령을 이행하지 아니한 경우, ⑦ 대통령령으로 정하는 금융관련 법령 등을 위반한 경우로서 대통령령으로 정하는 경우, ⑧ 그 밖에 투자자의 이익을 현저히 해할 우려가 있거나 해당 금융투자업을 영위하기 곤란하다고 인정되는 경우로서 금융투자업자 및 그 임직원에 대한 처분 및 업무 위탁계약 취소・변경 명령의 사유가 발생한 경우에는 ① 해임요구, ② 6개월 이내의 직무정지, ③ 문책경고, ④ 주의적 경고, ⑤ 주의, ⑥ 그 밖에 위법행위를 시정하거나 방지하기 위하여 필요한 조치를 할 수 있다(법 제422조).

금융위원회는 금융투자업자의 임직원에 대하여 조치를 하거나 이를 요구하는 경우 그 임직원에 대하여 관리・감독의 책임이 있는 임직원에 대한 조치를 함께 하거나 이를 요구할 수 있다. 다만, 관리・감독의 책임이 있는 자가 그 임직원의 관리・감독에 상당한 주의를 다한 경우에는 조치를 감면할 수 있다(법 제422조 제3항).

3. 조사

금융위원회는 금융투자업자가 내부자의 단기매매차익 반환, 임원 등의 특정증권 등 소유상황 보고, 미공개중요정보 이용행위 금지, 시세조종행위 등의 금지, 부정거래행위 등의 금지 및 공매도의 제한 규정을 위반한 경우 또는 명령이나 처분을 위반한 사항이 있거나 투자자 보호 또는 건전한 거래질서를 위하여 필요하다고 인정되는 경우에는 위반행위의 혐의가 있는 자, 그 밖의 관계자에게 참고가 될 보고 또는 자료의 제출을 명하거나 금융감독원장에게 장부・서류, 그 밖의 물건을 조사하게 할 수 있다(법 제426조 제1항).

금융위원회는 조사를 위하여 위반행위의 혐의가 있는 자, 그 밖의 관계자에게 ① 조사사항에 관한 사실과 상황에 대한 진술서의 제출, ② 조사사항에 관한 진술을 위한 출석, ③ 조사에 필요한 장부・서류, 그 밖의 물건의 제출 등의 각 사항을 요구할 수 있다(법 제426조 제2항).

거래소는 이상거래의 심리 및 회원에 대한 감리결과 자본시장법 또는 자본시장법에 따른 명령이나 처분을 위반한 혐의를 알게 된 경우에는 금융위원회에 통보하여야 하며(법 제426조 제6항), 조사를 하는 자는 그 권한을 표시하는 증표를 지니고 이를 관계자에게 내보여야 한다(법 제426조 제7항).

그리고 증권선물위원회는 내부자의 단기매매차익 반환, 임원 등의 특정증권등 소유상황 보고, 미공개중요정보 이용행위 금지, 시세조종행위 등의 금지, 부정거래행위 등의 금지 및 공매도의 제한 규정을 위반한 행위를 조사하기 위하여 필요하다고 인정되는 경우에는 금융위원회 소속공무원 중 조사공무원에게 위반행위의 혐의가 있는 자를 심문하거나 물건을 압수 또는 사업장 등을 수색하게 할 수 있다(법 제427조 제1항).

조사공무원이 위반행위를 조사하기 위하여 압수 또는 수색을 하는 경우에는 검사의 청구에 의하여 법관이 발부한 압수·수색영장이 있어야 하며(법 제427조 제2항), 조사공무원이 심문·압수·수색을 하는 경우에는 그 권한을 표시하는 증표를 지니고 이를 관계자에게 내보여야 한다(법 제427조 제3항).

형사소송법 중 압수·수색과 압수·수색영장의 집행 및 압수물 환부(還付) 등에 관한 규정은 이 법에 규정된 압수·수색과 압수·수색영장에 관하여 준용하며(법 제427조 제4항), 조사공무원이 영치·심문·압수 또는 수색을 한 경우에는 그 전 과정을 기재하여 입회인 또는 심문을 받은 자에게 확인시킨 후 그와 함께 기명날인 또는 서명하여야 한다. 이 경우 입회인 또는 심문을 받은 자가 기명날인 또는 서명을 하지 아니하거나 할 수 없는 때에는 그 사유를 덧붙여 적어야 한다(법 제427조 제5항).

조사공무원이 위반행위의 조사를 완료한 경우에는 그 결과를 증권선물위원회에 보고하여야 한다(법 제427조 제6항).

조사공무원 및 보고 및 조사에 관한 업무를 수행하는 금융감독원 소속 조사원은 자본시장법의 시행을 위하여 필요한 최소한의 범위 안에서 조사를 행하여야 하며, 다른 목적 등을 위하여 조사권을 남용하여서는 아니 된다(법 제427조의2 제1항).

금융위원회는 조사원의 조사권 남용을 방지하고 조사절차의 적법성을 보장하기 위한 구체적 기준을 정하여 고시할 수 있다(법 제427조의2 제2항).

4. 과징금

1) 금융투자업자 과징금

금융위원회는 금융투자업자가 대주주와의 거래 등의 제한에 관한 규정 및 종합금융투자사업자에 관한 특례에 관한 규정을 위반한 경우에는 그 금융투자업자에 대하여 ① 금융투자업자의 대주주가 발행한 증권을 소유하는 행위를 금지를 위반한 경우에는 취득금액, ② 그 금융투자업자의 특수관계인(금융투자업자의 대주주를 제외한다)이 발행한 주식, 채권 및 약속어음을 소유하는 행위금지를 위반한 경우에는 허용비율을 초과하는 취득금액, ③ 금융투자업자는 대주주에 대하여 신용공여금지를 위반한 경우에는 신용공여액, ④ 종합금융투자사업자가 신용공여를 하는 경우에는 신용공여의 총 합계액이 자기자본의 100%를 초과제한 또는 종합금융투자사업자가 신용공여를 하는 경우 동일한 법인 및 그 법인과 대통령령으로 정하는 신용위험을 공유하는 자에 대하여 그 종합금융투자사업자의 자기자본의 25%의 범위에서 대통령령으로 정하는 비율에 해당하는 금액을 초과하는 신용공여 금지를 위반한 경우에는 허용금액을 초과한 신용공여액, ⑤ 종합금융투자사업자는 그와 계열회사의 관계에 있는 법인에 대하여 신용공여를 하거나 또는 그 법인이 운용하는 전문사모집합투자기구에 대하여 전담중개업무를 제공하는 것의 금지를 위반한 경우에는 신용공여액의 각 구분에 따른 위반금액의 40%을 초과하지 아니하는 범위에서 과징금을 부과할 수 있다(법 제428조 제1항).

금융위원회는 금융투자업자에 대하여 업무정지처분을 부과할 수 있는 경우에는 이에 갈음하여 업무정지기간의 이익의 범위에서 과징금을 부과할 수 있다(법 제428조 제2항).

2) 공시위반 과징금

금융위원회는 거짓의 기재 등으로 인한 배상책임에 관한 규정을 위반한 경우 과징금을 부과할 수 있다. 즉, ① 그 증권신고서의 신고인과 신고 당시의 발행인의 이사(이사가 없는 경우 이에 준하는 자를 말하며, 법인의 설립 전에 신고된 경우에는 그 발기인을 말한다), ②상법상 업무집행지시자로서 그 증권신고서의 작성을 지시하거나 집행한 자, ③ 그 증권신고서의 기재사항 또는 그 첨부서류가 진실 또는 정확하다고 증명하여 서명한 공인회계사 · 감정인 또는 신용평가를 전문으로 하는 자 등, ④ 그 증권신고서의 기재사항 또는 그 첨부서류에 자기의 평가 · 분석 · 확인 의견이 기재되는 것에 대하여 동의하고 그 기재내용을 확인한 자, ⑤ 그 증권의 인수인 또는 주선인, ⑥ 그 투자설명서를 작성하거나 교부한 자, ⑦ 매출의 방법에 의한 경우 매출신고 당시의 매출인 중 어느 하나에 해당하는 자 중 ① 모집 또는 매출의 신고에 관한 규정, 정정신고서에 관한 규정 또는 투자설명서의 작성 · 공시에 관한 규정을 위반하여 신고서 · 설명서, 그 밖의 제출서류 중 중요사항에 관하여 거짓의 기재 또는 표시를 하거나 중요사항을 기재 또는 표시하지 아니한 때, ② 신고서 · 설명서, 그 밖의 제출서류를 제출하지 아니한 때 중 어느 하나에 해당하는 경우에는 증권신고서상의 모집가액 또는 매출가액의 3%(20억원을 초과하는 경우에는 20억원)을 초과하지 아니하는 범위에서 과징금을 부과할 수 있다(법 제429조 제1항).

또한 금융위원회는 공개매수와 관련하여 ① 공개매수신고서 및 그 정정신고서의 신고인과 그 대리인, ② 공개매수설명서의 작성자와 그 대리인 중 어느 하나에 해당하는 자가 ① 공개매수공고 및 공개매수신고서의 제출, 공개매수신고서의 정정신고 · 공고 등에 관한 규정 또는 공개매수설명서의 작성 · 공시에 관한 신고서 · 설명서, 그 밖의 제출서류 또는 공고 중 중요사항에 관하여 거짓의 기재 또는 표시를 하거나 중요사항을 기재 또는 표시하지 아니한 때, ② 신고서 · 설명서, 그 밖의 제출서류를 제출하지 아니하거나 공고하여야 할 사항을 공고하지 아니한 때에는 공개매수신고서에 기재된 공개매수예정총액의 3%(20억원을 초과하는 경우에는 20억원)을 초과하지 아니하는 범위에서 과징금을 부과할 수 있다. 이 경우 공개매수예정총액은 공개매수할 주식등의 수량을 공개매수가격으로 곱하여 산정한 금액으로 한다(법 제429조 제2항).

금융위원회는 사업보고서 등의 제출과 관련하여 보고서 제출대상법인이 ① 사업보고서, 반기 · 분기보고서 또는 주요사항보고서 중 중요사항에 관하여 거짓의 기재 또는 표시를 하거나 중요사항을 기재 또는 표시하지 아니한 때, ② 사업보고서 등을 제출하지 아니한 때 중 어느 하나에 해당하는 경우에는 직전 사업연도 중에 증권시장에서 형성된 그 법인이 발행한 주식의 일일평균거래금액의 10%(20억원을 초과하거나 그 법인이 발행한 주식이 증권시장에서 거래되지 아니한 경우에는 20억원)을 초과하지 아니하는 범위에서 과징금을 부과할 수 있다(법 제429조 제3항).

금융위원회는 주식 등의 대량보유 등의 보고를 하여야 할 자가 ① 보고를 하지 아니한 경우, ② 보고서류 또는 정정보고서의 중요한 사항에 관하여 거짓의 기재 또는 표시를 하거나 중요한 사항을 기재 또는 표시하지 아니한 경우에는 같은 항에 따른 주권상장법인이 발행한 주식의 시가총액의 0.001%(5억원을 초과하는 경우에는 5억원)을 초과하지 아니하는 범위에서 과징금을 부과할 수 있다(법 제429조 제4항). 그러나 과징금은 각 해당 규정의 위반행위가 있었던 때부터 5년이 경과하면 이를 부과하여서는 아니 된다(법 제429조 제5항).

3) 시장질서 교란행위 과징금

금융위원회는 시장질서 교란행위자에 대하여 5억원 이하의 과징금을 부과할 수 있다. 다만, 그 위반행위와 관련된 거래로 얻은 이익 또는 이로 인하여 회피한 손실액에 1.5배에 해당하는 금액이 5억원을 초과하는 경우에는 그 이익 또는 회피한 손실액의 1.5배에 상당하는 금액 이하의 과징금을 부과할 수 있다.[본조신설 2014.12.30.]

4) 의견제출

금융위원회는 과징금을 부과하기 전에 미리 당사자 또는 이해관계인 등에게 의견을 제출할 기회를 주어야 하며(법 제431조 제1항), 당사자 또는 이해관계인 등은 금융위원회의 회의에 출석하여 의견을 진술하거나 필요한 자료를 제출할 수 있다(법 제431조 제2항).

당사자 또는 이해관계인 등은 의견 진술 등을 하는 경우 변호인의 도움을 받거나 그를 대리인으로 지정할 수 있다(법 제431조 제3항).

제9편 보 칙

1. 위법행위 신고 및 신고자 보호

자본시장법은 위법행위의 용이한 적발을 위하여 위법행위의 신고자를 보호하는 규정을 두고 있으며, 금융위원회는 신고자 등에 대하여 포상금을 지급할 수 있도록 규정하고 있다(법 제435조 제7항). 이에 따르면 누구든지 불공정거래행위, 그 밖에 이 법의 위반행위를 알게 되었거나 이를 강요 또는 제의받은 경우에는 금융위원회(내부자의 단기매매차익 반환, 임원 등의 특정증권 등 소유상황 보고, 미공개중요정보 이용행위 금지, 시세조종행위 등의 금지, 부정거래행위 등의 금지및 공매도의 제한에 관한 규정을 위반한 사항인 경우에는 신고 또는 제보할 수 있다(법 제435조 제1항).

금융위원회는 신고 또는 제보를 받은 경우에는 이를 신속하게 처리하고, 그 처리결과를 신고자 또는 제보자(신고자 등)에게 통지하여야 하며(법 제435조 제2항), 금융위원회는 신고 또는 제보를 받은 경우 신고자 등의 신분 등에 관한 비밀을 유지하여야 한다(법 제435조 제4항).

그리고 신고자 등이 소속된 기관·단체 또는 회사는 그 신고자 등에 대하여 그 신고 또는 제보와 관련하여 직접 또는 간접적인 방법으로 불리한 대우를 하여서는 아니 되며(법 제435조 제5항), 신고자 등이 신고의 내용이 거짓이라는 사실을 알았거나 알 수 있었음에도 불구하고 신고한 경우에는 자본시장법의 보호를 받지 못한다(법 제435조 제6항).

그리고 자본시장법에 따라 금융위원회, 증권선물위원회, 금융감독원장, 거래소, 협회 또는 예탁결제원에 신고서·보고서, 그 밖의 서류 또는 자료 등을 제출하는 경우에는 전자문서의 방법으로 할 수 있다(법 제436조 제1항).

2. 외국금융투자감독기관과 정보교환

금융위원회는 외국금융투자감독기관과 정보교환을 할 수 있으며(법 제437조 제1항). 금융위원회는 외국금융투자감독기관이 자본시장법 또는 자본시장법에 상응하는 외국의 법령을 위반한 행위에 대하여 목적·범위 등을 밝혀 자본시장법에서 정하는 방법에 따른 조사 또는 검사를 요청하는 경우 이에 협조할 수 있다. 이 경우 금융위원회는 상호주의 원칙에 따라 조사 또는 검사자료를 외국금융투자감독기관에 제공하거나 이를 제공받을 수 있다(법 제437조 제2항).

이때 금융위원회는 ① 외국금융투자감독기관에 제공된 조사 또는 검사자료가 제공된 목적 외의 다른 용도로 사용되지 아니할 것과 ② 조사 또는 검사자료 및 그 제공사실의 비밀이

유지될 것 등 각 요건을 모두 충족하는 경우에만 외국금융투자감독기관에 조사 또는 검사자료를 제공할 수 있다(법 제437조 제3항). 이와 관련하여 거래소도 외국 거래소와 정보교환을 할 수 있으며, 이 경우 거래소는 미리 금융위원회와 협의하여야 한다.

3. 증권선물위원회 위임과 심의

금융위원회는 자본시장법에 따른 권한의 일부를 증권선물위원회에 위임할 수 있으며, 금융위원회는 자본시장법에 따른 권한의 일부를 거래소 또는 협회에 위탁할 수 있다(법 제438조 제3항). 이때 금융위원회 또는 증권선물위원회는 자본시장법에 따른 권한의 일부를금융감독원장에게 위탁할 수 있다(법 제438조 제4항).

금융위원회는 심의절차나 기준을 정하는 경우와 조치・명령 등을 하는 경우, 그 밖에 고시로 정한 경우 중 어느 하나에 해당하는 경우에는 미리 증권선물위원회의 심의를 거칠 것을 요구하고 있다(법 제439조).

4. 금융감독원장에 대한 지시・감독

금융위원회 또는 증권선물위원회는 자본시장법에 의한 권한을 행사하는 데에 필요하다고 인정되는 경우에는 금융감독원장에 대하여 지시・감독 및 업무집행방법의 변경, 그 밖에 감독상 필요한 조치를 명할 수 있다(법 제440조 제1항).

금융감독원은 자본시장법에 따라 금융위원회 또는 증권선물위원회의 지시・감독을 받아 ① 증권신고서에 관한 사항, ② 증권의 공개매수에 관한 사항, ③ 자본시장법에 따라 금융감독원장의 검사를 받아야 하는 기관의 검사에 관한 사항, ④ 상장법인의 관리에 관한 사항, ⑤ 상장법인의 기업분석 및 기업내용의 신고에 관한 사항, ⑥ 거래소시장(다자간매매체결회사에서의 거래를 포함) 외에서의 증권 및 장외파생상품의 매매의 감독에 관한 사항, ⑦ 정부로부터 위탁받은 업무, ⑧ 그 밖에 자본시장법에 따라 부여된 업무, ⑨ 제1호부터 제8호까지의 업무에 부수되는 업무 등을 행한다(법 제440조 제2항).

5. 금융투자상품 매매 제한 및 분담금

금융투자업자의 임직원의 금융투자상품 매매에 관한 규정 및 거래소 임직원의 정보이용금지 등에 관한 규정은 ① 금융위원회의 위원 및 소속 공무원, ② 증권선물위원회의 위원, ③ 금융감독원의 원장・부원장・부원장보・감사 및 소속 직원에게 준용한다.

금융위원회에 증권신고서를 제출하는 발행인(그 증권이 집합투자증권인 경우에는 집합투자업자를 말함)은 금융감독원의 운영경비의 일부를 분담하여야 하며(법 제442조 제1항),

제10편 벌　칙

1. 10년 이하 징역 또는 3배 벌금

자본시장법상 가장 중한 위법행위에 대하여는 10년 이하의 징역 또는 그 위반행위로 얻은 이익 또는 회피한 손실액의 1배 이상 3배 이하에 상당하는 벌금에 처하도록 규정하고 있다. 그러나 그 위반행위로 얻은 이익 또는 회피한 손실액의 3배에 해당하는 금액이 5억원 이하인 경우에는 벌금의 상한액을 5억원으로 하도록 제한하고 있다(법 제443조 제1항).

이에 해당하는 위법행위자로는 다음과 같다.

(1) 상장법인의 업무 등과 관련된 미공개중요정보를 특정증권등의 매매, 그 밖의 거래에 이용하거나 타인에게 이용하게 한 자
(2) 주식 등에 대한 공개매수의 실시 또는 중지에 관한 미공개정보를 그 주식 등과 관련된 특정증권 등의 매매, 그 밖의 거래에 이용하거나 타인에게 이용하게 한 자
(3) 주식 등의 대량취득 · 처분의 실시 또는 중지에 관한 미공개정보를 그 주식 등과 관련된 특정증권 등의 매매, 그 밖의 거래에 이용하거나 타인에게 이용하게 한 자
(4) 상장증권 또는 장내파생상품의 매매에 관하여 그 매매가 성황을 이루고 있는 듯이 잘못 알게 하거나, 그 밖에 타인에게 그릇된 판단을 하게 할 목적으로 통정매매, 가장매매 또는 위장거래에 의한 시세조종행위를 한 자
(5) 상장증권 또는 장내파생상품의 매매를 유인할 목적으로 현실거래에 의한 시세조종, 조작사실의 유포행위, 허위표시에 의한 시세조종에 해당하는 행위를 한 자
(6) 상장증권 또는 장내파생상품의 시세를 고정시키거나 안정시킬 목적으로 그 증권 또는 장내파생상품에 관한 일련의 매매 또는 그 위탁이나 수탁을 한 자
(7) 증권 또는 파생상품에 관한 매매등과 관련하여 현 · 선 연계 불공정행위, 선 · 선 연계 불정행위, 현 · 현 연계 불공정행위. 장내 · 외 연계행위를 한 자
(8) 금융투자상품의 매매, 그 밖의 거래와 관련하여 부정거래행위에 해당하는 행위를 한 자
(9) 금융투자상품의 매매, 그 밖의 거래를 할 목적이나 그 시세의 변동을 도모할 목적으로 풍문의 유포, 위계의 사용, 폭행 또는 협박을 한 자

그리고 위에서 열거한 위반행위로 얻은 이익 또는 회피한 손실액이 50억 원 이상인 경우에는 무기 또는 5년 이상의 징역에 처하며, 이익 또는 회피한 손실액이 5억 원 이상 50억 원 미만인 경우에는 3년 이상의 유기징역에 처하도록 가중처벌을 하도록 규정하고 있다.

또한 법원은 징역에 처하는 경우에는 10년 이하의 자격정지를 병과(竝科)할 수 있다(법 제443조 제3항).

2. 5년 이하 징역 또는 2억 원 이하 벌금

자본시장법상의 위법행위에 대하여 차순위의 중한 처벌로 5년 이하의 징역 또는 2억원 이하의 벌금을 가하고 있는데, 이에 해당하는 위법행위 자는 다음과 같다.

(1) 금융투자업인가를 받지 아니하고 금융투자업(투자자문업 및 투자일임업을 제외한다)을 영위한 자
(2) 거짓, 그 밖의 부정한 방법으로 금융투자업인가(변경인가를 포함한다)를 받은 자
(3) 대주주와의 거래제한규정을 위반하여 금융투자업자가 대주주로부터 주식을 매입하는 행위, 대주주를 제외한 특수관계인으로부터 주식을 매입하는 행위를 한 자
(4) 법을 위반하여 대주주에게 신용공여를 한 금융투자업자와 그로부터 신용공여를 받은 자
(5) 대주주의 부당한 영향력 행사금지규정을 위반하여 대주주(그의 특수관계인을 포함) 자신의 이익을 얻을 목적으로 부당한 영향력을 행사한 자
(6) 「금융실명거래 및 비밀보장에 관한 법률」을 위반하여 거래정보등을 제3자에게 제공하거나 누설한 자와 이를 요구한 자
(7) 투자자로부터 예탁받은 재산으로 금융투자상품의 매매를 한 자
(8) 불건영업행위를 한 투자매매업자 및 투자중개업자, 집합투자업자, 투자자문업자 및 투자일임업자, 신탁업자
(8의2) 자기자본의 100%를 초과하여 동일인에게 신용공여를 하거나 신용공여를 받은 자와 신용위험을 공유하는 자에게 자기자본의 25%를 초과하여 신용공여를 한 종합금융투자회사
(8의3) 종합금융투자사업자가 추가로 신용공여를 하지 아니하였음에도 불구하고 자기자본의 변동, 동일차주 구성의 변동 등으로 인하여 100% 및 25% 한도를 초과하게 되는 경우에는 그 한도를 초과하게 된 날부터 1년 이내에 그 한도에 적합하도록 하지 아니한 자
(8의4) 자기자본한도를 초과하여 신용공여를 한 종합금융투자사업자와 그로부터 신용공여를 받은 자
(9) 집합투자재산을 운용함에 있어서 투자한도를 초과하여 투자행위를 한 자
(10) 집합투자재산을 운용함에 있어서 이해관계인과 거래행위를 한 자
(11) 법령을 위반하여 의결권을 행사한 집합투자업자
(12) 증권의 모집 또는 매출의 신고에 관한 규정을 위반하여 증권을 모집 또는 매출한 자
(13) ① 증권신고서 또는 일괄신고추가서류, ② 정정신고서, ③ 투자설명서 및 집합투자증권의 간이투자설명서, ④ 사업보고서, ⑤ 반기보고서 또는 분기보고서, ⑥ 주요사항

보고서, ⑦ 정정명령에 따라 제출하는 사업보고서 중 중요사항에 관하여 거짓의 기재 또는 표시를 하거나 중요사항을 기재 또는 표시하지 아니한 자 및 그 중요사항에 관하여 거짓의 기재 또는 표시가 있거나 중요사항의 기재 또는 표시가 누락되어 있는 사실을 알고도 서명을 한 자와 그 사실을 알고도 이를 진실 또는 정확하다고 증명하여 그 뜻을 기재한 공인회계사·감정인 또는 신용평가를 전문으로 하는 자

(14) 정정신고서를 제출하지 아니한 자

(15) ① 공개매수공고 또는 공개매수신고서, ② 정정신고서 또는 공고, ③ 공개매수설명서에 해당하는 공고 또는 서류 중 중요사항에 관하여 거짓의 기재 또는 표시를 하거나 중요사항을 기재 또는 표시하지 아니한 자

(16) 공개매수공고 또는 공개매수 정정신고서를 공고를 하지 아니한 자

(17) 공개매수신고서를 제출하지 아니한 자

(18) 주식 등의 대량보유 관련 보고서류 또는 정정보고서 중 중요한 사항에 관하여 거짓의 기재 또는 표시를 하거나 중요한 사항을 기재 또는 표시하지 아니한 자

(19) 의결권 대리행사의 권유에 따른 위임장 용지 및 참고서류 또는 정정서류 중 의결권피권유자의 의결권 위임 여부 판단에 중대한 영향을 미칠 수 있는 사항에 관하여 거짓의 기재 또는 표시를 하거나 의결권 위임 관련 중요사항을 기재 또는 표시하지 아니한 자

(19의2) 신탁업자의 업무제한규정을 위반하여 거래한 자

(20) 인가받지 않고 집합투자업겸영은행 또는 집합투자업겸영보험회사 등 집합투자업을 영위한 자

(21) 투자매매업자 또는 투자중개업자를 통하지 아니하고 외국 집합투자증권을 국내에서 판매한 자

(21의2) 금융투자상품거래청산업인가(변경인가 포함)를 받지 아니하고 금융투자상품거래청산업무를 영위한 자

(21의3) 거짓, 그 밖의 부정한 방법으로 금융투자상품거래청산업인가(변경인가 포함)를 받은 자

(22) 증권금융업무, 신용평가업무, 자금중개업무 또는 단기금융업무를 인가를 받지 아니하고 해당 업무를 영위한 자

(23) 거짓, 그 밖의 부정한 방법으로 증권금융업, 신용평가업, 자금중개업 또는 단기금융업의 인가를 받은 자

(24) 증권금융업, 종합금융업, 자금중개업 또는 단기금융업의 인가가 취소된 후 그 취소된 업무를 영위한 자

(25) 법을 위반하여 신용공여를 한 종합금융회사와 그로부터 신용공여를 받은 자

(26) 자금중개회사의 행위규제를 위반하여 금융투자업을 영위한 자

(27) 거래소허가(변경허가 포함)를 받지 아니하고 금융투자상품시장을 개설하거나 운영한 자
(27의2) 거짓, 그 밖의 부정한 방법으로 거래소허가(변경허가 포함)를 받은 자
(28) 금융투자업인가가 취소된 후 그 취소된 업무를 영위한 자
(29) 신고자등의 신분 등에 관한 비밀을 누설한 자(법 제444조)

3. 3년 이하 징역 또는 1억원 이하 벌금

(1) 금융투자업등록(변경등록 포함)을 하지 아니하고 투자자문업 또는 투자일임업을 영위한 자
(2) 거짓, 그 밖의 부정한 방법으로 금융투자업등록(변경등록 포함)을 한 자
(3) 자기의 명의를 대여하여 타인에게 금융투자업을 영위하게 한 자
(4) 금융투자업자의 정보교류차단에 관한 규정을 위반하여 금융투자업자간에 ① 금융투자상품의 매매에 관한 정보를 제공하는 행위, ② 임원(대표이사, 감사 및 사외이사가 아닌 감사위원회의 위원을 제외) 및 직원을 겸직하게 하는 행위, ③ 사무공간 또는 전산설비를 공동으로 이용하는 행위, ④ 그 밖에 이해상충이 발생할 가능성이 있는 행위를 한 자
(5) 금융투자업의 영위와 관련하여 금융투자업자가 계열회사, 그 밖에 특정회사와 이해상충이 발생할 가능성이 큰 경우로서 대통령령으로 정하는 경우 ① 금융투자상품의 매매에 관한 정보, 그 밖에 대통령령으로 정하는 정보를 제공하는 행위, ② 임원(비상근감사를 제외한다) 및 직원을 겸직하게 하거나 파견하여 근무하게 하는 행위, ③ 사무공간 또는 전산설비를 대통령령으로 정하는 방법으로 공동으로 이용하는 행위, ④ 그 밖에 이해상충이 발생할 가능성이 있는 행위에 해당하는 행위를 한 자
(6) 금융투자업자가 투자권유를 함에 있어서 부당권유금지규정을 위반하여 ① 거짓의 내용을 알리는 행위, ② 불확실한 사항에 대하여 단정적 판단을 제공하거나 확실하다고 오인하게 할 소지가 있는 내용을 알리는 행위를 한 자
(7) 투자권유대행인의 등록규정을 위반하여 등록 전에 투자권유를 한 자
(8) 투자권유대행인의 등록규정을 위반하여 투자권유대행인 외의 자에게 투자권유를 대행하게 한 자
(9) 금융투자업자의 직무관련 정보의 이용 금지규정을 위반하여 직무상 알게 된 정보로서 외부에 공개되지 아니한 정보를 자기 또는 제3자의 이익을 위하여 이용한 자
(10) 손실보전 등의 금지에 관한 규정을 위반하여 ① 투자자가 입을 손실의 전부 또는 일부를 보전하여 줄 것을 사전에 약속하는 행위, ② 투자자가 입은 손실의 전부 또는 일부를 사후에 보전하여 주는 행위, ③ 투자자에게 일정한 이익을 보장할 것을 사전에 약속

하는 행위, ④ 투자자에게 일정한 이익을 사후에 제공하는 행위를 한 자

(11) 업무관련 자료를 기록 · 유지하지 아니한 자

(12) 금융투자업자의 임직원이 자기의 계산으로 금융투자상품을 매매하는 경우에는 자기의 명의로 매매하여야 하는데, 이를 위반하여 금융투자상품을 매매한 자

(13) 투자매매업자 또는 투자중개업자는 집합투자기구가 등록되기 전에는 해당 집합투자증권을 판매하거나 판매를 위한 광고를 하는 것이 금지되어 있는데 이를 위반하여 집합투자증권을 판매하거나 판매를 위한 광고를 한 자

(13의2) 거짓, 그 밖의 부정한 방법으로 종합금융투자사업자의 지정을 받은 자

(13의3) 금융위원회로부터 종합금융투자사업자의 지정을 받지 아니하고 전담중개업무 또는 기업에 대한 신용공여 업무, 그 밖에 종합금융투자사업자에만 허용하는 것이 적합한 업무를 영위한 자

(14) 투자신탁재산별로 미리 정하여진 자산배분명세에 따라 취득 · 처분 등의 결과를 배분하지 아니한 자

(15) 금융위원회의 명령을 위반하여 주식을 처분하지 아니한 자

(16) 신탁재산을 고유재산으로 취득한 자

(17) 삭제 〈2009.2.3.〉

(18) 회계감사를 받지 아니한 자

(19) 공개매수에 의하지 아니하고 주식 등의 매수 등을 한 자

(20) 주식등의 대량보유 등의 보고를 하지 아니한 자

(21) 의결권 대리행사의 권유를 한 자

(22) 장외거래시 필요한 회계감사를 받지 아니한 자

(22의2) 파생상품시장에서의 시세에 영향을 미칠 수 있는 정보를 누설하거나, 장내파생상품 및 그 기초자산의 매매나 그 밖의 거래에 이용하거나, 타인으로 하여금 이용하게 한 자

(23) 집합투자기구를 등록하지 아니한 자

(24) 거짓, 그 밖의 부정한 방법으로 집합투자기구등록 또는 외국집합투자기구등록이나 변경등록을 한 자

(24의2) 신탁업자의 업무제한규정을 위반하여 정보를 이용한 자

(25) 집합투자재산의 운용행위 감시에 관한 규정을 위반하여 철회 · 변경 또는 시정을 요구하지 아니한 자

(26) 은행의 집합투자업 영위와 관련한 규정을 위반하여 ① 자기가 판매하는 집합투자증권의 집합투자재산에 관한 정보를 자기가 운용하는 투자신탁재산의 운용 또는 자기가 운용하는 투자신탁의 수익증권의 판매를 위하여 이용하는 행위, ② 집합투자증권의 판매

업무와 「은행법」에 따른 업무를 연계하여 정당한 사유 없이 고객을 차별하는 행위를 한 자

(27) 집합투자재산의 보관·관리업무를 영위하는 은행은 그 집합투자기구의 집합투자재산에 관한 정보를 자기가 운용하는 투자신탁재산의 운용 또는 자기가 판매하는 집합투자증권의 판매를 위하여 이용할 수 없다는 규정 또는 일반사무관리회사의 업무를 영위하는 은행은 해당 집합투자기구의 집합투자재산에 관한 정보를 자기가 운용하는 투자신탁재산의 운용 또는 자기가 판매하는 집합투자증권의 판매를 위하여 이용할 수 없다는 규정을 위반하여 집합투자재산에 관한 정보를 자기가 운용하는 투자신탁재산의 운용이나 자기가 판매하는 집합투자증권의 판매를 위하여 이용한 자

(28) 투자매매업 또는 투자중개업 인가를 받아 집합투자증권의 판매를 영위하는 은행은 ① 자기가 판매하는 집합투자증권의 집합투자재산에 관한 정보를 자기가 운용하는 투자신탁재산의 운용 또는 자기가 운용하는 투자신탁의 수익증권의 판매를 위하여 이용하는 행위, ② 집합투자증권의 판매업무와 「은행법」에 따른 업무를 연계하여 정당한 사유 없이 고객을 차별하는 행위를 할 수 없다는 규정을 위반하여 행위를 한 자

(29) 집합투자기구의 등록이 취소된 후 그 취소된 업무를 영위한 자

(30) 일반사무관리회사의 등록을 하지 아니하고 해당 업무를 영위한 자

(31) 거짓, 그 밖의 부정한 방법으로 일반사무관리회사의 등록을 한 자

(32) 일반사무관리회사의 등록이 취소된 후 그 취소된 업무를 영위한 자

(32의2) 사모투자전문회사의 업무집행사원으로서 사모투자전문회사재산의 운용업무를 등록을 하지 아니하고 해당 업무를 영위한 자

(32의3) 거짓, 그 밖의 부정한 방법으로 사모투자전문회사의 업무집행사원의 등록을 한 자

(33) 등록을 하지 아니하고 외국 집합투자증권을 판매한 자

(34) 등록이 취소된 후 그 취소된 외국 집합투자기구의 외국 집합투자증권을 판매한 자

(35) 계좌 간의 대체로 결제하는 업무를 영위하거나 국내에서 증권예탁증권을 발행하는 업무를 영위한 자

(36) 예탁결제원의 상근 임직원은 금융투자업자 및 다른 금융투자업관계기관과 자금의 공여, 손익의 분배, 그 밖에 영업에 관하여 특별한 이해관계를 가져서는 아니 된다는 규정을 위반하여 자금의 공여, 손익의 분배, 그 밖에 영업에 관하여 특별한 이해관계를 가진 자

(37) 업무의 정지기간 중 업무를 영위한 자

(37의2) 신용평가회사의 업무와 관련하여 직무상 알게 된 요청인의 비밀을 누설하거나 이용한 자

(37의3) 신용평가회사와 특수한 관계에 있는 자와 관련된 신용평가를 한 자
(37의4) 신용평가 과정에서 신용평가회사 또는 그 계열회사의 상품이나 서비스를 구매하거나 이용하도록 강요한 자
(38) 종합금융회사의 업무를 인가를 받지 아니하고 업무를 폐지하거나 해산한 자
(39) 명의개서대행회사를 등록하지 아니하고 해당 업무를 영위한 자
(40) 거짓, 그 밖의 부정한 방법으로 명의개서대행회사의 등록을 한 자
(41) 명의개서대행회사의 등록이 취소된 후 그 취소된 업무를 영위한 자
(42) 거래소의 임직원 및 임직원이었던 자는 그 직무에 관하여 알게 된 비밀을 누설 또는 이용하여서는 아니 된다는 규정을 위반하여 비밀을 누설하거나 이용한 자
(43) 거래소의 공동기금을 적립하지 아니한 자
(44) 시장감시위원회 위원 및 그 직에 있었던 자는 그 직무에 관하여 알게 된 비밀을 누설 또는 이용할 수 없다는 규정을 위반하여 비밀을 누설하거나 이용한 자
(45) 금융위원회의 승인을 받지 않고 ① 합병, 분할 또는 분할합병, ② 주식의 포괄적 교환 또는 이전, ③ 해산행위를 한 자
(46) 금융투자업등록이 취소된 후 그 취소된 업무를 영위한 자
(47) 인가받은 업무의 정지기간 중 그 정지된 업무를 영위한 자
(48) 금융위원회의 요구에 불응한 자(법 제445조)

4. 1년 이하 징역 또는 3천만 원 이하 벌금

(1) 금융위원회의 승인을 받지 아니하고 주식을 취득하여 대주주가 된 자
(2) 승인받지 않고 취득한 주식처분명령을 위반하여 주식을 처분하지 아니한 자
(3) 상호 중에 금융투자, 증권, 파생, 선물, 집합투자, 투자신탁, 자산운용, 투자자문, 투자일임 또는 신탁이라는 문자를 사용한 자
(4) 투자자 보호 또는 건전한 거래질서를 해할 우려가 있는 업무를 제3자에게 위탁하거나 재위탁한 자
(5) 위탁계약의 취소명령 또는 변경명령을 위반한 자
(6) 투자권유대행인에게 금지된 ① 위탁한 금융투자업자를 대리하여 계약을 체결하는 행위, ② 투자자로부터 금전·증권, 그 밖의 재산을 수취하는 행위, ③ 금융투자업자로부터 위탁받은 투자권유대행업무를 제3자에게 재위탁하는 행위, ④ 그 밖에 투자자 보호 또는 건전한 거래질서를 해할 우려가 있는 행위로서 대통령령으로 정하는 행위를

한 자

(7) 투자권유대행인등록이 취소된 후 투자권유대행업무를 영위하거나, 같은 조 같은 항에 따른 투자권유대행업무의 정지기간 중 투자권유대행업무를 영위한 자

(8) 금융투자업자의 투자광고에 관한 규정을 위반하여 투자광고를 한 자

(9) 자산을 국내에 두지 아니한 외국금융투자업자

(10) 자산을 국내에 주소나 거소가 있는 자에 대한 채무의 변제에 우선 충당하지 아니한 외국금융투자업자

(11) 사전에 자기가 투자매매업자인지 투자중개업자인지를 밝히지 아니하고 금융투자상품의 매매에 관한 청약 또는 주문을 받은 자

(12) 자기계약의 금지규정을 위반하여 금융투자상품을 매매한 자

(13) 삭제 〈2013.5.28.〉

(14) 자산운용보고서를 제공하지 아니한 자 또는 거짓으로 작성하거나 그 기재사항을 누락하고 작성하여 제공한 자

(15) 투자신탁이나 투자익명조합의 집합투자업자의 수시공시관련 규정을 위반하여 공시를 하지 아니하거나 거짓으로 공시한 자

(16) 투자신탁이나 투자익명조합의 집합투자업자의 장부·서류의 열람 및 공시 등에 관한 규정을 위반하여 열람이나 교부 청구를 거절한 자

(17) 금융위원회가 청산사무 및 재산의 상황을 검사하거나 재산의 공탁명령, 그 밖에 청산의 감독에 필요한 명령을 한 경우 또는 금융위원회가 신탁업자가 그 목적을 변경하여 다른 업무를 행하는 회사로서 존속하는 경우에는 그 회사가 신탁에 관한 채무 전부를 변제하기에 이르기까지 재산의 공탁을 명하거나, 그 밖에 필요한 명령을 한 경우, 이러한 명령을 위반한 자

(18) 신탁업자는 신탁재산으로 ① 금전, ② 증권, ③ 금전채권, ④ 동산, ⑤ 부동산, ⑥ 지상권, 전세권, 부동산임차권, 부동산소유권 이전등기청구권, 그 밖의 부동산 관련 권리, ⑦ 무체재산권(지식재산권 포함) 외의 재산을 수탁할 수 없도록 규정하고 있는데, 이를 위반하여 재산을 수탁한자와 이러한 재산의 신탁 및 종합재산신탁의 수탁과 관련한 신탁의 종류, 손실의 보전 또는 이익의 보장, 그 밖의 신탁거래조건 등에 관하여 필요한 사항은 대통령령으로 정하도록 되어 있는데, 이를 위반하여 재산을 수탁한 자

(19) 신탁재산 등의 운용제한에 관한 규정을 위반하여 신탁재산을 운용한 자

(19의2) 정당한 이유 없이 연결재무제표 작성대상법인의 자료제출 요구 및 조사를 거부·방해·기피한 자

(20) 증권신고서의 효력이 발생하지 아니한 증권의 취득 또는 매수의 청약이 있는 경우에

그 증권의 발행인·매출인과 그 대리인은 그 청약의 승낙을 할 수 없도록 금지시키고 있는데, 이를 위반하여 증권에 관한 취득 또는 매수의 청약에 대한 승낙을 한 자

(21) 투자설명서(집합투자증권의 경우 간이투자설명서 포함), 공개매수설명서 또는 위임장 용지 및 참고서류를 제출하지 아니한 자

(22) 투자설명서(집합투자증권의 경우 간이투자설명서 포함)를 미리 교부하지 아니하고 증권을 취득하게 하거나 매도한 자

(23) 누구든지 증권신고의 대상이 되는 증권의 모집 또는 매출, 그 밖의 거래를 위하여 청약의 권유 등을 하고자 하는 경우에는 ① 증권신고의 효력이 발생한 후 투자설명서를 사용하는 방법, ② 증권신고서가 수리된 후 신고의 효력이 발생하기 전에 발행인이 대통령령으로 정하는 방법에 따라 작성한 예비투자설명서(신고의 효력이 발생되지 아니한 사실을 덧붙여 적은 투자설명서)를 사용하는 방법, ③ 증권신고서가 수리된 후 신문·방송·잡지 등을 이용한 광고, 안내문·홍보전단 또는 전자전달매체를 통하여 발행인이 대통령령으로 정하는 방법에 따라 작성한 간이투자설명서(투자설명서에 기재하여야 할 사항 중 그 일부를 생략하거나 중요한 사항만을 발췌하여 기재 또는 표시한 문서, 전자문서, 그 밖에 이에 준하는 기재 또는 표시를 말함)를 사용하는 방법에 따라야 하는데, 이러한 방법에 따르지 아니하고 청약의 권유 등을 한 자

(24) 금융위원회는 증권신고의 신고인 등과 공개매수자 등, 주식대량보유보고자, 의결권권유자, 사업보고자 등에게 정정을 명하거나 거래 정지 또는 금지 등의 처분을 할 수 있는데, 이러한 금융위원회의 처분을 위반한 자

(25) 공개매수설명서를 미리 교부하지 아니하고 주식 등을 매수한 자

(26) 공개매수를 통한 주식소유제한, 공개매수신고, 공공적 법인이 발행한 주식의 소유제한 또는 외국인의 증권 또는 장내파생상품 거래의 제한과 관련하여 금융위원회가 조치한 처분명령 또는 시정명령을 위반한 자

(27) 의결권 대리행사와 관련한 위임장용지 및 참고서류에 대한 금융위의 정정요구를 위반하여 정정서류를 제출하지 아니한 자

(28) 사업보고서·반기보고서·분기보고서나 주요사항보고서를 제출하지 아니한 자

(29) 공공적 법인이 발행한 주식의 소유제한 규정을 위반하여 주식을 소유한 자

(30) 금융위원회는 투자자 보호를 위하여 필요하다고 인정되는 경우에는 회계감사를 한 회계감사인 또는 회계감사를 받은 법인에 대하여 자료의 제출 및 보고를 명할 수 있는데, 자료의 제출 또는 보고명령이나 조치를 위반한 자

(31) 내부자거래와 관련하여 임원 등의 특정증권 등 소유상황을 보고하도록 한 규정을 위반하여 보고를 하지 아니하거나 거짓으로 보고한 자

(32) 투자신탁을 설정한 집합투자업자는 금융위원회의 승인을 받아 투자신탁을 해지할 수 있는데, 승인을 받지 아니하고 투자신탁을 해지한 자

(33) 거짓, 그 밖의 부정한 방법으로 투자신탁해지를 승인 받은 자

(34) 투자신탁 해지사유가 발생하였음에도 투자신탁을 해지하지 아니하거나 투자회사 등을 해산하지 아니한 자

(35) 환매청구를 받거나 환매에 응할 것을 요구받은 투자신탁이나 투자익명조합의 집합투자업자 또는 투자회사 등은 그 집합투자기구의 투자대상자산의 환금성 등을 고려하여 투자자가 환매청구를 한 날부터 15일 이내에 집합투자규약에서 정한 환매일에 환매대금을 지급하여야 한다. 그리고 투자신탁이나 투자익명조합의 집합투자업자 또는 투자회사 등은 환매대금을 지급하는 경우에는 집합투자재산의 범위에서 집합투자재산으로 소유 중인 금전 또는 집합투자재산을 처분하여 조성한 금전으로만 하여야 한다. 그럼에도 불구하고 이를 위반하여 환매대금을 지급하거나 지급하지 아니한 자

(36) 집합투자재산의 평가 및 기준가격의 산정과 관련하여 기준가격을 공고·게시하지 아니하거나 거짓으로 공고·게시한 자

(37) 집합투자재산을 보관·관리하는 신탁업자는 집합투자재산을 자신의 고유재산, 다른 집합투자재산 또는 제3자로부터 보관을 위탁받은 재산과 구분하여 관리하여야 하는데, 이를 위반하여 집합투자재산을 구분하여 관리하지 아니한 자

(38) 집합투자재산을 보관·관리하는 신탁업자는 집합투자재산 중 증권, 그 밖에 대통령령으로 정하는 것을 자신의 고유재산과 구분하여 집합투자기구별로 예탁결제원에 예탁하여야 하는데, 이를 위반하여 예탁하지 아니한 자

(39) 집합투자재산을 보관·관리하는 신탁업자는 집합투자재산을 운용하는 집합투자업자가 그 신탁업자에 대하여 자산의 취득·처분 등의 이행 또는 보관·관리 등에 필요한 지시를 하는 경우 이를 각각의 집합투자기구별로 이행하여야 하는데, 이를 위반하여 집합투자업자의 지시를 각각의 집합투자기구별로 이행하지 아니한 자

(40) 집합투자재산을 보관·관리하는 신탁업자는 집합투자재산에 관하여 특정사유가 발생한 날부터 2개월 이내에 자산보관·관리보고서를 작성하여 투자자에게 교부하여야 하는데, 이를 위반하여 자산보관·관리보고서를 투자자에게 제공하지 아니하거나 거짓으로 작성하여 제공한 자

(41) 사모집합투자기구의 투자자는 그 집합투자증권을 분할하는 방법으로 타인에게 양도할 수 없음에도 불구하고, 이를 위반하여 집합투자증권을 타인에게 양도한 자

(41의2) 전문사모집합투자기구인 투자신탁이나 투자익명조합의 집합투자업자 또는 전문사모집합투자기구인 투자회사 등은 전문사모집합투자기구가 설정·설립되거나 그 밖에 대

통령령으로 정한 사유가 발생한 경우에는 그 날부터 1개월 이내에 금융위원회에 보고하여야 한다. 그리고 집합투자업자는 전문사모집합투자기구의 금전차입 현황, 파생상품 매매 현황 등을 금융위원회에 보고하여야 하는데, 이를 위반하여 보고를 하지 아니하거나 거짓으로 보고한 자

(42) 금융위원회는 투자회사 등에 대하여 조치를 할 수 있는데, 업무의 정지기간 중 업무를 영위한 자

(43) 사모투자전문회사는 설립등기일부터 2주 이내에 금융위원회에 등록을 신청하여야 하는데, 이를 위반하여 등록을 하지 아니하고 해당 업무를 영위한 자

(44) 거짓, 그 밖의 부정한 방법으로 사모투자전문회사 등록(변경등록 포함)을 한 자

(45) 사모투자전문회사는 사원이 출자한 날부터 2년 이내에 출자한 금액의 50% 이상출자한 금액을 법이 정한 방법으로 운용하여야 한다. 또한 사모투자전문회사는 6개월 이상 투자대상기업이 발행한 지분증권 등을 소유하여야 하며, 6개월 미만의 기간 중에는 그 지분증권등을 처분하여서는 아니 된다. 그리고 사모투자전문회사는 투자목적회사가 발행한 지분증권을 취득한 날부터 6개월 이상 소유하여야 하며, 6개월 미만의 기간 중에는 그 지분증권을 처분하여서는 아니 된다.

또한 기업재무안정사모투자전문회사는 그 재산을 운용함에 있어 사원이 출자한 날부터 6개월 이상의 기간으로서 2년 이내에 출자한 금액의 50% 이상을 ① 재무구조개선기업이 발행한 증권의 매매, ② 재무구조개선기업이 채무자인 대출채권 등 채권, 이에 수반되는 담보권 및 그 밖의 권리의 매매, ③ 재무구조개선기업이 보유하고 있는 부동산, 영업권 등 경제적 가치가 있는 자산의 매매, ④ 자산총액을 초과하지 아니하는 범위에서의 재무구조개선기업에 대한 자금의 대여 및 지급의 보증, ⑤ 따른 투자목적회사의 지분증권에 대한 투자 중 어느 하나에 해당하는 방법으로 운용하여야 한다.

또한 기업재무안정사모투자전문회사 및 투자목적회사는 6개월 미만의 기간 중에는 취득한 지분증권을 처분하여서는 아니 된다.

그럼에도 위를 위반하여 운용한 자 또는 지분증권 등을 소유하지 아니하거나 처분한 자

(46) 사모투자전문회사는 다른 회사의 지분증권 등을 최초로 취득한 날부터 6개월이 경과할 때까지 ① 다른 회사(투자회사, 투자유한회사, 투자합자회사, 투자유한책임회사, 그 밖에 대통령령으로 정하는 회사를 제외)의 의결권 있는 발행주식총수 또는 출자총액의 10% 이상 되도록 하는 투자, ② 임원의 임면 등 투자하는 회사의 주요 경영사항에 대하여 사실상의 지배력 행사가 가능하도록 하는 투자, ③ 증권(지분증권 제외)에 대한 투자 중 어느 하나에 부합하지 아니하는 경우에는 이미 취득한 그 다른 회사의 지분증권 등 전부를 다른 자에게 1개월 이내에 이를 처분하고 금융위원회에 지체 없이 보고하여야 함에도 불구하

고 이를 위반하여 이미 취득한 다른 회사의 지분증권 전부를 처분하지 아니한 자

(46의2) 사모투자전문회사는 다른 회사의 지분증권 등을 최초로 취득한 날부터 6개월이 경과할 때까지 다른 회사의 지분증권 등 전부를 다른 자에게 1개월 이내에 이를 처분하고 금융위원회에 지체 없이 보고하여야 한다. 그리고 사모투자전문회사는 파생상품에 대한 투자 및 차입 또는 채무보증의 현황 등에 관하여 금융위원회에 보고하여야 한다. 그럼에도 이를 위반하여 보고를 하지 아니하거나 거짓으로 보고한 자

(47) 사모투자전문회사의 업무집행사원은 ① 사모투자전문회사와 거래하는 행위, ② 원금 또는 일정한 이익의 보장을 약속하는 등의 방법으로 사원이 될 것을 부당하게 권유하는 행위, ③ 사원 전원의 동의 없이 사원의 일부 또는 제3자의 이익을 위하여 사모투자전문회사가 소유한 자산의 명세를 사원이 아닌 자에게 제공하는 행위를 한 자

(48) 사모투자전문회사의 무한책임사원은 출자한 지분을 타인에게 양도할 수 없는데, 이를 위반하여 출자한 지분을 타인에게 양도한 자

(49) 상호출자제한기업집단의 계열회사인 사모투자전문회사 또는 상호출자제한기업집단의 계열회사가 무한책임사원인 사모투자전문회사는 다른 회사를 계열회사로 편입한 경우에는 편입일부터 5년 이내에 그 다른 회사의 지분증권을 그 상호출자제한기업집단의 계열회사가 아닌 자에게 처분하여야 하는데, 이를 위반하여 지분증권을 처분하지 아니하거나, 상호출자제한기업집단의 계열회사인 사모투자전문회사 또는 상호출자제한기업집단의 계열회사가 무한책임사원인 사모투자전문회사는 그 계열회사가 발행한 지분증권을 취득하여서는 아니 되는데, 이를 위반하여 지분증권을 취득한 자

(50) 삭제 〈2009.6.9.〉

(51) 사모투자전문회사 또는 투자목적회사가 공정거래법상의 지주회사규제의 대상이 되지 않는 경우에는 그 요건을 충족한 날부터 2주일 이내에 그 사실을 금융위원회에 보고하여야 하는데, 이를 위반하여 보고를 하지 아니하거나 거짓으로 보고한 자

(52) 금융위원회는 사모투자전문회사의 등록을 취소할 수 있는데, 등록이 취소된 후 그 취소된 업무를 영위한 자

(53) 예탁자계좌부 또는 투자자계좌부를 작성·비치하지 아니하거나 거짓으로 작성한 자

(53의2) 금융투자상품거래청산회사는 청산의무거래, 그 밖에 특정 거래정보를 보관·관리하여야 하는데, 이를 위반하여 거래정보를 보관·관리하지 아니한 자

(53의3) 금융투자상품거래청산회사는 보관·관리하는 거래정보를 금융위원회, 그 밖에 특정하는 자에게 보고하여야 하는데, 이를 위반하여 거래정보를 보고하지 아니하거나 거짓으로 보고한 자

(54) 금융위원회의 인가를 받지 않고 '종합금융회사', '자금중개' 또는 이와 유사한 명칭을

사용한 자

(55) 종합금융업자가 신용공여한도를 위반하여 신용공여를 한 자

(56) 종합금융회사는 자기자본의 100%을 초과하여 증권에 투자할 수 없도록 제한되는데, 이를 위반하여 증권에 투자한 자

(57) 상호출자제한기업집단에 속하는 종합금융회사는 다른 상호출자제한기업집단에 속하는 금융기관 또는 회사와 ① 투자한도를 회피하기 위한 목적으로 다른 금융기관 또는 회사의 의결권 있는 주식을 서로 교차하여 소유하거나 신용공여를 하는 행위, ② 자기주식 취득의 제한을 회피하기 위한 목적으로 서로 교차하여 주식을 취득하는 행위, ③ 그 밖에 예금자 및 투자자의 이익을 크게 해할 우려가 있는 행위로서 대통령령으로 정하는 행위를 한 자

(58) 종합금융회사는 법을 위반하여 취득한 주식에 대하여는 의결권 행사를 금지시키고 있는데, 이를 위반하여 의결권을 행사한 자

(59) 금융위원회는 법을 위반하여 주식을 취득하거나 신용공여를 한 종합금융회사에 대하여 6개월 이내의 기간을 정하여 그 주식의 처분 또는 신용공여의 회수를 명하는 등 필요한 조치를 할 수 있는데, 그 조치를 이행하지 아니한 자

(60) 종합금융회사는 채무의 변제와 긴급한 자금인출에 대비하기 위하여 지급준비자산을 보유하여야 하는데, 이를 위반하여 지급준비자산을 보유하지 아니한 자

(61) 종합금융회사는 업무용 부동산을 제외하고는 부동산을 취득하거나 소유할 수 없다. 다만, 담보권의 실행으로 인하여 취득하는 경우에는 이를 소유할 수 있다. 그리고 종합금융회사는 자기자본의 100%을 초과하여 업무용 부동산을 취득할 수 없다. 그럼에도 불구하고 이를 위반하여 부동산을 취득하거나 소유한 자

(62) 종합금융회사는 자기가 소유하는 부동산 중 업무용 부동산이 아니거나 예외적으로 취득한 부동산을은 처분하여야 하는데, 이를 위반하여 부동산을 처분하지 아니한 자

(63) 금융위원회가 금융투자업자의 등록된 업무를 정지시킨 경우 정지기간 중 그 정지된 업무를 영위한 자(법제446조)

5. 징역과 벌금 병과

① 10년 이하의 징역 또는 3배 벌금, ② 5년 이하의 징역 또는 2억 원 이하의 벌금, ③ 3년 이하의 징역 또는 1억원 이하의 벌금, ④ 1년 이하의 징역 또는 3천만 원 이하의 벌금에 해당하는 죄를 범한 자에게는 징역과 벌금을 병과할 수 있으며(법 제447조 제1항), 가중처벌을

받는 자에게 벌금형을 병과하는 경우에는 그 위반행위로 얻은 이익 또는 회피손실액의 1배 이상 3배 이하에 상당하는 벌금에 처한다(법 제447조 제2항).

6. 양벌규정

법인(단체를 포함)의 대표자나 법인 또는 개인의 대리인, 사용인, 그 밖의 종업원이 그 법인 또는 개인의 업무에 관하여 ① 10년 이하의 징역 또는 3배 벌금, ② 5년 이하의 징역 또는 2억 원 이하의 벌금, ③ 3년 이하의 징역 또는 1억원 이하의 벌금, ④ 1년 이하의 징역 또는 3천만 원 이하의 벌금에 해당하는 위반행위를 하면 그 행위자를 벌하는 외에 그 법인 또는 개인에게도 해당 조문의 벌금형을 과(科)한다. 다만, 법인 또는 개인이 그 위반행위를 방지하기 위하여 해당 업무에 관하여 상당한 주의와 감독을 게을리하지 아니한 경우에는 그러하지 아니하다.

7. 5천만 원 이하 과태료

(1) 금융투자업자는 사외이사를 3인 이상 두어야 하며, 사외이사는 이사 총수의 2분의 1 이상이 되도록 하여야 하는데, 이를 위반하여 사외이사 선임의무를 이행하지 아니한 자

(2) 사외이사후보추천위원회를 설치하지 아니한 자

(3) 사외이사가 총 위원의 2분의 1 이상이 되도록 사외이사후보추천위원회를 구성하지 아니한 자

(4) 금융투자업자는 주주총회에서 사외이사를 선임하고자 하는 경우에는 사외이사후보추천위원회의 추천을 받은 자 중에서 선임하여야 한다. 이 경우 사외이사후보추천위원회가 사외이사후보를 추천함에 있어서는 주주제안권을 행사할 수 있는 요건을 갖춘 주주가 추천한 사외이사후보를 포함시켜야 한다. 그럼에도 이를 위반하여 사외이사를 선임하지 아니한 자

(5) 금융투자업자는 사외이사의 사임·사망 등 사전에 예측하지 못한 사유로 인하여 사외이사의 수가 이사회의 구성요건에 미달하게 된 경우에는 그 사유가 발생한 후 최초로 소집되는 주주총회에서 이를 충원하여 요건에 합치되도록 하여야 한다. 그럼에도 이를 위반하여 사외이사를 두지 아니한 자

(6) 감사위원회를 설치하지 아니한 자
(7) 요건을 모두 충족하는 감사위원회를 설치하지 아니한 자
(8) 감사위원회 구성요건에 합치되도록 하지 아니한 자
(9) 내부통제기준을 정하지 아니한 자
(10) 준법감시인을 두지 아니한 자
(11) 이사회 결의를 거치지 아니하고 준법감시인을 임면한 자
(12) 준법감시인은 선량한 관리자의 주의로 그 직무를 수행하여야 하며, ① 해당 금융투자업자의 고유재산의 운용업무, ② 해당 금융투자업자가 영위하고 있는 금융투자업 및 그 부수업무, ③ 해당 금융투자업자가 겸영하고 있는 업무를 수행하는 직무를 담당할 수 없다. 그럼에도 이를 위반하여 금지된 업무를 수행하는 직무를 담당하거나 담당하게 한 자
(13) 매 사업연도 개시일부터 3개월간 · 6개월간 · 9개월간 및 12개월간의 업무보고서를 작성하여 그 기간 경과 후 45일 이내로서 금융위원회에 업무보고서를 제출하지 아니하거나 거짓으로 작성하여 제출한 자
(14) 공시서류를 비치 또는 공시하지 아니하거나 거짓으로 작성하여 비치 또는 공시한 자
(15) 보고 또는 공시를 하지 아니하거나 거짓으로 보고 또는 공시한 자
(15의2) 금융투자업자는 업무보고서 외에 매월의 업무 내용을 적은 보고서를 다음 달 말일까지 금융위원회에 제출하여야 하는데, 이를 위반하여 보고서를 제출하지 아니하거나 거짓으로 작성하여 제출한 자
(16) 금융투자업자의 특수관계인(금융투자업자의 대주주 제외)이 발행한 주식, 채권 및 약속어음을 소유하는 행위는 원칙적으로 금지되지만 자기자본의 8%를 보유한 경우에는 미리 재적이사 전원의 찬성에 의한 이사회 결의를 거쳐야 한다. 그리고 금융투자업자는 대주주(그의 특수관계인을 포함)에 대하여 신용공여(금전 · 증권 등 경제적 가치가 있는 재산의 대여, 채무이행의 보증, 자금 지원적 성격의 증권의 매입, 그 밖에 거래상의 신용위험을 수반하는 직접적 · 간접적 거래를 말함)를 하여서는 아니 되며, 대주주는 그 금융투자업자로부터 신용공여를 받아서는 아니 된다. 다만, 금융투자업자의 건전성을 해할 우려가 없는 신용공여로서 대통령령으로 정하는 신용공여의 경우에는 이를 할 수 있는데, 이때 미리 재적이사 전원의 찬성에 의한 이사회 결의를 하여야 한다. 그럼에도 이를 위반하여 이사회 결의를 거치지 아니한 자
(17) 금융투자업자의 특수관계인(금융투자업자의 대주주 제외)이 발행한 주식, 채권 및 약속어음을 소유하는 행위는 원칙적으로 금지되지만 자기자본의 8%를 보유한 경우에는 미리 재적이사 전원의 찬성에 의한 이사회 결의를 거쳐야 한다. 그리고 금융투자업자는 대

주주(그의 특수관계인을 포함)에 대하여 신용공여(금전 · 증권 등 경제적 가치가 있는 재산의 대여, 채무이행의 보증, 자금 지원적 성격의 증권의 매입, 그 밖에 거래상의 신용위험을 수반하는 직접적 · 간접적 거래를 말함)를 하여서는 아니 되며, 대주주는 그 금융투자업자로부터 신용공여를 받아서는 아니 된다. 다만, 금융투자업자의 건전성을 해할 우려가 없는 신용공여로서 대통령령으로 정하는 신용공여의 경우에는 이를 할 수 있는데, 이때 미리 재적이사 전원의 찬성에 의한 이사회 결의를 하여야 한다. 이 경우 금융투자업자는 그 사실을 금융위원회에 지체 없이 보고하고, 인터넷 홈페이지 등을 이용하여 공시하여야 한다. 그리고 보고사항 중 대통령령으로 정하는 사항을 종합하여 분기별로 금융위원회에 보고하고, 인터넷 홈페이지 등을 이용하여 공시하여야 한다. 그럼에도 이를 위반하여 보고 또는 공시를 하지 아니하거나 거짓으로 보고 또는 공시한 자

(18) 금 융위원회는 금융투자업자 또는 그의 대주주가 대주주와의 거래제한 규정을 위반한 혐의가 있다고 인정될 경우에는 금융투자업자 또는 그의 대주주에게 필요한 자료의 제출을 명할 수 있다. 그리고 금융위원회는 금융투자업자의 대주주가 부당한 영향력을 행사한 혐의가 있다고 인정될 경우에는 금융투자업자 또는 그의 대주주에게 필요한 자료의 제출을 명할 수 있다. 그럼에도 자료의 제출명령을 위반한 자

(19) 금융투자업자(겸영금융투자업자, 등 제외)는 투자자 보호 및 건전한 거래질서를 해할 우려가 없는 금융업무로서 ① 이 법 또는 금융관련 법령에서 인가 · 허가 · 등록 등을 요하는 금융업무 중 보험대리점의 업무 또는 보험중개사의 업무, 그 밖에 금융업무, ② 이 법 또는 금융관련 법령에서 정하고 있는 금융업무로서 해당 법령에서 금융투자업자가 영위할 수 있도록 한 업무, ③ 국가 또는 공공단체 업무의 대리, ④ 투자자를 위하여 그 투자자가 예탁한 투자자예탁금으로 수행하는 자금이체업무, ⑤ 그 밖에 그 금융업무를 영위하여도 투자자 보호 및 건전한 거래질서를 해할 우려가 없는 업무로서 대통령령으로 정하는 금융업무를 영위할 수 있다. 이 경우 금융투자업자는 위의 ②③④⑤ 업무를 영위하고자 하는 때에는 그 업무를 영위하고자 하는 날의 7일 전까지 이를 금융위원회에 신고하여야 한다. 그러나 이를 위반하여 신고를 하지 아니한 자

(20) 금융위원회의 검사 · 조사 또는 확인을 거부 · 방해 또는 기피한 자

(21) 금융투자업자는 설명한 내용을 일반투자자가 이해하였음을 서명, 기명날인, 녹취, 그 밖의 방법 중 하나 이상의 방법으로 확인을 받아야 한다. 그러나 이를 위반하여 확인을 받지 아니한 자

(22) 금융투자업자는 투자권유를 함에 있어서 부당권유금지규정을 위반하여, ③ 투자자로부터 투자권유의 요청을 받지 아니하고 방문 · 전화 등 실시간 대화의 방법을 이용하는 행위, ④ 투자권유를 받은 투자자가 이를 거부하는 취지의 의사를 표시하였음에도 불

구하고 투자권유를 계속하는 행위, ⑤ 그 밖에 투자자 보호 또는 건전한 거래질서를 해할 우려가 있는 행위를 한 자

(23) 투자권유준칙 또는 투자권유대행기준을 정하지 아니한 자

(24) 금융위원회에 신고를 하지 아니하고 약관을 제정 또는 변경한 자

(25) 거짓, 그 밖의 부정한 방법으로 약관 제정 또는 변경 등을 신고 한 자

(25의2) 금융투자업자는 대통령령이 정하는 투자광고의 방법 및 절차 등에 따라야 하는데, 이를 위반하여 투자광고를 한 자

(26) 금융투자업자는 투자자와 계약을 체결한 경우 그 계약서류를 투자자에게 지체 없이 교부하여야 하는데, 이를 위반하여 투자자에게 계약서류를 제공하지 아니한 자

(27) 금융투자업자는 금융투자업 또는 지점, 그 밖의 영업소의 영업을 폐지하고자 하는 경우에는 그 뜻을 폐지 30일 전에 전국을 보급지역으로 하는 둘 이상의 일간신문에 공고하여야 하며, 알고 있는 채권자에게는 각각 통지하여야 하는데, 이를 위반하여 공고 또는 통지를 하지 아니한 자

(28) 금융투자업자의 임직원은 자기의 계산으로 대통령령으로 정하는 금융투자상품을 매매하는 경우에는, ② 투자중개업자 중 하나의 회사를 선택하여 하나의 계좌를 통하여 매매할 것, ③ 매매명세를 분기별로 소속 금융투자업자에게 통지할 것 ④ 그 밖에 불공정행위의 방지 또는 투자자와의 이해상충의 방지를 위하여 대통령령으로 정하는 방법 및 절차를 준수할 것 등의 방법에 따르지 아니하고 자기의 계산으로 금융투자상품을 매매한 자

(28의2) 투자매매업자 또는 투자중개업자가 금융투자상품의 매매함에 있어 최선집행의무를 이행하지 아니한 자

(29) 투자매매업자 또는 투자중개업자, 집합투자업자, 투자일임업자, 신탁업자가 투자자 보호 또는 건전한 거래질서를 해할 우려가 있는 행위로서 대통령령으로 정하는 불공정거래행위를 할 수 없도록 금지시키고 있는데, 이를 위반하여 불공정거래행위를 한 자

(30) 투자매매업자 또는 투자중개업자는 집합투자증권의 판매와 관련하여 법규정을 위반하여 판매수수료나 판매보수를 받은 자

(30의2) 종합금융투자사업자는 전문사모집합투자기구 등에 대하여 전담중개업무를 제공하는 경우에는 미리 해당 전문사모집합투자기구 등, 그 밖에 대통령령으로 정하는 자와 ① 전담중개업무와 관련된 종합금융투자사업자와 전문사모집합투자기구 등의 역할 및 책임에 관한 사항, ② 종합금융투자사업자가 전문사모집합투자기구 등의 재산을 제3자에 대한 담보, 대여, 그 밖에 대통령령으로 정하는 방법으로 이용하는 경우 그 이용에 관한 사항, ③ 종합금융투자사업자가 이용한 전문사모집합투자기구 등의 재산 현황

등에 관한 정보를 전문사모집합투자기구 등에게 제공하는 절차 및 방법, ④ 그 밖에 대통령령으로 정하는 사항을 포함하는 내용에 관한 계약을 체결하여야 하는데, 이를 위반하여 이 사항을 포함하는 계약을 체결하지 아니한 자

(31) 집합투자업자는 집합투자기구의 운용실적에 연동하여 미리 정하여진 산정방식에 따른 성과보수를 받을 수 없는데, 이를 위반하여 성과보수를 받은 자

(32) 집합투자업자는 각 집합투자재산에서 집합투자기구 자산총액의 100분의 5 또는 100억원 이상을 소유하는 주식을 발행한 의결권공시대상법인에 대한 의결권 행사 여부 및 그 내용을 기록 · 유지하여야 하는데, 이를 위반하여 기록 · 유지하지 아니한 자

(33) 집합투자업자는 의결권 행사 여부에 관한 사항 등을 공시하는 경우에는 투자자가 그 의결권 행사 여부의 적정성 등을 파악하는 데에 필요한 자료로서 대통령령으로 정하는 자료를 함께 공시하여야 한다. 또한 신탁업자는 합병, 영업의 양도 · 양수, 임원의 선임 등 경영권의 변경과 관련된 사항에 대하여 의결권을 행사하는 경우에는 대통령령으로 정하는 방법에 따라 인터넷 홈페이지 등을 이용하여 공시하여야 한다. 그럼에도 이를 위반하여 공시를 하지 아니하거나 거짓으로 공시한 자

(34) 투자신탁이나 투자익명조합의 집합투자업자는 대통령령으로 정하는 방법에 따라 집합투자재산에 관한 매 분기의 영업보고서를 작성하여 매 분기 종료 후 2개월 이내에 금융위원회 및 협회에 제출하여야 한다. 또한 집합투자업자는 집합투자기구에 대하여 ① 집합투자기구의 회계기간 종료, ② 집합투자기구의 계약기간 또는 존속기간의 종료, ③ 집합투자기구의 해지 또는 해산에 해당하는 사유가 발생한 경우 그 사유가 발생한 날부터 2개월 이내에 결산서류를 금융위원회 및 협회에 제출하여야 한다. 그럼에도 불구하고 이를 위반하여 영업보고서나 결산서류를 제출하지 아니하거나 거짓으로 작성하여 제출한 자

(34의2) 투자자문업자 또는 투자일임업자는 투자자문과 관련한 투자결과 또는 투자일임재산의 운용실적과 연동된 성과보수를 받을 수 없음에도 불구하고 이를 위반하여 성과보수를 받은 자

(35) 신탁업자는 신탁재산에 관하여 회계처리를 하는 경우 금융위원회가 증권선물위원회의 심의를 거쳐 정하여 고시한 회계처리기준에 따라야 한다. 또한 투자신탁이나 투자익명조합의 집합투자업자 또는 투자회사 등은 집합투자재산에 관하여 회계처리를 하는 경우 금융위원회가 증권선물위원회의 심의를 거쳐 정하여 고시한 회계처리기준에 따라야 한다. 그럼에도 이를 위반하여 회계처리를 한 자

(36) 증권신고서를 제출하지 아니하고 증권을 모집 또는 매출하는 발행인은 투자자를 보호하기 위하여 재무상태에 관한 사항의 공시, 그 밖에 대통령령으로 정하는 조치를 하여

야 한다. 그럼에도 이를 위반하여 조치를 하지 아니한 자

(37) 공개매수자는 공개매수신고서를 제출한 경우에는 지체 없이 그 사본을 공개매수할 주식등의 발행인에게 송부하여야 한다. 그리고 공개매수자는 공개매수신고서의 정정신고서를 제출한 경우에는 지체 없이 그 사본을 공개매수할 주식등의 발행인에게 송부하여야 한다.

또한 공개매수자는 공개매수의 철회신고서를 제출한 경우에는 지체 없이 그 사본을 공개매수를 철회할 주식 등의 발행인에게 송부하여야 한다. 대량보유보고한 자는 지체 없이 그 사본을 해당 주식 등의 발행인에게 송부하여야 한다. 그럼에도 이를 위반하여 신고서 또는 보고서의 사본을 송부하지 아니한 자

(38) 공개매수자는 공개매수신고서를 제출한 경우에는 지체 없이 그 사본을 공개매수할 주식 등의 발행인에게 송부하여야 한다. 그리고 공개매수자는 공개매수신고서의 정정신고서를 제출한 경우에는 지체 없이 그 사본을 공개매수할 주식 등의 발행인에게 송부하여야 한다.

또한 공개매수자는 공개매수의 철회신고서를 제출한 경우에는 지체 없이 그 사본을 공개매수를 철회할 주식 등의 발행인에게 송부하여야 한다. 대량보유보고한 자는 지체 없이 그 사본을 해당 주식 등의 발행인에게 송부하여야 한다. 이때 보고서 사본에 신고서 또는 보고서에 기재된 내용과 다른 내용을 표시하거나 그 내용을 누락하여 송부한 자

(39) 상장증권에 대하여 공매도를 하거나 그 위탁 또는 수탁을 한 자

(40) 투자신탁이나 투자익명조합의 집합투자업자 또는 투자회사 등은 등록된 사항이 변경된 경우에는 투자자 보호를 해할 우려가 없는 경우로서 대통령령으로 정하는 경우를 제외하고는 2주 이내에 그 내용을 금융위원회에 변경등록하여야 한다. 그럼에도 변경등록을 하지 아니한 자

(41) 자본시장법에 따른 집합투자기구가 아닌 자는 '집합투자', '간접투자', '투자신탁', '투자회사', '투자유한회사', '투자합자회사', '사모투자전문회사', '투자유한책임회사', '투자합자조합', '투자익명조합', 그 밖에 이와 유사한 명칭을 사용할 수 없다. 그럼에도 이를 위반하여 명칭을 사용한 자

(41의2) 사모집합투자기구인 투자신탁이나 투자익명조합의 집합투자업자 또는 투자회사 등은 대통령령으로 정하는 방법에 따라 사모집합투자기구의 집합투자재산 운용 현황, 파생상품 매매 현황 등을 금융위원회에 보고하여야 한다. 그럼에도 이를 위반하여 보고를 하지 아니하거나 거짓으로 보고한 자

(42) 은행, 보험회사, 종합금융회사는 이 법에 따라 집합투자업, 신탁업(집합투자재산의 보관·관리업무 포함) 또는 일반사무관리회사의 업무를 영위하는 경우에는 임원(사실상 임원과 동

등한 지위에 있는 자 포함)을 두어야 하고, 임직원에게 특정업무를 겸직하게 하여서는 아니 되며, 전산설비 또는 사무실 등의 공동사용 금지 및 다른 업무를 영위하는 임직원간의 정보교류 제한 등 대통령령으로 정하는 이해상충방지체계를 갖추어야 한다. 그럼에도 이를 위반하여 임원을 두지 아니하거나 임직원에게 겸직하게 한 자

(43) 은행, 보험회사, 종합금융회사는 이 법에 따라 집합투자업, 신탁업(집합투자재산의 보관·관리업무 포함) 또는 일반사무관리회사의 업무를 영위하는 경우에는 임원(사실상 임원과 동등한 지위에 있는 자 포함)을 두어야 하고, 임직원에게 특정업무를 겸직하게 하여서는 아니 되며, 전산설비 또는 사무실 등의 공동사용 금지 및 다른 업무를 영위하는 임직원 간의 정보교류 제한 등 대통령령으로 정하는 이해상충방지체계를 갖추어야 한다. 그럼에도 이를 위반하여 이해상충방지체계를 갖추지 아니한 자

(44) 한국금융투자협회가 아닌 자는 '금융투자협회', '증권협회', '선물협회', '자산운용협회' 또는 이와 유사한 명칭을 사용하여서는 아니 된다. 예탁결제원이 아닌 자는 "한국예탁결제원" 또는 이와 유사한 명칭을 사용하여서는 아니 된다. 금융투자상품거래청산회사가 아닌 자는 '금융투자상품거래청산', '금융투자상품청산', '증권거래청산', '증권청산', '파생상품거래청산', '파생상품청산' 또는 이와 유사한 명칭을 사용하여서는 아니 된다.

증권금융회사가 아닌 자는 '증권금융' 또는 이와 유사한 명칭을 사용하여서는 아니 된다. 신용평가회사가 아닌 자는 신용평가 또는 이와 유사한 명칭을 사용하여서는 아니 된다. 거래소가 아닌 자는 그 명칭 또는 상호에 '한국거래소', '금융상품거래소', '금융투자상품거래소', '증권선물거래소', '증권거래소', '선물거래소', '파생상품거래소', '거래소시장', '증권시장', '유가증권시장', '코스닥시장', '선물시장', '파생상품시장' 또는 이와 유사한 명칭을 사용하여서는 아니 된다. 그럼에도 이를 위반하여 신용평가내부통제기준을 정하지 아니한 자

(44의3) 신용평가회사(최근 사업연도말을 기준으로 자산총액이 100억원 미만인 법인은 제외)는 신용평가내부통제기준의 준수 여부를 점검하고 신용평가내부통제기준을 위반하는 경우 이를 조사하여 감사위원회 또는 감사에게 보고하는 자로서 준법감시인을 1인 이상 두어야 한다. 그럼에도 이를 위반하여 준법감시인을 두지 아니한 자

(44의4) 준법감시인은 선량한 관리자의 주의로 그 직무를 수행하여야 하며, ① 해당 신용평가회사의 고유재산의 운용업무, ② 해당 신용평가회사가 영위하고 있는 신용평가업 및 그 부수업무, ③ 해당 신용평가회사가 영위하고 있는 겸영업무를 수행하는 직무를 담당하여서는 아니 된다. 그럼에도 이를 위반하여 이러한 업무를 수행하는 직무를 담당하거나 담당하게 한 자

(44의5) 신용평가회사는 신용평가방법을 정하거나 변경한 경우에는 금융위원회, 거래소 및 협회에 이를 제출하여야 한다. 그리고 신용평가회사는 ① 이 법 또는 금융관련 법령에 따라 발행인 등에 대하여 신용평가를 받도록 한 경우, ② 증권신고서ㆍ사업보고서 등 이 법 또는 금융관련 법령에 따라 의무적으로 작성되는 서류에 신용평가서를 첨부하는 경우 ③ 그 밖에 투자자 보호 및 건전한 거래질서를 위하여 필요한 경우로서 대통령령으로 정하는 경우에 해당하는 경우에는 신용평가서를 금융위원회, 거래소 및 협회에 제출하여야 한다. 그럼에도 이를 위반하여 금융위원회가 정하여 고시하는 서류 또는 신용평가서를 제출하지 아니하거나 거짓으로 작성하여 제출한 자

(45) 종합금융회사는 그의 대주주에게 단일거래금액이 자기자본의 1만분의 10에 해당하는 금액이나 10억원 중 적은 금액 이상의 신용공여를 하거나 대주주가 발행한 주식을 그 금액 이상으로 취득하려는 경우에는 미리 재적이사 전원의 찬성을 통한 이사회 결의를 거쳐야 한다. 그럼에도 이를 위반하여 이사회 결의를 거치지 아니한 자

(46) 종합금융회사는 그의 대주주에게 단일거래금액이 자기자본의 1만분의 10에 해당하는 금액이나 10억원 중 적은 금액 이상의 신용공여를 하거나 대주주가 발행한 주식을 그 금액 이상으로 취득한 경우에는 그 사실을 금융위원회에 지체 없이 보고하고, 인터넷 홈페이지 등을 이용하여 공시하여야 한다. 그리고 종합금융회사는 그의 대주주에 대한 신용공여 또는 대주주가 발행한 주식의 취득에 관한 보고사항 중 대통령령으로 정하는 사항을 종합하여 분기별로 금융위원회에 보고하고, 인터넷 홈페이지 등을 이용하여 공시하여야 한다.

그럼에도 이를 위반하여 보고 또는 공시를 하지 아니하거나 거짓으로 보고 또는 공시한 자

(47) 금융위원회는 종합금융회사 또는 그의 대주주가 거래제한 규정을 위반한 혐의가 있다고 인정되는 경우에는 종합금융회사 또는 대주주에 대하여 필요한 자료의 제출을 명할 수 있는데, 이때 자료의 제출명령을 위반한 자

(48) 투자자 보호 및 건전한 거래질서를 위하여 투자자, 주권상장법인 또는 대통령령으로 정하는 자로 구성되는 단체를 설립하고자 하는 자는 금융위원회의 허가를 받아야 한다. 이때 거짓, 그 밖의 부정한 방법으로 허가를 받은 자

(49) 신고자 등이 소속된 기관ㆍ단체 또는 회사는 그 신고자 등에 대하여 그 신고 또는 제보와 관련하여 직접 또는 간접적인 방법으로 불리한 대우를 하여서는 아니 된다. 그럼에도 이를 위반하여 신고자 등에게 불리한 대우를 한 자(법 제449조 제1항)

8. 1천만 원 이하 과태료

(1) 투자자문업자 및 투자일임업자는 대주주가 변경된 경우에는 이를 2주 이내에 금융위원회에 보고하여야 한다. 그럼에도 이를 위반하여 보고를 하지 아니하거나 거짓으로 보고한 자

(2) 금융투자업자는 투자권유준칙을 정한 경우나 변경한 경우 이를 인터넷 홈페이지 등을 이용하여 공시하여야 한다. 그럼에도 이를 위반하여 공시를 하지 아니하거나 거짓으로 공시한 자

(3) 투자권유대행인은 투자권유를 대행함에 있어서 투자자에게 ① 투자권유를 위탁한 금융투자업자의 명칭, ② 투자권유를 위탁한 금융투자업자를 대리하여 계약을 체결할 권한이 없다는 사실, ③ 투자권유대행인은 투자자로부터 금전·증권, 그 밖의 재산을 수취하지 못하며, 금융투자업자가 이를 직접 수취한다는 사실, ④ 그 밖에 투자자 보호 또는 건전한 거래질서를 위하여 필요한 사항으로서 대통령령으로 정하는 사항을 미리 알려야 하며, 자신이 투자권유대행인이라는 사실을 나타내는 표지를 게시하거나 증표를 투자자에게 내보여야 한다. 그럼에도 이러한 사항을 미리 투자자에게 알리지 아니한 자 또는 표지를 게시하지 아니하거나 증표를 내보이지 아니한 자

(4) 금융투자업자는 금융투자업의 영위와 관련하여 약관을 제정 또는 변경하고자 하는 경우에는 미리 금융위원회에 신고하여야 한다. 다만, ① 약관내용 중 투자자의 권리 또는 의무와 관련이 없는 사항을 변경하는 경우, ② 표준약관을 그대로 사용하는 경우, ③ 제정 또는 변경하고자 하는 약관의 내용이 다른 금융투자업자가 이미 금융위원회에 신고한 약관의 내용과 같은 경우, ④ 전문투자자만을 대상으로 하는 약관을 제정 또는 변경하는 경우에는 약관을 제정 또는 변경한 후 7일 이내에 금융위원회 및 협회에 보고하여야 한다. 이때 보고를 하지 아니하거나 거짓으로 보고한 자

(5) 투자매매업자 또는 투자중개업자는 금융투자상품의 매매가 체결된 경우에는 그 명세를 대통령령으로 정하는 방법에 따라 투자자에게 통지하여야 한다. 이때 이를 위반하여 매매명세를 통지하지 아니하거나 거짓으로 통지한 자

(6) 불특정 다수인을 대상으로 하여 유사투자자문업을 영위하고자 하는 자는 금융위원회가 정하여 고시하는 서식에 따라 금융위원회에 신고하여야 한다. 그럼에도 신고를 하지 아니하고 유사투자자문업을 영위한 자

(7) 증권신고의 효력이 발생한 증권의 발행인은 증권발행실적보고서, 공개매수자는 공개매수결과보고서를 금융위원회에 제출하여야 하는데, 이를 위반하여 보고서를 제출하지

아니하거나 거짓으로 작성하여 제출한 자

(8) 증권신고서, 공개매수신고서, 주식대량보유보고서, 의결권권유, 사업보고서, 금융투자업자는 그 업무와 재산상황에 관하여 금융감독원장의 검사와 관련하여 보고 또는 자료의 제출명령이나 증인의 출석, 증언 및 의견의 진술 요구에 불응한 자

(8의2) 발행인이 아닌 의결권권유자의 요구에 응하지 아니한 자

(8의3) 장내파생상품의 대량보유 보고의무를 위반하여 보고를 하지 아니하거나 거짓으로 보고한 자

(9) 투자신탁을 설정한 집합투자업자는 수익자총회의 결의가 이루어지지 아니한 경우 그 날부터 2주 이내에 연기된 연기수익자총회를 소집하여야 한다. 그럼에도 이를 위반하여 연기수익자총회 등을 소집하지 아니한 자

(10) 사모투자전문회사는 업무집행사원이 준수하여야 할 구체적인 행위준칙을 제정하여야 하며, 행위준칙을 제정·변경한 경우에는 지체 없이 이를 금융위원회에 보고하여야 한다. 그럼에도 이를 위반하여 행위준칙을 제정하지 아니한 자 또는 보고를 하지 아니하거나 거짓으로 보고한 자

(11) 예탁자는 해당 증권 등이 투자자 예탁분이라는 것을 밝혀 지체 없이 예탁결제원에 예탁하여야 한다. 그럼에도 이를 위반하여 예탁하지 아니한 자

(12) 예탁자는 증권 등을 예탁결제원에 예탁하기 전까지는 이를 자기소유분과 구분하여 보관하여야 한다. 그럼에도 이를 위반하여 증권등을 구분하여 보관하지 아니한 자

(13) 삭제 〈2013.5.28.〉

(14) 예탁증권 등의 발행인은 예탁결제원의 권리 행사를 위하여 특정사항을 지체 없이 예탁결제원에 통지하여야 한다. 예탁증권 등 중 주권의 발행인은 주주명부폐쇄기준일을 기준으로 실질주주에 관하여 그 주권의 발행인 또는 명의개서를 대리하는 회사에 통지하여야 한다.

예탁결제원은 예탁자에게 주주명부폐쇄기준일의 실질주주에 관하여 특정사항의 통보를 요청할 수 있다. 이 경우 요청받은 예탁자는 지체 없이 이를 통보하여야 한다.

예탁결제원은 공개매수신고서가 제출된 주식 등의 발행인이 주식의 소유상황을 파악하기 위하여 일정한 날을 정하여 예탁결제원에 실질주주에 관한 사항의 통보를 요청하는 경우, 그 밖에 대통령령으로 정하는 경우에는 그 일정한 날의 실질주주에 관하여 ① 성명 및 주소, ② 주식의 종류 및 수를 지체 없이 주식등의 발행인 또는 명의개서를 대행하는 회사에 통지하여야 한다. 또한 예탁결제원은 예탁자에게 주주명부폐쇄기준일의 실질주주에 관하여 특정사항의 통보를 요청할 수 있다. 이 경우 요청받은 예탁자는 이를 지체 없이 통보하여야 한다.

또한 투자신탁재산을 운용하는 집합투자업자는 일정한 날을 정한 경우에는 예탁결제원에 이를 지체 없이 통지하여야 하며, 예탁결제원은 수익자총회를 개최하기 위한 경우에만 그 일정한 날의 실질수익자에 관한 사항을 지체 없이 그 집합투자업자에게 통지하여야 한다. 예탁결제원은 예탁자에게 일정한 날의 실질수익자에 관한 사항의 통보를 요청할 수 있다. 이 경우 요청받은 예탁자는 지체 없이 이를 통보하여야 한다. 그럼에도 이를 항을 위반하여 통지나 통보를 하지 아니한 자

(15) 예탁증권 등 중 주권의 발행과 관련하여 통지받은 발행인 또는 명의개서를 대행하는 회사는 통지받은 사항과 통지 연월일을 기재하여 실질주주명부를 작성・비치하여야 한다.

또한 통보받은 예탁결제원은 통보받은 사항과 통보 연월일을 기재하여 실질수익자명부를 작성・비치하여야 한다. 그럼에도 이를 위반하여 실질주주명부 또는 실질수익자명부를 작성・비치하지 아니하거나 거짓으로 작성한 자

(16) 예탁대상증권 등의 발행인은 새로 증권 등을 발행하는 경우 그 증권등의 종류, 그 밖에 총리령으로 정하는 사항을 예탁결제원에 지체 없이 통지하여야 한다. 또한 예탁대상증권 등의 발행인은 증권 등의 압류・가압류 또는 가처분의 명령에 관한 통지를 받거나 도난・분실 또는 멸실된 증권 등에 대한 사고신고를 접수한 경우 그 증권 등의 종류, 그 밖에 사항을 예탁결제원에 지체 없이 통지하여야 한다. 그럼에도 이를 위반하여 통지를 하지 아니하거나 거짓으로 통지한 자

(17) 종합금융회사는 ① 정관의 변경, ② 업무방법의 변경, ③ 본점의 이전 또는 지점 등의 이전・폐쇄에 해당하는 경우에는 그 사유가 발생한 날부터 7일 이내에 금융위원회에 그 내용을 보고하여야 한다. 다만, ③ 본점의 이전 또는 지점 등의 이전・폐쇄의 경우에는 사전에 금융위원회에 신고하여야 한다. 그럼에도 이를 위반하여 보고를 하지 아니하거나 거짓으로 보고한 자 또는 신고를 하지 아니 한 자

(18) 종합금융회사의 상근임원은 다른 영리법인의 상시적인 업무에 종사하고자 하는 경우에는 금융위원회의 승인을 받아야 한다. 그럼에도 승인을 받지 아니하고 다른 영리법인의 상시적인 업무에 종사한 자

(18의2) 금융위원회는 투자자를 보호하고 건전한 거래질서를 유지하기 위하여 금융투자업자에게 다음 각 호의 사항에 관하여 필요한 조치를 명할 수 있다. 특히, 장내파생상품의 거래규모의 제한에 관한 사항에 관하여는 위탁자에게도 필요한 조치를 명할 수 있다. 이때 위탁자에 명한 조치명령을 위반한 자

(19) 금융투자업자는 법정사항에 대하여 그 사실을 금융위원회에 보고하여야 한다. 그럼에도 이를 위반하여 보고를 하지 아니하거나 거짓으로 보고한 자(법 제449조 제2항)

참고문헌

김건식 외, 회사법 제5판, 박영사 (2014)
김병연, 자본시장법, 박영사 (2015)
김택주, 자본시장법, 국민대학교 출판부 (2015)
김화진, 자본시장법 이론, 박영사 (2014)
윤승한, 미국증권법 강의, 삼일인포마인 (2004)
이철송, 회사법강의 제22판, 박영사 (2014)
임재연. 자본시장법, 박영사 (2015)
임재연, 자본시장법과 불공정거래, 박영사 (2014)
전삼현. 회사법의 쟁점, 자유기업원 (1999)
———, 증권사설립 및 업무영역규제 개선방안, 자유기업원 (2004)
정찬형, 상법강의(상) 제18판, 박영사 (2015)
최완진, 신회사법 요론, 한국외국어대학교출판부 (2012)
최준선, 회사법 제10판, 삼영사 (2015)
한국증권법학회, 자본시장법 (주석서 I), 박영사(2009)
——————, 자본시장법 (주석서 II), 박영사(2009)
홍복기 외, 회사법 (사례와 이론), 박영사 (2012)
홍영만, 자본시장법 유권해석, 세경사 (2009)

찾아보기

ㅅ

ㅇ

ㅈ

ㅍ

≪ 저자약력 ≫

전삼현

숭실대학교 법학사
독일 프랑크푸르트대학원 법학박사
독일 콘라드 아데나우어 재단 및 훔볼트재단 장학생
(현) 숭실대학교 법학과 교수
(현) 기업소송연구회 회장
(현) 기업법률포럼 대표
(현) 삼성증권(주) 이사회 의장
(전) 한국자산관리공사(캠코) 비상임이사

저자와의
협의하에
인지생략

자본시장법 개론

2015년 8월 20일 1판 1쇄 인쇄
2015년 8월 30일 1판 1쇄 발행

저 자 전 삼 현
발행인 김 광 식
조 판 아 람 기 획

121-876
발행처 서울특별시 마포구 대흥로2길 5, 202호
도서출판 **탑 북 스**
등 록 2009.12.21 제 2013-000101 호
전 화 02)365-2223 팩스 02)365-2224

정가 27,000 원

ISBN 979-11-85647-70-8-93360